Andreas Praher
Österreichs Skisport im Nationalsozialismus

Andreas Praher

Österreichs Skisport im Nationalsozialismus

Anpassung – Verfolgung – Kollaboration

DE GRUYTER

Veröffentlicht mit Unterstützung des Austrian Science Fund (FWF): PUB 867-Z

Der Wissenschaftsfonds.

ISBN 978-3-11-126693-0
e-ISBN (PDF) 978-3-11-072412-7
e-ISBN (EPUB) 978-3-11-072415-8
https://doi.org/10.1515/9783110724127

Dieses Werk ist lizenziert unter der Creative Commons Attribution-4.0 International Lizenz.
Weitere Informationen finden Sie unter https://creativecommons.org/licenses/by/4.0

Library of Congress Control Number: 2021942868

Bibliografische Information der Deutschen Nationalbibliothek
Die Deutsche Nationalbibliothek verzeichnet diese Publikation in der Deutschen Nationalbibliografie; detaillierte bibliografische Daten sind im Internet über http://dnb.dnb.de abrufbar.

© 2023 Andreas Praher, publiziert von Walter de Gruyter GmbH, Berlin/Boston
Dieser Band ist text- und seitenidentisch mit der 2022 erschienenen gebundenen Ausgabe.
Coverabbildung: SA-Stabschef Viktor Lutze beim Besuch der Alpenland-Skiwettkämpfe der SA in Bad Hofgastein. (Stadtarchiv Salzburg/Fotosammlung Krieger).
Satz: bsix information exchange GmbH, Braunschweig
Druck und Bindung: CPI books GmbH, Leck

www.degruyter.com

Für Hannes Schneider, der von den Nationalsozialisten verfolgt wurde und emigrieren musste, Rudolf Gomperz, der von den Nationalsozialisten deportiert und ermordet wurde, und für meine Großmutter Nadeshda Lawrowa, die von den Nationalsozialisten verschleppt wurde und überlebte, sich von den Folgen aber bis zum Ende ihres Lebens nie erholte.

Statt eines Vorwortes – zur Forschungsmotivation

> Gustav und Hellmut galten als begnadete Schirennläufer, waren Stars ihrer Zeit. Ihre Namen standen nicht nur für den Aufschwung Tirols als Wintersportregion, sondern auch für die in der Bevölkerung vorherrschende Geisteshaltung, inklusive des Österreichischen Skiverbands ÖSV.[1]

Dieser Satz stand am Anfang meines Forschungsprojektes, das im Rahmen einer Dissertation an der Paris Lodron Universität Salzburg realisiert wurde. Er trieb dieses an und eröffnete neue Perspektiven. Der Schriftsteller Christoph W. Bauer drückt darin die Ambivalenz aus, die im Hinblick auf die Geschichte des österreichischen Skisports in seiner Frühphase der Entwicklung immer wieder auftaucht. Einerseits war der Skisport der 1920er- und 1930er-Jahre progressiv. Das führte zu technischen Neuerungen, modernisierte ganze Alpentäler und nivellierte zum Teil die Geschlechterdifferenzen. Wie andere gesellschaftliche Bereiche kam gerade im Skisport der Glaube an die Moderne und den Fortschritt durch unbändige Lebensfreude zum Ausdruck.[2] Es entstand ein neues Lebensgefühl, das von immer breiteren Schichten in einer „weißen Wunderwelt" ausgelebt wurde. Andererseits war der mitteleuropäische Skisport in seiner Erscheinung reaktionär, konservativ, diskriminierend, ausgrenzend und rassistisch. Autoritäre Ideen und antislawische bis antisemitische Ressentiments standen Demokratisierungsversuchen einer nicht akzeptierten Ersten Republik gegenüber. Eben diese Gegensätze bildeten die Grundlage für meine Fragen, unter denen der österreichische Skisport im Nationalsozialismus untersucht werden sollte.

Es stellten sich Fragen, die mich beschäftigten und die ich beantwortet haben wollte, als Wissenschaftler und (Er-)Forscher der Sportgeschichte ebenso wie als interessierter, fragender und teilnehmender Beobachter am gegenwärtigen Sportgeschehen. Dabei ist Sport in faschistischen Systemen, wie der nationalsozialistischen Diktatur, nur ein Gegenstand meines Forschungsinteresses und meiner persönlichen Neugierde. Es geht mir darum, die Kultur des Sports zu verstehen, sein kulturelles, politisches und gesellschaftliches Wesen zu begreifen. Die Fragen richten sich nach Identifikationsmöglichkeiten, die der Sport bietet, nach Machtansprüchen, die er stellt, und nach inklusiven sowie exklusiven Kräften, die er erzeugt. Es geht mir darum, Erfahrungs- und Erlebnishorizonte von SportlerInnen und SportlerInnen-Generationen im Kontext einer Gesellschaftsgeschichte zu ergründen. Eben diese Fragen treiben auch die

---

1 Christoph W. Bauer, Graubart Boulevard, Innsbruck/Wien 2008, S. 61. Bei den erwähnten Skirennläufern Gustav und Hellmut handelt es sich um Gustav und Hellmut Lantschner.
2 Vgl. Sabine Dettling/Gustav Schoder/Bernhard Tschofen (Hg.), Spuren: Skikultur am Arlberg, Bregenz 2014, S. 172.

vorliegende Forschungsarbeit an. Sie soll eindringen in tiefere Bedeutungsschichten des Sports für Gesellschaften, im Konkreten in jene des Zwischenkriegsösterreichs, des Nationalsozialismus und der ersten Jahre des Nachkriegsösterreichs, und sie soll aufzeigen, welche Energien, positive wie negative, der Sport in der ersten Hälfte des 20. Jahrhunderts freisetzen konnte. Die Forschungsarbeit möchte die Machtstrukturen des österreichischen Skisports im Kontext des Nationalsozialismus durchleuchten und gleichzeitig handelnde Personen vor den Vorhang holen, deren Lebensläufe im sporthistorischen Narrativ oftmals verzerrt wiedergegeben worden sind. Der persönliche wie wissenschaftliche Anspruch dabei war, konkrete Biografien aufzuschlüsseln und zu dekonstruieren, das Politische im Sportlichen zu suchen und umgekehrt, die Opfer- und TäterInnengeschichten in Verbindung zu setzen und diese zu einer dichten Erzählung und analytischen Beschreibung zu verweben.

Welche Vorleistungen erbrachten der ÖSV und seine Mitglieder vor 1938 im Sinne der nationalsozialistischen Ideologie und Weltanschauung? Welche Anpassungsleistungen vollzogen sie im Zuge der nationalsozialistischen Machtergreifung in Österreich und in der Folge unter der NS-Herrschaft? Wer wurde verfolgt und aus welchen Gründen und Motiven? Inwieweit kollaborierten Aktive (AthletInnen und FunktionärInnen) mit dem NS-Regime? Inwieweit unterstützten sie das nationalsozialistische Unrechtssystem mit ihrem Handeln als SportlerInnen, ParteigenossInnen, SA- und SS-Athleten und nicht zuletzt als Menschen? Welche Widersprüche finden sich in den Handlungs- und Deutungsmustern?

Das waren die grundlegenden Fragen, die den Fokus meiner hier vorliegenden Forschungsarbeit bestimmten, immer in dem Bewusstsein, dass der Sport und insbesondere der Skisport in Österreich als „nationale Agenda" ein heikles Terrain ist, auf dem man als Historiker, der in der Vergangenheit gräbt und Zusammenhänge ergründen und erklären will, mit Widerstand zu rechnen hat. Den „Vorwurf des Nestbeschmutzers" hörte ich nicht nur einmal. Selbst wenn es kein direkter Vorwurf war, so zumindest drang die Botschaft durch: Da will einer für Aufsehen und Wirbel sorgen. Nur zur Richtigstellung vorweg: Das Nest hatten vor mir andere beschmutzt. Diese kamen meist aus der Organisation und standen nicht außerhalb davon. In der mehr als hundertjährigen Geschichte des ÖSV wurde vertuscht, verdreht, geleugnet, darüber hinweggesehen und -geschrieben. Im Kontext des Nationalsozialismus und des Nachkriegsnarrativs wurden meist männliche Täter in der Geschichte zu Opfern und in weiterer Folge zu „Helden" stilisiert.

Nichts liegt mir ferner, als an dieser Stelle abrechnen zu wollen. Dieses Bild soll nicht entstehen und wäre ein falsches. Die Forschungsarbeit soll vielmehr ein erster großer Anlauf sein, die Hintergründe zu beleuchten, um das Warum zu verstehen: Wie konnte es dazu kommen, dass eine Mehrheit dem nationalsozialistischen (Skisport-)system nichts entgegen zu setzen wusste, und warum taten und tun sich große Teile des österreichischen Skisports nach wie vor so schwer, der Vergangenheit mit all ihren Facetten, hellen und dunklen Momenten, Licht- und Schattenseiten und dem, was als Halbdunkel dazwischen liegt, ins Gesicht zu blicken und zu sagen, das war auch ein Teil unserer Geschichte?

Zum Schluss oder besser gesagt zu Beginn bleibt noch zu festzuhalten, dass hier trotz umfangreicher Recherchen nur ein kleiner Ausschnitt der österreichischen Skisportgeschichte im nationalen und internationalen Kontext des 20. Jahrhunderts erzählt werden kann. Auch für mich haben sich das Wissen und gleichzeitig Nichtwissen um die Sportart vergrößert. Aus diesem Interesse nährt sich auch meine Begeisterung für die Sportgeschichte, die nicht zuletzt die vorliegende Forschungsarbeit begründete.

Inhaltsverzeichnis

Statt eines Vorwortes – zur Forschungsmotivation —— VII

1 Einleitung —— 1
1.1 Österreich als Skination —— 1
1.2 Warum Sportgeschichte? Annäherungen an ein Forschungsfeld. Leerstellen, Initiativen und Perspektiven —— 4
1.3 Verortung des „österreichischen" Skisports im Kontext des Nationalsozialismus —— 10
1.4 Forschungsstand —— 19
1.4.1 Der ungeschärfte Blick auf die Skisportgeschichte: Verdrängungskultur *made in Austria* —— 23
1.4.2 Der Mythos des unpolitischen Sports —— 25
1.5 Theoretische Überlegungen und methodische Herangehensweise —— 28
1.5.1 Sportgeschichte als Gesellschafts-, Kultur- und Alltagsgeschichte —— 29
1.5.2 Sportgeschichte als Biografiegeschichte —— 35
1.5.3 Sportgeschichte als TäterInnengeschichte —— 36
1.5.4 Sportgeschichte als Geschichte der Verfolgung und des Widerstandes —— 40
1.5.5 Skilauf oder Skisport? Der Versuch einer Begriffsklärung —— 43
1.5.6 Verwendete Quellen —— 44

2 Vorgeschichte —— 51
2.1 Skisport zwischen den beiden Weltkriegen – Entwicklungslinien und -tendenzen —— 51
2.1.1 Verbreitung, Professionalisierung und Internationalisierung einer Sportart —— 51
2.1.2 Mediatisierung und Kommerzialisierung des Skisports —— 55
2.1.3 Aufbau und Ausbau der Infrastruktur —— 56
2.1.4 Internationale Vergleichbarkeit —— 60
2.2 Vom „Volkssport" zum Nationalsport – zur Bedeutung des Skisports in der Ersten Republik und im Austrofaschismus —— 61
2.2.1 Regionale Zentren mit nationaler und internationaler Bedeutung —— 66
2.2.2 Skisport im Dienste des Staates —— 71
2.2.3 Skisport als nationale Agenda im Austrofaschismus —— 73

2.2.4	Olympia 1936: zwischen nationalen Bestrebungen und internationalen Zugeständnissen —— 77	
2.2.5	Exkurs I: Nationale und internationale Erfolge im Frauenskirennsport —— 85	
2.2.6	Skilehrwesen als berufliche Perspektive —— 88	
2.2.7	Exkurs II: Saisonale Arbeits- und Karrieremigration österreichischer SkilehrerInnen —— 92	

3 Der Weg des österreichischen Skisports in den Nationalsozialismus —— 111

3.1	Das „radikale" Moment im österreichischen Skisport —— 111
3.1.1	Die national-völkische Tradition. Antisemitismus und Ausgrenzungspolitik im ÖSV —— 111
3.1.2	Antisemitismus im österreichischen Sport der Ersten Republik —— 114
3.1.3	Die Protagonisten —— 117
3.1.4	Die Elite im Hauptverband des ÖSV —— 128
3.1.5	Die Umsetzung in den Vereinen —— 129
3.2	Rituale der Anpassung —— 133
3.2.1	Der Weg in die (illegale) SA und SS —— 135
3.2.2	Zell am See als Beispiel des nationalsozialistischen Machtvakuums im Skilauf —— 136
3.2.3	Skihütten und -vereine als NS-Tarnorganisationen —— 140
3.2.4	Nationalsozialistische Sympathiekundgebungen bei Skirennen —— 141
3.2.5	Der ÖSV im Visier der austrofaschistischen Behörden —— 146
3.2.6	Österreichische SkilehrerInnen auf der Flucht ins Deutsche Reich —— 148
3.2.7	Frühe Netzwerke und Seilschaften —— 152
3.3	Skisport im Schatten des ÖSV —— 155
3.3.1	Der katholische Skilauf —— 155
3.3.2	Die Arbeiterskisportbewegung —— 157
3.3.3	Der Skiclub Arlberg und das Bestreben einer internationalen Vereinspolitik —— 161
3.3.4	Die Gründung des Allgemeinen Österreichischen Skiverbandes (AÖSV) —— 165
3.3.5	Skilauf jüdischer SportlerInnen in der Touristik- und Wintersportsektion —— 168

4	**Österreichs Skisport in der NS-Zeit** —— 176
4.1	Das nationalsozialistische Sportkonzept —— 176
4.1.1	Neuorganisation des Sports ab 1933 —— 179
4.1.2	Der Skisport im nationalsozialistischen Deutschland —— 181
4.2	Vereinnahmung – der österreichische Skisport kommt „Heim ins Reich" —— 187
4.2.1	Ausgangsszenario – der Skisport nach dem „Anschluss" —— 188
4.2.2	Die Machtergreifung —— 190
4.2.3	Sportführer Friedrich Rainer und der Skisport —— 192
4.2.4	Der Eingliederungsprozess —— 197
4.2.5	Die Gemeinschaft Deutscher Skiläufer und die Zentralisierung des Lehrbetriebs —— 199
4.2.6	Vorauseilender Gehorsam in den Vereinen und Verbänden —— 201
4.2.7	NSRL-Parteisoldaten und Karrieristen —— 203
4.2.8	Sportpolitische Opportunisten und Mittäter im NSRL —— 207
4.2.9	Nationalsozialistische Sportkreise in Vorarlberg —— 210
4.2.10	Die Übernahme von Skivereinen in den DRL (NSRL) —— 214
4.2.11	Die Vereinsarbeit als Stütze des NSRL —— 217
4.2.12	Resümee —— 225
4.3	Exodus österreichischer SkilehrerInnen und die Flucht in den Westen —— 226
4.3.1	Die Verfolgung von Hannes Schneider und der Mord an Rudolf Gomperz —— 226
4.3.2	Flucht in die USA —— 239
4.3.3	Auswanderung nach Kanada —— 246
4.3.4	Jüdischer Exodus im österreichischen Skilauf – jüdische SkiläuferInnen im Exil —— 247
4.3.5	Resümee —— 252
4.4	Der nationalsozialistische Skibetrieb —— 253
4.4.1	Die ersten Kreis- und Gaumeisterschaften in der „Ostmark" —— 255
4.4.2	Die jährlichen Arbeitstagungen des Reichfachamtes Skilauf —— 256
4.4.3	Erste internationale Erfolge —— 257
4.4.4	Multitalente in Firn und Film —— 258
4.4.5	Der Hochkönig als Trainingsgelände der deutschen Nationalmannschaft —— 263
4.5	Starkult um die „Ostmärker" —— 264
4.5.1	Das Belohnungssystem funktioniert —— 268
4.6	Ski-HeldInnen im Dienst der NS-Propaganda – Soldaten für das System —— 269
4.6.1	NS-Superstar Josef Bradl —— 269

4.6.2	Abfahrtsweltmeister und „SA-Skiheld" Hellmut Lantschner	276
4.6.3	Gustav Lantschner – Skiweltmeister, Olympiagewinner und SS-Kameramann	280
4.6.4	Der Jagdflieger und Skistar Josef Jennewein	289
4.6.5	Anton Seelos – vom NSRL-Reichstrainer über die SA zum Reichstrainer der Ordnungspolizei	294
4.7	Die junge Generation – Erzählungen über den Skisport im Nationalsozialismus und Krieg	297
5	**Skisport im Krieg**	**303**
5.1	Der Skilauf im Einsatz für den nationalsozialistischen Krieg	303
5.1.1	Kriegsvorbereitungen auf Skiern	303
5.1.2	Vom Wintersportverbot zur Wiederaufnahme reichsweiter Skimeisterschaften	313
5.1.3	Lehrtätigkeit und finanzielle Ressourcen	316
5.2	Skisportler in Gebirgseinheiten der Wehrmacht und SS	318
5.3	„Ostmärkische Skiläufer" im Dienste der SS	328
5.3.1	Die SS-Sportgemeinschaft Innsbruck	330
5.3.2	Die Täter auf Skiern aus soziodemografischer Perspektive	332
5.3.3	Wilhelm Köstinger – Polizei-Skimeister und SS-Elitesoldat	335
5.3.4	SS-Skisoldat Walter Pesentheiner	344
5.3.5	Der Gestapo-Beamte Franz Pesentheiner	347
5.3.6	Engelbert Haider – vom „fliegenden Hitlerjungen" zum SS-Scharführer und Deutschen Skimeister	349
5.3.7	Hubert Salcher – vom Allroundsportler zum SS-Sportreferenten und Waffen-SS-Truppenarzt	353
5.3.8	Eberhard von Quirsfeld – Kommandeur der Waffen-SS-Hochgebirgstruppe	357
5.4	Kriegsverbrecher auf Skiern im Feld	362
5.5	Österreichische Skisoldaten jenseits des Atlantiks im Kampf gegen den Nationalsozialismus	367
6	**Nachwehen**	**371**
6.1	Nachkriegsspuren in den Anden – Fluchtort Argentinien	371
6.1.1	Die Familie Lantschner und der Club Andino Bariloche	376
6.1.2	Treffen mit alten Bekannten aus der „Kampfzeit"	378
6.2	Gescheiterte Entnazifizierung	382
6.2.1	Vom Verbotsgesetz zur Amnestie belasteter SportlerInnen	383
6.2.2	Der wiedergegründete ÖSV	384
6.2.3	Der Ruf nach einer Skination	387

6.2.4	Erste skisportliche Aktivitäten in Salzburg und das Buhlen um belastete Sportler —— **389**	
6.2.5	Die Etablierung der Vereinsarbeit —— **391**	
6.3	Erste internationale Starts und der starke weibliche Skinachwuchs —— **393**	
6.4	Die Olympischen Winterspiele in St. Moritz —— **395**	
6.5	Das Opfernarrativ und der Beitrag der Familie Flaig für den österreichischen Nachkriegsskisport —— **397**	
6.5.1	Der Archivar Walther Flaig und das verschwundene Gedächtnis —— **399**	
6.6	Reintegration im Sportbetrieb —— **401**	
6.6.1	Die internationale Nachkriegskarriere von Alfred Rössner —— **402**	
6.6.2	Die Rückkehr der SS-Sportler Gregor Höll und Engelbert Haider in den Trainings- und Sportbetrieb —— **406**	
6.6.3	Die Berufung von Anton Seelos zum Nationalteamtrainer —— **408**	
6.6.4	Josef Bradl und der vermeintliche „Sieg für Österreich" —— **410**	
7	**Schlussbetrachtung —— 415**	
8	**Quellen- und Literaturverzeichnis —— 423**	
1	Archivalien —— **423**	
2	Tageszeitungen und Periodika —— **425**	
3	Dokumentarfilme —— **427**	
4	Onlinearchive und Internetquellen —— **428**	
5	Interviews —— **428**	
6	Gedruckte Quellen und Literatur (inklusive unveröffentlichter Hausarbeiten, Diplomarbeiten und Dissertationen) —— **429**	
7	Abkürzungsverzeichnis —— **453**	
9	**Personenregister —— 457**	

1 Einleitung

1.1 Österreich als Skination

Skisportveranstaltungen in Österreich waren und sind bis heute ein nationales Ereignis. Österreich präsentiert sich der Weltöffentlichkeit als „Ski-Nation". Kaum ein anderer Staat der Welt hat eine Sportart derart für sich gepachtet. In unzähligen Aufsätzen, Büchern, Zeitschriften, Zeitungsartikeln und anderen Veröffentlichungen wird permanent und zu jedem Anlass die Erfolgsgeschichte des Skilaufs in Österreich vorangeschrieben und vorangetrieben. Der stete Rückblick auf die Erfolge hat zugleich viele Mythen produziert und Heldengeschichten konstruiert. Die Alpen als Sehnsuchtsort, unzählige Male auf Filmrolle gebannt, waren hierfür ebenso dienlich wie die verklärende Darstellung einer in sich abgeschlossenen, von außen unberührten, angeblich heilen Bergwelt. Diese schuf erst das Setting in dem eine unreflektierte Sportgeschichtsschreibung entstehen konnte. Die bewegten Bilder der frühen Berg- und Skifilme der 1920er- und 1930er-Jahre von waghalsigen Sprüngen und halsbrecherischen Abfahrten in wilder Naturlandschaft erzeugten Vorstellungen einer idyllischen Parallelwelt. Die Geschichten der ersten Skipioniere,[1] die in Übersee ihr Glück probierten und zum Teil auch fanden, machten die Illusion perfekt. Der Traum einer österreichischen „Ski-Nation" nährte Generationen. Internationale Wettbewerbserfolge und immer neue Rekorde in „Rot-Weiß-Rot" lieferten den Stoff dafür.

Ein gewisser Lokalpatriotismus förderte regelmäßig Festschriften zu Tage, die SkisportlerInnen den HeldenInnenstatus verliehen, und die gefeierten Stars auf zwei Brettern besaßen bald einen unantastbaren Nimbus. Sie hatten es scheinbar aus eigener Kraft, meist aus vermeintlich kleinen Verhältnissen kommend, in den „Ski-Olymp" geschafft. In den Jahren nach dem Zweiten Weltkrieg sprachen die „HeldInnen in Weiß" einer traumatisierten und verunsicherten österreichischen Gesellschaft aus dem Herzen – einer Gesellschaft, die eine Weltwirtschaftskrise, einen Bürgerkrieg, das Scheitern einer Republik, einen faschistischen Ständestaat und den Nationalsozialismus kennengelernt sowie diesen mitgetragen und mitgestaltet hatte, einen Weltkrieg mitgemacht, eine NS-Diktatur mitsamt ihrer Vernichtungspolitik erlebt, gestützt und überlebt hatte und deren „Heimat" nun in Trümmern lag und von den Alliierten besetzt als fremd-

---

[1] Über Skisportlerinnen finden sich in der zeitgenössischen Presse oder Fachliteratur der 1930er-Jahre kaum Berichte über ihre Tätigkeit oder den Alltag als Skilehrerinnen im Ausland. Hier standen eindeutig die Geschichten der männlichen Kollegen im Vordergrund.

bestimmt wahrgenommen wurde.² So gesehen wirkten die Erfolge österreichischer SkisportlerInnen der Nachkriegszeit wie Balsam auf einer wunden Seele. Sie entließen die Aktiven gleichermaßen wie das Publikum in die Freiheit. Der Skisport bot nicht nur eine Reihe von Identifikationsmöglichkeiten, sondern die Chance, die nationalsozialistische Vergangenheit auszublenden. Die Erfolgsgeschichten des Wiederaufbaus sind somit eng mit den Geschichten der „SkiheldInnen" der Kriegs- und Nachkriegszeit verbunden.³ Diese „HeldInnen-Geschichten" wurden im medialen Diskurs wie in der öffentlichen Rezeption bis in die Gegenwart kaum hinterfragt. Erst in jüngster Vergangenheit rückte die österreichische Skisportgeschichte und Sportgeschichtsschreibung ins Interesse eines kritischen Journalismus.⁴ Die von der österreichischen und deutschen Presse gegen Jahresende 2017 und zu Jahresbeginn 2018 thematisierten sexuellen Missbrauchsfälle innerhalb des Österreichischen Skiverbandes (ÖSV) in den 1970er-Jahren und rund um den dreifachen Olympiasieger von 1956, Toni Sailer, bedeuteten einen Tabubruch.⁵ Nach anfänglichen Dementi des ÖSV kam es zu einer Gerichtsverhandlung, die zwar mit einem Freispruch für einen angeklagten, ehemaligen ÖSV-Trainer endete, gleichzeitig aber die erhobenen Missbrauchsvorwürfe nicht entkräften konnte.⁶ In dem medial geführten Diskurs zeigte sich einmal mehr der hohe gesellschaftspolitische Stellenwert des österreichischen Skisports und wer die Deutungshoheit darüber besitzen sollte. Die

---

2 Gerhard Botz verweist in diesem Zusammenhang auf einschneidende kollektive Erfahrungen, die eine österreichische Bevölkerung in kurzer Folge erlebt hatte. Er spricht von einer konfliktgeladenen Ersten Republik und Bürgerkriegsepisoden des Jahres 1934, die als Kontrasterfahrungen zu einem konsensualen Erscheinungsbild der Zweiten Republik wahrgenommen wurden. Vgl. Gerhard Botz, Krisen der österreichischen Zeitgeschichte, in: Gerhard Botz/Gerald Sprengnagel (Hg.), Kontroversen um Österreichs Zeitgeschichte. Verdrängte Vergangenheit, Österreich-Identität, Waldheim und die Historiker, Frankfurt/New York 1994, S. 16–76, hier S. 16–17 sowie 23.
3 Vgl. hier etwa Matthias Marschik/Georg Spitaler (Hg.), Helden und Idole. Sportstars in Österreich, Innsbruck/Wien 2006, S. 17 sowie Herwig Hofstätter, Sport – Politik – Identität. Der Einfluss von Ereignissen und Persönlichkeiten im Sport auf das Österreich-Image und die österreichische Identität – mit näherer Betrachtung der ersten Jahrzehnte nach dem 2. Weltkrieg und den Sportarten Ski Alpin und Fußball, Diplomarbeit, Salzburg 2008, S. 85.
4 Vgl. hier u. a. Johann Skocek, „Wie man ein Volk tüchtig macht", News 10/2018, S. 38–39.
5 Vgl. hier u. a. Ehemalige Top-Läuferin spricht über Missbrauch im Skisport, in: Der Spiegel, 20.11.2017, https://www.spiegel.de/sport/wintersport/ski-alpin-nicola-werdenigg-spricht-ueber-sexuellen-missbrauch-im-skisport-a-1179447.html (11.6.2019); Akt Toni Sailer: Wie man einen fallenden Stern auffängt, in: Der Standard, 17.1.2018, https://derstandard.at/2000072293048/Der-Akt-Toni-Sailer-Wie-man-einen-fallenden-Stern-auffaengt (11.6.2019).
6 Vgl. hier Jutta Berger, Kahr will nicht mehr vor Gericht – Keine Berufung, keine Entschuldigung, in: Der Standard, 18.4.2019, https://derstandard.at/2000101659615/Charly-Kahr-will-nicht-mehr-vor-Gericht-Berufung-zurueckgezogen (11.6.2019).

Narrative über den Skisport sind zwar bis heute geprägt von Geschichten des kleinen Mannes oder der kleinen Frau, sprich von SportlerInnen, die scheinbar aus einfachen Verhältnissen und aus dem Dorf kommend die globale Welt des Spitzensports eroberten, sie haben sich jedoch einzuordnen in einen klar männlich definierten Machtapparat, in dem die Funktionäre das letzte Wort haben.[7]

Der ungeheure Popularitätsfaktor des Skisports hat zugleich eine nicht zu unterschätzende wirtschaftliche Dimension. Im Jahr 2002 wurden an die 90 Prozent der Einnahmen des Wintertourismus in Österreich direkt durch den Skisport generiert.[8] Die Umsätze im Wintertourismus in Österreich sind in den vergangenen zehn Jahren stets gestiegen und erzielten in der Wintersaison 2017/18 einen Gesamtbetrag von 13,3 Milliarden Euro.[9] Ski-Idole sind, sofern sie das nicht zuvor schon waren, zu *role models* der Werbewirtschaft mutiert. Sie werden als Gesichter der österreichischen Tourismuswerbung vermarktet und sollen neben der Vorbildfunktion skifahrende Gästeschichten ansprechen. Das erzeugt abseits von moralischen Ansprüchen neben gesellschaftlichen Zwängen auch einen politischen Druck. Dieser Druck äußert sich in millionenschweren und umstrittenen Seilbahnprojekten, zuletzt in dem vom Bundesverwaltungsgericht gekippten Zusammenschluss der Skigebiete St. Anton und Kappl am Arlberg.[10] Genau aus diesen Gründen hat sich der österreichische Skisport bisher, ebenso wie der österreichische Sport in großen Teilen, aus seiner historischen Verantwortung stehlen können. Der Sporthistoriker Rudolf Müllner formulierte diese Tatsache in einem *Standard*-Interview 2013 mit den Worten: „Der Sport

---

[7] Vgl. hier besonders den Fall der ÖSV-Skirennläuferin Anna Fenninger im Jahr 2015. Nach der anfänglich heftigen Kritik Fenningers gegenüber der autoritären ÖSV-Führung und dem angedrohten Ausstieg, verblieb die Athletin letztendlich im Verband und trennte sich von ihrem Manager. Vgl. Anna Fenninger: Trennung von Manager, https://oe3.orf.at/stories/2730390/ (30.7.2019); Gernot Bauer, Der unheimliche Einfluss des ÖSV und seines Präsidenten auf die Politik, https://www.profil.at/oesterreich/einfluss-oesv-praesidenten-politik-anna-fenninger-5655179 (30.7.2019).
[8] Vgl. Roman Horak/Georg Spitaler, Sport, Space and National Identity. Soccer and Skiing as Formative Forces: On the Austrian Example, in: American Behavioral Scientist, Vol. 46, Nr. 11/2003, S. 1506–1518, hier S. 1515.
[9] Vgl. Wintertourismus in Österreich, Umsätze im Tourismus in Österreich von 2007 bis 2017 nach Sommer- und Wintersaison (in Milliarden Euro), erhoben von WIFO und Österreichische Nationalbank, https://de.statista.com/statistik/daten/studie/294864/umfrage/umsatzerloese-des-beherbungs-und-gaststaettenwesens-in-oesterreich/ (30.7.2019).
[10] Umstrittene Skischaukel St. Anton-Kappl gestoppt, https://tirol.orf.at/news/stories/2950514/ (11.6.2019).

hat in Österreich sein Gedächtnis verloren".[11] Die vorliegende Forschungsarbeit möchte ein Anstoß sein, dieses wiederzufinden.

1.2 Warum Sportgeschichte? Annäherungen an ein Forschungsfeld. Leerstellen, Initiativen und Perspektiven

Sportgeschichte war in der deutschsprachigen historischen Forschung lange Zeit unterrepräsentiert. Erst gegen Mitte der 1990er-Jahre und verstärkt mit der Jahrtausendwende entstanden bei manchen VertreterInnen der HistorikerInnenzunft das Bewusstsein und das Interesse für ein Fachgebiet, das zuvor primär den SportwissenschaftlerInnen überlassen wurde.[12] Sport als Teil der Gesellschaftsgeschichte sowie einer Kultur- und Alltagsgeschichte wurde als lohnenswertes Forschungsfeld erkannt und wahrgenommen.[13] Die allgemeine Geschichtsschreibung ignorierte die Sportgeschichte zwar weitgehend weiterhin und tut dies teilweise heute noch,[14] doch immerhin gibt es seit den 2000er-Jahren auch in Österreich eine stetig wachsende Zahl an SporthistorikerInnen, die sich für eine wissenschaftlich fundierte Sportgeschichtsschreibung stark machen.[15] Dass die Sportgeschichte an historischen Instituten in Österreich aber nach wie vor nicht angekommen ist, belegt allein die Tatsache, dass sich in der Bibliothek des Fachbereichs Geschichte der Universität Salzburg kaum Literatur zu sporthistorischen Themen findet, wohingegen die Fachbibliothek

---

[11] Vgl. Standard-Artikel vom 20.09.2013, http://derstandard.at/1379291536412/Die-Bewegung-und-das-verschlampte-Gedaechtnis (21.12.2015).
[12] Vgl. hier besonders das Vorwort von Berno Bahro und Hans Joachim Teichler in: Berno Bahro/Hans Joachim Teichler (Hg.), Sport und Schulsport in der NS-Diktatur, Paderborn 2017, S. 8–9 sowie Donata V. Nerée, Warum die allgemeine Geschichte die Sportgeschichte nicht zur Kenntnis nimmt, in: Arnd Krüger/Joachim K. Rühl (Hg.), Aus lokaler Sportgeschichte lernen: Jahrestagung der DVS-Sektion Sportgeschichte vom 12. – 14. Mai 1999 in Hoya, Hamburg 2001, S. 19–26; Markwart Herzog, Fußballsport in der Zeit des Nationalsozialismus: Quellen – Methoden – Erkenntnisinteressen, in: Andrea Bruns/Wolfgang Buss (Hg.), Sportgeschichte erforschen und vermitteln, Hamburg 2009, S. 51–64, hier S. 51.
[13] Vgl. hier etwa Christiane Eisenberg, Die Entdeckung des Sports durch die moderne Geschichtswissenschaft, in: Historische Sozialforschung, 27 (2002) 2, S. 4–21; Giselher Spitzer, Aktuelle Konzepte zur Zeitgeschichte des Sports, in: Sozial- und Zeitgeschichte des Sports 8 (1994) 3, S. 56–75.
[14] Vgl. Albert Lichtblau, Vorwort, in: Siegfried Göllner/Albert Lichtblau/Christian Muckenhumer/Andreas Praher/Robert Schwarzbauer (Hg.), Zwischen Provinz und Metropole. Fußball in Österreich. Beiträge zur 1. Salzburger Fußballtagung, Göttingen 2016, S. 7–9.
[15] Vgl. etwa Matthias Marschik/Rudolf Müllner, Sportgeschichte – Geschichte des Sports, in: Matthias Marschik/Rudolf Müllner/Otto Penz/Georg Spitaler (Hg.), Sport Studies, Wien 2009, S. 255–258.

des Fachbereichs Sport- und Bewegungswissenschaft über einen weitaus anschaulicheren Bestand verfügt. An historischen Instituten in Österreich ist die Beschäftigung mit der Sportgeschichte ein klares Minderheitenprogramm, das geht auch aus den angebotenen Lehrveranstaltungen hervor. Obwohl es zahlreiche Abschlussarbeiten zu unterschiedlichen Themen der Sportgeschichte gibt, sieht es mit Lehrstellen und Professuren dürftig aus. Universitär gesehen gibt es aktuell nur das Sportinstitut der Universität Wien, das sich mit dem habilitierten Historiker Rudolf Müllner der Sportgeschichte verschrieben hat. Als Sprecher der Sektion Sportgeschichte in der Österreichischen Sportwissenschaftlichen Gesellschaft knüpfte Müllner 2013 ein Netzwerk, das SporthistorikerInnen diesseits und jenseits der Landesgrenzen verbindet. Das an der Universität Wien angesiedelte Netzwerk Sportgeschichte bzw. SportHistNet verfolgt wie die anglo-amerikanischen *Sport Studies* einen inter- und transdisziplinären Ansatz und versucht AkteurInnen aus wissenschaftlichen Institutionen, außeruniversitären Arbeitsfeldern sowie dem „Amateurbereich" zusammenzubringen.[16] In Salzburg kommen die Anstöße bisher mehr von außen als von universitär getragenen Forschungsprojekten. Im September 2014 konnte an der Universität Salzburg erstmals die Salzburger Fußballtagung abgehalten werden.[17] Die Idee dazu stammte von den damals freiberuflichen Historikern Andreas Praher und Robert Schwarzbauer. Gemeinsam mit dem Salzburger Universitätsprofessor und Historiker Albert Lichtblau und zwei weiteren Historikerkollegen konnte die Fachtagung organisiert und umgesetzt werden. Der dazu herausgegebene Tagungsband erschien im Juni 2016 im Werkstatt-Verlag unter dem Titel *Zwischen Provinz und Metropole. Fußball in Österreich. Beiträge zur 1. Salzburger Fußballtagung*.[18] Mittlerweile fand im September 2017 die zweite Auflage der Salzburger Fußballtagung an der Universität Salzburg statt. Der Tagungsband dazu erschien 2019.[19]

Die wissenschaftliche Erforschung der Sportgeschichte in Österreich hat also mit einer jahrzehntelangen Verspätung eingesetzt. Diese Versäumnisse ha-

---

16 Vgl. SportHistNet – Mission Statement, https://sporthistnet.univie.ac.at/home/ (7.8.2018).
17 Die 1. Salzburger Fußballtagung setzte sich unter dem Titel „Von der Peripherie ins Zentrum – 100 Jahre Fußball in Salzburg" mit der vergleichenden Geschichte des Fußballs in Österreich auseinander. Vgl. Programmheft zur 1. Salburger Fußballtagung, Kopie im Besitz des Verfassers.
18 Siegfried Göllner/Albert Lichtblau/Christian Muckenhumer/Andreas Praher/Robert Schwarzbauer (Hg.), Zwischen Provinz und Metropole. Fußball in Österreich. Beiträge zur 1. Salzburger Fußballtagung, Göttingen 2016.
19 Vgl. https://www.facebook.com/salzburgerfussballtagung/ (18.4.2018); Siegfried Göllner/ Andreas Praher/Robert Schwarzbauer/Minas Dimitriou (Hg.), Zwischenräume. Macht, Ausgrenzung und Inklusion im Fußball. Beiträge zur 2. Salzburger Fußballtagung, Göttingen 2019.

ben dazu geführt, dass die Sportgeschichtsforschung und -schreibung in Österreich einen sehr stark außeruniversitären Charakter besitzt.[20] Die überwiegende Anzahl der HistorikerInnen, die sich mit Sportgeschichte hierzulande befassen, arbeiten entweder freiberuflich oder sind in einem anderen beruflichen Umfeld tätig. Einige KollegInnen kommen aus dem Journalismus, manche sind an museale Einrichtungen angedockt oder unterrichten als PädagogInnen an Schulen, andere wiederum sind oder waren selbst aktive SportlerInnen.[21] Die Betätigungsfelder, aus denen SporthistorikerInnen kommen, und die Disziplinen, aus denen das Fach Sportgeschichte genährt wird, sind demnach vielseitig.[22] Eben diese Vielseitigkeit zeichnet die Stärke des interdisziplinären Gegenstandes aus und davon lebt die Sportgeschichtsforschung gleichermaßen wie die Sportgeschichtsschreibung. Gleichzeitig läuft die sporthistorische Forschung Gefahr, wie es Christiane Eisenberg formuliert, „ihr Profil und ihre Eigenständigkeit zu verlieren".[23] Ursache dafür ist, dass sich die sporthistorische Forschung theorieoffen präsentiert und Anleihen aus unterschiedlichen Disziplinen und Fachrichtungen wie der Soziologie, Sportwissenschaft, Kommunikationswissenschaft und Politikwissenschaft nimmt. Dennoch bringt gerade diese Theorieoffenheit Vorteile mit sich. Vorteile, die es braucht, weil die Perspektiven und die Herangehensweisen in der sporthistorischen Analyse zwangsläufig erweitert werden müssen. Ansonsten wird das kulturelle Phänomen des modernen Sports ab dem 20. Jahrhundert mit all seinen gesellschaftlichen, politischen, wirtschaftlichen, kulturellen, medialen, öffentlichen und privaten Facetten nicht greifbar.[24] Ei-

---

20 Die beiden Historiker Matthias Marschik und Rudolf Müllner haben bereits 1998 auf diese Problematik verwiesen. 20 Jahre nach dieser Feststellung ist die sporthistorische Forschung in Österreich zwar schon um einiges weiter, aber an vielen Universitäten kaum präsent und damit wenig institutionalisiert. Vgl. Matthias Marschik/Rudolf Müllner, Probleme und Perspektiven der Geschichte des Sports in Österreich, in: Sozial- und Zeitgeschichte des Sports, 12 (1998) 2, S. 7–36; Matthias Marschik, Austrian Sport and the Challenges of Its Recent Historiography, in: Journal of Sport History, 38 (2011) 2, S. 189–198, hier S. 189.
21 Das gilt speziell für den deutschsprachigen Raum und weniger für die USA, Großbritannien und Frankreich. Auch Matthias Marschik verweist darauf, dass die außeruniversitäre Forschung sowie andere Fachgebiete wesentliche Beiträge und Impulse für die Sportgeschichtsschreibung lieferten. Vgl. Matthias Marschik, Sport und Sportgeschichte, Identitäten und populäre/popuare Kulturen, in: Bettina Kratzmüller/Matthias Marschik/Rudolf Müllner/Hubert D. Szemethy/Elisabeth Trinkl (Hg.), Sport and the Construction of Identities. Proceedings of the XIth International CESH-Congress Vienna, September 17th-20th 2006, Wien 2007, S. 104–116, hier S. 105.
22 Vgl. dazu Marschik/Müllner, Sportgeschichte, S. 255–256.
23 Eisenberg, Die Entdeckung des Sports, S. 19.
24 Der Durchbruch des modernen Sports im Sinne einer populären Kultur- und Alltagspraxis erfolgte zu Beginn des 20. Jahrhunderts. Vgl. Gabriele Klein, Körper, Bewegung und Subjekt. Zur historischen Genese des Sports in der europäischen Moderne, in: Bettina Kratzmüller/Mat-

senberg führt die Breite des Fachs auf die Institutionalisierung des modernen Sports zurück, die geprägt sei von der Existenz globaler Verbände und supranationaler Organisationen.[25] Neben dieser globalen Dimension sind es aber auch die individuellen wie kollektiven Erfahrungen im Sport, das physische und mentale Erleben, die nationalen Zuschreibungen und unterschiedlichen Konstruktionen von Identitäten, die medial bzw. in der Öffentlichkeit sowie in der Teilöffentlichkeit verhandelt werden und dem Untersuchungsgegenstand eine enorme gesellschaftliche Relevanz zuschreiben.[26] Diese Relevanz verlangt eine Sportgeschichtsforschung, die sich nicht nur auf eine einzige Theorie stützt und daraus ihre Methode ableitet, sondern versucht mehrere Ansätze zu verbinden. Die Kulturgeschichte ist hier genauso hilfreich wie die Alltagsgeschichte. Zunächst soll an dieser Stelle auf den Nutzen der Kulturgeschichte eingegangen werden. Vor allem der *cultural turn* in den Geschichtswissenschaften der 1990er-Jahre hat die Sportgeschichtsforschung befruchtet, weil er den Kulturbegriff erweitert hat. Damit kann Sport als kulturell sinnstiftende Handlung verstanden werden, die für Individuen wie Gruppen eine Bedeutung generiert und eine soziale Realität bildet.[27] Anders gesagt, ist die sportliche Betätigung in einem bestimmten Verein gleichermaßen eine kulturelle Aktivität, die diskursiv konstruiert wird. Aus dieser Betätigung ergeben sich wiederum bestimmte individuelle und kollektive Handlungs- sowie Identitätsmuster. So sind die Sinnerfahrungen und Wahrnehmungen in einem deutschnational geprägten Turnverein andere als etwa in einem sozialdemokratischen Arbeiterverein. Aus dem heraus ergibt sich die gesellschaftliche Bedeutung des Sports, oder um es in den Worten von Matthias Marschik auszudrücken: „Es gilt also nicht nur zu zeigen, dass, sondern wie der Sport in der Gesellschaft wirksam wird."[28] Das soll auch in der vorliegenden Forschungsarbeit gezeigt werden. Konkret geht es darum, offenzulegen, welche Rollen der Skisport in Österreich in der Konstruktion von sozialen Realitäten in der Zeit nach dem Ersten Weltkrieg bis 1938, während des Nationalsozialismus und danach einnahm.

Die gesellschaftspolitische Bedeutung des Sports ist augenscheinlich, dennoch wurde die gesellschaftspolitische Rolle und damit die soziale Verantwortung des Sports vielfach heruntergespielt. Auch weil sich der Sport stets selbst als unpolitisches Handlungsfeld postulierte. Aber der Sport ist nur in Bruchtei-

---

thias Marschik/Rudolf Müllner/Hubert D. Szemethy/Elisabeth Trinkl (Hg.), Sport and the Construction of Identities. Proceedings of the XIth International CESH-Congress Vienna, September 17th-20th 2006, Wien 2007, S. 94–103, hier S. 94 und 98–100.
25 Vgl. Eisenberg, Die Entdeckung des Sports, S. 16.
26 Vgl. Marschik, Sport und Sportgeschichte, S. 108
27 Vgl. Marschik, Sport und Sportgeschichte, S. 110.
28 Marschik, Sport und Sportgeschichte, S. 111.

len von Sekunden reiner Selbstzweck, allein dann, wenn die Sportlerin oder der Sportler im Wettbewerb nichts außer der Bestzeit oder der Bestweite vor Augen hat. Doch selbst in diesem kurzen Moment ist es der Triumph über eine Leistung der Gegnerin oder des Gegners, der über einen neuen Sieg oder Rekord zum Ausdruck kommt und dem eine gewisse Macht des Erfolgs innewohnt. Diese Macht zu nutzen, sie für staatliche Interessen, politische oder militärische Ziele einzusetzen, damit war der moderne Sport seit Beginn des 20. Jahrhunderts konfrontiert.[29] Der deutsche Historiker Nils Havemann bekräftigt diesen Umstand, wenn er in seiner Einleitung zu dem viel beachteten, aber auch kontrovers diskutierten Buch *Fußball unterm Hakenkreuz* schreibt:

> Sport und Politik sind seit der Antike eng miteinander verbunden. Schon, als sich der Sport im Zeitalter der kretisch-mykenischen Kultur über den natürlichen Bewegungsdrang und Spieltrieb des Menschen hinaus zu einem gesellschaftlichen Phänomen entwickelte, versuchten Politiker, ihn für ihre eigenen Ziele zu nutzen.[30]

Allerdings möchte ich hier den Fokus auf den modernen, institutionalisierten Sport lenken, der in der ersten Hälfte des 20. Jahrhunderts eine zunehmende Bedeutungssteigerung für demokratische gewählte Regierungen und Diktaturen erlebte.[31] Neben den politischen Funktionalisierungen bot der Sport aber stets auch Auswege, Lösungen und Rückzugsorte an. Er konnte und kann friedensstiftend wirken, völkerverbindend, allerdings auch kriegerisch oder ausgrenzend. Die Rollen Fremd- und Selbstzuschreibungen sind vielseitig und variabel. Sie eröffnen ebenso individuelle Handlungsspielräume, wie sie andererseits in Korsette zwängen können. SportlerInnen agieren daher nicht nur in ihrer Rolle als AthletInnen. In erster Linie handeln sie als Menschen. Die Fragestellung richtet sich demnach nicht danach, ob der Nationalsozialismus den Sport und

---

[29] Der institutionalisierte Sport wurde im Laufe des 20. Jahrhunderts von demokratisch gewählten Regierungen wie von Diktaturen immer wieder als politisches Mittel eingesetzt, um die Wirkungsmacht für gesellschaftspolitisch relevante Bereiche zu nutzen. Vgl. hier u. a. Sven Güldenpfennig, Plädoyer für eine Politikwissenschaft des Sports: Überlegungen zum Verhältnis von Sport, Politik und Ökonomie, in: Peter Lösche/Ruge Undine/Klaus Stolz (Hg.), Fußballwelten: Zum Verhältnis von Sport, Politik, Ökonomie und Gesellschaft, Wiesbaden 2002, S. 69. Ich teile hier aber nicht die Position Güldenpfennigs von der „Eigenwelt" des Sports, sondern verstehe Sport als gesellschaftliches Teilsystem, das nicht unabhängig von sozialen, ökonomischen und politischen Verhältnissen agieren kann. Vgl. Kai Reinhart/Michael Krüger, Funktionen des Sports im modernen Staat und in der modernen Diktatur, in: Historische Sozialforschung, Sport und Diktatur: Zur politischen und sozialen Rolle des Sports in den deutschen Diktaturen des 20. Jahrhunderts, 32 (2007) 1, S. 43–77.
[30] Nils Havemann, Fußball unterm Hakenkreuz. Der DFB zwischen Sport, Politik und Kommerz. Frankfurt 2005, S. 9.
[31] Vgl. Reinhart/Krüger, Funktionen des Sports, S. 43.

im Speziellen den Skisport für seine Bedürfnisse benutzt hat, denn dieses Faktum steht eindeutig fest, sondern inwieweit die Einflussnahme der NS-Diktatur von lokalen AkteurInnen in Gebirgstälern und -orten bzw. Stätten des Ski- und Wintertourismus mitgetragen und zum Teil vorbereitet und vorangetrieben wurde. An dieser Stelle soll auch geklärt werden, welche besondere Rolle der Skisport als Spitzensport und das Skilaufen allgemein für das „Dritte Reich" spielten. Ansonsten lässt sich die machtpolitische Bedeutung sowie gesellschaftspolitische Dimension einer Sportart kaum ergründen und die Faszination der Begeisterung im Sog der Propaganda anderseits kaum nachvollziehen. Die Frage nach der Bedeutung einer Sportart für die Gesellschaft führt schließlich zu den individuellen Motiven und Beweggründen, warum Personen wie gehandelt haben. Hier wird die Forschungsarbeit naturgemäß an ihre Grenzen stoßen, weil ein Großteil der AkteurInnen von damals nicht mehr am Leben ist, sie wird dennoch versuchen, anhand von biografischen Daten Rückschlüsse zu ziehen.

Im Sportgeschehen manifestieren sich gesellschaftliche Umbrüche. In seiner sozialen Funktion wirkt der Sport nicht selten als Vorbote eines sich abzeichnenden Wandels. Als kulturelle Bewegung beherbergt und generiert er ideologische Strömungen bzw. steht, wie Rainer Amstädter schreibt, im „Einfluss von Wirkungsfeldern der politischen und gesellschaftlichen Systeme".[32] Dementsprechend waren Vereine und Verbände stets nicht nur Triebfedern sportlicher Betätigung, sondern auch Ausdruck einer gewissen Geisteshaltung. Sie schufen Zugehörigkeiten, vermittelten und verbreiteten ein bestimmtes Weltbild. So gesehen hat es etwas zu bedeuten, wenn in einem christlich-konservativen Umfeld einer mäßig industrialisierten Landgemeinde plötzlich ein Arbeiterfußball-Klub Erfolge schreibt, während andernorts in einer deutschnationalistisch geprägten Provinzstadt ein Mehrsparten-Sportverein heranwächst und seine antijüdische Haltung offen zur Schau trägt. Der Sport ist also weit mehr als nur ein Abbild historischer Realitäten, er trägt diese in sich und prägt sie. Sport schreibt Geschichte, produziert und reproduziert diese.

SportlerInnen bewegen sich nicht nur in ihrer ureigenen Rolle als AthletInnen. Sie sind ebenso Handelnde in einem sozialen und politischen Gefüge und gestalten die Geschichte mit. Diese Eigenschaft wird in Studien oft vernachlässigt, sie verschwindet hinter Sieg und Niederlage, Erfolg und Misserfolg. In der populärwissenschaftlichen sportgeschichtlichen Erzählung dominieren vielfach leistungsbezogene Darstellungen und die sportliche Biografie.[33] Allzu selten wird

---
32 Rainer Amstädter, Der Alpinismus. Kultur – Organisation – Politik, Wien 1996, S. 11.
33 Vgl. u. a. Heinz Polednik, Das Glück im Schnee. 100 Jahre Skilauf in Österreich, Wien/München 1991.

der Versuch unternommen, die SportlerInnen in ihren gesellschaftspolitischen Kontexten zu verorten. Der fokussierte Blick auf Medaillen und Rekorde verengt das Sichtfeld, anstatt es zu öffnen. Eine gesellschafts- und kulturhistorisch ausgerichtete Sportgeschichtsforschung kann hier neue Perspektiven eröffnen.[34]

1.3 Verortung des „österreichischen" Skisports im Kontext des Nationalsozialismus

Der Skisport war neben dem Turnen und Bergsteigen eines der ersten Felder, auf denen der Nationalsozialismus in Österreich Fuß fasste und fassen konnte. Darauf weisen nicht nur unterschiedliche Quellen hin, die für die vorliegende Forschungsarbeit gefunden wurden. Der Sporthistoriker Matthias Marschik hat das in seiner umfassenden historischen Studie *Sportdiktatur* für den Sport in Österreich in den 1930er- und 1940er-Jahren nachgezeichnet.[35] Im organisierten Skilauf innerhalb des ÖSV trat ab den 1920er-Jahren die Tendenz zu einem völkischen Deutschnationalismus und schließlich zum Nationalsozialismus vermehrt zu Tage. Nicht zuletzt deswegen, weil der österreichische Skisport schon aus der gemeinsamen Tradition heraus enge nachbarschaftliche Kontakte mit dem deutschen pflegte. Das beginnt mit der gemeinsamen Geschichte der beiden Skiverbände DSV und ÖSV, die bis in die Gründungsphase zurückdatiert.[36] Eines steht fest: Der „alpenländische Skilauf" in Österreich und in Deutschland war in den ersten Jahrzehnten des 20. Jahrhunderts geprägt von einer gegenseitigen Wechselbeziehung. Der Skihistoriker Gerd Falkner analysiert diese Annäherung in seinen detaillierten Untersuchungen über die Implementierung des „Arierparagraphen" in den beiden Skiverbänden.[37] Der ideologische Kitt war

---

[34] In den vergangenen Jahrzehnten sind dazu auch in Österreich Einführungs-, Überblicksbände und Einzelstudien erschienen. Vgl. u. a. Rudolf Müllner, Perspektiven der historischen Sport- und Bewegungskulturforschung, Wien 2011; Matthias Marschik, „Wir spielen nicht zum Vergnügen". Arbeiterfußball in der Ersten Republik, Wien 1994 und Matthias Marschik, Sternstunden der österreichischen Nationalmannschaft: Erzählungen zur nationalen Fußballkultur, Wien 2008.
[35] Vgl. Matthias Marschik, Sportdiktatur. Bewegungskulturen im nationalsozialistischen Österreich, Wien 2008.
[36] Zur gemeinsamen Gründungsgeschichte des DSV und ÖSV vgl. u. a. Gerd Falkner, 100 Jahre Deutscher Skiverband. Chronik des deutschen Skilaufs von den Anfängen bis zur Gegenwart (Band 1), Chronik des deutschen Skilaufs von den Anfängen bis zum Ende des 2. Weltkriegs 1945, Planegg 2005.
[37] Vgl. Gerd Falkner, Der Arierparagraph in Satzungen mitteleuropäischer Skiverbände Anfang des 20. Jahrhunderts im verbandspolitischen Spannungsfeld zwischen nationalen Interessen und internationalem Anspruch, in: FdSnow, 30 (2012) 40, S. 4–24.

aber nur ein Teil der gemeinsamen Basis. Darüber hinaus hatte sich bereits sehr früh ein reger sportlicher Austausch bei Skiveranstaltungen entwickelt, noch bevor die FIS einen internationalen Meisterschaftsbetrieb ins Leben rief. Schon vor dem Ersten Weltkrieg und unmittelbar danach kamen österreichische und deutsche Skisportler in den Alpen zusammen, um den alpinen wie nordischen Skilauf gemeinsam zu betreiben und voneinander zu lernen. Der sportliche Austausch und das gemeinsame Erleben schufen nicht selten eine gemeinsame kulturelle Basis. Dementsprechend „passierte" die nationalsozialistische Machtübernahme in Österreich mit dem „Anschluss" nicht erst im März 1938, sondern war vielmehr ein schleichender Prozess über Jahrzehnte.

Wenn hier und im Folgenden vom österreichischen Skisport gesprochen wird, dann muss bemerkt werden, dass dieser in der Zeit des Nationalsozialismus ein reichsdeutscher war und so wie der Sport allgemein nach den Gesetzmäßigkeiten des NS-Regimes und NS-Sportsystems zu funktionieren hatte. Dennoch hörte der österreichische Skilauf bzw. ab März 1938 „ostmärkische Skilauf" nicht auf zu existieren, wie in der Festschriftkultur oder Populärwissenschaft fälschlicherweise behauptet. Skisportliche Entwicklungen wurden vom nationalsozialistischen Staat aufgegriffen und weitergeführt. Österreichische SkilehrerInnen dienten dem NS-Sportsystem ebenso wie deutsche und österreichische SportfunktionärInnen waren ab 1938 gleichermaßen mit sportpolitischen Ämtern betraut. Österreichische SkisportlerInnen traten ab dem „Anschluss" für das Deutsche Reich an und repräsentierten dieses bei nationalen und internationalen Bewerben. Manche von ihnen waren schon vor 1938 zum Nationalsozialismus übergelaufen und starteten für das NS-Regime. SportlerInnen nahmen an nationalsozialistischen Vorbereitungskursen und Trainings teil bzw. gestalteten diese zum Teil selbst mit. Die Zuschreibung „österreichisch" in der vorliegenden Forschungsarbeit ist mehr als eine geografische Verortung. Sie soll die Eigenheiten aufzeigen, die der Skisport in seiner Entwicklung im nationalen wie internationalen Kontext genommen hat und darauf eingehen, welche spezielle Rolle der „österreichische Skisport" im Gefüge des NS-Machtkomplexes gespielt hat.

Wesentlich für das Verständnis ist aber auch die dem Skisport von den Nationalsozialisten zugeschriebene Bedeutung. Durch das Skilaufen sollte nicht nur das „Volk" im Sinne der nationalsozialistischen Idee ertüchtigt, sondern die männliche Jugend zu einer wehrhaften Soldatenschar geschult werden. Die Ausbildung auf Skiern spielte neben der erzieherischen eine kriegswichtige Rolle, die unter Obhut der Staatsgewalt gestellt wurde. Der Sport war damit kein reines Freizeitvergnügen oder Mittel zur körperlichen Ertüchtigung und gehorchte auch nicht mehr nur seinen eigenen Gesetzen und Regeln, sondern stand unter dem Führerprinzip und wurde dementsprechend ausgebaut. Immerhin ging es den nationalsozialistischen Machthabern um nichts weniger als um die Vorherrschaft im Sport.[38] Welche mörderischen Konsequenzen das hatte, ist von der historischen wie sporthistorischen Forschung zum Nationalsozialismus belegt.[39] Diese angestrebte Vormachtstellung sollte sich ab 1938 auch im großdeutschen Skisport ausdrücken.[40] Über den Sport sollte die Überlegenheit des deutschen „Volkes", der „arischen Rasse" demonstriert werden.[41] Die körperliche Ertüchtigung zählte zu den wichtigsten Erziehungsfeldern des NS-Regimes mit einer immensen Wirkungsmacht.[42] Auf diese Weise eröffnete der staatliche Eingriff von Seiten des NS-Regimes gleichzeitig ganz neue Dimensionen. Es entstanden Abhängigkeiten, die nicht nur Einschränkungen mit sich brachten, sondern auch Chancen für eine privilegierte Mehrheitsbevölkerung im Deutschen Reich, die nicht vom NS-Regime ausgegrenzt und verfolgt wurde. Mit diesen Chancen wurden Hoffnungen einer ganzen SportlerInnen-Generation genährt. Das Belohnungs-System des Nationalsozialismus erzeugte in diesem Sinne auch im Skisport wirkungsvolle Loyalitäten zum Regime und diese blieben meist bis zum Ende des Krieges bestehen. Der Historiker Nils Havemann spricht in diesem Zusammenhang von „materiellen Bedürfnissen" und „individuellen Belangen", die ausschlaggebend sind, warum sich Menschen einer Ideologie zuwenden.[43] Diese Motive waren in dutzenden Fällen verantwortlich für den enormen Zulauf zur SA in Westösterreich, die vielfach aus der Skiriege genährt wurde. Dass hinter den Motiven neben Mitläufertum, Opportunismus oder Eitelkeit auch durchaus völkisches Gedankengut und Fanatismus bis hin

---

38 Vgl. hier u. a. Gerd Falkner, Skier für die Front, Planegg 2004, S. 6–7.
39 Vgl. hier u. a. die Beiträge von Werner Skrentny/Julius Hirsch: Der Nationalspieler, den die Nazis ermordeten, in: Lorenz Peiffer/Dietrich Schulze-Marmeling (Hg.), Hakenkreuz und rundes Leder. Fußball im Nationalsozialismus, Göttingen 2008, S. 489–497; Veronika Springmann, Fußball im Konzentrationslager, in: Lorenz Peiffer/Dietrich Schulze-Marmeling (Hg.), Hakenkreuz und rundes Leder. Fußball im Nationalsozialismus, Göttingen 2008, S. 498–503; Claus Bredenbrock, Die Todeself. Kiew 1942: Fußball in einer besetzten Stadt, in: Lorenz Peiffer/Dietrich Schulze-Marmeling (Hg.), Hakenkreuz und rundes Leder. Fußball im Nationalsozialismus, Göttingen 2008, S. 504–515.
40 Vgl. Hans von Tschammer und Osten, in: Durch Pulver und Firn. Das Buch der deutschen Skiläufer. Jahrbuch des Nationalsozialistischen Reichsbundes für Leibesübungen/Fachamt Skilauf, Innsbruck 1939/40, S. 5.
41 Vgl. Reinhart/Krüger, Funktionen, S. 43.
42 Helen Roche, Sport, Leibeserziehung und vormilitärische Ausbildung in den Nationalpolitischen Erziehungsanstalten. Eine „radikale" Revolution der körperlichen Bildung im Rahmen der NS-Gesamterziehung, in: Frank Becker/Ralf Schäfer (Hg.), Sport und Nationalsozialismus. Beiträge zur Geschichte des Nationalsozialismus (Band 32), Göttingen 2016, S. 173–196, hier S. 173.
43 Havemann, Fußball, S. 7.

zum Rassismus stecken konnten, soll in der Forschungsarbeit herausgearbeitet werden.

Anders als im Fußballsport waren die deutsch-österreichischen Gemeinsamkeiten in Skikreisen größer als das trennende Element. Während sich der Wiener Fußball, besser gesagt der „Donaufußball", und jener im „Altreich" konkurrierend gegenüberstanden und sich nach dem Ersten Weltkrieg sogar ein eigener mitteleuropäischer Cupbewerb entwickelte, der von Wien aus initiiert wurde,[44] suchten SkisportlerInnen und Skisportfunktionäre auf beiden Seiten der Grenze immer wieder die Nähe, den Kontakt und Austausch. Das drückt sich in gemeinsamen Wettbewerben sowie in Fragen der Identität und Zugehörigkeit aus. So gesehen gab es im deutsch-österreichischen Skisport nicht wie im Fußball zwei Welten,[45] sondern nur eine. Die physische Verbindung stellten die Berge dar, mental war eine deutschvölkische Geisteshaltung der gemeinsame Nenner. Die Annäherung erfolgte nicht nur auf einer rein sportlichen Ebene, sie wies starke deutschnationale Züge auf, die in Gesten und Handlungen zum Ausdruck kamen. Die ab den 1920er-Jahren einsetzende Ausgrenzungspolitik innerhalb des ÖSV mündete in einem radikalen Antisemitismus. Festgeschrieben ist diese Politik der Exklusion unter anderem in den Vereinsstatuten der Zwischenkriegszeit.

Den österreichischen Skisport[46] in der Zeit vor 1938, speziell ab der Machtübernahme der Nationalsozialisten in Deutschland 1933, generell und per se als nationalsozialistisch beschreiben zu wollen wäre irreführend. Innerhalb des politischen Spektrums existierten zumindest bis 1934 auch linke Vereine, die ihre eigenen Wettbewerbe veranstalteten.[47] Weiters gab es einzelne AkteurInnen und Vereine, die sich der völkischen Gesinnung entzogen und andere Wege beschritten. Jüdische Vereine deswegen, weil jüdische Sportbegeisterte sonst

---

[44] Vgl. Matthias Marschik spricht im Zusammenhang mit dem Wiener Fußball der 1930er-Jahre vom „Calcio Danubiano". Vgl. Matthias Marschik, Wiener Melange: Fußball in Österreich 1918–1939, in: Christian Koller/Fabian Brändle (Hg.), Fussball zwischen den Kriegen. Europa 1918–1939, Berlin 2010, S. 245–263, hier S. 256–257; Michael John, Donaufußball & Ostmarkpolitik: Fußballstile und nationale Identitäten, in: Lorenz Peiffer/Dietrich Schulze-Marmeling (Hg.), Hakenkreuz und rundes Leder. Fußball im Nationalsozialismus, Göttingen 2008, S. 206–222.
[45] Der österreichische Sportjournalist und Pressereferent des Österreichischen Fußballbundes (ÖFB) sprach in den 1930er-Jahren in Bezug auf Österreich und Deutschland von zwei Fußballwelten. Vgl. John, Donaufußball, S. 212.
[46] Mit österreichischem Skisport ist jener Skisport gemeint, der von ÖsterreicherInnen im In- und Ausland ausgeübt wurde, also ebenso von jenen SkisportlerInnen aus Österreich, die bereits vor 1938 nach Deutschland ausgewandert waren, um dort den Sport auszuüben.
[47] Vgl. hier besonders die Arbeiterwinterspiele in Mürzzuschlag, auf die später noch näher eingegangen wird.

nicht hätten aktiv sein können, Arbeitersportvereine, weil sie sich abgrenzten, und politisch nicht näher definierbare AkteurInnen, weil sie eine internationale Ausrichtung verfolgten. Aber innerhalb des Österreichischen Skiverbandes (ÖSV) und seiner Mitgliedervereine waren deutschnationale Strömungen vorherrschend. In welchem Ausmaß diese Strömungen tatsächlich von einer überzeugten nationalsozialistischen Gesinnung getragen und geprägt waren, lässt sich heute schwer beurteilen, da die Motive der einzelnen AkteurInnen in den vorliegenden Quellen meist im Verborgenen bleiben. Feststellen lassen sich aber Bekundungen der Sympathie gegenüber der nationalsozialistischen Bewegung und nachweisbar ist auch ein reger (illegaler) Grenzverkehr einiger Mitglieder von Skivereinen ab 1933 in Richtung Deutsches Reich, um sich dort sportlich, beruflich, aber auch politisch und (para-)militärisch in der „Österreichischen Legion" zu betätigen. Eine frühe Hinwendung zum NS-System in Skikreisen, die in eine (illegale) NSDAP-, SA-, oder SS-Mitgliedschaft münden konnte, war also keine Seltenheit. Mit diesem Befund landen wir bei der Feststellung von Ernst Hanisch, der einmal meinte: „Nicht alle Österreicher waren Nazis, gewiß, aber ebenso gewiß ist: nicht alle Österreicher waren im Widerstand."[48] Umgelegt auf den österreichischen Skisport im Kontext des Nationalsozialismus könnte das lauten: Nicht alle Skisportler waren Nazis, gewiss, aber ebenso gewiss ist: Nur wenige Skisportler waren im Widerstand.

Der im ÖSV organisierte österreichische Skisport integrierte sich auf diese Weise von Beginn an mühelos in das NS-Regime und näherte sich diesem an. Seine Aktiven waren großteils langgediente ParteigenossInnen oder zumindest SympathisantInnen einer großdeutschen Idee. Die Eingliederung in das Deutsche Reich wurde vielfach, und das geht aus verschiedensten Quellen hervor, nicht als Bruch empfunden. Der politische „Anschluss" an Hitler-Deutschland 1938 war für viele Mitglieder in Skiverbänden und -vereinen eine logische Fortsetzung dessen, was sich bereits in den späten 1920er- und frühen 1930er-Jahren angebahnt hatte. Der im ÖSV organisierte österreichische Skisport vor 1938 seinerseits war in seiner Erscheinung im Sinne der nationalsozialistischen Idee idealtypisch. Er präsentierte sich von jüdischen Elementen „reingewaschen" und entsprach neben dem deutschnationalen Turnen und Bergsteigen am meisten dem vom Nationalsozialismus propagierten „arischen Ideal". Die wenigsten AkteurInnen hatten sich aus nationalsozialistischer Sicht in politischer Hinsicht etwas vorzuwerfen. Ihre Einstellung und Geisteshaltung galt für das NS-Herrschaftssystem in überwiegendem Ausmaß als „einwandfrei". Anders als im ebenso populären Fußballsport war die vorherrschende Gesinnung der Mitglieder in den österreichischen Skivereinen um einiges klarer. Manche machten kei-

---

48 Ernst Hanisch zit. nach Botz, Krisen, S. 51.

nen Hehl daraus, andere hielten sich bedeckt, aber der allgemeine Tenor war eindeutig pro nationalsozialistisch und der Wunsch nach einem „Anschluss" Österreichs an Deutschland innerhalb der eingeschworenen Skikreise massiv.

Die meisten, mehrheitlich männlichen Sportler stießen über die Skivereine zur Partei oder gelangten durch diese zu einer SA- oder SS-Mitgliedschaft. Der Eintritt in die NSDAP oder der Beitritt zu einer Wehrformation erfolgte anstandslos. Als Vorbilder dienten den jungen SkiläuferInnen ältere und erfahrene Athleten, meist Funktionäre, die bereits eine Aufgabe innerhalb einer Parteiorganisation wahrnahmen. Die Vereine waren oft die erste Sozialisationsstufe für die späteren „Sporthelden" des NS-Systems. Jahre, bevor viele von ihnen tatsächlich für das „Dritte Reich" als Sportsoldaten kämpften, machten sie erste Erfahrungen mit der NS-Ideologie, aber auch mit dem NS-Belohnungssystem. Ehe sie ein wichtiger Teil der NS-Sportpolitik wurden, hatten sie bereits ihre Netzwerke aufgebaut. Diese Netzwerke griffen ab 1938, trieben die Karriere voran und sicherten so manchem das Überleben im Krieg. Das lässt sich aus den SA- und SS-Personalakten des Bundesarchivs in Berlin sowie den Entnazifizierungs- und Volksgerichtsakten der Nachkriegszeit belegen.

Die vom Hamburger Institut für Sozialforschung konzipierten Ausstellungen über die „Verbrechen der Wehrmacht", die von 1995 bis 1999 und von 2001 bis 2004 in verschiedenen deutschen und österreichischen Städten zu sehen waren, konnten das lange Schweigen der Nachkriegsgesellschaft aufbrechen und lösten eine neuerliche Diskussion in der historischen Zeitgeschichtsforschung bezüglich der NS-Täterschaft aus. Klaus-Michael Mallmann und Gerhard Paul konnten mit ihren Arbeiten in diesem Zusammenhang neue Erkenntnisse publizieren und Problemfelder definieren.[49] Die vorliegende Forschungsarbeit untersucht analog zur „neueren Täterforschung" die Biografien und die sozialen Milieus „ganz normaler Männer"[50] und ganz normaler Frauen im Kontext der Sportgeschichte, der Ersten Republik, des Austrofaschismus, des Nationalsozialismus und danach. Sie versucht, die Lebensläufe auf unterer und mittlerer Ebene in Partei, Wehrmacht, SA und SS sowie anderen NS-Organisationen zu verorten. Die Beteiligungen von SkiathletInnen und SkisportfunktionärInnen am NS-System sind zwar durch lokale und regionale Forschungsarbeiten teilweise bekannt,[51] aber noch nie in einem größeren gesellschaftshistorischen Zusammenhang und im Kontext der allgemeinen Sportgeschichte betrachtet wor-

---

49 Vgl. u. a. Klaus-Michael Mallmann/Gerhard Paul (Hg.), Karrieren der Gewalt. Nationalsozialistische Täterbiographien, Darmstadt 2004.
50 Vgl. Christopher R. Browning, Ganz normale Männer. Das Reserve-Polizei-Bataillon 101 und die „Endlösung" in Polen, Hamburg 1993.
51 Vgl. u. a. Anneliese Gidl/Karl Graf, Skisport in Innsbruck. Von den Anfängen bis ins 21. Jahrhundert, hrsg. vom Verein Tiroler Skigeschichte, Innsbruck 2010.

den. Ebenso wenig ist der österreichische Skisport im Nationalsozialismus in seinen populärwissenschaftlichen Nachkriegserzählungen aus dem kollektiven Opfermythos herausgelöst und in einen aktiven Bezugsrahmen gesetzt worden. Nur wenige regionalhistorische Arbeiten weisen bisher auf die aktive Rolle einzelner Skisportfunktionäre im NS-Regime hin.[52] Ansonsten präsentiert sich die österreichische Skisportgeschichte im Kontext des Nationalsozialismus auf weiten Strecken als eine Geschichte des Verdrängens.[53] Der österreichische Skisport wurde ebenso wie der Fußball in der Nachkriegszeit in eine nationale Opfererzählung eingebunden. Mit dem Unterschied, dass die Erzählstrategie im skisportlichen Nachkriegsnarrativ nicht nur damit argumentierte, Kriegsopfer zu sein, sondern bereits ein Opfer des „Anschlusses" geworden zu sein.[54] Außerdem diente der (alpine) Skisport mehr noch als der Fußball in der Zweiten Republik der Politik zur Reinwaschung des historischen Gewissens.[55]

Der Skisport zur Zeit des Zweiten Weltkriegs lag zu keiner Zeit in Trümmern, wie oft fälschlicherweise in Festschriften postuliert wird. Der Krieg forderte selbstverständlich auch unter den zur Wehrmacht eingerückten Skiläufern seinen Blutzoll. Der Trainings- und Wettbewerbsbetrieb war allerdings ein großer Profiteur des NS-Regimes, weil er, wie bereits erwähnt, zumindest bis zum Überfall auf die Sowjetunion ausgebaut wurde. Mit der nationalsozialistischen Machtübernahme wurde die männliche Jugend in der skisportlichen Ausbildung systematisch erfasst und auf den Krieg vorbereitet. Die sportliche Schulung und körperliche Abhärtung war für jüngere Jahrgänge oft eine Lebensschule, die sie bis heute nicht vermissen möchten. Dass sie auf das Töten vorbereitet wurden und darauf, im Vernichtungskrieg zu überleben, stand in keinem Gegensatz zu ihrer Begeisterung für den Sport und konnte diese nicht mindern. Die militärische Disziplinierung wurde über den sportlichen Alltag

---

[52] Vgl. hier etwa Laurin Peter, Turnen fürs Vaterland, Sport zum Vergnügen. Vorarlberger Sportgeschichte bis 1945, Bregenz 2001.
[53] Vgl. etwa Andreas Praher, Politisch belastet, sportlich frei – Salzburgs Sport nach 1945, in: Alexander Pinwinkler/Thomas Weidenholzer (Hg.), Schweigen und erinnern. Das Problem Nationalsozialismus nach 1945, Die Stadt Salzburg im Nationalsozialismus (Band 7), Salzburg 2016, S. 350–387, hier S. 350–352.
[54] Der Opfermythos löste den österreichischen Skisport, ähnlich dem Fußball, aus dem nationalsozialistischen Bezugssystem heraus. Vgl. David Forster/Georg Spitaler, Wiener Fußballer und die Deutsche Wehrmacht: Zwischen „Pflichterfüllung" und Entziehung, in: Markwart Herzog/Fabian Brändle (Hg.), Europäischer Fußball im Zweiten Weltkrieg, Stuttgart 2015, S. 65–86, hier S. 65 und 83.
[55] Vgl. Christoph Eric Hack, Alpiner Skisport und die Erfindung der österreichischen Nation 1945–1964, Dissertation, Graz 2013.

verinnerlicht.[56] Dauerläufe vor dem gemeinschaftlichen Frühstück in der Kaserne wurden nicht als Strapazen, das Springen aus zwölf Metern Höhe nicht als Gefahr, sondern als Herausforderung wahrgenommen. Die auf Krieg ausgerichtete NS-Sportpolitik wusste diese Begeisterung zu bedienen. Umgekehrt wussten SportlerInnen das System für sich zu nutzen.

Im Kontext des nationalsozialistischen Rassismus und des Holocaust wurden Spitzensportler mitunter auch zu Kriegsverbrechern.[57] Zumindest lässt sich in manchen Fällen eine Beteiligung belegen. Wer im Sport zur Elite gehörte, sprich zur SS, erbrachte meist nicht nur auf dem Sportplatz der Skipiste oder auf der Sprungschanze seine Spitzenleistungen, sondern auch auf dem Schlachtfeld, an und hinter der Front. In den Reihen österreichischer Skiläufer befanden sich nicht wenige, die in SS-Sportgemeinschaften ihre Leistungsfähigkeit unter Beweis stellten. Sie zählten zu jenen zuverlässigen Elitesoldaten, die das Deutsche Reich für seinen Eroberungskampf und Vernichtungskrieg im Osten brauchte, aber auch zur Überwachung oder Tötung von Regimegegnern, ob in Konzentrations- oder Vernichtungslagern.

Das Know-how österreichischer SkilehrerInnen[58] war ein nachgefragter „Rohstoff", um die Propaganda- und Kriegsmaschinerie des Nationalsozialismus in Schwung zu halten. Ihr Betätigungsfeld war dementsprechend groß und reichte von der Filmindustrie bis hin zur Schulung des soldatischen Nachwuchses. Es ist daher nicht verwunderlich, dass sich in all diesen Bereichen SkiläuferInnen aus der „Ostmark" finden lassen,[59] die aus ihrer sportlichen Tätigkeit

---

56 Vgl. dazu Jens Banach, Heydrichs Vertreter im Feld. Die Inspekteure, Kommandeure und Befehlshaber der Sicherheitspolizei und des SD, in: Gerhard Paul/Klaus-Michael Mallmann (Hg.), Die Gestapo im Zweiten Weltkrieg. „Heimatfront" und besetztes Europa, Darmstadt 2000, S. 82–99, hier S. 99. Jens Banach verweist darauf, dass die Überbetonung der körperlichen Leistungsfähigkeit durch ständige sportliche Wettbewerbe verknüpft mit militärischen Attributen wie beispielsweise „stramm" bei Angehörigen der jüngeren Generation, die den Ersten Weltkrieg nicht mitgemacht hatten, mitmenschliche Gefühle unterdrückt sowie „Härte und schroffes Auftreten" gefördert hätten.
57 Ich verwende hier bewusst nur die männliche Form, da hier Skisportler gemeint sind, die in militärischen Einheiten ihren Dienst versahen und sich in diesen an Kriegsverbrechen mitschuldig machten.
58 Aus den bisher recherchierten Quellen wird ersichtlich, dass das nationalsozialistische Sportsystem für die skiläuferische Ausbildung allgemein und die Wehrerziehung im Speziellen nur männliche Skilehrer heranzog. Zwar wurden auch reichsdeutsche Spitzensportlerinnen wie Christl Cranz als TrainerInnen für BDM-Lehrgänge herangezogen, hier ist aber die vormilitärische Ausbildung im Skilauf gemeint, die von Männern durchgeführt wurde.
59 Ich verwende hier und im Folgenden bewusst den Begriff „Ostmark" bzw. „ostmärkisch" in Verbindung mit SkisportlerInnen aus Österreich. Auch wenn die Bezeichnung „Ostmark" 1942 durch den Sammelbegriff „Alpen- und Donaureichsgaue" ersetzt wurde, entspricht sie der bis dahin gültigen NS-Terminologie.

Profit schlagen und ihre Stellung innerhalb der NS-Hierarchie ausbauen konnten.

Die Quellen belegen jedenfalls, dass der österreichische Skisport bis März 1938 bereits die Weichen für den „Anschluss" gestellt hatte. Die Eingliederung der Skivereine in den Deutschen Reichsbund für Leibesübungen (DRL) war ein formaler Akt, der in vielen Fällen keine tatsächlichen Auswirkungen auf personeller Ebene hatte, außer vorsitzende Personen in Skivereinen zählten aus „rassischen" oder politischen Gründen zu Gegnern des NS-Unrechtssystems. In vielen Fällen sind personelle Kontinuitäten in den Skiklubs nach der nationalsozialistischen Machtübernahme in Österreich nachweisbar. Jene Obmänner, die sich schon vor 1938 in der (illegalen) nationalsozialistischen Bewegung verdient gemacht hatten, hießen jetzt Vereinsführer, einen Einfluss auf ihre Vereinsarbeit hatte das aber kaum. Die Vorstandsmitglieder dienten jetzt nicht mehr einer austrofaschistischen Sportführung, sondern einer nationalsozialistischen. Selbst als Ende Dezember 1938 der DRL in den Nationalsozialistischen Reichsbund für Leibesübungen (NSRL) umbenannt und damit direkt der NSDAP unterstellt wurde, änderte das wenig an der Führung eines funktionierenden Skisportbetriebs. Das hing zum Teil damit zusammen, dass die nationalsozialistische Sportführung zumindest auf unterer und mittlerer Ebene auf das Potenzial vertraute und sich auf die Loyalität der „ostmärkischen" Skifunktionäre verließ.

Ideologische Kontinuitäten in den Sportverbänden, das kann für die Alpenvereine, die völkischen Turnvereine und für die Skivereine gleichermaßen behauptet und festgestellt werden, erleichterten jungen SportlerInnen das Hineinwachsen in die NS-Gesellschaft.[60] So überlegte der ÖSV bereits 1920 auf Vorschlag des steirischen Landesverbandes den „Arierparagraphen" verpflichtend einzuführen. Ab Herbst 1921, als kurzerhand der Deutschvölkische Skiverband (DVSV) als Unterverband des ÖSV gegründet wurde, verlangten drei Landesskiverbände, konkret Kärnten, Salzburg und Steiermark, die „germanische Volkszugehörigkeit" ihrer Mitglieder und legten damit ein klares Bekenntnis zu ihrem Deutschtum ab.[61] 1923 trat der „Arierparagraph" schließlich im gesamten ÖSV in Kraft. Der Ausschluss „nichtarischer" Mitglieder war demnach bereits

---

60 Der deutsche Sport- und Skihistoriker Gerd Falkner kommt in seinen Studien über den Skisport im Nationalsozialismus zu einem ähnlichen Schluss. Vgl. Gerd Falkner, Skipersönlichkeiten im Dritten Reich. Reflexionen über Instrumentalisierung und Funktionalisierung, in: Markwart Herzog (Hg.), Skilauf – Volkssport – Medienzirkus. Skisport als Kulturphänomen, Stuttgart 2005, S. 101.
61 Bei der Verbandsversammlung am 7./8. Oktober 1921 kam es zur Gründung des Deutschvölkischen Skiverbandes (DSVS) innerhalb des ÖSV. Diesem traten die Landesskiverbände aus Kärnten, Salzburg und der Steiermark bei sowie verschiedene Vereine aus Oberösterreich, Tirol

vor dem „Anschluss" zur Normalität in Skikreisen geworden. Die Wurzeln dafür reichen bis in die Monarchie zurück und sind geprägt von einem vorherrschenden Antisemitismus der konservativen und deutschnationalen Massenparteien, wie Rainer Amstädter betont. Auch er beschreibt in seiner Forschungsarbeit über den Alpinismus diese Ab- und Ausgrenzungspolitik, die sich in Turn- und Alpinvereinen manifestierte.[62] Die zu Beginn des 20. Jahrhunderts gegründeten deutschnationalen Skivereine sahen sich ebenso wie Alpen- und Turnvereine in der Tradition der völkischen Bewegung des ausgehenden 19. Jahrhunderts, in der sich antisemitische und rassistische Tendenzen breit machten.[63] Die völkische Ideologie kam ab den frühen 1920er-Jahren in Statuten und nach außen hin in eigenen Meisterschaften und Zusammenschlüssen wie dem DVSV zum Ausdruck. Eine gesellschaftshistorische Analyse des Skisports im Kontext des Nationalsozialismus muss daher unweigerlich die beiden Jahrzehnte vom Ende des Ersten Weltkriegs bis zum „Anschluss" 1938 in den Blick nehmen. Denn erst dadurch werden Motive und Handlungen einzelner AkteurInnen erkenn- und interpretierbar.

1.4 Forschungsstand

Es existiert eine schier unüberschaubare Ansammlung von populärwissenschaftlichen Publikationen, die sich mit der Skigeschichte Österreichs im 20. Jahrhundert auseinandersetzen. Kaum eine Historie einer anderen Sportart scheint hierzulande so viel Aufmerksamkeit zu genießen. Doch kritisch aufgearbeitet ist sie nicht. In vielen Erzählungen über „Skipioniere" oder „Skihelden" wird die Vergangenheit verklärt. Geblendet von Erfolgen, Höchstleistungen und Rekorden werfen AutorInnen von Festschriften zumeist einen nostalgischen und wenig distanzierten Blick auf die handelnden Personen. Die lapidare Betrachtungsweise des Sports als rein sportliches Phänomen, aber nicht als kulturelles, politisches, wirtschaftliches und gesellschaftliches, zieht sich wie ein roter Faden durch Vereins- und Verbandschroniken, aber ebenso durch populärwissenschaftliche Jubel- und Jubiläumsschriften. Das postuliert auch der Sporthistoriker Rudolf Müllner in seinem Aufsatz über den deutschnationalen

---

und Wien. Vgl. Gerd Falkner, Der Arierparagraph, S. 17; Josef Schmid (Hg.), Österreichischer Skiverband 100 Jahre: Emotion made in Austria, Innsbruck 2005, S. 61.
62 Vgl. Amstädter, Der Alpinismus, S. 15.
63 Zur völkischen Ideologie und Geschichte der völkischen Bewegung vgl. u. a. Günter Hartung, Völkische Ideologie, in: Uwe Puschner/Walter Schmitz/Justus H. Ulbricht (Hg.), Handbuch zur „Völkischen Bewegung" 1871–1918, München/New Providence/London/Paris 1996, S. 22–41.

Pädagogen und Universitätslehrer Erwin Mehl: „Die Ansammlung von überschwänglichem Lob ist eine selbstverständliche Stilübung in der Quellengattung von Festschriften anlässlich runder Geburtstage und muss daher dementsprechend kritisch gelesen werden".[64] Die beiden Historiker Frank Becker und Ralf Schäfer sprechen in diesem Zusammenhang von einer Meistererzählung, „die dem Sport eine prinzipielle Regimeferne attestierte", und davon, dass die Deutungshoheit dieses Narratives auch Jubiläumsschriften der Sportverbände geprägt hätte.[65] Somit ist die Sichtweise des „unpolitischen Sports" keine genuin österreichische. Jedoch erscheint sie mir trotz zahlreicher wissenschaftlicher Initiativen hierzulande eine sehr gängige zu sein. Hannes Strohmeyer stellt in seinem 1999 herausgegebenen Sammelband zur österreichischen Sportgeschichte folgendes fest: „Erforderlich wäre auch eine Historiographie, die den Skisport in die allgemeine sportliche sowie in die soziale, politische und wirtschaftliche Entwicklung integriert."[66] Dabei fordert Strohmeyer gleichzeitig dazu auf, für die historische Analyse Originalquellen zu verwenden, anstatt immer nur die Sekundärliteratur heranzuziehen und die regionalspezifische Betrachtungsweise des kulturellen Phänomens auf breiter Basis zu stellen.[67] Diese Forderung ist nun 20 Jahre alt. Tatsächlich hat sich auf dem Gebiet der historischen Sportgeschichtsforschung in den letzten zwei Jahrzehnten einiges getan.

Die ersten grundlegenden Forschungsarbeiten zum nationalsozialistischen Sportsystem lieferte Hajo Bernett in den 1970er- und zu Beginn der 1980er-Jahre.[68] Vor allem ab der Jahrtausendwende ist im deutschsprachigen Raum eine

---

64 Rudolf Müllner, Der Zdarsky-Biograph Prof. Dr. Erwin Mehl (1890–1984), in: Otmar Schöner (Hg.), Matthias Zdarsky und die Bahnbrecher im alpinen Schnee, Reichenau an der Rax 2015, S. 164–171, hier S. 166.
65 Frank Becker/Ralf Schäfer, Einleitung, in: Frank Becker/Ralf Schäfer (Hg.), Sport und Nationalsozialismus, Göttingen 2016, S. 15–16.
66 Hannes Strohmeyer, Beiträge zur Geschichte des Sports in Österreich. Gesammelte Arbeiten aus vier Jahrzehnten, Wien 1999, S. 354.
67 Vgl. Strohmeyer, Beiträge zur Geschichte des Sports, S. 354. Bereits fünf Jahre vor dieser Forderung, im Jahr 1994, verortet Matthias Marschik den Arbeiterfußball in der Ersten Republik im von der Sozialdemokratie geprägten „Roten Wien" und spricht von einer Vereinnahmung des Fußballs als typischen Sport der Arbeiterschaft. Damit verknüpft Marschik die Fußballgeschichte mit der Geschichte der Arbeiterbewegung der 1920er- und 1930er-Jahre. Vgl. Marschik, „Wir spielen nicht zum Vergnügen", S. 48. Schon 1981 legte Reinhard Krammer mit seiner Studie über den „Arbeitersport in Österreich" die ersten Grundlagen für diese spätere sporthistorische Perspektive. Er analysierte auf einer breiten Quellenarbeit erstmals die Organisationsgeschichte des Arbeitersports bis 1938. Vgl. Reinhard Krammer, Arbeitersport in Österreich. Ein Beitrag zur Geschichte der Arbeiterkultur in Österreich bis 1938, Wien 1981.
68 Vgl. etwa Hajo Bernett, Der Weg des Sports in die nationalsozialistische Diktatur. Die Entstehung des Deutschen (Nationalsozialistischen) Reichsbundes für Leibesübungen, Schorndorf 1983.

Fülle von Fachpublikationen, Monografien und Sammelbänden erschienen, die Sportgeschichte in ihrer gesellschaftlichen Dimension und Tragweite zu fassen versuchen und sich der Sportgeschichte, besonders der Fußballgeschichte im Nationalsozialismus, gewidmet haben.[69] „Die Geschichte des Sports im nationalsozialistischen Deutschland gilt inzwischen als eines der am gründlichsten erforschten Kapitel der deutschen Sportgeschichte",[70] schreibt Hans Joachim Teichler. Das trifft für Deutschland sicherlich zu, für Österreich stellt sich die Forschungslage jedoch anders dar. Für die österreichische Sportgeschichte im Kontext der NS-Diktatur und NS-Forschung ist die bereits erwähnte Studie *Sportdiktatur* von Matthias Marschik als Standardwerk hervorzuheben.[71] Neueste Erkenntnisse zur österreichischen Sportgeschichtsforschung aus unterschiedlichen Perspektiven und disziplinären Fachrichtungen liefert der aktuelle Sammelband *Images des Sports in Österreich*.[72] Auf regionaler Ebene hat sich im Bereich der Fußballgeschichte Walter M. Iber ausgiebig mit dem steirischen Fußball im Nationalsozialismus auseinandergesetzt und dabei auch die Vorgeschichte sowie den Umgang mit der nationalsozialistischen Vergangenheit nach 1945 mit in den Blick genommen.[73] Auf Vereinsebene kann der 2019 erschienene Sammelband zur Geschichte der Wiener Austria im Nationalsozialis-

---

69 Vgl. etwa Christiane Eisenberg, „English Sports" und deutsche Bürger. Eine Gesellschaftsgeschichte 1800–1939, Paderborn/München/Wien/Zürich 1999; Hajo Bernett, Sport und Schulsport in der NS-Diktatur, hrsg. von Berno Bahro und Hans Joachim Teichler, Paderborn 2017; Berno Bahro, Der SS-Sport. Organisation – Funktion – Bedeutung, Paderborn/München/Zürich/Wien 2013; Christian Koller/Fabian Brändle (Hg.), Fussball zwischen den Kriegen. Europa 1918–1939, Wien/Berlin 2010; Markwart Herzog (Hg.), Fußball zur Zeit des Nationalsozialismus. Alltag – Medien – Künste – Stars, Stuttgart 2008; Markwart Herzog/Fabian Brändle (Hg.), Europäischer Fußball im Zweiten Weltkrieg, Stuttgart 2015; Lorenz Peiffer/Dietrich Schulze-Marmeling (Hg.), Hakenkreuz und rundes Leder. Fußball im Nationalsozialismus, Göttingen 2008; Dietrich Schulze-Marmeling (Hg.), Davidstern und Lederball. Die Geschichte der Juden im deutschen und internationalen Fußball, Göttingen 2003; Johannes Gießauf/Walter M. Iber/Harald Knoll (Hg.), Fußball, Macht und Diktatur. Streiflichter auf den Stand der historischen Forschung, Innsbruck 2014; David Forster/Jakob Rosenberg/Georg Spitaler (Hg.), Fußball unterm Hakenkreuz in der „Ostmark", Göttingen 2014.
70 Hans Joachim Teichler, Rezension zu Markwart Herzog (Hg.), Die „Gleichschaltung" des Fußballsports im nationalsozialistischen Deutschland, Stuttgart 2016, in: Historische Zeitschrift, 306 (2018) 1, S. 274–276, hier S. 274.
71 Vgl. Marschik, Sportdiktatur.
72 Vgl. Matthias Marschik/Agnes Meisinger/Rudolf Müllner/Johann Skocek/Georg Spitaler (Hg.), Images des Sports in Österreich. Innensichten und Außenwahrnehmungen, Göttingen 2018.
73 Vgl. Walter M. Iber, Erst der Verein, dann die Partei. Der steirische Fußball und seine Traditionsklubs im Nationalsozialismus, Graz 2016.

mus genannt werden.[74] Der 2016 erschienene Tagungsband zur 1. Salzburger Fußballtagung setzt sich im Spannungsfeld von Provinz und Metropole in mehreren Beiträgen ebenfalls mit den gesellschaftlichen Dimensionen des Fußballsports in der ersten Hälfte des 20. Jahrhunderts und der NS-Diktatur auseinander.[75] Für das Bundesland Salzburg hat sich zuletzt der 2018 erschienene Sammelband *Salzburgs Sport in der NS-Zeit* umfassend mit der regionalen Sportgeschichte in der Ersten Republik, dem Austrofaschismus, in der NS-Herrschaft sowie in der Nachkriegszeit beschäftigt.[76]

Bisher wenig berücksichtigt und analysiert wurde die österreichische Sportgeschichte in der Zwischenkriegszeit. Neben einzelnen Beiträgen in dem eben erwähnten Sammelband zur Salzburger Sportgeschichte[77] beschäftigte sich noch Matthias Marschik ausführlicher mit dem Turnen und Sport im Austrofaschismus.[78] Ebenso vernachlässigt wurde bisher die historische Erforschung des Sports in der Zeit nach dem Zweiten Weltkrieg. Hier gibt es nur vereinzelte regionale sporthistorische Studien.[79]

---

74 Vgl. Bernhard Hachleitner/Matthias Marschik/Rudolf Müllner/Johann Skocek (Hg.), Ein Fußballverein aus Wien. Der FK Austria im Nationalsozialismus 1938–1945, Wien/Köln/Weimar 2019.
75 Vgl. Andreas Praher, Politische Radikalisierung im Salzburger Fußballsport in der Zwischenkriegszeit, in: Siegfried Göllner/Albert Lichtblau/Christian Muckenhumer/Andreas Praher/Robert Schwarzbauer (Hg.), Zwischen Provinz und Metropole. Fußball in Österreich. Beiträge zur 1. Salzburger Fußballtagung, Göttingen 2016.
76 Vgl. Minas Dimitriou/Oskar Dohle/Walter Pfaller/Andreas Praher (Hg.), Salzburgs Sport in der NS-Zeit. Zwischen Staat und Diktatur, Salzburg 2018.
77 Vgl. etwa Ernst Hanisch, Politik und Sport in der Ersten Republik, in: Minas Dimitriou/Oskar Dohle/Walter Pfaller/Andreas Praher (Hg.), Salzburgs Sport in der NS-Zeit. Zwischen Staat und Diktatur, Salzburg 2018, S. 15–30; Alfred Höck, In der Sportwelt radikal Ordnung schaffen. Sport im „Ständestaat", in: Minas Dimitriou/Oskar Dohle/Walter Pfaller/Andreas Praher (Hg.), Salzburgs Sport in der NS-Zeit. Zwischen Staat und Diktatur, Salzburg 2018, S. 41–64.
78 Vgl. Matthias Marschik, Turnen und Sport im Austrofaschismus (1934–1938), in: Emmerich Tálos/Wolfgang Neugebauer (Hg.), Austrofaschismus. Politik – Ökonomie – Kultur. 1933 – 1938, Wien 2008, S. 372–389.
79 Vgl. etwa Andreas Praher, Politisch belastet; Andreas Praher, Vergessen und verdrängt – Salzburgs Sport im Nachkriegsösterreich, in: Minas Dimitriou/Oskar Dohle/Walter Pfaller/Andreas Praher (Hg.), Salzburgs Sport in der NS-Zeit. Zwischen Staat und Diktatur, Salzburg 2018, S. 357–382; Ulrike Feistmantl, Entnazifizierung und Wiederaufbau des Salzburger Sportwesens, in: Minas Dimitriou/Oskar Dohle/Walter Pfaller/Andreas Praher (Hg.), Salzburgs Sport in der NS-Zeit. Zwischen Staat und Diktatur, Salzburg 2018, S. 335–356.

1.4.1 Der ungeschärfte Blick auf die Skisportgeschichte: Verdrängungskultur *made in Austria*

In der populärwissenschaftlichen Fachliteratur wird die Skigeschichte nach wie vor gern an Erfolgen einzelner AkteurInnen festgemacht, die gesellschaftliche Dimension und Bedeutung des Skilaufs sowie seine Wirkungsgeschichte allerdings wenig bis kaum untersucht. Gesellschaftspolitische und organisations- oder kulturhistorische Fragen, mag es aus Gründen der Bequemlichkeit sein oder aber auch aus Desinteresse, sind nach wie vor unbeantwortet geblieben.[80] Wie schon Strohmeyer schreibt, täuscht die Fülle skigeschichtlichen Schrifttums über diese Tatsache hinweg.[81]

Über die Rolle und Funktion des Skisports während des Nationalsozialismus gibt es nur vereinzelt wissenschaftlich fundierte Studien. Hervorzuheben sind hier die Veröffentlichungen des deutschen Skihistorikers Gerd Falkner, die sich intensiv mit der Entwicklung und Geschichte des „Arierparagraphen" im österreichischen und deutschen Skiverband sowie mit der Wirkung der NS-Sportpolitik auf den deutschen Skisport auf institutioneller und personeller Ebene auseinandersetzen. Auf dem Gebiet der Skisportgeschichte hat Falkner hier einige skisporthistorische Einzelstudien vorgelegt, die im Kontext von NS-Herrschaft und NS-Diktatur von Bedeutung sind.[82] Wertvolle regionalhistorische Erkenntnisse zur Kulturgeschichte des Skisports liefert der von Sabine Dettling, Gustav Schoder und Bernhard Tschofen 2014 veröffentlichte Band über *Skikultur am Arlberg*.[83] Eine globale und transnationale kulturhistorische Sichtweise auf den Skisport eröffnet der 2019 von Philipp Strobl und Aneta Podkalicka herausgegebene Sammelband *Leisure Cultures and the Making of Modern Ski Resorts*.[84] Nicht zu vergessen sind in diesem Zusammenhang die bereits vorangegangen Forschungsarbeiten des US-amerikanischen Skihistorikers John B. Allen, der in mehreren Publikationen auf die enge Verschränkung des nord- und mitteleuro-

---

80 Vgl. etwa Hermann Nußbaumer, Sieg auf weißen Pisten. Bilanz des alpinen Skisports, Linz 1974; Joachim Glaser, Goldschmiede im Schnee, 100 Jahre Salzburger Landes-Skiverband 1911–2011, Wien/Köln/Weimar 2011.
81 Vgl. Strohmeyer, Beiträge zur Geschichte des Sports, S. 353.
82 Vgl. hier besonders Falkner, Der Arierparagraph; Falkner, Skier für die Front; Gerd Falkner, Skipersönlichkeiten im Dritten Reich. Reflexionen über Instrumentalisierung und Funktionalisierung, in: Markwart Herzog (Hg.), Skilauf – Volkssport – Medienzirkus. Skisport als Kulturphänomen, Stuttgart 2005, S. 95–110; Gerd Falkner, Deutscher Skilauf unterm Hakenkreuz, in: DSV aktiv. Ski & Sportmagazin, Nr. 5, 2005, S. 23–29.
83 Vgl. Sabine Dettling/Gustav Schoder/Bernhard Tschofen (Hg.), Spuren: Skikultur am Arlberg, Bregenz 2014.
84 Vgl. Philipp Strobl/Aneta Podkalicka (Hg.), Leisure Cultures and the Making of Modern Ski Resorts, Cham 2019.

päischen Skilaufs mit dem US-amerikanischen hinweist.[85] Darüber hinaus bietet der 2019 von Rudolf Müllner und Christof Thöny veröffentlichte Tagungsband *Skispuren* einen perspektivisch breiten Zugang zur Wintersportgeschichte von Mittel- bis Nordeuropa und von Österreich bis Japan. Die einzelnen Beiträge beschäftigen sich mitunter mit der Entwicklung des alpinen Skisports in Schweden aus einer Genderperspektive und reichen von biografischen Zugängen bis hin zu wirtschaftshistorischen Analysen des Skisports und Untersuchungen der Bedeutung der Sportart für den Ersten Weltkrieg und die NS-Diktatur.[86]

Einen guten Beitrag zur kleinräumigen Sportgeschichtsforschung liefern regionalhistorische Studien wie jene von Laurin Peter, die sich detailliert mit der historischen Entwicklung und gesellschaftspolitischen Einbettung von Sportarten in Vorarlberg bis 1945 auseinandersetzt.[87] Peter analysiert in seiner Studie die Vorarlberger Sportgeschichte in der ersten Hälfte des 20. Jahrhunderts erstmals auf archivalischer Quellenbasis und fragt nach den gesellschaftspolitischen Strömungen und Umbrüchen bis 1945, die sich ebenso im Sport manifestierten. In diesem Kontext ist auch die akribisch recherchierte und auf Archivquellen basierende Forschungsarbeit von Andreas Brugger über den Skisport im Montafon zu nennen. Brugger bettet seine Studie ebenso in einen breiteren gesellschaftshistorischen Kontext und fragt nach den gesellschaftspolitischen Zusammenhängen.[88] Auch Karl Graf geht in seiner 1996 verfassten Studie über den Tiroler Sport in der ersten Hälfte des 20. Jahrhunderts diesen Fragen nach.[89] Diese beruht ebenso wie die 14 Jahre später und gemeinsam mit Anneliese Gidl herausgegebene Untersuchung über den *Skisport in Innsbruck* primär auf einer breiten Zeitungsrecherche.[90] Gidl und Graf beleuchten in ihrer 2010 publizierten Forschungsarbeit erstmals ausgewählte Biografien Innsbrucker SkisportlerInnen im Kontext der NS-Geschichte und rekonstruieren das lokale und regionale Skisportgeschehen in Innsbruck von 1938 bis 1945 vor dem Hintergrund der NS-Sportpolitik, ohne jedoch archivalische Quellen dafür zu ver-

---

85 Vgl. etwa John B. Allen, From Skisport to Skiing. One Hundred Years of an American Sport, 1840–1940, Amherst 1993; John B. Allen, The Culture and Sport of Skiing. From Antiquity to World War II, Amherst 2007.
86 Vgl. Rudolf Müllner/Christof Thöny (Hg.), Skispuren. Internationale Konferenz zur Geschichte des Wintersports, Bludenz 2019.
87 Peter, Turnen fürs Vaterland.
88 Andreas Brugger, Vom Pioniergeist zum Massensport. 100 Jahre Skisport im Montafon, Schruns 2006.
89 Vgl. Karl Graf, Tiroler Sportgeschichte. Turnen und Sport in Tirol bis 1955. Entwicklungen – Vereine – Meister, Innsbruck 1996.
90 Vgl. Gidl/Graf, Skisport.

wenden. Die meisten Befunde stützen sich auf Zeitungsberichte, die in den Innsbrucker Nachrichten 1938 bis 1945 erschienen sind.[91]

Trotz dieser ambitionierten Forschungsarbeiten im Bereich der Skisportgeschichte ist das skisportliche Narrativ der Zweiten Republik über die Zeit des Nationalsozialismus bis in die Gegenwart mehrheitlich von einer Kultur des Verdrängens geprägt und die Wissenschaft hat vielfach Mühe, diese Kultur aufzubrechen.

1.4.2 Der Mythos des unpolitischen Sports

In populärwissenschaftlichen Publikationen, Vereinschroniken und Festschriften wurde vielfach über die Zeit der NS-Herrschaft hinweggeschrieben. Sätze wie „[...] in der Folge wurden die Vereine selbst aufgelöst und auch der Wintersportverein St. Johann existierte nicht mehr. Nach den Wirrnissen des Krieges gab es einen Neubeginn, der Sport meldete sich langsam wieder zurück"[92] finden sich häufig in Festschriften. Sie blenden einerseits den sportlichen Alltag von 1938 bis 1945 aus, als hätte es diesen nicht gegeben, andererseits verleihen sie den sportlichen (männlichen) Handlungsträgern eine passive Rolle[93] und generieren auf diese Weise den Mythos des unpolitischen Sports, der nach 1945 in der Opferthese der Zweiten Republik seine Entsprechung fand.[94] Außerdem orientieren sich die historischen Darstellungen in Festschriften wie jene zum 100 Jahre Jubiläum des Wintersportvereins St. Johann im Pongau an der in Österreich weit verbreiteten Nachkriegs-Sichtweise, die österreichische Bevölkerung hätte während der NS-Herrschaft unbeteiligt und ohne Zustimmung unter einer „Fremdherrschaft" gestanden.[95] In der Chronik von Mühlbach aus dem Jahr 2012 subsummiert Fritz Hörmann den sportlichen Alltag im Skiklub Mühlbach am Hochkönig während der NS-Zeit mit dem Satz: „Alles und jedes wurde kontrolliert".[96] Als Kontrollorgane nennt Hörmann zwar die zuständigen Behörden,

---

91 Vgl. Gidl/Graf, Skisport.
92 Wintersportverein St. Johann im Pongau (Hg.), 100 Jahre Wintersportverein St. Johann im Pongau 1906–2006, St. Johann 2006, S. 17.
93 Vgl. u. a. Dieter Seefranz, Der Weiße Rausch. Vom Skisport in Österreich, Wien 1976.
94 Zur Verdrängung der nationalsozialistischen Vergangenheit in Österreich und zur Opferthese vgl. u. a. Gerhard Botz, Verdrängung, Pflichterfüllung, Geschichtsklitterung: Probleme des „typischen Österreichers" mit der NS-Vergangenheit, in: Gerhard Botz/Gerald Sprengnagel (Hg.), Kontroversen um Österreichs Zeitgeschichte, Frankfurt/New York 1994, S. 89–104.
95 Vgl. hier Botz, Krisen, S. 25.
96 Fritz Hörmann, Mühlbach am Hochkönig. Geschichte & Gegenwart, Mühlbach am Hochkönig 2012, S. 698.

verschweigt aber zugleich wer die handelnden Personen in den Fachämtern von der Kreis-, über die Gau- bis zur Reichsebene waren. Auf unterer bis mittlerer Ebene waren dies nicht selten langgediente Parteigänger aus dem regionalen Sportumfeld.[97] Der Entscheidungsspielraum, in dem sich die loyalen Sportfunktionäre auf Vereinsebene bewegen konnten, war zwar einerseits durch die Sportpolitik der NS-Herrschaft eingeschränkt, dennoch konnten diese Personen aufgrund von Anpassungsleistungen im Machtgefüge relativ frei agieren und ihre Rollen als Profiteure ausspielen, außer sie mussten das Tätigkeitsfeld zwangsweise räumen. Ebenso konnten SpitzensportlerInnen, insofern sie in das ideologische und rassistische Konzept des Nationalsozialismus passten, ihre Handlungsfelder zum Teil mitbestimmen.[98] Die Frage darf daher nicht lauten, was existierte nicht mehr, sondern, wie ging der Sportbetrieb in der „Ostmark" nach 1938 weiter und wie handelten die AkteurInnen nach dem „Anschluss"? Anders gesagt, müssen gerade die oben zitierten und in Festschriften immer wiederkehrenden „Wirrnisse des Krieges" der zentrale Forschungsgegenstand sein. Eben weil der Sportbetrieb ab 1938 nicht eingestellt wurde, sondern im Nationalsozialismus seine Fortsetzung und Steigerung fand. Seine Steigerung insofern, als der Sport ein wesentliches Element war, um die NS-Herrschaft in ihrer ersten Phase zu verankern und zu festigen. So gesehen konnte sich der Sport nach 1945 erst gar nicht langsam wieder zurückmelden, da er sich nie abgemeldet hatte. Der Skisport im Nationalsozialismus erfuhr eine Bedeutungssteigerung und mutierte zum *Big Player* im Deutschen Reich, nicht nur aufgrund militärischer Notwendigkeit, sondern um das System nach innen zu stabilisieren und die „Volksgemeinschaft" sozial zu befrieden,[99] während an der Front und in den besetzten Gebieten die Vernichtungsmaschinerie tobte und Millionen Tote forderte.

---

97 Wenn ein Sportverein im Zuge der NS-Gleichschaltungspolitik 1938 in die Einheitsorganisation DRL (später NSRL) überführt wurde, kam es bei der Besetzung der Vereinsführerposten in der Regel zu regimekonformen Stellenzuweisungen. Vgl. Andreas Praher, Spielball des Nationalsozialismus oder loyaler Erfüllungsgehilfe? Der Salzburger Fußballsport 1938–1945, in: Siegfried Göllner/Albert Lichtblau/Christian Muckenhumer/Andreas Praher/Robert Schwarzbauer (Hg.), Zwischen Provinz und Metropole. Fußball in Österreich. Beiträge zur 1. Salzburger Fußballtagung, Göttingen 2016, S. 133–144, hier S. 136–137.
98 Nils Havemann stellt diese Kontinuitäten in Bezug auf den Fußball und den Gleichschaltungsprozess im Deutschen Reich nach der NS-Machtübernahme fest. Vgl. Nils Havemann, Die „zweite Gleichschaltung" des Fußballs im Nationalsozialismus. Der deutsche Fußball und der DFB nach 1933, in: Markwart Herzog (Hg.), Die „Gleichschaltung" des Fußballsports im nationalsozialistischen Deutschland, Stuttgart 2016, S. 27–34, hier S. 28–29.
99 Vgl. u. a. Gerd Falkner, Kraft durch Freude – Massenskisport, Skischulen und Skireisen in der nationalsozialistischen Diktatur in Deutschland (1933–1945), in FdSnow, 32 (2014) 44, S. 10–27, hier S. 11 und 24.

Die Auflösung von Vereinen im Zuge der Machtübernahme manifestierte sich zwar zurecht in der Überlieferung der Vereinsfestschriften, sie blieb immerhin als gewisses Trauma (Verlust der Selbstständigkeit) im kollektiven Gedächtnis vieler Mitglieder, die sportlichen Praxen hörten damit aber nicht auf zu existieren. Sie wurden unter anderen Voraussetzungen und radikalen Vorzeichen weiter betrieben. Die Festschrift des Skiklubs Bischofshofen stellt diese Tatsache in ihrer Betrachtung folgerichtig dar: „Soweit die Sportler nicht eingerückt waren, betrieben sie bis zum Kriegsende ihren Sport bei den verschiedenen Organisationen der damals einzigen zugelassenen Partei, der NSDAP [...]".[100] Doch auch jene Festschrift erzählt vor allem von den Erfolgen der männlichen Athleten bis 1945 aus den Reihen des Skiklubs und lässt ihre „Leistungen" für das „Dritte Reich" völlig unkommentiert. Einzig eine Bildunterschrift unterstreicht die Werbewirksamkeit einer Skisprungveranstaltung 1943 in Werfen für das NS-Regime.[101] Stoff für Heldengeschichten liefert dann noch der abschließende Satz zur Wiedergründung des Skiklubs nach dem Zweiten Weltkrieg: „[...] doch die unverwüstlichen Athleten fanden relativ schnell Anschluss an die Spitze".[102] Der Verfasser bedient damit den Nimbus des „unzerstörbaren" meist männlichen „Helden", der im Skisport bis heute fortlebt. Dass im Kontext des Nationalsozialismus diese beschriebenen „unverwüstlichen Athleten" auch Teile besetzter Gebiete verwüstet haben, indem sie am Eroberungs- und Vernichtungskrieg des Deutschen Reichs teilnahmen, verschleiert der Satz. Derartige Formulierungen sind aber kein Einzelfall, sie finden sich in ähnlichen Ausführungen in anderen populärwissenschaftlichen Publikationen und Festschriften über den österreichischen Skisport. Verdeutlicht wird damit nicht nur die Wichtigkeit der sportlichen, meist männlichen Leistungsträger für den Wiederaufbau und das nach 1945 stark angeschlagene österreichische Nationalbewusstsein, gleichzeitig unterstreicht der Satz den mythenhaften Charakter der tradierten Sportgeschichtserzählung. Noch deutlicher wird dies in Textpassagen aus der 100-Jahre-Festschrift des Salzburger Landes-Skiverbands, die 2011 in einem renommierten österreichischen Wissenschaftsverlag erschienen ist. Da werden Skistars des Nationalsozialismus wie Josef Bradl oder Gregor Höll zu „Glücksrittern" stilisiert, über die das „Unheil der NS-Zeit" hereinbrach und die ohne ihr Zutun zu einer SA-Mitgliedschaft kamen.[103] Diese Feststellungen sind faktisch falsch. Sie setzen aber bei der Tradition und Logik früherer Veröffentlichungen

---
100 Hugo Kassel, Skiklub Bischofshofen 1904–2004. Zur Geschichte des Skiklubs Bischofshofen, Bischofshofen 2004, S. 29.
101 Vgl. Kassel, Skiklub Bischofshofen, S. 29.
102 Kassel, Skiklub Bischofshofen, S. 30.
103 Glaser, Goldschmiede, S. 23–24.

an und führen eine Darstellung der Geschichte fort, die den Opfermythos des Skisports bekräftigt. Das unpräzise Bild, das daraus entsteht, verschwimmt oft in einer Erfolgsstory, die geprägt ist von Heldengeschichten und -mythen in idyllischer Bergwelt, frei von einem politischen Alltag. Selbst in der 100-Jahre-Jubiläumspublikation des Österreichischen Skiverbandes werden die Schattenseiten großteils ausgeblendet, der Skisport als Verlierer hingestellt, aber nie als Profiteur des NS-Systems. Nach den Geschichten der Verfolgten wird darin ebenso wenig gefragt wie nach jenen der TäterInnen. Die negativen Begleiterscheinungen des im Verband eingeführten „Arierparagraphen" werden zwar thematisiert, nicht aber seine Hintergründe sowie seine Folgen. Im Vordergrund der historischen Darstellung stehen die Sperren österreichischer SkiläuferInnen bei internationalen Wettbewerben aufgrund des „unglückseligen" Paragraphen in den 1920er-Jahren.[104] Die Ausschlüsse werden bedauert, die Frage der Verantwortung aber weder gestellt noch weiterverfolgt. Welche Wirkung und Folgen die Ausgrenzungspolitik im weiteren Verlauf der Geschichte hatte, wird nicht thematisiert.

Allzu oft wurde die historische Erforschung der Sportgeschichte „Amateuren" überlassen, die zwar aus Eigeninteresse beherzt an die Sache gingen,[105] aber keine neuen Erkenntnisse zu Tage brachten. In seltenen Ausnahmen wurde das Augenmerk auf eine distanzierte und kritische Betrachtung gelegt. Die Festschriften sind dennoch eine wesentliche Quelle für HistorikerInnen. Die Jubiläumsbände zum 50er oder 100er eines Vereines beinhalten nicht nur wichtige Informationen zu einzelnen AkteurInnen und ihren Funktionen innerhalb des Sportbetriebes, ihre Aussagekraft liegt vielmehr in der unreflektierten Perspektive eines gesellschaftlich hochkomplexen Systems. Die niedergeschriebenen Mythen und zu Legenden gewordenen Erzählungen, die Festschriften produzieren und reproduzieren, werden damit selbst zu relevanten Quellen.

1.5 Theoretische Überlegungen und methodische Herangehensweise

Eine Geschichte des Skisports im Nationalsozialismus zu schreiben bedeutet nicht, nur den zeithistorischen Kontext der NS-Diktatur sowie die Zeit davor

---

104 Vgl. Schmid, Österreichischer Skiverband, S. 61.
105 In vielen Fällen waren bzw. sind die vorwiegend männlichen Verfasser von Jubiläumsschriften Teil des Sportsystems. Nicht selten erfüllten bzw. erfüllen sie vereinspolitische Aufgaben. Das ist mitunter ein Grund, warum populärwissenschaftliche Arbeiten eine kritische Distanz vermissen lassen.

und danach in der Analyse mitzudenken, sondern auch das Spezielle an der Sportgeschichte herauszufiltern. Worin liegen die Eigenheiten in der historischen Entwicklung des Skilaufs bzw. Skisports auf nationaler und internationaler Ebene? Welche gesellschaftliche Bedeutung und Rolle können der Sportart zugeschrieben werden? Diese Fragen bedeuten für die Herangehensweise zunächst eine Annäherung an die Geschichte des Sports an sich, bevor diese in der Geschichte der nationalsozialistischen Herrschaft beforscht werden kann. Denn ohne zu wissen, welches Selbstverständnis oder welche Sichtweisen der österreichische Skisport 1938 mitbrachte, wird eine erkenntnisorientierte Forschung zur Skisportgeschichte im Nationalsozialismus wenig zielführend sein. Der Untersuchungsgegenstand selbst wie auch das Untersuchungsinteresse der vorliegenden Studie verlangt schon allein deshalb ein offenes und theorieverschränkendes Forschungsdesign, das sowohl unterschiedliche Quellengattungen wie einzelne Methoden aus der Geschichtswissenschaft und Nachbardisziplinen kombiniert.

1.5.1 Sportgeschichte als Gesellschafts-, Kultur- und Alltagsgeschichte

Jegliche sportliche Betätigung steht in einer Wechselbeziehung mit der Gesellschaft, sprich mit anderen gesellschaftlichen Teilbereichen, wie der Politik, der Wirtschaft, dem Bildungs- und Gesundheitssystem sowie dem Militär. Sport hat demnach eine „Bedeutung für die Gesellschaft als soziales System".[106] Eine gesellschaftshistorische Analyse des Sports sollte daher Fragen nach der Organisationsgeschichte des Sports mit gesellschaftspolitischen Fragen verknüpfen und diesen Blick von außen und oben auf den Untersuchungsgegenstand mit einer Geschichte von innen und „von unten" verweben, um so den Einfluss bestimmter Gruppierungen und Persönlichkeiten analysieren und die gesellschaftskulturelle Bedeutung des Sports bestimmen zu können. Auf diese Weise können nicht nur die lokalen und regionalen sportlichen Aktivitäten (Mikroprozesse) erfasst, sondern die Wechselwirkungen und Rezeptionsleistungen erschlossen werden. Eine solche Analyse setzt laut Hans Langenfeld eine exakte Kenntnis der Sportgeschichte auf nationaler Ebene voraus und sollte darüber hinaus die internationalen Entwicklungen berücksichtigen.[107] Daher war es für diese Forschungsarbeit unerlässlich, zunächst die sportrelevanten Entwicklungslinien im zeithistorischen Kontext aufzuzeigen, bevor eine konkrete Aus-

---
106 Eisenberg, „English Sports", S. 14.
107 Vgl. Hans Langenfeld, Regional-, Orts- und Vereinsgeschichte, in: Michael Krüger/Hans Langenfeld (Hg.), Handbuch Sportgeschichte, Schorndorf 2010, S. 253–262, hier S. 253.

wertung der Quellen auf Basis dieses Wissens erfolgen konnte. Denn erst vor dem Hintergrund der allgemeinen Gesellschafts- und Sportgeschichte können Ergebnis- oder Startlisten, Vereinsstatuten oder -protokolle historisch eingeordnet werden.

Die Faszination an der historischen Erforschung des Sports liegt demnach nicht am „Wettkampf-Interesse" an sich. Das Sammeln von sportstatistischen Daten gehört zwar unweigerlich zu jeder sporthistorischen Forschung: Prinzipiell handelt es sich aber nicht um ein Rennen auf Zeit oder eine Jagd nach Medaillen, sondern um eine gesamtgesellschaftliche Betrachtung des kulturellen Phänomens Sport. In dieser Betrachtung wird Sport als eine Form der Populärkultur und als eine gesellschaftliche Bezugsgröße wahrgenommen, die in Relation steht zur Wirtschaft oder Politik.[108] Der gesellschaftsorientierte Ansatz der *Cultural Studies*, den die britischen und US-amerikanischen *Sport Studies* verfolgen und der auch in der österreichischen Sportgeschichtsforschung Einzug gehalten hat, hilft hier weiter, um wesentliche Entwicklungen und Erscheinungsformen beschreiben und erklären zu können.[109] Sämtliche (sportlichen) Handlungen werden in diesem Zusammenhang als soziale und kulturelle Praxen begriffen. Diese Praxen können sich im Laufe der Geschichte ändern und sind räumlich wie zeitlich determiniert.[110] So schreibt die Historikerin Christiane Eisenberg in der Einleitung ihrer Studie zu *English Sports und deutsche Bürger*:

> Dennoch ist der Sport stets auch ein integraler Bestandteil der umgebenden Gesellschaft, von der er geprägt wird und auf die er zurückwirkt. Indem er bestimmte Lebensstile und Prinzipien der Lebensführung nahelegt, beeinflußt er die Strukturen sozialer Ungleichheit (Stände, Klassen, Schichten, Minoritäten, Geschlechter, Altersgruppen), die er entweder spiegelbildlich abbildet oder konterkariert.[111]

Dabei darf der Sport nicht als Spiegel- oder Abbild der Gesellschaft begriffen werden, denn das würde in der gesellschaftshistorischen Analyse zu Missverständnissen führen. Vielmehr konstruiert der Sport Realitäten, indem er kulturelle Angebote und Handlungsspielräume schafft.

Die vorliegende Forschungsarbeit greift daher die Methode der Kulturwissenschaften auf und begreift Sport ähnlich dem Verständnis von Claus Tiedemann als „ein kulturelles Tätigkeitsfeld".[112] In einem solchen sollen die Mecha-

---

108 Vgl. Marschik, Austrian Sport, S. 194.
109 Vgl. Müllner, Perspektiven, S. 36.
110 Müllner, Perspektiven, S. 38.
111 Eisenberg, „English Sports", S. 13.
112 Claus Tiedemann, „Olympismus und Friedens-Hypothese" oder: Sport und Frieden – Wunsch und Wirklichkeit in: Andrea Bruns/Wolfgang Buss (Hg.), Sportgeschichte erforschen und vermitteln, Hamburg 2009, S. 171.

1.5 Theoretische Überlegungen und methodische Herangehensweise — 31

nismen sozialen Handelns aufgespürt und analysiert werden. Das konkrete Verhalten einer Sportlerin bzw. eines Sportlers wird somit nicht mehr als rein sportlich dominierte Handlung, sondern als sozial bestimmt angesehen. Anders gesagt wird die sportliche Praxis als Teil des sich ändernden gesellschaftspolitischen Alltags begriffen und in diesem Spannungsfeld untersucht. Sven Güldenpfennig sieht den

> Sport als kulturelles Tätigkeits-System, obwohl in sich nicht-politisch, dennoch zu seiner Erhaltung und Gestaltung politikbedürftig und als institutionelles System auch politik-fähig. In dieser und nur in dieser Weise ist er Feld und Gegenstand politischen Handelns.[113]

Diesem soziokulturellen Ansatz unterliegt auch die vorliegende Forschungsarbeit. Jedoch gehe ich davon aus, dass Sport als „integraler Bestandteil der umgebenden Gesellschaft"[114], wie es Eisenberg formuliert, sehr wohl in sich politisch ist und als „eigenständiges soziales Feld", wie Marschik schreibt, in Bezug auf andere gesellschaftliche Felder untersucht werden sollte.[115] Sport wirkt einerseits wie eine Art Katalysator, indem er gesellschaftliche Prozesse beschleunigen und vorantreiben kann, andererseits diese als Impulsgeber auslösen kann. Gleichzeitig kann sportliches Handeln Ausdruck einer ideologiepolitischen Strömung sein. So lagen bestimmten Handlungen sozialdemokratischer ArbeitersportlerInnen der 1930er-Jahre sehr wohl ein politischer Habitus und eine politische Intention zugrunde. In der Arbeitersportbewegung der Ersten Republik definierte sich eine Klassenzugehörigkeit. Die ArbeitersportlerInnen traten offen gegen Faschismus auf und stellten sich gegen bürgerliche Eliten sowie konservative Kräfte.[116] Der Aufmarsch von rund 80 000 ArbeitersportlerInnen zur Eröffnung der 2. Arbeiterolympiade 1931 im „Roten Wien" war, wie Marschik schreibt, ein „politischer Akt, um die Entschlossenheit, den Kampf um sozialistische Errungenschaften und die Erhaltung der Demokratie fortzusetzen".[117] Das

---

113 Sven Güldenpfennig, Plädoyer für eine Politikwissenschaft des Sports: Überlegungen zum Verhältnis von Sport, Politik und Ökonomie. In: Peter Lösche/Ruge Undine/Klaus Stolz (Hg.), Fußballwelten: Zum Verhältnis von Sport, Politik, Ökonomie und Gesellschaft, Wiesbaden 2002, S. 65–86, hier S. 72–73; Sven Güldenpfennig, Sport: Kritik und Eigensinn. Der Sport der Gesellschaft, Sankt Augustin 2000, S. 319.
114 Eisenberg, „English Sports", S. 13.
115 Vgl. Marschik, Transformationen der Bewegungskultur, in: Matthias Marschik/Rudolf Müllner/Otto Penz/Georg Spitaler (Hg.), Sport Studies, Wien 2009, S. 23–34, hier S. 34.
116 Zur politischen Ausrichtung des Arbeitersports in der Ersten Republik vgl. u. a. Georg Spitaler, Ein Spuk-Bild des linken Sports: „Nie schiesst der Fascismus im roten Wien ein Goal!", in: Matthias Marschik/Agnes Meisinger/Rudolf Müllner/Johann Skocek/Georg Spitaler (Hg.), Images des Sports in Österreich. Innensichten und Außenwahrnehmungen, Göttingen 2018, S. 189–200, hier S. 194–196.
117 Marschik, „Wir spielen nicht zum Vergnügen", S. 9.

im selben Jahr abgehaltene wintersportliche Pedant dazu in Mürzzuschlag war neben dem sportlichen Kraftakt ebenso ein politisches Statement der international vernetzten ArbeiterInnensportbewegung Europas.[118] Sport kann demnach soziale Unterschiede festmachen, Klassenzugehörigkeit definieren und hat eine bestimmte politische Deutungsmacht. Letztere kommt bei internationalen Sportgroßveranstaltungen wie Olympischen Spielen oder Weltmeisterschaften zum Ausdruck. Sport kann darüber hinaus eine soziale Verantwortung übernehmen, bestimmte Werte vertreten und Haltungen einnehmen. In Wechselbeziehungen mit Wirtschaft, Politik und vor allem medialer Öffentlichkeit erlangt der Sport nicht nur eine Bedeutung, sondern hat auch eine gewisse Deutungshoheit. Er wird zu einem „gesellschaftspolitischen ‚issue'"[119], der Realitäten über seine Wirkungsmacht herstellt. Nicht nur Nationen und Staaten waren und sind sich dessen bewusst, sondern auch Vereine und Verbände selbst betrieben und betreiben in diesem Sinne ein gewisses Agenda-Setting. Dieses Agenda-Setting kann eine Abgrenzung bedeuten und bis zur Ausgrenzung führen, da die Zugehörigkeit zu bestimmten nationalen wie regionalen und lokalen Sportvereinen, egal ob parteipolitisch ausgerichtet oder nicht, mit der Bildung von Identitäten verbunden ist. In diesem Sinne dürfen Sportvereine in ihrer historischen Analyse nicht losgelöst von ihrem sozialen und politischen Kontext betrachtet werden und ihre Entwicklung muss stets in Zusammenhang mit dem vorherrschenden nationalen Sportsystem gesehen werden. Eine der zentralen Fragen ist daher jene nach den historischen Ursprüngen von Sportvereinen. Gleichbedeutend sind die Fragen nach der Rolle und Position der Sportvereine in der nationalen Sportpolitik und -struktur sowie nach der Integrationsleistung der Klubs.[120] Jeder Sportklub übernimmt schließlich bestimmte soziale Funktionen die Erziehung, Gesundheit oder Inklusion bzw. Exklusion betreffend. Die HerausgeberInnen des vergleichenden Sammelbandes *Sport Clubs in Europe* sprechen sich deshalb für eine Makro- und Meso-Perspektive aus, auf der Sportvereine zu untersuchen sind. Während die Makro-Perspektive die soeben geschilderte gesellschaftspolitische Bedeutung analysiert, geht die Meso-Perspektive der Größe

---

118 Die Arbeiter-Wintersportspiele in Mürzzuschlag fanden im selben Jahr statt wie jene im Sommer in Wien.
119 Christiane Eisenberg verwendet diesen Begriff in Zusammenhang mit Sport und seiner Bedeutung für die Gesellschaft als soziales System. Vgl. Eisenberg, „English Sports", S. 14.
120 Vgl. Siegfried Nagel/Torsten Schlesinger/Pamela Wicker/Jo Lucassen/Remco Hoekman/Harold van der Werff/Christoph Breuer, Theoretical Framework, in: Christoph Breuer/Remco Hoekman/Siegfried Nagel/Harold van der Werff (Hg.), Sport Clubs in Europe. A Cross-National Comparative Perspective, Cham 2015, S. 7–28, hier S. 21.

1.5 Theoretische Überlegungen und methodische Herangehensweise

und der Ausrichtung der Vereine auf den Grund.[121] Ich nehme in meiner Analyse noch eine Mikro-Perspektive hinzu, die den sozialen Background der Mitglieder und das Innenleben der Vereine auf regionaler Ebene näher durchleuchtet. Gerade die mikrohistorische Analyse ermöglicht Rückschlüsse auf Handlungen, führt zu einem tieferen Verstehen von gesellschaftlichen Zusammenhängen und ist daher ein wertvolles Tool in der sporthistorischen Forschung.[122]

Dieses eben dargestellte gesellschaftliche Verständnis von Sport führt unweigerlich in die alltags- und kulturhistorische Auseinandersetzung mit der Thematik. Welches kulturelle Verständnis und welche kulturellen Handlungen wurden in österreichischen Skivereinen der Zwischenkriegszeit gepflegt? Welche Möglichkeiten der Identifikation boten die Vereine? Wie sahen die sozialen Realitäten und der Alltag in den Vereinen aus? Diese Fragen sind notwendig zu stellen, um spätere Entwicklungen verstehen und um den Übergang in das nationalsozialistische Herrschaftssystem erklären zu können. Die Alltagsgeschichte kann hier wertvolle Erkenntnisse liefern,[123] indem sie aufzeigt, „dass Befehle ‚von oben' allein nicht zur Etablierung eines nationalsozialistischen Machtgefüges ausreichten".[124] Vielmehr entsteht Herrschaft durch soziales Handeln der AkteurInnen und durch konkrete Lebenspraxen.[125] Dabei rückt die alltagskulturelle Ebene in den Fokus der wissenschaftlichen Betrachtung und mit ihr der sportliche Alltag über den sich ebenso Zugehörigkeiten, Identifikationen und Zuschreibungen ausdrückten. Diese Perspektive von unten bietet die Möglichkeit, den Weg des österreichischen Skisports in den Nationalsozialismus nicht nur zu beschreiben, sondern auch zu verstehen. In den Worten von Kurt Bauer ausgedrückt:

> Der Nationalsozialismus kam aus der Mitte der Gesellschaft, nicht aus einer versteckten, dunklen Nische. Nichts wäre verfehlter, als ihn als Fremdkörper in der deutschen Geschichte, als eine Art Betriebsunfall zu betrachten.[126]

---

121 Vgl. Nagel/Schlesinger/Wicker/Lucassen/Hoekman/van der Werff/Breuer, Theoretical Framework, S. 21–22.
122 Markwart Herzog verweist in seinem Sammelband über die „Gleichschaltung" des Fußballsports im nationalsozialistischen Deutschland auf die Bedeutung mikrohistorischer Analysen zum Vereinsgeschehen und stellt gleichzeitig einen Mangel fest. Vgl. Markwart Herzog (Hg.), Die „Gleichschaltung" des Fußballsports im nationalsozialistischen Deutschland, Stuttgart 2016, S. 137.
123 Vgl. Alf Lüdtke, Zur Rekonstruktion historischer Erfahrungen und Lebensweisen, Frankfurt 1989.
124 Matthias Marschik, Cultural Studies und Nationalsozialismus. Aspekte eines Geschichtsbildes, Wien/Berlin 2011, S. 38.
125 Vgl. Alf Lüdtke, Alltagsgeschichte – ein Bericht von unterwegs, in: Historische Anthropologie: Kultur, Gesellschaft, Alltag 11 (2003) 2, S. 278–295, hier S. 284.
126 Kurt Bauer, Nationalsozialismus. Ursprünge, Anfänge, Aufstieg und Fall, Wien/Köln/Weimar 2008, S. 15.

In diesem Sinne sollen im Folgenden der Skisport und seine AkteurInnen im Nationalsozialismus analysiert werden. Denn erst der Blick auf die Alltagspraxen und individuellen wie kollektiven kulturellen Handlungen „in ihren komplexen Beziehungen zu politischen und ökonomischen Bedingungen, in ihrem Zusammenspiel von Oktroyierung und Resistenz" [127] ermöglicht ein näheres Verstehen der NS-Zeit und seiner Verbrechen. Dazu ist es nötig, sich den Personen zu nähern und ihre Handlungs- und Deutungsspielräume sowie Lebenspraxen in der Kultur des Nationalsozialismus zu untersuchen. Denn „,Böse' sind nicht nur das abstrakt gesetzte Regime, sondern auch seine Protagonist/innen und selbst die Orte, an denen die entscheidenden Schritte gesetzt wurden", schreibt etwa Marschik.[128] Wobei das „Böse" genauso gut Faszination beinhalten konnte, wenn man bedenkt, dass jenseits von Krieg und Genozid das Erleben der NS-Diktatur von jenen Menschen, die zur „Volksgemeinschaft" zählten, auch positiv erfahren und wahrgenommen wurde, vor allem durch Freundschaften und Gemeinschaftserlebnisse im Sport und über sportliche Veranstaltungen.[129] Gerade diese „Normalität" im Extremen rückt die Verbrechen des Nationalsozialismus im Kontext der Sportgeschichte in ein neues, deutlicheres Bild. Meinrad Ziegler und Waltraud Kannonier-Finster verweisen in diesem Zusammenhang auf „das Nebeneinander von Normalität und Gewalt" als Charakteristikum des Nationalsozialismus.[130] Eine Sportgeschichte über den Nationalsozialismus zu schreiben, bedeutet daher auch, von einem umfassenden Kulturbegriff auszugehen, der „Normales ebenso wie Außergewöhnliches" enthält, der den sportlichen Alltag, den Jubel über skisportliche Erfolge im NS-Trikot ebenso als Teil der nationalsozialistischen Kultur sieht wie die Beteiligung an parteipolitischer Propaganda, militärischer Erziehung oder gar an Kriegsverbrechen an und hinter der Front.[131] Alltägliches Handeln beinhaltet demnach viele Facetten und kann nie eindeutig sein. Es orientiert sich an Generationen, am Geschlecht, an kollektiven wie individuellen Erfahrungen.[132]

---

[127] Marschik, Cultural Studies, S. 150.
[128] Marschik, Cultural Studies, S. 170.
[129] Ernst Hanisch betont in seiner Einleitung zum ersten Sammelband der Reihe „Die Stadt Salzburg im Nationalsozialismus" eben jene „Faszination des Bösen". Vgl. Ernst Hanisch, Warum die Geschichte des Nationalsozialismus nicht vergeht. Reflexionen eines alten Historikers, in: Peter F. Kramml/Ernst Hanisch (Hg.), Hoffnungen und Verzweiflung in der Stadt Salzburg 1938/39. Vorgeschichte – Fakten – Folgen. Die Stadt Salzburg im Nationalsozialismus (Band 1), Salzburg 2010, S. 10–31, hier S. 12.
[130] Meinrad Ziegler/Waltraud Kannonier-Finster, Österreichisches Gedächtnis. Über Erinnern und Vergessen der NS-Vergangenheit, Wien/Köln/Weimar 1997, S. 7.
[131] Vgl. Marschik, Cultural Studies, S. 152.
[132] Vgl. Lüdtke, Alltagsgeschichte, S. 280.

1.5.2 Sportgeschichte als Biografiegeschichte

Aus diesem Ansatz heraus verfolgt die vorliegende Forschungsarbeit einen kollektivbiografischen Zugang. Basierend auf den gesammelten Lebensdaten der SkisportlerInnen und SkisportfunktionärInnen wie Geburtsjahr, -ort, Familie, Ausbildung, Beruf, (illegale) Parteizugehörigkeit, Vereinszugehörigkeit etc. werden Rückschlüsse auf die untersuchten Personengruppen gezogen, aus diesen ergeben sich bestimmte Muster, Gemeinsamkeiten aber auch Unterschiede. Was sind die Charakteristika einer Gruppe? Wie handelt der/die Einzelne innerhalb einer bestimmten Gruppe/Gemeinschaft? Anhand der Biografien werden die unterschiedlichsten Facetten der Beteiligung von „unten" nachgezeichnet, die das NS-System mitgetragen haben. Gerade die Analyse von Lebensläufen ermöglicht die Facetten des nationalsozialistischen Terror-Regimes sichtbar zu machen und gewährt eine Perspektive, die individuelle Handlungen im Kontext des NS-Staates erkennen lässt und Rückschlüsse auf einer Makroebene erlaubt. Dabei geht es darum zu zeigen, wie alltägliche Strategien des Sich-Durch-Schlagens und Durchtauchens die NS-Herrschaft, den Holocaust und den Vernichtungskrieg möglich gemacht und unterstützt haben.[133] „Die Vielen machten sich den Krieg zu eigen, auch als ‚Deutsche', ungeachtet ihrer höchst unterschiedlicher Alltagswirklichkeiten", schreibt dazu Alf Lüdtke.[134] Dabei waren die AkteurInnen im Sportsystem des Nationalsozialismus und schon davor „unterschiedlich eifrig". Die vielfältigen Beteiligungsmuster gilt es aufzudecken und aufzuschlüsseln.

Der methodischen Vielfalt bei der Erstellung der Biografien waren dabei bewusst keine Grenzen gesetzt, da nicht nur das Verfassen „guter Sportbiografien" einen hohen Grad von Interdisziplinarität voraussetzt,[135] sondern auch das vielfältige Datenmaterial und die Auswertung dieser Daten aus Interviews, Ego-Dokumenten, Personalakten, Gerichtsakten, Vereinsprotokollen, Festschriften, Zeitungsberichten etc. Das erforderte einen differenzierten und analytisch genauen Blick auf die einzelnen Quellen, da etwa bei autobiografischen Aufzeichnungen oder Gerichtsprotokollen aus Nachkriegsprozessen zwischen den tatsächlichen Ereignissen und dem Erlebten ein zeitlicher Abstand besteht und

---

[133] Vgl. Ernst Hanisch, Ein Versuch den Nationalsozialismus zu „verstehen", in: Anton Pelinka/Erika Weinzierl (Hg.), Das große Tabu. Österreichs Umgang mit seiner Vergangenheit, Wien 1987, S. 154–162.
[134] Lüdtke, Alltagsgeschichte, S. 288.
[135] Vgl. Arnd Krüger/Bernd Wedemeyer, Aus Biographien Sportgeschichte lernen, in: Arnd Krüger/Bernd Wedemeyer (Hg.), Aus Biographien Sportgeschichte lernen. Festschrift zum 90. Geburtstag von Prof. Dr. Wilhelm Henze, Göttingen 2000, S. 7–17, hier S. 8.

das Geschilderte einer Interpretationsleistung unterlag.[136] So wurden im Nationalsozialismus und Krieg gemachte Erfahrungen im Nachhinein entpolitisiert, um eine eigene Beteiligung an der NS-Diktatur runterzuspielen oder gar zu verleugnen.[137] Doch genau diese Aspekte des Erinnerns, ob in Interviews, Transkripten oder verschriftlichten Protokollen, machen die Biografieforschung lohnenswert, weil damit Ungereimtheiten und Widersprüchlichkeiten zu Tage treten, Motive und subjektive Wahrnehmungen erkennbar werden und SportlerInnenbiografien in ihrem gesamtgesellschaftlichen Kontext dargestellt werden können. Naturgemäß muss hier mit der notwendigen kritischen, historisch reflexiven Distanz an die Selbstauskünfte und -beschreibungen herangegangen werden. Denn nicht selten gehörte es zum Teil einer „Entschuldungsprogrammatik", wenn Sportfunktionäre nach 1945 behaupteten, sie hätten gegen den totalitären Machtzugriff des NS-Herrschaftssystems im Sport Widerstand geleistet, oder SportlerInnen darauf beharrten, nur Sport betrieben zu haben, ohne sich je für Politik interessiert zu haben.[138]

1.5.3 Sportgeschichte als TäterInnengeschichte

Lange Zeit wurde die TäterInnengeschichte von der Geschichtswissenschaft allgemein wie auch von der sporthistorischen Forschung vernachlässigt. Im Zuge der Holocaust-Forschung standen zunächst prominente NS-Täter auf der Agenda. Mit der neueren Täterforschung verlagerte sich das Interesse auf die „zweite Reihe" oder, wie es Christopher Browning in seiner damals aufsehenerregenden Studie bereits im Titel bezeichnet, auf „ganz normale Männer".[139] Seit diesem Zeitpunkt ist es unabdingbar bei der Beschäftigung mit der NS-Zeit, die Beteiligung von unten mit in den Blick zu nehmen und sich nicht nur die „ganz normalen Männer" anzuschauen, sondern auch die „ganz normalen Frauen".[140]

---

136 Vgl. Krüger/Wedemeyer, Aus Biographien, S. 13–14.
137 Vgl. Ziegler/Kannonier-Finster, Österreichisches Gedächtnis, S. 22–23.
138 Vgl. Hubert Dwertmann, Sportgeschichtliche Biografieforschung im Trend – Moden und Methoden in der Rekonstruktion von Lebensgeschichten, in: Hans Joachim Teichler (Hg.), Moden und Trends im Sport und in der Sportgeschichtsschreibung, Hamburg 2003, S. 45–58, hier S. 54.
139 Browning, Ganz normale Männer.
140 Zur neueren, rein männlichen Täterforschung vgl. etwa Gregor Holzinger (Hg.), Die zweite Reihe. Täterbiografien aus dem Konzentrationslager Mauthausen, Mauthausen-Studien. Schriftenreihe der KZ-Gedenkstätte Mauthausen (Band 10), Wien 2016. Auf die aktive Rolle der Frauen, speziell der Mütter im Nationalsozialismus hat relativ früh Nadine Hauer hingewiesen. Vgl. Nadine Hauer, NS-Trauma und kein Ende, in: Anton Pelinka/Erika Weinzierl (Hg.), Das große Tabu. Österreichs Umgang mit seiner Vergangenheit, Wien 1987, S. 28–41, hier S. 37. Ab den

Beide waren es, die das Terror-System am Laufen hielten. Wer machte die Verbrechen möglich? Nicht der institutionelle Rahmen allein, der NS-Staat, die NS-Organisation, die Dienststelle oder das SS-Kommando, nein, es waren Handlungen einzelner Menschen, geleitet von unterschiedlichen Motiven, die den Völkermord im Nationalsozialismus möglich machten.[141] Es führt aber zu keinem Ergebnis, diese TäterInnen-Biografien losgelöst zu betrachten. Sie dürfen nicht, wie Frank Bajohr betont, analytisch von der Gesellschaft abgegrenzt werden.[142] Erst eine historische Kontextualisierung erlaubt Rückschlüsse auf subjektive Entscheidungen und Handlungen, die die NS-Diktatur begünstigt haben. Eine seriöse Interpretation muss daher innere und äußere Faktoren einer Biografie berücksichtigen.[143] Aufwachsen, Sozialisation, familiäres, privates, schulisches, berufliches und sportliches Umfeld gehören ebenso mitgedacht wie gesellschaftliche, politische, wirtschaftliche und militärische Rahmenbedingungen, die Aufschluss geben können über mögliche Handlungsspielräume. In diesem Verständnis werden die Biografien auch einer netzwerkanalytischen Perspektive unterzogen.

Eine Forschungsarbeit über den Skisport zur Zeit des Nationalsozialismus muss den Blick unweigerlich auf die AkteurInnen in den Verbänden und einzelnen Vereinen richten. Ihr sozialer Hintergrund, ihr politisches Verhalten und ihre Handlungen in der Ersten Republik, im Austrofaschismus während des Nationalsozialismus und danach soll nicht außer Acht gelassen werden. Insofern nimmt diese Studie die Verhaltensweisen sowie Denk- und Handlungsmuster einzelner Personen und Personengruppen in den Fokus und setzt diese in Kontext zu ihrer jeweiligen Umgebung – den politischen, kulturellen und wirtschaftlichen Gegebenheiten einer Region, dem lokalen Skiverein etc. Konkret gesprochen werden die weltanschaulichen Ansichten von SportfunktionärInnen

---

1990er-Jahren fand im Rahmen der Genderstudies eine verstärkte Auseinandersetzung mit NS-Täterinnen statt. Die daraus resultierenden Forschungsarbeiten nahmen die vielfältigen aktiven Involvierungen von Frauen im NS-System genauer unter die Lupe. Vgl. Ingrid Bauer, Eine Frauen- und Geschlechtergeschichtliche Perspektivierung des Nationalsozialismus, in: Emmerich Tálos/Ernst Hanisch/Wolfgang Neugebauer/Reinhard Sieder (Hg.), NS-Herrschaft in Österreich. Ein Handbuch, Wien 2002, S. 409–443, hier S. 416–419 und 431–436; Christina Herkommer, Frauen im Nationalsozialismus – Opfer oder Täterinnen? Eine Kontroverse der Frauenforschung im Spiegel feministischer Theoriebildung und der allgemeinen historischen Aufarbeitung der NS-Vergangenheit, München 2005; Martina Krauss (Hg.), Sie waren dabei. Mitläuferinnen, Nutznießerinnen, Täterinnen im Nationalsozialismus, Göttingen 2009.
141 Vgl. hier Hannes Heer, Vom Verschwinden der Täter. Der Vernichtungskrieg fand statt, aber keiner war dabei, Berlin 2004, S. 10–11.
142 Frank Bajohr, Neuere Täterforschung, Version: 1.0, in: Docupedia-Zeitgeschichte, 18.6.2013, http://docupedia.de/zg/bajohr_neuere_taeterforschung_v1_de_2013 (27.6.2018)
143 Vgl. Holzinger (Hg.), Die zweite Reihe, S. 9.

und Aktiven offengelegt. Die erarbeiteten Biografien der AkteurInnen sollen Aufschluss über vorherrschende gesellschaftspolitische Strömungen in der Sport- und Vereinslandschaft geben. Inwieweit arbeiteten gewisse sportpolitische Kreise in Österreich den späteren NS-Machthabern in die Hände? Wie gestalteten sich die Beziehungen auf individueller sowie Vereins- und Verbandsebene vor 1938 und inwieweit griff der sportpolitische Austausch zwischen dem Deutschen Reich und Österreich speziell nach Hitlers Machtübernahme in Deutschland 1933 ineinander? Welche Rolle spielten hierbei einzelne Wettbewerbe, insbesondere die Olympischen Winterspiele in Garmisch-Partenkirchen 1936, auch für österreichische SportlerInnen, um sich auf der „großdeutschen Bühne" zu bewähren und empfehlen? Welche persönlichen, sportlichen und sportpolitischen Netzwerke waren von Bedeutung? Wie gestalteten sich und wie funktionierten Seilschaften? Welche Reize übten das NS-System und das NS-Sportsystem auf die AkteurInnen aus?

Dies führt zur zentralen Frage, wer die TäterInnen in den Skiverbänden und den Skivereinen waren. Das ist eine Frage, die bisher – bewusst oder unbewusst – kaum gestellt wurde, aber wesentlich ist, um das Machtgefüge im österreichischen Skisport zu verstehen. Welche Mitglieder haben die Grundlage für den Ausschluss und die Verfolgung „nicht-arischer" Mitglieder gelegt und wie haben sie mit ihren Handlungen den Aufstieg und Erfolg des NS-Systems unterstützt und gefördert? Nicht erst der „Anschluss" machte viele zu MittäterInnen und MitwisserInnen. Schon vor 1938 haben SportlerInnen und großteils männliche Sportfunktionäre österreichischer Skiklubs den nationalsozialistischen Machthabern im „Altreich" in die Hände gearbeitet. Diese engen Kontakte waren später mitunter ausschlaggebend für das eigene berufliche und private Vorankommen. Nicht selten eröffneten die vor dem „Anschluss" gepflegten Seilschaften spätere Karrierechancen im NS-Staat, sowohl in sportlicher als auch in sportpolitischer Hinsicht.

Keineswegs soll hier von einer Kollektivschuld ausgegangen werden, in dem Sinn, dass alle Mitglieder in deutschnationalen Skivereinen eine gemeinsame Handlungsanleitung gehabt hätten. Vielmehr geht es darum, die individuellen Lebensläufe auf biografische Motive, Prägungen und Handlungen hin zu untersuchen und ein differenziertes Bild der Beteiligung zu zeichnen, das den realen Gegebenheiten entspricht.[144] Das Spektrum innerhalb der NS-TäterInnenschaft reichte von MitwisserInnen, HelferInnen, OpportunistInnen bis hin zu

---

144 Vgl. dazu Helgard Kramer, Tätertypologien, in: Helgard Kramer (Hg.), NS-Täter aus interdisziplinärer Perspektive, München 2006, S. 253–309, hier S. 254.

Schreibtisch- und GesinnungstäterInnen.¹⁴⁵ Diese unterschiedlichen Typen von TäterInnen gilt es, anhand des vorhandenen biografischen Datenmaterials und im Kontext ihrer „kollektiven sozialen und kulturellen Handlungszusammenhänge"¹⁴⁶ auszumachen und darzustellen. Umgelegt auf den Sport bedeutet dies, sich genau anzuschauen, wo und wie die AthletInnen und hauptsächlich männlichen Funktionäre im sport- und sportpolitischen System nicht nur während der NS-Zeit in Österreich, sondern auch davor und danach, zu verorten sind. In welchen Milieus haben sie ihre Erfahrungen gemacht? Welche Rollen haben sie neben der alltäglichen, privaten, gesellschaftlichen, politischen für den Sport gespielt? In diesem Sinne geht die vorliegende Forschungsarbeit von einem erweiterten Täterbegriff aus, der nicht nur Täterschaft im juristischen Sinne meint.¹⁴⁷ Im Vordergrund stehen demnach nicht zwingend nationalsozialistische Gewaltverbrechen oder Kriegsverbrechen, die als strafbare Handlungen begangen wurden, sondern individuelle Handlungen im NS-Machtgefüge, die das NS-Terrorregime unterstützt, gestützt, gefördert und befördert, getragen und mitgetragen haben. Als hilfreich erweist sich hier der Ansatz von Gerhard Paul und Klaus-Michael Mallmann, der von „Tätertypologien" ausgeht.¹⁴⁸ Das Täterbild sollte nicht nur anhand der aktiven Teilnahme an der Vernichtungspolitik oder antisemitischer bzw. rassistischer Denkhandlungen nachgezeichnet werden. Vielmehr gilt es zu analysieren, wie lokale und regionale Skisportfunktionäre auf unterer und mittlerer Ebene agierten, auf welche Weise sie die Radikalisierung der Gesellschaft vorantrieben und gleichzeitig das NS-Terrorsystem banalisierten. Wie verhielten sich Vereinsführer oder Kreissportführer im NSRL? Welche Rollen nahmen SpitzensportlerInnen im NS-Sportsystem und darüber hinaus ein? In vielen Fällen waren AthletInnen nicht nur in ihrer ureigenen Rol-

---

145 Vgl. Gerhard Paul/Klaus-Michael Mallmann, Sozialisation, Milieu und Gewalt. Fortschritte und Probleme der neueren Täterforschung, in: Klaus-Michael Mallmann/Gerhard Paul (Hg.), Karrieren der Gewalt. Nationalsozialistische Täterbiographien, Darmstadt 2004, S. 1–32, hier S. 17–18; Gerhard Paul, Von Psychopathen, Technokraten des Terrors und „ganz gewöhnlichen" Deutschen. Die Täter der Shoah im Spiegel der Forschung, in: Gerhard Paul (Hg.), Die Täter der Shoah: fanatische Nationalsozialisten oder ganz normale Deutsche?, Göttingen 2002, S. 13–92, hier S. 14–16.
146 Paul/Mallmann, Sozialisation, S. 9.
147 Zur NS-Täterschaft aus juristischer Perspektive vgl. u. a. Ursula Solf, Wenn das Recht im Auge des Betrachters liegt: NS-Täter aus juristischer Perspektive, in: Helgard Kramer (Hg.), NS-Täter aus interdisziplinärer Perspektive, München 2006, S. 79–94.
148 Gerhard Paul und Klaus-Michael Mallmann unterteilen NS-Täter in ihrer Analyse aus dem Jahr 2004 nach Verhalten und Motiven in mindestens fünf Tätertypen: in Opportunisten, Weltanschauungstäter, Exzesstäter, Schreibtischtäter und der Mischung aus Schreibtisch- und Direkttätern bzw. aus Vordenkern und Vollstreckern. Vgl. Paul/Mallmann, Sozialisation, S. 17–18.

le als SportlerInnen aktiv, sondern nahmen Aufgaben wahr, die den Trainings- und Schulungsbereich betrafen. Männer wirkten beispielsweise als Skilehrer im NSRL, HJ-Ausbildner oder schulten in SS-Lehrgängen für den Winterkrieg, Frauen engagierten sich als Trainerinnen im BDM. Es lohnt sich daher ein Blick auf die unteren und mittleren Organisationsebenen und Funktionsgruppen, um einen differenzierten Täterbegriff entwerfen zu können. Wie Hubert Dwertmann feststellt, war die deutsche Sportbewegung „ein gesellschaftlicher Faktor in den Radikalisierungsphasen des NS-Regimes".[149] Das kann ebenso für Teile der österreichischen Sportbewegung vor 1938 und ab dem „Anschluss" für den „ostmärkischen" Sportbetrieb gelten. Auch hier vollzogen sich Anpassungsleistungen und ProtagonistInnen verhielten sich loyal oder arrangierten sich mit dem NS-System, wurden zu MitläuferInnen, MittäterInnen und ErfüllungsgehilfInnen, die nicht willenlos agierten, sondern stets in vollem Bewusstsein und mit einem gewissen Handlungsspielraum ausgestattet für das NS-Regime handelten und damit zu TäterInnen unterschiedlichen Grades wurden. So standen weder Pflegerinnen in NS-Euthanasieanstalten „nur passiv am unteren Ende der Befehlskette"[150] noch irgendwelche NSRL-Kreisbeauftragte im regionalen Sportgeschehen.

1.5.4 Sportgeschichte als Geschichte der Verfolgung und des Widerstandes

Auf der anderen Seite muss Sportgeschichte im Kontext des Nationalsozialismus ebenso nach jenen Personen fragen, die Widerstand geleistet haben und/ oder zu Opfern der nationalsozialistischen Verfolgung wurden. Gut erforscht und dokumentiert sind in diesem Zusammenhang die Schicksale von Hannes Schneider und Rudolf Gomperz. Beide österreichischen Skipioniere vom Arlberg wurden Opfer des NS-Terrors.[151] Diese und andere Opfergeschichten werden ebenso Thema dieser Forschungsarbeit sein. Sie sollen aufzeigen, dass Abgrenzung und Ausgrenzung in Theorie und Praxis in der Entwicklungsgeschichte des österreichischen Skisports eine Rolle gespielt haben und dass der Machterwerb im Zuge des nationalsozialistischen Herrschaftsanspruches sowie das Durchsetzen radikaler, antisemitischer Ideen auch im Sport zu Verfolgung und

---

149 Dwertmann, Sportgeschichtliche Biografieforschung, S. 55.
150 Bauer, Frauen- und Geschlechtergeschichtliche Perspektivierung, S. 434.
151 Auf die Biografien von Hannes Schneider und Rudolf Gomperz wird in späteren Kapiteln näher eingegangen. Vgl. hier u. a. Hanno Loewy, Wunder des Schneeschuhs? Hannes Schneider, Rudolf Gomperz und die Geburt des modernen Skisports am Arlberg, in: Hanno Loewy/ Gerhard Milchram (Hg.), Hast du meine Alpen gesehen? Eine jüdische Beziehungsgeschichte, Hohenems 2009, S. 318–343.

1.5 Theoretische Überlegungen und methodische Herangehensweise — 41

Vertreibung geführt haben. Die Geschichten der Opfer sind somit immer auch Geschichten der TäterInnen und umgekehrt.

Was passierte mit jenen, die ausgeschlossen, ausgegrenzt und verfolgt wurden? Wer leistete Widerstand und warum? Hier stellt sich zunächst einmal die Frage, wie Widerstand zu definieren ist? Ich gehe in diesem Zusammenhang von einem größer angelegten Widerstandsbegriff aus, der nicht nur einen aktiven politischen Widerstand umfasst.[152] Dieser umschließt ebenso Vereinsobmänner, die völkische Statuten verweigerten und dadurch eine Ausgrenzungspolitik ablehnten, wie österreichische Skilehrer, die als Soldaten der US-Armee gegen NS-Deutschland freiwillig ihren militärischen Dienst versahen. Auch der Akt der Auswanderung kann unter Umständen als eine Art Widerstand gegen den Nationalsozialismus gedeutet werden.[153] Die Flucht ins Exil konnte politisch oder moralisch begründet gewesen sein. Entscheidend ist eine gesetzte Handlung, in der die Ablehnung der NS-Diktatur und des nationalsozialistischen Terror-Regimes zum Ausdruck kam. Eine Handlung also, die bewusst gesetzt wurde und sich gegenüber dem totalitären Herrschaftssystem verweigerte, sich demnach gegen das Regime richtete, aber sowohl offensiv als auch defensiv im Sinne eines nonkonformen Verhaltens zum Ausdruck kommen konnte. Ähnlich wie es Martina Gugglberger in ihrer Studie zu *Widerstand und Verfolgung von Frauen im Reichsgau Oberdonau* zusammenfasst, wenn sie schreibt:

> Widerstand gegen das NS-Regime meint also nicht nur bewaffneten Kampf, sondern gerade im geschlechtsspezifischen Kontext von weiblichen Widerstand aktive oder passive Ablehnung von zumindest Teilbereichen des NS-Regimes.[154]

---

152 Vgl. hier u. a. Gerhard Botz, Methoden- und Theorieprobleme der historischen Widerstandsforschung, in: Helmut Konrad/Herbert Steiner (Hg.), Arbeiterbewegung, Faschismus, Nationalbewusstsein. Festschrift zum 20jährigen Bestand des Dokumentationsarchivs des österreichischen Widerstandes und zum 60. Geburtstag von Herbert Steiner, Wien 1983, S. 137–151; Wolfgang Neugebauer, Widerstand und Opposition, in: Dokumentationsarchiv des österreichischen Widerstandes (Hg.), Österreicher und der Zweite Weltkrieg, Wien 1989, S. 81–91, hier S. 88–89.
153 Vgl. hier vor allem Wolfgang Neugebauer, der die vielfältige Tätigkeit von Exilorganisationen und ExilantInnen als integrierenden Bestandteil des österreichischen Widerstandes gegen das NS-Regime begreift und den militärischen Einsatz für die Alliierten ebenso als Widerstand wertet. Vgl. Wolfgang Neugebauer, Der österreichische Widerstand 1938–1945, Wien 2008, S. 174 und S. 177–178; Wolfgang Neugebauer, Widerstandsforschung in Österreich, in: Anton Pelinka/Erika Weinzierl (Hg.), Das grosse Tabu. Österreichs Umgang mit seiner Vergangenheit, Wien 1987, S. 163–173, hier S. 169.
154 Martina Gugglberger, „Versuche, anständig zu bleiben" – Widerstand und Verfolgung von Frauen im Reichsgau Oberdonau, in: Gabriella Hauch (Hg.), Frauen im Reichsgau Oberdonau. Geschlechtsspezifische Bruchlinien im Nationalsozialismus, (Oberösterreich in der Zeit des Nationalsozialismus 5), Linz 2006, S. 281–343, hier S. 281.

Eben diese aktive wie passive Ablehnung kann auch im Sport festgemacht werden. Eine Flucht würde in diesem Kontext sowohl aktiv als auch passiv verstanden werden: aktiv im Sinne einer konkreten Handlung und Haltung gegenüber der NS-Diktatur, passiv weil sie das Herrschaftssystem nicht direkt und offensiv angreift im Sinne einer offenen Auseinandersetzung oder eines Kampfes. Ian Kershaw erweiterte den Widerstandsbegriff gegenüber der NS-Herrschaft mit dem Begriff „Dissens" und bezog „spontane und unbewusste Handlungen und Äußerungen" mit ein.[155] Ich folge diesem Widerstandsbegriff insofern es sich um nonkonformes Verhalten handelt, sehe aber ebenso wie Gugglberger die Problematik der Abgrenzung, wenn dadurch Handlungen, die systemstabilisierend wirken, als widerständig dargestellt werden könnten.[156] Richard Löwenthal unterscheidet den Widerstand in die drei Grundformen des „bewussten politischen Kampfs, der gesellschaftlichen Verweigerung sowie weltanschaulicher Dissidenz"[157] und bietet damit einen umfassenden Erklärungsansatz, wie Widerstand geartet sein kann und den ich im Folgenden ebenso verstehe. Eine methodische Handlungsanleitung bietet hierbei das Konzept von Christl Wickert, die den Widerstandsbegriff entlang der Lebenszusammenhänge von Frauen auf drei Ebenen begreift und von Alltagsdissens, dem weltanschaulichen Dissens und dem politischen Widerstand spricht.[158] Diese Kategorien, die auch ineinander übergehen können, lassen sich bei Lebens(ver)läufen von SportlerInnen (Männer wie Frauen) ebenso anwenden.

Was waren die Motive für oppositionelles Verhalten? Waren es moralische, ethische oder ideologische Einwände oder womöglich persönliche Erfolgsaussichten, die sich gegen eine antisemitische Sportpolitik stellten? Inwiefern zwang die Verfolgung zur Flucht bzw. kann in der Auswanderung ein widerständiges Verhalten festgemacht werden? Diesen Fragen soll anhand von Biografien nachgegangen werden. Durch die Beantwortung bzw. Offenlegung dieser Fragen soll gleichzeitig verdeutlicht werden, dass eine ausgrenzende, offen antijüdische Verbands- und Vereinspolitik menschenrechtsverletzende, wenn nicht sogar fatale Konsequenzen haben konnte. Diese Fragen führen aber ebenso in „Graubereiche": Sind Opfernarrative tatsächlich als solche zu lesen?

---

155 Vgl. Ian Kershaw, „Widerstand ohne Volk?" Dissens und Widerstand im Dritten Reich, in: Jürgen Schmädeke/Peter Steinbach (Hg.), Der Widerstand gegen den Nationalsozialismus, München 1994, S. 785–786.
156 Vgl. Gugglberger, Widerstand, S. 285.
157 Richard Löwenthal, Widerstand im totalen Staat. in: Richard Löwenthal/Patrik zur Mühlen (Hg.), Widerstand und Verweigerung in Deutschland 1933 bis 1945. Bonn 1984, S. 11–24, hier S. 13–14.
158 Vgl. Christl Wickert, Frauenwiderstand und Dissens im Kriegsalltag, in: Peter Steinbach/Johannes Tuchel (Hg.), Widerstand gegen den Nationalsozialismus, Bonn 1994, S. 411–425.

1.5.5 Skilauf oder Skisport? Der Versuch einer Begriffsklärung

Mit dem Aufkommen von Strukturen, der Schaffung von nationalen und internationalen Verbänden, einheitlichen Wettbewerbsregeln und Lehrmethoden, wandelte sich der Skilauf in der ersten Hälfte des 20. Jahrhunderts zum Skisport.[159] Der Begriff Skilauf verschwand damit nicht von der Bildfläche und wird bis in die Gegenwart benutzt (z. B. Genuss-Skilauf). In der Regel steht der Begriff stellvertretend für das Skifahren als Breitensport. Also jener Betätigung, die in der Freizeit von Amateur- bzw. HobbysportlerInnen betrieben wird. Unter Skisport versteht man dagegen den wettbewerbsorientierten, nach Regeln funktionierenden, in Vereinen organisierten und von Profis ausgeübten Skilauf. Diese klare Trennung und Unterscheidung waren zu Beginn des 20. Jahrhunderts und bis in die 1930er- und 1940er-Jahre hinein nicht vorhanden. Skilauf und Skisport wurden ebenso wie Leibesübungen und Sport in der zeitgenössischen Berichterstattung und Darstellung synonym benutzt. Nach diesem Verständnis verwende ich in der vorliegenden Forschungsarbeit den Begriff Skisport synonym mit dem Begriff des Skilaufens. Ich habe mich dennoch bewusst für Skisport entschieden, da im Vordergrund meiner Analyse und Betrachtung der in Vereinen und Verbänden organisierte und wettbewerbsbetriebene Skilauf steht und nicht der touristische in der Freizeit betriebene. Selbst wenn hier oftmals keine klare Trennlinie gezogen werden kann, da es beispielsweise um die Abhaltung von Skikursen für Ski-Urlauber geht, die von staatlich geprüften SkilehrerInnen durchgeführt wurden, die ebenso SkirennläuferInnen waren. Diese Überschneidungen führen mich zum nächsten Aspekt. Es darf nicht übersehen werden, dass der Skisport selbst im nationalsozialistischen System je nach Aufgabe und Funktion verschiedene Spielarten hatte. In den Skifilmen war er oftmals der vergnüglich-verspielte, in den Wettbewerben des NSRL der leistungssteigernde und heroische und in Wehrsportveranstaltungen der kriegerische und kampfbetonte. Daneben gab es aber noch immer den freizeitbetriebenen Skilauf, dieser sollte der „Volksgemeinschaft" Erholung bieten und diese ablenken.[160] Diese Spielarten und Rollenzuschreibungen sollten in der Analyse mitbedacht werden. Sie waren auch ausschlaggebend für das subjektive Empfin-

---

159 Vgl. Marschik, Transformationen der Bewegungskultur, in: Matthias Marschik/Rudolf Müllner/Otto Penz/Georg Spitaler (Hg.), Sport Studies, Wien 2009, S. 23–34, hier S. 28; Lorenz Peiffer, Vom Soldatensport zum Volkssport. Das Militär als Katalysator der Popularisierung des Skilaufs, in: Markwart Herzog (Hg.), Skilauf – Volkssport – Medienzirkus. Skisport als Kulturphänomen, Stuttgart 2005, S. 69–94, hier S. 89.
160 Neben den zahlreichen KdF-Skireisen, gab es die vom NSRL veranstalteten „Volksskiläufe" und zumindest bis zur reichsweit verordneten Skisammlung gegen Ende 1941 und Anfang 1942 den nichtorganisierten Skilauf in den Alpentälern.

den und Erleben einer SportlerInnengeneration. Das meist positive Erleben des NS-Sports war ein Mitgrund, warum dieser im Nachhinein entpolitisiert wurde, weil er eben als unpolitisch wahrgenommen und erinnert wurde.[161] Wenn ich also hier und im Folgenden von Skisport spreche, dann meine ich die Ausübung des Skilaufs in seiner Gesamtheit – sowohl freizeitbezogen als auch wettbewerbsmäßig. Dieses universelle Verständnis entspricht damit eher der damaligen Auffassung von Sport als der heutigen Ausdifferenzierung. Es darf nicht vergessen werden, dass der Skisport vom Ende des Ersten bis zum Beginn des Zweiten Weltkriegs gerade einmal 20 Jahre hatte, indem er sich vom Luxus- zum Allgemeingut und von einer Freizeitbeschäftigung zur Hochleistungssportart entwickeln konnte.

1.5.6 Verwendete Quellen

Das sportliche Leben im NS-Regime war nicht nur von Terror, Krieg, Verfolgung und Unterdrückung gezeichnet. Das war sicher die eine Seite der Medaille. Die andere war aber die vergnügliche, abenteuerliche und sportlich erfolgreiche.[162] Das offenbaren nicht nur die noch erhaltenen Egoquellen in Form von Lebensläufen, sondern auch Interviews mit noch lebenden SkisportlerInnen der HJ- und BDM-Generation. Vor allem letztere legen lebendige Zeugnisse ab über den sportlichen Alltag zur Zeit des Nationalsozialismus. Sie berichten von „Überlebensstrategien", wenn es darum ging für einen sportlichen Wettbewerb vom Kriegsdienst an der Front freigestellt zu werden, liefern Zugeständnisse und schildern ein Leben in Freiheit mitten in Diktatur und Krieg. Die Erzählungen handeln von einem Sportbetrieb, der von Kontrolle und Drill, Entbehrungen, Mutproben und Abenteuern geprägt war, und der, das ist ein erstes Zwischenergebnis, von einer nichtverfolgten, sportreibenden Mehrheitsbevölkerung zwar als facettenreich, aber nicht als politisch instrumentalisierend wahrgenommen

---

161 Vgl. hier die biografischen Erzählungen in lebensgeschichtlichen Interviews ehemaliger Jugend- und SpitzensportlerInnen zur Zeit des Nationalsozialismus. U. a. Interview mit Dagmar Rom, geführt von Andreas Praher am 21.7.2015 in Innsbruck; Interview mit Egon Schöpf, geführt von Andreas Praher am 14.9.2015 und 30.10.20015 in Kufstein, Privatarchiv Praher.
162 Ich verwende hier in Anlehnung an Matthias Marschik das Bild der zwei Seiten einer Medaille, da das völkisch und rassistisch ausgerichtete Sportsystem des Nationalsozialismus in den Erinnerungen vieler SportlerInnen in Verbindung mit ihrem eigenen Erleben nicht als Widerspruch empfunden wurde, weil die Intentionen des NS-Regimes mit der sportlichen Praxis und Realität für die AthletInnen nicht in Widerspruch traten. Vgl. hier Matthias Marschik, Frei spielen. Sporterzählungen über Nationalsozialismus und „Besatzungszeit", Wien/Berlin 2014, S. 12.

1.5 Theoretische Überlegungen und methodische Herangehensweise — 45

wurde. Warum? Weil die Sportbegeisterung zumindest bis zum Kriegsausbruch trotz des äußeren Drucks und der Radikalität des NS-Regimes ein noch nie dagewesenes Level erreichte.[163] Eben auf diese Weise sind diese Egodokumente zu lesen und zu decodieren. Sie müssen aus den Augen einer Generation gesehen werden, die den Sport erst kennenlernte, weil dieser zuvor noch nie in solchem Ausmaß und Umfang betrieben wurde. Die kritische und kontrastierende Analyse kann aufzeigen, warum das NS-System gerade über den Sport in der Durchsetzung seiner verbrecherischen Ziele so erfolgreich sein konnte.

Die geführten Interviews sollen neben der hermeneutischen Analyse der archivalischen Quellen ebenso in die Forschungsarbeit miteinfließen und sie mit Leben füllen. Die Auswahl der Interviews folgte keinem vorgegebenen Setting, sondern lässt sich am ehesten durch ein Schneeball-System erklären. Durch Gespräche mit Verbands- und Vereinsmitgliedern, Historiker-KollegInnen und InterviewpartnerInnen erweiterte sich der Kreis der potenziellen „ZeitzeugInnen". Allerdings musste ich erkennen und akzeptieren, dass manche ihre Lebensgeschichte schon zur Genüge erzählt hatten und entweder nicht mehr wollten oder sich nicht mehr im Stande dazu fühlten. Bei Verstorbenen blieb nur mehr der Weg über Angehörige, der nicht immer ein leichter, aber dafür umso lohnenderer war, weil sich dadurch private Nachlässe erschlossen, die bisher nicht archiviert oder dokumentiert worden sind. So manche Interviews mit bereits verstorbenen SportlerInnen der NS- und Kriegsgeneration liegen glücklicherweise in transkribierter Form vor und wurden mir von KollegInnen anvertraut. Sie reichern das erhobene archivalische Datenmaterial mit der Dimension subjektiver Erfahrung und Erinnerung an.

Basis der vorliegenden Forschungsarbeit bilden umfangreich getätigte Recherchen in diversen in- und ausländischen Archiven, die mich zunächst von Salzburg ausgehend über Zell am See in den Westen Österreichs bis an den Bodensee führten und von dort retour nach Wien aber auch bis nach München und Berlin. Dabei lässt sich das Vorankommen am ehesten mit einer Bewegung in konzentrischen Kreisen vergleichen. Die Suche nach einem weiteren Mosaikstein brachte mich nicht selten an den Ausgangspunkt zurück, wo ich dann nochmals den einen oder anderen Stein umzudrehen versuchte. Anders gesagt ging ich daran, die Geschichten mit neu gewonnen Erkenntnissen unter anderen Fragestellungen und aus anderer Perspektive zu betrachten. Das erforderte oft mehrere Durchgänge, bis die Fülle an gesammelten Quellen aus unter-

---

163 Wie Marschik schreibt, musste über die gesellschaftliche Relevanz und kulturelle Bedeutung des Sports im Österreich der 1930er-Jahre nicht mehr diskutiert werden und diese Bedeutungssteigerung fand im Nationalsozialismus seine Entsprechung und war für große Teile des „Volkes" ein verheißungsvolles Angebot. Vgl. Marschik, Frei spielen, S. 12–13.

schiedlichen Beständen tatsächlich ein schlüssiges Bild ergab, wenn auch manchmal kein vollständiges. Der Mut zur Lücke, den HistorikerInnen unter anderem brauchen, soll ebenso dokumentiert werden. Denn nicht immer konnten die einzelnen Fälle zur Gänze gelöst werden und manche Fragen müssen weiterhin offenbleiben.

Wer zur Sportgeschichte forscht, darf sich keinesfalls im Vorfeld entmutigen lassen. Die Quellenlage ist meist auf den ersten Blick eine relativ dünne. Das hängt damit zusammen, dass schriftliche Überlieferungen zum vergangenen Sportgeschehen in öffentlichen Archiven meist schwer auffindbar und relevante Bestände zudem nicht oder nur sehr rudimentär verschlagwortet sind.[164] Doch bei näherer Beschäftigung mit einem Thema kommen wahre Schätze zum Vorschein. Sie liegen nur nicht an der Oberfläche, sondern müssen aus dem Vergessen zu Tage gefördert werden, weil selten bis nie jemand danach gefragt hat. Eine Problematik, mit der SporthistorikerInnen konfrontiert sind, die aber gleichzeitig viel Freude bereitet und den Forschergeist anspornt. So erlebte ich es auch bei meinen Recherchen zur österreichischen Skisportgeschichte, obwohl diese vor mir schon dutzende Male niedergeschrieben worden war. Doch kaum jemand vor mir machte sich die Mühe, die einzelnen Puzzlestücke aus Akten, Dokumenten, Nachlässen, Egoquellen, Interviews, sprich aus „harten" und „weichen" Quellen zusammenzusetzen und diese miteinander in Verbindung zu bringen. Vielfach gab es noch gar keine Forschungstätigkeit und wenn, dann lokal begrenzt.[165] Eine Vielzahl der Quellen wie Personalfragebögen, Gerichtsakten, Polizeiprotokolle, Anordnungen oder Ankündigungen, Start- und Ergebnislisten wurde bisher erst gar nicht im speziellen Kontext der Sportgeschichte befragt, sondern meist liegen gelassen. Aus den erhobenen Quellen ergab sich schließlich eine Fülle an fragmentarischen Fundstücken aus unterschiedlichsten Beständen und irgendwann saß ich plötzlich vor einem „Mont Blanc" an Material in Form von dutzenden Gigabytes auf meiner Festplatte. Diesen Berg galt es Schicht für Schicht abzuarbeiten. Die unterschiedli-

---

[164] Claudio Ambrosi und Wolfgang Weber verweisen in dem 2004 erschienen Band zu „Sport und Faschismen" ebenso auf diese Problematik und stellen fest, dass es hier einen gewissen Nachholbedarf gibt. Vgl. Claudio Ambrosi/Wolfgang Weber, Editorial, in: Claudio Ambrosi/Wolfgang Weber (Hg.), Sport und Faschismen. Geschichte und Region, Innsbruck/Wien/München/Bozen 2004, S. 5–19, hier S. 5–6.

[165] Eine Ausnahme bildet hier das interdisziplinäre Forschungsprojekt des Landes Salzburg zur Sportgeschichte im Nationalsozialismus von 2014 bis 2018, an dem der Verfasser in leitender Funktion mitgearbeitet hat. Im Rahmen dessen wurden erstmals relevante Bestände des Salzburger Landesarchivs zur Sportgeschichte gesichtet und dokumentiert. Die Ergebnisse erschienen 2018 in dem Sammelband „Salzburgs Sport in der NS-Zeit. Zwischen Staat und Diktatur". Zur Dokumentation siehe die Projekt-Homepage: https://www.salzburg.gv.at/themen/sport/dokumentationsprojekt-sport-in-der-ns-zeit (6.10.2019).

chen Daten mussten gesichtet, eingeordnet, kategorisiert und miteinander verknüpft werden.

Neben archivalischen Quellen unterschiedlicher Natur, Vereinsakten, Personalunterlagen, Gerichtsakten, Protokollen, sind Zeitungen, Fachzeitschriften, Festschriften und Vereins- wie Verbandsschriften eine unerlässliche Quelle für die Sportgeschichte. Sie dokumentieren nicht nur das Sportgeschehen, sondern geben Einblick in den Sportbetrieb. Wie ist dieser aufgebaut? Welche politischen Ausrichtungen und Positionen haben bestimmte Vereine? Welche handelnden AkteurInnen gibt es? Welche Anschauungen, Wertvorstellungen und Ideologien werden von diesen vertreten? Welche Funktionen üben diese aus und wie ist ihre Beziehung zueinander? Für die vorliegende Forschungsarbeit wurden daher auch die veröffentlichten Mitteilungen des ÖSV und des Deutschen Skiverbandes (DSV) ausgewertet sowie Schriftgut des Fachamtes Skilauf des DRL bzw. NSRL. Darüber hinaus wurden österreichische, deutsche (nationalsozialistische) und US-amerikanische Tages- und Wochenzeitungen in die Analyse miteinbezogen als auch Festschriften einzelner Skivereine. Die periodischen Schriften bildeten die Basis für tiefergehende Recherchen in Archiven. Mit dem notwendigen Fingerspitzengefühl, das diesen chronikartigen Veröffentlichungen entgegen gebracht werden muss, besitzen sie unter kritischer Betrachtung und im Gegencheck mit Quellen durchaus einen historischen Wert.[166] So bilden Vereins- und Verbandsschriften nicht nur den zeitgenössischen Sportbetrieb ab, sondern sind im gewissen Sinne Zeitdokumente, indem sie in ihren Aussagen und Botschaften Befindlichkeiten, Ideologien und Weltanschauungen mittransportieren.

Sofern noch vorhanden und überliefert, wurden auch einzelne Start- und Ergebnislisten sowie Programme von Skisportveranstaltungen für die Auswertung herangezogen. Aus diesen Listen erschließen sich nicht nur die zu einem bestimmten Zeitpunkt aktiven AthletInnen. Sie beinhalten daneben auch noch Informationen zu Vereinszugehörigkeiten oder Zugehörigkeiten zu Wehrverbänden wie der SA oder SS bzw. Wehrmacht. In manchen Fällen sind auch die Einheiten genannt, beispielsweise Gebirgsjäger-Divisionen. Aus Start- oder Ergebnislisten geht zum Beispiel hervor, ob jemand bei einer SS-Sportgemeinschaft aktiv oder als Ausbildner in der Hochgebirgsschule tätig war. Diese Informationen wurden zum Teil auch in Zeitungen abgedruckt und können somit abgeglichen werden. Fallweise sind diese Informationen bedeutend gewesen, um Lücken zu schließen, die das klassische Archivmaterial offengelassen hat, weil es darüber keine Aufzeichnungen mehr gibt.

---

[166] Vgl. Langenfeld, Vereinsgeschichte, S. 253–254.

Einen wesentlichen Bestand zur Erforschung von TäterInnenbiografien im NS- und sporthistorischen Kontext bilden die SA- und SS-Personalakten im Bundesarchiv Berlin (ehem. Berlin Document Center). Sie geben Aufschluss über Karrieren im Nationalsozialismus ab 1938, aber auch für die „illegale Zeit".[167] Die Personalakten des Bundesarchives in Berlin lassen jedoch einige Fragen betreffend Kriegszeit und Fronteinsatz offen. In manchen Fällen konnten diese Fragen mit ergänzenden Quellen aus der Deutschen Dienststelle WASt für die Benachrichtigung der nächsten Angehörigen von Gefallenen der ehemaligen deutschen Wehrmacht geklärt werden, aber nicht in allen. Nach einer ersten erfolgten Anfrage an die WASt im Rahmen des Forschungs- und Publikationsprojektes *Salzburgs Sport in der NS-Zeit*[168] war es möglich, erste bisher nicht zugängliche Informationen über Sportler und Sportfunktionäre, die in der Wehrmacht oder bei SS-Einheiten gedient hatten, zu sammeln. Nach einer nochmaligen Anfrage konnten weitere militärische Lebensläufe von österreichischen Skisportlern und Skisportfunktionären ergänzt werden. Vielfach handelte es sich bei den in Berlin getätigten Recherchen um Grundlagenarbeit.

Weitere wesentliche Bestände zur Rekonstruktion von privaten, politischen und militärischen Lebensläufen bilden die Volksgerichtsakten in den Landesarchiven von Tirol und Oberösterreich. Diese Daten wurden fallweise ergänzt durch Auszüge aus Melderegistern sowie Erhebungen aus Entnazifizierungsakten und erhaltenen Wehrstammbüchern.[169]

Generell muss festgestellt werden, dass sich die Quellenlage Sportlerinnen betreffend für die Zwischenkriegszeit, die Zeit des Nationalsozialismus und die Nachkriegsjahre offensichtlich schlechter darstellt als jene für die männlichen Kollegen. Einerseits haben Männer in den NS-Personalakten mehr Spuren hinterlassen, was keineswegs bedeutet, dass Frauen keine aktiven Rollen inner-

---

167 Die SA- und SS-Personalakten betreffen vornehmlich männliche NS-Sportler, die in Wehrverbänden organisiert waren. Die Fragebogen des Rasse- und Siedlungshauptamtes der SS in Berlin geben jedoch Aufschluss über biografische Daten bzw. Lebensläufe der Ehepartnerinnen, die nicht selten ebenso in nationalsozialistischen Organisationen tätig waren.
168 Der Verfasser der vorliegenden Forschungsarbeit war sowohl Mitglied des Organisations- als auch des Herausgeberteams des vom Land Salzburg finanzierten Forschungs- und Publikationsprojektes. Vgl. www.salzburg.gv.at/themen/sport/dokumentationsprojekt-sport-in-der-ns-zeit (8.5.2019)
169 Die im Tiroler Landesarchiv erhaltenen Wehrstammbücher wurden zunächst von der französischen Besatzungsmacht konfisziert und danach an das Land Tirol zurückgegeben. Sie geben, sofern vorhanden, Einblick in die militärische Laufbahn von im Gau Tirol und Vorarlberg stationierten Wehrmachts- und SS-Soldaten. Im Fall der übrigen österreichischen Bundesländer, die sich unter Kontrolle anderer alliierter Besatzer befanden, fehlen diese Wehrstammbücher als Quelle.

halb des NS-Systems gehabt hätten.¹⁷⁰ Andererseits sind im Sportbetrieb selbst bis weit in die zweite Hälfte des 20. Jahrhunderts auf Funktionärsebene kaum Frauen zu finden. Der Umstand, dass die Vorstandsebenen in den Verbänden und Vereinen, bis auf wenige Ausnahmen, männlich besetzt waren, schlägt sich auch in den Quellen nieder. So waren die Verfasser von Protokollen und die Autoren von zeitgenössischen Jahrbüchern, Festschriften und Zeitschriften bis 1945 und darüber hinaus ausschließlich Männer. Gleiches gilt für den Sportjournalismus und die Sportpresse. Dadurch finden sich sowohl in offiziellen Sportschriften wie auch in Berichten über Sportereignisse weniger Geschichten über Sportlerinnen. Das heißt aber nicht, dass es keinen Frauensport und keinen Frauenskisport gegeben hätte. Im Gegenteil, letzterer fand zum Teil sogar auf einem hochprofessionalisierten Level, jedoch unter geringerer öffentlicher Aufmerksamkeit und Beteiligung statt. Wenn über Frauen berichtet wurde, dann anders. Nicht nur der sportliche Raum für Frauen war von Männern vordefiniert, auch der öffentliche und mediale.¹⁷¹ Somit sind Sportlerinnenbiografien in der ersten Hälfte des 20. Jahrhunderts schwieriger zu fassen, weil die Akteurinnen weniger sichtbar waren. Sofern auf Egodokumente oder Interviews zurückgegriffen werden konnte, wurde diese Schieflage für die vorliegende Forschungsarbeit zum Teil ausgeglichen. In vielen Fällen müssen aber Fragen aufgrund der unbefriedigenden Quellensituation offenbleiben.

Ein generelles Problem bildet die schlechte Quellenlage bei Sportverbänden selbst. Der ÖSV verfügt zwar über ein Archiv, die Bestände sind aber weder geordnet noch verzeichnet oder verschlagwortet. Die vorhandenen Ordner mit Korrespondenzen, Verbandsschriften und überlieferten Protokollen aus den 1920er- und 1930er-Jahren befinden sich in einer dem Hauptsitz angebauten Lagerhalle in absperrbaren Wandschränken. Über die Zeit von 1938 bis 1945 sind keine Originaldokumente erhalten geblieben. Eine offizielle Anfrage an den Internationalen Skiverband (FIS) in der Schweiz hatte zwar ein persönliches Telefonat mit dem FIS-Präsidenten Gian Franco Kasper zur Folge, stellte sich aber aus wissenschaftlicher Sicht als wenig zufriedenstellend heraus. Die Antwort lautete, dass die FIS über kein Verbandsarchiv verfüge, das Quellen aus der Zeit

---

170 Im Rahmen der Genderstudies veränderte sich ab Mitte 1980er-Jahre auch die Perspektive auf Frauen im Kontext der TäterInnenforschung zum Nationalsozialismus. Frauen wurden nun nicht mehr nur als Mittäterinnen, sondern auch als eigenverantwortliche Täterinnen gesehen. Vgl. etwa Christina Herkommer, Frauen im Nationalsozialismus – Opfer oder Täterinnen? Eine Kontroverse der Frauenforschung im Spiegel feministischer Theoriebildung und der allgemeinen historischen Aufarbeitung der NS-Vergangenheit, München 2005, S. 37–47.
171 Vgl. hier Johanna Dorer/Matthias Marschik, Sportliche Avancen – Frauensport in Wien 1934–1938, in: ÖZG 27 (2016) 3, S. 94–116, hier S. 96.

vor 1945 beherbergen würde. Kasper bedauerte in dem Telefongespräch, dass wesentliche Quellenbestände offensichtlich verloren gegangen seien.[172]

Um die Organisationsgeschichte verstehen zu können, wurden dutzende Vereinsakten in staatlichen und regionalen Archiven gesichtet. Diese geben anhand der Satzungen und Statuten Aufschlüsse über die politische Ausrichtung eines Sportklubs, gleichzeitig werden in den zum Teil vorhandenen Protokollen Einstellungen von FunktionärInnen sichtbar. Daneben gewähren Vereinsakten nicht nur Einblicke in vorherrschende Ideologien und Geisteshaltungen, sondern auch in Sportpraxen zu bestimmten Zeitpunkten. Auf welcher Entwicklungsstufe stand der Skisport Mitte der 1920er-Jahre und wie war das gegen Ende der 1930er-Jahre? Wie war dieser organisiert und aufgebaut? Was waren die sportlichen Zielsetzungen eines Wintersportvereins? Auf diese Fragen finden sich in Vereins- und Verbandsakten Antworten. Auch wenn die Qualität der Bestände variiert und die Ausbeute nicht immer befriedigend ist, bilden Vereinsakten eine unerlässliche Quelle in der sporthistorischen Forschung. In glücklichen Fällen beinhalten Vereinsakten statistisches Material wie Mitgliederzahlen oder gar Daten zur sozialen wie regionalen Herkunft der Mitglieder. Wobei Angaben zu Beruf und Alter eher die Ausnahme waren und diese Daten über klassische Archivquellen erhoben werden mussten. Zudem besteht bei vereinseigenen Schriften die Gefahr, dass biografische Daten ungenau wiedergegeben sind.

---

172 Vgl. E-Mailverkehr mit dem Internationalen Skiverband (FIS) im April 2018 und Telefonprotokoll des Gesprächs mit FIS-Präsident Gian Franco Kasper, 25.4.2018, Original im Besitz des Verfassers.

2 Vorgeschichte

2.1 Skisport zwischen den beiden Weltkriegen – Entwicklungslinien und -tendenzen

2.1.1 Verbreitung, Professionalisierung und Internationalisierung einer Sportart

Der alpine Skilauf entwickelte sich nach dem Ersten Weltkrieg zu einer Massensportart. Durch die voranschreitende Professionalisierung, eine Vereinheitlichung des Lehrwesens und den stetigen Ausbau der Infrastruktur in den Alpen erreichte der Skisport in den 1920er- und 1930er-Jahren immer größere Gesellschaftsschichten. „Bis zum Ersten Weltkrieg hatte das Skilaufen fast ausschließlich die wohlhabenden Bevölkerungsschichten in seinen Bann gezogen"[1], stellt der deutsche Sporthistoriker Lorenz Peiffer fest. Das lag nicht nur an der fehlenden Ressource Zeit, sprich Freizeit. Die Partizipation am Skisport scheiterte bei vielen Arbeiterfamilien schon am Haushaltsbudget.[2] Damit war der frühe Skilauf am Beginn des 20. Jahrhunderts den bürgerlichen Schichten vorbehalten. Viele Vereinsgründungen gehen zwar auf die Jahrhundertwende zurück und schufen somit schon vor 1914 eine Basis für die Verbreitung des Sports, dennoch war die Klientel in vielen Klubs sehr exklusiv. Sowohl die Pioniere des Skilaufs als auch die Gründungsmitglieder entstammten dem Bildungsbürgertum, waren Beamte, Lehrer, Ärzte oder Rechtsanwälte.[3] Die skifahrenden Gäste kamen aus den Städten, sie waren wohlbetuchte TouristInnen. Selbst wenn die junge Sportart Skilauf zu Beginn des 20. Jahrhunderts vereinzelt Interesse in alpinen Kreisen hervorrief,[4] so war der frühe Skisport vor dem Ersten Weltkrieg noch keine Massensportart. Das sollte sich nach 1918 grundlegend ändern. Dabei trieb gerade der Erste Weltkrieg mit dem militärischen Skilauf die Entwick-

---

1 Peiffer, Vom Soldatensport zum Volkssport, S. 78.
2 Vgl. Peiffer, Vom Soldatensport zum Volkssport, S. 78.
3 Vgl. Rudolf Müllner, The Importance of Skiing in Austria, in: The International Journal of the History of Sport, 30 (2013) 6, S. 659–673, hier S. 661.
4 Vgl. Eugen Oertel, Sport, Alpinismus und Schilauf, in: Mitteilungen des Deutschen und Österreichischen Alpenvereins, 35 (1909) 1, S. 6 und 35 (1909) 2, S. 17–21. Der aus Bayern stammende Alpinist Eugen Oertel beschrieb den alpinen Skilauf ebenso wie den Alpinismus in einem im Jahr 1909 veröffentlichten Artikel als Sportart und ging dabei auf die Bedeutung des Skisports für das Bergsteigen und als Wettbewerbssport ein. Oertel verstand den Skilauf noch mehr als Skibergsteigen und weniger als Abfahrtsskilauf, erkannte jedoch bereits eine Weiterentwicklung in diese Richtung.

lung des Skisports in den Folgejahren voran.[5] „[...] nationalism and imperialism of the nineteenth century, which culminated in the First World War, provided the most important impulse for the establishment of skiing as a collective culture in Austria", stellt Rudolf Müllner fest.[6]

Der zu Kriegszeiten für militärische Zwecke bestimmte Skilauf öffnete sich nach dem Ende des Ersten Weltkriegs einer breiten Zivilbevölkerung. Ehemalige Kriegsteilnehmer, die in Bergführerkompanien gedient hatten, machten später als Berufsskilehrer Karriere und gaben ihr skiläuferisches Wissen an eine jüngere Generation weiter.[7] Auf diese Weise profitierte der alpine Skisport der 1920er- und 1930er-Jahre in seiner Entwicklung von den militärischen Errungenschaften des Ersten Weltkriegs. Die technische Basis legten die ehemaligen Skiwerkstätten der k. u. k-Armee wie jene in Salzburg. Diese produzierten gegen Ende des Ersten Weltkriegs an die 50 000 Paar Ski pro Jahr. Insgesamt sollen während des Ersten Weltkriegs 140 000 Paar Ski in der von Oberst Georg Bilgeri geleiteten Skiwerkstätte in Salzburg produziert worden sein. Ein großer Teil dieses Materials gelangte ab 1918 durch Verkäufe an die Zivilbevölkerung.[8] Bilgeri selbst, der bereits 1897 beauftragt wurde das erste Skibataillon in Österreich-Ungarn ins Leben zu rufen und im Ersten Weltkrieg als Offizier die Skitruppen führte, lehrte noch bis zu seinem Tod 1934 Interessierten den Skilauf.[9] Der für die Verbreitung der alpinen Skifahrtechnik (Arlbergtechnik) weltweit berühmt gewordene Hannes Schneider hatte bereits vor dem Ersten Weltkrieg in St. Anton am Arlberg eine Skischule betrieben. Während des Krieges lehrte er Heeressoldaten das Skifahren und nach 1918 sollten der Arlberg mit der Arlberg-Skischule unter Schneider zum Zentrum des Skilehrwesens und des

---

5 Vgl. Sabine Dettling, Die historische Entwicklung von Skisport und Skitourismus von 1860 bis heute. Schwerpunkt Arlberg-West, in: Tobias G. Natter (Hg.), Schnee. Rohstoff der Kunst, Bregenz 2009, S. 54–65, hier S. 57.
6 Müllner, The Importance of Skiing, S. 661.
7 Heinrich Frank, Die Entwicklung von Alpinistik und Wintersport in Österreich, in: Ernst Bruckmüller/Hannes Strohmeyer (Hg.), Turnen und Sport in der Geschichte Österreichs, Wien 1998, S. 105–132, hier S. 125; Gilbert Norden, Breitensport und Spitzensport vom 19. Jahrhundert bis zur Gegenwart, in: Ernst Bruckmüller/Hannes Strohmeyer (Hg.), Turnen und Sport in der Geschichte Österreichs, Wien 1998, S. 56–85, hier S. 66.
8 Vgl. Müller, The Importance of Skiing, S. 662 und Anneliese Gidl, Von elitären Versuchen zum Massensport, in: Wintersportmuseum Mürzzuschlag (Hg.), 3rd FIS Ski History Conference, Mürzzuschlag/Graz 2004, S. 121–129, hier S. 128.
9 Vgl. John B. Allen, The Military Foundations of Civilian Skiing in Europe, in: Wintersportmuseum Mürzzuschlag (Hg.), 3rd FIS Ski History Conference, Mürzzuschlag/Graz 2004, S. 113–129, hier S. 114.

Wintertourismus werden.[10] In den 1930er-Jahren unterrichteten Schneider und seine Skilehrerkollegen an die 1 000 Personen pro Winter.[11]

Abb. 1: Hannes Schneider revolutionierte mit seiner Arlbergtechnik den alpinen Skilauf und sorgte für eine weltweite Verbreitung der Sportart, Tiroler Skiverband.

Auch wenn die Gästeschicht in touristischen Skiorten wie St. Anton am Arlberg oder Zell am See auch nach dem Ersten Weltkrieg vorwiegend einer höheren Schicht entstammte, so mischten sich unter die skifahrende Bevölkerung nun vermehrt Aktive aus nicht privilegierten sozialen Schichten. Die soziale Herkunft war ab Mitte der 1920er-Jahre nur mehr bedingt ausschlaggebend für die Ausübung der Sportart. Die Verfügbarkeit von Skiern war leichter geworden, Skigebiete waren mittels Eisenbahn oder Postbussen erreichbar und das touristische Angebot in Bergdörfern hatte sich bis in die 1930er-Jahre stetig ausgeweitet.[12] Eine einsetzende Sozialgesetzgebung ermöglichte das Entstehen einer Freizeitkultur. Die veränderten Arbeitswelten mit der zunehmenden Trennung von Arbeitszeit und Freizeit steigerten den Wert der individuellen wie kollekti-

---

10 Hannes Schneider hielt während des Ersten Weltkriegs für die Truppen der 4. Bergführerkompanie unter anderem Skikurse auf dem Monte Bondone südwestlich von Trient ab. Im Winter 1919/20 nahm er in St. Anton am Arlberg den Betrieb seiner Skischule wieder auf. Vgl. Hannes Schneider, Auf Schi in Japan, Innsbruck/Wien/München 1935, S. 18 und 22; Gidl, Von elitären Versuchen, S. 128.
11 Vgl. Robert Groß, Die Beschleunigung der Berge. Eine Umweltgeschichte des Wintertourismus in Vorarlberg/Österreich (1920–2010), Wien/Köln/Weimar 2019, S. 88.
12 Vgl. Groß, Die Beschleunigung, S. 90.

ven körperlichen Ertüchtigung.[13] Skisport wie der Sport allgemein wurde nach dem Ende des Ersten Weltkriegs zu einem Bestandteil der Alltags- und Populärkultur, sowohl für Menschen am Land als auch in der Stadt. Der alpine Skilauf wurde in der Zwischenkriegszeit zur Lebens- und Erfahrungswelt großer Teile der Bevölkerung in Mitteleuropa.[14] Die im und nach dem Ersten Weltkrieg-Geborenen wuchsen mit dem Skilauf auf. Diese Generation erlernte das Skifahren in den ersten Skischulen, die ab den 1920er-Jahren im Alpenraum gegründet wurden, zumeist schon im Kindheits- und Jugendalter. Als Kinder und Jugendliche erlebten viele ihre ersten Wettbewerbe und sahen ihren Vorbildern bei Skirenn- und Skisprungveranstaltungen zu. In den Schulen der Ersten Republik wurden 1921 die ersten verpflichtenden Schulskikurse eingeführt. Das Erziehungsministerium unter der Leitung von Karl Gaulhofer machte es sich zur Aufgabe, Skikurse für SchülerInnen in Österreich bundesweit zu initiieren.[15] Damit fand die junge Generation der Zwischenkriegszeit ihren Weg zum Skisport. Die Mitgliederzahl des ÖSV stieg 1923 erstmals über 10 000, vor dem Ersten Weltkrieg waren es 6 000.[16] Im Herbst 1925 waren laut Jahres- und Rechenschaftsbericht 163 Vereine und knapp 11 000 Mitglieder im ÖSV organisiert.[17]

Zum einen erfuhr die Sportart durch die Internationalisierung im Wettbewerbswesen eine Professionalisierung, zum anderen gab es auf nationaler Ebene Bestrebungen, die Regeln und das Lehrwesen zu vereinheitlichen. Der Ausbau des Skilehrwesens und die Vereinheitlichung der Ausbildung trugen aber nicht nur dazu bei, dass immer mehr Menschen das Skifahren erlernen und ausüben konnten, sondern beförderten den Spitzen- und Leistungssport. Hinzu kamen technische Errungenschaften wie die Erfindung und Patentierung der Stahlkante für Ski durch Rudolf Lettner im Jahr 1926.[18] Skier mit Stahlkanten wurden erstmals von Mitgliedern des Innsbrucker Skiklubs bei den Akademischen Weltwinterspielen 1930 in Davos verwendet. Sie trugen mit zum Erfolg

---

13 Vgl. Gilbert Norden, Sport in Österreich. Vom 19. Jahrhundert bis zur Gegenwart, in: Matthias Marschik/Georg Spitaler (Hg.), Helden und Idole. Sportstars in Österreich, Innsbruck/Wien/Bozen 2006, S. 25–39, hier S. 32.
14 Vgl. Andrew Denning, Alpine Modern: Central European Skiing and the Vernacularization of Cultural Modernism 1900–1939, in: Central European History, 46 (2013) 4, S. 850–890, hier S. 853; Matthias Marschik, Transformationen der Bewegungskultur, in: Matthias Marschik/Rudolf Müllner/Otto Penz/Georg Spitaler (Hg.), Sport Studies, Wien 2009, S. 23–34, hier S. 33–34.
15 Vgl. Müllner, The Importance of Skiing, S. 663–664.
16 Vgl. Gidl, Von elitären Versuchen, S. 129.
17 Vgl. dazu Tiroler Anzeiger, 2.10.1925, S. 11.
18 Zur Entwicklungsgeschichte der Skikanten bis hin zur Stahlkante von Rudolf Lettner siehe Herta Stadler, Die Skikante, unveröff. Hausarbeit, Innsbruck 1936.

der Innsbrucker SkiläuferInnen in den alpinen Bewerben bei.[19] Im Wettbewerbswesen entwickelte sich die Österreichische Skimeisterschaft um die alpine Disziplin weiter. Die erste nationale Meisterschaft nach dem Ersten Weltkrieg wurde 1921 in St. Johann im Pongau ausgetragen, damals noch im Lang- und Sprunglauf sowie eine Kombination der beiden. Später kam der Abfahrtslauf als dritte Disziplin dazu und die Zweierkombination wurde zu einer Dreierkombination ausgeweitet.

2.1.2 Mediatisierung und Kommerzialisierung des Skisports

Eine weitere Bedeutungssteigerung brachte die Mediatisierung des Sports, insbesondere des Spitzensports mit sich, die schon gegen Ende des 19. Jahrhunderts wirksam wurde, sich aber ab den 1920er-Jahren immer weiter ausdehnte und ausdifferenzierte. In der ersten Hälfte des 20. Jahrhunderts „mutierte der Sport mithilfe der Printmedien und ab den 1920er Jahren vor allem mit dem Einsatz des Radios zu einem Massenphänomen."[20] Diese Mediatisierung erfasste in der Ersten Republik auch den Skisport, der von der Sportpresse als heimischer Sport begriffen und über den in entsprechender Weise berichtet wurde. Das *Wiener Sport-Tagblatt*, das im November 1919 aus dem *Sportblatt am Mittag* hervorging und ab diesem Zeitpunkt täglich erschien,[21] verschrieb sich von Beginn an dem Skisport und wies erstmals in der Ausgabe vom 11. Jänner 1919 unter dem Titel „Schneesport. Junge Kultur" auf die sportliche und zugleich touristische Bedeutung des Skilaufs für Österreich hin.

> Hätten die Skireviere Deutschösterreichs den wintersportlichen Fremdenverkehr, den sie verdienen, so wären die ungeheuren Zahlungspflichten, die auf unserer schwergeprüften Heimat lasten, minder mühselig zu erfüllen![22]

---

19 Vgl. Franck, Die Entwicklung von Alpinistik, S. 127 und Hans Müller, Die Lettner-Kante, in: Wintersportmuseum Mürzzuschlag (Hg.), 3rd FIS Ski History Conference, Mürzzuschlag/Graz 2004, S. 171–176, hier S. 174–176.
20 Vgl. Matthias Marschik/Rudolf Müllner, Kulturen des Mediensports in Österreich. Zur Einführung, in: Matthias Marschik/Rudolf Müllner (Hg.), „Sind's froh, dass Sie zu Hause geblieben sind." Mediatisierung des Sports in Österreich, Göttingen 2010, S. 9–22, hier S. 18.
21 Minas Dimitriou, Historische Entwicklungstendenzen des Mediensports, in: Matthias Marschik/Rudolf Müllner (Hg.), „Sind's froh, dass Sie zu Hause geblieben sind." Mediatisierung des Sports in Österreich, Göttingen 2010, S. 25–37, hier S. 30.
22 Sport-Tagblatt, 11.1.1919, S. 3. Mit den „ungeheuren Zahlungspflichten" sind die Reparationszahlungen gemeint, die die Republik Deutsch-Österreich nach der Niederlage im Ersten Weltkrieg und dem Friedensschluss von St. Germain leisten musste.

Ab diesem Zeitpunkt verfolgte das *Sport-Tagblatt* in seiner Berichterstattung nicht nur regelmäßig das skisportliche Geschehen in Form von Wettbewerbsberichten, sondern informierte seine LeserInnen darüber hinaus über sportorganisatorische Neuerungen wie die erste Vertreterversammlung des ÖSV nach dem Ersten Weltkrieg.[23] Der Hörfunk erweiterte die Kommunikationsmöglichkeiten mit Beginn der 1920er-Jahre. Die ersten Olympischen Winterspiele, die im Radio übertragen wurden, waren jene von St. Moritz im Jahr 1928. Radio Bern berichtete damals live von der Eröffnung.[24] Auch die österreichische Radioverkehrs AG (RAVAG) erkannte den Nutzen der Sportberichterstattung. Die Live-Reportage wurde ab Herbst 1928 zu einem fixen Bestandteil der nationalen Radioübertragung. Auf diese Weise fand auch der der Skisport seine massenhafte Verbreitung über die Ländergrenzen hinweg. Durch den Austausch mit anderen europäischen und amerikanischen Rundfunkanstalten gelangten die „Hörbilder" von den FIS-Rennen im Februar 1933 in Innsbruck zu einer internationalen ZuhörerInnenschaft.[25]

Die Werbung in der Presse für Skiprodukte, Skireisen und Ski-Unterkünfte verdeutlicht die steigende Popularisierung des Skisports im Sinne einer Massensportart. Skisujets tauchten in allen Formen und Variationen auf. Selbst Unterwäsche-Hersteller bewarben ihre Produkte in einschlägigen Printmedien in Verbindung mit wintersportlichen Aktivitäten.[26]

2.1.3 Aufbau und Ausbau der Infrastruktur

Aus skitouristischer Sicht kam ab den 1920er-Jahre die infrastrukturelle Erschließung der Alpen hinzu, die den Skilauf für breitere Gesellschaftsschichten öffnete und Investitionen möglich machte.[27] Das österreichische Bundesministerium für Verkehr vergab erstmals 1921 staatliche Subventionen an den ÖSV, um Hütten und Schanzen zu errichten und Skiabfahrten zu markieren.[28] Um den Bau

---

23 Vgl. Sport-Tagblatt, 5.3.1919, S. 4
24 Vgl. Dimitriou, Historische Entwicklungstendenzen, S. 32.
25 Vgl. Theodor Venus, Sport im Rundfunk. Die Entwicklung der aktuellen Sportberichterstattung im österreichischen Hörfunk 1924–1938, in: Matthias Marschik/Rudolf Müllner (Hg.), „Sind's froh, dass Sie zu Hause geblieben sind." Mediatisierung des Sports in Österreich, Göttingen 2010, S. 67–76, hier S. 72.
26 Unter dem Slogan „Für die Mutter, wie für die Tochter!" bewarb das deutsche Modehaus Warner seine elastische Spezialunterwäsche, die nicht nur für den täglichen Gebrauch, sondern auch für den Sport geeignet sein sollte. Vgl. Sport im Bild, 2 (18.1.1938) 4, S. 42.
27 Vgl. u. a. John Hughes, Austria and the Alps: Introduction, in: Austrian Studies, 18 (2010), S. 1–13, hier S. 5.
28 Vgl. Gidl, Von elitären Versuchen, S. 129.

von Bergbahnen in den Alpen entbrannte ab Mitte der 1920er-Jahre ein regelrechter Wettbewerb. Die erste Seilschwebebahn in Österreich erschloss ab Juni 1926 die Rax, gefolgt von jener auf die Zugspitze in Deutschland.[29] Schon zwei Jahre zuvor beförderte die erste Seilschwebebahn in Deutschland ihre Gäste auf einen Gipfel, den Fichtelberg im Erzgebirge.[30] In Zell am See, das schon vor dem Ersten Weltkrieg als Wintersportplatz seine internationalen Gäste begrüßte, führte ab Jahresende 1927 eine Bergbahn auf die Schmittenhöhe.[31] Auf der Nordabfahrt konnten fortan 1 200 Höhenmeter mit Ski bewältigt werden, ohne vorher mühsam aufzusteigen. Laut dem Bericht von Ernst Hanausek über „Seilbahn-Abfahrten in Österreich" waren bis zu sechs Fahrten am Tag mit der Seilbahn möglich, vorausgesetzt man hatte sich vorher den richtigen Fahrplan zurechtgelegt und war sportlich genug.[32] Noch vor der Schmittenhöhebahn war im Frühjahr bzw. Sommer 1927 auf den Pfänder in Vorarlberg und den Feuerkogel in Oberösterreich eine Seilschwebebahn in Betrieb genommen worden. Allerdings waren die Bahnen in Bregenz und Ebensee dem Ausflugstourismus im Sommer geschuldet, während jene in Zell am See durchaus den Wintersportbetrieb fördern sollte. Im selben Jahr gründete sich in Zell am See die erste Skischule und keine zehn Jahre später sprang der Salzburger Skispringer Josef Bradl beim Eröffnungsspringen auf der neuen Köhlergrabenschanze einen Schanzenrekord.[33] Zehn Jahre nach Zell am See, im Jahr 1937, bekam St. Anton am Arlberg mit der Galzigbahn eine Seilschwebebahn für den Winterbetrieb.[34] Die Förderkapazität lag damals bei beachtlichen 210 Personen pro Stunde.[35] Zur gleichen Zeit als die Galzigbahn von St. Anton aus den Arlberg erschließen sollte, nahm auf der Vorarlberger Seite in Lech der erste Umlaufschlepplift den Betrieb auf. Dieser wurde

---

29 Vgl. Erich Bazalka, Skigeschichte Niederösterreichs, Waidhofen a. d. Ybbs 1977, S. 56–57; Frank, Die Entwicklung von Alpinistik, S. 115; Hermann Gruber/Josef Metzger, Es begann in Wien. Eine Spurensuche im Schnee. 100 Jahre Wiener Skiverband, Wien 2013, S. 77.
30 Interessanterweise wurde die erste Seilschwebebahn in Deutschland nicht in den Alpen erbaut. Dieser Umstand hängt mit den im Erzgebirge einflussreichen Alpin- und Skivereinen und dementsprechenden regionalen Initiativen zusammen. Vgl. Peiffer, Vom Soldatensport, S. 86.
31 Vgl. Ski-Klub Zell am See. Festschrift zum 75-Jahr-Jubiläum, Zell am See 1981, S. 30.
32 Vgl. Ernst Hanausek, Seilbahn-Abfahrten in Österreich, in: Skileben in Österreich, Wien 1938, S. 51.
33 Vgl. Ski-Klub Zell am See, S. 30.
34 Die Galzigbahn wurde am 19. Dezember 1937 eröffnet. Vgl. Christof Thöny, Arlberg: The Creation of a Resort and the Transfer of Knowledge, in: Philipp Strobl/Aneta Podkalicka (Hg.), Leisure Cultures and the Making of Modern Ski Resorts, Cham 2019, S. 117–142, hier S. 127.
35 Vgl. https://www.skiarlberg.at/de/regionen/geschichte/die-galzigbahn (6.10.2019); Tiroler Anzeiger, 18.12.1937, S. 3.

1937 nach dem Patent von Ernst Constam am Zürsersee erbaut. Die gemeinsame Errichtung des Schlepplifts durch Josef (Sepp) Bildstein und Emil Doppelmayr bedeutete den Startschuss für den „Weißen Ring", den bis heute so genannten Rundkurs am Arlberg.[36] Der Versuch, die Alpen zum Zwecke des Skisports zu erschließen, lässt sich ab Anfang der 1920er-Jahre immer stärker in den Vereinsstatuten der Skiklubs ablesen.[37] Neben der skitechnischen Ausbildung der Mitglieder und der Veranstaltung von Skirennen rückte die Errichtung von Skihütten in den Fokus der Vereine.[38] Damit befand sich der alpine Skisport auf der Überholspur gegenüber der Fortbewegung auf Skiern im flachen Gelände.[39]

Abb. 2: Der alpine Skisport nimmt Fahrt auf. Zell am See als frühes Zentrum des Rennsports und Austragungsort von österreichischen Meisterschaften, Bezirksarchiv Zell am See.

„Das alpine Skifahren war einzigartig in der Art, wie es moderne Massenkultur und Wertschätzung gegenüber der Natur verband",[40] schreibt Andrew Denning

---

36 Vgl. Groß, Die Beschleunigung, S. 95; Dettling, Die historische Entwicklung, S. 61.
37 Vgl. u. a. Satzungen des Österreichischen Skiverbandes, § 1 Zweck des ÖSV, in: Österreichischer Skiverband, Satzungen des Ö. S. V., beschlossen in der Vertreter-Versammlung in Salzburg am 8. Oktober 1922, Wien 1923, S. 5.
38 Vgl. u. a. Satzungen Wintersportsektion des Kitzbüheler Sportklubs (K. S. C.), Tiroler Landesarchiv (TLA), Abt. I, XVIII 93b, ex 1926, Zl. 3066; Statuten des Skiklub Arlberg, TLA, Abt. I, XVI 78c, ex 1924, Zl. 1321.
39 Vgl. Peiffer, Vom Soldatensport, S. 86.
40 Denning, Alpine Modern, S. 853.

über die Entwicklung des alpinen Skilaufs von 1900 bis 1939. Und dennoch: Nicht überall verliefen die ambitionierten Pläne, die Berge mittels technischer Aufstiegshilfen zugänglich zu machen, friktionsfrei. Touristische Infrastrukturprojekte, die nicht selten von lokalen Skivereinen unterstützt und vorangetrieben wurden, stießen in manchen Gebirgstälern auf Widerstand von Naturschützern. Vor allem der Alpenverein trat gegen die Technisierung auf und mahnte vor der Gefahr des „Massen-Skilaufs".[41] Andernorts gerieten Seilbahnprojekte aufgrund fehlender finanzieller Mittel in Zeiten der Wirtschaftskrise ins Stocken. Trotz einer breiten Initiative des Wintersportvereins Bad Gastein, des Skiklubs Bad Gastein und der Gastwirtsgenossenschaft gegen Jahresende 1935 konnte das Seilbahnprojekt auf den Stubnerkogel vor Ausbruch des Zweiten Weltkriegs nicht realisiert werden. Ins Treffen geführt wurden dabei die klimatischen Vorteile, die der Stubnerkogel gegenüber der Schmittenhöhe hätte.[42] Damit nahmen die Befürworter des Gasteiner Projektes direkten Bezug zur bereits existierenden Schmittenhöhebahn, die als Konkurrenz gesehen wurde. In einem Schreiben an den Leiter des Salzburger Landesverkehrsamtes Hans Hofmann-Montanus legte der Obmann des Wintersportvereins Dr. Fritz Windischbauer die Vorteile der Erschließung des Skigebietes und die Wirtschaftlichkeit dessen dar. Der Obmann des Skiklubs, Hans Windischbauer, unterstützte das Vorhaben, indem er auf die skisportliche Bedeutung verwies. Laut seinen Angaben soll der Skiklub in Bad Gastein zu dieser Zeit über 180 Mitglieder gezählt haben. Anscheinend hat sich aber auch eine Gegnerschaft formiert.[43] Das Projekt verschwand in der Schublade. Es dauerte bis Jänner 1951 bis tatsächlich eine Seilbahn auf den Stubnerkogel eröffnet wurde. Auch bei der Galzigbahn auf den Arlberg verzögerte sich der Baubeginn auf das Jahr 1937. Der Skisport als Massenbewegung gewann aber trotz regionaler Rückschläge bei Infrastrukturprojekten Mitte der 1930er-Jahren so sehr an Bedeutung, dass die Österreichischen Bundesbahnen ab Mitte Dezember eigene „Wintersportgarnituren" einsetzten, die als „Sportzüge" in die Skigebiete rollten.[44]

---

41 Vgl. Bedenkliches vom Massen-Skilauf, in: Mitteilungen des Deutschen und Österreichischen Alpenvereins, 64 (1938) 2, S. 25–26.
42 Zum Seilbahnprojekt in Bad Gastein vgl. Salzburger Landesarchiv (SLA), Rehrl-Brief 1936/ 0057.
43 Vgl. Brief von Hans Windischbauer an Hofmann-Montanus, Leiter des Landesverkehrsamtes, 19.12.1935 und Brief von Dr. Fritz Windischbauer, Obmann des Wintersportvereins Badgastein, an Hofmann-Montanus, Leiter des Landesverkehrsamtes, 22.12.1935, SLA, Rehrl-Brief 1936/0057.
44 Vgl. Erwin Benesch, Wegweiser für den Winterverkehr in Österreich, in: Skileben in Österreich, Jahrbuch des Österreichischen Skiverbandes, Wien 1936, S. 167.

2.1.4 Internationale Vergleichbarkeit

Im Hotel Majestic in Chamonix gründete sich am 2. Februar 1924 der Internationale Skiverband (FIS). Auf diesem achten Internationalen Skikongress in den französischen Alpen wurden nicht nur die Olympischen Winterspiele diskutiert, sondern gleichzeitig die Internationale Wintersportwoche durchgeführt.[45] Der Skihistoriker John Allen beschreibt dieses Ereignis als „Wendepunkt hinsichtlich der wachsenden Anerkennung für den internationalen Skisport".[46] 258 AthletInnen aus 16 Nationen nahmen an der ersten internationalen Wintersportveranstaltung nach dem Ersten Weltkrieg teil.[47] An den nordischen Skibewerben beteiligten sich elf Nationen, Deutschland war aufgrund der Nachkriegsbestimmungen nicht teilnahmeberechtigt.[48] Der Erfolg führte dazu, dass das Internationale Olympische Komitee (IOC) bei seinem jährlichen Kongress, der 1925 in Prag stattfand, die Internationale Wintersportwoche im Nachhinein als Olympische Winterspiele deklarierte und die Olympischen Winterspiele in einem Vier-Jahres-Rhythmus beschloss.[49] Vier Jahre nach den ersten Olympischen Winterspielen in Chamonix veranstaltete Hannes Schneider gemeinsam mit Arnold Lunn im März 1928 das erste Arlberg-Kandahar-Rennen, benannt nach den beiden Vereinen SC Arlberg und dem Kandahar-Ski-Club.[50] Bei dem internationalen alpinen Skirennen starteten SkiläuferInnen aus Österreich, England, der

---

45 Vgl. Elfriede Werthan, Weiße Pisten, Gold & Geld. Die Geschichte des alpinen Skisports, Reichling 1976, S. 30; Heinz Polednik, Weltwunder Skisport, Wels 1969, S. 102 und 104.
46 John B. Allen, 1924 – Die Geburt des modernen Skisports, in: SportZeiten, Sport in Geschichte, Kultur und Gesellschaft 2 (2002) 1, S. 7–16, hier S. 13.
47 Vgl. Andrew Denning, Going Downhill? The Industrialisation of Skiing from the 1930s to the 1970s, in: Philipp Strobl/Aneta Podkalicka (Hg.), Leisure Cultures and the Making of Modern Ski Resorts, Cham 2019, S. 25–42, hier S. 28.
48 Vgl. Walter König/Gustl Berauer, Handbuch des Schilaufs, Innsbruck 1943, S. 17. Bei den ersten Olympischen Winterspielen nach dem Ersten Weltkrieg wurden zunächst nur nordische Skibewerbe ausgetragen, alpine Skirennen kamen erstmals 1936 in Garmisch-Partenkirchen zur Austragung.
49 Andrew Denning nennt in seinem Artikel das Jahr 1926 für den IOC-Kongress, an dem die Olympischen Winterspiele beschlossen wurden. Tatsächlich fand dieser 1925 in Prag statt. Vgl. Denning, Going Downhill, S. 28; Chamonix 1924. Winter Games given Stamp of Approval, https://www.olympic.org/news/winter-games-given-stamp-of-approval (29.8.2019).
50 Das erste Arlberg-Kandahar-Rennen war nach einer Idee des englischen Skiläufers Arnold Lunn durch eine Vereinbarung mit Hannes Schneider erstmals 1928 zustande gekommen und sollte die SkiläuferInnen des Kandahar-Skiklubs in Mürren mit jenen des Skiclubs Great Britain und des Skiclubs Arlberg zusammenbringen. Ab 1930 wurde das Rennen abwechselnd in Mürren und St. Anton ausgetragen, wobei St. Anton die geraden und Mürren die ungeraden Jahre zufallen sollten. Vgl. 45 Jahre Ski-Club Arlberg. 1901–1946, St. Anton Winter 1945/46, S. 4–5.

Schweiz und den USA.⁵¹ Das erste Arlberg-Kandahar-Rennen diente als Modell für die alpinen Disziplinen, nachdem die FIS zuvor ausschließlich die nordischen Bewerbe gefördert hatte. Das blieb nicht ohne Folgen. Zwei Jahre später nahm die FIS den Abfahrtslauf sowie den Slalom in die internationalen Wettkampfbestimmungen mit auf und 1931 wurden in Mürren die ersten alpinen Skiweltmeisterschaften ausgetragen, die noch bis 1937 als FIS-Wettkämpfe geführt und bis 1939 jährlich veranstaltet wurden.⁵² 1933 wurde die erste nationale Abfahrtsmeisterschaft in den USA nach den offiziellen FIS-Regeln ausgetragen.⁵³ Damit war Anfang der 1930er-Jahre eine internationale Vergleichbarkeit im alpinen Skirennsport hergestellt worden.

2.2 Vom „Volkssport" zum Nationalsport – zur Bedeutung des Skisports in der Ersten Republik und im Austrofaschismus

Der Skisport war neben dem Fußball die Sportart in der Ersten Republik, der auf Spitzenniveau am meisten Bedeutung zukam. Auf Österreich bezogen liegen die Gründe zum Gutteil in der soeben geschilderten Professionalisierung der Sportart und damit in der Herausbildung eines Spezialistentums, das den Sport sowohl auf einem hohen Leistungsniveau ausüben als auch in der Breite vermitteln konnte. International gesehen war die Professionalisierung auch der Tatsache geschuldet, dass der Skilauf ab 1924 mit der FIS in einem internationalen Verband organisiert war und die ab 1930 stattfindenden Abfahrts- und Slalomrennen unter standardisierten Regeln stattfanden.⁵⁴ Die internationalen Wettbewerbe ermöglichten einen direkten sportlichen Vergleich mit anderen Nationen. Erst dieser Vergleich schuf die Voraussetzung für das Entstehen einer nationalen Identität über den Skisport. Dieter Reicher beschreibt diese Entwicklung als „Prozess der Umwandlung von ‚Ethnosport' in Nationensport".⁵⁵ Ebenso wie die Massensportart Fußball konnte auch der Skilauf ab Ende der 1920er-Jahre als professioneller Sport begriffen werden. Der österreichische Skisport war ebenso international ausgerichtet, hatte aber im Unterschied zum Fußball weniger einen urbanen, großstädtischen Charakter, sondern war durchaus

---

51 Vgl. Polednik, Weltwunder, S. 101.
52 Die Weltmeisterschaften im alpinen Skisport wurden zunächst als FIS-Wettkämpfe tituliert und erst 1937 offiziell als Skiweltmeisterschaften bezeichnet. Vgl. Werthan, Weiße Pisten, S. 33–34; Falkner, Deutscher Skilauf, S. 23; Seefranz, Der Weiße Rausch, S. 65.
53 Vgl. Allen, From Skisport, S. 125.
54 Vgl. Werthan, Weiße Pisten, S. 33–34.
55 Dieter Reicher, Nationensport und Mediennation. Zur Transformation von Nation und Nationalismus im Zeitalter elektronischer Massenmedien, Göttingen 2013, S. 75.

kleinstädtisch und provinziell geprägt und wies, darüber darf die internationale Ausrichtung nicht hinwegtäuschen, starke nationalistische Züge auf. Matthias Marschik schreibt davon, dass der Fußball in der Ersten Republik „als Paradebeispiel eines urbanen, internationalen und ab 1924 professionellen Sportes gelten kann".[56] Diese Attribute würde ich ebenso dem Skisport in Österreich zu jener Zeit zuschreiben. Auch der Skilauf vermochte wie der proletarische Fußball[57] urbane Schichten wie die Arbeiterschaft zu durchdringen. Der Unterschied lag aber darin, dass der von der Arbeiterschaft getragene Skisport mit dem bürgerlichen Skisport nie in Konkurrenz trat.[58]

Auch wenn eine Identifikation mit der Ersten Republik auf breiter Basis in der österreichischen Zwischenkriegsgesellschaft nicht hergestellt werden konnte, so kann der Skisport in Österreich ab Mitte der 1920er-Jahre und spätestens ab 1930 durchaus als eine Art Nationalsport bezeichnet werden, indem die Leistungen individueller SportlerInnen oder eines Teams national gedeutet und interpretiert wurden.[59] Dazu trugen nicht nur die skisportlichen Erfolge auf internationaler Ebene bei, die sicherlich wesentlich waren, um den Skilauf im kollektiven Bewusstsein als nationale Sportart zu verankern. Vielmehr war es die räumliche Durchgängigkeit der Sportart. Während sich der professionell betriebene Fußball in der Zwischenkriegszeit auf Wien beschränkte und das Nationalteam eine Wiener Fußballmannschaft war und keine gesamtösterreichische,[60] schaffte es der Skisport bundesländerübergreifend bis in abgelegene Gebirgstäler hinein Strukturen aufzubauen, die eine Vergleichbarkeit und einen bundesweiten einheitlichen Sportbetrieb möglich machten. Die AthletInnen kamen anders als im österreichischen Spitzenfußball zumeist aus der Provinz und stammten aus ländlich geprägten Regionen. Damit bot der Skisport in der Zwischenkriegszeit auf Gesamtösterreich bezogen eine breite Identifikationsfläche an. Der Skilauf war zwar aus touristischer Sicht ein urbanes, großstädtisches Phänomen, weil er eine zahlungskräftige Gästeschicht benötigte, die ausüben-

---

56 Vgl. Marschik, Sportdiktatur, S. 31.
57 Proletarischer Fußball meint hier den von der Arbeiterschaft initiierten und getragenen Fußballsport in der Ersten Republik, der in starker Abgrenzung zum bürgerlichen Fußball stand und sich ab Mitte der 1920er-Jahre in einem eigenen Verband organisierte. Zum Arbeiterfußball in der Ersten Republik und zur Verbandstrennung im Fußball siehe Marschik, „Wir spielen nicht".
58 Vgl. hier das Kapitel zum proletarischen Skilauf.
59 Vgl. dazu Reicher, Nationensport, S. 88.
60 Zur Abgrenzung des Wiener Fußballs vom Provinzfußball in den Bundesländern vgl. u. a. Matthias Marschik, Metropolen statt Provinzen. Mitropa-Idee vs. Veröstereicherung des Fußballs in der Zwischenkriegszeit, in: Siegfried Göllner/Albert Lichtblau/Christian Muckenhumer/Andreas Praher/Robert Schwarzbauer (Hg.), Zwischen Provinz und Metropole. Fußball in Österreich. Beiträge zur 1. Salzburger Fußballtagung, Göttingen 2016, S. 88–96, hier S. 91.

den (Spitzen-)SportlerInnen kamen aber vorwiegend aus kleineren Landgemeinden bis mittelgroßen Städten. Nicht Wien, sondern die gebirgsnahen Landeshauptstädte wie Salzburg oder Innsbruck waren Zentren des frühen Wintersports und hatten mit ihren Skiklubs einen großen Einfluss auf die Entwicklung und Verbreitung des vereinsmäßig ausgeübten Skisports. In Salzburg war der 1910 gegründete und im Dezember 1918 wiedergegründete Skiclub Salzburg (SCS) im Laufe der 1920er-Jahren mit seinen wintersportlichen Aktivitäten im Großraum Salzburg nicht mehr wegzudenken.[61] Frühe Skisprungveranstaltungen, wie jene beim Eröffnungsspringen auf der Zistel im Februar 1923, lockten hunderte bis tausende ZuschauerInnen an.[62] Jungen SkisportlerInnen wie Hans Hauser oder Käthe Lettner ermöglichte der SCS den Sprung in das internationale Skisportgeschäft. In Innsbruck war es der Skiklub Innsbruck (SKI),[63] der abgesehen vom Sportnachwuchs den nationalen und internationalen Skisport beförderte und Akzente setzte. Vier Jahre nach Salzburg konnte der SKI gemeinsam mit dem Tiroler Skiverband am 23. Jänner 1927 die Skisprungschanze auf dem Bergisel eröffnen.[64] Das Eröffnungsturnier vor 5 000 ZuschauerInnen wurde als Meisterschaft von Tirol im Skilauf ausgetragen und fand in der klassischen Kombination Langlauf und Sprunglauf statt.[65] Beim ersten Alrberg-Kandahar-Rennen im März 1928 machten die SkiläuferInnen aus Innsbruck erstmals von sich zu hören, 1930 bei den Akademischen Weltwinterspielen in Davos erfolgte dann der Durchbruch der jungen Skigeneration des SKI.[66] Sowohl die jungen Innsbrucker wie auch Salzburger SkiläuferInnen gehörten durchwegs einer bürgerlichen, zum Teil akademischen Schicht an, verkörperten aber gleichzeitig eine Generation, der es erstmals möglich geworden war über den Sport den Provinzstatus abzulegen.

Abgesehen vom Spitzensport beförderten die Stadtvereine den Breitensport. Ein Blick in die Jahresberichte des Salzburger Landesskiverbandes der 1930er-

---

61 Vgl. dazu Andreas Praher, Sport und Körperkultur. „Ohne Widerstand bis zum Endsieg", in: Sabine Veits-Falk/Ernst Hanisch (Hg.), Herrschaft und Kultur. Instrumentalisierung, Anpassung, Resistenz. Die Stadt Salzburg im Nationalsozialismus (Band 4), Salzburg 2013, S. 268–317, hier S. 271.
62 Vgl. Praher, Sport und Körperkultur, S. 271; Skiclub Salzburg (Hg.), 75 Jahre Skiclub Salzburg 1910–1985, Salzburg 1985, S. 21–22; Skiclub Salzburg (Hg.), 100 Jahre Skiclub Salzburg 1910–2010, Salzburg 2010, S. 21.
63 Der Skiklub Innsbruck wurde am 20. November 1906 von der k. k. Statthalterei behördlich genehmigt und nahm nach dem Ersten Weltkrieg ab Dezember 1918 wieder seinen Betrieb auf. Vgl. Graf/Gidl, Skisport, S. 18 und 33.
64 Vgl. Tiroler Skiverband (Hg.), 100 Jahre Tiroler Skiverband 1913–2013, Hall in Tirol 2013, S. 18.
65 Vgl. Gidl/Graf, Skisport, S. 37.
66 Vgl. Gidl/Graf, Skisport, S. 45–46.

Jahre verdeutlicht die Bedeutung des städtischen Skiclubs anhand der Mitgliederzahlen. So hatte der Skiclub Salzburg in den Vereinsjahren 1931/32 und 1932/33 im Vergleich zu den Skivereinen in den ländlichen Gebirgsregionen mit Abstand den höchsten Mitgliederstand. Das sollte sich auch im Vereinsjahr 1933/34 nicht ändern. Während der Skiclub Salzburg seine Mitgliederzahl weiter ausbauen konnte, stagnierte die Zahl bei den anderen beiden Vereinen im Pongau und Pinzgau oder ging sogar zurück.[67] Das kann auf die schlechte Wirtschaftslage und Strukturschwäche der ländlich geprägten Regionen zurückgeführt werden, die von der „Tausend-Mark-Sperre" mehr betroffen waren als die Landeshauptstädte.[68]

Tab. 1: Mitgliederstand ausgewählter Vereine im Salzburger Landesskiverband.

Vereinsjahr 1931/32	
Verein	Mitgliederzahl
Skiclub Salzburg	455
Skiklub Zell am See	284
Skiclub Badgastein	135
Vereinsjahr 1932/33	
Verein	Mitgliederzahl
Skiclub Salzburg	548
Skiklub Zell am See	227
Skiclub Badgastein	136
Vereinsjahr 1933/34	
Verein	Mitgliederzahl
Skiclub Salzburg	626
Skiklub Zell am See	200
Skiclub Badgastein	112

Quelle: SLA, HB C 02253 1932/33, Salzburger Landes-Skiverband Jahresbericht 1932/33 und HB C 02253 1933/34 Salzburger Landes-Skiverband Jahresbericht 1933/34, eigene Zusammenstellung.

---

[67] Vgl. SLA, HB C 02253 1932/33, Salzburger Landes-Skiverband Jahresbericht 1932/33; HB C 02253 1933/34, Salzburger Landes-Skiverband Jahresbericht 1933/34.
[68] Die so genannte Tausend-Mark-Sperre war eine Wirtschaftssanktion gegen Österreich, die das Deutsche Reich im Mai 1933 anordnete und die im Juli 1933 in Kraft trat. Demnach hatte jede/r reichsdeutsche TouristIn beim Grenzübertritt 1 000 Mark zu zahlen. Diese Sanktion traf vor allem die Tourismusorte in Westösterreich, führte aber gleichzeitig zu einem Ausweichen auf andere Gästeschichten, vor allem aus Frankreich, Großbritannien und den Benelux-Staaten. Vgl. u. a. Groß, Die Beschleunigung, S. 82–83; Brugger, Vom Pioniergeist, S. 118.

Ausgehend von den damaligen Einwohnerzahlen und der Struktur der beiden Städte Innsbruck und Salzburg, kann in beiden Fällen aber nicht von einem großstädtisch geprägten Umfeld gesprochen werden.[69] Den Skisport in den 1930er-Jahren daher als rein urbanes Phänomen zu bezeichnen, wäre ebenso unzureichend, als ihm den ländlichen Stempel aufdrücken zu wollen. Ebenso war die Stadt Dornbirn, in der sich schon sehr früh eine skisportliche Infrastruktur entwickelte, kleinstädtisch und kleinbürgerlich geprägt. So gesehen, darf der Skisport der 1930er-Jahre nicht als großstädtisches Phänomen gesehen werden. Vor allem, wenn man bedenkt, dass der Skiklub Zell am See bei einer Einwohnerzahl im Jahr 1934 von 2 867 an die 200 Mitglieder aufwies.[70]

Für ganz Österreich gesprochen, kristallisierten sich selbst in Gebirgsregionen, die vor dem Ersten Weltkrieg und danach sportlich gesehen als Brachland galten, gewisse Strukturen heraus, die ab den 1920er-Jahren von öffentlicher und staatlicher Seite gefördert wurden und ein nationales Interesse hervorriefen. Die vom Bundesministerium für Verkehr erstmals 1921 getätigten Subventionen im organisierten Skilauf wurden bereits erwähnt.[71] Aber auch auf Ebene der Bundesländer flossen ab 1920 öffentliche Gelder in den Ausbau der Skisportinfrastruktur. Landeshauptmänner in den Gebirgs-Bundesländern gaben sich als Förderer der „weißen Zunft". Sie stifteten Ehrenpreise und bewilligten Infrastrukturprojekte.[72] Das beflügelte und regte Visionen an. So gab es Ideen, die Stadt Salzburg Mitte der 1930er-Jahre ebenso wie Kitzbühel oder St. Anton zu einem Wintersportort auszubauen. Die Idee kam vom Präsidenten des Allgemeinen Österreichischen Skiverbandes Alexander Hartwich. Er meinte das internationale Publikum der Festspielstadt Salzburg für den Wintersport begeistern zu können.[73] Gleichzeitig benötigte das staatlich organisierte Skilehrwesen ab 1928 Skischulen und diese mussten von Landesseite genehmigt werden. Da-

---

69 Die Stadt Salzburg wies im Jahr 1934 einen Bevölkerungsstand von 40 456 EinwohnerInnen auf. Vgl. Stadt Salzburg, Salzburg in Zahlen, Bevölkerungsstatistik, Bevölkerungszahlen 1811 bis 1945. www.stadt-salzburg.at/internet/bildung_kultur/salzburg_in_zahlen/bevoelkerungsstatist_321402/bevoelkerungszahlen_235122/bevoelkerungszahlen_1811_bis_1945_270918.htm (6.10.2019). Die Stadt Innsbruck im selben Jahr 78 797 EinwohnerInnen. Vgl. https://www.innsbruck.gv.at/page.cfm?vpath=verwaltung/statistiken-zahlen/bevoelkerung (6.10.2019).
70 Zur Wohnbevölkerung von Zell am See 1934 vgl. Laurenz Krisch, Die Wahlerfolge der Nationalsozialisten in der Spätphase der Ersten Republik im Pongau und Pinzgau. Eine empirische Analyse zur Struktur der NSDAP-Wählerschaft, Sonderdruck aus: Mitteilungen der Gesellschaft für Salzburger Landeskunde, Salzburg 2000, S. 215–267, hier S. 255.
71 Vgl. Gidl, Von elitären Versuchen, S. 129.
72 Verschiedene Quellenfunde, unter anderem im Salzburger Landesarchiv bestätigen das politische Interesse seitens der Landespolitik am jungen Skisport.
73 Vgl. Brief von Alexander Hartwich an die Landesregierung Salzburg, z. H. Hofmann Montanus, 16.4.1936, SLA, Rehrl-Brief 1936/2980.

mit kam es ab den 1930er-Jahren zu einem Gründungsboom von Skischulen in der Alpenregion.[74]

Der ÖSV erkannte schon sehr bald das wirtschaftliche Potenzial des Skisports und wusste dieses auch zu vermarkten. In seinem Selbstverständnis sah sich der ÖSV als der zuständige nationale Wintersportverband, der auf die touristische Bedeutung des Skilaufs aufmerksam zu machen und die wirtschaftliche Vermarktung voranzutreiben hätte. Das kommt auch in einem Artikel der im November 1931 erstmals erschienen amtlichen Verbandszeitschrift *Der Skiläufer* zum Ausdruck. Die offizielle ÖSV-Verbandszeitschrift wurde zweimal monatlich mit einer Auflage von 15 000 Stück kostenlos an alle Mitglieder verschickt und hatte eine dementsprechende Auflage.[75]

2.2.1 Regionale Zentren mit nationaler und internationaler Bedeutung

Zum skisportlichen Zentrum des alpinen Skilaufs entwickelte sich in den 1920er- und 1930er-Jahren der Arlberg. Die in Tirol und Vorarlberg liegende Region konnte zu diesem Zeitpunkt schon auf eine 20-jährige Geschichte des organisierten Skilaufs zurückblicken. In St. Anton wurde kurz nach der Jahrhundertwende, am 3. Jänner 1901 der erste Tiroler Skiverein, der Skiclub Arlberg (SCA) gegründet. Zu den Gründungsmitgliedern zählten der Klubobmann Carl Schuler und sein Stellvertreter Adolf Rybitzka.[76] Der deutsche Geologe und Mitbegründer des DSV und ÖSV Wilhelm Paulcke leitete die ersten Bergführerskikurse. Fünf Jahre nach der Gründung sollte der Club bereits 155 Mitglieder zählen. 1907 holte Carl Schuler den aus Stuben stammenden Hannes Schneider als Skilehrer nach St. Anton, dieser begründete später die Alpinschule.[77] Nach dem Ersten Weltkrieg lehrte Schneider ab 1921/22 als Skilehrer am Arlberg den Stemmbogen als Vorläufer des Parallelschwungs. Diese Technik revolutionierte nicht nur den alpinen Skilauf, sondern machte den Arlberg zu einer weltweit bekannten und nachgefragten Destination in punkto Skiausbildung.[78] In der von Hannes Schneider nach dem Ersten Weltkrieg wiedergegründeten Skischule unterrichteten Skilehrer und Skirennläufer wie Rudi Matt oder Josef Jenne-

---

74 Vgl. Schriftverkehr betreffend Errichtung von Skischulen, Abhaltung von Skikursen und Arbeitszulassungen für Skilehrer, SLA, PRÄ 1936/47-1185-6313 sowie Verzeichnis der Skischulen im Land Salzburg 1937, SLA, PRÄ 1938/47-0475-4599.
75 Vgl. Der Skiläufer. Amtliche Zeitschrift des Österreichischen Ski-Verbandes, 1 (1931) 1, S. 2.
76 Adolf Rybitzka war der Vater des späteren Skisportlers Benno Rybitzka.
77 Vgl. Adolf Lässer, 100 Jahre Fremdenverkehr in Tirol. Die Geschichte einer Organisation, Innsbruck 1989, S. 87.
78 Zur Entwicklung und Verbreitung der Arlbergtechnik vgl. u. a. Thöny, Arlberg, S. 121–122.

wein.⁷⁹ Beide sollten bis in die 1940er-Jahre hinein internationale Skisporterfolge feiern. Hannes Schneider unterrichtete die SchülerInnen erstmals in Gruppen bis zu 15 Personen gleicher Leistungsstärke und führte bestimmte Regeln ein, nach denen der Unterricht abzulaufen hatte. Seine Skilehrmethode veröffentlichte Schneider gemeinsam mit dem Filmemacher und Bergfilm-Regisseur Arnold Fanck in dem Skilehrbuch *Wunder des Schneeschuhs* 1925.⁸⁰ Fünf Jahre zuvor sorgte ihr erster gemeinsamer, gleichnamiger Berg- und Skifilm für öffentliches und mediales Interesse. Das war der Beginn einer engen Zusammenarbeit.⁸¹

Auf Initiative von Ernst Janner errichtete das österreichische Unterrichtsministerium 1923 in St. Christoph am Arlberg ein staatliches Winterheim für den Skiunterricht,⁸² welches heute als Bundessportheim St. Christoph unter dem Namen „Ski Austria Academy" den österreichischen SkilehrerInnen-Nachwuchs ausbildet.⁸³ Der aus Dornbirn stammende Skipädagoge Janner war ein früher Förderer des Skisports in Theorie und Praxis. 1880 geboren, absolvierte er die k. k. Lehrerbildungsanstalt in Innsbruck und erlernte dort um 1900 das Skilaufen. Während des Ersten Weltkriegs war er ebenso wie Schneider als Ski-Ausbildner für die Armee tätig und danach als Ausbildner für zukünftige Turnlehrer.⁸⁴ Sein bekanntestes theoretisches Werk, *Arlbergschule*, erschien in 22 Auflagen. Mit der Veröffentlichung und Verbreitung des Skilehrbuches in mehreren Sprachen im Jahr 1926 wurde die Arlbergtechnik zur weltweiten Lehrmethode. Janner übernahm im selben Jahr die Leitung des neu gegründeten staatlichen Winterheimes am Arlberg, zuvor leitete er ab 1924 gemeinsam mit

---

79 Hannes Schneider betrieb schon vor dem Ersten Weltkrieg ab 1907 eine Skischule am Arlberg. Der Durchbruch des alpinen Skilaufs erfolgte aber erst in der Ersten Republik. Ab der Wintersaison 1924/25 erlernte Rudi Matt dort den Skilehrerberuf. Vgl. dazu Thomas Ebster, Arlberg, Graz 2013, S. 21; Seefranz, Der Weiße Rausch, S. 65.
80 Vgl. Anneliese Gidl, Im Sog Hannes Schneiders – Zur Entwicklung des Skilaufs am Arlberg, in: Josef Riedmann/Richard Schober (Hg.), Tiroler Heimat. Jahrbuch für Geschichte und Volkskunde (Band 70), Innsbruck 2006, S. 173–181, hier S. 177–178.
81 Arnold Fanck gründete im März 1920 in Freiburg die Berg- und Sportfilm GmbH und fand auf der Suche nach einem Darsteller, der skiläuferische Kenntnisse hatte, in Hannes Schneider den idealen Kandidaten. Vgl. dazu Gunther Haarstark, Hannes Schneider in den Filmen von Arnold Fanck, in: Josef Riedmann/Richard Schober (Hg.), Tiroler Heimat. Jahrbuch für Geschichte und Volkskunde (Band 70), Innsbruck 2006, S. 182–189, hier S. 182–183; Christian Rapp, Sonne über dem Arlberg. Wie das Kino die Skier zum Laufen brachte, in: Tobias G. Natter (Hg.), Schnee. Rohstoff der Kunst, Bregenz 2009, S. 78–89, hier S. 82.
82 Vgl. Erwin Mehl, Grundriss des deutschen Turnens, Wien 1929, S. 482.
83 Vgl. http://skiakademie.at/skiakademie/lehrwesen/skipioniere.php (9.8.2018)
84 Vgl. Lebensdaten von Ernst Janner im Dornbirner Familienbuch: https://lexikon.dornbirn.at/startseite/geschichte/dornbirner-familienbuch (2.8.2019); Mehl, Grundriss, S. 482.

Hannes Schneider die ersten Skikurse für Studenten der Leibeserziehung in St. Chistoph.[85] Die achttägigen Skikurse für Lehrer aller Schulen in dem neu eröffneten staatlichen Winterheim in St. Christoph fanden von November bis Mai statt. Im Oktober 1926 schrieb Janner im *Tagblatt* über die Notwendigkeit der Skilehrerausbildung folgende Zeilen:

> Da in Österreich über 92 Prozent der Schulen keinen Turnsaal und dadurch kein Schulturnen in den langen Wintermonaten hatten, nahm die Schulreform in den Lehrplan mit Absicht die winterlichen Uebungen, wie Schnee und Eisspiele, Eisschießen, Rodeln und den Skilauf auf.[86]

Janner arbeitete über die 1920er-Jahre hinweg eng mit Hannes Schneider zusammen. 1930 eröffnete er seine eigene, private Skischule in Gargellen.[87] 1934, unter der austrofaschistischen Sport- und Turnfront, folgte ihm der bis dahin in Salzburg tätige Lehrer und Fotograf Stefan Kruckenhauser als Leiter des Winterheimes nach.[88] Ab 1928 war für die Berufsausübung die staatliche Skilehrerausbildung in St. Christoph am Arlberg vorgeschrieben.[89] Damit wurde die Skilehrerausbildung österreichweit vereinheitlicht und der Arlberg zum zentralen Ausbildungsort bestimmt. In seinem 1933 herausgegeben skihistorischen Band über den Arlberg schreibt Walther Flaig über die Arlbergschule fünf Jahre nach deren Gründung folgende Zeilen:

> In St. Christoph richtete das österreichische Bundesministerium eine Arlbergschule ein für Lehrer und Lehrerinnen, doch nehmen auch reichsdeutsche Lehrer und Private teil und bald gehen Hunderte durch diese von Professor Janner geleitete Arlbergschule, die sehr stramm aufgezogen ist und durch das berühmte ‚erste und zweite Frühstück' – gymnastische Lockerungsübungen auf Skiern bekannt wird.[90]

Im März 1928 fand am Arlberg das von der FIS offiziell als alpines Skirennen genehmigte erste Arlberg-Kandahar-Rennen statt. Dieses war wegweisend für

---

85 Vgl. Graf, Tiroler Sportgeschichte, S. 28.
86 Tagblatt, 22.10.1926, S. 5.
87 Vgl. u. a. Christof Thöny, Vorarlberger Skigeschichte, Erfurt 2012, S. 9 und 17
88 Stefan Krucknhauser, geboren 1905 in München, absolvierte ab 1925 die Turnlehrerausbildung in Wien und fand 1929 eine Anstellung als Lehrer in Salzburg. 1934 übernahm er die Stelle des Heim- und Kursleiters im Wintersportheim St. Christoph am Arlberg. Er wurde zudem in die staatliche Prüfungskommission für Skilehrer unter Vorsitz von Hannes Schneider berufen. Mit der nationalsozialistischen Machtübernahme 1938 wurde er von seinem Leitungsposten in St. Christoph enthoben und war von 1942 bis 1945 als Kriegsberichterstatter an der Ostfront eingesetzt. Vgl. Maria Emberger, Ski- und Fotopionier Stefan Kruckenhauser, Salzburg 2004, S. 5–6; http://skiakademie.at/skiakademie/lehrwesen/skipioniere.php (9.8.2018).
89 Frank, Die Entwicklung von Alpinistik, S. 128–129.
90 Walther Flaig, Arlberg. Ski und Schnee, München 1933, S. 13.

die Anerkennung und Austragung späterer alpiner Skirennen durch die FIS.[91] Auf diese Weise trafen am Arlberg Breiten- und Spitzensport zusammen. Während Angehörige europäischer Königshäuser und der gehobenen Schicht ihren Winterurlaub in St. Anton am Arlberg verbrachten und dort das Skifahren erlernten, wurde in St. Christoph am Arlberg das Skilehrwesen weiterentwickelt und weitergegeben sowie in den umliegenden Hängen der Skirennsport ausgeübt. In den 1930er-Jahren sollen sich in der Wintersaison täglich an die 300 bis 400 Skischul-SchülerInnen aufgeteilt auf mehrere Gruppen auf den Ski-Abfahrten getummelt haben.

Parallel zum Arlberg entwickelte sich der Hochkönig in der Zwischenkriegszeit zu einem weiteren Zentrum der skisportlichen Ausbildung, allerdings nicht für den alpinen Bereich, sondern im nordischen Skilanglauf und Skisprung. Die von Peter Radacher sen. 1923 gegründete Skischule in Mühlbach am Hochkönig zählte zur ersten im Bundesland Salzburg. Der aus St. Johann/Pongau stammende Gastwirt pachtete Anfang 1920 das Arthurhaus am Hochkönig und baute die Mitterbergalpe zu einem Wintersportplatz aus. Damals nannte sich das Arthurhaus noch Alpenwirtschaft Mitterberg. Diese beherbergte neben Bergsteigern die Büros für den Kupferbergbau. Über den Bergbau fand der nordische Skilauf seinen Weg nach Mühlbach. Norwegische Facharbeiter brachten die ersten Skier mit und veranstalteten in der Gegend noch vor dem Ersten Weltkrieg ihre Skisprungbewerbe. 1912 war Mühlbach bereits Austragungsort der Salzburger Landesskimeisterschaften. Peter Radacher sen. griff diese Tradition auf und gründete am Arthurhaus zunächst die Skischule. 1924 veranstaltete er das erste Mai-Skirennen, eine Kombination aus Sprung- und Langlauf. Ab Mitte der 1920er-Jahre hatte Radacher sen. das landesweite Skilehrwesen über und nahm die vereinheitlichten Skilehrerprüfungen im Bundesland Salzburg ab. Darüber hinaus organisierte er am Hochkönig Trainingskurse in der nordischen Kombination, zu denen Skiläufer aus ganz Österreich und dem Ausland anreisten.[92] Überlieferte Bildaufnahmen von Trainingskursen zeigen österreichische Skispringer gemeinsam mit deutschen und norwegischen.[93] Am Standort der Skischule des Peter Radacher sen. fanden in den 1930er-Jahren aber auch Vorberei-

---

91 Vgl. Frank, Die Entwicklung von Alpinistik, S. 127 und Hermann Nußbaumer, Sieg auf weißen Pisten. Bilanz des alpinen Skisports, Linz 1974, S. 51–52.
92 Vgl. Andreas Praher, SportlerInnen für den Krieg – KriegerInnen für den Sport, in: Minas Dimitriou/Oskar Dohle/Walter Pfaller/Andreas Praher (Hg.), Salzburgs Sport in der NS-Zeit. Zwischen Staat und Diktatur, Salzburg 2018, S. 255–290, hier S. 266; Interview mit Peter Radacher jun., geführt von Andreas Praher am 6.11.2014 in Mühlbach am Hochkönig; Peter Radacher, 5000 Jahre Mitterberg. 130 Jahre Arthurhaus. 100 Jahre Radacher, Mühlbach 1998, S. 21 und 27–32.
93 Vgl. Fotos, Privatnachlass Peter Radacher sen., Kopien im Besitz des Verfassers.

tungskurse für die Prüfungskanditen der staatlichen Skilehrerkurse statt. Diese wurden erstmals im Dezember 1931 gemeinsam vom ÖSV und dem Österreichischen Berufsskilehrerverband (ÖBSV) durchgeführt. Als Lehrwarte dieser Kurse entsendete der ÖSV die beiden staatlich geprüften Skilehrer Hannes Schneider und Anton Tschon, wobei Schneider die Gesamtleitung überhatte. Der promovierte Jurist und Regierungsrat Tschon war nicht nur Mitbegründer des Skiklubs Innsbruck und Mitglied im Alpenverein und ÖSV, sondern gleichzeitig Vorsitzender des Tiroler Skiverbandes. Schneider war durch die Arlbergtechnik und seine Arlberg-Skischule weltberühmt geworden. Die beiden ÖSV-Lehrwarte hatten Anfang der 1930er den amtlichen Lehrplan für Skiläufer des ÖSV überarbeitet und leiteten vom 5. bis 12. Dezember 1931 den einwöchigen Vorbereitungskurs am Arthurhaus.[94]

Im Jänner 1935 erhielt Radacher von der Landeshauptmannschaft Salzburg ein Schreiben, mit der Bitte, er möge die Gründungsversammlung des „Pflichtverbandes der Skilehrer im Lande Salzburg" einberufen. Laut Skischulverordnung vom 29. Oktober 1934 war ein solcher Pflichtverband vorgesehen. Zum damaligen Zeitpunkt verfügten 48 Skischulen über eine Bewilligung der Salzburger Landesregierung. Radacher fungierte bereits als geschäftsführender Obmann des bisher freien Verbandes der Salzburger Berufsskilehrer. Nun sollte er mit Jahresbeginn 1935 die Agenden des Pflichtverbandes übernehmen.[95] Neben Peter Radacher sen., der die Skilehrerprüfung im Land Salzburg am Arthurhaus offiziell abnehmen durfte, wurde noch das Seekarhaus des Alpenvereins unter der Leitung des Pächters und staatlich geprüften Skilehrers Peter Berner zugelassen.[96]

Touristisch gesehen blieb Mühlbach am Hochkönig in den 1920er- und 1930er-Jahren jedoch unbedeutend. Glanz und Glamour versprühte dagegen ein anderer Wintersportort, der sich in der Nachkriegszeit zum „Nabel" des alpinen Skirennsports entwickeln sollte und schon vor dem Zweiten Weltkrieg internationale Wintersportgäste anzog. Von der Wintersaison 1925/26 bis 1931/32 verdreifachte sich die Zahl der Übernachtungen in Kitzbühel.[97] Ab Jahresbeginn 1929 beförderte die Hahnenkammseilbahn die ersten SkiläuferInnen in das Skigebiet. 30 000 Fahrgäste waren es in der ersten Wintersaison von 1929 auf 1930, 1934/35 beförderte die Bahn bereits 48 000 Wintersportgäste auf den Hahnen-

---

94 Vgl. Privatnachlass Peter Radacher sen., Undatiertes Schreiben vom Vorbereitungskurs für die Prüfungskandidaten für die staatliche Skilehrerprüfung; Der Skiläufer, 1 (25.11.1931) 1, S. 8 und 10.
95 Vgl. Privatnachlass Peter Radacher sen., Brief der Landeshauptmannschaft Salzburg an Peter Radacher, Inhaber der Skischule am Arthurhaus, Salzburg 7. Jänner 1935.
96 Vgl. SLA, PRÄ 1938/47-0475-4599.
97 Vgl. Johann Skocek/Wolfgang Weisgram, Wunderteam Österreich. Scheiberln, wedeln, glücklich sein, Wien 1996, S. 152.

kamm.[98] Das Privatprojekt des Kitzbüheler Kaufmanns Josef Herold, an dem sich auch die Stadtgemeinde Kitzbühel finanziell beteiligte, war nicht unumstritten. Die Gesamtinvestitionen lagen bei 1,6 Millionen Schilling und lösten Fragen der Rentabilität aus. Der Erfolg ließ die kritischen Stimmen jedoch bald verstummen und die *Innsbrucker Nachrichten* lobten in einem Artikel im Oktober 1929 die Bahn „als eine ganz hervorragende Tat für die Förderung des Fremdenverkehres".[99]

2.2.2 Skisport im Dienste des Staates

Die Zentralisierung der Skilehrerausbildung zeigte erstmals das nationale Interesse von Seiten des österreichischen Staates am Skilauf. Während andere Sportarten in der Ersten Republik und im austrofaschistischen Ständestaat großteils weiterhin im Amateurbereich tätig waren, gab es im Skisport schon früh Bestrebungen einer staatlichen Förderung und Lenkung sowie eine gewisse Professionalisierung durch Anstellungsverhältnisse im öffentlichen wie im privaten Sektor. Das nationale Skilehrwesen erlebte neben dem Bergführerwesen einen regelrechten Boom. Der im Aufschwung befindliche Alpinismus führte dazu, dass in den 1930er-Jahren selbst die als schwierig geltenden Gipfel der Alpen bewältigt werden konnten. Im Juli 1938 durchstiegen die beiden Österreicher Fritz Kasparek und Heinrich Harrer gemeinsam mit den Münchner Bergkameraden Andreas Heckmair und Ludwig Vörg die Eiger Nordwand.[100] Die bergsteigerische Pionierleistung erfolgte bereits im Dienste des NS-Staates und wurde dementsprechend propagandistisch vom NS-Regime genutzt.[101] Das NS-Regime war aber nicht das erste und einzige politische Regime, das sportliche Erfolge zu einem Mission-Statement erklärte. Neben dem austrofaschistischen Ständestaat waren noch andere diktatorisch regierte Staaten Europas, wie das faschistische Italien, darum bemüht, den Sport zu vereinnahmen und unter staatliche Kontrolle zu bringen.[102] Aber schon vor 1934 förderte die Erste Republik den

---

98 Vgl. E. A. Pfeifer, Kitzbühel. Sonne und Pulverschnee, Kitzbühel 1992, S. 53.
99 Innsbrucker Nachrichten, 8.10.1929, S. 5–6.
100 Vgl. Frank, Die Entwicklung von Alpinistik, S. 115.
101 Vgl. Gunnar Mertz, Fritz Kasparek und die Erstbesteigung der Eiger-Nordwand in den österreichischen Erinnerungskulturen, in: Matthias Marschik/Agnes Meisinger/Rudolf Müllner/Johann Skocek/Georg Spitaler (Hg.), Images des Sports in Österreich. Innensichten und Außenwahrnehmungen, Göttingen 2018, S. 247–262, hier S. 249–250.
102 Vgl. u. a. Alfred W. Höck, In der Sportwelt radikal Ordnung schaffen. Sport im „Ständestaat", in: Minas Dimitriou/Oskar Dohle/Walter Pfaller/Andreas Praher (Hg.), Salzburgs Sport in der NS-Zeit. Zwischen Staat und Diktatur, Salzburg 2018, S. 41–64, hier S. 44–45.

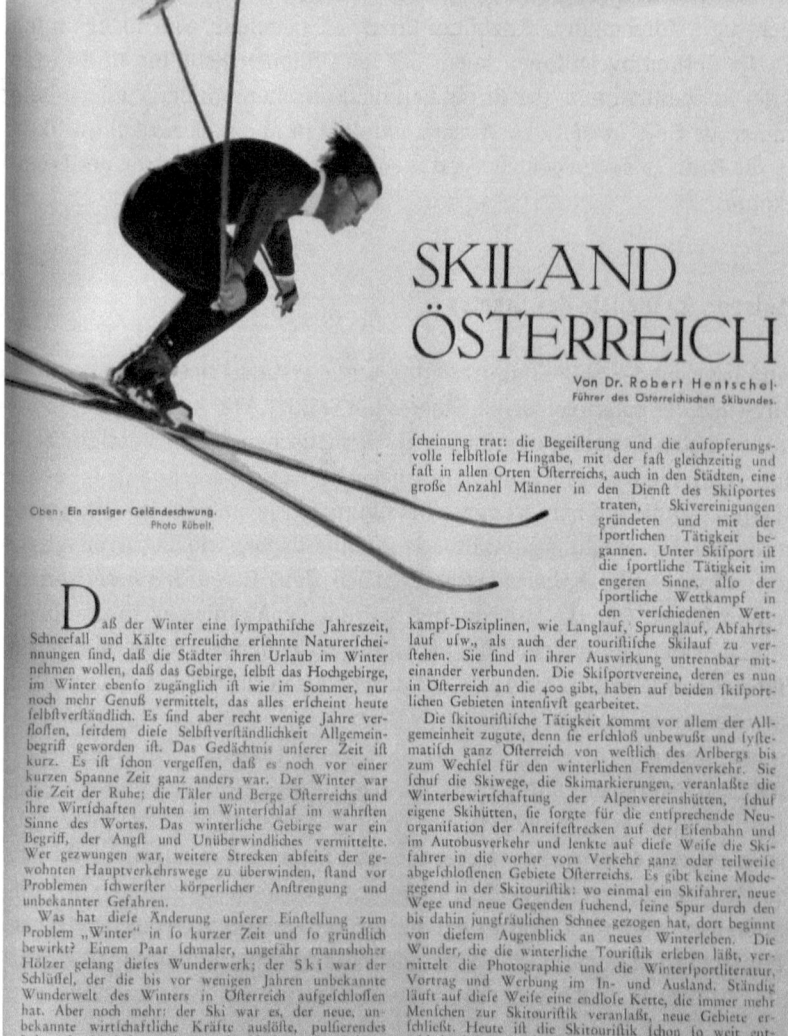

Abb. 3: Bericht über das „Skiland Österreich" in der von der austrofaschistischen Sport- und Turnfront herausgegebenen Zeitschrift *Sport in Österreich* vom 15. Dezember 1935.

noch jungen Skisport, der stets eine enge Partnerschaft mit dem Wintersporttourismus pflegte. Sportliche Erfolge beflügelten die Fremdenverkehrswerbung und gaben Österreich ein Gesicht nach innen und außen.[103] Aus touristischer Sicht können die 1920er-Jahre als Boom-Jahre bezeichnet werden. Die österreichische Bundesregierung erließ 1928 ein Investitionsbegünstigungsgesetz für Beherbergungsbetriebe.[104] Das hatte positive Auswirkungen auf den Wintersporttourismus in den Alpenregionen. Das Landesverkehrsamt Salzburg veröffentlichte 1931 eine Liste jener 71 Berg- und 42 Skihütten, die für TouristInnen und SkiläuferInnen im Winter 1931/32 bereitgestellt werden konnten.[105]

Gleichzeitig entwickelte sich der moderne Sport zu einer nationalen Angelegenheit. Egal, ob auf Fußballplätzen oder in Skistadien, die Rivalität zwischen Nationen konnte im Sport ausgelebt werden. Mit den internationalen Bewerben, den Skiweltmeisterschaften und Olympischen Winterspielen, stieg nicht nur das Prestige, sondern auch das politische wie öffentliche Interesse an der Sportart. Der Skilauf in Österreich expandierte bis 1934 auf sportlicher, kommerzieller und medialer Ebene und weckte damit Begehrlichkeiten.[106] Die FIS-Wettkämpfe, die im Februar 1933 in Innsbruck ausgetragen wurden, sollten zu einer Demonstration des österreichischen Skilaufs werden und beförderten den Wettstreit der Nationen im Skisport. Das war auch dem Plakatsujet der internationalen Skisportveranstaltung zu entnehmen. „Die Ski-Wettbewerbe der Nationen" stand auf diesem zu lesen.[107]

2.2.3 Skisport als nationale Agenda im Austrofaschismus

Das austrofaschistische Regime erkannte die Bedeutung des Skisports und wusste das Potenzial zu nutzen. Die staatliche Förderung sollte gezielt für die Professionalisierung der Sportart eingesetzt werden. Gleichzeitig griff das austrofaschistische System in den Sportbetrieb ein und versuchte diesen zu kontrollieren und zu steuern. Kanzler Engelbert Dollfuß wählte für die Präsentation des Regierungsprogramms am 11. September 1933 bewusst den Wiener Trabrennplatz und inszenierte sich selbst gern als „Sportkanzler".[108] Neben der Massenwirkung war dem austrofaschistischen Regime die Wehrhaftigkeit und

---

103 Vgl. Graf, Tiroler Sportgeschichte, S. 30.
104 Vgl. Groß, Die Beschleunigung, S. 62.
105 Der Skiläufer, 1 (25.11.1931) 1, S. 10.
106 Vgl. Marschik, Sportdiktatur, S. 32; Reicher, Nationensport, S. 74.
107 Vgl. Plakat des Tiroler Künstlers Johannes Trojer für die FIS-Wettkämpfe 1933 in Innsbruck. Graf, Tiroler Sportgeschichte, S. 31.
108 Vgl. Marschik, Sportdiktatur, S. 32.

Abb. 4: Vizekanzler und Sportführer des austrofaschistischen Ständestaates Ernst Rüdiger Starhemberg in Sportkleidung und mit geschulterten Skiern in Zürs am Arlberg, Sport in Österreich, 10.4.1936.

Volksgesundheit über den Sport ein nationales Anliegen. Das am 30. Oktober 1934 eingeführte Gesetz über die „Österreichische Sport- und Turnfront" (ÖSTF), das Dollfuß in seinen Grundzügen entworfen haben soll, regelte alle Belange des sportlichen Lebens in den Verbänden und Vereinen, koordinierte die Terminisierung der Wettbewerbe, die Teilnahme von SportlerInnen und war für die Finanzierung des Sportbetriebs zuständig.

Die exekutive Gewalt hatte der Heimwehrführer und Vizekanzler Ernst Rüdiger Starhemberg über, der zum Sportführer ernannt wurde.[109] „Die Sport- und Turnfront forderte staatstreues Verhalten im Sport. Das Wir-Gefühl und die positive nationale Identität sollten über den Sport vermittelt werden."[110] Die Steigerung eines „Wir-Gefühls" kam besonders im Skisport zum Ausdruck. Dieses vermochte die ÖSTF auch immer wieder zu betonen und zu bedienen. So stand in Zusammenhang mit der Skischule Kitzbühel in *Sport in Österreich* zu lesen:

> Daß Österreich von allen skisporttreibenden Ländern das erste war, das die Voraussetzungen für die gedeihliche Entwicklung von Skischulen schaffte und damit auch heute noch in der Organisation des Skisportes führend ist, mag uns allzu bescheidene Österreicher mit Genugtuung, aber auch mit dem Stolze erfüllen, für alle Zukunft die ersten zu bleiben.[111]

---

109 Vgl. Marschik, Sportdiktatur, S. 33–34; Emmerich Tálos, Das austrofaschistische Herrschaftssystem. Österreich 1933–1938, Wien/Berlin 2013, S. 416–417.
110 Tálos, Das austrofaschistische Herrschaftssystem, S. 417.
111 Sport in Österreich, Zeitschrift für Sport und Turnen, I. Jänner Heft 1937, o.D., S. 13.

„Österreichs Alpenwelt" wurde „als Wintersportparadies Europas" verkauft.[112] In diesem Sinne verstand auch der ÖSV seine Arbeit nicht nur als rein sportliche, sondern sah die Förderung des Tourismus „als Pflicht".[113] Die staatliche Förderung des Wintersportbetriebes war vor allem in den westlichen Bundesländern ein vorrangiges politisches Ziel der austrofaschistischen Regierung. Das lässt sich an den Fördersummen für das Bundesland Salzburg für das Geschäftsjahr 1937 ablesen. So wurden die Akademischen Weltwinterspiele in Zell am See mit 20 000 Schilling dotiert und waren damit die teuerste Sportveranstaltung gefolgt von dem Automobilrennen auf dem Gaisberg.[114]

Tab. 2: Leistungen der Sport- und Turnfront für das Bundesland Salzburg im Geschäftsjahr 1937 in Schilling.

Sportveranstaltung/Sporteinrichtung	Summe
Akademische Weltwinterspiele Zell am See	20 000
Skiwettläuferschule Zell am See	13 000
Segelfliegerschule Gaisberg und Koppl	50 000
Gaisbergrennen	15 000
Salzburger Reitervereinigung	10 000
Diverse Zuwendungen im Skilauf und Fußball	6 000
Insgesamt	**114 000**

Quelle: SLA, Rehrl-Brief 1937/719.

Die Subventionen sollten aber auch direkt den Spitzensport fördern. Ein Beispiel war die Eröffnung der staatlichen „Skischule für Rennläufer und Springer", die mit 2. Jänner 1937 in Zell am See in Betrieb genommen wurde. Für die Standortwahl war neben der sportlichen Infrastruktur (Sprungschanzen und Skiabfahrten) auch die Schmittenhöhebahn entscheidend gewesen, die seit 1927 das Skigebiet erschloss. Die Ausbildung der RennläuferInnen erfolgte im Abfahrts-, Slalom-, Lang- und Sprunglauf, wobei die männlichen Ausbilder ein fixes Gehalt durch die ÖSTF bezogen.[115] Die so genannte Skiwettläuferschule in Zell am See wurde im ersten Jahr ihres Bestehens mit 13 000 Schilling subven-

---

112 Sport in Österreich, 49 (1.12.1937) 3, S. 2.
113 Österreichisches Sport-Jahrbuch. Handbuch für Sport und Turnen 1936. Amtliches Jahrbuch der Österreichischen Sport- und Turnfront. Wien 1936, S. 321.
114 Vgl. SLA, Rehrl-Brief 1937/719.
115 Vgl. Tätigkeitsbericht der Skischule für Rennläufer und Springer der Österreichischen Sport- und Turnfront in Zell am See 1936–1937. SLA, Rehrl-Brief 1937/3571; Salzburger Chronik, 21.12.1936, S. 7.

tioniert.[116] Insgesamt absolvierten 29 Skiläuferinnen und 106 Skiläufer die sieben Kurse, die von 2. Jänner bis 22. März 1937 an der Schmittenhöhe unter der sportlichen Leitung bekannter österreichischer Skisportler abgehalten wurden.[117]

Gleichzeitig war die austrofaschistische Sportführung bemüht, „die politische Opposition im Sportbereich auszuschalten",[118] wie Emmerich Tálos schreibt. In Folge des Betätigungsverbotes der NSDAP waren nicht nur die deutschnationalen TurnerInnen, sondern auch deutschnationale Skisportfunktionäre und SkisportlerInnen von der Verfolgung durch die Behörden betroffen. Im Vergleich zum radikalen Verbot des Arbeitersports,[119] offenbarte sich die Kontrolle der nationalsozialistischen Aktivitäten in den Skivereinen des ÖSV aber als weniger durchsetzungsstark. Das hatte mit der gesellschafts- und nicht zuletzt wirtschaftspolitischen Bedeutung des ÖSV zu tun. Die austrofaschistische Sportführung war sich durchaus bewusst, welchen nationalen und internationalen Stellenwert der vom ÖSV organisierte Skisport hatte. In einem Bericht der offiziellen Zeitschrift der ÖSTF *Sport in Österreich* wurde dieser Bedeutung Rechnung getragen. Laut diesem nahmen bei den jährlich 730 stattfindenden ÖSV-Skisportbewerben über 24 000 SportlerInnen und an die 200 000 ZuschauerInnen aus dem In- und Ausland teil. Die Umwegrentabilität dieser ÖSV-Sportveranstaltungen für die Tourismuswirtschaft wurde in dem Bericht auf über eine Million Schilling geschätzt. Hervorgehoben wurden weiters die Investitionen der ÖSV-Vereine in Sportanlagen wie Sprungschanzen, die ebenfalls eine wichtige Grundlage für die angeschlagene Wirtschaft gebildet hätten. Die ÖSTF schätzte diese auf rund 200 000 Schilling pro Jahr zusätzlich größerer Vorhaben.[120]

Während Arbeitersportverbände wie der ASKÖ oder die Naturfreunde im Februar 1934 aufgelöst wurden, stand der ÖSV lediglich unter Beobachtung. Dennoch kam es vereinzelt zu behördlichen Auflösungen von Vereinen bzw. zu Absagen von Skisportveranstaltungen in Folge von Vereinsauflösungen. In der Wintersaison 1933/34 betraf dies die beiden Mitgliedsvereine des Salzburger Landesskiverbandes Neukirchen und Tauernpasshöhe. Nachdem die Skisportvereine behördlich aufgelöst wurden, hatte die ÖSTF einerseits den Abfahrtslauf in Neukirchen und andererseits den Radstädter-Tauernlauf abgesagt. Über

---

116 Vgl. SLA, Rehrl-Brief 1937/719.
117 Vgl. Tätigkeitsbericht der Skischule für Rennläufer und Springer der Österreichischen Sport- und Turnfront in Zell am See 1936–1937. SLA, Rehrl-Brief 1937/3571.
118 Tálos, Das austrofaschistische Herrschaftssystem, S. 417.
119 Vgl. Tálos, Das austrofaschistische Herrschaftssystem, S. 419.
120 Vgl. Der Skilauf als Wirtschaftsfaktor, in: Sport in Österreich, I. Jänner Heft 1937, o. D., S. 2–4.

die Salzburger Landesmeisterschaft in der Abfahrt und im Slalom wurde das Standrecht verhängt und der Bewerb nicht durchgeführt.[121] Warum dies geschah, geht aus den Quellen nicht hervor, aber ab dem Winter 1933/34 mehrten sich nationalsozialistische Kundgebungen im Rahmen von Skisportveranstaltungen und die austrofaschistische Sportführung sah sich mit illegalen NS-Aktivitäten konfrontiert, die sie zu unterbinden versuchte.

2.2.4 Olympia 1936: zwischen nationalen Bestrebungen und internationalen Zugeständnissen

Die nationale Vereinnahmung des Sports kam besonders im Rahmen der Vorbereitungen auf die Olympischen Spiele 1936 in Garmisch-Partenkirchen und Berlin zum Ausdruck. Ab 1935 war die austrofaschistische Sportführung darum bemüht, den Spitzensport olympiareif zu machen.[122] Der zunächst ausgesprochene generelle Sportboykott der austrofaschistischen Regierung war nicht mehr als eine harmlose Drohgebärde gegenüber dem nationalsozialistischen Deutschland.[123] Mit Herbst 1935 waren die sportlichen Vorbereitungen in Österreich zur Staatssache erklärt worden und die Losung lautete: „Österreich darf und kann bei den Olympischen Spielen von 1936 nicht fehlen".[124] In diesem Zusammenhang war gerade dem Skisport eine wesentliche Aufgabe zugedacht, er sollte die österreichische Nation in Garmisch-Partenkirchen gebührend vertreten.[125] Nach den Erfolgen österreichischer SkiläuferInnen bei den FIS-Spielen 1933 und 1935 sahen ÖSV und ÖSTF die Chance gekommen, den österreichischen Skisport mit Edelmetall bei Olympia zu krönen.[126] Alpine Skirennen in Abfahrt und Slalom waren erstmals olympisch zugelassen.[127] Vor diesem Hinter-

---

121 Vgl. Jahresbericht Salzburger Landes-Skiverband 1933/34, S. 3.
122 Das Kapitel über die Olympischen Spiele 1936 in Garmisch-Partenkirchen geht großteils auf Recherchen für einen Beitrag im Sammelband „Salzburgs Sport in der NS-Zeit" zurück und bezieht sich immer wieder auszugsweise auf diesen. Vgl. Andreas Praher, Salzburg und Olympia 1936 – Sichtweisen und Reflexionen, in: Minas Dimitriou/Oskar Dohle/Walter Pfaller/Andreas Praher (Hg.), Salzburgs Sport in der NS-Zeit. Zwischen Staat und Diktatur, Salzburg 2018, S. 87–107.
123 Vgl. Praher, Salzburg und Olympia, S. 88.
124 Salzburger Volksblatt, 9.12.1935, S. 8.
125 Vgl. Praher, Salzburg und Olympia, S. 92. Auch Matthias Marschik verweist darauf, dass an den Olympischen Spielen 1936 kaum jemand in Österreich achtlos vorbeisehen konnte. Vgl. Marschik, Sportdiktatur, S. 75.
126 Vgl. Sport in Österreich, 31.12.1935, S. 6–7 und Gidl/Graf, Skisport, S. 72.
127 In Garmisch-Partenkirchen wurden erstmals alpine Skiwettbewerbe ausgetragen. Abfahrtslauf und Slalom wurden dabei als alpine Kombination gewertet. Vgl. Willi Knecht, 100

grund war der von Sportführer Ernst Rüdiger von Starhemberg 1935 ausgesprochene generelle Sportboykott gegenüber NS-Deutschland schnell vom Tisch und die nationale Losung in der von der ÖSTF gesteuerten Berichterstattung zu den Olympia-Vorbereitungen nicht zu überlesen.[128] In seinen 1971 veröffentlichten Memoiren gibt Starhemberg an, dass er sich als Führer der Sport- und Turnfront „sehr energisch den Vorbereitungen dieses sportlichen Wettbewerbes" gewidmet hätte, nachdem er anfänglich nicht für eine Teilnahme Österreichs gewesen wäre, sich aber von den Sportkreisen umstimmen habe lassen.[129] Starhemberg meinte damit zwar die Vorbereitungen auf die Olympischen Sommerspiele in Berlin, doch schon jene für die Winterspiele in Garmisch-Partenkirchen bezeugen, dass die austrofaschistische Sportführung seine Boykottpolitik gegenüber NS-Deutschland zugunsten einer positiven Selbstdarstellung aufgab. Die ÖSTF berichtete bereits mit Beginn der Wintersaison in abgedruckten Pressemeldungen über den Stand der Olympia-Vorbereitungen und bewarb den österreichischen Spitzensport über sein eigenes Zentralmedium *Sport in Österreich* sowie die regionalen Medien.[130] Das Landeskommissariat Salzburg der ÖSTF wies im Zuge der Olympia-Vorbereitungen im November 1935 auf einen Sport-Werbefilm hin, der im Salzburger Mirabellkino zur Aufführung kam und die Entwicklungen des Wettbewerbssports seit dem Ende des Ersten Weltkriegs thematisierte.[131] Ungeachtet der internationalen Boykott-Aufrufe und trotz des national beschlossenen Sportboykotts fanden ab Spätherbst 1935 Trainingskurse der österreichischen Olympia-Skiauswahl statt. Zunächst ging es auf den Großglockner, danach in die Salzburger Tauern. Bei den österreichischen Skimeisterschaften in Bad Ischl sollte die endgültige Auswahl der Olympia-TeilnehmerInnen im Skilauf getroffen werden.[132] Die Bewerbe mussten jedoch aufgrund des Schneemangels abgesagt werden. Ende November starteten Österreichs Springer erstmals auf der Olympia-Schanze in Garmisch-Partenkirchen. Die Sport- und Turnfront selbst hatte der Teilnahme an dem Neujahrsspringen zugestimmt.[133] Ab Anfang November 1935 wurde das vom ÖSV ausgearbeitete Trainingsprogramm für die Skinationalmannschaft von Seiten der

---

Jahre Olympische Spiele der Neuzeit 1896–1996. München 1990, S. 85; Hermann Harster, Zum erstenmal im Zeichen der fünf Ringe: Abfahrtslauf und Slalom, in: Hermann Harster/Peter Le Fort (Hg.), Kampf und Sieg in Schnee und Eis. Winterolympia 1936, München 1936, S. 19–28, hier S. 19.

128 Vgl. Praher, Salzburg und Olympia, S. 90.
129 Vgl. Ernst Rüdiger Starhemberg, Memoiren, Wien/München 1971, S. 271.
130 Vgl. Sport in Österreich, 15.12.1935, S. 5–7; Salzburger Volksblatt, 9.12.1935, S. 8.
131 Vgl. Salzburger Volksblatt, 27.11.1935, S. 8.
132 Vgl. Wiener Montagsblatt, 18.11.1935, S. 15.
133 Vgl. Salzburger Volksblatt, 27.11.1935, S. 8.

ÖSTF offiziell unterstützt. Den eigentlichen Trainingskursen im Schnee gingen gymnastische und konditionssteigernde Kurse voran.[134] Mit Hilfe ausländischer Trainer sollten die „Olympiakämpfer auf den Höhepunkt ihrer Leistungsfähigkeit gebracht werden",[135] war Anfang Dezember 1935 im *Salzburger Volksblatt* zu lesen. Im November 1935 engagierte der ÖSV den norwegischen Trainer Bjarne Karlsen. Dieser leitete das Training für Springen und Laufen, während der Tiroler Anton Seelos das Abfahrts- und Torlauf-Training übernahm. Die Gesamtleitung hatte der Innsbrucker ÖSV-Sportwart Robert Lezuo über.[136] Mitte November bezogen die Skiläufer das erste Olympia-Trainingslager am Hochtor an der Großglocknerstraße.[137] Wie ausdifferenziert die Trainingskurse für Garmisch-Partenkirchen waren, lässt sich am Programm ablesen. Beim Hochtorhaus wurden zwei Olympia-Kurse abgehalten. In dem einen wurden die Kombinationsläufer und Speziallangläufer trainiert, in dem anderen die Abfahrts- und Torläufer. Die Trainingskurse dauerten bis 9. Dezember, daran anschließend belegten die Kombinations- und Spezialspringer bis 20. Dezember ein eigenes Trainingslager auf dem Wagrainerhaus. Elf Kombinationsläufer und zwölf Spezialspringer, darunter Josef Bradl und Gregor Höll, bereiteten sich auf dem Wagrainerhaus unter der Leitung des Norwegers Karlsen auf die Olympischen Spiele vor. Die Olympia-SkiläuferInnen, Männer und Frauen, trainierten zum Abschluss von 15. Jänner bis 6. Februar 1936 in Seefeld unter der Leitung von Anton Seelos, nachdem sie zuvor einen Trainingskurs in St. Anton am Arlberg bei Hannes Schneider absolviert hatten. Die Springer und Langläufer stellten sich nochmals dem Training unter Bjarne Karlsen.[138]

Die sportliche Ausbeute aufgrund der Nicht-Zulassung der SkilehrerInnen als Teilnehmer bei den Olympischen Spielen kam einer Misere gleich. Die Rennleitung des ÖSV hatte zuvor gemeinsam mit der ÖSTF beschlossen, keine Abfahrts- und Slalomläufer zu entsenden. Damit starteten in den alpinen Bewerben nur die Frauen. Grete Nissl landete als beste Österreicherin auf Platz 14, Wilhelm Köstinger belegte als bester Österreicher in der Nordischen Kombination den 15. Platz und Josef Bradl erreichte im Spezial-Springen nur Rang 19.[139] Nichtsdestotrotz inszenierte die austrofaschistische Sportführung die Winterspiele als Erfolg. In dem Bildbericht zum Empfang der Olympia-SportlerInnen nach den absolvierten Spielen im Hotel Imperial bekräftigte die ÖSTF noch einmal die Ziele eines staatlich gelenkten Sports durch die austrofaschistische

---

134 Vgl. Sport in Österreich, 31.12.1935, S. 6.
135 Salzburger Volksblatt, 9.12.1935, S. 8.
136 Vgl. Praher, Salzburg und Olympia, S. 93.
137 Salzburger Volksblatt, 14.11.1935, S. 9; Sport-Tagblatt, 8.11.1935, S. 7.
138 Vgl. Sport in Österreich, 31.12.1936, S. 6–7.
139 Vgl. Sport in Österreich, 16.2.1936, S. 8; Sport-Tagblatt, 14.2.1936, S. 2.

Sportführung: „Sport soll unpolitisch sein, in seinen Reihen darf Tagespolitik nicht hineingetragen werden [...] Sport ist aber eine Pflicht an Vaterland und Volk".[140] Gleichzeitig war die offizielle österreichische Sportpolitik angesichts der Wirkungsmacht der nationalsozialistischen Spiele schwach geworden und verkannte die Vorzeichen der nationalsozialistischen Gewaltpolitik, die sich am Horizont abzeichneten.[141] Die Ausgrenzung und Diskriminierung der jüdischen Bevölkerung im nationalsozialistischen Deutschland, auch im Sport, waren bereits vor den Olympischen Spielen 1936 offensichtlich geworden und hatten mit den „Nürnberger Gesetzen" 1935 einen ersten tragischen Höhepunkt erreicht.[142] Für die Winterspiele in Garmisch-Partenkirchen erließ der Reichsminister des Inneren Wilhelm Frick auf Weisung von Adolf Hitler die Anordnung binnen zwei Wochen bis 17. Dezember 1935 sämtliche Schilder und Transparente mit judenfeindlichen Aufschriften an den Straßen und auf der Bahnstrecke zwischen München und Garmisch-Partenkirchen abmontieren zu lassen.[143] Das war nur eine der Aktionen, um die Öffentlichkeit im Olympiajahr zu täuschen. Tatsächlich zeigte der IOC nur wenig Interesse, sich in die innenpolitische Situation des NS-Staates einzumischen.[144] Die austrofaschistische Sportführung handelte somit, trotz bleibender internationaler Proteste, im Sinne des offiziellen Mission-Statement des IOC.

Schon vor und während der Winter- wie Sommerspiele waren kritische Stimmen von österreichischer Seite die Ausnahme. Ein Telegramm von Reichssportführer Hans von Tschammer und Osten an das Österreichische Olympische Comité (ÖOC), das die Zusammengehörigkeit der „zwei durch äußere Umstände getrennte Völker" betonte, schien mehr zu schmeicheln als zu verstören.[145] Und die olympische Boykottbewegung war spätestens mit dem Juli-Abkommen 1936

---
140 Sport in Österreich, I. Jänner Heft 1937, o. D., S. 27.
141 Dem NS-Regime gelang es mit den Olympischen Spielen, seine wahren politischen und verbrecherischen Absichten zu verschleiern. Vgl. Ralf Schäfer, „...bis uns selbst das Dunkel empfängt." Reichserziehungsminister Bernhard Rust zur Eröffnung der XI. Olympischen Spiele von Berlin, 29. Juli 1936, in: Frank Becker/Ralf Schäfer (Hg.), Sport und Nationalsozialismus, Beiträge zur Geschichte des Nationalsozialismus (Band 32), Göttingen 2016, S. 217–233, hier S. 217.
142 Zum Ausschluss jüdischer SportlerInnen aus Sportvereinen in NS-Deutschland vor den Olympischen Spielen vgl. u. a. Michael Krüger, Olympische Spiele in Deutschland. Ausgefallen, mißbraucht, überschattet, gescheitert, in: Ommo Grupe (Hg.), Olympischer Sport. Rückblick und Perspektiven, Schorndorf 1997, S. 71–84, hier S. 74.
143 Schnellbrief, Berlin 3. Dez. 1935 Reichsminister des Inneren, vertraulich an Staatsminister des Inneren, Staatsarchiv München (StAM), LRA 133848.
144 Vgl. Marschik, Sportdiktatur, S. 76.
145 Vgl. Glückwunschtelegramm Hans von Tschammer und Osten, abgedruckt und veröffentlicht in Salzburger Chronik, 30.7.1936, S. 6; Praher, Salzburg und Olympia, S. 97.

und der damit einhergehenden deutschlandfreundlichen Außenpolitik Österreichs kein politisches Thema mehr.[146] Das zeigte sich nicht zuletzt an den Feierlichkeiten im Rahmen des olympischen Fackellaufs auf dem Wiener Heldenplatz, die Ende Juli 1936 von der austrofaschistischen Regierung als nationales Ereignis inszeniert und zelebriert wurden.[147]

2.2.4.1 Nationalsozialistische Anbahnungen am Rande der Spiele

Den ÖSV als national zuständigen Verband beschäftigten im Rahmen der Olympia-Vorbereitungen zwei Fragen sportpolitischer Natur. Einerseits war das österreichische Skiteam durch Abwanderung bzw. Flucht illegaler NationalsozialistInnen ins Deutsche Reich geschrumpft, andererseits schwebte mit den Amateurbestimmungen der FIS ein „Damoklesschwert" über den OlympiakandidatInnen. Laut den Vorgaben des internationalen Skiverbandes waren keine SkiläuferInnen mit Profistatus und damit keine SkilehrerInnen zu den Winterspielen zugelassen. Aufgrund dessen beschloss die Rennleitung des ÖSV im Einvernehmen mit der ÖSTF, keine TeilnehmerInnen für den Abfahrts- und Torlauf zu entsenden, weil sich der ÖSV nicht in der Lage sah, ein konkurrenzfähiges alpines Skiteam nach Garmisch-Partenkirchen zu schicken.[148] Wobei bei der Entscheidungsfindung nicht nur die Amateurfrage zum Tragen kam, sondern auch das Fehlen sportlicher LeistungsträgerInnen, die ab Mitte der 1930er-Jahre ins Deutsche Reich geflüchtet waren. So musste die ÖSTF zusehen, wie der ausgebürgerte NSDAP-Parteigänger Gustav Lantschner in Garmisch-Partenkirchen Olympia-Silber für NS-Deutschland holte und von der NS-Sportführung als reichsdeutscher Olympia-Gewinner gefeiert wurde. Neben den reichsdeutschen GoldmedaillengewinnerInnen Christl Cranz und Franz Pfnür bekam Lantschner einen Platz auf der Olympischen Ehrentafel eingeräumt.[149] Lantschner holte aber nicht nur Silber in der Kombination (Abfahrt und Torlauf), er belegte zudem den dritten Platz in der Abfahrt. Diese Platzierung überraschte die NS-Sportpresse, war Lantschner doch aufgrund seiner Körpergröße und Statur nicht unbedingt der typische Abfahrer. „Gustav Lantschner wirkt zart und leicht wie ein Knabe und wurde doch Dritter in dieser schweren Konkurrenz",[150]

---

146 Vgl. Praher, Salzburg und Olympia, S. 90.
147 Vgl. Starhemberg, Memoiren, S. 271.
148 Vgl. Salzburger Volksblatt, 16.1.1936, S. 8.
149 Vgl. Olympische Ehrentafel abgedruckt in: Die Olympischen Spiele 1936 in Berlin und Garmisch-Partenkirchen, Band 1, Hamburg 1936, S. 48.
150 Die Olympischen Spiele 1936 in Berlin und Garmisch-Partenkirchen, Band 1, Hamburg 1936, S. 8.

schrieb dazu der Sportschriftleiter Walter Richter in dem 1936 erschienen ersten Olympia-Band in der Nachbetrachtung.

Bei den Frauen sorgte Gustavs Schwester Hadwig Lantschner im reichsdeutschen Trikot mit einem fünften Platz in der Kombination für eine solide Leistung. Die 1906 in Innsbruck geborene Skiläuferin nahm ab den frühen 1930er-Jahren regelmäßig an internationalen Skikonkurrenzen teil und konnte immer wieder Spitzenplatzierungen erreichen. Bei den Schweizer Damenmeisterschaften 1934 in Grindelwald belegte sie, damals schon für Deutschland startend, den zweiten Platz im Abfahrtslauf.[151] Ein Jahr zuvor wurde sie bei den FIS-Skiwettkämpfen in Innsbruck, noch im Dress des Skiklubs Innsbruck, Sechste in der Abfahrt. Den Abfahrtssieg holte sich 1933 in Innsbruck ihre um ein Jahr jüngere Schwester Ingeborg Lantschner.[152] Die Schwestern stammten aus der nationalsozialistisch gesinnten Skisport-Dynastie Lantschner. Ein Bruder, Fritz Lantschner, war der spätere Gauamtsleiter für Agrarpolitik in Tirol und Vorarlberg,[153] der andere, Gustav Lantschner, wirkte im darauffolgenden Sommer als Kameramann für Leni Riefenstahl beim Film über die Olympischen Sommerspiele 1936 in Berlin. Hadwig Lantschner war mit dem Innsbrucker Skifahrer und Sportlehrer Gottfried Pfeifer verheiratet, der im Dezember 1931 in Innsbruck der NSDAP beitrat und nach seiner Flucht in das Deutsche Reich 1935/36 das Amt des reichsdeutschen Olympia-Cheftrainers übernahm sowie 1937 zum Deutschen Reichstrainer für den alpinen Skilauf berufen wurde.[154] Sie selbst startete ab 1934 unter dem Namen Pfeifer-Lantschner für das Deutsche Reich und zählte neben den deutschen Skirennläuferinnen Christl Cranz und Käthe Grasegger zu den Medaillenhoffnungen des NS-Staates. Als Hadi Pfeifer landete sie bei den Olympischen Winterspielen in Garmisch-Patenkirchen 1936 auf Rang fünf in der Abfahrt und Rang vier im Slalom und belegte den fünften Platz in der Kombination für das reichsdeutsche Ski-Team.[155]

Abseits jener aus Österreich stammenden SkisportlerInnen, die bereits für NS-Deutschland sportlich und zum Teil auch politisch aktiv waren, befanden sich in der österreichischen Winterolympia-Mannschaft von 1936 nicht wenige, die mit dem Nationalsozialismus sympathisierten oder gar in der NS-Bewegung

---

151 Vgl. Neueste Sport-Zeitung, 15.1.1934, S. 8.
152 Vgl. Tiroler Anzeiger 9.2.1933, S. 9.
153 Vgl. TLA 10 Vr 2863/47.
154 Vgl. BArch (ehem. BDC), PK, Pfeifer, Gottfried, 31.3.1903; Gidl/Graf, Skisport, S. 62.
155 Die Schreibweise in der zeitgenössischen Berichterstattung variiert zwischen Hadi oder Hedi Pfeifer mit einem „f" und Hadi Pfeiffer mit zwei „ff". Vgl. Neueste Sport-Zeitung, 15.1.1934, S. 8; Salzburger Volksblatt, 10.2.1936, S. 9; Sport in Österreich, 16.2.1936, S. 10; Die Olympischen Spiele 1936 in Berlin und Garmisch-Partenkirchen, Band 1, Hamburg 1936, S. 9.

ihre Sporen verdient hatten. Der Geograf, Alpinist und Skiläufer Heinrich Harrer wurde für Garmisch-Patenkirchen in die österreichische Olympiamannschaft für Abfahrt und Slalom berufen und befand sich für zwei Jahre in der Auswahl. Harrer wurde am 6. Juli 1912 in Hüttenberg geboren und studierte an der Universität Graz Geografie und Turnen. Er war zunächst als Turnlehrer tätig, unternahm aber schon bald seine ersten Alpin-Expeditionen als Bergführer. 1934 absolvierte er die Prüfung zum staatlichen Skilehrer. Zu diesem Zeitpunkt war er bereits der illegalen SA beigetreten. Harrer war seit Oktober 1933 SA-Mitglied. Seine spätere Ehefrau Charlotte (Lotte) Wegener, mit der Harrer ab 1937 verlobt war, betätigte sich von 1936 an illegal im BDM.[156] Nach den Amateurbestimmungen durfte der zweifache steirische Ski-Meister Harrer nicht in Garmisch-Partenkirchen starten und musste zuhause bleiben. Bei den darauffolgenden Akademischen Skimeisterschaften in Mallnitz im März 1936 fiel Harrer mit seinem zweiten Platz im Slalomlauf positiv auf,[157] ein Jahr später holte er in Zell am See den Akademischen Weltmeistertitel in der Abfahrt.

Abb. 5: Eine der seltenen Aufnahmen des späteren NS-Tibetforschers Heinrich Harrer auf Ski. Hier kurz nach seinem Abfahrtssieg bei den Akademischen Weltwinterspielen in Zell am See 1937, Bezirksarchiv Zell am See.

„Die Wahrheit ist, daß [sic] ich ein junger armer Schlucker aus Kärnten war, der sich als Abenteurer und Forscher verwirklichen wollte. Ich wollte, daß [sic]

---

156 Vgl. BArch (ehem. BDC), RS, Harrer, Heinrich, 6.7.1912; Pfeifer, Kitzbühel, S. 199.
157 Vgl. Sport-Tagblatt, 6.3.1936, S. 2; Sport-Tagblatt, 2.3.1936, S. 7.

man auf mich aufmerksam wird",[158] sagte Harrer gegenüber dem deutschen Nachrichtenmagazin *Spiegel* in seinen späteren Jahren. Die Aufmerksamkeit von Seiten der NS-Führung wurde Harrer zwei Jahre nach den Olympischen Spielen im Juli 1938 zuteil, als ihm gemeinsam mit Andreas (Anderl) Heckmair, Fritz Kasparek und Ludwig Vörg die Erstbesteigung der Eiger Nordwand gelang.[159] Für den Sportler Harrer wirkten die Versprechen des Nationalsozialismus anziehend, sie eröffneten ihm neue Möglichkeiten. Als Mitglied im Akademischen Turnverein Graz war ihm die NS-Ideologie nicht fremd. Als SA-Mann und später SS-Sportler hatte er diese verinnerlicht. Harrer war ab dem Frühjahr 1938 SS-Unterabteilungsleiter der SS-Sportgemeinschaft Graz.[160] In seiner Funktion als Skilehrer trat er im Jänner 1939 als Lehrgangsleiter eines BDM-Skilagers in Bad Hofgastein in Erscheinung.[161]

Neben Harrer waren für Garmisch-Partenkirchen aber noch andere Gesinnungsgenossen nominiert, die ebenso bei der illegalen NSDAP und SA waren. Wilhelm Köstinger war in die Olympia-Auswahl für den zusammengesetzten Lauf (Springen und 18-Kilometer-Langlauf) beordert worden.[162] Sein Eintritt in die NSDAP erfolgte 1933, in die SA 1934.[163] Bei den Olympischen Spielen belegte Köstinger den 15. Platz in der Kombination.[164] Der Grazer Spitzenlangläufer Alfred Rössner war bereits 1931 der SA beigetreten. Er war für den Langlauf-Bewerb über 18 Kilometer und für den Staffellauf über vier mal zehn Kilometer nominiert.[165] Während Rössner in Garmisch-Partenkirchen im Langlauf von den 75 gewerteten Läufern abgeschlagen auf dem 40. Platz landete,[166] gewann er im Anschluss an die Olympischen Spiele im März 1936 die Akademischen Skimeisterschaften in Mallnitz.[167]

---

158 „Ich wollte nie weg aus Tibet" in: Der Spiegel 45/1997, S. 146, https://magazin.spiegel.de/EpubDelivery/spiegel/pdf/8812688 (18.7.2019).
159 Vgl. Gunnar Mertz, Fritz Kasparek und die Erstbesteigung der Eiger-Nordwand in den österreichischen Erinnerungskulturen, in: Matthias Marschik/Agnes Meisinger/Rudolf Müllner/Johann Skocek/Georg Spitaler (Hg.), Images des Sports in Österreich. Innensichten und Außenwahrnehmungen, Göttingen 2018, S. 247–262, hier S. 249
160 Vgl. BArch (ehem. BDC), RS, Harrer, Heinrich, 6.7.1912.
161 Vgl. Johannes Hofinger, Nationalsozialismus in Salzburg. Opfer – Täter – Gegner, Innsbruck/Wien/Bozen 2016, S. 157.
162 Vgl. Praher, Salzburg und Olympia, S. 93.
163 Vgl. BArch (ehem. BDC), RS, Köstinger, Wilhelm 30.4.1914.
164 Vgl. Praher, SportlerInnen für den Krieg, S. 272.
165 Vgl. Tiroler Anzeiger, 18.1.1936, S. 7; Sport-Tagblatt, 11.1.1936, S. 5.
166 Vgl. Tiroler Anzeiger, 13.2.1936, S. 7.
167 Vgl. Neueste Sport-Zeitung, 2.3.1936; Tiroler Anzeiger, 29.2.1936, S. 13.

2.2.5 Exkurs I: Nationale und internationale Erfolge im Frauenskirennsport

Wie andere Sportarten auch, war der Skisport bis in die Nachkriegszeit hinein männlich dominiert. Dennoch konnten Frauen im Skisport der 1920er- und 1930er-Jahre internationale Erfolge auf Spitzenniveau feiern. Anders als im österreichischen Fußball, in dem Frauenteams trotz internationaler Erfolge eine lokale Randerscheinung blieben, die sich auf die Metropole Wien konzentrierten und oftmals, wenn auch unterstützt von männlicher Seite belächelt wurden,[168] war es Frauen im wettbewerbsbetriebenen Skisport möglich, sich durch sportliche Erfolge in einem männlich vorgegebenen Setting zu emanzipieren und öffentlich anerkannt zu werden.[169] Sportliche Leistungen von Frauen wurden in diesem Kontext auch immer wieder auf Grundlage des biologischen Geschlechts diskutiert und geschmälert.[170] „Hauptstreitpunkt war jetzt die Eignung der Frauen für den Leistungssport",[171] schreibt Getrud Pfister über den Sport in der Weimarer Republik. Diese Diskussionen können auch für die Erste Republik und den Austrofaschismus festgestellt werden. Dennoch bot gerade der leistungsbezogene Skisport Möglichkeiten, die den Geschlechtern zugeschriebenen Grenzen zu überschreiten. Gesamtgesellschaftliche Modernisierungsprozesse nach dem Ersten Weltkrieg hatten Einfluss auf die Körper- und Bewegungskultur, definierten Körperideale im Sport für Frauen und Männer neu, auch wenn die Geschlechterordnung bestehen blieb, und führten trotz aller Widersprüchlichkeiten und Widerstände zu einem Aufschwung des Frauensports.[172] Frauen drangen in männliche Betätigungsfelder ein, entdeckten und eroberten diese für sich und manche von ihnen verdienten nachweislich ihren Lebensunterhalt mit dem Skisport, indem sie als Skilehrerinnen oder als Schau-

---

168 Vgl. hier vor allem Matthias Marschik, Frauenfußball und Maskulinität. Geschichte – Gegenwart – Perspektiven, Wien 2003 sowie Matthias Marschik, Leerstellen. Die ungeschriebene Geschichte des Frauenfußballs in Österreich, in: Siegfried Göllner/Andreas Praher/Robert Schwarzbauer/Minas Dimitriou (Hg.), Zwischenräume. Macht, Ausgrenzung und Inklusion im Fußball. Beiträge zur 2. Salzburger Fußballtagung, Göttingen 2019, S. 66–79.
169 Johanna Dorer und Matthias Marschik verweisen generell darauf, dass die Zahl sportlich aktiver Frauen in den 1920er-Jahren anstieg und über international erfolgreiche österreichische Sportlerinnen berichtet wurde, aber der Raum in dem sich diese Athletinnen bewegten von Männern vordefiniert war. Vgl. Dorer/Marschik, Sportliche Avancen, S. 96–97.
170 Vgl. hier u. a. die öffentlich geführten Debatten, ob Frauen an Ski-Rennen teilnehmen sollen, die über Fachzeitschriften geführt wurden. Vgl. Der Skiläufer, 1 (25.11.1931) 1, S. 2.
171 Gertrud Pfister, Weiblichkeitsideologie, Frauenrolle und Frauensport im Dritten Reich, in: Beiträge zur Historischen Sozialkunde, 13 (1983) 1, S. 19–28, hier S. 20.
172 Vgl. Gertrud Pfister, Die Balance der Differenz – Inszenierungen von Körper und Geschlecht im Sport (1900 bis 2000), in: Michael Krüger (Hg.), Menschenbilder im Sport, Schorndorf 2003, S. 197–234, hier S. 216–219.

spielerinnen in Ski- und Bergfilmen tätig waren.[173] Die neuen Berufsfelder, die aus der sportlichen Betätigung erwuchsen, waren Basis einer gewissen finanziellen wie sozialen Unabhängigkeit. Das zeigt sich auch im Fall von Käthe Lettner. Die 1906 in Bad Ischl geborene Skirennläuferin und Tochter des Stahlkanten-Erfinders Rudolf Lettner war Inhaberin eines Sportgeschäftes in Hallein.[174]

Ein Blick in die Sportpresse zeigt, dass trotz des christlich-konservativen Frauenbilds im Austrofaschismus die Berichterstattung über den Frauensport durchaus modern ausfallen konnte. Im Nationalsozialismus bedeute der Sport für Frauen bei all den geschlechtsspezifischen Zuschreibungen und sexistischen Sichtweisen auch Freiheiten.[175] Frauen betraten demnach schon vor 1938 die Bühne des internationalen Skisports. Das vermochten auch die konservativen Konzepte der ÖSTF nicht zu verhindern. „In der Praxis erwies sich diese Konzeption auf der Basis weiblicher Sporterfahrungen der 1920er Jahre und der Entwicklungen im internationalen Frauensport als kaum umsetzbar",[176] schreibt Matthias Marschik. Somit waren Frauen aus dem vorwiegend männlich dominierten Skirennzirkus spätestens ab Mitte der 1930er nicht mehr wegzudenken. Voraussetzung dafür boten neben der individuellen und familiär vorgeprägten Schulung, wie im Fall von Käthe Lettner, spezielle Förderangebote für SpitzensportlerInnen im Skirennsport. So veranstaltete der ÖSV eigene Trainingskurse für Athletinnen, die in Mitgliedsvereinen organisiert waren. Geleitet wurden diese Kurse allerdings von Männern.[177] Zudem erfolgte eine sukzessive Zulassung von Athletinnen bei internationalen Skisportveranstaltungen. Schon beim ersten Arlberg-Kandahar-Rennen 1928 waren neben Männern auch Frauen

---

173 Eines der prominentesten Beispiele ist Leni Riefenstahl, die über ihre sportliche Leidenschaft zum Filmbusiness fand. Vgl. Hajo Bernett, Untersuchungen zur Zeitgeschichte des Sports, Schorndorf 1973, S. 118. Es gab aber auch weniger bekannte Frauen, die wettbewerbsmäßig skifuhren und für die sich über den Skilehrerinnenstatus eine berufliche Perspektive bot. Zu nennen wären hier Paula Kann Valar oder Elfriede Pembauer. Beide österreichischen Skirennläuferinnen migrierten bzw. flüchteten in den 1930er-Jahren in die USA. Während die Jüdin Valar dauerhaft in Nordamerika blieb, kehrte Pembauer wieder zurück. Auf beide Biografien wird noch in einem späteren Kapitel näher eingegangen.
174 Vgl. Skileben in Österreich, 1936, S. 101; Stadtarchiv Salzburg, Meldekartei Katharina Lettner.
175 Vgl. Johanna Dorer/Matthias Marschik, Sportlerinnen in Österreichs Medien 1900–1950. Das „Sportgirl" als Symbol für die moderne Frau, in: Matthias Marschik/Rudolf Müllner (Hg.), „Sind's froh, dass Sie zu Hause geblieben sind." Mediatisierung des Sports in Österreich, Göttingen 2010, S. 238–247, hier S. 242–244.
176 Matthias Marschik, Turnen und Sport im Austrofaschismus (1934–1938), in: Emmerich Tálos/Wolfgang Neugebauer (Hg.), Austrofaschismus. Politik – Ökonomie – Kultur. 1933 – 1938, Wien/Berlin 2014, S. 372–389, hier S. 383.
177 Vgl. Der Skiläufer, 1 (1931) 1, S. 8–9.

startberechtigt und 1936 durften Frauen erstmals an den Olympischen Winterspielen teilnehmen.¹⁷⁸

Abb. 6: Käthe Lettner, die Tochter des Stahlkanten-Erfinders Rudolf Lettner, nahm bis 1939 erfolgreich an Skirennen teil, Skileben in Österreich 1936.

Neben der Tirolerin Grete Nissl trat besonders eine österreichische Skirennläuferin aus dem Schatten ihrer männlichen Kollegen hervor. Es war dies die Tochter des Hoteliers und Gründungsobmannes des Skiklubs Bad Gastein Hans Windischbauer, Elisabeth Windischbauer, geboren 1912. Ihren skiläuferischen Durchbruch feierte sie zur Jahreswende 1935/36. Beim Trainingskurs der ÖSV-WettläuferInnen am Arlberg schaffte Windischbauer im Dezember 1935 den Sprung in die Spitzengruppe, die von Anton Seelos geleitet wurde und in der sich auch die Salzburger Landesmeisterin Käthe Lettner befand.¹⁷⁹ Im Jänner 1936 bestritt sie gemeinsam mit der zweifachen österreichischen Skimeisterin Emmy Ripper aus Wien das Olympia- und FIS-Lager des ÖSV in Seefeld.¹⁸⁰ Ein Monat später belegte sie bei der Damenmeisterschaft des ÖSV in Bad Gastein den vierten Platz. Als beste Salzburgerin erhielt sie den Ehrenpreis des Landeshauptmannes überreicht und wurde daraufhin in den ÖSV-Kader für die internationalen FIS-Rennen berufen.¹⁸¹ Ein paar Tage nach der Einberufung in das österreichische Skinationalteam konnte Windischbauer beim internationalen Torlauf um die „Seefelder Silberkugel" den Slalom für sich entscheiden. Sie erreichte im zweiten Lauf die Bestzeit von einer Minute, 30 Sekunden und vier

---

178 Vgl. Pfister, Weiblichkeitsideologie, S. 23.
179 Vgl. Salzburger Volksblatt, 21.12.1935, S. 11.
180 Vgl. Tiroler Anzeiger, 17.1.1936, S. 8.
181 Vgl. u. a. Salzburger Volksblatt, 3.2.1936, S. 8 und 6.2.1936, S. 10.

Zehntel.[182] Ihre Zeit sei besser gewesen als die der „meisten konkurrierenden Herren", hieß es in einem Bericht im *Salzburger Volksblatt* im Februar 1936.[183] Im Jänner 1937 wurde Elisabeth Windischbauer neben der Salzburgerin Käthe Lettner erneut in die erste Leistungsklasse des ÖSV berufen.[184] Über ihre weitere sportliche Karriere ist, weil nicht dokumentiert, wenig bekannt.

Bei der Olympia-Teilnehmerin Käthe Lettner verhält es sich ähnlich. Nachdem sie in den 1930er-Jahren mehrere nationale und internationale Skirennen gewinnen konnte, startete sie zumindest bis in das Jahr 1939 für den Skiverein Salzburg, den Nachfolgeverein des Skiklubs Salzburg.[185] Im Dezember 1937 zog sie nach Hallein, wo sie ein Sportgeschäft führte, in dem sie die Lettner-Stahlkanten vertrieb, und noch ein paar Jahre als Skiläuferin aktiv war.[186] Über ihr weiteres Leben und Wirken ist wenig bis nichts bekannt. Lettner verstarb am 21. Jänner 1982 als Geschäftsfrau im Ruhestand im 76. Lebensjahr in der Stadt Salzburg.[187]

2.2.6 Skilehrwesen als berufliche Perspektive

Mit der staatlichen Berufsskilehrer-Ausbildung wurde es in den späten 1920er-Jahren und frühen 1930er-Jahren in Österreich erstmals möglich, mit dem Skilehrwesen als gesetzlich anerkanntes Gewerbe Geld zu verdienen und sozial abgesichert zu sein. Darin sahen viele junge Skisportler, aber zum Teil auch junge Skisportlerinnen, in Zeiten der wirtschaftlichen Krise eine Perspektive. Neben ihren Brotberufen absolvierten meist Männer deshalb die jährlich angebotenen staatlichen Skilehrerkurse und heuerten in der Folge als Skilehrer in einer Skischule an oder bemühten sich selbst um die Konzession einer Skischule. Die steigenden Zahlen der AbsolventInnen verdeutlicht den Zulauf zum neuen Beruf Skilehrer. Im Juli 1929, ein halbes Jahr nach der Einführung der staatlichen Skilehrerprüfung in Österreich, hatten insgesamt 123 staatlich geprüfte und anerkannte Skilehrer (nur Männer) das Ausbildungssystem durchlaufen. 94 waren im Berufsskilehrerverband organisiert, viele von ihnen konnten zudem auf eine Berg- und Skiführerausbildung des Alpenvereins verweisen.[188] Laut Mitglieder-

---

182 Vgl. Tiroler Anzeiger, 18.2.1936, S. 9.
183 Salzburger Volksblatt, 18.2.1936, S. 8.
184 Vgl. Salzburger Volksblatt, 22.1.1937, S. 9.
185 Vgl. 100 Jahre Skiclub Salzburg, S. 60; Salzburger Volksblatt, 16.1.1939, S. 9.
186 Vgl. Stadtarchiv Salzburg, Meldekartei Katharina Lettner; Skileben in Österreich, 1936, S. 101.
187 Vgl. Todesanzeige Katharina Lettner, in: Salzburger Nachrichten, 26.1.1982, S. 18.
188 Vgl. Privatnachlass Peter Radacher sen., Geprüfte bzw. anerkannte Skilehrer im Juli 1929, Kopie im Besitz des Verfassers.

verzeichnis des österreichischen Berufsskilehrerverbandes aus dem Jahr 1935 waren allein für das Bundesland Tirol 204 BerufsskilehrerInnen im Verband gemeldet. Österreichweit waren 483 Männer und Frauen als Mitglieder im Berufsskilehrerverband organisiert.[189] Diese staatlich geprüften SkilehrerInnen hatten die Möglichkeit, über die jeweilige Landesregierung eine Konzession für eine Skischule zu beantragen oder als Hilfs- bzw. Skilehrerin für eine Skischule tätig zu werden. Die Leitung einer Skischule war ab Dezember 1928 laut Bundesgesetz geregelt. Voraussetzung war unter anderem die Ablegung einer Prüfung vor einer staatlichen Prüfungskommission, die vom Bundesministerium für Unterricht bestellt und diesem unterstellt war. Die Kommission setzte sich aus einem Vorsitzenden und Fachprüfern zusammen. Für die Zulassung musste an diese ein Gesuch gerichtet werden, in dem nicht nur die schulische und berufliche, sondern auch die skiläuferische sowie bergsteigerische Ausbildung in Form eines Lebenslaufes darzustellen war. Daneben sollten auch sämtliche berg- und skisportlichen Aktivitäten angegeben werden. Über sämtliche Ausbildungen mussten Nachweise erbracht werden, ebenso wurde zur Überprüfung des Gesundheitszustandes ein amtsärztliches Attest verlangt. Der Antragsteller[190] musste zudem mindestens 20 Jahre alt und durfte nicht älter als 45 Jahre sein. Neben einem Leumundszeugnis und einem Staatsbürgerschaftsnachweis,[191] war noch ein Nachweis über eine achtjährige Schulbildung zu erbringen.[192] Das zeigt die durchaus hohen Anforderungen an künftige Skischulbesitzer, die bereits Ende der 1920er-Jahre in Österreich gegolten haben. Schon die Prüfung zum staatlich geprüften Skilehrer[193] an sich setzte einige Fähigkeiten und Kenntnisse voraus. Den KandidatInnen wurden Fertigkeiten im Skilauf und ein gewisses Lehrgeschick abverlangt, zudem wurden sie in Berg- und Schneekunde geprüft. Die Prüfung dauerte in der Regel fünf Tage und bestand aus theoretischen und praktischen Teilen. Zu Letzterem zählten die Durchführung einer Skitour und die Abhaltung einer Lehreinheit.[194]

---

189 Vgl. Privatnachlass Peter Radacher sen., Mitgliederverzeichnis Österreichischer Berufsskilehrerverband 1935, Kopie im Besitz des Verfassers.
190 Aufgrund der bisher getätigten Recherchen im Rahmen dieser Forschungsarbeit konnten keine Skischulbesitzerinnen für die Jahre vor 1938 ausgemacht werden.
191 Grundsätzlich war es auch nichtösterreichischen Staatsangehörigen erlaubt, um eine Skischulkonzession anzusuchen. Sie hatten aber eine höhere Prüfungsgebühr zu entrichten.
192 Vgl. Privatnachlass Peter Radacher sen., Errichtung von Skischulen, Befähigung des Leiters, Erlass vom 18.12.1928, Zl. 4417, Kopie im Besitz des Verfassers.
193 Ich verwende hier und in der Folge in Analogie zum zeitgenössischen Begriff die männliche Form.
194 Vgl. Privatnachlass Peter Radacher sen., Errichtung von Skischulen, Befähigung des Leiters, Erlass vom 18.12.1928, Zl. 4417, Kopie im Besitz des Verfassers.

Abb. 7: Zeitungsbericht über die Tätigkeit österreichischer Skilehrer in anderen Ländern Europas und außerhalb davon, Neueste Sport-Zeitung, 2.12.1935.

Die Ausbildung zum staatlich geprüften Skilehrer ermöglichte nicht nur in Österreich eine Aussicht auf eine Verdienstmöglichkeit, sondern erwies sich für viele als Sprungbrett ins Ausland. Bis dato gibt es keine quantitativ abgesicherten Daten wie viele ÖsterreicherInnen in der Zwischenkriegszeit tatsächlich einer Beschäftigung als SkilehrerInnen nachgingen. Die für diese Forschungsarbeit aus Mitgliederverzeichnissen erhobenen Zahlen zeigen, dass gegen Mitte der 1930er-Jahre knapp 500 Personen im Berufsskilehrerverband organisiert waren.[195] Neben dem Deutschen Reich, das mit seinen weiteren Ausbildungs- und Aufstiegschancen ab 1933 einen verlockenden Boden darstellte,[196] waren es zunächst andere Alpenregionen in Europa bzw. auch gebirgige Regionen in Nordafrika wie das Atlas-Gebirge in Marokko, die Berufsmöglichkeiten boten. Insbesondere waren es aber Gebiete in Übersee, die ab Mitte der 1930er-Jahre verstärkt zur Destination von österreichischen SkilehrerInnen wurden.

Das gesteigerte internationale Interesse an österreichischen SkilehrerInnen gegen Mitte der 1930er-Jahre hatte auch mit den Vorbereitungen der nationalen Verbände für die Olympischen Winterspiele in Garmisch-Partenkirchen zu tun. Im Jänner 1935 fragte der US-amerikanische Skiverband beim ÖSV an, ob dieser leihweise zwei bis drei Wettläufer als Amateurtrainer für die US-Auswahl bereitstellen könnte. Als vom amerikanischen Verband favorisierter Trainer stand Ludwig Lantschner aus Innsbruck zur Diskussion.[197] Lantschner nahm allerdings kurze Zeit später ein Engagement als Skilehrer in der Schweiz an.[198] Anton Seelos aus Seefeld stand zu diesem Zeitpunkt bereits als Trainer der reichsdeutschen Kampfmannschaft unter Vertrag und Leo Gasperl aus Kitzbühel trainierte ab 1935 die italienische Olympia-Mannschaft.[199]

---

195 Vgl. Privatnachlass Peter Radacher sen., Mitgliederverzeichnis Österreichischer Berufsskilehrerverband 1935, Kopie im Besitz des Verfassers.
196 Auf die Migrationsbewegungen und ab 1933 Fluchtbewegungen von österreichischen Skisportlern und -lehrern nach NS-Deutschland wird in einem späteren Kapitel eingegangen.
197 Vgl. Der Ski, 6.1.1935, S. 70.
198 Vgl. Der Ski, 1.3.1935, S. 119.
199 Vgl. Der Ski, 20.1.1935, S. 81. Leo (eigentlich Leopold) Gasperl wurde am 25.10.1911 in Mitterndorf in der Steiermark geboren und trat am 1. März 1933 der NSDAP bei. Er schloss sich 1937 der „Österreichischen Legion" an. BArch (ehem. BDC), PK, Gasperl, Leopold, 25.10.1911.

2.2.7 Exkurs II: Saisonale Arbeits- und Karrieremigration österreichischer SkilehrerInnen

Die Professionalisierung im internationalen Skisport beförderte auch eine globale Arbeits- und Karrieremigration, die sich meist saisonal vollzog aber ebenso in eine dauerhafte Auswanderung übergehen konnte. Österreichische SkilehrerInnen waren spätestens ab Mitte der 1930er-Jahren weltweit nachgefragte ExpertInnen.[200] Ihr Wirkungsbereich reichte bis nach Argentinien, Chile, Marokko in die USA oder nach Japan. Nicht nur private Unternehmer waren an dem Spezialistentum interessiert, selbst Regierungen buhlten um staatlich geprüfte SkilehrerInnen aus Österreich. Die Aufgabengebiete waren unterschiedliche. Neben der Erschließung von neuen Skigebieten in entlegenen Gebirgsgegenden sowie dem Aufbau von Skischulen und der Schulung von RennläuferInnen war das Training und die Ausbildung von Skisoldaten ein weiteres Tätigkeitsfeld mehrheitlich männlicher „Skipioniere".[201] Die Arbeitsverhältnisse waren zumeist nicht von Dauer, sondern beschränkten sich auf eine oder mehrere Saisonen. Die Angebote waren durchwegs lukrativ und versprachen einen gewissen Gestaltungsfreiraum. Der Wissenstransfer hatte zur Folge, dass ab Mitte der 1930er-Jahre in Nord- und Südamerika bisher dünn besiedelte Gebirgsregionen für den Ski- und Wintertourismus erschlossen wurden. Der Popularitätswert österreichischer SkiathletInnen gründete sich nicht nur auf deren Leistungen. Die durchschlagenden internationalen Erfolge wären ohne das aufstrebende Filmbusiness der 1920er- und 1930er-Jahre nicht möglich gewesen. Spätestens seit den Skifilmen von Arnold Fanck waren der alpine Skilauf und damit seine AkteurInnen zu weltweiten Exportschlagern geworden. Die in den Filmen skilaufenden meist männlichen Helden wurden zu Stars mit Glamourfaktor.[202] Die

---

200 Vgl. u. a. den Bericht über „Auslandstrainer" in der Zeitschrift *Der Ski* über die Verpflichtung österreichischer Skilehrer und Skisportler in Deutschland, Italien, Frankreich und Ungarn, Der Ski, Nr. 2, 15.11.1933, S. 22–23; Zur transatlantischen Migrationsbewegung im Skisport vgl. u. a. Andreas Praher, Destination Amerika. Arbeitsmigration und Flucht im österreichischen Skilauf der 1930er Jahre und der Einfluss des österreichischen Skisports auf den transatlantischen Wissenstransfer, in: Wintersport Museumsbote, 27 (2019) 101, S. 6–7.
201 Das Engagement österreichischer Skilehrer in Skischulen anderer europäischer bzw. außereuropäischer Länder beschränkte sich zunächst vorwiegend auf Männer. Erst mit der verstärkten transatlantischen Arbeitsmigration von SkilehrerInnen ab Mitte der 1930er-Jahre fanden auch Frauen Anstellungen in Übersee.
202 Eine der wenigen Frauen, die sich hier von ihren männlichen Kollegen absetzen und emanzipieren konnte, war die deutsche Schauspielerin und Filmregisseurein Leni Riefenstahl. Vgl. Christian Rapp, „Der weiße Rausch". Der Skisport im deutschen Bergfilm um 1930, in: Markwart Herzog (Hg.), Skilauf – Volkssport – Medienzirkus. Skisport als Kulturphänomen, Stuttgart 2005, S. 111–122, hier S. 111 und 120–122; Andrew Denning, Alpine Modern: Central

Streifen liefen unter anderem in den Kinos von New York. Skifilmklassiker wie *Der weiße Rausch* (1931) machten den Erfinder der Arlbergtechnik Hannes Schneider berühmt und hatten einen nicht unerheblichen Anteil am internationalen Interesse an der jungen Sportart, die in den österreichischen Alpen perfektioniert wurde.[203] Der US-amerikanische Dokumentarfilmer Ian Scully spricht von einer ersten Welle von österreichischen Skilehrern und Skirennfahrern,[204] die Anfang bis Mitte der 1930er-Jahre in die USA emigrierten. Die meisten von ihnen seien gekommen, weil ihre Erfahrung nachgefragt worden sei und sie ihre Lebenssituation verbessern wollten.[205] Einer, der zu dieser ersten Welle gehörte, war der gebürtige Oberösterreicher Felix Schaffgotsch.

2.2.7.1 Felix Schaffgotsch oder ein „glühender Nationalsozialist" im Sonnen-Tal

Der amerikanische Skihistoriker John B. Allen weist daraufhin, dass der Skisport in den USA der 1930er-Jahre zu einem „gesellschaftlichen Ereignis" wurde. Ausschlaggebend für die Entstehung von Skigebieten waren Straßen- und Zugverbindungen, aber gerade die Anbindung der neu geschaffenen Wintersportorte an das Eisenbahnnetz erleichterte den skifahrenden StädterInnen die Anreise in die Wintersportgebiete von Neu England und des Westens der USA.[206] Eisenbahngesellschaften brachten SkitouristInnen aus New York und Boston in die Berge nach Vermont und New Hampshire oder von San Francisco, Los Angeles und Denver in die Rocky Mountains. 1935 beförderte Northwest Airlines die ersten Fluggäste zum Skiurlaub in nordamerikanische Wintersportorte.[207] Die meisten SkiurlauberInnen gelangten aber mit den so genannten *snow*

European Skiing and the Vernacularization of Cultural Modernism 1900–1939, in: Central European History 46 (2013) 4, S. 850–890, hier S. 884–885.
203 Vgl. Erwin Lauterwasser/Rainer Mülbert/Fritz Wagnerberger (Hg.), Faszination Skilauf. Vor hundert Jahren fing es an, Heidelberg 1995, S. 14–15 und 52.
204 Ich verwende hier bewusst nur die männliche Form, da Ian Scully in seinem Beitrag nur Männer erwähnt.
205 Vgl. Ian Scully, Austria's Influence on American Skiing, in: Wintersportmuseum Mürzzuschlag (Hg.), 3rd FIS Ski History Conference, Mürzzuschlag/Graz 2004, S. 179–184, hier S. 179. Unter dem Titel „Legacy: Austria's Influence on American Skiing" produzierte der Filmemacher Ian Scully 2005 eine dreiteilige Dokumentation darüber, wie österreichische Skilehrer den US-amerikanischen Skisport beeinflussten.
206 Vgl. John B. Allen, From Skisport to Skiing. One Hundred Years of an American Sport, 1840–1940, Amherst 1993, S. 107–109. John Allen betont, dass der US-amerikanische Skisport trotz seiner massiven Verbreitung in den 1930er-Jahren ein Phänomen der weißen Mittelschicht war.
207 Vgl. Allen, From Skisport, S. 109.

trains zu den Skiabfahrten.[208] An die 70 000 skifahrende Gäste sollen in den ersten Monaten des Jahre 1936 aus New York City in verschiedene Skigebiete an der Ostküste geströmt sein.[209] Was folgte, waren Investitionen in Aufstiegshilfen wie Sessellifte. Der weltweit erste Sessellift ging im Dezember 1936 in Sun Valley, Idaho in Betrieb. Im selben Jahr erschloss eine Seilbahn den Cannon Mountain in New Hampshire.[210] Mitglieder der neu gegründeten Skiklubs in den USA griffen auf ihren Europa-Reisen die Arlbergtechnik auf.[211] Der US-Skirennläufer Richard Durrance erlernte den Parallelschwung von Anton (Toni) Seelos. Er hatte zunächst bei dem Österreicher gelernt.[212] Um die junge Skitechnik aus Österreich lehren zu können, lockten Geschäftstreibende wie William Averell Harriman staatlich geprüfte SkilehrerInnen aus den Alpen in die Skigebiete der Vereinigten Staaten. Sun Valley im Bundesstaat Idaho war eines dieser Skigebiete. Die Gründung des Wintersportplatzes geht auf den Österreicher Felix Schaffgotsch zurück. Schaffgotsch wurde von dem Eisenbahn-Tycoon Harriman angeheuert, um potenzielle Skigebiete im Westen der USA auszukundschaften, die von der Union Pacific Railroad angefahren wurden.[213] Harriman war Inhaber der Union Pacific Railroad, Bankier und hatte Anteile an verschiedenen Reedereien. Schaffgotsch, der adeliger Abstammung war und eine elitäre Schulbildung, unter anderem am Wiener Theresianum, genossen hatte,[214] dürfte den amerikanischen Geschäftsmann im Haus eines englischen Lords kennengelernt haben.[215] Anfang Dezember 1930 unternahm er als 26-jähriger Student seine erste Amerika-Reise. Von Southampton aus bestieg er am 3. Dezember 1930 die S. S. Majestic und kam sechs Tage später in New York an. Im November 1933

---

208 Vgl. Allen, The Culture, S. 227.
209 Vgl. Allen, From Skisport, S. 108.
210 Vgl. Allen, The Culture, S. 229.
211 Vgl. Allen, The Culture, S. 224–225.
212 Vgl. Allen, From Skisport, S. 125.
213 Vgl. Günter Bischof, American Bucks and Austrian Buccaneers. Sun Valley – The Making of America's First Winter Resort, in: Philipp Strobl/Aneta Podkalicka, (Hg.), Leisure Cultures and the Making of Modern Ski Resorts, Cham 2019, S. 143–160, hier S. 145–146. Der Historiker Günter Bischof weist in seinem 2018 erschienen Artikel über die Geschichte des US-Wintersportressorts Sun Valley auf die Bedeutung österreichischer Skilehrer für die Entwicklung des Skigebietes im Bundesstaat Idaho hin. Sein Aufsatz stützt sich vorwiegend auf US-amerikanische Quellen und Fachliteratur. Diese Perspektive vernachlässigt die Entwicklung des Skisports auf internationaler Ebene sowie die wirtschaftliche und politische Situation in Europa und Österreich und die damit verbundenen Motive, warum diese SkilehrerInnen nach Übersee emigrierten.
214 Vgl. Oberösterreichisches Landesarchiv (OÖLA), BG Gmunden, A-Akten, 272/49, Schaaffgotsche; Wiener Salonblatt, 23.7.1923, S. 3–4.
215 Vgl. Innsbrucker Nachrichten, 28.12.1936, S. 15.

und 1935 reiste er erneut über New York in die Vereinigten Staaten.[216] Eines seiner Ziele waren die Berge im Bundesstaat Idaho rund um die Kleinstadt Ketchum. „This is the place" soll er seinem Auftraggeber Harriman telegrafiert haben.[217] Harriman hielt zwar wenig von den skiläuferischen Fähigkeiten des Felix Schaffgotsch, schätzte aber die Kenntnisse des Österreichers, wenn es um die Errichtung von Skigebieten ging.[218] Nur ein Jahr nachdem Schaffgotsch die Region um Ketchum für den Skisport entdeckte, fanden sich in Sun Valley die beiden Salzburger Skilehrer Hans und Max Hauser ein. Sie sollten die dortige Skischule leiten. Das neu geschaffene Skiresort, das im Dezember 1936 seine Eröffnung feierte, lockte schon bald Hollywood-Größen, Schriftsteller und andere Stars des Showbusiness an. Unter den ersten Gästen befanden sich der US-Filmschauspieler Gary Cooper und der Industriellensohn und spätere Politiker Nelson Rockefeller. In der amerikanischen Presse wurde das Engagement des österreichischen Grafen Schaffgotsch aufmerksam verfolgt.[219] Kolportierte 1,5 Millionen US-Dollar sollen von der Union Pacific Railroad Company in die touristische Infrastruktur investiert worden sein. Neben Skipisten und einem Sessellift verfügte das Skiresort über ein Hallenbad, einen Tanzsaal und Reitmöglichkeiten.[220] Unter dem Titel „Oesterreichische Skilaufkunst in Amerika" berichteten die *Innsbrucker Nachrichten* Ende Dezember 1936, kurz nach der Eröffnung des Skigebiets, von den Leistungen des Österreichers in Sun Valley.[221]

Schaffgotsch reiste im Oktober 1937 erneut in die USA, dieses Mal bereits als Mitbegründer des neu geschaffenen Nobel-Skiortes. Der britische Schauspieler David Niven, der ab 1934 in Hollywood Karriere machte, lernte Schaffgotsch auf seiner Rückreise in die USA kennen. Schaffgotsch dürfte zu diesem Zeitpunkt gerade auf dem Weg nach Sun Valley gewesen sein. Niven beschreibt den Österreicher in seiner Autobiografie *The Moon's a Balloon* folgendermaßen: „A handsome and affable ‚Graf', he was also a dyed-in-the-wool Nazi."[222] In den Augen des Briten soll Schaffgotsch ein glühender Nationalsozialist gewesen sein, der angeblich Stunden über Hitler und seine Pläne schwadronieren konnte. Unter anderem habe er dem Hollywood-Schauspieler Niven erzählt, er würde ein Dutzend guter Skilehrer aus Österreich in die USA bringen, ebenfalls alle

---

216 Vgl. New York, Passenger and Crew List, 1820–1957, Felix Schaffgotsch, www.ancestry.com (7.5.2019).
217 Allen, From Skisport, S. 143.
218 Vgl. Allen, The Culture, S. 231.
219 Vgl. Des Moines Register, 28.2.1937, S. 70.
220 Vgl. Lancaster Eagle-Gazette, 28.11.1936, S. 9; Edwardsville Intelligencer, 2.2.1937, S. 2.
221 Innsbrucker Nachrichten, 28.12.1936, S. 15.
222 David Niven, The Moon's a Balloon, London 1971, S. 189.

Nazis.²²³ Inwieweit diesen Zeilen über die politische Gesinnung von Schaffgotsch Glauben geschenkt werden darf, ist fraglich. Jedenfalls versprach Niven zum Skifahren nach Sun Valley zu kommen und machte sein Versprechen im Februar 1938 wahr. In den sechs Wochen, die Niven in Sun Valley verbrachte, konnte er sich von dem Erfolg des österreichischen Skisportpioniers überzeugen.²²⁴ Die Freundschaft der beiden war nur von kurzer Dauer. Als der Zweite Weltkrieg ausbrach, trennten sich die Wege des Briten und des Österreichers. Das *Salzburger Volksblatt* meldete am 1. September 1942, dass ein gewisser Oberjäger Felix Graf Schaffgotsch aus Altmünster am Traunsee gefallen sei. Einen Tag später korrigierte die Zeitung den Nachnamen auf Schaaffgotsche.²²⁵ Das *Neue Wiener Tagblatt* veröffentlichte ebenfalls am 1. September 1942 eine Todesanzeige, nach der Schaffgotsch als Oberjäger in einem Gebirgsjäger-Bataillon bei Kämpfen im Osten „den Heldentod" erlitten habe.²²⁶ In den Beständen des oberösterreichischen Landesarchivs finden sich keine Dokumente bezüglich der politischen Einstellung oder der militärischen Laufbahn von Felix Schaffgotsch, auch sonst konnte zu seinen Lebensdaten in Oberösterreich nichts erhoben werden.²²⁷ In den Akten des Bezirksgerichts Gmunden findet sich aber die Todesfallmeldung seiner Mutter Aglaia (Aglae) Maria Johanna Felicia Schaaffgotsche, wohnhaft in Altmünster, die am 1. März 1949 in Linz verstorben ist.²²⁸ Darin wird auch sein um ein Jahr jüngerer Bruder Friedrich erwähnt, der laut Hans Thöni ab Mitte der 1930er-Jahre Skilehrer unter Hannes Schneider war und den Arlberg bei internationalen Werbefahrten vertrat.²²⁹ Demnach waren sowohl Friedrich als auch Felix Schaffgotsch im internationalen Skigeschäft tätig. Der Tod von Felix Schaffgotsch ist bei der Deutschen Dienststelle WASt verzeichnet. Schaffgotsch verstarb am 11. August 1942 an den Folgen einer Schussverletzung nach Kampfhandlungen an der Ostfront im Feld-

---

223 Vgl. Niven, The Moon's, S. 189.
224 Vgl. Niven, The Moon's, S. 190.
225 Vgl. Salzburger Volksblatt, 1.9.1942, S. 3 und Salzburger Volksblatt, 2.9.1942, S. 4.
226 Vgl. Neues Wiener Tagblatt, 1.9.1942, S. 5.
227 Vgl. Schreiben des Oberösterreichischen Landesarchivs vom 15.1.2018, GZ LA-2018-8580/2-Sch.
228 Aglaia (Aglae) Schaaffgotsche (geb. Witt-Döring) war mit dem Grafen Franz Schaaffgotsche verheiratet und hatte mit diesem vier Kinder: Johanna (1901), Felix (1904), Friedrich Karl (1905) und Franz de Paula. Letzterer starb bereits im Alter von 16 Jahren. Vgl. OÖLA, BG Gmunden, A-Akten, 272/49, Schaaffgotsche sowie Wiener Salonblatt, 31.5.1919, S. 4; 7.7.1923, S. 3.
229 Friedrich Karl Schaaffgotsche (Schaffgotsch), geboren 1905, war von 1934 bis 1938 Skilehrer in der Skischule von Hannes Schneider. Er soll das Arlberg-Skigebiet unter anderem bei der Weltausstellung in Brüssel 1935 vertreten haben. Vgl. Hans Thöni, Hannes Schneider zum 100. Geburtstag des Schipioniers und Begründers der Arlbergtechnik, St. Anton/Bludenz/Ludesch, 1990, S. 119.

lazarett Kurjamaja. Zu diesem Zeitpunkt diente er in der 5. Kompanie des Lehrregiments Brandenburg z. b. V. 800.[230] Der als „Brandenburger" bezeichnete Verband war eine Sonderformation der Wehrmacht, die vorwiegend aus freiwilligen Elitesoldaten bestand und für getarnte Einsätze und Aufklärungsoperationen hinter den feindlichen Linien ausgebildet war. Teile dieser aus hochspezialisierten Einzelkämpfern zusammengesetzten Formation verübten Kriegsverbrechen.[231] Inwieweit Schaffgotsch in Kriegsverbrechen involviert war, lässt sich nach derzeitigem Quellenstand nicht feststellen. Laut letzter Meldung wurde Schaffgotsch am 10. August 1942 von einem Infanteriegeschoss an der linken Schulter getroffen und erlag einen Tag danach seinen Verletzungen.[232] Erwähnung fand sein Tod an der Ostfront auch in einem Brief von Bridget von Bernstorff, die mit ihm befreundet gewesen sein soll: „Felix has been shot in the lung and is lying in a cowshed in South Russia being eaten up by bugs."[233] Ob Schaffgotsch, wie Günther Bischof schreibt, ein „[...] outspoken Nazi among the Sun Valley Austrians"[234] war, bleibt ebenso ungeklärt wie seine NSDAP-Parteimitgliedschaft.

2.2.7.2 Die Gebrüder Hans und Max Hauser in Sun Valley

Sollte Schaffgotsch vor 1938 mit dem NS-Regime sympathisiert haben, war er zumindest nicht der einzige in den USA tätige österreichische Skilehrer. Gemeinsam mit Hans Hauser migrierte auch sein Bruder Max Hauser für eine Saison nach Sun Valley. Die beiden erfolgreichen Skiläufer und Skilehrer aus Aigen bei Salzburg übernahmen ab der Wintersaison 1936/37 die dortige Skischule als Direktoren.[235]

Das Engagement verdankte Hans Hauser Felix Schaffgotsch, der ihn vermittelte.[236] Hans setzte zunächst Anfang Oktober 1936 im Auftrag des amerikani-

---

230 Felix Schaffgotsch, eigentlich Felix von Schaffgotsch (Schaaffgotsche), wurde am 16. Februar 1904 in Enns an der Donau/Oberösterreich geboren und verstarb am 11. August 1942 im Feldlazarett Kurjamaja/UdSSR an den Folgen einer Schussverletzung, ein Infanteriegeschoss zerfetzte am 10. August 1942 seine linke Schulter. Vgl. Auskunft der Deutschen Dienststelle (WASt) vom 16.5.2018, Kopie im Besitz des Verfassers.
231 Vgl. http://www.bundesarchiv.de/DE/Content/Virtuelle-Ausstellungen/Die-Brandenburger-Kommandotruppe-Und-Frontverband/die-brandenburger-kommandotruppe-und-frontverband.html (7.5.2019).
232 Vgl. Auskunft der Deutschen Dienststelle (WASt) vom 16.5.2018, Kopie im Besitz des Verfassers.
233 Bridget von Bernstorff zit. nach Julia Boyd, Travellers through the Third Reich. The Rise of Facism through the Eyes of Everyday People, London 2018, S. 385.
234 Bischof, American Bucks, S. 151. Bischof gibt das Sterbejahr von Felix Schaffgotsch fälschlicherweise mit 1943 an.
235 Vgl. Mount Carmel Item, 3.2.1937, S. 6; Skiing Heritage, 17 (2005) 3, S. 23.
236 Vgl. Salzburger Chronik, 7.10.1936, S. 4.

schen Bankiers und Transportunternehmers Harriman von Bremen über nach New York, um in Sun Valley seine saisonale Stelle als Skilehrer anzutreten.[237] Im November 1937 folgten sein Bruder und weitere Salzburger Skilehrer nach.[238] Beide Brüder verfügten über die staatliche Skilehrerprüfung und hatten zuvor das Skischulwesen auf dem Salzburger Gaisberg aufgebaut, wo sie als Wirtshaussöhne eigene Skischulen gründeten.[239] Hans Hauser feierte 1934 seinen dritten Landesmeistertitel und den Sieg bei den Dreiländermeisterschaften. 1935 fuhr er bei den Salzburger Landesmeisterschaften in der Abfahrt vom Gaisberg in fünf Minuten und 15 Sekunden die Bestzeit.[240] Auch international war Hans Hauser aufgrund seiner Skirennläuferkarriere bekannt. In der Saison 1931/32 wurde er in Cortina d'Ampezzo Vizeweltmeister in der Kombination und holte Bronze im Slalom, ein Jahr später landete er beim internationalen FIS-Rennen in Innsbruck auf dem dritten Platz.[241] In den USA erwartete den Skilehrer als Skischulleiter in Sun Valley ein Pauschalgehalt von 1 000 US-Dollar für die Saison inklusive Kost und Logis sowie der Hin- und Rückreise mit dem Passagierschiff.[242]

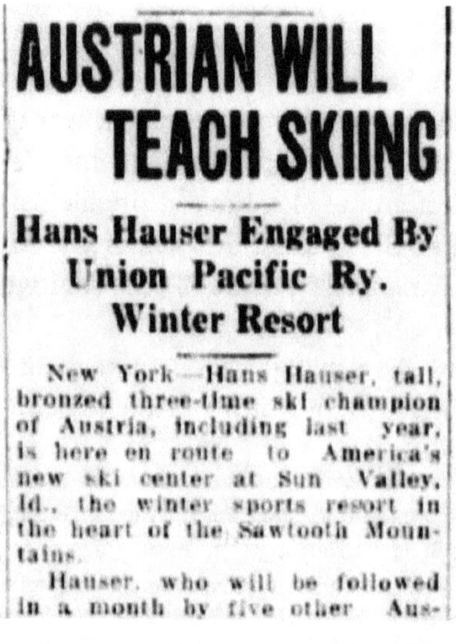

AUSTRIAN WILL TEACH SKIING

Hans Hauser Engaged By Union Pacific Ry. Winter Resort

New York—Hans Hauser, tall, bronzed three-time ski champion of Austria, including last year, is here en route to America's new ski center at Sun Valley, Id., the winter sports resort in the heart of the Sawtooth Mountains.

Hauser, who will be followed in a month by five other Aus-

Abb. 8: Zeitungsbericht über das Engagement von Hans Hauser als Skilehrer in Sun Valley in der *Escanaba Daily Press* vom 29. November 1936.

237 Vgl. New York, Passenger and Crew Lists, 1820–1957, Hans Hauser, 1936, Microfilm Serial: T715, 1897–1957, Microfilm Roll 5882, Line 19, Page Number 56, www.ancestry.com (9.12.2016).

238 Vgl. New York, Passenger and Crew Lists, 1820–1957, Hans Hauser, Microfilm Serial: T715, 1897–1957, Microfilm Roll 6081, Line 21, Page Number 60, www.ancestry.com (9.12.2016).

239 Vgl. SLA, PRÄ 1936/47-2683.

240 Vgl. Praher, Sport und Körperkultur, S. 272.

241 Vgl. Joachim Glaser, Schatztruhe: 200 Geschichten aus der Salzburger Sporthistorie, Salzburg 2016, S. 27.

242 Vgl. Salzburger Chronik, 7.10.1936, S. 4.

2.2.7.3 SA- und SS-Männer auf Saison in Amerika

Laut Erhebungen der Salzburger Gendarmerie im November 1934 sympathisierten Hans und Max Hauser mit der illegalen NSDAP. Den Brüdern konnte aber nichts nachgewiesen werden. Dennoch waren die Behörden alarmiert worden, Hans und Max Hauser „fortwährend im Auge zu behalten". Nicht zuletzt deswegen, weil ihre verwitwete Mutter Maria Hauser Mitglied des deutschnational ausgerichteten Landbundes war und ebenfalls in Verdacht stand, mit dem Nationalsozialismus zu sympathisieren.[243]

Während Max nach Österreich zurückkehrte, blieb Hans Hauser in Amerika, unterrichtete zeitweise in Portillo in den chilenischen Anden und heiratete später Virginia Hill.[244] Der Eintritt der USA in den Zweiten Weltkrieg im Dezember 1941 veränderte das glamouröse Leben des Skilehrers schlagartig. Das FBI nahm Hauser ebenso wie andere österreichische Skilehrer, darunter Friedl Pfeifer und Joseph (Sepp) Fröhlich, als so genannte *enemy alien* fest. Hauser blieb bis Kriegsende in Haft.[245] Während Hans Hauser bei einer Überprüfung durch die österreichische Exekutive im Dezember 1934 keine Zugehörigkeit zur NSDAP oder einem Wehrverband nachgewiesen werden konnte,[246] war sein Bruder Max seit 1930 SA-Mitglied und ab 1. Mai 1936 Bewerber der SS, wobei seine Dienstzeit in der SA laut SS-Stammkarte der SS-Personalakte im Bundesarchiv Berlin mit 1931 beginnt und jene in der SS mit 1934 bzw. laut eigenen Angaben mit 1936.[247] Max Hauser gehörte also schon vor seiner Saison als Skilehrer im Winter 1937/38 in den USA mehrere Jahre der Sturmabteilung an und bewarb sich vor seiner Ausreise aktiv um die Aufnahme in den SS-Dienst.[248] Nach seiner

---

243 Vgl. SLA, PRÄ 1936/47-2683.
244 Vgl. Annie Gilbert Coleman, Ski Style. Sport and Culture in the Rockies, Lawrence 2004, S. 52.
245 Vgl. Bischof, American Bucks, S. 151; The Green Bay Press-Gazette, 12.1.1942, S. 16; Republican and Herald, 19.1.1942, S. 4.
246 Laut einem Bericht des Gendarmeriepostenkommandos Aigen an die Bezirkshauptmannschaft Salzburg vom 14.12.1934 war Hans Hauser Mitglied der Vaterländischen Front. Er habe zwar mit der NSDAP sympathisiert, strafrechtlich lag aber laut dem Schreiben nichts gegen ihn vor und er galt als „moralisch einwandfrei". Vgl. Gendarmeriepostenkommando an die Bezirkshauptmannschaft Salzburg, 14.12.1934, SLA, PRÄ 1936/47-2683.
247 Über die SA- und SS-Eintrittsdaten von Max Hauser gibt es in den erhalten gebliebenen Akten verschiedene Angaben. Fest steht, dass Hauser vor seiner Ausreise in die USA im Winter 1936/37 der SA beigetreten war und sich zumindest in der SS beworben hatte. Vgl. Erhebungsbericht Max Hauser durch die Bundespolizeidirektion Salzburg, 1.12.1948, OÖLA, LG Linz, Sondergerichte, Sch. 497, VgVr 4830/48; Max Hauser; BArch (ehem. BDC), SM, Hauser, Max, 6.12.1912.
248 Max Hauser soll ab 1935 SS-Anwärter gewesen sein und ab 1936 SS-Mann. Vgl. Max Hauser; BArch (ehem. BDC), SM, Hauser, Max, 6.12.1912.

Rückkehr nach Österreich erfolgte am 15. September 1938 seine Vereidigung zum SS-Mann und zwei Monate später rückte er zum SS-Sturmmann auf.[249] Das gleichgeschaltete *Salzburger Volksblatt* berichtete am 12. April 1939 unter dem Titel „Brief aus Sun Valley" von den sportlichen Erfolgen der Hauser-Skischule in den USA.[250] Der veröffentlichte Brief des Salzburger Skiläufers Andreas Hennig kann als Propagandabericht gewertet werden. So stand am Ende im Sinne der Instrumentalisierung des Sports zugunsten des NS-Regimes zu lesen: „Die neun Salzburger Skilehrer arbeiten einheitlich, halten kameradschaftlich zusammen und bekennen stramm ihre deutsche Gesinnung."[251] Interessant ist, dass Hennig, dessen Bericht noch im April 1939 als Teil der NS-Propaganda veröffentlicht wurde, sich nach dem Kriegseintritt der USA der 10th Mountain Division anschloss.[252] Während Hennig seine skiläuferischen Fähigkeiten ab dem Winter 1942/43 dem US-Militär im Kampf gegen den Nationalsozialismus anbot, hatten sich andere ausgewanderte österreichische Skisportler dem NS-Regime schon vor 1938 angedient. Unter den Saisonarbeitern, die ab Mitte der 1930er-Jahre in die USA auswanderten, befanden sich nachweislich Skiläufer, welche die frühe und ab 1933 illegale NS-Bewegung in Österreich unterstützten und ab 1938 im NS-Sportsystem Karriere machten. So war der alpine Abfahrer Peter Radacher ebenso wie Max Hauser laut Wehrstammblatt schon vor 1938 der SA beigetreten und seit 1932 in dieser aktiv.[253]

Radacher, der in den 1930er-Jahren für den SC Mühlbach an den Start ging, setzte am 17. November 1938 von Bremerhaven nach New York über und ging am 26. November im Hafen von New York von Bord.[254] Auf der S. S. Deutschland, die in Hamburg ablegte, befanden sich außer Radacher noch die beiden Hauser-Brüder sowie die Skilehrer-Kollegen Roland Cossmann und Paul Deschmann.[255] Nach einer Wintersaison in Sun Valley kehrte der aus dem Pinzgau stammende Skirennläufer und Skilehrer im Mai 1939 in das Deutsche Reich zu-

---

249 Vgl. Erhebungsbericht Max Hauser durch die Bundespolizeidirektion Salzburg, 1.12.1948, OÖLA, LG Linz, Sondergerichte, Sch. 497, VgVr 4830/48.
250 Vgl. Salzburger Volksblatt, 12.4.1939, S. 10.
251 Salzburger Volksblatt, 12.4.1939, S. 10.
252 Vgl. Traussnig, Militärischer Widerstand von aussen. Österreicher in der US-Armee und Kriegsgeheimdienst im Zweiten Weltkrieg, Wien/Köln/Weimar 2016, S. 172.
253 Vgl. Wehrstammblatt, Peter Radacher, OÖLA, LG Linz, Sondergerichte, Sch. 103, VgVr 4072/46. Peter Radacher, geboren am 25. September 1910 in Taxenbach war staatlich geprüfter Skilehrer und Bergführer. Er war der Neffe des Skischulbesitzers von Mühlbach am Hochkönig Peter Radacher sen. und ein erfolgreicher Abfahrtsläufer.
254 Vgl. Reisepass Peter Radacher, ausgestellt am 2.9.1938 von der Bezirkshauptmannschaft St. Johann im Pongau, Privatnachlass Peter Radacher, Kopie im Besitz des Verfassers.
255 Vgl. New York, Passenger and Crew Lists, 1820–1957, Peter Radacher, www.ancestry.com (12.8.2019).

rück.²⁵⁶ Während seiner Auslandsaison war Radacher nicht nur als Skilehrer über die Union Pacific Railroad Company in der Skischule von Sun Valley angestellt, sondern feierte auch skisportliche Erfolge. Im März 1939 gewann Radacher mit dem ersten Platz im kombinierten Abfahrts- und Slalomlauf den internationalen Harriman Cup. Zudem wurde Radacher aufgrund seiner Platzierungen bei den offenen US-Meisterschaften mit dem Titel „best all-around skier in America" ausgezeichnet.²⁵⁷ Die US-Presse berichtete damals in anerkennender Weise von den Erfolgen des Österreichers und schrieb von einer Ehre, die Radacher zu Teil wurde.²⁵⁸

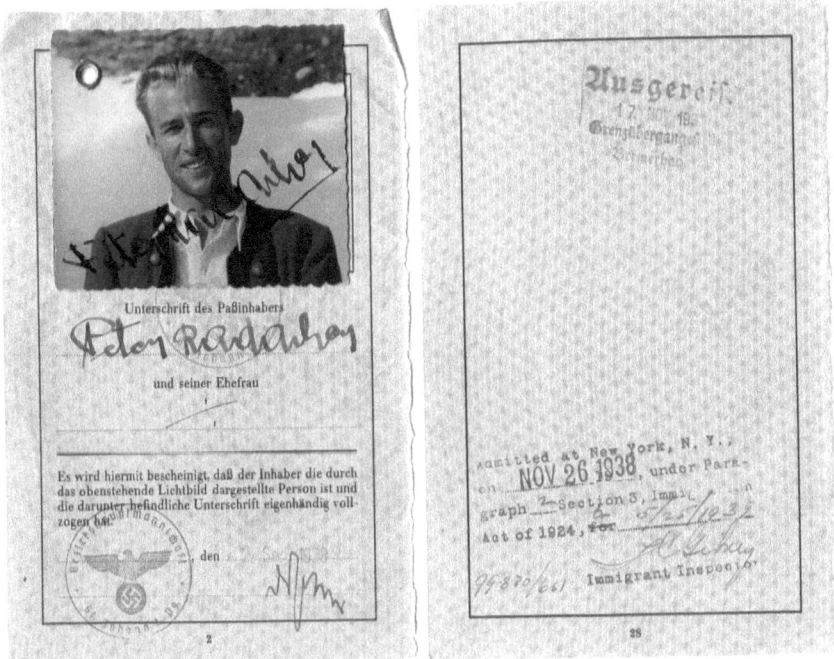

Abb. 9: Reisepass des staatlich geprüften Skilehrers und Abfahrers Peter Radacher mit Einreisestempel vom 26. November 1938 in New York, Privatbesitz.

---

256 Vgl. Reisepass Peter Radacher.
257 Die offenen US-Meisterschaften im Skilauf wurden in den vier Disziplinen Abfahrt, Slalom, Langlauf und Skispringen durchgeführt. Peter Radacher konnte in Abfahrt, Slalom und Langlauf jeweils den zweiten Platz belegen und landete im Skispringen auf dem siebten Platz. Im kombinierten Abfahrts- und Slalomlauf holte er den Sieg und damit auch den Harriman Cup, den die beiden Jahre zuvor der US-Amerikaner Dick Durrance in der Kombination gewinnen konnte. Vgl. u. a. The Post-Register, 28.3.1939, S. 9; Salt Lake Telegram, 27.3.1939, S. 12.
258 Vgl. The Post-Register, 28.3.1939, S. 9.

Unter dem Titel „Wir fuhren nach Amerika" veröffentlichte Radacher später seine Erinnerungen in der NSRL-Zeitschrift *Durch Pulver und Firn*. Darin beschreibt der Skisportler unter anderem die stürmische Überfahrt, von der er seekrank wurde, und schildert die Teilnahme an den Open-Air-Ski-Shows in Boston und New York, die als Werbeveranstaltungen für den Wintersportort Sun Valley abgehalten wurden: „Der Betrieb in Madison Square Garden würde bei uns in Europa als ein Theater auf Skiern gelten."[259]

Nach einem zehntägigen Aufenthalt und den publikumswirksamen Ski-Shows in Boston und New York ging es für Radacher und seine Kollegen über Chicago nach Sun Valley. Die ausgeschmückten Darstellungen Radachers müssen im Kontext der NS-Ideologie und NS-Sportpolitik gelesen werden. Die Show sei eine gute Reklame für den deutschen Skisport gewesen, jedoch hätten sie bei Beginn der Vorführung die Hakenkreuzfahne vermisst, und als „größte Viecherei" beschrieb Radacher in dem Erlebnisbericht für die NSRL-Zeitschrift seine erste Begegnung mit einem „Neger".[260] Diese Schilderungen Radachers verdeutlichen nicht nur seine Anpassungsleistungen gegenüber dem NS-Regime, sondern zeigen zugleich die Strategie der reichsdeutschen Sportführung, die ideologisch aufgeladenen Erfahrungsgeschichten von SpitzensportlerInnen verkaufen zu wollen.

2.2.7.4 Kurt Thalhammer – ein illegaler Parteigenosse auf Amerika-Tournee

Im Gefolge von Hans und Max Hauser gelangte vor 1938 aber noch ein anderer Salzburger Skiläufer nach Amerika, der ebenfalls mit der NS-Ideologie sympathisierte und sich für die illegale NS-Bewegung engagierte. Kurt Thalhammer suchte kurz vor dem Verbot der NSDAP um Aufnahme in die Partei an und trat im März 1933 in die NSDAP ein. Während des Verbots der NSDAP in Österreich organisierte er für das NSKK Waffentransporte, importierte nationalsozialistisches Propagandamaterial und half flüchtigen Nationalsozialisten über die Grenze ins Deutsche Reich. Außerdem warb er neue Mitglieder für die illegale NDSAP an.[261] Der am 10. Februar 1913 in Salzburg geborene Thalhammer war nicht nur staatlich geprüfter Skilehrer, sondern hatte auch die Segelfliegerprüfung abgelegt. Nach der Handelsschule volontierte er zunächst in Graz und arbeitete dann ab 1931 in der Firma des Vaters Franz Thalhammer als Angestell-

---

259 Peter Radacher, Wir fuhren nach Amerika, in: Durch Pulver und Firn. Das Buch der Deutschen Skiläufer. Jahrbuch des Nationalsozialistischen Reichsbundes für Leibesübungen/Fachamt Skilauf, Innsbruck 1939/40, S. 130–133, hier S. 130.
260 Vgl. Radacher, Wir fuhren nach Amerika, S. 131.
261 Vgl. OÖLA, LG Linz Sondergericht, Sch. 485, VgVr 4132/48; SLA, NS-Sonderkommission (NS-SOKO), Kurt Thalhammer; BArch (ehem. BDC), PK, Thalhammer, Kurt, 20.2.1913.

ter. In den Jahren von 1933 bis 1938 hielt sich Thalhammer drei Mal in England, in Belgien, in der Schweiz und drei Mal in den USA auf.[262] Am 10. Dezember 1936 bestieg er die S. S. Hansa von Hamburg nach New York.[263] Der aus Salzburg stammende Sohn einer Kaufmannsfamilie arbeitete zunächst für eine Saison gemeinsam mit dem ausgewanderten Sig Buchmayr[264] als Skilehrer in Sugar Hill, New Hampshire und dann im Winter 1937/38 als Hilfsskilehrer in Woodstock im US-Bundesstaat Vermont.[265] Der staatlich geprüfte Skilehrer Roland Cossmann aus Saalfelden erinnerte sich 1945 im Zuge des Entnazifizierungsverfahrens an die gemeinsam mit Thalhammer verbrachte Zeit in den USA von 1936 bis 1938 und dass dieser „mit all seinem sportlichen Können Österreichs Farben bestens und erfolgreich vertreten hat."[266] Nach seiner Rückkehr im Frühjahr 1938 übernahm der gelernte Kaufmann und Skilehrer Thalhammer das „arisierte" Textilgeschäft der jüdischen Familie Ornstein und des Julius Neuwirth. Thalhammer war zu diesem Zeitpunkt Mitglied der NSDAP und des NSFK.[267] Am 17. September 1938 schaltete Thalhammer ein Inserat in der *Salzburger Landeszeitung* in dem er bekannt gab, dass er mit heutigem Tage die Leitung das Kleiderhaus Ornstein übernommen habe, und machte in der Anzeige deutlich, dass er bestrebt sei, die Firma im Sinne der Familientradition des bestbekannten Hauses Thalhammer stets als „arischen Betrieb" zu führen.[268]

2.2.7.5 Hans Nöbl – ein Tiroler in den argentinischen Anden

Der Innsbrucker Skiläufer und Skilehrer Hans Nöbl war im Mai 1936 von der argentinischen Regierung nach Buenos Aires berufen worden. Nöbl war zu Beginn der 1930er-Jahre ein erfolgreicher Kombinierer (Abfahrts- und Sprunglauf) und Mitglied im Skiklub Innsbruck aus dem später die „Roten Teufel" hervorgehen

---

262 Vgl. SLA, NS-SOKO, Kurt Thalhammer.
263 Vgl. New York Passenger and Crew Lists, 1820–1957, Kurt Thalhammer, www.ancestry. com (12.8.2019).
264 Sig Buchmayr stammte aus Bad Hofgastein und wanderte bereits 1929 in die USA aus. Er begründete die Skischule bei Pecketts in Sugar Hill im Bundesstaat New Hampshire. Nachdem er dort acht Jahre die alpine Skilauftechnik unterrichtete, übersiedelte er nach Woodstock, Vermont.
265 Vgl. Rutland Daily Herald, 6.12.1937, S. 6; Rutland Daily Herald, 21.1.1938, S. 11; John B. Allen, Images of Sports. New Hampshire on Skis, Portsmouth 2002, S. 66 und 68.
266 Erklärung Roland Cossmann, 30.11.1945, SLA, NS-SOKO, Kurt Thalhammer.
267 Das Herrenkonfektionsgeschäft und die Lodenmantelerzeugung der Firma L. Ornstein in der Getreidegasse 24 in Salzburg war zu 30 Prozent im Eigentum von Julius Neuwirth und zu je 23,5 Prozent im Eigentum der Brüder Richard, Rudolf und Robert Ornstein. Vgl. SLA, NS-SOKO, Kurt Thalhammer; OÖLA, LG Linz, Sondergerichte, Sch. VgVr 4132/48 (485).
268 Zit. nach Albert Lichtblau, „Arisierungen" in Salzburg, in: Helga Embacher, Juden in Salzburg, Salzburg 2002, S. 67–83, hier S. 71.

sollten.²⁶⁹ Vor seiner Auswanderung nach Argentinien leitete er gemeinsam mit dem gebürtigen Steirer Leo Gasperl vom Skiklub Kitzbühel die staatliche Skischule des faschistischen Italiens in Sestriere. Dort war er mit der Organisation des Heeres-Skisportes betraut. Zeitungsberichten zu Folge soll er unter anderem

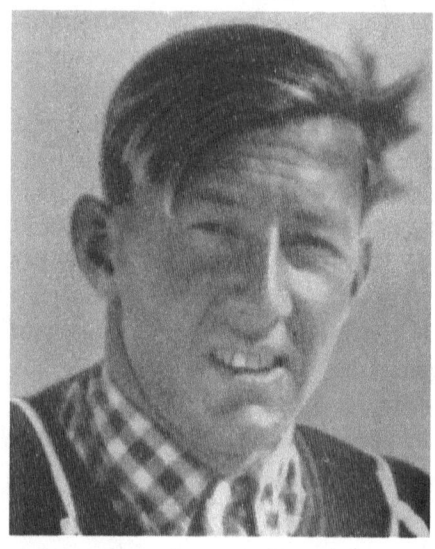

Abb. 10: Der 1909 in Innsbruck geborene Skilehrer Hans Nöbl wanderte 1936 nach Argentinien aus, Skileben in Österreich 1936.

den beiden Söhnen Benito Mussolinis Skiunterricht gegeben haben.²⁷⁰ Nöbl und Gasperl waren mit November 1933 vom italienischen Skiverband mit der Leitung betraut worden.²⁷¹ Nöbl hatte für den Winter 1934/35 erneut die Auslandsbewilligung erhalten und befand sich ab Anfang Dezember wieder in Sestriere.²⁷² Die *Neueste Sport-Zeitung* berichtete ein Jahr später in einem Porträt im Dezember 1935 unter dem Titel „Musterbeispiel eines sportlichen Selfmademans" vom Aufstieg Nöbls vom Fleischhauerlehrling zum Leiter der Skischule in Sestriere.²⁷³ Im Rahmen seiner Leitungstätigkeit bildete Nöbl in Sommerskikursen italienische Offiziere am Cevedale im Ortlergebiet aus.²⁷⁴ In Argentinien war Nöbl mit dem Aufbau eines neuen Skigebietes rund um die Stadt San Carlos de Bariloche im Norden Patagoniens betraut. Er sollte darüber hinaus den argentinischen Wintersport organisieren. Grundlage bildete ein Fünfjahresvertrag, abge-

---

269 Vgl. Tiroler Anzeiger, 22.2.1932, S. 10.
270 Vgl. Tiroler Anzeiger, 26.5.1936, S. 9.
271 Vgl. Der Ski, Nr. 2, 15.11.1933, S. 22–23.
272 Vgl. Der Ski, Nr. 3, 01.12.1934, S. 40.
273 Vgl. Neueste Sport-Zeitung, 2.12.1935, o. S.
274 Vgl. Skileben in Österreich, 1936, S. 107.

schlossen mit der argentinischen Regierung.²⁷⁵ Die argentinische Regierung hatte die Region rund um den See Nahuel Huapi im Jahr 1922 zum Nationalparkgebiet erklärt.²⁷⁶ In den darauffolgenden Jahren sollte die Andenregion um den Rio Negro eine touristische Aufwertung erfahren. Dazu trug nicht nur die Anbindung an die Bahn nach Buenos Aires bei, sondern ebenso Investitionen in den Ausbau der Hotelinfrastruktur.²⁷⁷

Dass Nöbl ausgerechnet nach Bariloche auswanderte, um dort den Skisport zu organisieren, war kein Zufall. Die Stadt war 1902 per Regierungsdekret gegründet worden und geht auf eine deutsche Kolonie zurück.²⁷⁸ 1931 hatte hier der bayerische Bergsteiger Otto Meiling den Club Andino Bariloche gegründet und damit begonnen den Skilauf zu unterrichten.²⁷⁹ Das Vorbild für die Gründung des „Andenvereins" soll der Deutsche und Österreichische Alpenverein gewesen sein. Karl Ilg nennt in seiner Publikation über das *Deutschtum in Chile und Argentinien* aus dem Jahr 1982 Süddeutsche, Schweizer und Österreicher als „Gründungsväter" des Club Andino Bariloche.²⁸⁰ Eine andere Veröffentlichung spricht von „einigen Deutschen", die den Club Andino Bariloche im August 1931 gegründet hätten.²⁸¹

Tatsächlich stammte nur Otto Meiling aus Deutschland, nämlich aus Landshut. Die anderen Mitbegründer hatten zwar auch einen Migrationshintergrund, aber keinen deutschen. Der Sohn Schweizer Einwanderer und Arzt Juan Neumeyer wurde bereits in Argentinien, in der Provinz Santa Fe geboren und auch Emilio Frey stammte aus Santa Fe, während der Unternehmer Reinaldo Knapp aus England einwanderte.²⁸² Jedenfalls erfolgte mit der Gründung des Club An-

---

275 Vgl. Tiroler Anzeiger, 8.11.1937, S. 8; 13.5.1937, S. 9.
276 Hans Schulz, Bariloche: Breve Historia de la Comunidad Alemana y su Escuela 1907–2004, San Carlos de Bariloche 2004, S. 43.
277 Vgl. Wilhelm Lütge/Werner Hofmann/Karl Wilhelm Körner, Geschichte des Deutschtums in Argentinien, Buenos Aires 1955, S. 258.
278 San Carlos des Bariloche ist eine Gründung von deutschen Siedlern, die im Zuge der Landnahme gegen Ende des 19. Jahrhunderts von Chile aus die östlichen Anden erschließen wollten und zunächst am Südufer des Nahuel Huapi Handelsniederlassungen etablierten. Vgl. Schulz, Bariloche, S. 41 und 49.
279 Der Historiker Hans Schulz gibt das Gründungsjahr erst mit 1932 an. Laut Vereinsschriften wurde der Club Andino Bariloche aber bereits am 13. August 1931 gegründet. Vgl. Schulz, Bariloche, S. 51; 25 Aniversario Club Andino Bariloche. 1931–1956, S. 3.
280 Vgl. Karl Ilg, Das Deutschtum in Chile und Argentinien, Wien 1982, S. 73.
281 Vgl. Wilhelm Lütge/Werner Hoffmann/Karl Wilhelm Körner/Karl Klingenfuss (Hg.), Deutsche in Argentinien 1520–1980, Buenos Aires 1980, S. 327.
282 Vgl. Schulz, Bariloche, S. 51; Tabare W. Parsons, Enciclopedia Historica Centenaria de Bariloche 03/05/1902 – 03/05/2002, Almanes y Austriacos Pioneros Olividados, Tomo 1, Bariloche 2002, S. 103; Rio de Janeiro, Brazil, Immigration Cards, 1900–1965, Juan Javier Neumeyer, www.ancestry.com (11.6.2021); El Doctor Juan Javier Neumeyer y la historia del Club Andino

dino Bariloche (CAB) eine erste systematische skitechnische Erschließung der umliegenden Berge. Meiling errichtete auf dem Cerro Otto eine erste Hütte, die auch dem Skilauf diente.[283] Gleichzeitig betrieb er in Bariloche eine Skifabrik. Die Skilehrerausbildung absolvierte Meiling in Österreich.[284]

Im Jahr 1934 wurde das 1922 festgelegte Gebiet am Nahuel Huapi in einen Nationalpark umgewandelt und im selben Jahr wurde die Bahnstrecke nach Buenos Aires eröffnet.[285] Dies hatte zur Folge, dass in der Andenstadt nun auch das zahlungskräftige Großbürgertum aus der Hauptstadt Argentiniens als Gästeschicht begrüßt werden konnte. Damit einhergehend gründeten in Bariloche ansässige Auswanderer-Familien aus Österreich, Italien, Deutschland und der Schweiz Hotel- und Unterkunftsbetriebe und das Stadtzentrum wurde im alpenländischen Stil umgebaut.[286] Als Nöbl zwei Jahre später im deutschsprachig geprägten Bariloche ankam, fand er also schon eine gewisse Infrastruktur vor, auf die er aufbauen konnte. Zudem war es die Nationalparkverwaltung, die Nöbl eine Anstellung anbot und ihn unter Vertrag nahm. Das veranlasste den Österreicher den europäischen Sommer in Argentinien zu verbringen und sich bis in die Nachkriegszeit hinein im Club Andino Bariloche zu engagieren. Als Skigebiet wählte Nöbl den rund 20 Kilometer von Bariloche entfernten 2 400 Meter hohen Cerro Catedral anstatt des Cerro Otto.[287] Heute befindet sich dort eines der größten Skigebiete Südamerikas.

Recherchen im Tiroler Landesarchiv ergaben in Bezug auf Nöbl keine politischen Auffälligkeiten. Er war den Akten zufolge weder in der NSDAP noch in einem Wehrverband Mitglied. Ein Foto in den Innsbrucker Nachrichten unmittelbar nach dem „Anschluss" im März 1938 zeigt Nöbl allerdings mit anderen Skilehrerkollegen in Sestriere als Leiter der staatlichen Skischule mit der erhobenen rechten Hand zum „Deutschen Gruß". „Innsbrucker Skilehrer feiern den Sieg" war der Bildunterschrift zu entnehmen. Zudem behaupteten die *Innsbrucker Nachrichten*, dass Nöbl in einem „begeisterten Briefe [sic]" im Zuge des „Anschlusses" mitgeteilt habe, dass „die kleine Tiroler Kolonie in Sestriere in

---

Bariloche, in: El Cordillerano, 14.8.2013, https://www.elcordillerano.com.ar/noticias/2013/08/14/56101-el-doctor-juan-javier-neumeyer-y-la-historia-del-club-andino-bariloche (11.06.2021).
283 Otto Meiling war Turner, Alpinist und Skiläufer. Er wanderte 1924 nach Argentinien aus, wo er zunächst in Buenos Aires im Deutschen Turnverein aktiv war, bevor er sich immer mehr für die Gegend rund um San Carlos de Bariloche zu interessieren begann. Vgl. Arko Toncek, Otto Meiling. Patriarca del esqui y andinismo argentino, Bariloche 2016, S. 30–40.
284 Vgl. Lütge/Hoffmann/Körner/Klingenfuss (Hg.), Deutsche in Argentinien, S. 327.
285 Vgl. Schulz, Bariloche, S. 53.
286 Vgl. Ilg, Das Deutschtum, S. 74.
287 Vgl. Vojko Arko, Otto Meiling. Un pionero de Bariloche, Bariloche 2006, S. 25.

einem völligen Taumel der Freude war".[288] Nöbl dürfte also zu diesem Zeitpunkt durchaus mit dem NS-Regime kokettiert haben, während die NS-Presse ihrerseits ebenso Versuche unternahm, den Tiroler Skilehrer für ihre Zwecke zu vereinnahmen. Ebenfalls im März 1938 erschien im *Deutschen Telegraf* ein ausführlicher Bericht über Nöbls skisportliche Leistungen im „Wintersportparadies über der Pampa", gemeint war das argentinische Patagonien.[289]

Wie der Vertrag in der staatlichen Skischule in Sestriere zustande kam, konnte nicht geklärt werden. Auch nicht auf wessen Initiative sein Engagement in Bariloche zurückgeht. In den 1930er-Jahren existierten jedoch intensive Sportkontakte zwischen Italien und Argentinien, beispielsweise im Fußball, die zu einem regen Austausch führten und frühe Formen der Sportmigration erleichterten.[290] Weiters war die argentinische Einwanderungsgesellschaft vor dem Zweiten Weltkrieg von einer starken Auswanderung aus süd- und mitteleuropäischen Regionen geprägt.[291] Die saisonale Arbeitsmigration von Hans Nöbl muss demnach auch vor diesem Hintergrund gesehen werden.

Zumindest bis 1938 war Nöbl abwechselnd in Argentinien (Bariloche) und Italien (Sestriere) beschäftigt.[292] In den Jahren ab 1938 bis über den Zweiten Weltkrieg hinaus hielt sich Nöbl in Argentinien auf. Nöbl dürfte aber weiterhin zwischen 1939 und 1945 in Europa gewesen sein und auch Engagements als Skilehrer in den USA angeboten bekommen haben. Das geht zumindest aus diversen Einreisedokumenten und Passagierlisten hervor. Im Juni 1939 fragte die Union Pacific Railroad Company um die Einreisegenehmigung von Nöbl bei der US-amerikanischen Einwanderungsbehörde an.[293] Die Union Pacific Railroad Company beschäftigte auch andere österreichische Skilehrer in den USA. Ob Nöbl tatsächlich für die Wintersaison 1939/40 in die USA reiste, geht aus den Quellen nicht hervor. Als temporären Wohnsitz in Argentinien gibt Nöbl bei den Einreise im September 1941 die Avenida Alvear, Nummer 1891, in Buenos Aires

---

288 Innsbrucker Nachrichten, 30.3.1938, S. 15.
289 Vgl. dazu die Berichterstattung in Deutscher Telegraf, 31.3.1938, S. 6.
290 Vgl. Marco Impiglia, Fußball in Italien in der Zwischenkriegszeit, in: Christian Koller/Fabian Brändle (Hg.), Fussball zwischen den Kriegen. Europa 1918–1939, Berlin 2010, S. 145–182.
291 Neben den USA galten die südamerikanischen Länder Argentinien und Brasilien zu den bevorzugten Zielländern transatlantischer Migration in der Zwischenkriegszeit. Vgl. Sylvia Hahn, Historische Migrationsforschung, Frankfurt am Main 2012, S. 174 und 179.
292 Vgl. Tiroler Anzeiger, 13.5.1937, S. 9.
293 Vgl. US National Archives and Records Administration (NARA), Roll 25, Subject Index to Correspondence and Case Files of the Immigration and Naturalization Service, 1903–1952, Hans Nöbl, www.ancestry.com (11.6.2021).

an.²⁹⁴ Unter dieser Adresse befand sich ab 1932 das bei europäischen Reisenden beliebte Luxushotel Alvear Palace.²⁹⁵ Der Reisepass war vom deutschen Konsulat in Turin am 15. November 1938 ausgestellt worden.²⁹⁶ Warum die Einreise über Brasilien erfolgte, ist nicht bekannt. Nach Ende des Zweiten Weltkriegs war Nöbl bis in die 1950er-Jahre hinein in der Funktion des technischen Direktors für den argentinischen Skiverband tätig.²⁹⁷ Laut Adressverzeichnis und Mitgliederlisten des Club Andino Bariloche war der ständige Wohnsitz des Tirolers in den 1950er-Jahren San Carlos de Bariloche.²⁹⁸ Die Kontakte zum mitteleuropäischen Skisport, insbesondere zum italienischen, rissen aber nie gänzlich ab. Mitte der 1950er-Jahre traf Nöbl im italienischen Cervinia (eigentlich Breuil-Cervinia) wieder auf seinen früheren Skischulkollegen Leo Gasperl, der dort nach 1945 eine Skischule leitete. Während seiner Aufenthalte in den italienischen Alpen kam Nöbl auch mit dem italienischen Skirennläufer und späteren Radio- und Fernsehmoderator Michele (Mike) Bongiorno zusammen.²⁹⁹

Dass der Tiroler für die Stadt Bariloche und die Region durchaus eine Bedeutung besitzt, davon zeugen zahlreiche Erwähnungen in regionalhistorischen Publikationen.³⁰⁰ Der argentinische Chronist Tabare W. Parsons erwähnt Nöbl in seiner mehrbändigen Enzyklopädie über europäische Einwanderer in Bariloche als österreichischen Pionier.³⁰¹ Darüber hinaus ist Nöbl als Begründer des größten argentinischen Skigebietes in Bariloche noch heute präsent. So widmete sich eine historische Ausstellung im hiesigen Tourismusbüro über den Ski-

---

294 Vgl. Rio de Janeiro, Brazil, Immigration Cards, 1900–1965, Hans Nöbl, www.ancestry.com (11.6.2021).
295 Vgl. dazu die Homepage des Hotels Alvear Palace in Buenos Aires: www.alvearpalace. com/en/luxury-hotel-in-buenos-aires (28.1.2019).
296 Vgl. Rio de Janeiro, Brazil, Immigration Cards, 1900–1965, Hans Nöbl, www.ancestry.com (11.6.2021).
297 Vgl. Club Argentino de Ski, Comision Directiva 1954–1955, in: Anuario Club Argentino de Ski, 13 (1954), Buenos Aires, o. S.
298 Vgl. u. a. Anuario Club Andino Bariloche, 18 (1950), San Carlos de Bariloche, 1950.
299 Vgl. Mike Bongiorno, Sempre Più in Alto. La Montagna secondo, Turin 2012, S. 98. Michele (Mike) Bongiorno (eigentlich Michael Nicholas Salvatore Bongoiorno), geboren und aufgewachsen als Sohn einer italienischen Einwandererfamilie 1924 in New York, zog in den 1930er-Jahren nach Turin und lernte in den italienischen Alpen das Klettern und Skifahren. Im Zweiten Weltkrieg schloss er sich den Partisanen an und diente in einem Skiverband. 1944 kam er in deutsche Kriegsgefangenschaft, zunächst in das Lager Gries am Brenner und dann in das Lager Reichenau bei Innsbruck. Nach dem Zweiten Weltkrieg machte er Karriere als Radio- und Fernsehmoderator.
300 Vgl. u. a. Arko, Otto Meiling, S. 25.
301 Parsons, Enciclopedia, S. 191.

sport in den Anden im Jahr 2017 unter anderem den ski- und wintersportlichen Pioniertaten des in Bariloche tätigen Tirolers.³⁰²

2.2.7.6 Resümee

Die hier kurz skizzierten Biografien sollten die Aufstiegs- und Karrierechancen sowie die Berufsmöglichkeiten und Betätigungsfelder österreichischer SkilehrerInnen in den 1930er-Jahren aufzeigen. Aufgrund der Quellenlage wurde hier auf Erfolgsgeschichten zurückgegriffen und nicht auf jene des Scheiterns. Die saisonalen Migrationen können als eine spezielle Form der Arbeitsmigration im Sinne einer ExpertInnenmigration gesehen werden. Frauen nahmen daran, wenn auch in geringerem Ausmaß, ebenso teil wie Männer. Wobei die Geschlechterverhältnisse genauer analysiert werden müssten. Als eine der wenigen Migrationen von österreichischen Skilehrerinnen vor 1938 ist jene von Elfriede Pembauer dokumentiert. Sie emigrierte im November 1936 im Alter von 23 Jahren in die USA, um dort nicht nur ihr Studium als Psychiaterin abzuschließen, sondern in Lake Placid Skiunterricht zu geben.³⁰³ Im Warenhaus von Frederick Loeser in Brooklyn, New York hielt die gebürtige Salzburgerin im Dezember 1936 zudem Ski-Gymnastikkurse ab. Das Handelsunternehmen hoffte mit der Salzburger Olympionikin das Weihnachtsgeschäft ankurbeln zu können.³⁰⁴ Pembauer war im Jänner 1936 für den olympischen Abfahrts- und Torlauf in Garmisch-Partenkirchen nominiert worden und zählte neben Käthe Lettner zu den Medaillenhoffnungen.³⁰⁵ Im Februar 1936 konnte sie bei den international ausgeschriebenen Damen-Skimeisterschaften des ÖSV in Badgastein den zweiten Platz belegen.³⁰⁶ Nach ihrem Engagement in New York arbeitete sie unter anderem als Skilehrerin in der Nähe von Québec in Kanada. Sie hielt am Lac Beauport Skikurse für die Gäste des Luxushotels Chateau Frontenac ab,³⁰⁷ das von der Canadian Pacific Railway Company betrieben wurde.³⁰⁸

---

302 Besuch der Ausstellung im Tourismusbüro von Bariloche im Rahmen einer Recherchereise des Verfassers im Februar 2017 nach San Carlos de Bariloche und dessen Umgebung.
303 Vgl. New York Passenger and Crew Lists, 1820–1957, Elfriede Pembauer, www.ancestry.com (11.6.2021); The Brooklyn Daily Eagle, 22.11.1936, S. 11.
304 Vgl. The Brooklyn Daily Eagle, 6.12.1936, S. 86.
305 Vgl. Sport in Österreich, 7 (16.1.1936), S. 17; Sport-Tagblatt, 18.1.1936, S. 5.
306 Vgl. Freie Stimmen, 4.2.1936, S. 7–8.
307 Vgl. Vgl. The News Chronicle, 1.2.1938, S. 5; Rochester Democrat and Chronicle, 23.1.1938, S. 10D.
308 Das Chateau Frontenac in der Altstadt von Québec wurde unter der Leitung des Generaldirektors der Canadian Pacific Railway Company William Van Horne erbaut und 1893 eröffnet. Es war eines der Luxushotels, die von der Canadian Pacific Railway Company betrieben wurden und zählt seit 1985 zum UNESCO-Weltkulturerbe. Vgl. Christoph Mertha, Die Geschichte

Das Skigebiet am Lac Beauport, wenige Kilometer von Québec entfernt, erstreckte sich in der Wintersaison 1937/38 bereits auf über 70 Pistenkilometer.[309] Warum Pembauer nach zwei Wintersaisonen im Jahr 1938 wieder zurückkehrte, ist nicht bekannt. Im darauffolgenden Winter 1938/39 startete sie jedenfalls, ebenso wie ihre langjährige Mitbewerberin Käthe Lettner, für die NSRL-Kreismeisterschaften.[310]

Wie die einzelnen Fallbeispiele gezeigt haben, handelte es sich bei den migrierten SkilehrerInnen nicht um eine homogene, sondern um eine sehr heterogene Personengruppe. Gemeinsamkeiten lassen sich lediglich im Alter und Familienstatus finden. Die meisten der hier porträtierten SkilehrerInnen waren bei ihrer Ausreise Anfang bis Mitte 20 und ledig. Bei der sozialen Herkunft, dem Berufsstand und der politischen Einstellung unterscheiden sich die Biografien jedoch voneinander. Eines lässt sich jedoch feststellen: Neben NS-SympathisantInnen tummelten sich auf amerikanischen Skipisten in den 1930er-Jahren genauso GegnerInnen des NS-Regimes wie Anhänger. Das Kapitel der Arbeitsmigration im Skisport wirkt also in die Skisportgeschichte des Nationalsozialismus hinein und umgekehrt. Denn die Migrationsgeschichten haben enge Bezüge zu späteren Fluchtgeschichten und direkte wie indirekte Auswirkungen auf diese. Sie stehen unmittelbar im Zusammenhang mit der nationalsozialistischen Vertreibungs- und Verfolgungspolitik. Kontakte, die vor der NS-Machtübernahme aufgebaut worden waren, konnten gegen Ende der 1930er-Jahre hilfreich und für jüdische SkisportlerInnen oder Regimegegner überlebenswichtig sein. Der Kriegseintritt der USA am 8. Dezember 1941 eröffnete zudem neue Arbeitsfelder für die ausgewanderten und geflüchteten SkilehrerInnen in der US-Armee. Auf der anderen Seite bedeuteten Kontakte nach Übersee für gesuchte NS-Sportler und NS-Skisportfunktionäre, bisher sind nur männliche Fälle bekannt, mitunter eine Möglichkeit nach 1945 ab- und unterzutauchen. Auf diese Geschichten wird in späteren Kapiteln noch ausführlich eingegangen und Bezug genommen.

---

der Canadian Pacific Hotels und das Chateau Frontenac, in: Frank Norbert Nagel (Hg.), Kanada. Von Akadien zum Yukon, Norderstedt 2013, S. 65–67.
309 Vgl. Rochester Democrat and Chronicle, 23.1.1938, S. 10D.
310 Vgl. Der Montag, 16.1.1939, S. 10.

3 Der Weg des österreichischen Skisports in den Nationalsozialismus

3.1 Das „radikale" Moment im österreichischen Skisport

Der verlorene Erste Weltkrieg und eine Erste Republik, die für breite Bevölkerungskreise wenig Identifikationsmöglichkeiten bot, sowie andauernde politische und ökonomische Krisen begünstigten eine Hinwendung zu den Bergen, im Speziellen zu den Alpen. Sie dienten in den 1920er- und 1930er-Jahren als Projektionsfläche und Orientierungshilfe für Generationen von BergsteigerInnen wie SkiläuferInnen.[1] Auch der ÖSV leitete daraus seine deutschnationale, völkische Grundhaltung ab, die in weiterer Folge bis 1938 auf radikale Weise zum Ausdruck kam.[2] Wie in anderen alpinen Vereinen und Verbänden kamen die Bestrebungen jüdische SportlerInnen auszuschließen nach dem Ersten Weltkrieg immer deutlicher zur Geltung.[3]

3.1.1 Die national-völkische Tradition. Antisemitismus und Ausgrenzungspolitik im ÖSV

Die Geschichte des ÖSV ist eng mit der Geschichte des „Arierparagraphen" verknüpft. Die personellen Verbindungen zu den völkisch gesinnten Turnern lassen sich bis zur Gründungsgeschichte des ÖSV im November 1905 zurückverfol-

---

[1] Die Historikerin Gertrud Pfister skizziert diese Hinwendung zu den Alpen und ideologische Verengung für die deutschen und österreichischen Bergsteigerkreise in den 1920er-Jahren. Das kann ebenso für die deutschösterreichischen Skikreise gelten. Vgl. Gertrud Pfister, Sportfexen, Heldenmythen und Opfertod: Alpinismus und Nationalsozialismus, in: Claudio Ambrosi/Wolfgang Weber (Hg.), Sport und Faschismen. Geschichte und Region, Innsbruck/Wien/München/Bozen 2004, S. 21–59, hier S. 28.
[2] Folgendes Kapitel über die Ausgrenzungspolitik im ÖSV findet sich in gekürzter Fassung in dem Sammelband „Images des Sports in Österreich". Vgl. Andreas Praher, „Skifahren ist für uns Deutsche in den Alpenländern mehr als nur ein Sport." Der österreichische Skisport als politische Kampfzone der 1930er-Jahre, in: Matthias Marschik/Agnes Meisinger/Rudolf Müllner/Johann Skocek/Georg Spitaler (Hg.), Images des Sports in Österreich. Innensichten und Außenwahrnehmungen, Göttingen 2018, S. 201–218.
[3] Vgl. Bernhard Hachleitner, Arierparagrafen und andere Ausschlussmechanismen, in: Bernhard Hachleitner/Matthias Marschik/Georg Spitaler (Hg.), Sportfunktionäre und jüdische Differenz. Zwischen Anerkennung und Antisemitismus, Wien 1918 bis 1938, Berlin/Boston 2019, S. 23–46, hier S. 30.

gen. Sie hatten Einfluss auf den späteren deutschnationalen Kurs des ÖSV.[4] Der ÖSV wurde ebenso wie der DSV am 4. November 1905 im Augustinerbräu in München gegründet. Beide Verbände bestritten von Beginn an gemeinsame Wege und veranstalteten gemeinsame Skirennen im Namen des „deutschen Skilaufes". 1925 wurden die „Ersten Großdeutschen Skimeisterschaften" in Kitzbühel abgehalten.[5] In der Frage des „Arierparagraphen" agierte der ÖSV aber radikaler als sein deutscher „Bruderverband" und führte diesen 1923, zehn Jahre vor der Machtübernahme der Nationalsozialisten in Deutschland und ohne äußeren Druck ein.

Im Unterschied zum Turnen hatte der Skisport ebenso wie der Alpinismus einen geografisch klar definierten Betätigungsraum zur Verfügung, den er für sich beanspruchen konnte. Die Alpen wurden von führenden männlichen Protagonisten in Alpin-, Ski- und Berggemeinschaften als deutscher Kulturraum begriffen. Diese Geisteshaltung hatte nicht nur eine Abgrenzung, sondern gleichzeitig eine Ausgrenzung bestimmter Bevölkerungsgruppen zur Folge. Rainer Amstädter beschreibt die Entwicklung in seiner Gesellschaftsgeschichte des österreichischen und deutschen Alpinismus als „Faschisierung des Alpinismus"[6]. Ähnliches traf auch auf den österreichischen Skisport zu, man könnte analog von einer „Faschisierung des Skilaufs" sprechen. So interpretierten völkisch gesinnte Vertreter in Skivereinen von Wien bis Vorarlberg die Alpen nicht nur als heile Welt, sondern begriffen diese als deutsches Terrain. Ziel war die Durchsetzung einer deutschnationalen Hegemonie im Alpin- und Skisport. Die Vorherrschaft sollte durch eine politische und symbolische Besetzung des Naturraumes sowie den Ausschluss „nichtarischer" Mitglieder erreicht werden. Der spätere Begründer und Leiter des Salzburger Landesverkehrsamtes Hans Hofmann-Montanus[7] verdichtete die von einer Natur- und Heimatromantik getriebenen

---

[4] Vgl. Andreas Brugger, The Influence of Politics on the Development of Turnen, Mountaineering and Skiing in Western Austria, in: The International Journal of the History of Sport, 30 (2013) 6, S. 674–691, hier S. 680.
[5] Vgl. Walter König/Gustl Berauer, Handbuch des Schilaufs, Innsbruck 1943, S. 30–31.
[6] Amstädter, Der Alpinismus, 267.
[7] Der Fremdenverkehrsfachmann Hans Hofmann-Montanus, geboren am 12. Juli 1889 in Wien, war zunächst in Wien und im Burgenland tätig, bevor er vom Salzburger Landeshauptmann Franz Rehrl nach Salzburg berufen wurde. Im Ersten Weltkrieg diente er als Bergführer an der italienischen Front und danach war er einer der Mitbegründer des niederösterreichischen Landesskiverbandes. Er begründete das Salzburger Landesverkehrsamt und leitete dieses von 1926 bis 1938 sowie nach 1945 bis zu seinem Tod am 24. Mai 1954. Hofmann-Montanus war nicht nur Alpinist, Höhlenforscher und Bergsteiger, sondern auch Skiläufer. Er schrieb mehrere Bücher, unter anderem über das Bergsteigen und setzte sich in den 1930er-Jahren als Touristiker für den Ausbau der skisportlichen Infrastruktur ein. Vgl. Hans Hofmann-Montanus, Berge einer Jugend, Wien 1948, S. 111–117; Friederike Zeisberger/Reinhard R. Heinisch (Hg.), Leben über

reaktionären Anschauungen im März 1919 in einem Vorbericht zur ersten Vertreterversammlung des ÖSV nach dem Ersten Weltkrieg, in dem er festhielt:

> Alpenländisch – da sind wir wieder auf den Kern unserer Pläne und Hoffnungen gestossen. Eine nahezu rein alpenländische, deutschalpenländische Vereinigung war der Oesterreichische Skiverband schon vor dem Kriege, und er war es längst, als vom alten deutschen Oesterreich erst der Umsturz des Jahres 1918 den Anhang der slawischen Nationen losschüttelte.[8]

Geprägt von einer „narzisstischen Kränkung", wie Gertrud Pfister schreibt,[9] die durch die militärische Niederlage im Ersten Weltkrieg hervorgerufen wurde, entwickelte sich im ÖSV über die Jahre eine „Null-Toleranz-Politik" gegenüber allem, was nicht „deutschstämmig" war. Der verlorene Krieg und die als ungerecht empfundenen Friedensschlüsse wurden als Vorwand genommen, um deutschnationale Herrschaftsansprüche im Skilauf geltend zu machen. Der ÖSV sah sich kurz nach Kriegsende zunächst als der rechtmäßige Verband, in dem alle „deutschen Skivereine in der ehemaligen Monarchie"[10] zusammengefasst werden sollten, musste aber mit dem Abschluss der Friedensverträge 1919 erkennen, dass dies nicht mehr möglich war. Mit der politischen Neuordnung Europas verlor der ÖSV deutsche Mitgliedsvereine in Böhmen, Mähren, im heutigen Slowenien und Südtirol sowie in den Karpaten. Kompensiert wurden die Verluste durch eine Hinwendung zum DSV und mittels einer stärker werdenden deutschnational und völkisch ausgerichteten Verbandspolitik.[11] Statutarisch untermauert wurde die Geisteshaltung mit der Einführung von „Arierparagraphen". Diese bildeten den gemeinsamen Nenner für einen politischen Kampf innerhalb der Skiriegen im Österreich der 1920er- und 1930er-Jahre, wobei sich zu den bis 1918 vorwiegend antislawischen Ressentiments sehr schnell antisemitische dazugesellten,[12] welche immer heftiger in Erscheinung traten. Wie tief verwurzelt der Antisemitismus im österreichischen Sport und vor allem im Skisport

---

den Tod hinaus. Prominente im Salzburger Kommunalfriedhof, Mitteilungen der Gesellschaft für Salzburger Landeskunde (Band 23), Salzburg 2006, S. 366.
8 Vorwort von Hans Hofmann-Montanus zur bevorstehenden Vertreterversammlung 1919 des Oe. S.V, in: Sportblatt am Mittag, 5.3.1919, S. 4.
9 Pfister, Sportfexen, S. 28.
10 Ignaz Karl Gsur, Konzept zur Geschichte des Skilaufes und 20 Jahre Oe. S.V 1905–1925 (unveröffentlichtes Manuskript), Skihistorisches Archiv des ÖSV, Kopie im Besitz des Verfassers, S. 29.
11 Vgl. Gsur, Konzept zur Geschichte des Skilaufes, S. 29–34; Salzburger Volksblatt, 3.11.1919, S. 5.
12 Ich teile hier die Einschätzung von Gerd Falkner, der feststellt, dass es zunächst „nicht um direkten Antisemitismus" ging, sondern um „Zurückdrängung nichtdeutscher, insbesondere slawischer Einflüsse". Falkner, Der Arierparagraph, S. 9.

war, zeigen unter anderem die bereits zum Teil veröffentlichten Briefe des ehemaligen Kommandeurs der österreich-ungarischen Skitruppen im Ersten Weltkrieg Georg Bilgeri, der in den 1920er- und 1930er-Jahren als Skilehrer und Skipädagoge im In- und Ausland äußerst geschätzt war.[13] Seine politische Einstellung, selbst wenn er 1934 noch festhält, dass es seine Überzeugung sei, „daß der Nationalsozialismus an uns Österreichern zerschellen wird und muß",[14] ist zumindest im Kontext seiner späteren Schreiben zu hinterfragen. So vertrat er den „Arierparagraphen" im Skiverband, um den Frieden zu bewahren.[15] Der spätere zivile Skilehrer Bilgeri war mit seinen Ansichten nicht allein. Das geht beispielsweise aus dem Jahresbericht des Salzburger Landesskiverbandes für das Verbandsjahr 1933/34 hervor. Darin schreibt der Vorstand:

> Wenn unser Salzburger Skiverband heute in der Skigeschichte Oesterreichs einen so hervorragenden Anteil nimmt, so verdanken wir dies jenen nationalen Patrioten der Vor- und Nachkriegszeit, die damals schon im Gemeinsinn des völkischen Aufbaues dieses Werk gründeten und immer weiter ausbauend, ob bekannt oder unbekannt, eine wahre selbstlose Tat vollbrachten. Und es ist die Pflicht eines jeden einzelnen deutschfühlenden Skikameradens, dieses Erbe zu bewahren und zu schützen.[16]

3.1.2 Antisemitismus im österreichischen Sport der Ersten Republik

Die lange und latent vorhandene Tradition des Antisemitismus im ÖSV, die ab Mitte der 1920er-Jahre in Form von Ausgrenzung und öffentlicher Diffamierung einzelner Personen zum Ausdruck kam, muss vor dem Hintergrund des Antisemitismus der Ersten Republik gesehen werden. „Ein radikaler Deutschnationalismus und ein rassischer Antisemitismus, Ideen, welche später im Nationalsozialismus voll zum Durchbruch kamen, hatten ein halbes Jahrhundert davor bereits begeisterte Anhänger gefunden", schreibt Konrad Jekl in seinen Betrachtungen über die Republik Österreich.[17] Jekl geht in seinen Schlussfolgerungen

---

13 Der Alpinist und Skiläufer Georg Bilgeri war seit Oktober 1894 Berufsoffizier und wurde nach seinem Kriegsdienst im Ersten Weltkrieg 1920 zum Oberstleutnant ernannt. Am 23. Dezember 1925 erhielt er aufgrund seiner skilehrenden Tätigkeit im militärischen und zivilen Bereich ehrenhalber den Titel eines Regierungsrates verliehen. Vgl. Österreichisches Staatsarchiv (OeStA)/AdR, HBbBUT BMfHuV Präs Auszeichnungsanträge Bilgeri Georg Zl. 16026/1925 Kt. 147.
14 Brief von Georg Bilgeri vom 30.7.1934 zit. nach Gudrun Kirnbauer/Friedrich Fetz, Skipionier Georg Bilgeri, Graz/Feldkirch, 2001, S. 43.
15 Vgl. Kirnbauer/Fetz, Skipionier, S. 43–44.
16 Jahresbericht Salzburger Landes-Skiverband 1933/34, S. 3.
17 Konrad Jekl, Auf den Spuren der Republik Österreich. Aufsätze zur österreichischen Zeitgeschichte, Frankfurt am Main 1995, S. 81.

ebenso auf die Sport- und Turnvereine ein und betont, dass diese im nationalen Lager eine immer größere Bedeutung erfahren hätten.[18] Was für die deutschnationalen TurnerInnen galt, kann ebenso für die Bergsteiger- und SkifahrerInnenzunft festgestellt werden. Generell war der Antisemitismus innerhalb der österreichischen Gesellschaft vor 1938 in verschiedenen Formen und Ausprägungen vorhanden, sodass die nationalsozialistische Ideologie und die Verfolgung der jüdischen Bevölkerung auf breite Akzeptanz stoßen konnten. Oder wie der Salzburger Historiker Ernst Hanisch in seinen Reflexionen zum ersten Sammelband der Buchreihe *Die Stadt Salzburg im Nationalsozialismus* schreibt: „Die latenten Ängste wurden nach außen projiziert und bekamen ein Gesicht und einen Namen, die man vernichten konnte."[19] Ausgrenzung und An-den-Pranger-Stellen jüdischer SportlerInnen war eine erste Vorstufe zu dem was folgen sollte. Albert Lichtblau betont, dass der Ausschluss von Jüdinnen und Juden in der Ersten Republik aus gesellschaftlichen Teilbereichen wie Sport- und Tourismusvereinen neben der parteipolitischen antisemitischen Agitation, die jüdische Bevölkerung isoliert und zu „apartheidähnlichen Zuständen" geführt hat. Gleichzeitig bildete das „Rote Wien" mit seinem ausgeprägten jüdischen Gemeinschaftsleben bis 1934 einen Gegensatz zur Provinz, in der jüdische BewohnerInnen den antisemitischen Feindseligkeiten stärker ausgesetzt waren.[20] Dieser Gegensatz kann besonders auch auf sportlicher Ebene festgemacht werden.

Was den Antisemitismus im österreichischen Sport in der Ersten Republik betrifft, stellt Michael John fest, dass 1923 als Wahljahr ein „besonders ereignisreiches Jahr" gewesen war, mit gehäuft auftretenden antisemitischen Ausschreitungen.[21] Das würde auch erklären, warum der „Arierparagraph" im ÖSV 1923 eingeführt wurde. Zumindest kann eine Zuspitzung der Diskussion nachgewiesen werden und somit decken sich die Beobachtungen Johns, dass politische Auseinandersetzungen ihr Äquivalent im Sportgeschehen fanden mit den Rechercheergebnissen im Rahmen dieser Forschungsarbeit. Grundsätzlich kann

---

18 Vgl. Jekl, Auf den Spuren der Republik, S. 83.
19 Ernst Hanisch, Warum die Geschichte des Nationalsozialismus nicht vergeht. Reflexionen eines alten Historikers, in: Peter F. Kramml/Ernst Hanisch (Hg.), Hoffnungen und Verzweiflung in der Stadt Salzburg 1938/39. Vorgeschichte – Fakten – Folgen. Die Stadt Salzburg im Nationalsozialismus (Band 1), Salzburg 2010, S. 10–31, hier S. 16.
20 Vgl. Albert Lichtblau, Integration und Desintegration am Beispiel der jüdischen Bevölkerung Österreichs. Innen- und Außenperspektiven, in: Manfred Oberlechner (Hg.), Die missglückte Integration? Wege und Irrwege in Europa, Wien 2006, S. 81–100, hier S. 88–89.
21 Michael John, Ein kultureller Code? Antisemitismus im österreichischen Sport der Ersten Republik, in: Michael Brenner/Gideon Reuveni (Hg.), Emanzipation durch Muskelkraft. Juden und Sport in Europa, Göttingen 2006, S. 121–142, hier S. 121–122.

für die 1920er-Jahre eine gesteigerte antisemitische Haltung in der österreichischen Gesellschaft festgestellt werden. Diese kumulierte 1918 mit dem Zerfall der Habsburgermonarchie und mit der damit einhergehenden Identitätskrise sowie der politischen und wirtschaftlichen instabilen Situation der Ersten Republik.[22] Da ideologische Barrieren zwischen den politischen Lagern wegbrachen und die jüdische Minderheit politisch schutzlos geworden war, „konnte in der Ersten Republik der extreme Flügel der Deutschnationalen an Integrationskraft gewinnen – und mit ihm der ausgeprägtere, radikale Antisemitismus"[23], schreibt Albert Lichtblau. Dieser von Lichtblau beschriebene ausgeprägtere, radikale Antisemitismus äußerte sich besonders in deutschnationalen Sportverbänden und -vereinen und ließ Worten Taten folgen.

John nennt einige steirische Fußballvereine, die 1923 ebenso wie der ÖSV den „Arierparagraph" eingeführt haben, unter anderem der Grazer Athletiksportklub (GAK).[24] Auch Walter Iber verweist in seiner Studie über den steirischen Fußball darauf, dass der GAK am „Arierparagraphen" festhielt, dieser jedoch in der Praxis nicht immer eingehalten wurde.[25] Auch für Salzburg lassen sich im Fußballsport, zumindest für den SAK, die Einführung eines „Arierparagraphen" und der darauffolgende Ausschluss jüdischer Mitglieder für die 1920er-Jahre nachweisen.[26] Der Antisemitismus durchdrang also auch den ansonsten international ausgerichteten Fußballsport. Dennoch bildeten Fußballvereine, die bereits vor 1938 einen „Arierparagraphen" in den Statuten führten, eine Minderheit.[27] Das lag sicher an der multiethnischen und multikonfessionellen Zusammensetzung des Mannschaftssports Fußball und auch an der starken sozialdemokratischen Durchdringung des Fußballsports bis 1934. Bei alpinen Vereinen, die primär Einzelsportarten betreiben, sah dies anders aus. Die Fokussierung auf einzelne AthletInnen erlaubte eine Ideologisierung der Körper sowie eine nationale Aufladung dieser. Hier bot der in vielen alpinen Vereinen vorhandene radikale Deutschnationalismus mit seinen antisemitischen Vorstellungen passende Konzepte für ein Sportideal, das sich in den 1930er-Jahren im-

---

22 Vgl. John, Ein kultureller Code?, S. 121; Albert Lichtblau, Antisemitismus – Rahmenbedingungen und Wirkungen auf das Zusammenleben von Juden und Nichtjuden, in: Emmerich Tálos/Herbert Dachs/Ernst Hanisch/Anton Staudinger (Hg.), Handbuch des politischen Systems Österreichs. Erste Republik 1918–1933, Wien 1995, S. 454–471, hier S. 460–461.
23 Lichtblau, Antisemitismus, S. 458.
24 Vgl. John, Ein kultureller Code?, S. 123.
25 Vgl. Iber, Erst der Verein, S. 46.
26 Vgl. Andreas Praher, Politische Radikalisierung im Salzburger Fußballsport in der Zwischenkriegszeit, in: Siegfried Göllner/Albert Lichtblau/Christian Muckenhumer/Andreas Praher/Robert Schwarzbauer (Hg.), Zwischen Provinz und Metropole. Fußball in Österreich. Beiträge zur 1. Salzburger Fußballtagung, Göttingen 2016, S. 105–124, hier S. 112.
27 Vgl. John, Ein kultureller Code?, S. 123.

mer mehr der Rassenideologie der Nationalsozialisten annäherte. Eine ähnliche Entwicklung nahm das deutsche Turnen bzw. der Deutsche Turnerbund in Österreich, auch dieser näherte sich dem Nationalsozialismus an.[28] Der Österreichische Alpenverein agierte mit seinen Beschlüssen der Sektion Austria im Oktober 1921, keine Jüdinnen und Juden mehr als Mitglieder aufzunehmen,[29] als Vorbild für den ÖSV und seine Mitgliedervereine. Der ÖSV zog zwei Jahre später nach.[30]

3.1.3 Die Protagonisten

Wer hatte nun die Grundlagen für die Ausgrenzungspolitik innerhalb des Österreichischen Skiverbandes geschaffen und zu verantworten? Wer waren die Akteure[31] hinter dem Beschluss, der Jüdinnen und Juden eine Mitgliedschaft innerhalb des ÖSV und seiner Mitgliedervereine ab 1923 verweigerte? „Ein Konzept zur Geschichte des Skilaufes" gibt Aufschluss darüber. Das maschinengetippte Protokoll wurde 1925 von ÖSV-Funktionär Ignaz Karl Gsur verfasst bzw. herausgegeben, das Vorwort dazu schrieb Alexander Rödling.[32] Gsur wurde im September 1921 zum Vorsitzenden des ÖSV gewählt, war Vorsitzender des Wiener Landesskiverbandes und bekleidete daneben das Präsidentenamt des deutschnationalen Ersten Wiener Amateur-Schwimmklubs (EWASK). Er war zudem Vi-

---

28 Vgl. John, Ein kultureller Code?, S. 130; Praher, Sport und Körperkultur, S. 279–280 und Siegfried Göllner, „Illegal" – Sportliche Überläufer und Grenzgänger, in: Salzburgs Sport in der NS-Zeit. Zwischen Staat und Diktatur, Salzburg 2018, S. 73–86, hier S. 73.
29 Vgl. dazu Martin Achrainer/Nicholas Mailänder, Der Verein, in: Berg Heil! Alpenverein und Bergsteigen 1918–1945, Köln/Weimar/Wien, 2011, S. 193–318, hier S. 228–229 und Lichtblau, Antisemitismus, S. 467.
30 Albert Lichtblau behauptet in seiner Darstellung über die Rahmenbedingungen und Wirkungen des Antisemitismus in der Ersten Republik, dass die Einführung des „Arierparagraphen" im ÖSV wenig Erfolg hatte, weil sie die österreichischen Skisportbegeisterten nicht vereinnahmen konnte und zu einer Spaltung führte. Vgl. Lichtblau, Antisemitismus, S. 468. Wie neuere Forschungserkenntnisse zeigen, ging der ÖSV allerdings gestärkt aus dieser Auseinandersetzung hervor. Vgl. hier vor allem die folgenden Kapitel der vorliegenden Forschungsarbeit.
31 Hier wird bewusst die männliche Form verwendet, weil der Vorstand des ÖSV in der Zwischenkriegszeit rein männlich besetzt war und die Entscheidungen bezüglich der geltenden Statuten ausschließlich von Männern bestimmt und mitgetragen wurden.
32 Vgl. Gsur, Konzept zur Geschichte des Skilaufes. Das Vorwort zur Geschichte des Österreichischen Skiverbandes ist zwar von Alexander Rödling verfasst, der nach dem Rücktritt von Gsur ab 1925 das Amt des 1. Vorsitzenden des ÖSV bekleidete. Es ist aber davon auszugehen, dass Gsur den Großteil der knapp 50 Seiten selbst geschrieben hat.

zepräsident des Hauptverbandes für Körpersport.³³ Der EWASK war einer der Hauptkonkurrenten des jüdischen Schwimmklubs Hakoah Wien und betrieb ab den 1920er-Jahren eine offen antisemitische Politik.³⁴ Es ist daher davon auszugehen, dass Gsur diese maßgeblich mitgestaltete. Seine antisemitische Haltung schimmert jedenfalls im ÖSV-Protokoll aus dem Jahr 1925 durch. In der nachträglich erstellten Niederschrift brachte Gsur die Diskussionen und Beschlüsse der ÖSV-Vollversammlungen zu Papier. Als eine der wenigen schriftlichen Originalquellen des ÖSV gibt das Dokument die Stimmungslage innerhalb des Skiverbandes wieder. Gleichzeitig dokumentiert das Protokoll die politische Ausrichtung einzelner Landesverbände. So steht darin zu lesen:

> Die Frage des nationalen Aufbaues des Ö.S. V. war durch ein Schreiben der Schneeschuhriege des akad. Turnvereines (A. T. V.) Graz, vom 28. Oktober 1920 an die V. V. Salzburg angeschnitten worden. In diesem Schreiben [...] wurde der Anschluß des Ö.S. V. an den D.S. V. unter Wahrung der vollsten Autonomie des Ö.S. V. gefordert und der Wunsch ausgesprochen, daß der Ö.S. V. den sogenannten Arierparagraphen in seine Satzungen aufnehmen und daß der österr. Skimeistertitel nur Österreichern zuerkannt werden möge.³⁵

Demnach war es also die Schneeschuhriege, sprich die Skilaufabteilung des Akademischen Turnvereins Graz, die im Jahr 1920 als Verbandsmitglied die Forderung nach einem „Arierparagraphen" aufstellte. Bis dato fehlen weitere Quellen, die das belegen. Jedoch kann das von Gsur 1925 verfasste Protokoll durchaus als zuverlässig angesehen werden. Jedenfalls war bereits bei der ersten Vertreterversammlung des ÖSV nach dem Ersten Weltkrieg im November 1919 der „Zusammenschluß aller skilaufenden Deutschen zu einer mächtigen Vereinigung"³⁶ begrüßt worden. Ein Sonderausschuss sollte für ein „inniges gemeinsames Zusammengehen" zwischen ÖSV und DSV sorgen und die „engste Fühlung" zu den deutschen Skivereinen in den vorwiegend deutschsprachigen

---

33 Der Alpinist Ignaz Karl Gsur (1888–1960) war seit November 1919 stellvertretender Vorsitzender und wurde im September 1921 zum Vorsitzenden des ÖSV gewählt. Gsur war gleichzeitig erster Vorsitzender des Wiener Landesskiverbandes und seit 1913 Vorsitzender des damals gebildeten Ausschusses der Wiener Ski-Vereine, der am 25. Jänner 1921 als Wiener Landesskiverband (W. L. S. V.) neu gegründet wurde. Zudem war Gsur in den 1920er-Jahren stellvertretender Vorsitzender des Deutschen Skiverbandes. Vereinsakt Landes-Ski-Verband für Wien und Niederösterreich. Wiener Stadt- und Landesarchiv (WStLA), M.Abt. 119, A32 – Gelöschte Vereine: 5500/1922 – 5500/1922; Gsur, Konzept zur Geschichte des Skilaufes, S. 41; Gruber/Metzger, Es begann in Wien, S. 222.
34 Vgl. William D. Bowman, Hakoah Vienna and the International Nature of Interwar Austrian Sports, in: Central European History 44 (2011), S. 642–668, hier S. 643.
35 Gsur, Konzept zur Geschichte des Skilaufes, S. 32.
36 Zit. nach Falkner, Der Arierparagraph, S. 15.

Gebieten der ehemaligen Monarchie aufrechterhalten.[37] Der „Arierparagraph" wurde hierbei noch nicht erwähnt, zumindest nicht in den Überlieferungen. Allerdings drängte die Skiläuferschaft der Steiermark, die seit Oktober 1920 im steirischen Landesskiverband organisiert war, auf die Einführung des „Arierparagraphen". Grund dafür war, dass der Steirische Skiverband seit seiner Gründung auf „arischer Grundlage" stand. Gleichzeitig wollte der Landesverband die sich stellende Anschlussfrage an den Deutschen Skiverband mit der „Arierfrage" verknüpft sehen. Somit manifestierte sich innerhalb des ÖSV kurz nach dem Ende des Ersten Weltkriegs ein „großdeutscher Gedanke", der deutschvölkisch ausgerichtet und durchwegs antisemitisch geprägt war.[38]

Der „Arierparagraph" wurde schließlich im Oktober 1923 im gesamten ÖSV beschlossen, nachdem schon im Jahr 1921 alle Mitgliedsvereine in einem „vertraulichen Rundschreiben" aufgefordert worden waren, eine bindende Erklärung abzugeben und im Februar 1923 bei der deutschvölkischen Skimeisterschaft [sic] in Bad Gastein der Antrag auf Abänderung der Satzungen gestellt wurde.[39] Dass der Antrag auf Abänderung der Satzungen akkurat bei den Skibewerben in Bad Gastein erfolgte, war kein Zufall. Die deutschvölkische und akademische Skimeisterschaft vom 14. bis 15. Februar 1923 in Bad Gastein sollte die politische Ausrichtung des ÖSV auf sportlicher Ebene unterstreichen.[40] Die Beschlussfassung erfolgte bei der Vertreterversammlung am 6. und 7. Oktober 1923 im oberösterreichischen Bad Ischl. Der Antrag auf Satzungsänderung wurde mit einer deutlichen Mehrheit von 675 zu 174 Stimmen angenommen.[41] Gsur wurde im Rahmen der Vertreterversammlung erneut zum ersten Vorsitzenden des ÖSV gewählt.[42] Die Konsequenz war eine Verbandsspaltung, einzelne Vereine aus dem Salzkammergutverband sowie dem Tiroler Skiverband traten in den Folgejahren aus dem ÖSV aus.[43] In der 1969 herausgegebenen *Steirischen Skigeschichte* wurde über 40 Jahre später das zweifelhafte Resümee gezogen: „Damit war der ÖSV rassenrein [...]".[44]

---

37 Salzburger Volksblatt, 3.11.1919, S. 5.
38 Der Sporthistoriker Gerd Falkner beschreibt die Entwicklung als „Radikalisierung einer sich deutschvölkisch bzw. deutscharisch empfindenden Bewegung innerhalb der deutschen Turn-, Sport- und Skivereine". Diese reichte laut Falkner bis in die Donaumonarchie zurück, in den 1920er-Jahren kam die antisemitische Facette hinzu. Falkner, Der Arierparagraph, S. 5.
39 Vgl. Salzburger Volksblatt, 3.10.1923, S. 6; Gsur, Konzept zur Geschichte des Skilaufes, S. 33 und S. 41.
40 Vgl. Salzburger Volksblatt, 16.2.1923, S. 7.
41 Vgl. Alexander Rödling, Zur Geschichte des Österreichischen Ski-Verbandes, in: Der Skilauf in Österreich. Jahrbuch des Österreichischen Skiverbandes, Wien 1927, S. 13–107, hier S. 80.
42 Vgl. Gsur, Konzept zur Geschichte des Skilaufes, S. 42.
43 Vgl. Falkner, Der Arierparagraph, S. 18–21; Salzburger Wacht, 31.5.1926, S. 5.
44 Theodor Hüttenegger/Max Pfliger, Steirische Skigeschichte, Graz 1968, S. 121.

Der Ausschluss von „Nicht-Ariern" war aber bereits vor der Einführung eines verbandsweiten „Arierparagraphen" im Jahr 1923 in vereinzelten Vereinen gelebte Praxis. In der Weihnachtswoche 1920 untersagte die Wintersportvereinigung St. Johann im Pongau „nichtarischen" Interessierten die Teilnahme an einem Anfänger-Skikurs.[45] Zwei Monate später organisierte der ÖSV in St. Johann im Pongau den Hauptverbandswettlauf. Doch auch andernorts gab es Vorzeichen. So berichtete die Zeitschrift *Alpenland* in seinem Morgenblatt am 7. Oktober 1921, dass der 50 Mann starke Wintersportverein Kitzbühel aufgrund seiner „deutschvölkischen Gesinnung" dem neugegründeten Deutschvölkischen Skiverband beigetreten sei.[46] Dieser verfolgte ab 1921 eine antisemitische und rassistische Politik.[47]

Gsur war nicht der einzige Vertreter, der seinen deutschnational-antisemitischen Standpunkt durchzusetzen vermochte. Neben ihm gab es andere einflussreiche Personen innerhalb des ÖSV, die ihre Machtpositionen ausbauen konnten. Der Unterschied zu Gsur war ihre Nähe zum aufkeimenden Nationalsozialismus. Diese Nähe war durchaus hilfreich und entwickelte sich später zum Karrieremotor.

> Skifahren ist für uns Deutsche in den Alpenländern mehr als nur ein Sport. Es [...] gehört zu uns wie jeder andere Ausdruck unseres Wesens. So fest und notwendig ist es mit dem ganzen Volke verbunden [...] Wir Deutsche in Österreich haben dabei eine ganz besondere Aufgabe für das ganze deutsche Volk zu erfüllen.[48]

Diese Zeilen von Karl Springenschmid, geschrieben am Vorabend des „Anschlusses", zeigen jene Entwicklungen, die im ÖSV und in österreichischen Skivereinen vor 1938 vonstattengingen. Sie verdeutlichen, wie die „Blut und Boden-Ideologie" ihre Entsprechung im Skisport finden konnte. Springenschmid teilte diese Anschauung mit anderen führenden GesinnungsgenossInnen der Berg- und Skiriege. Er war, wie andere auch, eine zentrale Figur in der illegalen NS-Bewegung. Springenschmid war einer jener Demagogen, die sich vor dem „Anschluss" offen zum Nationalsozialismus bekannten. Der Lehrer war ein begeisterter Alpinist, Turner, Skiläufer und sowohl im Alpenverein als auch im Skiverband führend tätig.

---

45 Vgl. Deutsches Volksblatt, 28.11.1920, 17.
46 Vgl. Alpenland. Morgenblatt, 2 (1921) 473, S. 7.
47 Vgl. das Kapitel „Verortung des ‚österreichischen' Skisports im Kontext des Nationalsozialismus" in dieser Forschungsarbeit.
48 Karl Springenschmid, Ein Volk fährt Ski, in: Skileben in Österreich, Wien 1938, S. 11 und 18.

Abb. 11: Karl Springenschmid war einer der führenden Verfechter des „Arierparagraphen" im ÖSV, Stadtarchiv Salzburg/ Bergland 1933.

Springenschmid wurde 1897 in Innsbruck geboren und legte 1921 die Lehramtsprüfung ab. 1925 fand er eine Anstellung als Lehrer im Salzburger Bergdorf Wagrain. Er war zudem Schriftleiter beim Salzburger Landeslehrerverein. Im September 1934 wurde er wegen NS-Betätigung aus dem Schuldienst entlassen bzw. „in den dauernden Ruhestand" versetzt. Danach war er als freier Schriftsteller tätig. Als NSDAP-Mitglied wurde er seit 1932 geführt.[49] Unter anderem schrieb Springenschmid für die ÖSV-Zeitschrift *Skileben*. Im Frühjahr 1934 veröffentlichte er seine *Österreichischen Geschichten* zum „illegalen Kampf".[50] Darin beschreibt Springenschmid die Aktivitäten einer illegalen SA-Schar auf der Lärchriedlalm in den Kärntner Nockbergen.[51] Im selben Bundesland führte er gemeinsam mit dem späteren Sportführer der „Ostmark" und Salzburger Gauleiter Friedrich Rainer Wehrertüchtigungslager des Deutschen Turnvereins durch.[52] Der Skilauf sollte ebenso wie der Bergsport für die politischen Ziele des Nationalsozialismus genutzt werden. Das war die Botschaft Springenschmids im März 1938. Eineinhalb Monate später, am 30. April 1938 initiierte er die erste Bücherverbrennung auf österreichischem Boden auf dem Salzburger Residenz-

---

49 Vgl. BArch (ehem. BDC), PK, Springenschmid, Karl, 19.3.1897 und BArch R/1501/209067.
50 Karl Springenschmid, Österreichische Geschichten aus der ersten Zeit des „illegalen" Kampfes, München 1935.
51 Springenschmid, Österreichische Geschichten, S. 47.
52 Vgl. Der Turner. Wochenblatt des Deutschen Turnerbundes, 18 (1937) 38, S. 2; Praher, Sport und Körperkultur, S. 290.

platz und war anschließend im Gauapparat von Salzburg als Leiter des NS-Lehrerbundes führend tätig.[53] Dass ausgerechnet Springenschmid eine Autobiografie des österreichischen Nachkriegsskistars und Olympiasiegers von 1956 Toni Sailer verfasste, ist eine weitere Facette in der Biografie des führenden NS-Funktionärs und der österreichischen Sportgeschichte.[54]

Eine andere treibende Kraft für den antisemitischen Kurs war der Obmann des steirischen Landesskiverbandes Franz Martin. Nachdem er 1920 dem Steirischen Landesskiverband vorgestanden war, dürfte Martin maßgeblich an der Einführung des „Arierparagraphen" beteiligt gewesen sein und damit eine Grundlage für die ausgrenzende Politik des ÖSV mitgeschaffen haben.[55] Geboren 1893, war der Tierarzt ab Juli 1932 NSDAP-Mitglied der Ortsgruppe Wien-Favoriten[56] und saß wegen Parteitätigkeit für kurze Zeit in Haft. 1936 kam die Bundespolizeidirektion Wien bei der Überprüfung führender ÖSV-Funktionäre zu dem Schluss, dass es „bisher keine nachteiligen Wahrnehmungen" gegen Franz Martin gebe.[57] Im März 1938 wurde der Sportwart des ÖSV in den leitenden Verwaltungsausschuss der noch bestehenden Österreichischen Sport- und Turnfront berufen[58] und unmittelbar nach dem „Anschluss" zum Gaufachwart für Skilauf ernannt.

Ebenso wie Franz Martin war Alexander Rödling führend an der ausgrenzenden Politik des ÖSV beteiligt. Er hatte diese zudem als Präsident zu verantworten. Rödling wurde am 30. November 1886 im heutigen slowenischen Celje (zu Deutsch: Cilli) geboren.[59] Im Ersten Weltkrieg diente er für 30 Monate in der Feldartillerie und war danach Oberleutnant der Reserve. Für seine militärischen

---

53 Vgl. Karl Müller, Die Vernichtung des „undeutschen" Geistes. Theater und Literatur im Dienste des Nationalsozialismus, in: Sabine Veits-Falk/Ernst Hanisch (Hg.), Herrschaft und Kultur. Instrumentalisierung, Anpassung, Resistenz. Die Stadt Salzburg im Nationalsozialismus (Band 4), Salzburg 2013, S. 400–459, hier S. 413–414; Helmut Uitz, Erziehung und Schule in der NS Zeit in Salzburg. Weichenstellung für Generationen, in: Peter F. Kramml/Christoph Kühberger (Hg.), Inszenierung der Macht. Alltag, Kultur und Propaganda. Die Stadt Salzburg im Nationalsozialismus (Band 2), Salzburg 2011, S. 186–279, hier S. 253.
54 Vgl. Toni Sailer, Mein Weg zum dreifachen Olympiasieg, Salzburg 1956; Matthias Marschik, Sportdiktatur. Bewegungskulturen im nationalsozialistischen Österreich, Wien 2008, S. 8.
55 Vgl. Hüttenegger/Pfliger, Steirische Skigeschichte, S. 119–120.
56 Vgl. BArch (ehem. BDC), PK, Martin, Franz, 6.5.1893.
57 Vereinsakt des Österreichischen Skiverbandes 1933–1936, Schreiben der Bundespolizeidirektion Wien an das Bundeskanzleramt (BKA), Generaldirektion für öffentliche Sicherheit, Staatspolizei vom 22. April 1936, OeStA/AdR, BKA/BPD Wien, Vereinsbüro XVIII-11.336.
58 Vgl. Vereinsakt des Österreichischen Skiverbandes 1933–1936, Bescheid der kommissarischen Führung der Österreichischen Sport- und Turnfront vom 12.3.1938, OeStA/AdR, BKA/BPD Wien, Vereinsbüro XVIII-11.336.
59 Vgl. Meldezettel Dr. Alexander Rödling, Stadtarchiv Graz.

Leistungen erhielt er mehrere Auszeichnungen, unter anderem das Signum Laudis mit Schwertern sowie die silberne Tapferkeitsmedaille. 1919 beteiligte er sich freiwillig am „Kärntner Abwehrkampf". Rödling kehrte aus dem Ersten Weltkrieg als Kriegsversehrter zurück. Er zog nach Graz, um dort Rechtswissenschaften zu studieren. Nach Abschluss des Studiums arbeitete er als Beamter bei der steirischen Finanzlandesdirektion und als Referent für das Obergericht in Graz.[60] In dem 1969 vom Steirischen Landesskiverband herausgegebenen Band zur Steirischen Skigeschichte wird Rödling in seiner Rolle als ÖSV-Präsident rückblickend als „der Geschobene" bezeichnet, der „manchmal gern anders gehandelt hätte".[61] Im Personalfragebogen der NSDAP vom Mai 1938 schildert Rödling die Sachlage ein wenig anders. Unter seiner Führung sei der „7 jährige Kampf um die Einführung d. Ariersatzes (1926) zu einem siegreichen Ende gebracht worden".[62] Rödling buhlte also ein gutes Jahrzehnt später bei den nationalsozialistischen Machthabern um Aufmerksamkeit und verwies in diesem Zusammenhang besonders auf seinen Einfluss in Sachen Antisemitismus innerhalb des ÖSV. Er datierte das Datum der Einführung des „Arierparagraphen" allerdings fälschlicherweise auf 1926 und nicht auf 1923.

Sein Sohn versuchte noch 1990 in einem Brief an den damaligen Leiter des Wintersportmuseums in Mürzzuschlag die (Mit-)Verantwortung seines Vaters an der Einführung des „Arierparagraphen" zu schmälern. Der starke Grazer Turnerbund sei militant großdeutsch und extrem antisemitisch orientiert gewesen und die Skiriegen der Turner hätten den ÖSV beeinflusst, so die Argumentation.[63] Diese geht allerdings bei näherer Betrachtung der Quellen ins Leere. Denn Rödling war nicht nur im Verband der Steirischen Skiläufer organisiert und 1923, als der „Arierparagraph" beschlossen wurde, im Vorstand des ÖSV aktiv und saß diesem ab 1925 vor,[64] sondern gleichzeitig stand er als Obmann-Stellvertreter dem Deutschen Turnerbund Graz vor.[65] Rödling selbst brachte demnach eine antisemitische Grundhaltung in den ÖSV ein, mit der er bereits im

---

60 Vgl. BArch (ehem. BDC), PK, Rödling, Alexander, 30.11.1886.
61 Hüttenegger/Pfliger, Steirische Skigeschichte, S. 136.
62 BArch (ehem. BDC), PK, Rödling, Alexander, 30.11.1886.
63 Vgl. Brief von Herbert Rödling an Hans Heidinger, 9.5.1990, Archiv Wintersportmuseum Mürzzuschlag, Briefe Pioniere, Sektion R, Kopie im Besitz des Verfassers.
64 Rödling hatte ab 1925 das Amt des 1. Vorsitzenden im Hauptausschuss des ÖSV über und wurde ab der Saison 1927/28 zum 2. Vorsitzenden gewählt sowie 1930 bestätigt, gleichzeitig war er Vorsitzender des steirischen Skiverbandes. Vgl. BKA, Generaldirektion für Sicherheit, Verein ÖSV, Vereinssitzverlegung, OeStA/AdR, BKA 15/4 331.062/1936; Vereinsakt des Österreichischen Skiverbandes 1933–1936, Hauptverband des ÖSV, Beschluss der Vertreterversammlung vom 8./9.10.1927 und vom 31.8.1930, OeStA/AdR, BKA/BPD Wien, Vereinsbüro XVIII-11.336.
65 Vgl. BArch (ehem. BDC), PK, Rödling, Alexander, 30.11.1886.

Turnerbund infiziert wurde. Kein Geringerer als der einflussreiche Grazer Universitätsprofessor Dr. Karl Holtei hielt im Juli 1926 in der Festzeitung des Deutschen Turnerbundes fest, dass „nicht eine bestimmte Staatsbürgerschaft, sondern eine rassische, geistige und sittliche Volkszugehörigkeit" für eine Mitgliedschaft beim Deutschen Turnerbund Voraussetzung sei.[66] Das entsprach dem allgemeinen Leitsatz des Deutschen Turnerbundes (1919) „Rassenreinheit – Volkseinheit – Geistesfreiheit",[67] an dem sich auch die Grazer Turnriege orientierte. Auf diese Weise wurde das im Turnerbund vorherrschende völkische Gedankengut über handelnde Personen wie Rödling in den ÖSV hineingetragen.[68] Rödlings ideologische Intention wiederum spiegelt sich etwa in seinem 1927 verfassten Geleitwort zum offiziellen Jahrbuch des ÖSV wider:

> Wer unsere Skiläufer in den verschneiten Bergen zu beobachten Gelegenheit hatte, weiß, welch guter deutscher Geist in unseren Reihen lebt, weiß auch, daß unsere Leute nicht aus eitlem Selbstzweck an der Vervollkommnung ihrer Laufart arbeiten, sondern daß Liebe zur Heimat und zu unserer herrlichen Bergwelt und der Gedanke, durch Stählung des eigenen Körpers dem ganzen Volke zu dienen, die Haupttriebfedern ihrer Betätigung sind.[69]

Dass Rödling der nationalsozialistischen Idee nahestand, erschließt sich aus seinem NSDAP-Beitritt, der im Jänner 1933 bei der Ortsgruppe Graz mit der Mitgliedsnummer 1 386 620 erfolgte. Rödling engagierte sich schon vor seiner NSDAP-Mitgliedschaft für die nationalsozialistische Bewegung. Der Oberfinanzrat der steirischen Landesfinanzdirektion war ab Februar 1932 unter dem Decknamen „Dr. Schulz" für die NSDAP aktiv und leitete Informationen an das steirische NSDAP-Gauwirtschaftsamt weiter. Laut einem Empfehlungsschreiben von Max Holtei, der im Mai 1938 die Finanzlandesdirektion Graz leitete, genoss Rödling Einfluss auf die nationalsozialistische Beamtenschaft, nahm an nationalso-

---

66 Zit. nach Wolfgang Duchkowitsch, Medien: Aufklärung – Orientierung – Missbrauch. Vom 17. Jahrhundert bis zu Fernsehen und Video, Wien/Berlin 2014, S. 36. Karl Holtei war Obmann-Stellvertreter des Deutschen Turnerbundes (1919) in Österreich und überzeugter Antisemit sowie Autor und Herausgeber völkischer Schriften bzw. über das Wehrturnen. Seine Hetzartikel beeinflussten unter anderem die Sportberichterstattung des Völkischen Beobachters in den 1920er-Jahren. Vgl. Bernett, Untersuchungen, S. 10–12.
67 Vgl. Ingolf Wöll, Turnen in Österreich. Von den Anfängen bis zur Mitte des 20. Jahrhunderts, St. Pölten 2017, S. 199.
68 Es gibt noch andere belegte Fälle in denen ÖSV-Funktionäre und Turnerbund-Obmänner in Personalunion aufgetreten sind, wie zum Beispiel jener von Theodor Rhomberg in Dornbirn auf den noch eingegangen wird.
69 Alexander Rödling, Zum Geleite!, in: Der Skilauf in Österreich. Jahrbuch des Österreichischen Skiverbandes, Wien 1927, S. 9–10, hier S. 10.

zialistischen Demonstrationen teil und galt als „aufrechter Nationalsozialist".[70] Holtei, der im Zuge des „Anschluss" mit der Leitung der Finanzlandesdirektion Graz betraut wurde und später in das Innsbrucker Oberfinanzpräsidium wechselte,[71] war nicht nur Rödlings Vorgesetzter in der Finanzlandesdirektion, die beiden verband auch das Turnen. Sowohl Holtei als auch Rödling waren führend im Akademischen Turnverein Graz tätig.[72] Holtei wurde gegen Ende des Ersten Weltkriegs zum Hauptmann befördert, 1920 wurde er von der Großdeutschen Volkspartei in die steirische Parteileitung entsandt.[73] Rödling war demnach in vielfacherweise in die (illegale) NS-Bewegung in der Steiermark verstrickt und profitierte später beruflich davon, indem er die NS-Finanzbehörde in Graz leiten sollte.[74]

Ein anderer Landesskiverband, der neben dem steirischen zu den vehementen Befürwortern des „Arierparagraphs" zählte, war der Salzburger. Dieser stand unter der Führung des Notars Fritz Rigele. 1878 in Wolkersdorf geboren, besuchte Rigele in Linz die Mittelschule und studierte im Anschluss an der Wiener Universität Rechtswissenschaften. Er gehörte seit der Mittelschulzeit der Burschenschaft Germania in Oberösterreich an, leitete als Vorsitzender die Schivereinigung [sic] Linz und betrieb in der Linzer Innenstadt eine Kanzlei. Rigele gründete nach seinem Umzug nach Oberndorf bei Salzburg gemeinsam mit dem Vorarlberger Skipionier Georg Bilgeri im Jahr 1910 den Skiclub Salzburg (SCS). Bei der Gründungsversammlung am 9. November 1910 wurde Rigele zum ersten Obmann des SCS gewählt und ein Jahr darauf zum Obmann des Salzburger Landesskiverbandes. Rigele saß zudem im Hauptvorstand des Deutschen und Österreichischen Alpenvereins.[75] Der begeisterte Alpinist engagierte sich ab Mitte der 1920er-Jahre erneut im Skisport, hielt Skikurse ab und bestritt für den SCS einige Wettrennen. Bei der Wiedergründung des Wintersportvereins Saalfelden

---

70 Vgl. NSBO Betriebszelle Finanz, Dr. Max Holtei, Leiter der Finanzlandesdirektion Graz, 19.5.1938, BArch (ehem. BDC), PK, Rödling, Alexander, 30.11.1886.
71 Vgl. dazu Christian Kuller, Bürokratie und Verbrechen. Antisemitische Finanzpolitik und Verwaltungspraxis im nationalsozialistischen Deutschland, München 2013, S. 94; Wolfgang Fritz, Fortschritt und Barbarei. Österreichs Finanzverwaltung im Dritten Reich, Wien/Berlin 2011, S. 19.
72 Max Holtei setzte sich 1937 für den Ausbau der Skihütte und des Bergheimes des Akademischen Turnvereines Graz auf der Tauplitz ein und unterstützte diesen finanziell. http://atvgraz.at/atv-glossar/ (28.2.2019).
73 Vgl. Kriegszeitung des A.T.V. Graz, 27.4.1918, S. 2; Grazer Tagblatt, 30.6.1930, S. 4.
74 Vgl. Brief von Herbert Rödling an Hans Heidinger, 9.5.1990, Archiv Wintersportmuseum Mürzzuschlag, Briefe Pioniere, Sektion R, Kopie im Besitz des Verfassers.
75 Skiclub Salzburg (Hg.), 100 Jahre Skiclub Salzburg 1910–2010 (Festschrift), Salzburg 2010, S. 19–20; Salzburger Volksblatt, 12.10.1937, S. 5; Archiv des österreichischen Alpenvereins (OeAV), SE/117/301.

(heute SK Saalfelden) nach dem Ersten Weltkrieg übernahm Rigele 1923 den Vorsitz und war maßgeblich an der Errichtung der ersten Skihütte des Vereins beteiligt. Nach seiner Obmannschaft erhielt er 1926 als Erster die Ehrenmitgliedschaft des Vereines.[76] Im ÖSV übernahm Rigele von 1926 bis 1928 das Amt des 2. Vorsitzenden und von 1928 bis 1931 jenes des 1. Vorsitzenden. Rigele war mit der Schwester von Hermann Göring Olga verheiratet und hatte mit dieser zwei Kinder. Der Schwager von Hermann Göring pflegte nicht nur aufgrund seiner verwandtschaftlichen Bande eine Nähe zum Nationalsozialismus. In seinem Buch *50 Jahre Bergsteiger* (1935) bekannte er sich als Nationalsozialist. Zum „nationalen und kulturellen Gedanken im Sport" schrieb er Folgendes:

> Die Pflicht, möglichst vielen die Berge näherzubringen, habe auch ich schon lange vor Kriegsausbruch gefühlt, und ich glaube richtig erkannt zu haben, daß von allen Formen und Arten des Wanderns im Gebirge gerade der Skilauf besonders zur volklichen [sic] Gesundheitsstählung geeignet war [...] Diese Tätigkeit war formell eine unpolitische und damit, vom Standpunkt des sich seines Deutschtums von jeher bewußten Österreichers aus betrachtet, keine nationale. Denn es wäre nie jemandem eingefallen, den Skiverband als einen politischen oder nationalen Verband zu bezeichnen. Dabei war unsere Tätigkeit in Wirklichkeit viel mehr national und volksfördernd als die mancher sogenannter politischer Vereine.[77]

1933 setzte sich Rigele ins Deutsche Reich ab. Zuvor soll er noch gemeinsam mit Göring, der ihn später bei sich in Berlin wohnen ließ,[78] auf einer Bergtour im Watzmann-Massiv unterwegs gewesen sein. Gesichert ist, dass er 1934 bei den Deutschen Skimeisterschaften in Berchtesgaden anwesend war. Auf einem Foto, aufgenommen während des Skispringens, ist Rigele neben Hermann Göring und dem Reichssportführer Hans von Tschammer und Osten abgelichtet.[79] Als Alpinist gelang Rigele die Erstbesteigung der Großen Wiesbachhorn-Nordwestwand und der Lyskamm-Nordwand. 1936 wurde er zum Leiter des reichsdeutschen Sektionentages des Deutschen und Österreichischen Alpenvereins berufen.[80] Ebenso wie Springenschmid betrachtete Rigele die Alpen als „deut-

---

76 Vgl. 100 Jahre Schiklub Saalfelden, Saalfelden 2012, S. 10–11.
77 Fritz Rigele, 50 Jahre Bergsteiger, Erlebnisse und Gedanken, Berlin 1935, S. 132–133.
78 Hanno Bayr, Berlin trifft Mauterndorf. Eine Reise mit Epenstein und Göring, Mariapfarr 2017, S. 166–167.
79 Der Winter, 30 (1934/35), S. 169. Hans von Tschammer und Osten, geboren am 25. Oktober 1887 in Dresden, trat 1929 in die NSDAP ein und stieg 1930 zum SA-Führer in Dresden auf. Im April 1933 übernahm er das Reichssportkommissariat im Reichsinnenministerium und im Juli 1933 wurde er zum Reichssportführer ernannt. Vgl. Ernst Klee, Das Personenlexikon zum Dritten Reich. Wer war was vor und nach 1945, Frankfurt am Main 2005, S. 631.
80 Vgl. Helmuth Zebhauser, Alpinismus im Hitlerstaat. Gedanken, Erinnerungen, Dokumente, München 1998, S. 111.

schen Kulturraum" und betonte weiters ganz im Sinne der Rassenpolitik des NS-Regimes:

> Und auch die Tatsache muß als bekannt vorausgesetzt werden, daß jede solche Leibesübung nicht etwa zur Erhaltung erbkranken Nachwuchses, sondern zur Kräftigung von Körper und Gesundheit des heranwachsenden Geschlechts dient.[81]

1935, im selben Jahr, in dem Rigele diese Zeilen verfasste, wurde er damit betraut, eine deutsche Gebirgsbrigade aufzustellen und deren Ausbildung zu übernehmen. Bei einer Übung des 100. Gebirgsjägerregiments in den Berchtesgadener Bergen verunglückte Rigele im Oktober 1937 tödlich.[82] Bei der Beisetzung am Parkfriedhof in Berlin-Lichterfelde war Ministerpräsident Göring persönlich anwesend. In einem Nachruf wurde Rigele als „Vertrauensmann gegenüber höchsten Regierungsstellen des Reiches" bezeichnet.[83]

Analog zu anderen Landesskiverbänden in Österreich stand auch der Verband Vorarlberger Skiläufer laut Statuten vom 4. April 1930 auf „arischer Grundlage". Aufgenommen würden nur jene Skivereinigungen, die Mitglieder im ÖSV oder DSV sind oder werden wollen.[84] Damit war „nichtarischen" und Nichtmitgliedsvereinen der Weg versperrt. Hinter dieser Politik stand der Verbandsobmann, Vize-Präsident des ÖSV und illegale Vorarlberger NSDAP-Gauleiterstellvertreter Theodor Rhomberg. Der teilhabende Geschäftsführer des Textilunternehmens Herrburger & Rhomberg und Obmann des Deutschen Turnvereins war maßgeblich am Aufbau eines deutschnationalen, völkisch geprägten Netzwerkes in Dornbirn und Vorarlberg beteiligt und trat öffentlich für den nationalsozialistischen Kampf ein. Im Februar 1934 musste er wegen seiner öffentlichen Auftritte das Amt im ÖSV aufgeben. 1938 wurde Rhomberg von den Nationalsozialisten als Vereinsführer des lokalen Skiklubs in Dornbirn wiedereingesetzt sowie zum Kreisorganisationsleiter und NS-Landessportführer ernannt.[85]

---

81 Rigele, 50 Jahre Bergsteiger, S. 128–129.
82 Vgl. Bayr, Berlin trifft Mauterndorf, S. 168; Salzburger Volksblatt, 12.10.1937, S. 5.
83 Nachruf Fritz Rigele, OeAV, ZV/5/1251.
84 Akten der Sicherheitsdirektion, Vorarlberger Landesarchiv (VLA), Sicherheitsdirektion, Sch. 42, Nr. 40 149, 1930.
85 Stadtarchiv Dornbirn (StAD), Nr. 570, Dornbirns Kampf um die Befreiung 1933–1938 und StAD, Verwaltungsarchiv, Akz.-Nr. 125/2000, Ordner 1938–1945 NSDAP Akten, Nr. V; Ingrid Böhler, Dornbirn in Kriegen und Krisen 1914–1945, Innsbruck 2005, S. 128–129; Andreas Praher, Zwischen Anpassung, Vereinnahmung und Mittäterschaft – Zur Rolle des österreichischen Skisports zwischen den Kriegen und in der NS-Diktatur, in: Rudolf Müllner/Christof Thöny (Hg.), Skispuren. Internationale Konferenz zur Geschichte des Wintersports, Bludenz 2019, S. 235–247, hier S. 238.

3.1.4 Die Elite im Hauptverband des ÖSV

Wie soeben dargestellt, handelte es sich bei den verantwortlichen Funktionären im Hauptverband des ÖSV um einflussreiche Persönlichkeiten im österreichischen Alpin- und Skisport, die getrieben von einer antisemitischen Grundhaltung eine deutschnationale Verbandspolitik betrieben. Vergleicht man die Biografien miteinander, ergibt das ein aufschlussreiches Bild bezüglich Geburtsjahrgängen, Berufs- bzw. Bildungsstand, NSDAP-Zugehörigkeit und Beitrittsdatum.

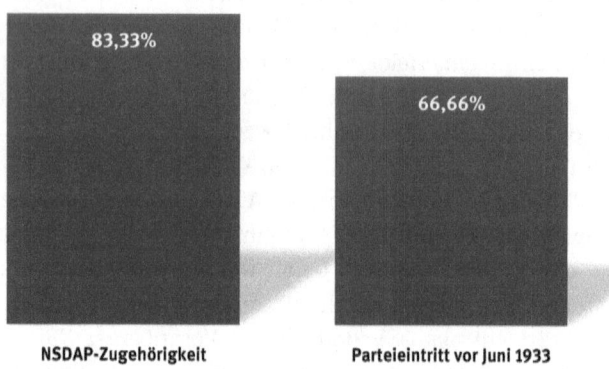

Grafik 1: Führende Funktionäre im ÖSV-Hauptausschuss nach NSDAP-Zugehörigkeit und Parteieintritt vor Juni 1933.
Quelle: Eigene Zusammenstellung aus unterschiedlichen Beständen. Datenbank Praher, n=12.

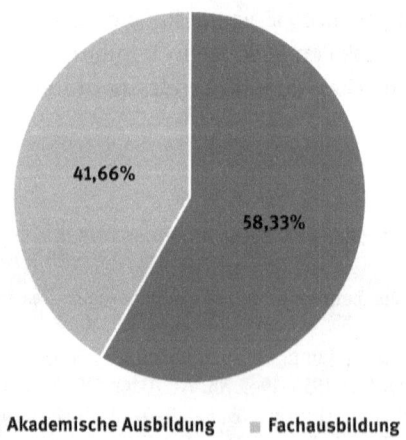

Grafik 2: Führende Funktionäre im ÖSV-Hauptausschuss nach Bildungsstand.
Quelle: Eigene Zusammenstellung aus unterschiedlichen Beständen. Datenbank Praher, n=12.

Von den zwölf führenden ÖSV-Funktionären, die in den 1930er-Jahren eine Vorstands- bzw. leitende Funktion innerhalb des Verbandes ausübten, konnte bei zehn eine NSDAP-Mitgliedschaft nachgewiesen werden. Wobei bei einem weiteren der Verdacht auf eine illegale nationalsozialistische Betätigung besteht, dieser konnte von den austrofaschistischen Behörden aber nicht erhärtet werden.[86] Von den zehn Parteimitgliedern waren acht der NSDAP vor dem Parteiverbot 1933 beigetreten, ein weiterer trat der Partei nach dem „Anschluss" im Jahr 1939 bei. Bei einem Funktionär konnte die NSDAP-Mitgliedschaft, aber kein Beitrittsdatum eruiert werden. Alle zwölf Vorstandsmitglieder wurden vor 1900 geboren. Zwei Drittel erlebten den Ersten Weltkrieg als junge Männer im Alter zwischen 16 und 28 Jahren. Der verlorene Krieg und der Zerfall der Habsburger-Monarchie bildeten den gemeinsamen Erfahrungshorizont dieser Generation und machte diese offensichtlich empfänglich für radikale deutschnationale Ideen. Sechs der zwölf Funktionäre schlossen ihre akademische Ausbildung mit einem Doktorrat ab. Neben fünf Juristen gab es einen Tierarzt. Vier weitere hatten eine Diplomausbildung absolviert und arbeiteten als Beamte oder Unternehmer. Ein weiterer hatte eine Anstellung als Lehrer und war daneben als Schriftsteller tätig und ein Funktionär verdiente als akademisch ausgebildeter Kunstmaler seinen Lebensunterhalt. Aus den ausgeübten Berufen lässt sich schließen, dass alle zwölf Funktionäre dem Bildungsbürgertum zuzurechnen waren. Sie können also durchaus als Opinion-Leader für die damals im ÖSV heranwachsende SportlerInnen-Generation gesehen werden. Für die meisten bedeutete der „Anschluss" im März 1938 einen Karrieresprung oder zumindest ein Comeback auf der sportpolitischen Bühne. Sie übten ein sportpolitisches Amt aus und/oder besetzten einen parteipolitischen Posten. Dazu aber mehr in einem späteren Kapitel.

3.1.5 Die Umsetzung in den Vereinen

Wie schnell und vor allem mit welcher Vehemenz der „Arierparagraph" in die Tat umgesetzt wurde, geht aus verschiedenen Vereinsakten hervor. So verfügte der Wiener Landesskiverband in der Hauptversammlung vom 24. Oktober 1924

---

86 Der bei der ordentlichen Vertreterversammlung des ÖSV am 31. August 1930 in Kitzbühel zum ersten Vorsitzenden gewählte Karl Merz wurde im August 1933 von den austrofaschistischen Behörden strafrechtlich überprüft. 1934 ermittelte die Bundespolizei erneut wegen Verdachts auf „nationalsozialistische Umtriebe", konnte aber keine Beweise erbringen. Vgl. Vereinsakt des Österreichischen Skiverbandes 1933–1936, Schreiben der Bundespolizeidirektion Wien an das BKA, Generaldirektion für öffentliche Sicherheit, Staatspolizei, Wien, 22. April 1936, OeStA/AdR, BKA/BPD Wien, Vereinsbüro XVIII-11.336.

in seinen Satzungen, dass „[…] als Mitglieder nur Personen arischer Abstammung und germanischer Volkszugehörigkeit aufgenommen werden können."[87] Der Wiener Landesskiverband folgte damit dem Beschluss des ÖSV. In den vorgeschriebenen Statuten des ÖSV hieß es konkret:

> Die Satzungen der Einzelvereine und Verbandsvereine müssen die Bestimmungen enthalten, daß als Mitglieder nur Personen arischer Abstammung und germanischer Volkszugehörigkeit aufgenommen werden können. Den Vereinen steht es jedoch frei, für die Mitgliedschaft engere Grenzen zu ziehen.[88]

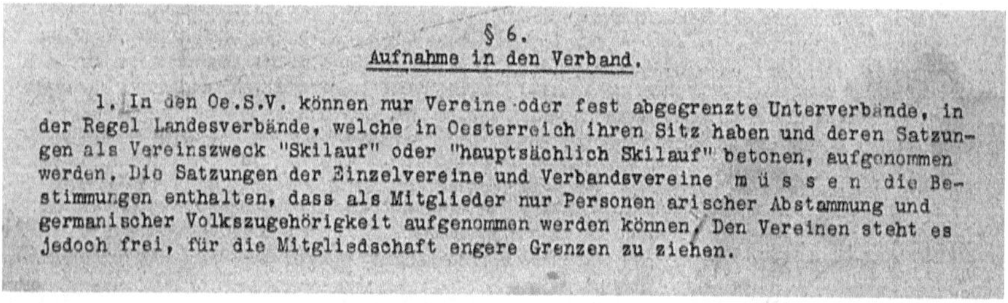

§ 6.
Aufnahme in den Verband.

1. In den Oe.S.V. können nur Vereine oder fest abgegrenzte Unterverbände, in der Regel Landesverbände, welche in Oesterreich ihren Sitz haben und deren Satzungen als Vereinszweck "Skilauf" oder "hauptsächlich Skilauf" betonen, aufgenommen werden. Die Satzungen der Einzelvereine und Verbandsvereine m ü s s e n die Bestimmungen enthalten, dass als Mitglieder nur Personen arischer Abstammung und germanischer Volkszugehörigkeit aufgenommen werden können. Den Vereinen steht es jedoch frei, für die Mitgliedschaft engere Grenzen zu ziehen.

Abb. 12: Auszug aus den Verbandssatzungen des ÖSV bezüglich der Aufnahme von Mitgliedern in den Mitgliedsvereinen, OeStA.

Der Wiener Landesverband übernahm 1924 auch den letzten Passus im Originalwortlaut: „Den Vereinen steht es jedoch frei, für die Mitgliedschaft engere Grenzen zu ziehen."[89] Damit verschärfte der Verband die „Spielregeln", wer in den einzelnen Mitgliedsvereinen aufgenommen werden darf. Außerdem waren laut den neu aufgesetzten Statuten für eine Aufnahme mindestens zwei Drittel der Stimmen in der Vorstandssitzung oder Hauptversammlung notwendig. Dieser Passus bedeutete für „nichtarische" BewerberInnen eine unüberwindbare Barriere. Die Statuten, die Gsur am 24. Oktober 1924 als Vorsitzender des Wiener Landesskiverbandes unterzeichnete, wurden am 14. November 1924 genehmigt. Damit war der Ausschluss unerwünschter Mitglieder nach den völkischen Kriterien des ÖSV zur Realität geworden.[90] Warum Gsur im Dezember 1924 seinen

---

87 Vereinsakt Landes-Ski-Verband für Wien und Niederösterreich. WStLA, M.Abt. 119, A32 – Gelöschte Vereine: 5500/1922 – 5500/1922.
88 Vereinsakt des Österreichischen Skiverbandes 1933–1936, Satzungen des Österreichischen Skiverbands, OeStA/AdR, BKA/BPD Wien, Vereinsbüro XVIII-11.336.
89 Vereinsakt Landes-Ski-Verband für Wien und Niederösterreich. WStLA, M.Abt. 119, A32 – Gelöschte Vereine: 5500/1922 – 5500/1922.
90 Der ÖSV selbst benutzte den Bergiff völkisch in seinen Satzungen und legte fest, dass im Falle der Auflösung des Verbandes das Vermögen „nach Möglichkeit für wintersportliche, tou-

Rücktritt als Vorsitzender des ÖSV einem Bericht im *Sport-Tagblatt* zu Folge mit der Einführung des „Arierparagraphen" begründete,[91] erschließt sich aus den bisherigen Quellen nicht. Jedenfalls trat Gsur mit Anfang des Jahres 1925 von seinem Vorsitz zurück. Ihm folgte Alexander Rödling.

Auch der Skiklub Innsbruck, dessen Jahresversammlung am 7. November 1923 im Innsbrucker Gasthof „Zum Bären" stattfand, bekannte sich nicht einmal ein Monat nach der Beschlussfassung im ÖSV zum „Arierparagraphen".[92] Obmann des Innsbrucker Skiklubs war zum damaligen Zeitpunkt kein Geringerer als Carl Rasim, ÖSV-Vizepräsident und Vorsitzende des Gewerbegerichts Innsbruck. Rasim wurde bei der Wiedergründung des Tiroler Skiverbandes im Jahr 1921 zum Vorsitzenden gewählt und war von 1919 bis 1925 Vizepräsident des ÖSV.[93] Der 1876 in Wien geborene und in Innsbruck wohnhafte Richter trat ab April 1938 als förderndes Mitglied der SS in Erscheinung.[94] Der bereits erwähnte Innsbrucker Jurist Anton Tschon war im Skiklub Innsbruck für den Jugendskilauf zuständig. Tschon war nachweislich ab 1938 Parteianwärter und ab 1939 Mitglied der NSDAP, wurde aber laut einem Vermerk der austrofaschistischen Sicherheitsbehörden bereits im Jänner 1937 mit der illegalen NSDAP in Verbindung gebracht.[95] Sowohl Rasim als auch Tschon unterstützten also spätestens ab 1938 die nationalsozialistische Bewegung. Die völkisch ausgerichtete Zeitschrift *Alpenland* goutierte den Schritt des Innsbrucker Skiklubs, den „Arierparagraphen" einzuführen, im November 1923 mit folgenden Zeilen:

> Der Klub beschloß auch im Sinne einer Bestimmung des österreichischen Schiverbandes seine Satzungen zu ändern und von nun ab nur mehr Mitglieder arischer Abstammung und germanischer Volkszugehörigkeit aufzunehmen. Dieser einmütig gefaßte Beschluß wird in den Kreisen aller deutschen Schneeschuhläufer vollen Beifall finden. So vollzieht sich naturnotwendig in immer weiteren Kreisen die Abkehr vom Judentum, dessen zersetzende Wirkungen die Nachkriegszeit in erschreckender Weise offenbarte. Recht so![96]

---

ristische oder völkische Zwecke verwendet werden" sollte. Vereinsakt des Österreichischen Skiverbandes 1933–1936, Satzungen des Österreichischen Skiverbands, OeStA/AdR, BKA/BPD Wien, Vereinsbüro XVIII-11.336.

91 Unter dem Titel „Die Krise im Oesterreichischen Skiverband" berichtete das Sport-Tagblatt am 16. Dezember 1924 vom bevorstehenden Rücktritt Gsurs. Laut dem Bericht habe Gsur die Einführung des „Arierparagraphen" mit seinen Ansichten nicht vereinbaren können. Er gab seinen Rücktritt mit 1. Jänner 1925 auf der Vorstandssitzung in Kitzbühel bekannt. Vgl. Sport-Tagblatt, 16.12.1924, S. 4.
92 Vgl. Alpenland, 4 (1923) 47, S. 5.
93 Vgl. Lässer, 100 Jahre Fremdenverkehr, S. 130.
94 Vgl. Stadtarchiv Innsbruck (StAI), NS-Registrierungsakt Carl Rasim.
95 Vgl. StAI, NS-Registrierungsakt Anton Tschon.
96 Alpenland, 4 (1923) 47, S. 5.

Auch im vorarlbergischen Montafon folgte man dem Grundsatzbeschluss des ÖSV. Der „Arierparagraph" wurde sowohl in den Statuten des Skiclubs Gargellen (1929) verankert als auch im Skiverein Vandans (1933).[97] Ein widersprüchliches Bild ergibt sich bei näherer Betrachtung bei der Wintersportsektion des Kitzbüheler Sportklub (K. S. C.). Diese war ebenso wie der Skiklub Arlberg von Beginn an international ausgerichtet.[98] Das geht aus den Gründungssatzungen der vom Stammverein unabhängigen Sektion hervor, die im Juni 1926 ins Leben gerufen wurde.[99] Die ordentliche Mitgliedschaft war an keine Herkunft gebunden, wenn auch ortsansässige Kitzbüheler bevorzugt aufgenommen wurden. Ebenso legte die Wintersportsektion des K. S. C. Wert darauf, dass es sich bei Neu-Mitgliedern, die nicht aus Kitzbühel kamen, um prominente Wintersporttreibende handelte.[100] Das erklärt sich aus der Geschichte des Vereins, der großbürgerlich geprägt war und obere gesellschaftliche Schichten bis zur Aristokratie anlockte.[101] In den Vereinsstatuten erfolgte aber keine Unterscheidung zwischen „arisch" und „nicht-arisch". Das unterschied den neu formierten Zweigverein von anderen Skivereinen in der Ersten Republik. Dennoch gab es bereits in der Entstehungsgeschichte des Vereins radikale Tendenzen, die aber ab Mitte der 1920er-Jahre entgegen dem allgemeinen Trend im ÖSV ad acta gelegt wurden. Außerdem war im Vorgängerverein eine Nähe zum völkischen Gedankengut festzustellen. Was die Gründe für die spätere Öffnung des Vereins waren, lässt sich nur vermuten. Aber wahrscheinlich dürfte das große internationale Standing des K. S. C. bei den Überlegungen, den „Arierparagraph" nicht aufzunehmen, eine Rolle gespielt haben. Im Jänner 1930 erweiterte die Skiriege des K. S. C. die Aufnahmebestimmungen dahingehend, dass nicht mehr nur

---

[97] Vgl. Brugger, Vom Pioniergeist, S. 201–202; Michael Kasper, „Kreuzzug auf dem Piz Buin". Die Gipfelkreuzerrichtung als politische Machtdemonstration, in: Michael Kasper/Martin Korenjak/Robert Rollinger/Andreas Rudigier (Hg.), Alltag – Albtraum – Abenteuer. Gebirgsüberschreitung und Gipfelsturm in der Geschichte, Wien/Köln/Weimar 2015, S. 297–316, hier S. 304.
[98] Der Skiklub Arlberg erklärte sich in seinen Statuten aus dem Jahr 1924 als unpolitisch. Vgl. Statuten des Skiklub Arlberg, TLA, Abt. I, XVI 78c, ex 1924, Zl. 1321.
[99] Die Wintersportsektion wurde am 8. Juni 1926 ins Leben gerufen und operierte unabhängig vom Stammverein. Wintersportwettbewerbe und Skisportveranstaltungen, die verbandsmäßig ausgetragen wurden, durften ohne Rücksprache mit dem K. S. C. selbstständig durchgeführt werden. Vgl. Satzungen Wintersportsektion des Kitzbüheler Sportklubs (K. S. C.), TLA, Abt. I, XVIII 93b, ex 1926, Zl. 3066.
[100] Vgl. Satzungen Wintersportsektion des Kitzbüheler Sportklubs (K. S. C.), TLA, Abt. I, XVIII 93b, ex 1926, Zl. 3066.
[101] Ein prominentes Mitglied des Kitzbüheler Skiclubs war die Gräfin und Skispringerin Paula von Lamberg. Sie sprang bereits 1908 bei Skisprungbewerben. Vgl. 50 Jahre Kitzbüheler Skiclub. Arbeit und Erfolg Wintersportverein Kitzbühel, Kitzbühel 1955, S. 8.

„prominente Wintersporttreibende" ordentliche Mitglieder werden konnten, sondern „auswärtige Wintersporttreibende" generell.[102]

Das im ÖSV und den Mitgliedervereinen vorhandene völkische Gedankengut entsprang nicht selten einer übertriebenen Liebe zur Bergheimat, die zur Idylle verklärt wurde. Ähnlich wie schon Rigele beschreibt der Abfahrtsweltmeister von 1939 Hellmut Lantschner diese Liebe in seiner 1935 verfassten Autobiografie *Die Spur von meinem Ski* in den Zeilen über seine Cousine Trude folgendermaßen: „Daß auch in ihr – wie in uns allen – eine über alles gehende Liebe zu Volk, Heimat und Bergen lebt, ist selbstverständlich."[103] Das völkische Gedankengut blieb aber nicht auf einer theoretischen Ebene verhaftet, sondern wurde für viele zur Handlungsanleitung.

3.2 Rituale der Anpassung

Österreichische Skisportvereine waren ebenso wie die Turn- oder Alpenvereine bereits in den frühen 1930er-Jahren von Nationalsozialisten unterwandert. Das stellt Matthias Marschik fest, der sich in seiner Analyse hauptsächlich auf Angaben in der Sekundärliteratur stützt.[104] Ein Blick in erhaltene Vereins-, NSDAP- sowie Entnazifizierungs- und Nachkriegsprozess-Akten verdeutlicht diese Tatsache. An der Spitze saßen nicht selten deutschnational gesinnte Obmänner und Vorstandsmitglieder, die von einer „großdeutschen Idee" beseelt waren. Sie stammten wie dargestellt meist aus dem Bildungsbürgertum, waren Ärzte, Rechtsanwälte oder Lehrer, hatten ein Gewerbe oder waren Industrielle. Diese Männer schufen Vereinsstatuten, durch die „Nichtarier" ab den 1920er-Jahren vom Sportbetrieb ausgeschlossen waren. Diese Statuten waren ein Nährboden für die Radikalisierung innerhalb der Skiriege. Auf diese Weise machte ein erheblicher Anteil späterer NS-Spitzensportler aus Österreich über „Vorfeldorganisationen" wie den deutschnationalen Skiklubs nicht nur Bekanntschaft mit der NS-Ideologie, sondern betätigte sich auch für die NS-Bewegung. Nicht selten schlossen sich junge Sportler – meist die Generation der im Ersten Weltkrieg Geborenen – einem nationalsozialistischen Wehrverband an. In einigen Fällen war der Weg vom völkischen Skiverein zur SA aber auch zur SS ein kurzer.[105]

Die großteils auf „arischen" Grundsätzen stehenden Skivereine und eine weit verbreitete deutschnationale Geisteshaltung erleichterten dieser jüngeren

---
102 Vgl. Satzungen des K.S.C., TLA, Abt. I, XVIII 93b, ex 1930, Zl. 938.
103 Hellmut Lantschner, Die Spur von meinem Ski, Berlin 1935, S. 154–155.
104 Vgl. Marschik, Sportdiktatur, S. 38–39.
105 Vgl. Praher, „Skifahren ist für uns", S. 213.

Sportlergeneration das spätere Hineinwachsen in die NS-Gesellschaft und -Ideologie.[106] So setzte der einfache SA-Mann von 1936 und spätere SA-Scharführer Andreas Krallinger seine berufliche Karriere 1941 als Angestellter der Kriminalpolizei beim Sicherheitsdienst der SS fort[107] und Josef Bradl, der ebenfalls schon vor 1938 in der illegalen SA aktiv war, schulte in den Kriegsjahren als Ausbildner die HJ.[108] Gleichzeitig waren beide Salzburger Skisportler ab 1938 Mitglied der reichsdeutschen Nationalmannschaft.

Der junge Bergführer und Skilehrer Franz Pichlsberger schildert die Sehnsucht nach dem „Anschluss" in seinen Aufzeichnungen, die 1939 vom Deutschen Alpenverlag herausgegeben wurden, folgendermaßen:

> Drei Jahre haben wir uns nicht mehr gesehen. Sechs Jahre sind wir zusammen in den schönsten Gebieten Tirols von Gipfel zu Gipfel gezogen. [...] Kameraden! Drei Jahre klagt ihr in den Briefen euer Heimweh, und glücklich seid ihr in diesem Schmerz. [...] Ihr seht, die weichen, flimmernden Schneehänge durchziehend, eine aufwärts strebende Skispur, sich anpassend den Formen des Bodens, quer über Kämme und Mulden ziehen. [...] Nun sind wir wieder beisammen, wie früher im Herzen der Alpen.[109]

In diesen poetisch formulierten Zeilen schwingt nicht nur Pichlsbergers tiefe Zuneigung zur Bergwelt mit. In ihr manifestiert sich auch eine gemeinsame Identität, die von österreichischer wie deutscher Seite immer wieder betont wurde. Die Alpen wurden in diesem Zusammenhang als das verbindende Element gesehen, welches eine kulturelle, politische und gesamtgesellschaftliche Zusammengehörigkeit von Österreich und Deutschland nach außen hin sichtbar machen sollte. Tatsächlich wurde die Alpenregion seit Jahrzehnten als gemeinsames Gebiet erschlossen. Genau aus diesem Grund wurden die Gipfel, Täler und weißen Hänge immer wieder als Symbol des gemeinsamen politischen Kampfes herangezogen, sie waren für Deutschnationale das offene Glied in der Kette, die geschlossen werden sollte.

In der ersten Jänner-Ausgabe 1935 berichtete die ÖSV-Verbandsschrift *Der Ski* unter der Rubrik „Skisport in anderen Ländern" über die Neuordnung des reichsdeutschen Skisports unter der NS-Sportführung ohne die damit verbundenen politischen Implikationen zu erwähnen. Die Auflösung des DSV und Eingliederung seiner Mitgliedsvereine in das nationalsozialistische Fachamt für

---

106 Vgl. Falkner, Skipersönlichkeiten im Dritten Reich, S. 101.
107 Vgl. OÖLA, LG Linz, Sondergerichte, VgVr 190/49 (503) und BArch (ehem. BDC), RS, Krallinger, Andreas, 6.12.1914.
108 Vgl. u. a. Praher, SportlerInnen für den Krieg, S. 271.
109 Franz Pichlsberger, Die Unentwegten. Aus Tirols Befreiungskampf von 1933–1938, Innsbruck 1939, S. 171–172.

Skilauf wurde mit den Worten: „womit endlich eine einheitliche Führung des gesamten deutschen Skisports gesichert ist" begrüßt.[110]

3.2.1 Der Weg in die (illegale) SA und SS

Aktive Sportler wie der aus Wasserburg am Inn stammende und in Mühlbach am Hochkönig aufgewachsene Skispringer Josef Bradl oder der Bischofshofener Skiläufer Andreas Krallinger waren bereits vor 1938 in illegal geltenden Wehrverbänden wie der SA organisiert, andere Sportkameraden in der SS. Der im Dezember 1914 geborene Krallinger trat 1936 der SA bei,[111] zur selben Zeit stieß auch der um gut drei Jahre jüngere Bradl zum SA-Sturm 1/59 in der Stadt Salzburg. Er wurde im Sommer 1937 im Zuge einer Hausdurchsuchung verhaftet und wegen illegaler Betätigung für die NSDAP in das Polizeigefängnis Salzburg eingeliefert und später in das Salzburger Gefangenenhaus überstellt.[112] In einem Brief, den Bradl aus seiner Untersuchungshaft an den Salzburger Landeshauptmann Rehrl schrieb, beteuert der Skispringer seine Unschuld. Er sei über Sportkontakte in falsche Kreise geraten. Bradl war zu diesem Zeitpunkt 19 Jahre alt und wusste durchaus sein sportliches Potenzial als Argument einzusetzen. Dieses dürfte schließlich auch ausschlaggebend gewesen sein für seine Freilassung. Bradl wurde aus der Untersuchungshaft entlassen und durfte Anfang des Jahres 1938 wieder bei Wettbewerben starten. Zu einer Verhandlung kam es nicht.[113] Bradls sportliche Heimat war ab 1936 der Skiclub Salzburg. Dort engagierten sich ab den 1920er-Jahren die Brüder Hermann und Siegfried Amanshauser. Beide galten als überzeugte Nationalsozialisten und waren im Skiverein führend tätig. Hermann Amanshauser trat im Mai 1933 der NSDAP bei und suchte 1934 um die Aufnahme in die SS an. In dieser bestätigte er sich als Geldverwalter zweier SS-Stürme und organisierte unter anderem Rücktransporte von inhaftierten Nationalsozialisten aus dem Internierungslager Wöllersdorf. Hermann Amanshauser stieg am 1. Dezember 1934 zum SS-Sturmmann auf und mit 1. März 1935 zum SS-Scharführer. Noch vor dem „Anschluss" wurde Amanshauser laut SS-Stammkarten-Abschrift zum Hauptscharführer befördert.[114] Amanshauser verfasste darüber hinaus theoretische Schriften zum alpinen Skilauf, wie das 1929 erschienen Buch *Das Wunder in Weiss* und *Alpine Skifahrtechnik*

---
110 Der Ski, Nr. 5, 6.1.1935, S. 68.
111 Vgl. BArch (ehem. BDC), RS, Krallinger, Andreas, 6.12.1914.
112 Vgl. SLA, Landesgericht Salzburg (LGS), Vr 1937 1261/I, 13 Vr 1261/37.
113 Vgl. SLA, Landesgericht Salzburg (LGS), Vr 1937 1261/I, 13 Vr 1261/37.
114 Vgl. OÖLA, LG Linz Sondergericht, Sch. 422, VgVr 453/48.

(1933). Er gehörte dem Alpenverein an und war dort für die Schulung der Jugend zuständig. Im Skiclub Salzburg trat sein Bruder Siegfried Amanshauser ebenso vor 1938 der NSDAP bei (1932) und 1937 der illegalen SS.[115]

3.2.2 Zell am See als Beispiel des nationalsozialistischen Machtvakuums im Skilauf

Die Gemeinde Zell am See und die umliegende Region entwickelten sich mit der Inbetriebnahme der Schmittenhöhebahn im Dezember 1927 und der infrastrukturellen Erschließung zu einer bedeutenden Tourismus- und Skisportdestination.[116] Die Stadt verzeichnete mit knapp 46 Prozent der Beschäftigten im tertiären Sektor im Jahr 1934 einen hohen Dienstleistungsanteil,[117] vorwiegend im Tourismus. Die Wirtschaftskrise sowie die im Mai 1933 verhängte „Tausend-Mark-Sperre" trafen Zell am See besonders hart und hatten einen Einbruch der Gästezahlen zur Folge. Von Anfang November 1932 bis Ende Oktober 1933 gingen die Gästezahlen in Zell am See von 32 444 auf 18 718 zurück.[118] Mit dem Juliabkommen 1936 entschärfte sich die wirtschaftliche Lage mit dem Zustrom deutscher TouristInnen wieder. Von den insgesamt 53 806 gemeldeten Gästen bildeten die knapp 7 000 reichsdeutschen Gäste im Tourismusjahr 1936/37 den größten Teil der gemeldeten BesucherInnen aus dem Ausland in der Salzburger Tourismusgemeinde im Südwesten des Landes. Sie verzeichneten mit rund 15 000 Übernachtungen auch die meisten Nächtigungen. Damit beherbergte Zell am See im Berichtsjahr 1936/37 die meisten Gäste aus dem „Altreich" im Bundesland Salzburg nach der Landeshauptstadt.[119] Die Akademischen Weltwinterspiele in Zell am See im Februar 1937 waren gemessen an der Einwohnerzahl der Kleinstadt[120] ein Sportfest der Superlative. Die internationalen Wettbewerbe, an denen Teams aus 18 Nationen teilnahmen, gestalteten sich auch zu

---

115 Vgl. BArch (ehem. BDC), SSO, Amanshauser, Siegfried, 15.5.1895.
116 Vgl. Georg J. Daxer, Sehnsucht nach Aussicht. Die Geschichte der Schmittenhöhebahn in Zell am See, Goldegg 2018, S. 50–51.
117 Vgl. Laurenz Krisch, Die Wahlerfolge der Nationalsozialisten in der Spätphase der Ersten Republik im Pongau und Pinzgau. Eine empirische Analyse zur Struktur der NSDAP-Wählerschaft, in: Mitteilungen der Gesellschaft für Salzburger Landeskunde, Salzburg 2000, S. 215–267, hier S. 255.
118 Vgl. Statistisches Handbuch für den Bundesstaat Österreich, hrsg. vom Bundesamt für Statistik, 15. Jg., Wien 1935, S. 48.
119 Vgl. Statistisches Jahrbuch für Österreich 1938, hrsg. vom Österreichischen Statistischen Landesamt, Wien 1938, S. 44–45.
120 Die Wohnbevölkerung von Zell am See zählte laut Volkszählung aus dem Jahr 1934 knapp 3 000 Einwohner. Vgl. Krisch, Die Wahlerfolge, S. 255.

einer Demonstration der Zusammengehörigkeit im Sinne der „großdeutschen Idee". Die reichsdeutschen SportlerInnen wurden am Bahnhof mit einer überdimensionalen Hakenkreuzfahne willkommen geheißen und die Gassen der Altstadt waren ebenso mit Hakenkreuzfahnen beflaggt. Der Salzburger Landeshauptmann Franz Rehrl begrüßte die deutsche Abordnung bei ihrem Einzug mit dem Deutschen Gruß. Die Stadt selbst war ab Beginn der 1930er-Jahre eine Hochburg österreichischer Nationalsozialisten, diese lieferten sich mit Anhängern der Sozialdemokratie teils blutige Kämpfe.[121] Bei der Salzburger Landtagswahl 1932 errang die NSDAP in Zell am See 37,07 Prozentpunkte.[122]

Abb. 13: Das reichsdeutsche Skinationalteam wurde bei den Akademischen Weltwinterspielen im Februar 1937 in Zell am See mit einer überdimensionalen Hakenkreuzfahne am Bahnhof willkommen geheißen, Bezirksarchiv Zell am See.

Analog dazu mutierte der hiesige Skiklub in den 1930er-Jahren zu einem Sammelbecken deutschnationalen Gedankenguts. Im 1919 wiedergegründeten Skiklub Zell am See, dessen Obmänner aus großbürgerlichen Verhältnissen

---

[121] Vgl. Rudulf Leo, Der Pinzgau unterm Hakenkreuz. Diktatur in der Provinz, Salzburg 2013, S. 15–17.
[122] Vgl. Krisch, Die Wahlerfolge, S. 225.

stammten,¹²³ trafen nationalsozialistische Gesinnungsbrüder zusammen. Zu den führenden Vertretern zählte der in Zell am See praktizierende Arzt Josef Heiß. Der Obmann des Skiklubs Zell am See war seit 1935 Mitglied der SS und wurde beim Juliputsch 1934 wegen nationalsozialistischer Gesinnung für einen Monat in Schutzhaft genommen und für zweieinhalb Jahre seiner Stellung als Sprengelarzt enthoben. Nach dem „Anschluss" machte Heiß Karriere innerhalb der SS und der Partei sowie als Arzt. Er leitete ab 1939 das Kreisamt für Volksgesundheit und war ab 1940 als Kreisbeauftragter für Rasse- und Bevölkerungspolitik zuständig für NS-Euthanasiefragen.¹²⁴ Heiß wurde am 19. Februar 1900 in Mittersill geboren und wuchs als Sohn des Arztehepaares Stefan und Anna Heiß auf. Nach dem Gymnasium ging er an die Universität Innsbruck und inskribierte dort Medizin. Seine Promotion legte er im Alter von 24 Jahren am 31. Mai 1924 ab. Nach Abschluss des Studiums fand er eine Anstellung als Spitalsarzt im St. Johann-Spital in Salzburg (heute Landeskrankenhaus) und arbeitete in dem Krankenhaus bis Jahresende 1927. Im Juni 1928 machte sich Heiß als praktischer Arzt selbstständig und eröffnete in Zell am See eine Praxis, ließ sich dort nieder, heiratete und gründete eine Familie. Heiß sei „ein überaus angesehener und beliebter Arzt gewesen [...] den die nationalsozialistischen Parteistellen in ihre Dienste zu stellen bestrebt gewesen seien", hieß es nach dem „Anschluss" von Seiten der SS, als es um die Rückdatierung seiner Mitgliedschaft ging.¹²⁵ Seine „nationale Gesinnung" galt als allgemein bekannt, hieß es später in einer Überprüfung des Nachkriegsurteils im Rahmen des Volksgerichtsverfahrens am Landesgericht Linz. Als Ausschussmitglied im Skiklub Zell am See bestimmte Heiß in der Zwischenkriegszeit die Politik des Vereins mit. Obwohl sich dieser offiziell als unpolitisch deklarierte, können Verbindungen von Vorstandsmitgliedern und Funktionären zur nationalsozialistischen Bewegung nicht geleugnet werden. Als Jugendwart agierte ab 1934 Fritz Vogl im Skiklub Zell am See. Vogl wurde am 30. Juli 1899 in St. Michael im Lungau geboren und besuchte nach dem Gymnasium die Hochschule für Bergbauwesen. Im Ersten Weltkrieg hatte er sich die kleine und große Tapferkeitsmedaille sowie das Kärntnerkreuz erkämpft und war zuletzt Leutnant der Reserve. Nach Abschluss seines Hochschulstudiums fand Vogl eine Stelle als Hauptschullehrer und zog nach Zell am See. Er trat im November 1931 in die NSDAP, Ortsgruppe Zell am See, ein und

---

[123] Der Vorstand des Skiklubs Zell am See setzte sich in der Zwischenkriegszeit aus Ärzten, Kaufleuten, Hoteliers und selbstständigen Unternehmern zusammen. Vgl. Ski-Klub Zell am See, Festschrift zum 75-Jahr-Jubiläum 1906–1981, Zell am See 1981, S. 8.
[124] Vgl. OÖLA, LG Linz Sondergericht, Sch. VgVr 5457/47 (335).
[125] Vgl. Protokoll über nicht öffentliche Sitzung, Oberster Gerichtshof Wien, 14.5.1949, OÖLA, LG Linz Sondergericht, Sch. VgVr 5457/47 (335).

besuchte in der illegalen Zeit mehrere Schulungslager des NS-Lehrerbundes.[126] Vogl leitete aber nicht nur die Jugendabteilung des örtlichen Skiklubs, er übte gleich mehrere Funktionen aus. So war der als Fachlehrer der Hauptschule Zell am See tätige ausgebildete Bergbau-Ingenieur ehrenamtlicher Landesjugendführer des ÖSV für den Skilauf im Salzburger Landesskiverband sowie Jugend- und Jungmannenwart der Alpenvereinssektion Pinzgau.[127] Vogl hatte also wesentlichen Einfluss auf die Ausbildung des Alpin- und Skinachwuchses im Bundesland Salzburg. Der Salzburger Landesschulrat sprach dem Nationalsozialisten Vogl in seiner Sitzung vom 22. März 1933 die Anerkennung „für sein verdienstvolles Wirken und sein vorbildliches Verhalten der Skijugend gegenüber als Landesjugendführer von Salzburg des ÖSV" aus.[128]

Der Skiklub Zell am See gab am 14. November 1934 zu Protokoll, dass der Klub „im Sinne der Verbandsstatuten und der eigenen Anschauungen stets unpolitisch geführt wurde und diesen strengen Standpunkt auch bei allen seinen Zusammenkünften und Veranstaltungen genauest eingehalten hat."[129] Dieses Schreiben ist vor allem vor dem Hintergrund der Verfolgung durch Behörden des austrofaschistischen Ständestaates zu betrachten. Ab 1934 standen die Mitgliedsvereine des ÖSV unter verstärkter Beobachtung.

Der Bergsteiger und spätere NS-Expeditionsteilnehmer aus Hüttenberg Heinrich Harrer gewann bei den eben schon erwähnten Akademischen Weltwinterspielen die Abfahrt und die reichsdeutsche Skiläuferin aus Freiburg im Breisgau Christl Cranz siegte bei den Damen.[130] Der gebürtige Innsbrucker Gerhard Lantschner startete damals bereits für das reichsdeutsche Skiteam. Er war in das Deutsche Reich ausgewandert und am 24. Februar 1936 von den österreichischen Behörden ausgebürgert worden.[131] Ob er aus Gründen der politischen Verfolgung geflohen ist, lässt sich aus den bisherigen Quellen nicht erschließen. Es liegt aber nahe, dass er Österreich aus politischen Motiven verlassen hat. Die Flucht seines Cousins Hellmut Lantschner 1934 und seines Bruders

---

126 BArch (ehem. BDC) PK, Vogl, Fritz, 30.07.1899.
127 Vgl. Der Ski, Nr. 2, 15.11.1933, S. 26; Salzburger Volksblatt, 8.10.1937, S. 5.
128 Vgl. Der Ski, Nr. 2, 15.11.1933, S. 26.
129 Protokoll des Skiklub Zell am See (unveröffentlichtes Manuskript), Kopie im Besitz des Verfassers.
130 Vgl. Gabriele Steinacher, Die Entwicklung des Skilaufs am Beispiel des Skiklub Zell am See, Diplomarbeit, Salzburg 1988, S. 34. Steinacher nennt in ihrer Diplomarbeit 16 Nationen, die an den Akademischen Weltwinterspielen teilgenommen hätten, in zeitgenössischen Berichten ist von 18 Nationen die Rede.
131 Vgl. TLA, Bundespolizeidirektion Innsbruck, NS-Dokumentationsmaterial, 3/5 Ausbürgerungsverzeichnis, Gerhard Lantschner.

Fritz Lantschner jun. lassen diesen Schluss zu.[132] Mitglieder der Familie Lantschner waren jedenfalls in Innsbruck für ihre nationalsozialistische Gesinnung bekannt und einige betätigten sich auch am „illegalen Kampf". Diesen führten sie ab Mitte der 1930er-Jahre von Deutschland aus fort. So wie Hellmut Lantschner konnte auch Gerhard Lantschner nach seiner Ausbürgerung an seine skisportlichen Erfolge anschließen, allerdings unter der Hakenkreuzfahne. Bei den Akademischen Weltwinterspielen in Zell am See 1937 siegte Gerhard Lantschner im reichsdeutschen Trikot im Slalom und im zusammengesetzten Abfahrts- und Torlauf, sprich in der Kombination.[133]

3.2.3 Skihütten und -vereine als NS-Tarnorganisationen

Doch auch andernorts mutierten örtliche Skivereine zu NS-Tarnorganisationen. Im Lungau war es der Skiklub Tamsweg, der unter dem Skilehrer Julius Funcke, Rufname Olo, eine SA-Schar zusammenstellte. Der SA-Truppführer nutzte ab 1932 mit seinen Männern die abgelegene Dr. Josef-Mehrl-Hütte in Schönfeld in den Lungauer Nockbergen an der Grenze zu Kärnten als Versammlungs- und Rückzugsort. Von hier sollte im Sinne des Deutschen Reiches nationalsozialistische Propaganda betrieben werden. Funcke wurde am 26. Dezember 1908 in St. Andrä im Lungau geboren und bestand im April 1932 mit Erfolg die staatliche Skilehrerprüfung. Der staatlich geprüfte Skilehrer war im Dezember 1934 als Hilfsskilehrer bei der Alpinen Skischule Lungau angestellt und organisierte für diese die Skikurse am Prebersee. Inhaber der Skischule war Falko Lainer aus Ramingstein. Sowohl Funcke als auch Gerhard Lainer, der Bruder des Skischul-Inhabers Falko Lainer, hätten sich laut Erhebungen der Bezirkshauptmannschaft Tamsweg zuvor nationalsozialistisch betätigt, Funcke galt zudem als „fanatischer Anhänger" der NSDAP. Die Behörde erhob aber keine Einwände, da Funcke und Lainer zum Zeitpunkt der Ermittlung „zu keiner Klage mehr Anlass" gegeben hätten. Die nachsichtige Entscheidung wurde außerdem damit begründet, dass der Lungau über keine anderen Hilfsskilehrer verfüge.[134] Die Salzburger Landeshauptmannschaft bemühte sich daher im Namen der Bezirkshauptmannschaft Tamsweg am 17. Dezember 1934 um die Zulassung der beiden

---

132 Sowohl Hellmut Lantschner als auch Fritz Lantschner jun. finden sich in den Ausbürgerungslisten der Bundespolizeidirektion Innsbruck. Für Hellmut Lantschner ist der 16.5.1934 vermerkt. Vgl. TLA, Bundespolizeidirektion Innsbruck, NS-Dokumentationsmaterial, 3/5 Ausbürgerungsverzeichnis, Hellmut und Fritz Lantschner.
133 Vgl. Steinacher, Die Entwicklung des Skilaufs, S. 38.
134 Vgl. Bezirkshauptmannschaft Tamsweg, Verzeichnis der Hilfsskilehrer der Alpinen Skischule Lungau, 15.12.1934, SLA, PRÄ 1936/47-1620.

Hilfsskilehrer für die Skischule.¹³⁵ Im Februar 1935 hätte Funcke als Skilehrer zusätzlich zu seiner Hilfsskilehrertätigkeit am Prebersee die Skikurse der Zweigstelle der Alpinen Skischule Lungau auf der Karneralm übernehmen sollen.¹³⁶ Anders als in den Akten erwähnt *Der Ski* sowohl den staatlich geprüften Skilehrer Funcke als auch den Medizinstudenten Falko Lainer als Leiter der Alpinen Skischule Lungau mit ihrem Sitz auf der Karneralm. Dort hat im Winter 1933/34 erstmals der ÖSV-Rennläuferkurs für Slalom und Abfahrt stattgefunden.¹³⁷ Damit waren die beiden also durchaus mit mehr betraut als nur mit der Heranbildung des regionalen Skinachwuchses.

Neben seiner Lehrtätigkeit nahm Funcke in den 1930er-Jahren als alpiner Skiläufer an lokalen Wettbewerben teil, so wie als Gastläufer beim Abfahrtslauf des Deutschen Turnvereins Tamsweg im Februar 1934.¹³⁸ Im selben Monat startete er außer Konkurrenz beim Abfahrtslauf vom Preber nach Tamsweg und erreichte auf der zehn Kilometer langen Strecke die zweitbeste Zeit.¹³⁹ Im April 1935 übernahm Funcke die Rennleitung des Preber-Torlaufes, der vom Skiklub Tamsweg nach den Wettlauf-Bestimmungen des ÖSV durchgeführt wurde.¹⁴⁰ Im März 1938 beteiligte sich Funcke an der gewaltsamen Besetzung der Bezirkshauptmannschaft Tamsweg.¹⁴¹ Beim ersten Preber-Torlauf unter nationalsozialistischer Herrschaft, der noch im Mai 1938 durchgeführt wurde, trat Funcke als Redner der NS-Bewegung auf und nahm die Preisverleihung vor.¹⁴²

3.2.4 Nationalsozialistische Sympathiekundgebungen bei Skirennen

Bis zum März 1938 hatte der Nationalsozialismus immer breitere Gesellschaftsschichten durchdrungen und der Deutsche Gruß war trotz staatlicher Verfolgung im Austrofaschismus bei Ski-Veranstaltungen nicht nur salonfähig, sondern zu einem ständigen Begleiter geworden. Das zeigt sich mehrheitlich bei

---

135 Vgl. Landeshauptmannschaft Salzburg an den Herrn Sicherheitsdirektor, 17.12.1934, SLA, PRÄ 1936/47-1620.
136 Vgl. Skischule Falko Lainer, Skischule Karneralm, Zulassung von Lehrkräften, 8.2.1935, SLA, PRÄ 1936/47-1620.
137 Vgl. Der Ski, Nr. 3, 1.12.1933, S. 34.
138 Vgl. Salzburger Volksblatt, 8.2.1934, S. 9.
139 Vgl. Salzburger Volksblatt, 27.2.1934, S. 8.
140 Vgl. Salzburger Volksblatt, 26.4.1935, S. 9.
141 Vgl. Volksgerichtakt Julius Funcke, OÖLA, LG Linz Sondergerichte, Sch. 370 VgVr 6478/47.
142 Vgl. Salzburger Volksblatt, 16.5.1938, S. 9.

einer Aufnahme der Skilaufriege der Dornbirner Turnerschaft beim Turngau-Skirennen kurz vor dem „Anschluss" 1938. Doch zurück zum Jahr 1934.

Abb. 14: Skiläuferinnen der Skiriege des Dornbirner Turnvereines im Rahmen des Turngau-Skirennens auf dem Bödele, 6. März 1938, Stadtarchiv Dornbirn.

Ab den 1930er-Jahren, verstärkt ab der Machtübernahme Adolf Hitlers in Deutschland 1933, kam es in (west-)österreichischen Ski-Kreisen vermehrt zu Sympathiekundgebungen für den Nationalsozialismus. Vor allem im Vorfeld des Juli-Putsches 1934 häuften sich nationalsozialistische Kundgebungen bei Wettbewerben und Skisportveranstaltungen. In Kitzbühel wurde das Hahnenkamm-Rennen, welches 1931 ins Leben gerufen wurde, in den Jahren 1933 und 1934 abgesagt.[143] Die offizielle Website des Hahnenkammrennens gibt über 80 Jahre später politische Gründe für die Absage an.[144] Einer der Höhepunkte waren die Ausschreitungen bei den Tiroler Skimeisterschaften in Hall am 14. Jänner 1934. Mitglieder des Skiklubs Innsbruck, die den Behörden als Anhänger des Nationalsozialismus bekannt waren,[145] bekundeten ihre Sympathie zum nationalsozialistischen Regime beim Springen mit dem Deutschen Gruß. Der Wettbewerb wurde daraufhin abgebrochen und das Militär nach Hall entsandt, um die aufgebrachte Menge unter Kontrolle zu bringen.[146] Laut amtlicher Meldung, die im *Tiroler Anzeiger* am 15. Jänner 1934 abgedruckt wurde, erging sich eine

---

143 Vgl. John B. Allen, Politik, Geld und Sport: Der Fall Hannes Schneider, in: Josef Riedmann/Richard Schober (Hg.), Tiroler Heimat. Jahrbuch für Geschichte und Volkskunde (Band 70), Innsbruck 2006, S. 195–200, hier S. 197; Brugger, The Influence of Politics, S. 680.
144 Vgl. https://hahnenkamm.com/wissenswertes/hkr-die-chronik/ (21.5.2019).
145 Vgl. TLA Präs.4163 XII-59 1933 Kart.1220-01.
146 Vgl. u. a. Neueste Zeitung, 16.01.1934, S. 1 und Neueste Zeitung, 08.02.1934, S. 1.

mehrhundertköpfige Menge in Heil-Hitler-Rufen, demonstrierte den Hitler-Gruß und sang das Deutschlandlied sowie das Horst-Wessel-Lied. Die Bezirkshauptmannschaft Tirol habe daraufhin die Sportveranstaltung sofort abgesagt und in weiterer Folge hatten Gendarmerie und eine Kompanie des Feldjägerbataillons einige der Demonstranten in Gewahrsam genommen. „Mehrere bekannte nationalsozialistische Parteigänger" wurden in das Anhaltelager nach Wöllersdorf überstellt.[147] Unter den aktiven Teilnehmern befand sich der Innsbrucker Abfahrer Hellmut Lantschner. Er setzte sich in der Folge ab und floh in das Deutsche Reich. Lantschner reiste laut eigenen Angaben aus dem italienischen Skiort San Martino di Castrozza an, wo er unter anderem als Skilehrer tätig war, um bei den Meisterschaften in Hall zu starten. Von der geplanten Demonstration hätte er im Vorfeld nichts gewusst, behauptete er später bei seinen Aussagen im Entnazifizierungsprozess.[148] Lantschner war bereits 1932 der SA beigetreten und befand sich nach den Zwischenfällen in Hall im Jänner 1934 auf der Flucht vor den österreichischen Behörden. Der Skiklub Innsbruck musste daraufhin seinen Betrieb einstellen und dem Tiroler Skiverband wurden sämtliche Aktivitäten behördlich untersagt.[149]

Zwei Wochen zuvor war es in Dornbirn zu einem ähnlichen Vorfall im Zuge der Vorarlberger Skimeisterschaften gekommen. Beim Begräbnis des tödlich verunglückten Abfahrers und SS-Mannes Alois Glatzl bekundete der Vize-Präsident des ÖSV und illegale NSDAP-Gauleiterstellvertreter Theodor Rhomberg offen seine nationalsozialistische Einstellung. Der Dornbirner Geschäftsmann und teilhabende Geschäftsführer des Textilunternehmens Herrburger & Rhomberg, Obmann des Deutschen Turnvereins und Präsident des Verbandes Vorarlberger Skiläufer (VVS) musste daraufhin sein Amt im ÖSV aufgeben. 1938 wurde Rhomberg von den Nationalsozialisten als Vereinsführer des lokalen Skiklubs wiedereingesetzt sowie zum Kreisorganisationsleiter und NS-Landessportführer ernannt. Wie Quellen der NSDAP-Gauleitung für Tirol und Vorarlberg belegen, verfügte Rhomberg aufgrund seiner parteipolitischen Ämter, die er ab 1938 ausübte, über eine beachtliche Machtfülle.[150] Doch schon in den Jah-

---

147 Vgl. Tiroler Anzeiger, 15.1.1934, S. 5.
148 Vgl. TLA, LG Innsbruck, 10 Vr 2863/47 Strafverfahren gegen Helmuth Lantschner, geb. am 11.10.1909 in Innsbruck-Igls, vom Beruf Sportlehrer.
149 Vgl. u. a. Tiroler Anzeiger, 8.2.1934, S. 7.
150 Vgl. u. a. StAD, Nr. 570, Dornbirns Kampf um die Befreiung 1933–1938 und StAD, Verwaltungsarchiv, Akz.-Nr. 125/2000, Ordner 1938–1945 NSDAP Akten, Nr. V sowie Ingrid Böhler, Dornbirn in Kriegen und Krisen 1914–1945, Innsbruck 2005. Theodor Rhomberg, geboren am 29.6.1897 in Dornbirn, war seit 24. März 1933 NSDAP-Mitglied und von Jänner 1934 bis Dezember 1934 Gauleiterstellvertreter sowie später Gauschulungsleiter. Unmittelbar nach dem „Anschluss" wurde er von den Nationalsozialisten zum Landessportführer für Vorarlberg ernannt.

ren zuvor lässt sich in Dornbirner Ski-Kreisen ein, wie Ingrid Böhler schreibt, „völkisch-nationales Netzwerk"[151] nachzeichnen, dass seine Wurzeln ebenso in der hiesigen Turnbewegung hatte und dessen Mitglieder von den Behörden wegen illegaler NS-Aktivitäten angehalten und angezeigt wurden. Die hohe Konzentration an nationalsozialistischen Turnern, die auch skiläuferisch aktiv waren, erklärt sich auch durch den Einfluss der NSDAP-Ortsgruppe Dornbirn, die sich ab Anfang der 1930er zum Zentrum der nationalsozialistischen Bewegung entwickelte und laut Wolfgang Weber 1932 mit der Übernahme der Landesleitung 78 Mitglieder zählte.[152] Auch Rhomberg war neben dem illegalen NSDAP-Gauleiter Anton Plankensteiner Teil dieses Netzwerkes.[153] Rhomberg und Plankensteiner kannten sich aus der Turnriege und der nationalsozialistischen Bewegung. Der um sieben Jahre ältere Plankensteiner war zunächst Obmann-Stellvertreter und leitete ab 1930 als Obmann den Turnverein Dornbirn.[154] Der Bankbeamte trat am 6. November 1930 der NSDAP bei und kandidierte im Oktober 1932 als Spitzenkandidat für die NSDAP bei den Landtagswahlen in Vorarlberg, nahm aber sein gewonnenes Mandat nicht an – Presseberichten zufolge auf „ausdrücklichen Wunsch" seines Arbeitgebers, der Tiroler Bank.[155] Planken-

---

Nach 1938 bekleidete Rhomberg mehrere parteipolitische Ämter. So war er nicht nur Kreisorganisationsleiter der NSDAP, sondern auch Betriebsführer der DAF, Mitglied des NSV und Kreisführer im NSRL. Am 8. November 1938 trat er der SA bei und wurde 1939 zum Obersturmführer befördert. Der Industrielle Rhomberg war teilhabender Geschäftsführer des Dornbirner Textilunternehmens Herrburger & Rhomberg, Präsident des Verbandes Vorarlberger Skiläufer, Vizepräsident des ÖSV und Obmann des Deutschen Turnvereins TV 1862 sowie des Skivereins Dornbirn. Vgl. u. a. NSDAP Parteipolitische Beurteilung, Gau Tirol-Vorarlberg, Innsbruck, 02.8.1939, StAD, Verwaltungsarchiv, Akz.-Nr. 125/2000, Ordner ohne Titel, Nr. VI/3.
151 Böhler, Dornbirn in Kriegen, S. 128.
152 Vgl. Wolfgang Weber, Von Jahn zu Hitler. Politik- und Organisationsgeschichte des Deutschen Turnens in Vorarlberg 1847–1938, Konstanz 1995, S. 138–139.
153 Böhler, Dornbirn in Kriegen, S. 128–129.
154 Vgl. Weber, Von Jahn, S. 139.
155 Vgl. Feldkircher Anzeiger, 19.10.1932, S. 1; Vorarlberger Volksblatt, 18.11.1932, S. 2; Datenbank der deutschen Parlamentsabgeordneten, Basis: Parlamentsalmanache/Reichstagshandbücher 1867–1938, https://www.reichstag-abgeordnetendatenbank.de/selectmaske.html?pnd=130556556&recherche=ja (4.6.2019). Anton Plankensteiner, geboren am 13. März 1890 in Bregenz, absolvierte die Realschule in Dornbirn und meldete sich 1909 freiwillig zu einem Jahr bei den Tiroler Kaiserjägern. Ab Februar 1911 war er zunächst als Bankkassier und danach als Korrespondent für die Bank für Tirol und Vorarlberg in den Filialen in Dornbirn und Bludenz sowie in der Zentrale in Innsbruck tätig. Im November 1930 trat er der NSDAP bei und wurde aufgrund seiner späteren illegalen Tätigkeit für die NSDAP in Wöllersdorf inhaftiert und vorübergehend vom Dienst suspendiert. In der NSDAP war Plankensteiner bis 1933 zunächst Ortsgruppenleiter, dann Bezirksverbands- und Kreisleiter sowie illegaler NSDAP-Gauleiter. Seine Verhaftung und Internierung erfolgten 1934. Nach seiner Internierung in Wöllersdorf wurde Plankensteiner ausgebürgert. 1936 nahm er am NSDAP-Parteitag in Nürnberg teil. Plankenstei-

steiner wurde später aufgrund seiner illegalen Tätigkeit für die NSDAP von Jänner bis Juli 1934 im Anhaltelager Wöllersdorf inhaftiert und vom Bankdienst suspendiert.[156] Zum engeren Vertrautenkreis Rhombergs zählten noch der SA-Standartenführer Eugen Kölbl,[157] der NS-Ortsgruppenleiter Josef Luger[158] und der SS-Blutordensträger und spätere NS-Bürgermeister von Dornbirn Josef Dreher.[159]

Rhomberg musste im Zuge der Neuwahlen des Vorstands des Verbandes Vorarlberger Skiläufer im Juni 1935 „infolge seiner nationalsozialistischen Einstellung" sämtliche Funktionen aufgeben und sein Präsidentenamt im VVS zur Verfügung stellen.[160] Er setzte sich in weiterer Folge ins Deutsche Reich ab. Die Skisportvereine in Vorarlberg standen ab diesem Zeitpunkt ebenso wie andere in Österreich unter verstärkter Beobachtung des austrofaschistischen Ständestaates. Die Sicherheitsdirektion für Vorarlberg forderte 1936 von den einzelnen Gendarmerieposten Berichte über die nunmehr illegale nationalsozialistische Bewegung in Skivereinen. Besonders die Vereine in Dornbirn und Feldkirch standen im Fokus der Ermittlungen.[161] In einer Meldung des Gendarmeriepostenkommandos Dornbirn hieß es im April 1936, dass der letztmalig gewählte Vorstand des Skivereins Dornbirn ausschließlich aus Nationalsozialisten bestünde – angefangen bei seinem vorbestraften Obmann Otto Weiß, der sich ins Deutsche Reich abgesetzt haben soll.[162] Weiß, der acht Semester Bodenkultur studierte und 1926 im Fach Landwirtschaft promovierte, trat im Mai 1933 der NSDAP bei und im Februar 1936 der SS. Der gebürtige Dornbirner wurde nach seiner Flucht ins Deutsche Reich am 15. Dezember 1936 eingebürgert und nach einem Schulungskurs für SS-Sturmmänner in Thüringen unter der SS-Nr.

---

ner kehrte mit dem „Anschluss" nach Dornbirn zurück und wurde im Juni 1938 als Kreisleiter und Gauinspektor eingesetzt. Vgl. Weber, Von Jahn, S. 139; TLA, BPD Innsbruck, NS-Dokumentationsmaterial, 3/395 Kreis- und Gauamtsleiter, Anton Plankensteiner.
156 Vgl. Brugger, The Influence, S. 676; Datenbank der deutschen Parlamentsabgeordneten, Plankensteiner, Toni, geb. am 16.3.1890 in Bregenz (Vorarlberg), www.reichstag-abgeordnetendatenbank.de (4.6.2019).
157 Vgl. BArch (ehem. BDC), SA, Kölbl, Eugen, 27.06.1898
158 Vgl. Weber, Von Jahn, S. 139.
159 Josef Dreher, geboren am 20. Juni 1896, trat 1932 in die NSDAP und im Oktober 1934 in die SS ein. Vgl. BArch (ehem. BDC), SSO, Dreher, Josef, 20.6.1896.
160 Vgl. Meldung des Gendarmeriepostenkommandos Dornbirn, Bezirk Feldkirch, 16.4.1936, VLA, BH Feldkirch I, Sch. 1425, Fasz. „Nationalsozialistische Tätigkeit", III-12 (1) 1936; Peter, Turnen fürs Vaterland, S. 203.
161 Vgl. BH Feldkirch an den Sicherheitsdirektor für Vorarlberg und Bregenz, 20.4.1936, VLA, BH Feldkirch I, Sch. 1425, Fasz. „Nationalsozialistische Tätigkeit", III-12 (2) 1936.
162 Vgl. Meldung des Gendarmeriepostenkommandos Dornbirn, Bezirk Feldkirch, 16.4.1936, VLA, BH Feldkirch I, Sch. 1425, Fasz. „Nationalsozialistische Tätigkeit", III-12 (1) 1936.

276 179 im Juni 1936 vereidigt. Er machte ab Oktober 1940 Karriere als SS-Führer.[163] Die österreichischen Behörden ermittelten aber nicht nur im Fall Weiß. Als ebenso verdächtig galten der vorbestrafte Kassier des Skivereins Dornbirn Siegfried Nosko und der wegen Verdacht auf Hochverrat flüchtige sowie zur Verhaftung ausgeschriebene Sportwart Edmund Bösch. Als „vaterländisch" unzuverlässig eingestuft wurden auch der Obmann-Stellvertreter Alfred Hämmerle und der Schriftführer Karl Hämmerle.[164]

Die Verbundenheit zum nationalsozialistischen Deutschland lässt sich auch an der Berichterstattung in der einschlägigen Verbandspresse des ÖSV ablesen. In einem Vorbericht zu den österreichischen Meisterschaften 1934 im Kärntner Mallnitz stand im Dezember 1933 zu lesen, dass die Sportveranstaltung „ein Ausdruck der Einheit aller deutschen Skiläufer unserer österreichischen Heimat, ein Beweis alpenländischer Sitte und deutschen Fühlens sowie der leiblichen Kraft und Gesundheit unserer Jugend sein soll".[165] Als Leiter des Abfahrtslaufes trat der spätere NSRL-Sportfunktionär Alfred Schatz und als „Kenner der Dolomiten" der spätere Leiter des NS-Lehrerbundes im Gau Salzburg und Initiator der nationalsozialistischen Bücherverbrennung in Salzburg Karl Springenschmid auf.

3.2.5 Der ÖSV im Visier der austrofaschistischen Behörden

Die Überprüfung und strafrechtliche Verfolgung von verdächtigen Mitgliedern in Vorarlberg durch die Sicherheitsbehörden war kein Einzelfall. Nachdem die NSDAP im Juni 1933 in Österreich verboten worden war, versuchte die austrofaschistische Regierung, die illegalen Aktivitäten im ÖSV zu unterbinden. Das entsprach der allgemein autoritären Politik der von Kanzler Engelbert Dollfuß installierten Ein-Parteien-Regierung, die bemüht war, „die politische Opposition im Sportbereich auszuschalten".[166] Damit standen auch die nationalsozialistischen Aktivitäten in den Mitgliedsvereinen des ÖSV unter permanenter Kontrolle, wenn auch diese weniger drastisch ausfiel als die Ausschaltung und Unterdrückung sozialdemokratischer Sportvereine.[167] Die österreichische Sport- und Turnfront setzte dafür einen eigenen Regierungskommissär ein, der auffäl-

---

163 Vgl. BArch (ehem. BDC), SSO, Weiss, Otto, 23.5.1903.
164 Vgl. Meldung des Gendarmeriepostenkommandos Dornbirn, Bezirk Feldkirch, 16.4.1936, VLA, BH Feldkirch I, Sch. 1425 Fasz. „Nationalsozialistische Tätigkeit", III-12 (1) 1936.
165 Der Ski, Nr. 4, 15.12.1933, S. 49.
166 Tálos, Das austrofaschistische Herrschaftssystem, S. 417.
167 Vgl. Tálos, Das austrofaschistische Herrschaftssystem, S. 419; Marschik, Turnen und Sport, S. 380–381.

lige Mitglieder melden und beobachten sollte. Auf der Liste der Verdächtigen standen vom ÖSV-Direktor Karl Merz abwärts sämtliche Vorstandsmitglieder bis hinein in die Landesverbände. Der Erfolg war bescheiden. In manchen Fällen kam es zu Verfahren, die aber mangels Beweisen sehr schnell wieder eingestellt wurden.[168] Grundlage für die Überwachung bildete eine Verordnung der Bundesregierung vom 3. März 1934. Nach dieser wurde per Bescheid vom 31. Jänner 1934 der pensionierte Gendarmerie-Oberst Richard Hueber als Überwachungsbeamter des ÖSV bestellt. Hueber nahm daraufhin am 8. Jänner 1935 in der Hauptvorstandssitzung des ÖSV seine Arbeit auf und begab sich anschließend in die Bundesländer, um dort mit den jeweiligen Verantwortlichen in den Landesverbänden Kontakt aufzunehmen.[169]

Die inkonsequente Haltung des austrofaschistischen Systems muss auch vor dem Hintergrund gesehen werden, dass die Sportführung vermeiden wollte, dem nationalen Projekt Skisport zu schaden. Daraus entstand oftmals eine Zwickmühle, in der sich die ermittelnden Instanzen wiederfanden. Denn gleichzeitig war der Skisport nicht nur eine politische Mission, sondern kurbelte den Tourismus und Wintersportbetrieb an. Gerade der Skitourismus war in den Krisenjahren 1933 bis 1936, die von der „Tausend-Mark-Sperre" gekennzeichnet waren, eine wesentliche Einnahmequelle für Fremdenverkehrsorte, die sich nun bemühten, verstärkt Gäste aus Westeuropa anzusprechen.[170] Gleichzeitig war die ÖSTF um eine positive Außenwirkung der Nationalsportart Skisport bemüht.

Die Staatspolizei ermittelte weiterhin gegen führende Vertreter des ÖSV. Das geht aus den Aktenbeständen des Bundeskanzleramtes in Wien hervor. So überprüfte die Exekutive ab 1936 die politische Einstellung des ÖSV-Geschäftsführers Franz Mauler. Dieser wurde in der Folge ein Fall der Generaldirektion für öffentliche Sicherheit, da Mauler wegen Betätigung für die NSDAP bereits vorbestraft war.[171] Mauler war im Februar 1932 der NSDAP beigetreten.[172] Die Behörden ermittelten zudem gegen den Obmann-Stellvertreter des Wiener akademischen Sportvereins Alfred Bauer, weil dieser laut staatspolizeilichen Akten an einer Besprechung nationalsozialistischer Parteigänger teilgenommen hatte. Das Bundeskanzleramt beschloss daraufhin, dass beide Personen aus ihren

---

168 Vgl. OeStA/AdR, BKA/BPD Wien, Vereinsbüro XVIII-11.336 Vereinsakt des Österreichischen Skiverbandes 1933–1936.
169 Vgl. Der Ski, Nr. 6, 20.1.1935, S. 84.
170 Vgl. Groß, Beschleunigung, S. 82.
171 Vgl. Bundeskanzleramt, Generaldirektion für die öffentliche Sicherheit, OeStA/AdR, BKA 15/4 331.062/1936.
172 Vgl. BArch (ehem. BDC), PK, Mauler, Franz, 27.3.1889.

Vorstandsämtern ausscheiden müssen.[173] Mauler saß im Hauptvorstand des ÖSV und machte keinen Hehl aus seiner völkisch-antisemitischen Einstellung. Im ÖSV-Jahrbuch *Skileben*, das er gemeinsam mit dem Nationalsozialisten Franz Martin herausgab, schrieb er in der Ausgabe von 1937:

> Bei der Naturverbundenheit und der Liebe zu den Schönheiten unserer engeren und weiteren Heimat, die vor allem uns Deutsche in allen Gauen auszeichnet, ist es erklärlich, daß das Skilaufen zu einem wahren Volkssport geworden ist. [...] Aus der Bodenständigkeit, die unseren Sport, seine Vorkämpfer und Anhänger seit je auszeichnet, ist es erklärlich, daß der Ariergrundsatz im Ö.S.V. stets verankert und allen Anstürmen zum Trotz es auch bis heute geblieben ist.[174]

Mauler wurde aber nicht wegen seiner Blut- und Boden-Ideologie von der austrofaschistischen Führung abgesetzt. Er wurde den christlich-sozialen Machthabern wie dem Sportführer Ernst Rüdiger Starhemberg, die selbst eine antisemitische Politik vertraten,[175] aufgrund seiner nationalsozialistischen Verbindungen zu gefährlich.

3.2.6 Österreichische SkilehrerInnen auf der Flucht ins Deutsche Reich

Für staatlich geprüfte Skilehrer aus Österreich, die dem Nationalsozialismus ideologisch nahestanden und darüber hinaus noch Mitglied der SA waren, galt das Deutsche Reich ab 1933 als verheißungsvoller Boden. Vor allem ab Juni 1933 mit dem Parteiverbot bot sich für viele der Ausweg über die Grenze an. Der Hauptfeind der SA, die ihre militanten Mitglieder vielerorts aus den Reihen der deutschnationalen Skivereine rekrutierte, war jetzt nicht mehr der Marxismus, sondern der austrofaschistische Ständestaat.[176] Das wurde unter anderem bei nationalsozialistischen Demonstrationen rund um Skisportveranstaltungen deutlich, bei denen illegale SA-Skiläufer ihre politische Gesinnung offen-provo-

---

173 Vgl. Bundeskanzleramt, Generaldirektion für die öffentliche Sicherheit, OeStA/AdR, BKA 15/4 331.062/1936.
174 Franz Mauler, Zweck und Ziele des Ö.S.V., in: Skileben in Österreich, 1937, S. 161.
175 Die Organisation und Ausrichtung des im austrofaschistischen Regime geduldeten Sports, beispielsweise in christlich-sozialen Turnvereinen, war ebenso von einer antisemitischen Note geprägt. Sportführer Ernst Rüdiger Starhemberg sprach sich bei der Einführung des Gesetzes zur ÖSTF im Oktober 1934 gegen die Einbeziehung von Jüdinnen und Juden aus. Vgl. Tálos, Herrschaftssystem, S. 417.
176 Vgl. Hans Schafranek, Söldner für den „Anschluss". Die Österreichische Legion 1933–1938, Wien 2011, S. 11.

zierend dem Dollfuß-Regime entgegensetzten.[177] Darüber hinaus kämpften Nationalsozialisten mit massiver Gewalt und terroristischen Methoden gegen den Austrofaschismus.[178] Das machte sich mitunter auch bei Grenzüberschreitungen bzw. bei illegalen Grenzübertritten in Skikreisen bemerkbar.

Zum Ausdruck kam die Fluchtbewegung österreichischer Skilehrer ab 1933 bei den Ansuchen an den Reichsverband Deutscher Turn-, Sport- und Gymnastiklehrer. Dieser hatte ab 1934 mehrere Fälle abzuwickeln, bei denen geflüchtete österreichische Skilehrer um eine Skischulkonzession in den bayerischen Alpen ansuchten.[179] In der Diskussion war zunächst von einem „Sturm der Entrüstung" die Rede, würde ein österreichischer Staatsbürger die Genehmigung in Bayern bekommen.[180]

Dass die Fluchtversuche und Grenzübertritte zum Teil blutig ausgingen, zeigt ein Fall im Salzburger Pinzgau. So betätigte sich der aus Saalfelden stammende Skilehrer Georg Fuchslechner bei einem bewaffneten Überfall auf Heimwehrmitglieder im Steinernen Meer, einer Gebirgsgruppe im salzburgisch-bayerischen Grenzgebiet, als Haupttäter.[181] Fuchslechner wurde 1906 geboren und trat im Alter von 24 Jahren im September 1930 mit der Mitgliedsnummer 300 876 der NSDAP bei.[182] Seit 1928 war er als Berg- und Skiführer im Deutschen- und Österreichischen Alpenverein in der Sektion Saalfelden aktiv. Er war zudem Pächter der Ingolstädter Hütte im Grenzgebiet zu Bayern. Gemeinsam mit dem illegalen SA-Sturmbannführer und Skiläufer Johann Mathoi begab sich Fuchslechner in der Nacht vom 17. Auf den 18. August 1933 nach Saalfelden. Dort gaben die beiden mehrere Schüsse aus einem Hinterhalt auf bewaffnete Heimwehrbeamte ab. Bei dem Schusswechsel wurden zwei Beamte schwer verletzt. Mathoi und Fuchslechner hatten sich zuvor verabredet, weil Mathoi über das Steinerne Meer in das Deutsche Reich flüchten wollte und Fuchslechner als ortskundigen Gehilfen benötigte. Bei dem Fluchtversuch sind sie überrascht worden und Fuchslechner eröffnete zur Ablenkung das Feuer. Während

---

[177] Vgl. hier vor allem die NS-Demonstration bei den Tiroler Landes-Skimeisterschaften in Hall, aber auch bei den österreichischen Skimeisterschaften in Mallnitz, beide 1934. Vgl. Innsbrucker Zeitung, 23. Februar 1934, S. 5.
[178] Zum Erstarken der nationalsozialistischen Bewegung in Österreich und zum nationalsozialistischen Terror vor 1938 vgl. u. a. Gerhard Botz, Nationalsozialismus in Wien. Machtübernahme, Herrschaftssicherung, Radikalisierung, Kriegsvorbereitung 1938/39, Wien 2018, S. 21–22; Emmerich Tálos/Florian Wenninger, Das austrofaschistische Österreich, 1933–1938, Wien 2017, S. 91.
[179] Bayerisches Hauptstaatsarchiv (BayHStA), MK 41585.
[180] Schreiben des Staatsministeriums für Unterricht und Kultus an die Regierung, Kammer des Inneren von Oberbayern, München 16. Februar 1934, BayHStA, MK 41585.
[181] SLA, LRA 1920–1938 XXXIII 1581; TLA, LG Innsbruck, 10 Vr 4132/47.
[182] Vgl. BArch (ehem. BDC), PK, Fuchslechner, Georg, 7.8.1906.

Mathoi fliehen konnte, verblieb Fuchslechner zunächst in Österreich.[183] Die Bezirkshauptmannschaft Zell am See stellte am 27. August 1933 fest, dass Fuchslechner der Haupttäter beim bewaffneten Überfall auf Heimwehrmitglieder in Saalfelden und in der Zwischenzeit ebenfalls ins Deutsche Reich geflohen war. Sein genaues Fluchtziel war den Behörden unbekannt. Der staatlich geprüfte Skilehrer Fuchslechner suchte erst im Jänner 1933 um die Errichtung einer Skischule beim Sporthotel Penhab in Saalbach an, im August desselben Jahres wurde ihm die Leitung dieser Skischule per Bescheid entzogen.[184] Die Bezirksbehörde veranlasste daraufhin, dass ein anderer Skilehrer die Skischule in Saalbach übernehmen sollte.[185]

Der gelernte Schlosser Mathoi, geboren am 20. März 1899 in Wien, trat Ende Oktober 1930 in die NSDAP und SA ein und war führend am Aufbau eines illegalen SA-Sturmbannes in Kitzbühel und drei NSDAP-Ortsgruppen beteiligt. Er flüchtete später ins Deutsche Reich.[186] Die Überweisung von der österreichischen illegalen NSDAP an eine reichsdeutsche Ortsgruppe wurde am 25. September 1936 in München bestätigt.[187] Mathoi erhielt zunächst in verschiedenen Lagern der „Österreichischen Legion" eine militärische Schulung.[188] Ab Anfang Jänner 1934 führte er einen Sturmbann der „Österreichischen Legion" und übernahm am 1. März 1935 als Adjutant die Standarte und ein halbes Jahr später als Führer einen anderen Sturmbann. Im Juni 1938 kehrte er als hauptamtlicher Führer der Gebirgsjäger-Standarte 1 mit Sitz in Innsbruck zurück in das nationalsozialistische Österreich. Wie andere Skilehrer und Bergführer diente Mathoi während des Zweiten Weltkriegs für die SA-Gruppe Alpenland als Gebirgsjäger und wurde mit dem Eisernen Kreuz erster und zweiter Klasse ausgezeichnet, ehe er im Dezember 1943 als Oberleutnant „uk" gestellt wurde.[189] Der von den österreichischen Behörden steckbrieflich gesuchte SA-Mann Fuchslechner schloss sich nach seiner Flucht in das Deutsche Reich im Februar 1936 dem NSKK-Motorsturm in Berchtesgaden an. In der SA galt Fuchslechner als „erstklassiger Lang-, Abfahrts- und Torläufer".[190] Bei den SA-Skimeisterschaften in

---

183 Vgl. TLA, LG Innsbruck, 10 Vr 4132/47.
184 Vgl. Georg Fuchslechner, Errichtung einer Skischule im Hotel Penhab in Saalbach, Zurücknahme des Bescheids vom 19. August 1933, SLA, LRA 1920–1938 XXXIII 1581.
185 Vgl. Bezirkshauptmannschaft Zell am See, 27. August 1933, SLA, LRA 1920–1938 XXXIII 1581.
186 Vgl. TLA, BPD Innsbruck, NS-Dokumentationsmaterial, 3/5 Ausbürgerungsverzeichnis, Johann Mathoi; TLA, LG Innsbruck, 10 Vr 4132/47.
187 Vgl. BArch (ehem. BDC), PK, Mathoi, Hans, 20.3.1899.
188 TLA, LG Innbsruck Vr 4132/47.
189 Vgl. BArch (ehem. BDC.), SA, Mathoi, Hans, 20.3.1899.
190 Vgl. BArch (ehem. BDC.), SA, Fuchslechner, Georg, 7.8.1906.

Schreiberhau, die 1936 als NS-Winterkampfspiele durchgeführt wurden, startete Fuchslechner für NSKK-Motorsturm.[191] Die Nachnennung des geflüchteten Fuchslechner zu den Wettbewerben erfolgte auf ausdrücklichen Wunsch der Motorstandarte 84 Kolbermoor des NSKK-Motorsturms. Als Begründung in dem Schreiben vom 5. Februar 1936 an die Kraftfahrinspektion Süd gab die Motorstandarte 84 an, dadurch „noch einen sehr guten Skiläufer nach Schreiberhau" entsenden zu können.[192] Fuchslechner war erst einen Tag zuvor dem Motorsturm beigetreten. Seine Loyalität zur NSDAP und zur nationalsozialistischen Bewegung lässt sich einem Schreiben an den Beauftragten des Führers der NSDAP in Österreich entnehmen. In diesem schreibt Fuchslechner am 29. März 1939: „Mir liegt an meinem alten Parteibuch sehr viel."[193] Zu diesem Zeitpunkt war Fuchslechner bereits nach Saalfelden zurückgekehrt und wohnte im Ingolstädter Haus am Steinernen Meer, wo er sich als Bergführer betätigte.[194] Der geflüchtete Alpinsportler kehrte also dorthin zurück, wo seine Flucht den Ausgang genommen hatte. Während des Zweiten Weltkriegs war der Oberjäger Fuchslechner unter anderem als Heeresbergführer in der Gebirgsjäger- und Heereshochgebirgsschule in Fulpmes eingesetzt und schulte dort die Gebirgseinheiten für den Winterkrieg.[195]

Ebenfalls im Jahr 1933 machte sich ein anderer aus Saalfelden gebürtiger Skilehrer auf dem Weg ins Deutsche Reich. Die Motive für seine Flucht waren ähnlich gelagert. Nachdem der Absolvent der Lehrerbildungsanstalt Anton Höttl im Juli 1932 in die SS eintrat und Anfang 1933 der NSDAP-Ortsgruppe St. Johann im Pongau beigetreten war, flüchtete er aufgrund seiner Gesinnung im Juli 1933 nach München und trat dort den aktiven Dienst in der SS im „SS-Hilfswerk Dachau" sprich im Lager Dachau der „Österreichischen Legion" an. Dort befand sich Höttl bis zum 23. Oktober 1934. Danach begann er in München ein Studium, das seine spätere Karriere nachhaltig prägen sollte. Er inskribierte im November 1934 an der Akademie der bildenden Künste und machte im Rahmen seines Studiums zum Zeichenlehrer die Ausbildung zum Turnphilologen am In-

---

191 Vgl. BArch (ehem. BDC.), SA, Fuchslechner, Georg, 7.8.1906.
192 Vgl. Schreiben des NSSK Motorsurmn 15/M84 an die Kraftfahrinsepktion Süd, Berchtesgaden, 5.2.1936, BArch (ehem. BDC.), SA, Fuchslechner, Georg, 7.8.1906.
193 Vgl. Schreiben Georg Fuchslechner an den Beuaftragten des Führers für die NSDAP, Saalfelden, 29.3.1939, BArch (ehem. BDC.), SA, Fuchslechner, Georg, 7.8.1906.
194 Vgl. BArch (ehem. BDC), PK, Fuchslechner, Georg, 7.8.1906.
195 Georg Fuchslechner war einer jener österreichischen Skisportler, die aufgrund ihrer Bergführerausbildung und skiläuferischen Kenntnisse als Ausbildner an die Heereshochgebirgsschule in Fulpmes abkommandiert wurden. Vgl. Broschüre der Heeresbergführer der Deutschen Wehrmacht basierend auf der Bergführerkartei der Heereshochgebirgsschule in Fulpmes, Privatnachlass Alfred Rössner, Sammlung Privatnachlässe, Skimuseum Werfenweng.

stitut für Leibesübungen. Die Lehramtsprüfung für Turnen legte er im Juli 1937 an der Führerschule des Berliner Hochschulinstituts für Leibesübungen in Neustrelitz mit „sehr gut" ab. Als der SS-Rottenführer Höttl 1939 nach Bischofshofen zurückkehrte und eine Anstellung als Sport- und Zeichenprofessor an der Oberschule in Kreuzberg bekam, war er nicht nur gut ausgebildet, sondern hatte auch eine nationalsozialistische Hochschulbildung samt wehrsportlicher Ausbildung in diversen Lagersystemen absolviert. Höttl durchlief die Lager der „Österreichischen Legion" in Dachau und Lechfeld sowie die Gelände- und Wintersportlager im Rahmen seiner Turnlehrer-Ausbildung.[196] Diese Fähigkeiten und erworbenen Kenntnisse gab er bis zu seiner Einberufung 1941 zum Gebirgs-Artillerie-Regiment 111 als Leiter in Skilagern für die Salzburger LehrerInnenschaft sowie an die Jugend im Turn- und Zeichenunterricht weiter.[197]

3.2.7 Frühe Netzwerke und Seilschaften

Bei den Deutschen Skimeisterschaften in Berchtesgaden 1934 zeigten sich die enge Bande zwischen Österreich und dem Deutschen Reich nicht nur auf einem sportlichen Level. Die Veranstaltung diente einerseits der NS-Sportpropaganda dazu, Werbung zu machen und die angespannte innenpolitische Lage in Österreich für sich zu nutzen, andererseits wurden bestehende sportpolitische Kontakte vertieft und neue geknüpft.

Der bekannte Skirennfahrer, Bergführer und Vorsitzende des Skiclubs Salzburg Fritz Rigele zeigte sich mitunter in kameradschaftlicher Pose neben NS-Reichssportführer Hans von Tschammer und Osten und Ministerpräsident Hermann Göring.[198] Göring, selbst ein leidenschaftlicher Skifahrer, war bereits vor dem Ersten Weltkrieg Mitglied des Skiclubs Salzburg (SCS), dem auch seine Schwester angehörte. Der damals in Oberndorf bei Salzburg ansässige Notar Rigele leitete als Obmann den Verein, während Göring als junger Kadett Mitglied des Kadetten-Korps in Berlin-Lichterfelde war.[199] Hellmut Lantschner, der vor der österreichischen Justiz nach Berchtesgaden geflüchtet war, suchte unter anderem den Kontakt zum Reichssportführer von Tschammer und Osten und dieser bekundete sein Interesse an dem späteren NS-Weltmeister. Nach den

---

[196] Vgl. OÖLA, LG Linz, Sondergerichte, Sch. 417, VgVr 234/48; BayHStA, MK 33117, Anton Höttl, 1.5.1912.
[197] Vgl. Salzburger Volksblatt, 3.1.1939, S. 6; OÖLA, LG Linz, Sondergerichte, Sch. 417, VgVr 234/48; WASt, Höttl, Anton, 1.5.1912.
[198] Vgl. Der Winter, 30 (1934/35), S. 169.
[199] Vgl. Mitglieder-Verzeichnis, Ski-Klub Salzburg Jahrbuch 1912, München 1912, S. 78 und 80.

Vorfällen in Hall flüchtete Lantschner zunächst von Salzburg aus mit dem Güterzug über Freilassing nach Berchtesgaden, wo er sich bei den Deutschen Skimeisterschaften mit dem Meistertitel in der Abfahrt empfehlen konnte. Danach war er abwechselnd in St. Moritz und Garmisch-Partenkirchen als Skilehrer tätig. In Garmisch soll er enge Kontakte zu Mitgliedern der Österreichischen Legion gehabt haben, die wiederum aus Tiroler Skikreisen kamen, wie sein befreundeter Vereinskollege aus Innsbruck Josef Gumpold. Gumpold, geboren am 3. September 1908 in Jenbach, war ebenso wie Hellmut Lantschner an der nationalsozialistischen Demonstration bei den Tiroler Skimeisterschaften in Hall beteiligt und flüchtete 1934 von Innsbruck ohne Ausreisebewilligung ins Deutsche Reich. Der Skispringer und Kombinationsläufer dürfte dort der Österreichischen Legion beigetreten sein. Gumpold wurde wegen Verdachtes des Verbrechens des Hochverrats von der österreichischen Justiz gesucht. Laut Zeugeneinvernahmen dürfte Gumpold im Lager Bad Aibling stationiert gewesen sein, wo der SA-Brigadeführer aus Innsbruck Hans Glück das Kommando der Kaserne über hatte.[200] Der Skilehrer und Skiläufer Gumpold trat 1932 in die SA ein und wohnte 1937 in Garmisch-Partenkirchen, wo er 1935 nach seiner Flucht als SA-Obertruppführer in der SA-Gruppe Hochland seinen Dienst versah und 1937 zum SA-Sturmführer befördert wurde. Gumpold war zweifacher Deutscher Skimeister und Mitglied der reichsdeutschen Olympiamannschaft. Aufgrund seiner „ausserordentlichen sportlichen Fähigkeiten als österreichischer Flüchtling" und „seiner nationalsozialistischen Einstellung" hatte er die deutsche Staatsbürgerschaft erhalten. Er war zudem als skitechnischer Referent für die SA tätig und war bei den Wintersportkämpfen der Gliederungen der NSDAP als Mannschaftsführer der SA-Gruppe Hochland eingesetzt.[201] Der ebenfalls ins Deutsche Reich geflüchtete Fritz Lantschner, der Cousin von Hellmut Lantschner, stellte seinem Gesinnungsgenossen und Skikameraden ein tadelloses Zeugnis aus. Gumpold sei vor seiner Flucht führend für die nationalsozialistische Propaganda der illegalen Gauleitung Tirol zuständig gewesen und hätte sich durch „besondere Einsatzbereitschaft" ausgezeichnet.[202] Fritz Lantschner wohnte zu diesem Zeitpunkt in München und unterhielt gute Kontakte zum späteren Gauleiter Franz Hofer. Gumpold wurde daraufhin rückwirkend mit 1. April 1933 in die NSDAP aufgenommen.[203]

---

200 Vgl. SLA, LGS, Vr-1938 151–300, 13Vr 272/38.
201 Vgl. BArch (ehem. BDC), SA, Gumpold, Josef, 3.9.1908.
202 Vgl. Fritz Lantschner an das NSDAP Flüchtlingshilfswerk, Mitgliedschaftamt Berlin, 14.6.1937.
203 Vgl. BArch (ehem. BDC), SA, Gumpold, Josef, 3.9.1908.

Vom Hilfswerk Nordwest, sprich der Österreichischen Legion,[204] dokumentiert ist auch ein vorübergehender Aufenthalt von Hellmut Lantschner auf Rügen 1937. Laut eigenen Angaben residierte er dort im Rittergut Karnitz. Im selben Jahr startete er bei den Wintersportkämpfen der Gliederungen der NSDAP im Rang eines SA-Obertruppführers in Rottach-Egern, wo er den ersten Platz belegte.[205] Im Februar 1938 wurde der Abfahrer Hellmut Lantschner neben seiner deutschen Vereinskollegin Christl Cranz in der Presse als „Deutschlands Skimeister" gefeiert.[206] Lantschner startete ab 1937 ebenso wie Cranz für den SC Freiburg und nahm für diesen Anfang April 1937 an den vom Deutschen Reichsbund für Leibesübungen organisierten Internationalen Feldberg-Ski-Wettkämpfen teil. Dort traf er auf seinen Cousin Gerhard Lantschner der damals für den ASC München an den Start ging.[207] Der Weg über den lokalen Skiverein in die SA war für viele junge männliche Sportler ein kurzer. Das lässt sich nicht nur an der Biografie von Hellmut Lantschner feststellen. Bei den Wintersportkämpfen der Gliederungen der NSDAP in Rottach-Egern im Februar 1937 starteten nachweislich vier aus Österreich stammende SA-Skiläufer, die zuvor ins Deutsche Reich geflüchtet waren. Neben Hellmut Lantschner waren das die bereits erwähnten Gerhard Lantschner und Josef Gumpold sowie Hans Haslwanter.[208] Während die beiden Lantschner und Haslwanter im Dienst der Österreichischen Legion standen, ging Gumpold für die SA-Gruppe Hochland an den Start.[209]

Im Volksgerichts-Verfahren 1948 vor dem Innsbrucker Landesgericht gab Hellmut Lantschner an, nie ein Interesse an Politik und den Vorgängen innerhalb der NSDAP gehabt zu haben.[210] Dass sein Verwandter Fritz Lantschner junior, zunächst Gaufachberater im Gau Tirol und Vorarlberg und ab 1935 beim

---

204 Hilfswerk Nordwest (HWNW) war die Bezeichnung der Österreichischen Legion von 1935 bis März 1938.
205 Vgl. BArch (ehem. BDC), PK, Lantschner, Hellmut, 11.11.1909; Ergebnislisten der Wintersportkämpfe in Rottach-Egern am 20./21.2.1937, Oberste SA-Führung, München, 26.2.1937, BArch, NS 22/915.
206 Vgl. dazu Neueste Sport-Zeitung, 7.2.1938, S. 4.
207 Vgl. Startliste Internat. Feldberg-Ski-Wettkämpfe, Samstag, den 3. April und Sonntag, den 4. April 1937, Original im Besitz des Verfassers.
208 Hans Haslwanter trat 1934 in Österreich der illegalen der SA bei und wurde 1937 aufgrund sportlicher Erfolge zum SA-Sturmführer ernannt. Haslwanter war nach seiner Flucht ins Deutsche Reich Angehöriger der Österreichischen Legion und trat nach dem „Anschluss" der NSDAP bei. Er leitete 1939 den SA-Sturm in Seefeld. TLA, LG Innsbruck, 10 Vr 1194/46.
209 Vgl. Ergebnislisten der Wintersportkämpfe der Gliederungen der NSDAP in Rottach-Egern am 20./21.2.1937, Oberste SA-Führung, München, 26.2.1937, BArch NS 22/915.
210 Vgl. TLA, LG Innsbruck, 10 Vr 2863/47, Strafverfahren gegen Hellmut Lantschner, geb. am 11.10.1909 in Innsbruck-Igls und Antrag auf Nachsicht der Sühnefolgen nach dem Verbotsgesetz 1947 für Hellmut Lantschner, OeStA, AdR, PK 2Rep AR NS Buchstabe I-Q 14/5.968/1951.

Kulturbauamt München beschäftigt, gute Kontakte zum späteren Gauleiter von Tirol und Vorarlberg Franz Hofer hatte und mit diesem in München verkehrte, dürfte die spätere Karriere des NS-Weltmeisters von 1939 gefördert haben. Im Sommer 1938 wurde Hellmut Lantschner nach seiner Rückkehr aus dem „Altreich" als Vereinsführer des Skiklubs Sölden eingesetzt und als Skiausbildner gelang es dem Weltmeister von 1939 sich immer wieder vom Frontdienst freizuspielen.

Mit dem Ende der „Tausend-Mark-Sperre" im Juli 1936 wurden skisportliche Kontakte zwischen Österreich und NS-Deutschland wieder aufgenommen und intensiviert. Im Herbst 1936 nutzte das Reichsfachamt Skilauf unter der Leitung von Josef Maier die Gelegenheit, die Tiroler Skikameraden in Innsbruck zu besuchen. Der mit kolportierten 600 TeilnehmerInnen besetzte Sonderzug sei bei der Ankunft unter Jubel begrüßt worden. Der zweite Vorsitzende des Tiroler Skiverbandes Hans Lenz begrüßte die offizielle reichsdeutsche Skisport-Delegation aus München, die gemeinsam mit einer Tiroler Abordnung vor das Stadttheater zog, wo laut Bericht im Fachamt-Organ *Ski-Sport* das „Deutschlandlied" erklang.[211] Ein Jahr später, im September 1937, war Maier als offizieller Abgeordneter des DSV zur Vertreterversammlung des ÖSV nach Kitzbühel geladen worden. Bei dieser überbrachte er „die besten Wünsche des Reichssportführers von Tschammer und Osten" und betonte das Bestreben von Seiten der Reichssportführung nach einer engeren Zusammenarbeit.[212]

3.3 Skisport im Schatten des ÖSV

3.3.1 Der katholische Skilauf

Abseits des vom ÖSV organsierten Wintersportbetriebs gab es im Österreich der Zwischenkriegsjahre noch eine Reihe anderer Organisationen, die sich mehr oder weniger erfolgreich um die Verbreitung des Skisports bemühten. Abgesehen von den scheinbar unpolitischen bzw. politisch links positionierten Vereinen und den jüdischen, die sich ab 1923 im Allgemeinen Österreichischen Skiverband (AÖSV) organisierten, waren dies die Skiriegen der katholischen Sportvereine der Österreichischen Jugend Kraft (ÖJK) bzw. des Reichsbundes der katholisch-deutschen Jugend Österreichs. Ab Mitte der 1920er-Jahre nahm der Reichsbund den Skilauf in sein Turn- und Sportprogramm auf und propagierte diesen zunächst noch als „Schneeschuhlauf". In den frühen 1930er-Jah-

---

211 Vgl. Ski-Sport, 2 (1936) 1, S. 6.
212 Vgl. Ski-Sport, 3 (1937) 1, S. 20.

ren veranstaltete der Reichsbund seine ersten Skimeisterschaften, dazu gesellten sich eigene Diözesan-Meisterschaften.[213] 1930 eröffnete der Reichsbund eine eigene Skihütte in den Radstädter Tauern, eine weitere stand der katholischen Jugendorganisation in Dornbirn auf dem Bödele zur Verfügung.[214] Exemplarisch werden hier einige Aktivitäten einzelner Skiriegen aus dem katholischen bzw. christlich-sozialen Umfeld erwähnt. Der Reichsbund-Landesverband Vorarlberg veranstaltete seit den späten 1920er-Jahren Skirennen auf dem Bödele. Im Februar 1930 fanden in unmittelbarer Umgebung zur Verbandshütte zum zweiten Mal nach 1929 die Skimeisterschaften des Landesverbandes der katholischen Jugendvereine auf dem Dornbirner Hausberg statt.[215] In Salzburg organisierten die Christlich Deutschen Turner (CDT) regelmäßige Verbandswettläufe im Skifahren, unter anderem in Zell am See. An diesen nahmen ebenso sportlich aktive Mitglieder des katholischen Gesellenvereins (Kolpingvereins) aus der Landeshauptstadt teil.[216] Darüber hinaus veranstaltete der Landes- und Diözesanverband Salzburg im Februar 1936 auf dem Gaisberg die österreichweite Skimeisterschaft des Reichsbundes der katholisch-deutschen Jugend. Diese wurde zugleich mit der Salzburger Verbandsmeisterschaft der ÖJK ausgetragen. An den Wettbewerben in der Stadt Salzburg sollten auch Jugendliche aus entlegeneren Gebirgsregionen teilnehmen.[217] Mit dem „Anschluss" 1938 und der Auflösung der katholischen Vereine endete das kurze skisportliche Kapitel der vorwiegend männlichen katholischen Skiläufer. In Salzburg wurde das Vereinsgebäude des Gesellenvereins nur wenige Stunden nach dem „Anschluss" am 13. März 1938 von der SA besetzt und verwüstet. Die Gestapo untersagte daraufhin jegliche Vereinstätigkeit.[218]

---

213 Vgl. Gerhart Schultes, Der Reichsbund der katholischen deutschen Jugend Österreichs. Entstehung und Geschichte, Wien 1967, S. 194.
214 Vgl. Schultes, Der Reichsbund, S. 194.
215 Vgl. Vorarlberger Volksblatt, 24.1.1929, S. 8; Vorarlberger Volksblatt, 12.2.1930, S. 7.
216 Vgl. Handschriftliches Protokoll von Alois Oberhuemer zur Senior-Tagung am 14.1.1935, Kopie im Besitz des Verfassers. Alois Oberhuemer war Vorstandsmitglied des katholischen Gesellenvereins (Kolpingvereins) in Salzburg und leitete diesen als Senior von 1934 bis zur Auflösung durch die Nationalsozialisten im März 1938. Der gelernte Kaufmann wurde am 16. Mai 1910 in Zell am See geboren und engagierte sich nicht nur in der sportlichen Nachwuchsarbeit, sondern war auch aktiver Skiläufer im Gesellenverein. Oberhuemer wurde 1941 zur Luftwaffe eingezogen und war zunächst in Holland und dann an der Ostfront eingesetzt. Er gilt seit Jänner 1945 als vermisst.
217 Vgl. SLA, RehrlSp 1936/0050.
218 Vgl. Festschrift 100 Jahre Katholischer Gesellenverein Salzburg 1852–1952, Salzburg 1952, S. 1.

3.3.2 Die Arbeiterskisportbewegung

Schon vier Jahre vor dem „Anschluss" waren die Arbeiterskisportler von der austrofaschistischen Sportführung verboten und in die Illegalität gedrängt worden. Damit standen Mitte der 1930er-Jahre hunderte Arbeiter-Skisportler ohne Verein da, mussten sich neue suchen und fanden zum Teil in ÖSV-Vereinen eine neue Heimat. Bis zu diesem Zeitpunkt lieferte die österreichische Arbeiterbewegung wichtige Impulse im Skisport, die auch internationale Beachtung fanden. Im Gegensatz zum Arbeiterfußball ist der Arbeiterskisport in der Ersten Republik bisher noch gänzlich unerforscht.[219] Es wäre demnach vermessen im Folgenden einen Anspruch auf Vollständigkeit erheben zu wollen. Dennoch möchte ich an dieser Stelle skizzenhaft auf einzelne Stationen im österreichischen Arbeiterskisport hinweisen, die diesen bis zum Verbot durch das austrofaschistische Regime 1934 prägten. Dadurch soll deutlich gemacht werden, dass es im organisierten Skilauf der 1920er- und 1930er-Jahre sehr wohl ein linkes, aus der Sozialdemokratie genährtes, Gegengewicht zum bürgerlich geprägten und deutschnational ausgerichteten ÖSV gab, welches aber schließlich durch die reaktionäre Politik des Austrofaschismus eliminiert wurde. Schon zuvor aber lief der Arbeiterskisport vor allem in Westösterreich Gefahr, sich selbst zu isolieren.

Grundlegend baute der Arbeitersport in der Ersten Republik eigene Strukturen auf und besaß auch im Skisport eine eigenständige Sportorganisation, die sich zwar als Alternative zum bürgerlichen Sport verstand, aber mit diesem nicht in sportliche Konkurrenz trat.[220] Während Fußball, Radfahren, Schwimmen, Wandern und Turnen zu den am meisten betriebenen Sportarten in der Arbeiterschaft zählten, spielte das Skifahren zunächst eine Nebenrolle. Das lag auch daran, dass sich die meisten Arbeitersportvereine auf Industrieorte und -städte in Ostösterreich konzentrierten und der Arbeitersport in Westösterreich nur bedingt und kleinräumig Fuß fassen konnte.

In Innsbruck sind die ersten Initiativen, auf organisatorischer Ebene einen Arbeiterskisport zu etablieren, auf Dezember 1922 zurückzuführen. Der Arbeiter

---

219 Während mit der Studie von Matthias Marschik die Geschichte des Arbeiterfußballs in der Ersten Republik zumindest für den Großraum Wien und Niederösterreich aufgearbeitet ist, findet sich für den Arbeiterskisport keine vergleichbare Untersuchung. Auch die von Reinhard Krammer bereits 1981 erschienene Studie zum Arbeitersport geht nicht auf den Skisport in der Arbeiterbewegung ein, sondern konzentriert sich primär auf das Arbeiterturnen, den Arbeiterradsport, die Naturfreunde und den Arbeiterschwimmsport. Vgl. Marschik, „Wir spielen nicht zum Vergnügen"; Krammer, Arbeitersport.
220 Vgl. Gidl/Graf, Skisport, S. 41; John Bunzl, Hakoah' Wien: Gedanken über eine Legende, in: Michael Brenner/Gideon Reuveni (Hg.), Emanzipation durch Muskelkraft. Juden und Sport in Europa, Göttingen 2006, S. 111–120, hier S. 113.

Turnverein Innsbruck gründete zu dieser Zeit eine Skiabteilung und organisierte noch im Jänner 1923 einen ersten alpinen Langlauf. Adolf Putz, der aus diesem als Sieger hervorging, startete 1925 bei der ersten Winter-Olympiade der Arbeiter in Schreiberhau, wo er das Spezialspringen gewinnen konnte. Als der Arbeiterbund für Sport und Körperkultur in Österreich (ASKÖ) ein eigenes übergreifendes Vereins- und Wettkampfwesen organisierte und den Kontakt zum bürgerlichen Sport verweigerte, wechselte Putz zum bürgerlichen Skiklub Innsbruck.[221] Putz war dabei kein Einzelfall. Noch 1931 präsentierte die *Arbeiter-Zeitung* unter anderem die Salzburger Skispringer Wilhelm Köstinger und Andreas Krallinger als sportliche Aushängeschilder des Arbeiterskisports.[222] Beide kehrten kurz darauf der Sozialdemokratie den Rücken und wandten sich der nationalsozialistischen Bewegung zu. Allein diese Beispiele zeigen, wie schwach der Arbeiterskisport im Westen Österreichs war. Im Osten Österreichs konnte der Arbeiterskisport dagegen bis zum Schluss eine große Anhängerschaft mobilisieren. Noch im März 1933 veranstalteten die ArbeiterskifahrerInnen eine ihrer letzten großen Massenkundgebungen auf dem Schneeberg.[223]

Abb. 15: Skisport als Ausgleich und Flucht vor dem Dollfuß-Schuschnigg-Regime: Arbeitersportler aus Steyr bei einem Abfahrts- und Slalomlauf auf dem Kasberg im April 1937, Privatbesitz.

---

221 Vgl. Gidl/Graf, Skisport, S. 41.
222 Vgl. Arbeiter-Zeitung, 16.2.1931, S. 4.
223 Vgl. Arbeiter-Zeitung, 16.2.1931, S. 4; Arbeiter-Zeitung, 13.3.1933, S. 4.

Doch auch abseits des Wiener Raums fand der Arbeiterskisport Verbreitung. Eine zentrale Rolle spielte dieser beispielsweise in der industriell geprägten oberösterreichischen Kleinstadt Steyr. Über die sozialdemokratischen Vorfeldorganisationen der Kinder- und Naturfreunde bildeten sich dort ab den 1920er-Jahren vielversprechende Strukturen heraus, die den proletarisch geprägten Skisport beförderten und SkiathletInnen auf Spitzenniveau hervorbrachten. Zu erwähnen ist hier der erfolgreiche Langläufer, Skispringer, Langstreckenläufer und Arbeiterturner Otto Pensl. Der 1895 in Linz geborene Pensl nahm regelmäßig an Skimeisterschaften des ASKÖ teil und startete 1931 als Skiläufer bei der Arbeiter-Olympiade in Mürzzuschlag.[224] Wie andere Steyrer Arbeitersportler kämpfte er im Bürgerkrieg auf Seiten des Republikanischen Schutzbundes und engagierte sich ab 1934 und über 1938 hinaus im kommunistischen Widerstand. Als Gegner des Nationalsozialismus wurde Pensl Ende April 1945 im Konzentrationslager Mauthausen ermordet.[225]

3.3.2.1 Der Arbeiterskisport aus Perspektive der Winterspiele in Mürzzuschlag

Der proletarische Skisport fand, wie die Arbeitersportbewegung generell, seine größte Verbreitung in Ostösterreich. Punktuell gab es aber regionale Zentren des Arbeiterskisports in Westösterreich, die aufgrund einer anderen Wirtschaftsstruktur in den sonst bäuerlich-katholisch geprägten Gebieten hervorstachen. Belege hierfür liefert eine Zusammenstellung der skifahrenden TeilnehmerInnen der 2. Arbeiter-Olympiade in Mürzzuschlag 1931. Ein überwiegender Anteil der daran teilnehmenden österreichischen ArbeiterskisportlerInnen (72 Prozent) stammte aus Industrieregionen oder -städten der Bundesländer Steiermark, Oberösterreich und Niederösterreich und der Bundeshauptstadt Wien. Mit 31 StarterInnen stellte Wien die meisten SkiläuferInnen für die alpinen und nordischen Bewerbe, gefolgt von Linz mit zehn und Mürzzuschlag mit sieben. Die Stadt Innsbruck sowie die Eisenbahnergemeinde Saalfelden im Bundesland Salzburg bildeten aus westösterreichischer Sicht die Ausnahme. Beide Orte stellten ebenfalls sieben TeilnehmerInnen. Der Bahnknotenpunkt Bischofshofen und die steirische Landeshauptstadt Graz entsandten sechs, die Arbeitersportvereine in Steyr und am Semmering jeweils fünf TeilnehmerInnen.[226]

---

224 Vgl. u. a. Tagblatt, 12.2.1929, S. 10; Programm Wintersport-Olympiade Mürzzuschlag, Archiv Wintersportmuseum Mürzzuschlag.
225 Vgl. Digitales Gedenkbuch für die Toten des KZ Mauthausen und seiner Außenlager 1938–1945, Otto Pensl. https://raumdernamen.mauthausen-memorial.org/ (5.4.2021).
226 Vgl. Programm Wintersport-Olympiade Mürzzuschlag, Archiv Wintersportmuseum Mürzzuschlag, eigene Zusammenstellung der TeilnehmerInnen.

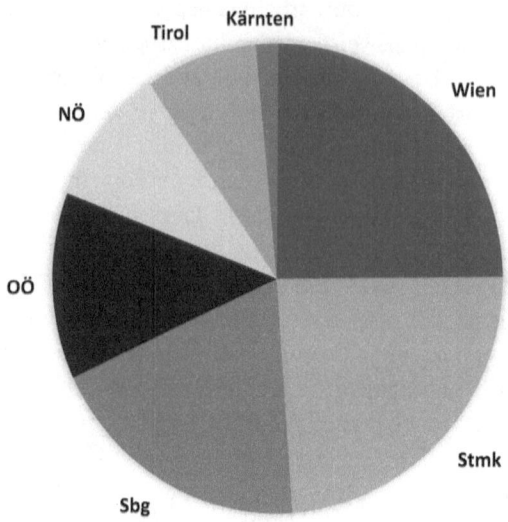

Grafik 3: Prozentueller Anteil der an den Winterspielen in Mürzzuschlag 1931 teilgenommenen 125 ArbeitersportlerInnen nach Bundesländern.
Quelle: Programm Wintersport-Olympiade Mürzzuschlag, Archiv Wintersportmuseum Mürzzuschlag, eigene Zusammenstellung, n=125 (125=100 %).

Aus dem Bundesland Salzburg reisten im Februar 1931 insgesamt 24 ArbeiterskisportlerInnen zur Wintersport-Olympiade nach Mürzzuschlag. Nur Wien (31) und die Steiermark (30) entsandten mehr TeilnehmerInnen. Oberösterreich hatte mit 16 ArbeiterskisportlerInnen um acht weniger aufzuweisen als Salzburg (siehe Grafik). Nimmt man die Herkunftsorte der aus dem Bundesland Salzburg kommenden SkisportlerInnen genauer unter die Lupe, so decken sich diese mit jenen Orten, in denen die Sozialdemokratie nach Ende des Ersten Weltkriegs aufgrund der Beschäftigten bei der Eisenbahn ihre politischen Erfolge feiern konnte. So kamen die meisten ArbeiterskisportlerInnen, nämlich 18, aus den Bahnknotenpunkten Saalfelden, Bischofshofen und Gastein.[227] Die Landes-

---

[227] Vgl. Leo, Der Pinzgau, S. 62–64. Bischofshofen und Saalfelden zählten bis in die 1930er-Jahre zu den sozialdeokratischen Hochburgen im Bundesland Salzburg. In Bischofshofen erreichten die Sozialdemokraten bei den Nationalratswahlen 1930 knapp 56 Prozent und bei der Landtagswahl 1932 kamen sie auf die Hälfte der Stimmen. In Saalfelden war die Sozialdemokratie 1930 mit 46,95 Prozent und 1932 mit 43,15 Prozent die stimmenstärkste Fraktion. In Bad Gastein konnten die Sozialdemokraten bei der Nationalratswahl 1930 noch 27,34 Prozent der Stimmen gewinnen, bei der Landtagswahl waren es mit 22,80 Prozent schon deutlich weniger. Vgl. Krisch, Die Wahlerfolge, S. 228 und 256.

hauptstadt Salzburg spielte mit nur drei TeilnehmerInnen zumindest in Mürzzuschlag eine untergeordnete Rolle.[228]

Abgesehen von der überaus regen Teilnahme österreichischer Arbeiter-SkiläuferInnen aus unterschiedlichen Regionen, insgesamt waren 97 Männer und 28 Frauen im Vorfeld gemeldet,[229] waren die Arbeiter-Winterspiele vor allem ein internationaler Erfolg, an dem sich SportlerInnen aus sieben europäischen Ländern beteiligten. Nach Österreich entsandte Deutschland mit 36 WintersportlerInnen die meisten Athletinnen nach Mürzzuschlag, gefolgt von der Tschechoslowakei, Ungarn, Finnland, Lettland und der Schweiz. Während die Männer in den vier Disziplinen Langlauf, Torlauf, Abfahrt und Skisprung an den Start gingen, konnten die Frauen nur einen Langlauf absolvieren.

Die Sozialistische Arbeitersportinternationale (SASI) bildete für die Sommerspiele in Wien und die Winterspiele in Mürzzuschlag 13 Fest-Ausschüsse, die mit der Organisation betraut waren. Zum Hauptorganisator für Mürzzuschlag wurde der Wintersportreferent des ASKÖ Theodor Hüttenegger bestimmt. Er leitete auch den technischen Hauptausschuss der Bewerbe und war nach 1945 maßgeblich für den Aufbau des Wintersportmuseums in Mürzzuschlag verantwortlich und der erste Leiter des Museums.[230]

Im Folgenden soll näher auf die jüdischen Vereine und jene Skiklubs, die im AÖSV organisiert waren, eingegangen werden. Zunächst wird noch der Sonderfall des Skiclubs Arlberg beleuchtet, der 1924 ins deutsche Exil ging, um von diesem zehn Jahre später wieder zurückzukehren.

3.3.3 Der Skiclub Arlberg und das Bestreben einer internationalen Vereinspolitik

Nicht alle Skivereine waren mit der ausgrenzenden und antisemitischen Politik des ÖSV und seiner mehrheitlich männlichen Vertreter einverstanden. Jene, die 1923 aus dem ÖSV austraten, zogen nicht mit, weil sie nicht wollten oder nicht konnten. Den jüdischen Vereinen war mit der Einführung des „Arierparagra-

---

[228] Vgl. Programm Wintersport-Olympiade Mürzzuschlag, Archiv Wintersportmuseum Mürzzuschlag, eigene Zusammenstellung der TeilnehmerInnen.
[229] Hier sind nur die ArbeitersportlerInnen gerechnet, die im Skilauf in den verschiedenen Disziplinen an den Start gingen. Insgesamt nahmen aus Österreich bei den Arbeiter-Winterspielen in Mürzzuschlag 205 Frauen und Männer in allen Sportarten teil. Vgl. Programm Wintersport-Olympiade Mürzzuschlag, Archiv Wintersportmuseum Mürzzuschlag.
[230] Vgl. Organisation der Ausschüsse für die 2. Arbeiter-Olympiade der Sozialistischen Arbeiter-Sport-Internationale, Archiv Wintersportmuseum Mürzzuschlag; E-Mail von Hannes Nothnagl, Leiter des Wintersportmuseums Mürzzuschlag, 22.7.2019.

phen" die Mitgliedschaft im ÖSV sowie die Teilnahme an ÖSV-Wettbewerben verwehrt worden.[231] Andere Skivereine traten für eine offene Geisteshaltung im Sport ein und lehnten daher diskriminierende Maßnahmen ab.

Widerstand gegen die antisemitische Politik innerhalb des ÖSV regte sich etwa am Arlberg. Der dortige Skiclub Arlberg (SCA) wollte aus Gründen der Internationalität und weil sich der Verein in seinen Prinzipien als „unpolitisch" verstand nicht länger dem ÖSV angehören. Der SCA trat dem Allgäuer Skiverband als Unterverband des DSV bei. Laut Hannes Schneider geschah dies 1922,[232] also ein Jahr vor der Einführung des „Arierparagraphen" im ÖSV. Tatsächlich trat der SCA erst danach, im Jahr 1924, dem Allgäuer Skiverband und damit dem DSV bei.[233] Gleichzeitig erklärte der SCA in seinen Statuten aus dem Jahr 1924, dass er keine „politische Tendenz" verfolge.[234] Schneider, der damals als aktiver Skiläufer im Ausschuss saß, begründete die Entscheidung 1934 in einem Brief an den DSV-Obmann Josef Maier folgendermaßen: „Für unseren Klub, der, wie allerwelts bekannt ist, aus Mitgliedern aller Nationen besteht, war es wohl selbstverständlich, daß wir einen unpolitischen Verband suchten und im DSV auch gefunden haben."[235] Der SCA beherbergte neben österreichischen und reichsdeutschen StaatsbürgerInnen Mitglieder unterschiedlicher Nationalitäten, die unter anderem in New York, London, Zürich, Paris, Prag oder Bukarest gemeldet waren. Nationalität, Herkunft und politische Gesinnung sollten für Aufnahme und Mitgliedschaft keine Rolle spielen. Aus den Aufnahmelisten in den Protokollbüchern geht hervor, dass der Zulauf von Mitgliedern aus unterschiedlichen europäischen Staaten und Milieus bis Mitte der 1930er-Jahre ungebrochen war.[236] Damit unterschied sich der SCA von deutschnationalen Skivereinen, die den „deutschen Skilauf" propagierten und laut Statuten nur „arische" Mitglieder aufnahmen. Die internationale Beliebtheit des SCA ging so weit, dass im Frühjahr 1934 auf Vorschlag eines höherrangigen schwedischen Militärs und unter Zustimmung der Vereinsführung in St. Anton ein schwedischer Ableger des Skivereins gegründet wurde.[237] Schon sechs Jahre zuvor hatte sich im nordamerikanischen Denver (Colorado) aufgrund der internationalen

---

231 Vgl. Praher, „Skifahren ist für uns", S. 210.
232 Vgl. Brief von Hannes Schneider an Josef Maier, St. Anton, 2.5.1934, Sammlung Briefe, Sammlung Lechmuseum.
233 Vgl. Falkner, Der Arierparagraph, S. 20.
234 Vgl. Statuten des Skiklub Arlberg, TLA, Abt. I, XVI 78c, ex 1924, Zl. 1321.
235 Brief von Hannes Schneider an Josef Maier, St. Anton, 2.5.1934, Sammlung Briefe, Sammlung Lechmuseum. Schneider nennt in dem Brief das Jahr 1922 als Beitrittsjahr zum DSV.
236 Vgl. Neuaufnahmen laut Protokollbuch des SCA 1933–1955, Sammlung Lechmuseum.
237 Vgl. Ausschusssitzung des Skiclub Arlberg, 19.4.1934, Protokollbuch des SCA 1933–1955, Sammlung Lechmuseum.

Ausstrahlung der Arlberg-Schule ein Skisportverein den Namen Arlberg Club gegeben. Die Namensgebung beruhte auf einem regen Austausch, der sich sowohl im sportlichen wie auch im alpenländischen Stil der Ressorts niederschlug.[238] Der SCA sowie andere europäische Skivereine und ihre BotschafterInnen begründeten damit indirekt eine globale, transnationale Skikultur.

Die liberale Vereinspolitik erklärte sich durch die soziale Herkunft der Mitglieder und war rational dadurch begründet, dass der SCA seine Erfolge und seinen Einfluss im mitteleuropäischen Skisport den internationalen Kontakten verdankte. Nicht wenige Mitglieder des SCA entstammten dem europäischen Adel oder kamen aus dem Großbürgertum.[239] Diese mit einer antisemitischen Vereinspolitik vor den Kopf zu stoßen, wäre für den Klub fatal gewesen. Abgesehen davon war einer der größten Förderer des Arlberger Skisports und Ehrenobmann des SCA, Rudolf Gomperz, jüdischer Abstammung. Sportlich profitierte der SCA durchaus vom Verbandswechsel zum DSV. So übertrug der DSV die Durchführung der Deutschen Skimeisterschaft im März 1926 an den SCA. Die Wettbewerbe, für die 93 TeilnehmerInnen gemeldet waren, fanden in St. Anton und nicht wie geplant in Garmisch-Partenkirchen statt. Diese Nachricht überraschte selbst den Allgäuer Skiverband.[240] Für das Vereinsjahr 1928/29 vermeldete der SCA einen Mitgliederzuwachs von über 100 Personen, wobei über die Hälfte auf das Konto des DSV gingen.[241] Gomperz selbst, der fortan sein Knowhow in den Dienst des DSV stellte und als Hauptausschussmitglied des DSV die Organisation der Deutschen Skimeisterschaften leitete,[242] übersiedelte nach München. Er beschrieb das Klima im DSV als unparteiisch und genoss noch bis Anfang der 1930er-Jahre hohes Ansehen in deutschen Skikreisen. 1931 erhielt er die Goldene Ehrennadel des DSV und war bis dahin Vorsitzender des Skifachausschusses.[243] Hannes Schneider gelang es indes, an der neuen Fassung des amtlichen Lehrplans des DSV mitzuwirken und in diesem die Arlberg-Schule zu verankern.[244] Ab 1933 sollte sich dieses Blatt zum Negativen wenden.

---

238 Vgl. Dettling/Schoder/Tschofen, Spuren, S. 23.
239 Vgl. Neuaufnahmen laut Protokollbuch des SCA 1933–1955, Sammlung Lechmuseum.
240 Vgl. Innsbrucker Nachrichten, 13.3.1926, S. 6; Graf, Tiroler Sportgeschichte, S. 27.
241 Vgl. Jahresbericht des Ski-Clubs Arlberg über das Clubjahr 1928/29, St. Anton 1929, S. 5., Sammlung Lechmuseum.
242 Vgl. Jahresbericht des Ski-Clubs Arlberg über das Clubjahr 1928/29, St. Anton 1929, S. 6., Sammlung Lechmuseum.
243 Vgl. Falkner, Der Arierparagraph, S. 23.
244 Vgl. Jahresbericht des Ski-Clubs Arlberg über das Clubjahr 1928/29, St. Anton 1929, S. 6., Sammlung Lechmuseum.

3.3.3.1 Der SCA im Fahrwasser der nationalsozialistischen Sportpolitik

Gegen Mitte der 1930er-Jahre wurde es auch für den SCA vereinspolitisch eng, da sich die politischen Kräfteverhältnisse in Deutschland zugunsten der Nationalsozialisten änderten und in Österreich die austrofaschistische Sportpolitik die Regeln verschärfte. Die ersten Unstimmigkeiten zwischen dem SCA und dem DSV tauchten mit der nationalsozialistischen Machtübernahme in Deutschland 1933 auf. Es ging um die Frage, unter welchen Umständen der SCA im DSV verbleiben konnte, nachdem der DSV-Hauptvorstand im Frühjahr 1933 beschlossen hatte, dass eine Neuaufnahme von „Rassefremden" in den Unterverbänden zu unterbleiben hätte und diese von den Vorständen grundsätzlich ausgeschlossen seien.[245] Um eine weitere Mitgliedschaft des SCA im DSV zu garantieren, wurde im November 1933 eine eigene Gruppe reichsdeutscher SkiläuferInnen im SCA gegründet, die über den Allgäuer Skiverband beim DSV gemeldet werden sollte.[246] Der SCA konnte vorerst im DSV verbleiben, wurde aber im Frühjahr 1934 aus Gründen der Unvereinbarkeit mit der reichsdeutschen Sportpolitik gedrängt, aus dem DSV auszutreten. Das unfreiwillige Ausscheiden aus dem DSV wurde in der Ausschusssitzung am 16. Mai 1934 zur Kenntnis genommen.[247]

3.3.3.2 Die Rückkehr zum ÖSV

Sechs Monate später trat der SCA dem Tiroler Skiverband und dem ÖSV bei. Die versammelten Vorstandsmitglieder erklärten sich am 24. November 1934 mit dem Beitritt einverstanden. Gleichzeitig bekräftigte der SCA seine unpolitische Haltung. Kein Mitglied sollte „wegen seiner politischen Einstellung aus dem Klub entfernt werden", gab Schriftführer Walter Schuler zu Protokoll. Jeder könne seine politische Einstellung haben, „die ihm beliebt".[248] Der Wechsel zum ÖSV erfolgte einerseits als Folge des Ausscheidens aus dem DSV, andererseits aufgrund der austrofaschistischen Sportpolitik, die es einem österreichischen Sportverein nicht erlaubte einem Verband im nationalsozialistischen Deutsch-

---

[245] Vgl. Der Winter, 26 (1933) 14, S. 543; Gerd Falkner, 100 Jahre Deutscher Skiverband. Chronik des deutschen Skilaufs von den Anfängen bis zur Gegenwart (Band 1), Planegg 2005, S. 118.
[246] Vgl. Ausschusssitzung des Skiclub Arlberg, 14.11.1933, Protokollbuch des SCA 1933–1955, Sammlung Lechmuseum.
[247] Vgl. Ausschusssitzung des Skiclub Arlberg, 16.5.1934, Protokollbuch des SCA 1933–1955, Sammlung Lechmuseum.
[248] Vollversammlung des Skiclub Arlberg, 24.11.1934, Protokollbuch des SCA 1933–1955, Sammlung Lechmuseum.

land anzugehören.[249] Warum der AÖSV – siehe nächstes Kapitel – für den SCA keine Option war, geht aus den Protokollen nicht hervor. Vermutlich dürfte aber die sportliche Perspektive dafür ausschlaggebend gewesen sein, warum sich der SCA dem ÖSV anschloss. Zum Zeitpunkt des Verbandswechsels hatte der Skiclub Arlberg immerhin 600 Mitglieder zu betreuen. Der Beitritt zum ÖSV blieb politisch nicht ohne Folgen und so musste der SCA nach einem Jahrzehnt der Verweigerung schließlich doch noch den „Arierparagraph" in seine Satzungen aufnehmen und durfte demnach keine neuen Mitglieder jüdischer Herkunft aufnehmen. Die Vereinsführung fand allerdings ein juristisches Schlupfloch, wie „nichtarische" Mitglieder weiterhin im Verein verbleiben konnten. Sie sollten durch den so genannten „Aussterbeparagraphen" unter Schutz gestellt werden.[250] Damit konnten jene jüdischen SkiläuferInnen, die vor Jahresende 1934 in den Skiclub Arlberg aufgenommen worden waren, weiterhin für den Verein aktiv sein, obwohl dieser offiziell den Statuten des ÖSV unterstand.

3.3.4 Die Gründung des Allgemeinen Österreichischen Skiverbandes (AÖSV)

Als Reaktion auf die Einführung des „Arierparagraphen" gründete sich der Allgemeine Österreichische Skiverband (AÖSV). Zu den Gründungsmitgliedern zählten unter anderem die Wintersportsektion der Hakoah und die Skilaufsektion des Österreichischen Touringclubs (ÖTC) Wien. „Die im Jahre 1923 vom Oesterreichischen Skiverband vorgenommene Satzungsänderung veranlaßte die Sektion, aus demselben auszutreten und an der Gründung des Allgemeinen Oesterreichischen Skiverbandes teilzunehmen [...]", schrieb der ÖTC in einem Rückblick auf 25 Jahre Skilaufsektion in seinen Klubnachrichten im November 1935.[251] Gegründet hatten den AÖSV der Wiener Rechtsanwalt Gustav Klein-

---

249 Die Sport- und Turnfront verlangte staatstreues Verhalten. Das zeigte sich mitunter besonders in Auseinandersetzungen mit dem Nationalsozialismus. Vgl. Tálos, Das austrofaschistische Herrschaftssystem, S. 417–418.
250 Vgl. Ausschusssitzung des Skiclub Arlberg, 27.12.1934, Protokollbuch des SCA 1933–1955, Sammlung Lechmuseum.
251 Nachrichten der Skilauf- und Bergsportsektion des Österreichischen Touring-Clubs Wien, 1 (1935) 1, S. 2. Die Skilaufsektion des ÖTC wurde 1910 gegründet und zählte von Beginn an prominente Mitglieder wie den norwegischen Polarforscher Roald Amundsen oder den Skipionier Georg Bilgeri als Ehrenobmann. Sie war vor dem Ersten Weltkrieg maßgeblich an der Gründung des Freiwilligen Skifahrer-Korps beteiligt und wurde im Ersten Weltkrieg vom k. u. k. Kriegsministerium beauftragt, eine Skitruppe der osmanischen Armee aufzubauen. Rudolf Weishäupl war in den 1930er-Jahre Langzeitobmann der Skilaufsektion, die 1934 mit der Bergsportsektion zusammengelegt wurde und damit einen Mitgliederstand von über 1 500 Personen erreichen sollte.

Doppler und der Wiener Mediziner Alexander Hartwich. Für die Mitgliedschaft im AÖSV sollten keinerlei Einschränkungen gelten: „Bei der Aufnahme eines Vereins oder einer Vereinssektion hat ausser [sic] Betracht zu bleiben [...] welcher Abstammung, Volkszugehörigkeit, Religion und Berufsklasse ihre Mitglieder angehören. Der Verein hat keine wie immer geartete politische Tendenz",[252] hieß es in den Gründungsstatuten vom Oktober 1923. Der AÖSV wurde am 9. November desselben Jahres behördlich genehmigt. Dem neuen Verband traten neben den Skisektionen der Hakoah und des ÖTC der Österreichische Skiverein, die Wintersportsektion des W. A. C., die Skisektion des Wiener Amateur-Sportvereines, die Skivereinigung der Sektion Donauland, der Wintersportverein Payerbach und der Kritzendorfer Sportklub bei.

3.3.4.1 Der Kompromiss

Verwirrung stiftete im November 1927 der Österreichische Skiverein, als dieser ausgerechnet unter der Präsidentschaft von Gustav Klein-Doppler, dem Mitbegründer des AÖSV, den „Arierparagraphen" mit einer Zwei-Drittel-Mehrheit annahm. Als Argument wurden die bevorstehenden Olympischen Winterspiele 1928 in St. Moritz ins Feld geführt und die mögliche Entsendung von Skiläufern. Im Grunde hatte der Österreichische Skiverein Angst, SportlerInnen an Mitgliedsvereine des ÖSV zu verlieren, und gab dem Druck antisemitischer Sportkreise nach. Ein Teil der Ausschussmitglieder legte daraufhin ihr Mandat nieder.[253] Klein-Doppler trat in der Folge zurück. Der Österreichische Skiverein blieb weiterhin Mitglied im AÖSV und dieser betonte einmal mehr seine unpolitische Haltung und präsentierte sich nach außen als Verband in dem alle österreichischen StaatsbürgerInnen gleich ihrer Nationalität, Konfession oder Ideologie willkommen seien.[254]

3.3.4.2 Ungleicher Wettbewerb

Der AÖSV fristete bis zu seiner Auflösung im Juli 1939 durch die Nationalsozialisten in sportlicher Hinsicht ein Schattendasein und konnte dem zahlenmäßig größeren und finanzkräftigeren ÖSV wenig entgegensetzen.[255] Laut eigenen Angaben waren dem ÖSV im Jahr 1937 rund 360 Skivereine angeschlossen,[256] im

---

252 Vereinsakt Allgemeiner Österreichischer Skiverband, WStLA, M. Abt. 119, A 32 – Gelöschte Vereine: 11637/1923 – 11637/1923.
253 Vgl. Sport-Tagblatt, 19.11.1927, S. 9.
254 Vgl. Hachleitner, Arierparagrafen, S. 34.
255 Vereinsakt Allgemeiner Österreichischer Skiverband, WStLA, M. Abt. 119, A 32 – Gelöschte Vereine: 11637/1923 – 11637/1923.
256 Vgl. Mauler, Zweck und Ziele, S. 161.

AÖSV war es dagegen nicht einmal ein Zehntel davon. Der ÖSV-Vorsitzende Gsur kommentierte dies in seinem *Konzept zur Geschichte des Skilaufes* folgendermaßen: „Der AÖSV bemühte sich eifrigst, bei allen sportlichen und politischen Behörden sich als den für Österreich allein maßgebenden Skiverband durchzusetzen, was ihm jedoch nicht gelang."[257]

Der Konkurrenz zum Trotz stellte der AÖSV sein eigenes Wettbewerbsprogramm auf die Beine. Dieses fand ebenso mediale Beachtung in der überregionalen Sportpresse, wenn auch in kleinerem Umfang. Ebenso wie der ÖSV veranstaltete der AÖSV Österreichische Skimeisterschaften. Diese waren offen für alle österreichischen StaatsbürgerInnen.[258] Im November 1925 gelang es dem AÖSV als einzige allgemein offene Konkurrenz eine „Damenmeisterschaft" auszuschreiben. Diese wurde für Februar 1926 angesetzt. Das restliche Wintersportprogramm blieb überschaubar. Als interne Verbandswettbewerbe sollten noch ein Langlauf, ein Sprunglauf und ein Geländelauf stattfinden.[259] Dieses im Vergleich zum ÖSV dürftige Wettbewerbsgeschehen sollte sich auch bis Ende der 1930er-Jahre nicht wesentlich verändern. Trotzdem konnte der AÖSV regelmäßig Meisterschaftsbewerbe abhalten. Das *Sport-Tagblatt* berichtete am 26. Februar 1937 von den Meisterschaften des Allgemeinen Österreichischen Skiverbandes. Als teilnehmende Vereine finden sich in der Berichterstattung die aus dem Deutschen und Österreichischen Alpenverein ausgeschiedene Sektion Donauland, der ÖTC, die Hakoah und der W. A. C. Die Meisterschaften fanden am 20. und 21. Februar 1937 in Kirchberg in Tirol statt. Neben einem Slalom- und einem Abfahrtslauf wurde eine Kombination aus Slalom, Abfahrt und Langlauf ausgetragen. Peter Benedikt vom Alpenverein Donauland holte in der Allgemeinen Klasse die Tagesbestzeit vor Anton Bergson vom ÖTC und Albert Schapira von der Hakoah. Benedikt kürte sich ebenso zum Verbandsmeister in der Kombination. Verbandsmeisterin bei den Frauen wurde Trude Hasterlik vom ÖTC vor der jüdischen Skirennläuferin Trude Raubitschek von der Hakoah. Der bereits erwähnte Arzt Alexander Hartwich, der den AÖSV 1923 mitbegründete, leitete die Bewerbe als Kampfrichter.[260] Hartwich stand dem AÖSV in den 1930er-Jahren als Präsident vor, während der Obmann der Skilauf- und Bergsportsektion des ÖTC Rudolf Weishäupl als Sportreferent die sportliche Leitung im AÖSV über hatte.[261] Beide waren Anfang 1930 als Vizeobmänner in der Skilauf-

---

257 Gsur, Konzept zur Geschichte des Skilaufes, 43.
258 Falkner, Der Arierparagraph, S. 20.
259 Vgl. Sport-Tagblatt, 18.11.1925, S. 5.
260 Vgl. Sport-Tagblatt, 26.2.1937, S. 5.
261 Vgl. Sport-Tagblatt, 14.11.1933, S. 5.

sektion des ÖTC aktiv. Weishäupl übernahm später die Leitung der Sektion im ÖTC als Langzeitobmann.

Der AÖSV beschränkte sich aber nicht nur auf den Wettbewerbsbetrieb, sondern veranstaltete auch regelmäßige Verbandsskikurse, die ebenfalls in Kirchberg in Tirol durch staatlich geprüfte Skilehrer abgehalten wurden. Der Ort bei Kitzbühel wurde als ideales Standquartier beworben, mit der Eisenbahnhaltestelle in der Nähe, dem Auto erreichbar und dem Anschluss an die Hahnenkamm-Seilbahn. „Kitzbühel gehört allen, Kirchberg gehört uns",[262] lautete die unmissverständliche Botschaft an die eigenen Mitglieder und den Mitbewerber ÖSV in den offiziellen Nachrichten des ÖTC. Im Leistungssportbereich bot der AÖSV in den 1930er-Jahren eigene Kurse für Wettläufer an. Die sportliche Leitung der Kurse übernahmen die beiden Kitzbüheler Abfahrtsläufer Fritz Huber und Hans Lackner. Jene Skisportler, die sich bei den Trainingskursen empfehlen konnten, waren für das internationale Arlberg-Kandahar-Rennen zugelassen.[263] Ob diese Kurse auch für Frauen offen waren, ist aus den Quellen nicht ersichtlich.

3.3.5 Skilauf jüdischer SportlerInnen in der Touristik- und Wintersportsektion

Ein starkes Lebenszeichen in der Zwischenkriegszeit ging von der Hakoah Wien aus, die schon ab 1909 eine Wintersportsektion betrieb[264] und diese in den 1920er-Jahren als Touristik- und Wintersportsektion weiterführte. Diese gab regelmäßig bis 1935 eine eigene Zeitschrift heraus, die auf skisportliche Termine und Veranstaltungen hinwies und über Aktivitäten der Sektion berichtete. Die Wintersportsektion, die sich 1923 dem AÖSV anschloss,[265] sollte „binnen kurzem ein paar hundert Mitglieder" zählen.[266] Der langjährige Hakoah-Funktionär Arthur Baar schreibt, dass er selbst kurze Zeit Vorsitzender dieser Sektion gewesen sei. Baar habe bei Hannes Schneider das Skifahren und Unterrichten erlernt

---

[262] Nachrichten der Skilauf- und Bergsportsektion des Österreichischen Touring-Clubs Wien, 1 (1935) 2, S. 3.
[263] Vgl. Nachrichten der Skilauf- und Bergsportsektion des Österreichischen Touring-Clubs Wien, 2 (1936) 3, S. 6.
[264] Vgl. Neues Wiener Tagblatt, 19.12.1909, S. 44.
[265] John Bunzl schreibt, dass der ÖSV 1926 den „Arierparagraphen" beschlossen hätte, „was zum Austritt jener führte, die sich dagegen aussprachen". Tatsächlich beschloss der ÖSV den „Arierparagraphen" 1923 und die Loslösung vom ÖSV ereignete sich schon drei Jahre zuvor, im Jahr 1923. Vgl Bunzl, Hakoah Wien, S. 113.
[266] Arthur Baar, 50 Jahre Hakoah 1909–1959, Tel Aviv 1959, S. 254.

und sei deswegen ein beliebter Skilehrer gewesen.[267] Tatsächlich veranstaltete die Touristik- und Wintersportsektion der Hakoah ab den frühen 1920er-Jahren gemeinsame Skitouren mit Hannes Schneider in den Tiroler Alpen. Schneider führte beispielsweise eine Gruppe von Hakoah-Skiläufern im April 1923 auf den Peischlkopf am Arlberg.[268] Neben Skitouren in den Ostalpen und Erstbegehungen im Eis veranstaltete die Touristik- und Wintersportsektion regelmäßig Skikurse für Anfänger und Fortgeschrittene in Mariazell sowie in Mürzzuschlag. Allerdings beschränkten sich die von der Sektion organisierten Skitouren nicht nur auf Ostösterreich, sondern führten die Hakoah-Mitglieder westlich bis in das Hochkönigmassiv[269] oder wie erwähnt in das Arlberg-Gebiet. Außerdem wurde 1925 ein Hüttenfonds eingerichtet.[270] Dieser Fonds sollte dazu verwendet werden, um die Finanzierung einer vereinseigenen Schutz- und Skihütte zu ermöglichen. Die Sektion verfügte zwar ab Oktober 1923 über eigene Klubräumlichkeiten im 8. Wiener Gemeindebezirk am Bennoplatz, hatte aber keinerlei Unterbringungs- und Übernachtungsmöglichkeiten in den Bergen.[271] In skisportlicher Hinsicht beteiligten sich die Hakoah-SkiläuferInnen in der Regel an den Wettbewerben des AÖSV, sofern nicht eigene Vereinsrennen ausgetragen wurden.[272] „Die Sektion hat durch den Beitritt zum Allgemeinen österreichischen Skiverband auch nach außenhin Anschluß gefunden",[273] hieß es in einem Bericht über die Jahresvollversammlung im Februar 1924. Dieser Anschluss an einen Dachverband bedeutete für die Mitglieder neben dem individuellen, finanziellen Vorteil einer Fahrpreisermäßigung, die Möglichkeit an Verbandsrennen teilzunehmen und sich mit anderen AthletInnen außerhalb der Hakoah zu messen. Darüber hinaus steigerte die Mitgliedschaft im AÖSV die öffentliche Wahrnehmung und den allgemeinen Bekanntheitsgrad der Hakoah-SkiläuferInnen. Dessen war sich die Sektionsleitung durchaus bewusst: „Abgesehen davon, daß tüchtige Fahrer ihre Kraft und Geschicklichkeit mit anderen messen wollen, steckt in dieser Tätigkeit ein großer propagandistischer Wert, der nicht

---

267 Vgl. Baar, Hakoah, S. 254.
268 Vgl. Touristik- und Wintersport im Sportklub Hakoah, 1 (1923) 2, S. 1–2.
269 Vgl. Skitouren-Programm, in: Touristik- und Wintersport im Sportklub Hakoah, 1 (1924) 3, S. 5.
270 Vgl. Touristik- und Wintersport im Sportklub Hakoah, 2 (1925) 14, S. 1–3.
271 Vgl. Touristik- und Wintersport im Sportklub Hakoah, 1 (1923) 2, S. 1.
272 Vgl. Touristik- und Wintersport im Sportklub Hakoah, 1 (1924) 3, S. 1. Das *Lexikon jüdischer Sportler* schreibt, dass die Hakoah bei Wettbewerben des ÖSV teilgenommen hätte, was nicht sein kann, da jüdische SportlerInnen aus dem ÖSV laut „Arierparagraphen" ausgeschlossen waren und die Hakoah seit 1923 dem AÖSV angehörte. Vgl. Ignaz Hermann Körner, Lexikon jüdischer Sportler in Wien 1900–1938, hrsg. und editiert von Marcus G. Patka im Auftrag des Jüdischen Museums der Stadt Wien, Wien 2008, S. 212.
273 Touristik- und Wintersport im Sportklub Hakoah, 1 (1924) 3, S. 1.

ungenützt bleiben darf."²⁷⁴ Laut dem abgedruckten Bericht zur Vollversammlung hatte sich die Mitgliederzahl bis 1924 mit 252 Personen mehr als verdoppelt. Neben den skisportlichen Aktivitäten, die einen regen Zulauf erlebten, förderte die Touristik- und Wintersportsektion das jüdische Kultur- und Gesellschaftsleben mittels Vorträgen über Palästina oder das „Naturempfinden bei den Juden". Das zionistische Selbstverständnis kam aber auch in einer internen Gedenkfeier zum Todestag von Theodor Herzl zum Ausdruck. Darüber hinaus sollte bei diesen Anlässen für den Jüdischen Nationalfonds geworben werden.²⁷⁵ Die Touristik- und Wintersportsektion hatte sich also ebenso wie der Stammverein Hakoah der zionistischen Idee verschrieben und unterstützte diese im Rahmen gesellschaftlicher Aktivitäten.²⁷⁶

Die Entwicklungen im ÖSV wurden von der Hakoah sehr wohl aufmerksam verfolgt und thematisiert. So berichtete die Zeitschrift der Touristik- und Wintersportsektion im Februar 1924 von der Einführung des „Arierparagraphen" im ÖSV und den daraus resultierenden Diskussionen um die Teilnahme bei internationalen Wettbewerben.²⁷⁷ Im Dezember 1924 wies die Zeitschrift auf die Zerwürfnisse hin, die der „Arierparagraph" verursacht habe, indem der ÖSV dem AÖSV die Teilnahme bei Verbandsmeisterschaften verweigerte und umgekehrt die Sportveranstaltungen des AÖSV nicht beschickte.²⁷⁸ In einer weiteren Ausgabe nahm die Zeitschrift nochmals Stellung zu dem Vorwurf, nur ein Gegenstück zu den „arischen" Vereinen zu sein, weil die Hakoah nur Juden als Mitglieder aufnehme. Der Bericht, der als Reaktion auf den Ausschluss der Sektion Donauland aus dem Deutschen und Österreichischen Alpenverein erschien, wollte deutlich machen, dass der Zusammenschluss jüdischer Mitglieder im Verein dem Ziel dient: „unserem Volk [dem jüdischen, Anm.] den Weg körperlicher Ertüchtigung zu zeigen, nicht aber – und das ist der Unterschied gegenüber den hakenkreuzlerischen Vereinigungen – uns gegen Andersnationale ab-

---

274 Touristik- und Wintersport im Sportklub Hakoah, 1 (1924) 3, S. 1.
275 Vgl. Touristik- und Wintersport im Sportklub Hakoah, 1 (1924) 3, S. 1–2.
276 Susanne Helene Betz verweist darauf, dass die Hakoah „ein streng zionistisches Projekt" war. In diesem Sinne verfolgte und unterstützte der jüdische Sportklub die national-jüdischen Bestrebungen mit dem Ziel einer Staatsgründung in Palästina und untermauerte dies mit dem Konzept des „Muskeljudentums", das von Max Nordau entworfen wurde und beim 2. Internationalen Zionistenkongress 1898 in Basel vorgestellt wurde. Dieses Verständnis eines starken, körperlich fitten und selbstbestimmten Judenmtums als Reaktion auf den Antisemitismus wurde in die Hakoah hineingetragen. Vgl. Susanne Helene Betz, 1909–2019: 110 Jahre Hakoah Wien. Zur Frage des Zionismus, in: Siegfried Göllner/Andreas Praher/Robert Schwarzbauer/Minas Dimitriou (Hg.), Zwischenräume. Macht, Ausgrenzung und Inklusion im Fußball. Beiträge zur 2. Salzburger Fußballtagung, Göttingen 2019, S. 25–39, hier S. 27 und 30.
277 Vgl. Touristik- und Wintersport im Sportklub Hakoah, 1 (1924) 3, S. 4.
278 Vgl. Touristik- und Wintersport im Sportklub Hakoah, 1 (1924) 8, S. 2.

zuschließen und den Versuch zu machen, deren Bewegungsfreiheit zu hindern."[279] Ebenso stellte die Hakoah in dem Artikel ihre friedliche Absicht klar und dass sie um einen fairen Wettbewerb bemüht ist. Gleichzeitig appellierte sie an die Vernunft ihrer Gegnerschaft. „Wir wollen keinen Kampf – wohin nationale Feindschaft führt, haben fünf Jahre Krieg jeden denkenden Menschen gezeigt."[280]

3.3.5.1 Fokus auf den Skisport

Die Vollversammlung der Touristik- und Wintersportsektion im Jänner 1927 zog einige Änderungen nach sich und der Fokus der Sektion verlagerte sich aufgrund der steigenden Mitgliederzahlen in diesem Bereich auf den Skisport.[281] Das lässt sich auch von der neuen Namensgebung der Sektion ableiten, denn bei der Neubildung wurde das Wort „Wintersportsektion" aus dem Vereinsnamen gestrichen und stattdessen das Wort „Ski-Klub" eingeführt. Treibende Kraft dahinter war Hugo J. Kohn, der im April 1927 um die Genehmigung des Touristik- und Ski-Klubs Hakoah beim Vereinsbüro der Wiener Landesregierung ansuchte.[282] Kohn, der seit der Wiedergründung 1923 die Sektion leitete,[283] wurde als deren Obmann bestätigt und Richard Gänsler zu seinem Stellvertreter gewählt. Gänsler saß zudem gemeinsam mit Kohn im Hüttenausschuss der Sektion.[284] Als Wintersportreferent leitete Gänsler ebenso die Skikurse der Touristik- und Wintersportsektion.[285] Als Vereinszweck wurde bei der Neubildung angegeben: „Der Klub bezweckt die Förderung und Verbreitung der Touristik und des Wintersportes unter den Juden."[286] Mitglied konnte jeder „volksbewusste Jude (Jüdin) [sic]"[287] werden, der oder die das 16. Lebensjahr erreicht hatte. Der neu aufgestellte Touristik- und Ski-Klub strebte keinen professionellen Sportbetrieb an, sondern legte in seinen Statuten von Beginn an fest, dass er auf dem „Amateurstandpunkt" stehe. Dennoch stand der Verein dem Wettbewerbsgedanken

---

279 Touristik- und Wintersport im Sportklub Hakoah, 1 (1924) 6, S. 1.
280 Touristik- und Wintersport im Sportklub Hakoah, 1 (1924) 6, S. 1.
281 Vgl. Touristik und Wintersport im Sportklub Hakoah, 4 (1927) 22, S. 1.
282 Vgl. Neubildung Touristik u. Ski-Klub Hakoah, WStLA, M.Abt. 119, A32 – Gelöschte Vereine: 10673/1927 – 10673/1927.
283 Vgl. Bericht über die Jahresvollversammlung vom 25. Jänner 1924. Touristik- und Wintersport im Sportklub Hakoah, 1 (1924) 3, S. 1.
284 Vgl. Wiener Morgenzeitung, 9.6.1927, S. 10.
285 Touristik und Wintersport im Sportklub Hakoah, 4 (1927) 22, S. 1.
286 Neubildung Touristik u. Ski-Klub Hakoah, WStLA, M.Abt. 119, A32 – Gelöschte Vereine: 10673/1927 – 10673/1927.
287 Neubildung Touristik u. Ski-Klub Hakoah, WStLA, M.Abt. 119, A32 – Gelöschte Vereine: 10673/1927 – 10673/1927.

im Individualfall nicht negativ gegenüber: „Die Erzielung von Höchstleistungen sind dem Klub nur insoweit erwünscht, als sie der Ertüchtigung der einzelnen Mitglieder von Nutzen sein können."[288] Die sportlichen Aktivitäten sollten sich auf Skikurse, Skitouren, Vorträge und den Bau sowie die zukünftige Bewirtschaftung von Hütten konzentrieren. Die Bildung des Touristik- und Ski-Klubs Hakoah wurde am 5. Mai 1927 behördlich genehmigt. Die Namensänderung in Touristik- und Ski-Klub Hakoah sorgte zwar kurzfristig für Unruhe – sie wäre, so die Kritik, ohne Beschluss und Einberufung einer Generalversammlung erfolgt –, die Vereinsbehörde erkannte aber keine Verletzung der Statuten bzw. des Vereinsgesetzes und bekräftigte am 12. Jänner 1928 die Neubildung des Touristik- und Ski-Klubs Hakoah.[289]

Auf der Vollversammlung im Jänner 1927 wurde das Fehlen einer eigenen Vereinshütte erneut thematisiert. Diese konnte 1936 auf dem Semmering errichtet werden.[290] Gleichzeitig wurde beklagt, dass die SkisportlerInnen der Hakoah im Gegensatz zu großen Skivereinen keine Fahrpreisermäßigung der Bahn bekommen würden. Dabei richtete sich die Kritik ganz klar an den ÖSV, der hier nur seine eigenen Mitgliedervereine unterstützen würde.[291] Dem Touristik- und Skiklub Hakoah gelang es in Folge, eigene Abfahrtsläufe zu organisieren und durchzuführen, und die Hakoah brachte trotz ihrer nicht professionellen Ausrichtung eine Reihe sehr guter alpiner SkiläuferInnen hervor, die sich auch international einen Namen machen konnten. Unter ihnen das Ehepaar Richard und Gertrude Raubitschek. Richard Raubitschek wuchs als Sohn des Zahntechnikers Alfred Raubitschek in Wien auf. Gemeinsam mit seinem Vater und seinem Bruder Ernst führte er später die Praxis im zwölften Wiener Gemeindebezirk.[292] Vater Alfred war zudem Vorsitzender der Wiener Zahnärztevereinigung.[293] Richards älterer Bruder Ernst war ebenso Skiläufer und Vorstandsmitglied in der Wintersportsektion der Hakoah, die beiden führten gemeinsam Erstbegehungen durch und besaßen das bronzene Sportabzeichen der Hakoah.[294] Die Ehefrau von Ernst, Friederike (Fritzi) Raubitschek, war eine talentierte

---

288 Neubildung Touristik u. Ski-Klub Hakoah, WStLA, M.Abt. 119, A32 – Gelöschte Vereine: 10673/1927 – 10673/1927.
289 Vgl. Neubildung Touristik u. Ski-Klub Hakoah, WStLA, M.Abt. 119, A32 – Gelöschte Vereine: 10673/1927 – 10673/1927.
290 Vgl. Baar, Hakoah, S. 46.
291 Vgl. Touristik und Wintersport im Sportklub Hakoah, 4 (1927) 22, S. 1.
292 Vgl. Badener Zeitung, 10.8.1935, S. 2.
293 Vgl. Friederike Raubitschek, My husband was a Jew, in: Renate Meissner (Hg.), Erinnerungen: Lebensgeschichten von Opfern des Nationalsozialismus (Band 5), Exil in Australien, Wien 2018, S. 210–223, hier S. 217.
294 Vgl. Wiener Morgenzeitung, 9.6.1927, S. 10; Tourisitk- und Wintersport im Sportklub Hakoah, 2 (1925) 14, S. 2; Körner, Lexikon jüdischer Sportler, S. 175.

Skiläuferin und gleichzeitig Schriftführerin der Sektion. Die beiden lernten sich bei gemeinsamen Berg- und Skitouren der Hakoah kennen und lieben.[295] Richard Raubitschek, geboren am 25. Oktober 1900 in Wien, war Mitbegründer der Sektion. Er heiratete am 4. Juli 1928 im Wiener Stadttempel Gertrude Eckstein.[296] Beide betätigten sich sportlich in der Wiener Hakoah und konnten skiläuferische Erfolge feiern. 1933 belegte Richard Raubitschek bei der Makkabiade im polnischen Zakopane im Abfahrtslauf den dritten Platz und 1936 holte er im slowakischen Bistrica den Sieg in seiner Altersklasse.[297] Neben der Teilnahme an alpinen Skirennen unternahm Richard Raubitschek mit anderen Hakoah-Mitgliedern Skitouren in den österreichischen Alpen und leitete Skikurse der Touristik- und Wintersportsektion.[298] Er hatte zudem die Leitung der Rettungsstelle in der Sektion über.[299] Seine 1903 geborene Ehefrau Gertrude war ebenso im Skilauf erfolgreich.[300]

Die Touristik- und Wintersportsektion der Hakoah war Teil des Jüdischen Turn- und Sportverbandes Österreich und damit über den Makkabi-Weltverband international mit anderen jüdischen Sportvereinen sehr gut vernetzt.[301] Die Wiener Sektion organisierte in verschiedenen Ländern Osteuropas gemeinsame Skisportveranstaltungen bzw. nahm an solchen teil. Zu einem Fixpunkt im Saisonkalender entwickelten sich die Makkabi-Weltwinterspiele, bei denen immer wieder österreichische SkiläuferInnen starteten.[302] Daneben organisierte die Wintersportsektion der Hakoah regionale und überregionale Skirennen wie das Abfahrts- und Slalomrennen im niederösterreichischen Türnitz oder die „Goldene Alpenrose" in Innsbruck.[303] Die Wintersportsektion pflegte darüber hinaus Kontakte zu international ausgerichteten Skivereinen in anderen europäischen Staaten wie dem Ski-Club of Great Britain oder dem Schweizer Alpen-Klub.[304] Auch die Hakoah Innsbruck war Mitglied im Makkabi-Weltverband.

---

295 Baar, Hakoah, S. 245; Raubitschek, My husband was a Jew, S. 217.
296 Vgl. Family Trees, Richard Raubitschek, www.ancestry.com (15.2.2019) Das Lexikon jüdischer Sportler in Wien erwähnt Trude Raubitschek als Schwester von Richard und Ernst Raubitschek. Aus mehreren Quellen sowie aus dem Buch 50 Jahre Hakoah von Arthur Baar geht allerdings hervor, dass Gertrude Raubitschek (geb. Eckstein, kurz genannt Trude) die Ehefrau von Richard war. Vgl. u. a. Baar, Hakoah, S. 245.
297 Vgl. Baar, Hakoah, S. 245.
298 Vgl. Touristik- und Wintersport im Sportklub Hakoah, 2 (1925) 14, S. 1.
299 Vgl. Touristik- und Wintersport im Sportklub Hakoah, 4 (1927) 21, S. 1.
300 Vgl. u. a. Sport-Tagblatt, 26.2.1937, S. 5.
301 Vgl. OeStA, AdR, ZNsZ, Stiko Karton 568, Mappe 31-N 14.
302 Vgl. Sport-Tagblatt, 20.2.1936, S. 5.
303 Vgl. Sport-Tagblatt, 3.3.1934, S. 10 und 8.2.1935, S. 3.
304 Vgl. Touristik und Wintersport im Sportklub Hakoah, 4 (1927) 22, S. 1

3.3.5.2 Jüdisches (Ski-)sportleben aus statistischer Perspektive

Trotz dieser zahlreichen wintersportlichen Aktivitäten waren die Mitgliederzahlen im Vergleich zu nichtjüdischen Skivereinen in Österreich bescheiden. Wie stark die Zahl der Aktiven bei der Touristik- und Wintersportsektion der Hakoah Wien und der Hakoah Innsbruck tatsächlich war, geht aus einer Mitgliederstatistik aus dem Jahr 1936 hervor. Diese weist für Innsbruck in Summe 44 Mitglieder auf und für die organisierten jüdischen SkisportlerInnen in Wien 183. Die größte Altersgruppe bildete bei der Hakoah Innsbruck die Gruppe der 18- bis 25-jährigen mit 20 Mitgliedern. Die zweitgrößte Gruppe war jene der unter 14-jährigen, gefolgt von jener der 14- bis 18-jährigen.[305] Das zeigt, dass die Hakoah vor allem in der Jugendförderung Impulse setzen konnte. Für die Touristik- und Wintersportsektion liegen leider keine altersspezifischen Zahlen vor.

Tab. 3: Mitgliederstatistik der angeschlossenen Vereine im Jüdischen Turn- und Sportverband Österreich (Stand, 30. Juni 1936, ausgewählte Vereine nach Alter).

	unter 14 Jahren	14–18 Jahre	18–25 Jahre	über 25 Jahre	Mitglieder insgesamt
Sportklub Hakoah	30	235	350	165	780
Touristik- und Skiklub Hakoah	k. A.	k. A.	k. A.	k. A.	183
Hakoah Innsbruck	12	9	20	3	44
Hakoah Graz	41	25	55	170	291

Quelle: OeStA, AdR, ZNsZ, Stiko Karton 568, Mappe 31-N 14, eigene Zusammenstellung.

Tab. 4: Mitgliederstatistik der angeschlossenen Vereine im Jüdischen Turn- und Sportverband Österreich (Stand, 30. Juni 1936, ausgewählte Vereine nach Geschlecht).

	männlich	weiblich	Insgesamt
Sportklub Hakoah	600	180	780
Touristik- und Skiklub Hakoah	126	57	183
Hakoah Innsbruck	25	19	44
Hakoah Graz	205	86	291

Quelle: OeStA, AdR, ZNsZ, Stiko Karton 568, Mappe 31-N 14, eigene Zusammenstellung.

---

305 Vgl. Mitgliederstatistik, Stand 30.6.1936, in: OeStA, AdR, ZNsZ, Stiko Karton 568, Mappe 31-N 14.

Im Vergleich zu Wien und Graz hatte die Hakoah Innsbruck im Jahr 1936 analog zur Größe der jüdischen Gemeinde in Tirol statistisch gesehen die wenigsten Mitglieder,[306] war aber sportlich dennoch äußerst erfolgreich. Die Hakoah-SportlerInnen aus Innsbruck konnten fünf österreichische Sportabzeichen in Bronze erwerben, wohingegen der Touristik- und Skiklub mit insgesamt vier Sportabzeichen (drei Bronzenen und einem Goldenen) auf eines weniger kam. In welchen Sportarten die Sportabzeichen errungen wurden, geht zwar aus der Statistik nicht hervor. Bei der Hakoah Innsbruck ist aber anzunehmen, dass diese im Alpin- bzw. Wintersportbereich erzielt wurden, zumindest bildeten der Skilauf und das Bergsteigen einen eindeutigen Schwerpunkt bei den jüdischen SportlerInnen aus Tirol. So ging der Goldene Ski der Hakoah von 1935 bis 1937 drei Mal in Folge nach Innsbruck.[307] Auffallend ist vor allem, dass das Geschlechterverhältnis in Innsbruck mit 25 Männern und 19 Frauen im Vergleich mit den anderen Hakoah-Vereinen und der Touristik- und Wintersportsektion am ehesten ausgeglichen war.

---

306 Laut der österreichischen Volkszählung vom 22. März 1934 umfasste die jüdische Wohnbevölkerung in Tirol 365 Menschen. In der Steiermark lebten zum selben Zeitpunkt 2 195 Personen jüdischen Glaubens und in Wien waren es 176 034. Vgl. Albert Lichtblau, Integration, Vernichtungsversuch und Neubeginn. Österreichisch-jüdische Geschichte 1848 bis zur Gegenwart, in: Eveline Brugger/Martha Keil/Albert Lichtblau/Christoph Lind/Barbara Staudinger (Hg.), Geschichte der Juden in Österreich, Wien 2006, S. 447–565, hier S. 502. Im März 1938 wurden von den Nationalsozialisten in Tirol und Vorarlberg 460 Jüdinnen und Juden als so genannte „Glaubensjuden erfasst. Vgl. Thomas Albrich, Einleitung, in: Thomas Albrich (Hg.), Wir lebten wie sie..." Jüdische Lebensgeschichten aus Tirol und Vorarlberg, Innsbruck 1999, S. 7–12, hier S. 9.
307 Vgl. Thomas Mayer, Orte der Begegnung und des Kampfes. Hakoah in den Bundesländern, in: Susanne Helene Betz/Monika Löscher/Pia Schölnberger (Hg.), „...mehr als ein Sportverein". 100 Jahre Hakoah Wien 1909–2009, Innsbruck/Wien/Bozen 2009, S. 48–64, hier S. 58–59.

4 Österreichs Skisport in der NS-Zeit

4.1 Das nationalsozialistische Sportkonzept

Im nationalsozialistischen Sportverständnis sollten die Leibesübungen gebunden „an die Kräfte des Volkstums [...] für die erzieherischen Belange des Staates eingesetzt werden".[1] Dieses Ziel wurde von den nationalsozialistischen Erziehungsanstalten, von den NS-Jugendorganisationen bis hin zu den Wehrverbänden der SA und SS stringent verfolgt. In dem Vorwort zu Hajo Bernetts Standardwerk über *Sport und Schulsport in der NS-Diktatur* betonen die beiden Historiker Hans Joachim Teichler und Berno Bahro „die große politische, wehrertüchtigende und propagandistische Rolle des Sports in der NS-Diktatur".[2] Die dem NS-Sport hier zugeschriebenen Rollen, allen voran die Erziehungsfunktion, stehen in der sporthistorischen Forschung außer Frage.[3] Matthias Marschik bezeichnet in seiner Analyse den NS-Staat in diesem Zusammenhang als „Sportdiktatur", „in der sportliche Praxen entscheidende Normen und Werte nicht nur paradigmatisch präsentierten, sondern sogar vorgaben".[4] Nationalsozialistische Sportfeste, die nach bestimmten Abläufen und Riten im Jahresrhythmus abgehalten wurden, belegen den massiven Eingriff der NS-Diktatur in die Darstellung von Körper und Körperlichkeit.

Dennoch lag dem NS-Sportkonzept keine einheitliche Philosophie zugrunde.[5] Adolf Hitler verwies in *Mein Kampf* auf die zentrale Rolle der Leibesübungen für den nationalsozialistischen Staat, wenn er vom „Heranzüchten kerngesunder Körper" schrieb.[6] Seiner Ansicht nach sollte die körperliche Ertüchtigung und nicht die geistige Schulung in der staatlichen Erziehungsar-

---

[1] Hans von Tschammer und Osten, Die Organisation der deutschen Leibesübungen, Berlin 1936, S. 5.
[2] Hans Joachim Teichler/Berno Bahro, Vorwort. Die wichtige Rolle des Sports im Nationalsozialismus, in: Berno Bahro/Hans Joachim Teichler (Hg.), Sport und Schulsport in der NS-Diktatur, Paderborn 2017, S. 7.
[3] Vgl. hier etwa Helene Roche, Sport, Leibeserziehung und vormilitärische Ausbildung in den Nationalpolitischen Erziehungsanstalten. Eine „radikale" Revolution der körperlichen Bildung im Rahmen der NS-„Gesamterziehung"?, in: Frank Becker/Ralf Schäfer (Hg.), Sport und Nationalsozialismus, Göttingen 2016, S. 173–196, hier S. 173.
[4] Marschik, Sportdiktatur, S. 588.
[5] Vgl. Andreas Luh, On the Way to a National Socialist Sports System: From liberal Sports in Clubs and Associations to directed Sports in National Socialist Organizations, in: European Journal of Sport Science, 3 (2003) 3, S. 1–10, hier S. 3.
[6] Adolf Hitler, Mein Kampf, 763.-767. Auflage, München 1942, S. 452; Zit. nach Winfried Joch, Politische Leibeserziehung und ihre Theorie im Nationalsozialistischen Deutschland. Voraussetzungen – Begründungszusammenhänge – Dokumentation, Frankfurt 1976, S. 25.

beit an erster Stelle stehen, um die körperliche Gesundheit und Willenskraft der „Volksgemeinschaft" zu garantieren.[7] Hitlers Vorstellungen wurden in weiterer Folge vermengt mit Interpretationen unterschiedlich einflussreicher völkischer Demagogen. Einer davon war Alfred Bäumler, der den Körper als „Politicum" [sic] bezeichnete und damit seiner Privatsphäre entzog.[8] Bäumler war einer der frühen NS-Chefideologen, er stand in enger Beziehung zu Alfred Rosenberg und übernahm 1934 in dessen Amt die Abteilung Wissenschaft. Mit seinen Schriften über Männerbünde, politische Erziehung und die Bildung von Gemeinschaft lieferte der Pädagoge grundlegende philosophische Inputs für die NS-Ideologie,[9] unter anderem für den Sportbereich.

Als Grundlage diente dem NS-Sportmodell das Prinzip der Kraft. Wobei die individuelle Körperkraft, sprich die individuelle sportliche Leistung, analog zu Hitler und Bäumler der kollektiven „Volksgemeinschaft" zu dienen bzw. in dieser aufzugehen hatte.[10] Sport diente dem nationalsozialistischen Verständnis nach nicht dem Selbstzweck, sondern dem „Volksstaat". Die körperliche Kraft wurde als Einheit „von physischer und sittlich-charakteristischer Stärke" begriffen, schreibt Bernett.[11] Damit setzte das nationalsozialistische Sportkonzept beim Deutschen Turnen an. Die ideologischen Kontinuitäten zwischen deutschnationaler Turnerschaft und Nationalsozialismus, den Gemeinschaftssinn aber auch die Geschlechterrollen sowie die Jugend betreffend, sind evident.[12] Der Nationalsozialismus entwickelte die Idee des Deutschen Turnens von Turnvater Jahn in radikaler Weise weiter. Die nationalsozialistischen Leibesübungen sollten nicht nur der Nationalerziehung dienen, sondern auch einen „gesunden Volkskörper" schaffen. Die körperliche Ertüchtigung wie geistige Schulung jeder/s Einzelnen sollte die deutsche „Volksgemeinschaft" stärken. Diese „Volksgemeinschaft" wurde nicht mehr nur als reine Gesinnungsgemeinschaft verstanden, sondern hatte einem Ausleseprinzip zu folgen. Zum Nationalgedanken im Sport kam der nationalsozialistische Rassenbegriff hinzu. Dieser wurde ein bestimmender Faktor und in den nationalsozialistischen Leibesübungen in An-

---

7 Vgl. Hitler, Mein Kampf, S. 452.
8 Vgl. Luh, On the Way, S. 3.
9 Vgl. Hermann Giesecke, Hitlers Pädagogen, Theorie und Praxis nationalsozialistischer Erziehung, Weinheim/München 1999, S. 79 und 88; Winfried Joch, Politische Leibeserziehung, S. 65–67.
10 Vgl. Luh, On the Way, S. 3; Hitler, Mein Kampf, S. 453.
11 Bernett, Sport und Schulsport, S. 13.
12 Vgl. hier u. a. Helena Gand, Ideologie und Inszenierung zwischen Kontinuität und Kooperation. Das 15. Deutsche Turnfest 1933 als erstes Massensportereignis im Nationalsozialismus, in: Frank Becker/Ralf Schäfer (Hg.), Sport und Nationalsozialismus. Beiträge zur Geschichte des Nationalsozialismus (Band 32), Göttingen 2016, S. 107–124, hier S. 111–112.

lehnung an den Sozialdarwinismus als Kraftquelle interpretiert.[13] In anderen Worten dienten Sport und Leibeserziehung in der NS-Diktatur, wie es auch schon Helene Roche für die nationalpolitischen Erziehungsanstalten zusammenfasst, der „Rassengesundheit" und Militärtauglichkeit der „Volksgemeinschaft".[14] Der nationalsozialistische Sport war damit „eingewoben in ein dichtes bio-politisches Netz diskursiver, institutioneller und praktischer Grenzziehungen zwischen Sozialen und Asozialen, Hoch- und Minderwertigen, Rasse und Gegenrasse".[15] Von Tschammer und Osten sah die Leibesertüchtigung nach dem NS-Ideal genau aus diesen Gründen „in der vordersten Linie der Staatsaufgaben".[16] Mittels Sport sollten nicht nur gesündere und stärkere Körper geschaffen werden, sondern auch die Gedankenwelt im Sinne der NS-Ideologie gesteuert und kontrolliert werden, um die Absichten des NS-Regimes durchsetzen zu können.[17] Der Zugriff erfolgte über die Schule, die NS-Jugendorganisationen (HJ und BDM) sowie über den Betriebs- und Wehrsport. Der deutsche Historiker Arnd Krüger fasst den Zweck des nationalsozialistischen Sports folgendermaßen zusammen: „[...] it should not be overlooked that the main purpose was to prepare youth for the war to come, and to convince the population that the German nation was the strongest in the world when unified under Nazi rule."[18] Damit war die Idee des nationalsozialistischen Sports von Beginn an untrennbar mit den Allmachtsfantasien des NS-Regimes verbunden. Hans von Tschammer und Osten formulierte den Anspruch des nationalsozialistischen Sports in der *Organisation der deutschen Leibesübungen* im Jahr 1936 folgendermaßen: „Es ist eine alte Weisheit, daß ein sportlich geübtes Volk stärker und einsatzfähiger ist, als ein ungeübtes".[19] Die NS-Körpererziehung beinhaltete daher von

---

13 Vgl. Bernett, Sport und Schulsport, S. 31.
14 Vgl. Roche, Sport, Leibeserziehung und vormilitärische Ausbildung, S. 194.
15 Thomas Alkemeyer, Körperlichkeit und Politik. Aufrecht und biegsam. Eine politische Geschichte des Körperkults, in: Matthias Marschik/Rudolf Müllner/Otto Penz/Georg Spitaler (Hg.), Sport Studies, Wien 2009, S. 47–59, hier S. 56.
16 Hans von Tschammer und Osten, Sport und Leibesübungen im nationalsozialistischen Staat, in: Grundlagen, Aufbau und Wirtschaftsordnung des nationalsozialistischen Staates. Erster Band: Die weltanschaulichen, politischen und staatsrechtlichen Grundlagen des nationalsozialistischen Staates. Gruppe 1: Die weltanschaulichen Grundlagen, Berlin 1937, S. 8, zit. nach Marschik, Sportdiktatur, S. 47.
17 Vgl. Barbara Keys, The Body as a Politcal Space: Comparing Physical Education under Nazism and Stalinism, in: German History 27 (2009) 3, S. 395–413, hier S. 395.
18 Arnd Krüger, Strenght Through Joy: The Culture of Consent under Facism, Nazism and Francoism, in: James Riordan/Arnd Krüger (Hg.), The International Politics of Sport in the Twentieth Century, London/New York 1999, S. 67–89, hier S. 76.
19 Hans von Tschammer und Osten, Die Organisation der deutschen Leibesübungen, Berlin 1936, S. 7.

Beginn an den kriegerischen Kampf im Sinne einer „rassischen Überlegenheit" als zentrales Element in ihrer theoretischen Grundlage und praktischen Ausübung.[20] Die Attribute des sowohl militärisch geschulten und sportlich trainierten Soldaten waren Härte und Zähigkeit, darüber hinaus der Wille, sich dem übergeordneten Zielen unterzuordnen und die Bereitschaft Opfer zu bringen.[21] Das weibliche Sportbild des Nationalsozialismus sah dementsprechend anders aus. „Die Frau" sollte die „Trägerin der Volksgesundheit" sein, dementsprechend sollte der Frauensport die Gesundheit und Gebärfähigkeit garantieren. Mit Ausbruch des Zweiten Weltkriegs sollte der trainierte Frauenkörper aber ebenso den physischen und psychischen Herausforderungen an der „Heimatfront" gewachsen sein. Der Leistungsgedanke im Sinne von Ausdauer spielte also durchaus eine Rolle im nationalsozialistischen Frauensport.[22]

4.1.1 Neuorganisation des Sports ab 1933

Der totalitäre Führungsanspruch innerhalb des nationalsozialistischen Sportsystems barg Konflikte, dessen war sich auch die NS-Sportführung bewusst. So mussten die Millionen Mitglieder der noch existierenden und nicht aufgelösten Vereine ab 1933 in das NS-Sportsystem eingegliedert werden, ohne ihre Stellung zu untergraben. Immerhin bildeten die Vereine nicht nur die wirtschaftliche Grundlage des ab 1934 als oberste Reichsbehörde geschaffenen Deutschen Reichsbund für Leibesübungen (DRL), sprich des organisierten Sports im NS-Staat abseits von HJ, SA und DAF.[23] Um dieses Dilemma zu lösen, wurde der Turn- oder Sportverein als „unterste Zelle der Organisationsarbeit" bezeichnet, von der aus sich „das gesamte sportliche Leben" aufzubauen hatte.[24] Sämtliche Vereine wurden dahingehend unter dem nationalsozialistischen Führerprinzip dem DRL unterstellt,[25] welches ab April 1936 dem Reichssportamt also direkt dem Reichssportführer Hans von Tschammer und Osten als Leiter zugeteilt war.[26] Die radikalen Veränderungen, die damit verbunden waren, kamen unter

---

20 Vgl. Rudolf Müllner, Die Mobilisierung der Körper. Der Schul- und Hochschulsport im nationalsozialistischen Österreich, Wien 1993, S. 21.
21 Vgl. Müllner, Die Mobilisierung, S. 23.
22 Vgl. Barbara Huber, Die weibliche Seite des NS-Sports – Anspruch und Wirklichkeit, in: Salzburgs Sport in der NS-Zeit, S. 243–254, hier S. 243 und 246.
23 Vgl. Bernett, Der Weg des Sports, S. 29.
24 Vgl. Bernett, Der Weg des Sports, S. 31.
25 Vgl. Bernett, Der Weg des Sports, S. 30.
26 Vgl. Luh, On the Way, S. 4.

anderem im offiziellen Band zu den Olympischen Winterspielen und zur Vorschau auf die Olympischen Sommerspiele in Berlin zum Ausdruck:

> Bis zur Machtergreifung durch den Nationalsozialismus bestand als oberste deutsche Sportbehörde der ‚Deutsche Reichsausschuß für Leibesübungen', ein Dachverband der unzähligen kleinen und große Bünde und Verbände. Nicht angeschlossen waren die Arbeitersportverbände. Der neue Staat hat mit diesem Zustand schnell aufgeräumt. Die deutschen Sportverbände sind im Deutschen Reichsbund für Leibesübungen zusammengefaßt, an dessen Spitze der Reichssportführer steht.[27]

Der DRL, der am 23. Jänner 1934 vom Reichssportführer proklamiert, im März 1934 offiziell gegründet wurde und bei den „Deutschen Kampfspielen" in Nürnberg im Juli 1934 erstmals öffentlich in Erscheinung trat,[28] verkörperte die nationalsozialistische Sportpolitik nach außen und strukturierte den Vereinssport nach innen. Das geschah unter der Zielsetzung der NS-Politik und letztlich des NS-Staates.[29] Der DRL bildete die Dachorganisation des NS-Sports im Sinne einer Einheitsorganisation, dem sämtliche Sportvereine einzugliedern waren. Diese war unterteilt in 14 unterschiedliche Sportsektionen, so genannte Fachämter. Eines davon war das Reichsfachamt für Skilauf mit Sitz in Berlin, welches 1935 gegründet wurde.[30] Zum obersten Führer des DRL bestimmte Adolf Hitler den Reichssportführer Hans von Tschammer und Osten. Der SA-Gruppenführer wurde am 28. April 1933 zum Reichssportkommissar und am 19. Juli 1933 zum Reichssportführer ernannt. Von Tschammer und Osten implementierte die NS-Sportpolitik in den sportlichen Alltag. Dabei verlief die Bildung der Einheitsorganisation nicht friktionsfrei. Der DRL kam beispielsweise bereits in seiner Anfangszeit in Konflikt mit anderen NS-Organisationen wie der nationalsozialistischen Freizeitorganisation Kraft durch Freude (KdF).[31] Bei der Auflösung der bisherigen Dachverbände und der Gleichschaltung des Vereinssportes ging von Tschammer und Osten in den Jahren ab 1933 im Deutschen Reich einen verhältnismäßig „sanften" Weg. Auch weil er die Unterstützung der Funktionäre brauchte und den Widerstand der liberalen Vereine vermeiden wollte.[32] Diese strategische Vorgehensweise im Umgang mit bürgerlichen Vereinen, wie beispielsweise den Deutschen Turnvereinen, darf aber nicht über die radikale, antisemitische und rassistische Sportpolitik hinwegtäuschen, die der NS-Staat von Beginn an verfolgte und welche auch in der nationalsozialistischen Sportfüh-

---

27 Vgl. Die Olympischen Spiele 1936 in Berlin und Garmisch-Partenkirchen, Band 1, S. 87.
28 Vgl. Bernett, Der Weg des Sports, S. 15–16; Luh, On the Way, S. 4.
29 Vgl. Bernett, Sport und Schulsport, S. 30–31.
30 Vgl. Falkner, Skier für die Front, S. 6.
31 Vgl. Bernett, Sport und Schulsport, S. 34.
32 Vgl. Havemann, Fußball unterm Hakenkreuz, S. 114–115.

rung zum Ausdruck kam. Der Ausschluss jüdischer SportlerInnen erfolgte sogleich nach der Machtübernahme,[33] wobei sich die bürgerlichen Sportvereine selbst an der Ausgrenzungspolitik der ab 1933 machthabenden Nationalsozialisten aktiv beteiligten.[34] Auch der Deutsche Skiverband bekundete diesbezüglich gegenüber den nationalsozialistischen Machthabern seine Loyalität.[35]

4.1.2 Der Skisport im nationalsozialistischen Deutschland

Das nationalsozialistische Deutschland habe ebenso wie das faschistische Italien in alpinen Sportarten „eine perfekte Kombination aus Körperkultur, Heldentum und Verherrlichung der Naturlandschaft des Vaterlandes" gesehen,[36] schreibt der Historiker Andrew Denning. Anders ausgedrückt haben beide Diktaturen, Nationalsozialismus und Faschismus, besonders im Skisport auf jeweils ihre Art einen Weg gefunden, ihre totalitären Ideen zu verbreiten und Jugendliche und junge Männer physisch wie psychisch auf den Krieg vorzubereiten.[37] Der Nationalsozialismus ging bei dem Versuch, die Gesellschaft zu durchdringen, einen Schritt weiter und sprach vom „Volk in Leibesübungen".[38] Das drückt sich ab der nationalsozialistischen Machtübernahme 1933 auch in der vielfältigen Förderung des Skisports aus, der als deutscher „Volkssport" begriffen wurde und dazu aus dem bürgerlichen Umfeld gelöst werden sollte. Reichssportführer Hans von Tschammer und Osten formulierte diesen Anspruch an den Skisport folgendermaßen:

---

33 Vgl. Dietrich Schulze-Marmeling, Einführung, in: Dietrich Schulze-Marmeling (Hg.), Davidstern und Lederball. Die Geschichte der Juden im deutschen und internationalen Fußball, Göttingen 2003, S. 11–24, hier S. 18
34 Markwart Herzog belegt das für den deutschen Fußballrekordmeister FC Bayern München, indem er die Geschichte der Einführung des „Arierparagraphen" nachzeichnet. Vgl. Markwart Herzog, Die drei „Arierparagrafen" des FC Bayern München. Opportunismus und Antisemitismus in den Satzungen des bayerischen Traditionsvereins, in: Markwart Herzog (Hg.), Die „Gleichschaltung" des Fußballsports im nationalsozialistischen Deutschland, Stuttgart 2016, S. 75–113; Markwart Herzog, Der FC Bayern München im „Dritten Reich". Ein Beitrag zur Geschichtspolitik des deutschen Rekordmeisters, in: Stadion. Internationale Zeitschrift für Geschichte des Sports, 43 (2019) 1, S. 18–57.
35 Vgl. Falkner, Deutscher Skilauf, S. 24.
36 Vgl. Denning, Alpine Modern, S. 887.
37 Vgl. Ambrosi/Weber, Editorial, S. 15.
38 Anlässlich des Deutschen Turn- und Sportfestes 1938 in Breslau wurde diese Losung von Reichssportführer Hans von Tschammer und Osten herausgegeben. Vgl. den offiziellen Band, herausgegeben im Auftrag des Reichssportführers: Volk in Leibesübungen, Deutsches Turn- und Sportfest Breslau 1938, Berlin 1938.

> Der Skilauf führt uns in die Schönheit der winterlichen Bergwelt und gibt uns Kraft und Mut für die Arbeit des Alltags. Wir haben die Verpflichtung, diesen Born der Gesundheit immer mehr zu erschließen und den Skilauf zum wirklichen Volkssport zu machen.[39]

Der organisierte Skilauf war dem NS-Regime ein besonderes Anliegen. Das 1935 gegründete Reichsfachamt Skilauf unterstrich diese Bedeutung. Ebenso wie der restliche Sport wurde der Skisport dem Führerprinzip unterstellt. Als Führer des Fachamtes wurde 1937 der Thüringer Gustav Räther eingesetzt, der zuvor den DSV leitete. Er folgte Josef Maier,[40] der 1935 als Fachamtsleiter eingesetzt und überraschend abberufen worden war. Räther galt als überzeugter Nationalsozialist, er trat 1932 in die NSDAP ein.[41] Mit dem Skilauf kam er bereits vor dem Ersten Weltkrieg in Berührung. Als Funktionär im Landesverband und als DSV-Vorstand prägte er nach dem Ersten Weltkrieg den organisierten Skilauf in Thüringen und darüber hinaus. Er führte neue Wettbewerbe ein, schuf eine neue Wettlaufordnung und war mit der Organisation internationaler Rennen betraut.[42] Mit Räther setzte die NS-Sportführung nicht nur einen erfahrenen Experten ein, sondern setzte gleichzeitig auf einen loyalen Parteigänger. Schon im Juni 1933 vollzogen die NS-Machthaber mit dem Deutschen Wintersportverband, dem der DSV eingegliedert war, den ersten Schritt in Richtung Zentralismus. Der spätere Übergang in den DRL erfolgte widerstandslos, auch weil die Führungspersonen nicht mehr ausgetauscht werden mussten.[43] „Ideologische Vorbehalte gab es nicht",[44] schreibt dazu Gerd Falkner. Der DSV sah sich in seiner deutschnationalen Tradition dem NS-Regime nahe stehend. Einzelne Funktionäre hatten sich dem neuen NS-Sportsystem angedient, indem sie in einer Art „vorauseilenden Gehorsam" die Auflösung von Vereinen und Verbänden proklamierten. Räther tat dies 1933 mit dem Thüringer Wintersportverband – zwei Jahre bevor der DSV und seine Landesverbände am 5. September 1935 aufgelöst und in das Reichsfachamt Skilauf des DRL eingegliedert wurden.[45] Mit

---

39 Hans von Tschammer und Osten, in: Durch Pulver und Firn. Das Buch der Deutschen Skiläufer. Jahrbuch des Nationalsozialistischen Reichsbundes für Leibesübungen/Fachamt Skilauf, Innsbruck 1939/40, S. 5.
40 Josef Maier war langjähriger Vorsitzender des Bayerischen Skiverbandes, ehe er 1933 den Vorsitz im DSV übernahm. Vgl. Falkner, Skier für die Front, S. 8.
41 Vgl. Lothar Köhler, Gustav Räther – „NSRL-Reichsfachamtsleiter Skisport" im Dritten Reich. Biografische Skizze eines Funktionsträgers des Thüringer Wintersportverbandes und des DSV, in: FdSnow: Fachzeitschrift für den Skisport, 32 (2014) 44, S. 50–59, hier S. 53.
42 Vgl. Köhler, Gustav Räther, S. 51–53.
43 Vgl. Falkner, Deutscher Skilauf, S. 24–25.
44 Falkner, Skier für die Front, S. 12.
45 Vgl. Köhler, Gustav Räther, S. 53–54; 50 Jahre Deutscher Skiverband 1905–1955, München 1955, S. 50.

dieser Eingliederung war die Neuordnung des reichsdeutschen Skisports nach nationalsozialistischen Gesichtspunkten abgeschlossen. Der Wettkampfsport wurde nunmehr vom Reichsfachamt Skilauf organisiert. Im Oktober 1935 erschien erstmals das vom Reichssportführer Hans von Tschammer und Osten per Erlass genehmigte offizielle Organ der NS-Einheitsorganisation *Ski-Sport*. In diesem wurden neben allgemeinen Berichten die amtlichen Nachrichten des Fachamtes Skilauf und die Bekanntmachungen des Reichssportführers sowie des DRL (später NSRL) abgedruckt. Der 1935 neu eingesetzte Fachamtsleiter Josef Maier schrieb in den einleitenden Worten der ersten Ausgabe:

> Seien wir uns darüber klar, daß so, wie durch den nationalsozialistischen Umbruch eine allgemeine Umwandlung der Begriffe völkischen Zusammenlebens sich vollzogen hat, auch wir unsere Aufgaben nur dann restlos erfüllen können, wenn wir uns der Volksgemeinschaft bewußt sind, zu der wir uns in unserem Sport verbunden fühlen.[46]

Der Skisport sollte demnach, wie andere Sportarten auch, künftig den Zielen der nationalsozialistischen „Volksgemeinschaft" dienen und wie im Geleitwort formuliert besonders die „Volkskraft" stärken.[47] Damit war die Vorgabe für den im Reichsfachamt organisierten NS-Skisport klar umrissen. Die darauffolgende Jahrestagung im September 1936 in Koblenz, sieben Monate nach den Olympischen Winterspielen, beschloss konkrete Maßnahmen und kündigte erste Neuerungen für den Wettkampfsport an. Neben der Förderung von Vereinswettkämpfen und einer weiteren Ausdifferenzierung im nordischen Skilauf mit der Einführung von Leistungsklassen analog zum Abfahrtslauf sollte vor allem der Trainingsbetrieb im Spitzen- und Nachwuchsbereich gesteigert werden.[48]

Daneben entwickelten sämtliche Gliederungen der NSDAP in den 1930er-Jahren Skilaufstrukturen und führten Skiwettbewerbe durch. So veranstalteten das Nationalsozialistische Kraftfahr-Korps (NSKK) und das NS-Flieger-Korps (NSFK) eigene Skisportveranstaltungen.[49] Die SA hatte ebenso ihre skisportlichen Wettbewerbe, sie suchte nach sportlichen Betätigungsfeldern und warb gerade über den bürgerlichen Sport um Mitglieder.[50] Schon Jahre vor der Machtübernahme der Nationalsozialisten in Deutschland veranstaltete die SA ihre ers-

---

46 Josef Maier, Der „Ski-Sport" das neue Reichsfachamtsorgan für das Fachamt Skilauf, in: Ski-Sport, 1 (1935) 1, S. 2.
47 Vgl. Zum Geleit, in: Ski-Sport, 1 (1935) 1, S. 3.
48 Vgl. Ski-Sport, 1 (1936) 2, S. 3.
49 Vgl. Falkner, Deutscher Skilauf, S. 26–27.
50 Die Oberste SA-Führung etablierte ab 1927 ein Sportamt, hielt am Parteitag ab 1929 SA-Meisterschaften unter anderem in Boxen ab und organisierte in der Reichsführerschule (RFS) der SA ab Juli 1931 Sportkurse. Letztlich kam der SA-Sport aber nicht über das Stadium eines Aktionismus hinaus und hatte neben der wehrsportlichen Aufgabe am ehesten ein ge-

ten Skiwettkämpfe.[51] Nach dem „Röhm-Putsch" und der Ermordung Ernst Röhms am 1. Juli 1934 versuchte die SA verstärkt den Wehrsport für sich zu beanspruchen.[52] Das zeigte sich auch in der späteren Umwandlung des SA-Sportabzeichens in das SA-Wehrabzeichen. Per Erlass vom 19.1.1939 erklärte Hitler die SA zum Träger der „vor- und nachmilitärischen Wehrerziehung".[53] SA-Skirennen sollten darüber hinaus, ebenso wie andere SA-Sportveranstaltungen, den „SA-Geist" verkörpern und das Gemeinschaftsgefühl stärken. Das kam etwa bei den Skiwettkämpfen der SA-Gebirgsjägerbrigade 98 im Jänner 1939 an der Hohen Scharte in Bad Hofgastein zum Ausdruck[54] sowie bei den 1. Alpenland-Skiwettkämpfen der SA im Februar 1940, die ebenso in Hofgastein ausgetragen wurden.[55]

Abb. 16: SA-Stabschef Viktor Lutze beim Besuch der Alpenland-Skiwettkämpfe der SA in Bad Hofgastein. Die SA-Skiwettkämpfe waren ab 1939 fixer Bestandteil des wehrsportlichen Wettkampfkalenders, Stadtarchiv Salzburg/Fotosammlung Krieger.

---

meinschaftsstiftende. Vgl. Hans Joachim Teichler, Internationale Sportpolitik im Dritten Reich, Schorndorf 1991, S. 33–34.

51 Die SA sah sich von Beginn an als Turn- und Sportabteilung der Partei. Dabei war die sportliche Betätigung im Rahmen des SA-Dienstes kampfbetont. Vgl. Bahro, Der SS-Sport, S. 25–27 und 172.

52 Vgl. Alexander Pinwinkler, Elite des Sports, Sport für Eliten: die Wehrsporteinheiten von SA und SS, in: Minas Dimitriou/Oskar Dohle/Walter Pfaller/Andreas Praher (Hg.), Salzburgs Sport in der NS-Zeit. Zwischen Staat und Diktatur, Salzburg 2018, S. 231–242, hier S. 232.

53 Vgl. Bahro, Der SS-Sport, S. 171–172; Hajo Bernett, Die Reichswettkämpfe der SA und ihre sportpolitische Bedeutung, in: Sozial- und Zeitgeschichte des Sports, 8 (1994) 3, S. 7–33, hier S. 24.

54 Vgl. Völkischer Beobachter, 9.1.1939, S. 5.

55 Vgl. Salzburger Volksblatt, 10.2.1940, S. 6.

Parallel zur SA war die SS ab 1935 bestrebt, über die SS-Sportgemeinschaften das Leistungsprinzip im Sport voranzutreiben, unter anderem im Skilauf.[56] Im Jänner 1934 nahm die SS erstmals an SA- und SS-Skimeisterschaften teil.[57] Bereits zuvor veranstalteten oberbayerische SA- und SS-Mannschaften im Winter 1932/33 gemeinsame Langlaufwettbewerbe.[58] Diese Konkurrenzsituation führte zu den zentralen „Wintersportwettkämpfen der Parteigliederungen", die im Februar 1935 erstmals in Rottach-Egern stattfanden und im Nachhinein als „1. NS-Winterkampfspiele" gewertet wurden.[59] In den nachfolgenden Jahren vor Kriegsausbruch fanden die NS-Winterkampfspiele in Oberschreiberhau (1936), Rottach-Egern (1937), Oberhof (1938) und Villach (1939) statt.[60] Die NS-Winterkampfspiele dienten als Teil der NS-Kampfspiele dem übergeordneten Ziel der „wehrsportlichen Ertüchtigung und Erhaltung der Wehrkraft des deutschen Volkes".[61] Sie sollten die NS-Ideologie ebenso wie das soldatische Ideal zum Ausdruck bringen.[62] Im militärischen Bereich fanden ab 1936 die jährlichen Heeresskimeisterschaften statt. Militärskiläufer hatten in der Regel Anspruch auf Dienstfreistellungen für das Training oder für Wettbewerbe.[63] Die Dienstfreistellung in der Wettkampfperiode galt auch für SS-Sportler von SS-Sportge-

---

56 Die SS versuchte ab 1935 neben dem SS-Dienstsport eigene Strukturen für den außerdienstlichen SS-Sport aufzubauen. Heinrich Himmler schuf zu diesem Zweck die SS-Sportgemeinschaften (SS-SG). Diese waren eingetragene Vereine innerhalb des DRL und hatten somit Zugriff auf kommunale Sportstätten. Der Schwerpunkt lag auf dem Wettkampfsport. Zum Sport zugelassen waren ausschließlich aktive SS-Mitglieder. Die Leitung der SS-SG hatte ab 1937 der Chef des SS-Amtes für Leibesübungen über. Oberster SS-Sportreferent war bis zu seinem Tod am 27.12.1941 der SS-Brigadeführer Richard Hermann. SS-Reichsführer Heinrich Himmler ernannte den Chef des SS-Hauptamtes Gottlob Berger zu dessen Nachfolger und zum Zuständigen in allen Fragen des SS-Sports. Dass der Chef der Ordnungspolizei, SS-Obergruppenführer Kurt Daluege, die Nachfolge übernommen hätte, wie Bernett schreibt, hat Bahro in seiner Studie zum SS-Sport widerlegt. Vgl. Bahro, Der SS-Sport, S. 136–139 und 269; Bernett, Der Weg des Sports, S. 60.
57 Vgl. Bahro, Der SS-Sport, S. 131.
58 Vgl. Bastian Hein, Elite für Volk und Führer? Die Allgemeine SS und ihre Mitglieder 1925–1945, München 2012, S. 220–221.
59 Vgl. Falkner, Deutscher Skilauf, S. 27. Die Wintersportkämpfe der NSDAP wurden 1936 in Wintersportkämpfe der Gliederungen der NSDAP umbenannt und umfassten neben SA und SS auch das Flüchtlingshilfswerk, sprich die Österreichische Legion. Vgl. Der Chef des SS-Hauptamtes, Berlin, 17.12.1935, BArch, NS 31/348, Bl. 2.
60 Vgl. Salzburger Volksblatt, 14.12.1938, S. 9.
61 Kärntner Volkszeitung, 18.2.1939, S. 1.
62 Vgl. Salzburger Volksblatt, 14.12.1938, S. 8.
63 Vgl. Falkner, Skier für die Front, S. 22.

meinschaften. Sie verpflichteten sich im Gegenzug zu einem dreimaligen Training in der Woche und zur Teilnahme an Wettbewerben für die SS.[64]

Das NS-System förderte den Skilauf aber nicht nur auf Wettkampfebene, sondern verankerte diesen auch in der Bevölkerung. Die NS-Freizeitorganisation der Deutschen Arbeitsfront (DAF)[65] Kraft durch Freude (KdF) organisierte für die arbeitende Bevölkerung ab Februar 1934 Skireisen in die Bergregionen des Deutschen Reiches.[66] Im Winter 1935/36 nahmen 80 000 Deutsche, Frauen und Männer, an diesen KdF-Skikursen teil. In 137 Sonderzügen wurden die Menschen in die Wintersportgebiete gebracht. Für die Skikurse wurde Material benötigt, das wiederum kurbelte die Skiproduktion an. Die KdF-Skiausrüstung kostete 35 Reichsmark und beinhaltete Ski mit Bindung, Skistöcken und Skischuhen. Im Dezember 1935 sollen 60 000 dieser Skipakete verkauft worden sein.[67] Die KdF beschränkte sich aber nicht auf die reine Organisation und Durchführung von Skireisen, sie stellte auch eigene Skilehrer. 1935/36 oblag die Gesamtverantwortung für die Aus- und Weiterbildung der hauptamtlich angestellten und einheitlich geschulten Skilehrer dem Fachgruppenleiter der deutschen Skilehrer und Cheftrainer der deutschen Ski-Olympiamannschaft Gottfried (Friedl) Pfeifer.[68] Der gebürtige Innsbrucker war im Dezember 1931 in die NSDAP eingetreten und hatte sich in das Deutsche Reich abgesetzt, um dort eine steile Karriere zu machen.[69] Seine Person soll in einem späteren Kapitel näher betrachtet werden. Diese Forcierung des Skilaufs innerhalb der 1933 gegründeten NS-Gemeinschaft KdF blieb nicht ohne Folgen. Der Versuch, hier eigene Strukturen aufzubauen und anzubieten, trat in Konkurrenz zum organisierten Skisport innerhalb des DRL.[70] Doch der Freizeit-Skilauf war nicht der einzige Konfliktpunkt, auch im Kinder- und Jugendskilauf kam es zu Kompetenzstreitigkeiten zwischen der HJ und dem DRL, genauer gesagt dem Fachamt Skilauf innerhalb des DRL.[71] Grundlegend kann gesagt werden, dass sich der Skisport im nationalsozialistischen Deutschland ab 1933 in einer stetigen Aufwärtsentwicklung befand,[72] und der nationalsozialistische Skisport sein Betätigungsfeld

---

64 Vgl. Bahro, Der SS-Sport, S. 138–139.
65 Die Deutsche Arbeitsfront DAF war die nationalsozialistische Einheitsgewerkschaft. Sie war unter anderem mit der sportlichen Betreuung der Belegschaft in den Betrieben betraut.
66 Vgl. Falkner, Kraft durch Freude, S. 14 und 16.
67 Vgl. Falkner, Skier für die Front, S. 20–21.
68 Vgl. Falkner, Kraft durch Freude, S. 18. Es gibt bis dato keine quellengestützten Angaben, ob die NS-Freizeitorganisation KdF auch Skilehrerinnen anstellte.
69 Vgl. BArch (ehem. BDC), PK, Pfeifer, Gottfried, 31.3.1903.
70 Vgl. Falkner, Kraft durch Freude, S. 14.
71 Vgl. Falkner, Deutscher Skilauf, S. 26.
72 Vgl. Falkner, Skier für die Front, S. 6.

4.2 Vereinnahmung – der österreichische Skisport kommt „Heim ins Reich"

Die nationalsozialistische Führung zeigte sich in der Förderung des Alpinsports auf dem Gebiet der „Ostmark" besonders ehrgeizig und stieß gleichzeitig auf verlässliche Gefolgsleute im deutschnationalen Skilager.[73] Die März-Ausgabe

Abb. 17: Mit einer strahlenden Skiläuferin begrüßte die *Ostmark-Woche* Ende Dezember 1938 das neue Jahr, Ostmark-Woche, 29.12.1938.

---

73 Vgl. hier Praher, Sport und Körperkultur, S. 295.

von *Ski-Sport* titelte sogleich „Mit den Bayerischen Alpen bilden nun die Österreichischen Alpen ein Bergland von unvergleichlicher Schönheit" und verwiesen dabei auf „Großdeutschlands Alpenwelt".[74] Im Blattinneren verkündete die nationalsozialistische Wintersportzeitschrift, dass Großdeutschland nun die stärkste Wintersportnation der Welt sei.[75] Im Auftrag des Reichssportführers Hans von Tschammer und Osten tourte der Sonderbeauftragte für Werbe- und Vortragsreisen vom Fachamt Skilauf, Josef Maier, mit einem Lichtbilder-Vortrag über die Skigebiete der „Ostmark" durch das Deutsche Reich.[76] Mit bildgewaltiger Propaganda inszenierte die nationalsozialistische Sportführung eine gemeinsame Identität und stiftete bzw. verstärkte ein bereits vorhandenes Zusammengehörigkeitsgefühl.

4.2.1 Ausgangsszenario – der Skisport nach dem „Anschluss"

Als im März 1938 die NS-Sportpolitik auf dem Gebiet der „Ostmark" implementiert wurde, erfolgte eine Neuorganisation des Sports nach Gesichtspunkten der NS-Diktatur. Es kam zu einer vollständigen Unterordnung des Sportbetriebes unter die staatliche Kontrolle des NS-Regimes. Was in der austrofaschistischen Sportpolitik bereits in Ansätzen verfolgt wurde und andere faschistisch regierte Staaten wie Italien vorlebten, trieb der Nationalsozialismus zur Perfektion. Die „Ostmark" bildete dabei nicht einfach nur einen zusätzlichen „Sportgau" innerhalb des Deutschen Reiches, den es sportpolitisch zu besetzen und einzuverleiben galt.[77] Denn das ab März 1938 nicht mehr existente Österreich, sprich die Erste Republik und der daran anschließende austrofaschistische Ständestaat hatten sportlich und sportpolitisch eine andere Entwicklung genommen als die Weimarer Republik. Als der „Anschluss" an NS-Deutschland erfolgte, war der Arbeitersport aufgrund des Verbots durch die austrofaschistische Regierung faktisch nicht mehr existent. Der von Jüdinnen und Juden vereinsmäßig betriebene und organisierte Sport konzentrierte sich stark auf die Hauptstadt Wien und die Landeshauptstädte Graz, Linz und Innsbruck. In Salzburg existierte vor 1938 kein eigenständiger jüdischer Sportverein.[78] Der österreichische Fußball

---

74 Ski-Sport, 3 (1938) 17/18, Titelseite.
75 Vgl. Ski-Sport, 3 (1938) 17/18, S. 4.
76 Vgl. BArch, R 1501/5094.
77 Vgl. hier Marschik, Sportdiktatur, S. 90.
78 Vgl. Andreas Praher/Robert Schwarzbauer, Der jüdische Sport im Salzburg der Zwischenkriegszeit, in: Aschkenas. Zeitschrift für Geschichte und Kultur der Juden, 27 (2017), S. 57–70, hier S. 58.

4.2 Vereinnahmung – der österreichische Skisport kommt „Heim ins Reich" — 189

war primär ein Wiener Fußball und von einem starken Stadt-Land-Gefälle geprägt. In den Gebirgsregionen war die Verbreitung des Skisports wesentlich stärker als die Verbreitung anderer Sportarten, die aufgrund von Infrastrukturproblemen und Personalmangel Schwierigkeiten hatten, sich durchzusetzen. Sportpolitisch kann im Austrofaschismus von einer Radikalisierung nach innen und außen gesprochen werden. Einerseits weil es schon vor 1938 zu einer Verfolgung von staatlichen Gegnern gekommen war und weil sich dadurch sowohl die innen- wie auch außenpolitische Lage verschärfte und damit der Einfluss der NS-Diktatur und seiner Organisationen im deutschnationalen Lager auf sportlicher Ebene ausweitete. Dies schuf für die nationalsozialistische Sportführung eine durchaus günstige Ausgangslage, um machtpolitische Ziele auch im Sport um- und durchsetzen zu können. Andererseits befand sich der nationalsozialistische Machtkomplex in einem anderen Entwicklungsstadium und auch das NS-Sportsystem hatte soweit Strukturen aufgebaut, die nun für die „Ostmark" übernommen und adaptiert werden konnten.

Die nationalsozialistische Propaganda ließ keine Zeit verstreichen. Das *Reichssportblatt* berichtete am 5. April 1938 im Zuge der kommenden Volksabstimmung auf mehreren Doppelseiten mit der Parole „Heim ins Reich" über den sportlichen „Anschluss" Österreichs an das Deutsche Reich.[79] Zuvor tourte der Reichssportführer von Tschammer und Osten noch auf einer groß angelegten Werbefahrt mit einer SportlerInnen-Delegation durch die „Ostmark", um danach die Anordnungen zu erlassen, dass der „Sportgau" Deutsch-Österreich als Gau XVII in den DRL eingegliedert und SS-Standartenführer Friedrich Rainer zum Sportgauführer ernannt wird.[80] Einhergehend mit diesem Beschluss wurde der ÖSV in das Reichsfachamt Skilauf eingegliedert.[81] Die Österreichischen Meisterschaften wurden fortan als „Ostmark Meisterschaften" weitergeführt.[82] Schon am 29. März 1938 stand der Skisport im Fokus der nationalsozialistischen Berichterstattung, insbesondere das erste Arlberg-Skirennen, das anstatt des elften Kandahar-Rennens ausgetragen wurde.

> Man wird sich diesen 19. und 20. März des Jahres 1938 als ein bedeutsames Datum in der deutschen Sportgeschichte merken müssen. Im Schneereiche des Schi-Paradieses am Arlberg, Wasserscheide und Landesgrenze Tirols und Vorarlbergs geschah es, das Wunder, daß deutsche und österreichische Sportmannen, Aktive und Funktionäre, eine knappe Woche nach einer politischen Umwälzung von welthistorischem Ausmaß zwei Wintersportfesttage aufzogen, die nicht nur durch die tiefgehenden, oft ergreifenden äußeren

---

[79] Vgl. Reichssportblatt, 5.4.1938, o. S; Bahro, Der SS-Sport, S. 165–166.
[80] Vgl. Bernett, Der Weg des Sports, S. 25.
[81] Vgl. Falkner, Deutscher Skilauf, S. 28.
[82] Vgl. Brugger, The Influence of Politics, S. 681.

> Eindrücke jener Schicksalstage eines Alpenvolkes, sondern auch durch die sportlichen und organisatorischen Leistungen bei den Rennen begeistern mußten[83],

schrieb das Reichssportblatt. Dass die britische Beteiligung am vormaligen Kandahar-Rennen und jetzigen Arlberg-Rennen weggefallen war, wurde von der NS-Sportpresse nicht wirklich bedauert, sondern indirekt als Triumph gewertet. Nicht zuletzt deswegen, weil mit der neuen Namensgebung das „britische Element" ausgeschieden war und die Organisation nun in reichsdeutschen Händen lag bzw. eine „Angelegenheit des ganzen Arlbergreichs geworden war."[84] Dass damit GegnerInnen des NS-Regimes im so genannten „Arlbergreich" und jüdische Mitglieder wie Rudolf Gomperz ausgeschlossen waren und von nun an verfolgt wurden, blieb eine unerwähnte Geschichte in der NS-Presse. Die Verfolgung politischer Gegner und bestimmter Bevölkerungsgruppen wurde gekonnt verschleiert. Umso mehr wurde dagegen die Zusammengehörigkeit von „Ostmark" und „Altreich" betont, die nun auch sportlich gefestigt werden sollte, vor allem über den Alpin- und Skisport. Besonders letzterer nahm sowohl in der NS-Sportpresse als auch in der gleichgeschalteten Regionalpresse einen breiten Raum ein,[85] und die Machtergreifung wurde nicht zuletzt im Skisport begleitet von einer massiven Propaganda.

4.2.2 Die Machtergreifung

„Das Land der tausend Berge ist deutsch [...] Der Weg zu unseren deutschen Brüdern ist frei!",[86] verlautbarte das *Reichssportblatt* in seiner Ausgabe kurz nach dem „Anschluss". Im Sinne der NS-Propaganda berichtete die von der Reichssportführung in Berlin herausgegebene Sport-Illustrierte bildgewaltig über die Wintersportmöglichkeiten in den Alpen und stellte sporttreibende Persönlichkeiten aus dem nunmehr vom Deutschen Reich okkupierten Österreich vor. Gleichzeitig betonte das Reichssportblatt in seiner Berichterstattung die Verdienste loyaler Sportkameraden, die diese auf politischer und sportlicher Ebene für das Deutsche Reich im Vorfeld geleistet hätten. Hervorgehoben wur-

---

[83] Reichssportblatt, 29.3.1938, o. S.
[84] Reichssportblatt, 29.3.1938, o. S.
[85] Vgl. David Forster, „Deutsche Sportpresse an die Front!" Sportjournalismus in der „Ostmark", in: Matthias Marschik/Rudolf Müllner (Hg.), „Sind's froh, dass Sie zu Hause geblieben sind." Mediatisierung des Sports in Österreich, Göttingen 2010, S. 218–227, hier S. 223.
[86] Reichssportblatt, 29.3.1938, o. S.

de hier Anton Seelos, der 1936 das deutsche Damen-Olympiateam betreute und damit gewisse Vorleistungen als Trainer für das Deutsche Reich erbrachte.[87]

Die sportinteressierte LeserInnenschaft wurde im Zuge der Neuordnung des nationalsozialistischen Sportbetriebes auf einen Mann besonders aufmerksam gemacht, der von nun an in der „Ostmark" die Sportpolitik bestimmen sollte – SS-Standartenführer Friedrich Rainer.[88] Der gebürtige Kärntner übernahm mit Zustimmung des Reichssportführers Hans von Tschammer und Osten am 13. März 1938 die Rolle des Führers der Deutschösterreichischen Turn- und Sportfront, die als eigener Gau dem DRL eingegliedert worden war.[89] In seiner Doppelfunktion als Sportführer für den Gau 17 und später Sportbereichsführer sowie Gauleiter von Salzburg war der leidenschaftliche Turner, Bergsteiger und Skiläufer Rainer ab Ende April 1938 einer der einflussreichsten NS-Funktionäre in der „Ostmark". Im Gegenzug wusste der Reichssportführer von Tschammer und Osten in dem langgedienten Parteigenossen einen loyalen Weggefährten für die sportpolitische Aufbauarbeit an seiner Seite.[90]

4.2.2.1 Das Glocknerrennen als erste große Machtdemonstration

Beim Glockner-Skirennen Anfang Juni 1938 demonstrierten die beiden hochrangigen NS-Sportfunktionäre erstmals nach außen hin ihre Einigkeit.[91] Die militärische Ausrichtung und der wehrpolitische Charakter der Sportveranstaltung waren dabei nicht zu übersehen. Erstmals wurden in einem eigenen Skiwettbewerb auf dem Gebiet der „Ostmark" gemeinsame Mannschaftsläufe der SA, der SS und des Heeres ausgetragen. Sportgauführer Friedrich Rainer beglückwünschte den Sieger, Eberhard Kneißl vom Skiklub Gurgl, in der vom DRL durchgeführten vereinsoffenen Abfahrt. Ein dreifaches „Sieg-Heil" und der Gesang der „deutschen Hymnen" hatten die Feierlichkeiten nach dem eigens veranstalteten Pasterzen-Lauf der SA-Skiläufer beendet.[92] Das amtliche Organ des Reichsfachamtes für Skilauf *Ski-Sport* brachte unter dem Titel „Glocknerrennen im Zeichen des geeinten deutschen Skisports" einen Sonderbericht über den „verdienten" steirischen Skisportfunktionär Max Pfliger. „Ganz große Leistun-

---

87 Vgl. Reichssportblatt, 29.3.1938, o. S.
88 Vgl. Reichssportblatt, 12.4.1938, o. S.
89 Vgl. Neues Wiener Tagblatt, Mittagsausgabe, 14.3.1938, S. 5; Salzburger Volksblatt, 14.3.1938, S. 13.
90 Friedrich Rainer wurde im Mai 1938 als Gauleiter und Landeshauptmann von Salzburg angelobt und war zunächst Führer des Sportgaues 17 („Ostmark") und ab September 1939 Führer des Sportbereichs Österreich im NSRL. Vgl. Praher, Sport und Körperkultur, S. 288–289 und AS, 1931/562/1076.
91 Vgl. Salzburger Volksblatt, 6.5.1938, S. 9.
92 Vgl. Salzburger Volksblatt, 7.6.1938, S. 8 und 8.6.1938, S. 9.

gen" erwartete sich die nationalsozialistische Sportführung von Hellmut Lantschner, „der nun nach dreijähriger Pause wieder in seiner Heimat starten konnte",[93] hieß es in dem Bericht. Lantschner stürzte schwer und brach sich ein Bein. Auch andere österreichische Läufer wie ein Anton Seelos hatten ihre Probleme auf der hochalpinen Abfahrtsstrecke mit einem Start auf 3 454 Metern Seehöhe. Der von den Wehrformationen gemeinsam durchgeführte Mannschaftslauf unterstrich den wehrsportlichen Charakter der groß inszenierten Sportveranstaltung. Unter den teilnehmenden 33 Mannschaften befanden sich 17 SA-Formationen, elf SS-Staffeln, eine Militärmannschaft und nur vier zivile Mannschaften. Der Reichssportführer Hans von Tschammer und Osten war in Begleitung von Reichsstatthalter Arthur Seyß-Inquart zum Rennen angereist. Der vorläufig vom Reichsbund für Leibesübungen wiedereingesetzte ehemalige ÖSV-Direktor Karl Merz übergab Tschammer und Osten symbolisch das goldene Ehrenzeichen des ÖSV. Die offizielle Auflösung des ÖSV erfolgte am 7. Juni 1938 bei der Vertreterversammlung in Mallnitz.[94]

4.2.3 Sportführer Friedrich Rainer und der Skisport

Wie die Aufbauarbeit im nationalsozialistischen Skibetrieb auszusehen hat, wurde auf einer Besprechung der „ostmärkischen" Kreisfachwarte für Skilauf erörtert, zu der Friedrich Rainer im Dezember 1938 nach Salzburg einlud. Bei der Sitzung führte der Salzburger Gauleiter persönlich den Vorsitz, während der Reichsfachamtsleiter für Skilauf Gustav Räther lediglich als Teilnehmer bei der Besprechung anwesend war. Auf der Agenda stand der Einsatz des nunmehr „großdeutschen Skisports" für den kommenden Winter. Reichsfachamtsleiter Räther informierte die anwesenden Kreisfachwarte über die Organisation des Skilaufs im Deutschen Reich. In seinem Schlusswort wies Rainer auf die Bedeutung des Skilaufs in der „Ostmark" hin.[95]

Dem Skisport widmete Rainer, der selbst Skiläufer war, fortan besondere Aufmerksamkeit. Nicht nur, dass der Sportbereichsführer bei Skisportveranstaltungen persönlich zugegen war und diese förderte, er initiierte mitunter neue Wettbewerbe und rief neue Formate ins Leben. In seiner Funktion als Beauftragter des Reichssportführers und Sportbereichsführer erklärte Rainer den 5. Jänner zum Volksskitag in der „Ostmark". Dieser sollte die „Gesamtheit aller Ski-

---

93 Ski-Sport, 3 (1938) 22, S. 14.
94 Vgl. Ski-Sport, 3 (1938) 22, S. 14–15.
95 Vgl. Salzburger Volksblatt, 12.12.1938, S. 10.

läufer und Skiläuferinnen in der Ostmark erfassen"⁹⁶ sowie die körperliche Tüchtigkeit und Einsatzbereitschaft des Volkes erhöhen. Für die Organisation waren sämtliche Dienststellen der Partei und ihre Gliederungen von Rainer angewiesen worden zusammenzuarbeiten. Der Volksskitag war als Gemeinschaftsveranstaltung angelegt und fand erstmals im Jänner 1940 statt. 1941 sollte der Volksskitag neben Wehrmacht, HJ, SS und den Turn- und Sportgemeinschaften des NSRL auch die Betriebssportgemeinschaften umfassen. Außerdem kündigte von Tschammer und Osten im April 1940 an, den Volksskitag, der bisher auf die „Ostmark" beschränkt war, auf das Reichsgebiet ausdehnen zu wollen.⁹⁷

Abb. 18: „Ostmark"-Sportführer und Gauleiter von Salzburg Friedrich Rainer, Bezirksarchiv Zell am See.

Auf wehrsportlicher Ebene installierte Rainer mit den SA-Skimeisterschaften in Bad Hofgastein, ab 1940 Alpenskiwettkampf der SA genannt, eine jährliche Skisportveranstaltung, die gesondert von SA-Skisportlern und SA-Formationen bestritten wurde und zu der alle Gliederungen der Partei sowie Wehrmacht, Polizei und Reichsarbeitsdienst aufgerufen waren teilzunehmen.⁹⁸ Bei den Rennen der SA-Gebirgsjägerstandarte siegte im Februar 1940 der Tiroler SA-Obersturm-

---

96 Salzburger Volksblatt, 5.12.1940, S. 7.
97 Vgl. Salzburger Volksblatt, 16.4.1940, S. 6 und 14.10.1940, S. 7.
98 Vgl. Salzburger Landeszeitung, 9.1.1939, S. 10; Salzburger Volksblatt, 19.1.1940, S. 6 und 10.2.1940, S. 6.

führer Hellmut Lantschner in der Abfahrt und der Salzburger SA-Sturmführer Josef Bradl im Springen. Die SA-Skiwettkämpfe waren ein Liebkind Rainers, dem die Verbindung von Sport und Wehrertüchtigung seit seiner SA-Zeit ein wesentliches Anliegen war. Zudem pflegte Rainer über die Wehrverbände der SA und SS intensive Kontakte zu Spitzensportlern und umgab sich zum Teil mit diesen in seinem parteipolitischen Umfeld. Den Salzburger Spitzenläufer Karl Seer ernannte Rainer zu seiner persönlichen SS-Wache im Büro des Reichsstatthalters.[99] Seer hatte „sich in der illegalen Zeit der NSDAP durch aufrechte Einsatzbereitschaft verdient gemacht und kann sowohl in charakterlicher als auch politischer Hinsicht als einwandfrei und zuverlässig beurteilt werden",[100] hieß es in der politischen Beurteilung der NSDAP-Gauleitung. Seer war einer der Spitzenlangläufer des NSRL und startete für die Deutsche Turn- und Sportgemeinde Bad Gastein sowie für den NSKK. Er stellte sich in den Dienst der SS-Verfügungstruppe, wurde aber aufgrund einer Skiverletzung zurückgestellt. Danach fand der Gauleiter Rainer eine Verwendung für den immer noch sehr erfolgreichen Skisportler. Seer wurde Ende Mai 1939 als Gefolgschaftsmitglied im öffentlichen Dienst der Landeshauptmannschaft Salzburg aufgenommen. Als solches war der gelernte Kellner und SS-Sturmführer mit der kanzleimäßigen Bearbeitung von Verschlusssachen beauftragt worden. Seer war in den geheimen Schriftverkehr mit der Reichsführung eingeweiht und musste noch nach seinem Ausscheiden aus dem Dienst sein Stillschweigen darüber wahren. Für Seer wirkte der Dienst im Reichsstatthalter-Büro wie ein Karriereturbo. Mit 1. Jänner 1940 bekam der 20-Jährige ein Monatsgehalt von 116,25 Reichsmark ausbezahlt und stand unter direkter Patronanz des „Ostmark"-Sportführers und Gauleiters von Salzburg. Seer beendete mit Mitte Juni 1941 den Dienst als SS-Wache des Gauleiters und war in weiterer Folge als Skiausbilder der SS-Hochgebirgsschule in Neustift eingesetzt.

Über die individuelle Förderung von Talenten im Spitzensport sicherte sich Rainer Loyalitäten. So befürwortete der Sportführer und Gauleiter im November 1938 persönlich das Ansuchen von Gregor Höll um die Erteilung der Konzession einer Skischule in Zell am See mit der Begründung, dass „Höll einer unserer besten Skifahrer ist und als Skilehrer auch im Auslande einen guten Ruf hat".[101] Josef Bradl ließ er nach seinem Weltmeistertitel in Zakopane 1939 eine „Ehrengabe" im Wert von 500 Reichsmark zukommen.[102]

---

99 Vgl. SLA, Personalakt Karl Seer.
100 Vgl. NSADP Gauleitung Salzburg, politische Beurteilung, 25.9.1940, SLA, Personalakt Karl Seer.
101 Vgl. SLA, PRÄ 1938/47-2536.
102 Vgl. SLA, PRÄ 1939/56-1-13.

4.2 Vereinnahmung – der österreichische Skisport kommt „Heim ins Reich" — 195

Abb. 19: Der von „Ostmark"-Sportführer Friedrich Rainer ins Leben gerufene Volksskitag, hier der Start auf dem Salzburger Gaisberg, kam in weiterer Folge im gesamten Reich zur Austragung, Stadtarchiv Salzburg/Fotosammlung Krieger.

Der SS-Oberführer Rainer wusste den Sport zu inszenieren. Er beglückwünschte erfolgreiche Nachwuchsskiläufer bei HJ-Gebietsmeisterschaften oder nahm volkstümlich gekleidet ein Bad in der Menge, wie bei den internationalen Skilagern in Saalfelden und Mittersill im Dezember 1938 und Jänner 1939, an denen französische und belgische JungskiläuferInnen neben deutschen teilnahmen. Vor der Verabschiedung, inklusive Fotoshooting, im Österreichischen Hof lud Rainer die TeilnehmerInnen noch in die Prunkräume der Salzburger Residenz, eine Vorstellung im Marionettentheater und ein Festkonzert im Mozarteum.[103]

Rainer gehörte aber auch zu jenen NS-Sportfunktionären, die ohne auf Anweisung von oben zu warten, Infrastrukturprojekte vorantrieben. Im Dezember 1938 bewilligte der Gauleiter und Sportführer eine Unterstützung von 150 Reichsmark aus der Landeskasse für den Ausbau einer Skiabfahrt von der Ehrentrudisalm. Ebenso unterstützte er das Ansuchen der Kreissportführung im Sommer 1938, eine Skiabfahrt in Viehhofen zu errichten, und gab dafür 500 Reichsmark aus dem Budget frei.[104] 1939 erhielt der Zweig Salzburg des Alpenvereins ebenfalls eine Subvention von 500 Reichsmark zugesprochen für den Ausbau der Skiabfahrt am Untersberg am Rande der Stadt Salzburg.[105] Für die

---

[103] Vgl. Andreas Praher, Sportführer Friedrich Rainer und seine sportpolitischen Ambitionen, in: Minas Dimitriou/Oskar Dohle/Walter Pfaller/Andreas Praher (Hg.), Salzburgs Sport in der NS-Zeit. Zwischen Staat und Diktatur, Salzburg 2018, S. 153–170, hier, S. 158–159.
[104] Vgl. SLA, RSTH GK 20/1938.
[105] Vgl. SLA, RSTH GK 149/1939.

Mitterbergschanze am Hochkönig genehmigte Rainer den Ausbau, sodass dort Trainingskurse der deutschen Spitzenklasse stattfinden konnten.[106] In Rainers Amtszeit fällt auch die Errichtung der Gauskischule des NSRL in Hofgastein, in der ab dem Winter 1938/39 Wettkampflehrgänge, Lehrwartekurse und allgemeine Skilehrgänge stattfanden. Die Krönung seiner sportpolitischen Pläne hätte die Nationalpolitische Erziehungsanstalt (NAPOLA) in Zell am See sein sollen. Im Winter hätten die umliegenden Berge sowie Skigebiete den Alpinsport fördern sollen. Die NAPOLA in Zell am See wäre die erste ihrer Art gewesen. Die Reichsführung ließ die Pläne für das von Rainer hoch angepriesene Projekt allerdings fallen.[107]

Rainers Interesse am Sport, insbesondere am Skisport, erklärt sich nicht nur durch sein Amt als oberster Sportführer der „Ostmark", sondern wird durch seine eigene Turner- bzw. Sportlerbiografie verständlich. Der hochrangige NS-Sportfunktionär und Gauleiter von Salzburg war seit seiner Jugend ein begeisterter Turner, Alpinist, Leichtathlet, Fußballer und Skiläufer. Sozialisiert im völkisch ausgerichteten Deutschen Turnverein in Kärnten fand er 1930 seinen Weg zur NSDAP und 1934 in die SS. Schon damals hatte er ein Modell einer „wehrhaften Volksgemeinschaft" entworfen, das er auf Wehrertüchtigungslagern mit anderen Turn-, Berg- und Skikameraden wie Karl Springenschmid an der jungen Generation erprobte.[108] Ab 1938 setzte er sein Sportkonzept in Einklang mit seinem Vorgesetzten Reichssportführer Hans von Tschammer und Osten fort und erweiterte bis zu seiner Abberufung nach Klagenfurt im November 1941 sein sportpolitisches Machtgebiet, immer wieder mittels persönlicher Sportkontakte. Selbst nach seiner Ernennung zum Gauleiter von Kärnten und als Oberster Kommissar der „Operationszone Adriatisches Küstenland" verfolgte Rainer seine sportpolitischen Pläne. Als es um die Nachfolge des im Mai 1943 verstorbenen Reichssportführers Hans von Tschammer und Osten ging, hatte sich Rainer als Bereichssportführer Donau-Alpenland zur Verfügung gestellt und stand auf der Kandidatenliste Heinrich Himmlers. Seine Machtansprüche stießen jedoch auf Widerstand in der Parteispitze und als im Oktober 1943 der Sportbereich Donau-Alpenland (vormals „Ostmark") aufgelöst wurde, verlor Rainer seine sportpolitischen Funktionen.[109]

---

106 Vgl. Salzburger Landeszeitung, 8.8.1939, S. 4.
107 Vgl. SLA, PRÄ 1939-0191c/2-107.
108 Zur Biografie des politischen Sportlers Friedrich Rainer und zu seinen Netzwerken vgl. Praher, Sportführer Friedrich Rainer, S. 153–170; Matthias Marschik, Friedrich Rainer – Sportführer der „Ostmark". Vorläufige Anmerkungen zur Biografie eines politischen Sportlers, in: SportZeiten 6 (2006) 3, S. 7–27.
109 Vgl. Praher, Sportführer Friedrich Rainer, S. 166–167; Hans Joachim Teichler, Der Streit um die Nachfolge des Reichssportführers von Tschammer und Osten im Frühjahr 1943, in:

4.2.4 Der Eingliederungsprozess

„Deutschland – die führende Skination" titelte die Wintersportzeitschrift *Der Winter* 1939 nach den Erfolgen bei der Weltmeisterschaft in Zakopane.[110] Damit wurde das Ziel deutlich formuliert: Das nunmehrige Groß-Deutschland sollte zur stärksten Wintersportnation der Welt werden und österreichische SkisportlerInnen sollten bei der Erreichung dieses Ziels eine Schlüsselrolle spielen. Der Umbau des Sports und die Eingliederung von Vereinen in den DRL bzw. ab Jänner 1939 in den NSRL brachten auch personelle Veränderungen mit sich. Der ÖSV wurde per einstimmigem Beschluss am 7. Juni 1938 bei der Vertreterversammlung in Mallnitz aufgelöst und ging im Reichsfachamt für Skilauf auf ebenso seine Unterverbände.[111] Zunächst wurde aber der Verwaltungsausschuss des ÖSV wiedereingesetzt, bestehend aus dem ehemaligen ÖSV-Direktor Karl Merz, Franz Martin und Franz Mauler. Diese legten im März 1938 das Bekenntnis zum „deutschen Volkstum" ab.[112] Damit wurden die von der ÖSTF kurz vor dem „Anschluss" abgesetzten ÖSV-Funktionäre Merz, Martin und Mauler reaktiviert. Merz wurde später zum Vereinsführer der Wiener Skizunft ernannt und Franz Martin, der einer der Befürworter des „Arierparagraphen" im ÖSV vor 1938 war, hatte unter anderem die Agenden als Gaufachwart für Skilauf für den nun eingegliederten Gau 17 Deutschösterreich über.[113] Mit seiner frühen NSDAP-Mitgliedschaft (1932) galt Martin als „Alter Kämpfer" und zählte ab Sommer 1938 zum Mitarbeiterstab des Reichsfachamtsleiters für Skilauf Gustav Räther. Neben seiner Funktion als Gaufachwart für Skilauf bekleidete er wie der Tiroler Alfred Schatz noch das Amt des stellvertretenden Fachamtsleiters und wurde vom Reichsfachamt für Skilauf ebenso wie Schatz im November 1938 als internationaler Kampfrichter der FIS gemeldet.[114] Mauler, der ebenfalls schon 1932 der NSDAP beigetreten war,[115] wurde nach seinem Intermezzo im wiedereingesetzten Verwaltungsausschuss zum Vereinsführer des Wiener Leichtathletikvereins Weiß-Rot-Weiß ernannt.[116]

Andreas Luh/Edgar Beckers (Hg.), Umbruch und Kontinuität im Sport – Reflexionen im Umfeld der Sportgeschichte. Festschrift für Horst Ueberhorst, Bochum 1991, S. 432–441, hier S. 434 und 438.
110 Der Winter, 32 (1938/39) 11, S. 421.
111 Vgl. u. a. Vorarlberger Tagblatt, 9.6.1938, S. 7.
112 Vgl. Salzburger Volksblatt, 18.3.1938, S. 15.
113 Vgl. Das kleine Volksblatt, 10.11.1938, S. 10; Ski-Sport, 3 (1938) 23, S. 17.
114 Vgl. Ski-Sport, 3 (1938) 22, S. 2; Ski-Sport, 4 (1938) 2, S. 34.
115 Vgl. BArch (ehem. BDC), PK, Mauler, Franz, 27.3.1889.
116 Vgl. Völkischer Beobachter, 28.11.1938, S. 5.

Österreichische Skisportfunktionäre, die sich dem NS-Regime gegenüber loyal verhielten und verdient gemacht hatten, gelangten zu Aufstiegschancen. Im Juli 1938 übersiedelte das Reichsfachamt für Skilauf von Berlin nach Innsbruck. Mit der Führung betraut war der Reichsdeutsche Gustav Räther, der im Oktober 1937 von Reichssportführer Hans von Tschammer und Osten zum Reichsfachamtsleiter bestellt worden war.[117] Räther ernannte den Innsbrucker Alfred (Fred) Schatz zu seinem Stellvertreter.[118] Schatz war zuvor sportlicher Leiter des Tiroler Skiverbandes, ehrenamtlich von 1926 bis 1938 als Funktionär im ÖSV aktiv und ab Mai 1932 Parteianwärter der NSDAP. Für seine Verdienste als „Alter Kämpfer" erhielt er im März 1938 die Erinnerungsmedaille und war ab Mai 1938 nicht nur NSKK-Truppführer, sondern ab Sommer 1938 zudem Skireferent im Fachamt Skilauf.[119] Zum Reichstrainer wurde der Innsbrucker Gottfried (Friedl) Pfeifer bestellt, der bereits seit 1937 die deutsche Skinationalmannschaft trainierte und ab 1938 die Lehrwarte-Ausbildung in Lech am Arlberg durchführte.[120] Trotz der Übersiedlung des Reichsfachamtes für Skilauf lag die Aufsicht über die Wettkampfplanung und -veranstaltungen zwar unter der Führung eines Reichsdeutschen, jedoch hatten langgediente Tiroler Parteigenossen einen nicht unerheblichen Anteil an der Organisation des NS-Skilaufes.[121] Schatz stieg später zum Bereichsfachwart für Skilauf im NSRL auf und war bis Februar/März 1940 für den gesamten Skisport im Sportbereich „Ostmark" zuständig,[122] ehe Albert Bildstein das Amt übernahm.

Nachdem das Reichsfachamt für Skilauf im Juli 1938 nach Triol übergesiedelt war, ließen die Reichssportführung und der DRL keine Zeit verstreichen und beriefen für Ende August die Führer des Fachamtes in Innsbruck ein, um die Programmierung der Wintersaison 1938/39 vorzunehmen. In der NS-Presse wurden die Ziele klar umrissen: „Das Fachamt Skilauf wird besonders bestrebt sein, die neuen Anhänger des Skilaufes rechtzeitig zu erfassen, da gerade der ersten grundlegenden Ausbildung der Skineulinge größte Bedeutung zu-

---

117 Vgl. Gustav Räther, Ein Rückblick und Ausblick, in: Durch Pulver und Firn. Das Buch der deutschen Skiläufer. Jahrbuch 1939/40 des Nationalsozialistischen Reichsbundes für Leibesübungen/Fachamt Skilauf, Innsbruck 1939, S. 5–13, hier S. 11–12.
118 Vgl. u. a. Innsbrucker Nachrichten, 25.06.1938, S. 13; Das kleine Volksblatt, 22.7.1938, S. 12 und Salzburger Zeitung, 22.7.1938, S. 7.
119 Vgl. StAI, NS-Registrierungsakt Alfred Schatz.
120 Vgl. u. a. Salzburger Volksblatt, 08.10.1938, S. 11.
121 Vgl. hier unter anderem Andreas Praher, Vom Talboden an die Spitze des Reiches. Der Gau Salzburg in der NS-Zeit. In Karin Gföllner/Oskar Dohle/Franz Wieser (Hg.), Salzburg – Wien: Eine späte Liebe. 200 Jahre Salzburg bei Österreich, Salzburg 2016, S. 117–132, hier S. 122.
122 Vgl. Die Leibeserziehung in der Ostmark, Nationalsozialistischer Reichsbund für Leibesübungen (NSRL), Bereich XVII, Ostmark, www.findbuch.at/files/content/adressbuecher/ 1940_dr_om_ksk/16__Die_Leibeserziehung_in_der_Ostmark.pdf (17.1.2020).

kommt."¹²³ Dabei sollten der Breiten- wie Spitzensport gleichermaßen gefördert und zunächst die ehrenamtlichen Lehrwarte, sprich die vom DRL beauftragten TrainerInnen, auf Linie gebracht werden.

Im Verbandsarchiv des ÖSV befinden sich keine Dokumente (mehr) zum Reichsfachamt für Skilauf, das ab 1938 in Innsbruck seinen Sitz hatte. Auch im Bundesarchiv Berlin sind keine dem Fachamt Skilauf zugeordneten eigenen Bestände verzeichnet. Einzelne behördliche Schriftstücke, Korrespondenzen des NSRL finden sich verstreut in verschiedenen staatlichen, regionalen und lokalen Archiven in Beständen, die unzureichend verschlagwortet sind sowie in diversen Vereinsarchiven und lokalen Skimuseen. Die Übersiedlung des Reichsfachamtes für Skilauf ist jedoch in offiziellen Druckschriften des NSRL dokumentiert. Im Jahrbuch des NSRL/Fachamt Skilauf *Durch Pulver und Firn* aus dem Jahr 1939/40 gibt Reichsfachamtsleiter Gustav Räther einen Rückblick und zugleich Ausblick. Räther stellt dabei fest, dass sich die vom Reichsportführer getroffene Maßnahme, die Geschäftsstelle nach Innsbruck, „also mitten in klassisches Skigebiet", zu verlegen, „vollauf bewährt" hätte.¹²⁴ Räther schreibt aber auch von den Neuaufgaben, vor denen die nationalsozialistische Sportführung stand,¹²⁵ als mit dem Gau XVII Deutsch-Österreich der vormalige ÖSV zum Reichsfachamt Skilauf hinzukam und mit dem „Anschluss" von Böhmen und Mähren der Skigau XVIII „Sudetenland" ins Leben gerufen wurde. Räther deutet jene strukturellen Probleme an, vor denen die Reichssportführung im Herbst 1938 stand und woraufhin die Gemeinschaft Deutscher Skiläufer gegründet wurde.

4.2.5 Die Gemeinschaft Deutscher Skiläufer und die Zentralisierung des Lehrbetriebs

Mit einem Aufruf vom 8. November 1938 hatte von Tschammer und Osten die Gemeinschaft Deutscher Skiläufer ins Leben gerufen. Als Sitz des Vereines hatte der Reichssportführer Innsbruck bestimmt, da sich dort bereits das Reichsfachamt für Skilauf befand.¹²⁶ Die Gemeinschaft Deutscher Skiläufer wurde offiziell am 1. Dezember 1938 gegründet und sollte den nun um die „Ostmark" und das „Sudetenland" erweiterten reichsdeutschen Skisport strukturieren. Es sollten

---
123 Kleine Volks-Zeitung, 24.8.1938, S. 12.
124 Räther, Ein Rückblick, S. 12.
125 Vgl. Räther, Ein Rückblick, S. 12.
126 Vgl. DRL Reichsführung, Fachamt Skilauf Innsbruck, Anichstr. 2/II, 10.11.1938 an den Stillhaltekommissar, Wien, Betrifft: Gründung der Gemeinschaft Deutscher Skiläufer, OeStA/AdR ZNsZ Stiko Wien Kt. 227, Mappe 11B.

demnach SkiläuferInnen, die noch nicht im DRL organisiert waren, für Wettbewerbe und Fachamts-Skikurse erfasst werden.[127] Ein erster Schritt, um den skisportlichen „Anschluss" organisatorisch zu vollziehen, war im November 1938 die Arbeitstagung der Gau- und Kreisfachwarte auf dem Schneefernerhaus unterhalb des Gipfels der Zugspitze. Im Zuge der Tagung fand am 14. November 1938 auch die Gründungsversammlung der Gemeinschaft Deutscher Skiläufer statt.[128] Acht Tage kamen dort die skiläuferischen Vertreter der Gaue auf Veranlassung des Reichfachamtes für Skilauf zusammen, um den von Gottfried (Friedl) Pfeifer vorgelegten Grundriss der Skilehrausbildung anzuerkennen.[129] Pfeifer hatte sich bereits zuvor dem NS-Machtapparat und der NS-Sportführung angedient. Der gebürtige Innsbrucker trat im Dezember 1931 der dortigen Heimatortsgruppe der NSDAP bei und flüchtete, unterstützt durch das NSDAP-Flüchtlingshilfswerk, sprich der „Österreichischen Legion" in das Deutsche Reich nach Berlin, wo er bis 31. Mai 1938 seine Mitgliedsbeiträge an die Ortsgruppe Berlin-Spandau überwies. Nach seiner Rückkehr in die nunmehrige „Ostmark" war er als politischer Leiter vorgesehen und sollte für Propagandatätigkeiten eingesetzt werden.[130] Seine Bestimmung fand der Tiroler allerdings nicht in der Politik, sondern im nationalsozialistischen Sportsystem als Reichstrainer und als führender Skilehrer im NSRL. Ab 1937 trainierte der ausgebildete Techniker und Sportlehrer die reichsdeutsche alpine Skimannschaft und ab Herbst 1938 führte er den einheitlichen Lehrplan des NSRL „Neuzeitlicher Skilauf" ein.[131] Wie Pfeifer zu der Reichstrainerstelle gekommen ist, lässt sich nicht klären. Er dürfte jedenfalls das Vertrauen der Reichssportführung genossen haben und das über einen längeren Zeitraum. Im Februar 1940 schrieb sein Vorgesetzter, der Reichsfachamtsleiter Gustav Räther über Pfeifer: „Unter der bewährten Leitung unseres Reichstrainers Friedl Pfeifer werden wir auch während des Krieges unsere Vormachtstellung in den alpinen Wettbewerben zu behaupten wissen."[132]

In der NS-Presse fanden sich ab Sommer 1938 von der Reichssportführung gesteuerte Berichte darüber, wie der Skilauf nach dem „Hinzukommen des Al-

---

127 Falkner, Deutscher Skilauf, S. 28.
128 Vgl. Räther, Ein Rückblick, S. 12; DRL Reichsführung, Fachamt Skilauf Innsbruck, Anichstr. 2/II, 10.11.1938 an den Stillhaltekommissar, Wien, Betrifft: Gründung der Gemeinschaft Deutscher Skiläufer, OeStA/AdR ZNsZ Stiko Wien Kt. 227, Mappe 11B.
129 Vgl. Kleine Volks-Zeitung, 22.11.1938, S. 12.
130 Vgl. BArch (ehem. BDC), PK, Pfeifer, Gottfried, 31.3.1903.
131 Vgl. Gustav Räther, Ein arbeitsreicher Kriegswinter, in: Durch Pulver und Firn. Das Buch der deutschen Skiläufer, Jahrbuch 1940/41 des Nationalsozialistischen Reichsbundes für Leibesübungen/Fachamt Skilauf, Innsbruck 1940, S. 6–13, hier S. 11.
132 Räther, Ein arbeitsreicher Kriegswinter, S. 10.

penlandes der deutschen Ostmark [...] vor einem neuen großen Aufschwung steht."[133] Schon im Herbst 1938 begann die Reichssportführung mit der Vereinheitlichung und Zentralisierung des Skilehrwesens für das gesamte Deutsche Reich. Die zentrale Lehrwarte-Ausbildung sollte in Lech am Arlberg stattfinden, „einer der schönsten und bekanntesten Skiplätze der deutschen Ostmark",[134] stand im *Vorarlberger Tagblatt* zu lesen. Um die Ausbildung zu ermöglichen, wurden Quartiere für 25 Teilnehmer geschaffen. Pro Winter sollten in Lech an die 350 Lehrwarte erfasst und geschult werden, die dann ihr Wissen in den jeweiligen Vereinen und Ortsgruppen weitergeben sollten. Als Vorbild diente der Reichssportführung die zentrale Schulungseinrichtung der Ruderer in Grünau bei Berlin. Der Reichsverband der deutschen Turn-, Sport- und Gymnastiklehrer beauftragte Gottfried Pfeifer damit, den einheitlichen Lehrplan auszuarbeiten. Die Lehrwarte, sprich SkilehrerInnen, sollten eine umfassende Ausbildung erhalten. Erste-Hilfe, Berg- und Wetterkunde waren in den Kursen ebenso enthalten wie Wettkampfkunde. Damit sollte die Förderung des Breitensports ebenso sichergestellt sein wie die des Spitzensports.[135]

Neben dem Arlberg etablierten sich in der „Ostmark" noch andere Zentren der skisportlichen Wettkampf-Ausbildung. Die vom NSRL betriebene Gauskischule in Hofgastein wurde im Winter 1938/39 in Betrieb genommen. Sie bot in der Saison 1939/40 eine Reihe von Spezialausbildungslehrgängen im Abfahrts- und Torlauf, Langlauf und Springen an. SportlerInnen, von denen eine Leistungssteigerung zu erwarten war, wurden bevorzugt und bekamen die Verpflegungs- und Unterkunftskosten von 22,50 Reichsmark sowie eine 50-prozentige Fahrpreisermäßigung.[136]

4.2.6 Vorauseilender Gehorsam in den Vereinen und Verbänden

Für die Eingliederung der Vereine und Verbände in den DRL war auf dem Gebiet der „Ostmark" der Stillhaltekommissar zuständig. Dieser erfasste und genehmigte die Neubildungen, Umbildungen, Satzungsänderungen und Auflösungen.[137] Generell war die Entscheidung des Stillhaltekommissars unanfechtbar und bedurfte auch keiner Begründung. Entweder der Verein wurde vollständig

---

133 Kleine Volks-Zeitung, 24.8.1938, S. 12.
134 Vorarlberger Tagblatt, 19.10.1938, S. 8.
135 Vgl. Vorarlberger Tagblatt, 19.10.1938, S. 8.
136 Vgl. Völkischer Beobachter, 20.12.1939, S. 7.
137 Vgl. Rundschreiben des Stillhaltekommissars für Vereine, Organisationen und Verbände, 5.8.1938, SLA, PRÄ 1938/23-1411; Ewald Hiebl, Im Dienst der großen Sache. Salzburgs Sportvereine in der NS-Zeit, in: Minas Dimitriou/Oskar Dohle/Walter Pfaller/Andreas Praher (Hg.),

aufgelöst, was zur Löschung im Vereinskataster führte und zum Einzug des gesamten Vermögens oder der Verein, und das war bei Sportvereinen durchaus üblich, kam unter die Kontrolle eines NS-Dachverbandes und durfte mit NS-konformen Satzungen und teils unter einem neuen Namen weiterbestehen. Die Vereine hatten den „Arierparagraph" in die Statuten aufzunehmen und funktionierten nach dem Führerprinzip, der Obmann wurde zum Vereinsführer.[138]

Die sukzessive Eingliederung der Skivereine in den DRL ab März 1938 verlief auf dem nunmehrigen Gebiet der „Ostmark" ohne viel Aufsehen. Die jüdischen Sportvereine wurden mit dem „Anschluss" zwangsweise aufgelöst, die Mitgliedsvereine des ÖSV fügten sich relativ problem- und widerstandslos in die reichsdeutsche Einheitsorganisation.[139] Das war nicht nur der Tatsache geschuldet, dass der „Arierparagraph" in den ÖSV-Mitgliedsvereinen ohnedies schon verankert war, sondern weil an der Spitze der deutschnationalen Skivereine und -verbände großteils Partei- oder Gesinnungsgenossen saßen. In manchen Fällen ist sogar eine Art vorauseilender Gehorsam feststellbar. Konkret kann dies für die Eingliederung des Österreichischen Berufsskilehrerverbandes in den Reichsverband Deutscher Turn-, Sport- und Gymnastiklehrer nachgezeichnet werden. Im Dezember 1938 meldete die Geheime Staatspolizei Innsbruck an den Stillhaltekommissar für Vereine, Organisationen und Verbände, dass sich der Österreichische Berufsskilehrerverband „bereits im Juni 38 selbst aufgelöst" habe.[140] Tatsächlich wurde die freiwillige Auflösung bei der außerordentlichen Hauptversammlung des Berufsskilehrerverbandes am 29. Mai 1938 im Gasthof Grauer Bär in Innsbruck einstimmig beschlossen. Als Begründung führte der damalige Obmann Ernst Dosenberger an, „daß nunmehr durch den Anschluß an Deutschland alle berechtigten Wünsche der Skilehrer schlagartig erfüllt wurden".[141]

Salzburgs Sport in der NS-Zeit. Zwischen Staat und Diktatur, Salzburg 2018, S. 129–152, hier S. 133.
138 Vgl. Edith Leisch-Prost, Die Abwicklung der Vereine, in: Verena Pawlowsky/Edith Leisch-Prost/Christian Klösch (Hg.), Vereine im Nationalsozialismus. Vermögensentzug durch den Stillhaltekommissar für Vereine, Organisationen und Verbände und Aspekte der Restitution in Österreich nach 1945. Veröffentlichungen der Österreichischen Historikerkommission. Vermögensentzug während der NS-Zeit sowie Rückstellungen und Entschädigungen seit 1945 in Österreich (Band 21/1), Wien/München 2004, S. 138–173, hier S. 151.
139 Auf die zwangsweise Auflösung der jüdischen Sportvereine wird in einem späteren Kapitel eingegangen.
140 Österreichischer Berufsskilehrer-Verband, Innsbruck, Geheime Staatspolizei Innsbruck an den Stillhaltekommissar für Vereine, Organisation und Verbände, 13.12.1938, OeStA, AdR ZNsZ Stiko Wien, Kt. 227.
141 Niederschrift der a. o. Hauptversammlung des Öst. Berufsskilehrer Verbandes, Sitz Innsbruck am 29.5.1938 in Innsbruck, OeStA, AdR ZNsZ Stiko Wien, Kt. 227.

4.2 Vereinnahmung – der österreichische Skisport kommt „Heim ins Reich" —— 203

Aufschluss darüber, wie widerstandslos sich österreichische Turn- und Sportvereine ab 1938 in das NS-Sportsystem integrierten und wie mühelos die „Arisierung" jüdischer Sportvereine vonstattenging, gibt ein Schreiben des Wiener NSRL-Gauamtleiters Leopold Raffelsberger an den Stabsleiter der SA-Wien, SA-Brigadeführer Hans Lukesch. Darin fasst Raffelsberger zusammen: „Nach dem Umbruch 1938 brauchten nur mehr wenige Sportverbände, die an sich geringe Mitgliederzahlen aufwiesen, arisiert werden. Die völkische Turnbewegung und die arischen Sportverbände dienten schon voll und ganz der Bewegung."[142] Zu den Letztgenannten konnte der ÖSV mit seinen Unterverbänden und Mitgliedsvereinen gezählt werden. Raffelsberger nennt in seinen „Grundgedanken über die Aufgabe und Stellung des NSRL in der Ostmark" explizit den Skiverband. Dieser hätte sich ebenso wie der Alpenverein unter Mitwirkung der Turner „arisiert" und wäre einer jener Sportverbände, die bereits nationalsozialistisch ausgerichtet gewesen wären.[143] Diese zeitgenössische Beobachtung Raffelsbergers deckt sich mit konkreten historischen Beispielen, die im Folgenden exemplarisch und untersucht werden sollen.

4.2.7 NSRL-Parteisoldaten und Karrieristen

Ernst Dosenberger, geboren am 6. Dezember 1898 in Innsbruck und während des Ersten Weltkriegs Militärskilehrer am Arlberg, stand dem Österreichischen Berufsskilehrerverband seit 1933 als Obmann vor und galt als einer der Wegbereiter der nationalsozialistischen Bewegung im Gasteinertal. Im Dezember 1930 trat er der Ortsgruppe der NSDAP in Hofgastein bei, wo er im Winter als Skilehrer aktiv war und daneben für die Partei Werbung machte.[144] Der staatlich geprüfte Skilehrer aus Innsbruck übersiedelte laut Meldekartei des Tiroler Landesarchivs 1927 nach Gastein.[145] Salzburger Quellen sprechen davon, dass Dosenberger bereits seit 1921 in Hofgastein ansässig war und sich dort im Sommer als Maler und im Winter als Leiter der örtlichen Skischule betätigte. Daneben führte Dosenberger in Hofgastein ein Modegeschäft.[146] Jedenfalls bemühte

---

142 NS-Reichsbund für Leibesübungen, NSRL Gauamt Wien an den Stabsleiter, SA-Brigadeführer Hans Lukesch, 21. März 1939, OeStA, AdR, RK/61, Zl. 2956.
143 Vgl. NS-Reichsbund für Leibesübungen, NSRL Gauamt Wien an den Stabsleiter, SA-Brigadeführer Hans Lukesch, 21. März 1939, OeStA, AdR, RK/61, Zl. 2956.
144 Vgl. TLA, LG Innsbruck, 10 Vr 163/46.
145 Vgl. TLA, Meldekartei Ernst Dosenberger.
146 Vgl. Schreiben der Bezirkshauptmannschaft St. Johann im Pongau am 12. Februar 1931 bezüglich Antrag des staatlich geprüften Skilehrers Ernst Dosenberger zum Fachprüfer, SLA, LRA 1920–1938 XXXII 1579.

er sich als „Skipionier" und Leiter der Skischule Hofgastein bereits seit der Wintersaison 1921/22 um den Ausbau des Wintersports. Daneben nahm Dosenberger als Skispringer an Wettbewerben teil, so wie im Februar 1922 auf der großen Sprungschanze in Hofgastein. Mit zwei gestandenen Sprüngen, davon einem über 30 Meter, gewann er für den Skiklub Innsbruck die zweite Klasse. Die *Salzburger Chronik* berichtete damals von „der Blüte der deutschen Jugend angehörenden Springer". Zu diesen wurden auch der spätere Mühlbacher Skischulbetreiber Peter Radacher sen. und der Salzburger Skispringer Siegfried Amanshauser gezählt.[147] Beide integrierten sich ab 1938 anstandslos in das NS-Sportsystem. Auf beide wird in einem späteren Kapitel noch näher eingegangen. Doch zunächst zurück zu Ernst Dosenberger.

Dieser absolvierte 1929 die staatliche Skilehrerprüfung und wurde im Februar 1931 zum Fachprüfer in Skilaufpraxis für die sechste staatliche Skilehrerprüfung im März 1931 auf dem Seekarhaus in den Hohen Tauern bestellt.[148] Seine nationalsozialistische Gesinnung, die auf einer großdeutschen Weltanschauung beruhte,[149] fügte sich in das deutschnationale Setting im Gebiet der Hohen Tauern. Die Bezirkshauptmannschaft St. Johann hatte damals die NSDAP-Mitgliedschaft Dosenbergers noch nicht als bedrohlich eingestuft und sprach im Februar 1931 von einem „vollkommen einwandfreien Verhalten in staatsbürgerlicher Hinsicht".[150] Dosenberger lehrte in den Jahren bis 1932 nicht nur unzähligen jungen Frauen und Männern das Skifahren, sondern ging auch seiner Profession als Kunstmaler nach. Seine naturalistischen Wintersportsujets zierten in den 1930er-Jahren Werbeplakate vom Arlberg bis zum Semmering.[151] Als 1938 die Nationalsozialisten den Skisport umgestalteten, sah auch Dosenberger seine Zeit gekommen. Anders, als es der Gasteiner Historiker Laurenz Krisch behauptet, änderte sich für Dosenberger mit dem „Anschluss" so einiges in seinem beruflichen Tätigkeitsfeld.[152] Dosenberger blieb nicht Obmann des Österreichischen Berufsskilehrerverbandes, weil dieser in den Reichsverband

---

147 Vgl. Salzburger Chronik, 16.2.1922, S. 3.
148 Vgl. Schreiben des Bundesministeriums für Unterricht in Wien am 27. Februar 1931 bezüglich 6. Staatl. Skilehrerprüfung, Ernennung der Fachprüfer, SLA, LRA 1920–1938 XXXIII 1579.
149 Vgl. Niederschrift, Polizei Präsidium Innsbruck, 1.9.1945, TLA, LG Innsbruck 10 Vr 163/46.
150 Schreiben der Bezirkshauptmannschaft St. Johann im Pongau am 12. Februar 1931 bezüglich Antrag des staatlich geprüften Skilehrers Ernst Dosenberger zum Fachprüfer, SLA, LRA 1920–1938 XXXIII 1579
151 Vgl. TLA, LG Innsbruck 10 Vr 163/46; Laurenz Krisch, Ernst Dosenberger. Akad. Maler und Skipionier in Gastein, Bad Gastein 2013, S. 31–32.
152 Krisch verharmlost in seiner Biografie die NS-Beteiligung von Ernst Dosenberger, indem er lediglich den frühen NSDAP-Eintritt am Rande in einer Fußnote erwähnt und nicht näher auf die zahlreichen NS-Funktionen eingeht, die Dosenberger von 1938 bis 1945 ausgeübt hat. Vgl. Krisch, Ernst Dosenberger, S. 35, Fußnote 93.

4.2 Vereinnahmung – der österreichische Skisport kommt „Heim ins Reich" — 205

Deutscher Turn-, Sport- und Gymnastiklehrer eingegliedert wurde, dafür wurde er aufgrund seiner Vorkenntnisse aus dem Ersten Weltkrieg im militärischen Skilauf von der SA als Skilehrer für die wehrsportliche Ertüchtigung eingesetzt.[153] Seine beruflichen Fachkenntnisse, die er sich seit den 1920er-Jahren im Skilehrwesen erworben hatte, dürften bei der Berufung zum SA-Skilehrer ebenfalls eine Rolle gespielt haben. Vorausgesetzt war eine Mitgliedschaft in der SA, der Dosenberger im Oktober 1938 nachkam.[154] Auf seine sonstigen Aktivitäten während der NS-Zeit soll später noch eingegangen werden. Eines steht jedenfalls fest: Der Österreichische Berufsskilehrerverband begrüßte unter der Leitung des Ernst Dosenberger das NS-Regime in einem vorauseilenden Gehorsam, indem der Verband ohne Veranlassung von außen den Führer des Reichsverbandes für Turn-, Sport- und Gymnastiklehrer Paul Schulz zu seiner außerordentlichen Hauptversammlung nach Innsbruck lud und auf dieser seine Selbstauflösung verkündete.[155]

Ungeachtet der Auflösung des Österreichischen Berufsskilehrerverbandes machte Dosenberger innerhalb des NS-Sportsystems weiter Karriere. Während der Verbandsausschuss des Landesverbandes der Berufsskilehrer von Tirol seiner Funktionen enthoben wurde, bestellte man Dosenberger zum kommissarischen Leiter.[156] In einer im April 1938 veröffentlichten Stellungnahme des Verbandes bekräftigte Dosenberger gemeinsam mit Hans Klöble die Zusammenarbeit mit der nationalsozialistischen Führung und forderte die Skilehrer gleichzeitig auf, die Einsatzbereitschaft mit einem „Ja" bei der „Volksabstimmung" zu demonstrieren.[157] Im Dezember 1938 trat er der SA bei und war für diese fortan als Wintersportreferent tätig, nachdem er im September 1938 neuerlich der NSDAP beigetreten war.[158] Ausschlaggebend dafür dürften seine Skilehrer- und Bergführer-Kenntnisse gewesen sein. Gemeinsam mit dem Vorarlberger Skiläufer Willi Walch absolvierte Dosenberger, damals in Zürs wohnhaft, 1938 die Prüfung zum Bergführer des Deutschen Alpenvereins.[159] Dosenberger befand sich zuletzt im Rang eines SA-Obertruppführers, diesen wie seine generelle Beteiligung am NS-Regime versuchte er im Entnazifizierungsverfahren nach 1945 herunterzuspielen.[160] Doch Zeitungsberichte dokumentieren, dass Dosenberger bis

---
153 Vgl. TLA, LG Innsbruck 10 Vr 163/46.
154 Vgl. TLA, LG Innsbruck, 10 Vr 163/46.
155 Vgl. Niederschrift der a. o. Hauptversammlung des Öst. Berufsskilehrer Verbandes, Sitz Innsbruck am 29.5.1938 in Innsbruck, OeStA, AdR ZNsZ Stiko Wien, Kt. 227.
156 Vgl. Innsbrucker Nachrichten, 29.3.1938, S. 5.
157 Vgl. Innsbrucker Nachrichten, 4.4.1938, S. 10.
158 Vgl. TLA, Meldekartei Ernst Dosenberger; StAI, NS-Registrierungsakt, Ernst Dosenberger.
159 Vgl. Bludenzer Anzeiger, 5.11.1938, S. 5.
160 Vgl. StAI, NS-Registrierungsakt, Ernst Dosenberger.

in die Kriegsjahre hinein dem SA-Wehrsport gedient hatte. Der Kunstmaler und leidenschaftliche Fotograf lieferte für die SA Propagandafotos und bei passenden Gelegenheiten auch idyllische Landschaftsbilder. Bei einem „Bunten Abend" eines SA-Sturms im Herbst 1940 im Gasthof Maria Theresia in Innsbruck sorgte der damals noch in einem Rang eines Rottenführers stehende Dosenberger mit einem Lichtbildervortrag über die Bergwelt für die visuelle Umrahmung der Veranstaltung.[161] Im September 1942 begleitete er die SA-Wehrwettkämpfe der SA-Gebirgsjägerstandarte I „Josef Honomichl" [sic] in Innsbruck als Fotograf und Bildberichterstatter. Die SA-Wehrsportveranstaltung wurde gemeinsam mit den Betriebssportgemeinschaften der DAF auf dem Sportplatz Sill durchgeführt. Dosenbergers Fotos wurden einige Tage später in einem Nachbericht in den *Innsbrucker Nachrichten* veröffentlicht.[162] Die regionale NS-Führung schätzte aber auch Dosenbergers Landschaftsmalerei. Im Sommer 1941 zählte er zu jenen NS-Künstlern, die bei der zweiten Gau-Kunstausstellung in Innsbruck ihre Bilder der Öffentlichkeit und dem Gauleiter Franz Hofer präsentieren durften.[163] Die regionale NS-Presse schenkte Dosenberger schon ein Jahr zuvor ihre Aufmerksamkeit. In einem Bericht schrieb die *Neueste Zeitung* zu einer Ausstellung: „Der junge Künstler, der in fast dreißig Arbeiten sein Können ausbreitet, kommt von der Naturfreude, der Gesundheit, der Kraft, dem Sport her."[164] Im April 1943 wurde Dosenberger schließlich zur Kriminalpolizeistelle kriegsdienstverpflichtet und der Fahndungsgruppe im zweiten Kriminalkommissariat zugeteilt. In dieser Funktion führte Dosenberger Zug-, Lokal- und Hotelkontrollen für die Gestapo durch[165] und beschattete unter anderem Hotelgäste in Zürs, wo Dosenberger als Skischulleiter eingesetzt war.[166] Im Entnazifizierungsprozess beteuerte er zwar, sich von den nationalsozialistischen Gräueltaten abgewandt zu haben,[167] vom NS-System distanziert hatte sich Dosenberger bis Kriegsende jedoch nicht. Als SA-Wintersportreferent leitete er nicht nur Skikurse für die Wehrformationen, sondern organisierte im Winter 1943/44 die Winter-

---

161 Vgl. Innsbrucker Nachrichten, 2.11.1940, S. 5.
162 Vgl. Innsbrucker Nachrichten, 29.9.1942, S. 4.
163 Vgl. Innsbrucker Nachrichten, 28.6.1941, S. 6.
164 Neueste Zeitung, 26.7.1939, S. 14.
165 Vgl. StAI, NS-Registrierungsakt, Ernst Dosenberger.
166 Vgl. Vernehmung des Beschuldigten, Landesgericht Innsbruck, 24.7.1946, TLA, LG Innsbruck, 10 Vr 163/46.
167 Vgl. Einspruch wegen Eintragung in die Liste der Nationalsozialisten als Belasteter, StAI, NS-Registrierungsakt, Ernst Dosenberger. Ernst Dosenberger wurde im Rahmen des Entnazifizierungsprozesses zunächst als „Belasteter" eingestuft und später als „minderbelastet" geführt. Im Volksgerichtsverfahren wurde Dosenberger von der Anklage wegen Verbrechens der Denunziation und des Hochverrats am 20. September 1949 in der Hauptverhandlung freigesprochen. Vgl. TLA, LG Innsbruck, 10 Vr 163/46.

wehrkämpfe der SA. Dosenberger war zudem Mitglied der nationalsozialistischen Volkswohlfahrt (NSV) und der DAF sowie der Reichskulturkammer und wirkte als Bezirksobmann der Berufsskilehrer von Vorarlberg im NS-Reichsverband der Turn-, Sport- und Gymnastiklehrer.[168]

4.2.8 Sportpolitische Opportunisten und Mittäter im NSRL

Karriere innerhalb des NS-Sportsystems machten auch noch andere österreichische Skisportfunktionäre. Die nationalsozialistische Sportführung setzte dabei auf der unteren bis mittleren Ebene in den NSRL-Sportkreisämtern nicht selten auf Personen, die über ein Know-how im theoretischen, skitechnischen aber auch organisatorisch-praktischen Bereich verfügten. So konnten politisch unauffällige Funktionäre, also solche, die sich während der Zeit des Austrofaschismus politisch nicht als Gegner des Nationalsozialismus exponiert hatten, und jene, die sich vor 1938 illegal für die NSDAP betätigten, ihre Positionen im Sport ausbauen oder zumindest festigen.[169] Für Hans Hartwagner aus Zell am See bedeutete dies, dass er seine langjährige Funktionärstätigkeit mit dem „Anschluss" nicht aufgeben musste und weiterhin für die Rennleitung im organisierten Skisport eingesetzt wurde.[170] Der am 12. April 1907 in Knittelfeld geborene Sohn eines Postamtdirektors wuchs im Gasteinertal auf und kam dort erstmals mit dem Skisport in Berührung.[171] Zu Beginn der 1930er-Jahre startete der spätere Skisportfunktionär zunächst für den Skiclub Badgastein im Abfahrts- und Torlauf.[172] 1937 wechselte der Forstbeamte zum Skiklub Zell am See. Hartwagner studierte nach seiner Schulbildung Forstwirtschaft an der Universität für Bodenkultur in Wien und arbeitete bis 1935 für verschiedene Arbeitgeber in Österreich bevor er eine Anstellung bei der Wildbachverbauung in Zell am See bekam und schließlich 1939 als Forstwirtschaftsbeamter die Staatsprüfung

---
168 Vgl. Niederschrift, Polizei Präsidium Innsbruck, 1.9.1945, TLA, LG Innsbruck, 10 Vr 163/46.
169 Auch Walter M. Iber verweist in seiner Studie über den steirischen Fußball im Nationalsozialismus darauf, dass die Nationalsozialisten Funktionärsämter im Sport mit Parteigängern oder zumindest der NSDAP nahestehenden Personen besetzten. Vgl. Iber, Erst der Verein, S. 84.
170 Vgl. Kampfrichterausweis Skilauf, Bereich XVII, Hans Hartwagner, Privatnachlass Hans Hartwagner, Kopie im Besitz des Verfassers.
171 Vgl. Wehrstammbuch Hans Hartwagner, Privatnachlass Hans Hartwagner, Kopie im Besitz des Verfassers und Interview mit Gertraud Hartwagner, geführt von Andreas Praher am 15.3.2015 in Zell am See.
172 Vgl. Urkunden Skiclub Badgastein Hans Hartwagner, Privatnachlass Hans Hartwagner, Kopie im Besitz des Verfassers.

ablegte. Bei den Akademischen Weltwinterspielen in Zell am See im Februar 1937 war der ÖSV-Funktionär Hartwagner maßgeblich an der Organisation und Durchführung beteiligt und für die Zeitmessung verantwortlich.[173] Unmittelbar nach dem „Anschluss" sei Hartwagner „sehr unter Druck gewesen" und von den Nationalsozialisten überprüft worden, weil der Vater seiner Braut vor 1938 sozialdemokratischer Bürgermeister war.[174] Im Mai 1938 trat er schließlich der NSDAP bei und zwei Monate später in den Dienst der Technischen Nothilfe der Landesgruppe XVIII Alpenland.[175] Als Beamter im Land- und Forstwirtschaftsministerium hatte sich Hartwagner um die Aufnahme in die Partei zu bewerben. Der Eintritt in die Technische Nothilfe erfolgte freiwillig. Im Sommer 1940 nahm Hartwagner im Rang eines Hauptscharführers[176] an einem Führerlehrgang der Technischen Nothilfe teil und wurde anschließend im Oktober 1940 zum Kameradschaftsführer befördert und im September 1944 zum Zugführer.[177] Dieser Rang entsprach dem eines Leutnants.

Abb. 20: Kampfrichterausweis für Skilauf für den Sportbereich XVII („Ostmark") von Hans Hartwagner, Privatbesitz.

---

173 Vgl. Festschrift Skiklub Zell am See, 1981, S. 23.
174 Vgl. Interview mit Gertraud Hartwagner.
175 Vgl. Führerausweis Technische Nothilfe, Hans Hartwagner, Privatnachlass Hans Hartwagner, Kopie im Besitz des Verfassers.
176 Der Rang des Hauptscharführers bezieht sich auf den Rang innerhalb der Technischen Nothilfe.
177 Vgl. Teilnehmerurkunde Führerlehrgang der Reichsschule der Technischen Nothilfe, Hans Hartwagner; Führerausweis Technische Nothilfe, Hans Hartwagner, Privatnachlass Hans Hartwagner, Kopie im Besitz des Verfassers.

4.2 Vereinnahmung – der österreichische Skisport kommt „Heim ins Reich"

Im Jänner 1941 erhielt Hartwagner die Berechtigung, die Prüfungen für das Reichssportabzeichen in Leichtathletik, Radfahren und Schwimmen abzunehmen.[178] Neben dem Kampfrichterausweis für Leichtathletik besaß Hartwagner auch den Kampfrichterausweis für Skilauf.[179] Darüber hinaus war er als Ortsfachwart im NSRL für Skilauf zuständig.[180] Für die Kriegsskimeisterschaften in Zell am See 1940 war Hans Hartwagner vom lokalen Organisationsausschuss der Deutschen Turn- und Sportgemeinde Zell am See als einer der Kampfrichter für das alpine Rennen eingesetzt worden.[181] Aufgrund seiner technischen Berufsbildung und Vorkenntnisse rückte Hartwagner im November 1943 in das Nachrichten-Regiment 17 in Wien Hadersdorf ein, absolvierte dort einen Lehrgang und war dann in weiterer Folge im Luftnachrichten-Ausbildungsregiment 305 eingesetzt.[182] Neben seinem militärischen Dienst war er ab Herbst 1942 für die Organisation von Sportveranstaltungen im Kreis Zell am See verantwortlich. Nachdem der Parteigenosse Fritz Vogl eingerückt war, übernahm Hartwagner kommissarisch dessen Amt als Kreissportführer. Als solcher wickelte er mehrere Sportveranstaltungen, darunter Skiabfahrtswettläufe für den NSRL ab. Der NSRL beauftragte den Kreissportführer für Leibeserziehung im September 1943 mit der Durchführung des Bergturnfestes auf der Schmittenhöhe.[183] In seiner Funktion als Kreissportführer hielt Hartwagner im Rahmen des NSRL-Waldlaufs in Zell am See eine Ansprache zum Tod des Reichssportführers Hans von Tschammer und Osten.[184] Laut Eingaben im Wehrstammbuch war Hartwagner bis Dezember 1943 im „Heimatkriegsgebiet" eingesetzt und ab diesem Zeitpunkt bis September 1944 im „besetzten Westgebiet", ehe er wieder an die „Heimatfront" zurückbeordert wurde. Während seines Kriegseinsatzes wurde er zum Gefreiten befördert.[185] Nach einer kurzen Haft aufgrund seiner sportpolitischen Ämter und Tätigkeiten während der Zeit des Nationalsozialismus fand Hartwag-

---

178 Vgl. Ausweis für Reichssportabzeichen-Prüfer, Hans Hartwagner, Privatnachlass Hans Hartwagner, Kopie im Besitz des Verfassers.
179 Vgl. Kampfrichterausweis Leichtathletik, Bereich XVII, Hans Hartwagner; Kampfrichterausweis Skilauf, Bereich XVII, Hans Hartwagner, Privatnachlass Hans Hartwagner, Kopie im Besitz des Verfassers.
180 Vgl. Salzburger Volksblatt, 28.2.1940, S. 12.
181 Vgl. Kurzbericht zur Vorbesprechung der Kriegsmeisterschaften in Zell am See 1940, Zell am See 7.2.1940, Vereinsarchiv Skiklub Zell am See.
182 Vgl. Wehrstammbuch Hans Hartwagner, Privatnachlass Hans Hartwagner, Kopie im Besitz des Verfassers.
183 Vgl. Salzburger Zeitung, 18.9.1943, S. 5.
184 Vgl. Salzburger Zeitung, 1.6.1943, S. 5.
185 Vgl. Wehrstammbuch Hans Hartwagner, Privatnachlass Hans Hartwagner, Kopie im Besitz des Verfassers.

ner nach 1945 in den Sportbetrieb der Zweiten Republik und das Berufsleben zurück.[186]

Einer der Hauptverantwortlichen im nationalsozialistischen Skibetrieb des Gaues Salzburg war Fritz Melnitzky. Er war 1938 mit Hilfe von Friedrich Rainer zunächst zum Kreis- und dann zum Gaufachwart für Skilauf aufgestiegen und leitete damit das Skisportgeschehen des NSRL im Gau Salzburg. Melnitzky wurde im April 1902 in Graz geboren und promovierte nach seinem Studium in Graz und München 1926 zum Dr. med. in Röntgenologie. Mit seinem Umzug nach Salzburg übernahm er die Leitung der Röntgenabteilung des St. Johannspitals. Melnitzky trat im Mai 1938 der NSDAP bei, sein Eintrittsdatum wurde später auf das Jahr 1937 rückdatiert. Ebenfalls im Mai 1938 suchte er um die Mitgliedschaft in der SS an.[187] In der politischen Beurteilung des Gaupersonalamtes wird Melnitzky als Parteigenosse, Angehöriger der SS und als ein Mann geführt, der sich während der Verbotszeit zur NS-Bewegung bekannte.[188] Unmittelbar nach dem „Anschluss" ernannte ihn Rainer im April 1938 zum Kreisfachwart für Skilauf im DRL, ab 1939 stieg Melnitzky zum Gaufachwart für Skilauf im NSRL auf und war damit für die programmatische Ausrichtung der Skisportveranstaltungen im Gau Salzburg zuständig, unter anderem dafür, dass die Kriegsmeisterschaft des Sportbereichs „Ostmark" 1940 in Zell am See stattfanden.[189]

4.2.9 Nationalsozialistische Sportkreise in Vorarlberg

4.2.9.1 Äußere Zeichen der Machtübernahme

Sechs Tage vor dem „Anschluss", am 6. März 1938, hielten die deutschnationalen TurnerInnen des Vorarlberger Turngaues ihren „Gauschneeschuhlauf" auf dem Bödele ab. Über 500 Turnerinnen und Turner waren am Start.[190] Neben ihren sportlichen Leistungen bekundeten diese auch ihre Sympathie gegenüber

---

186 Vgl. Schreiben von Hans Hartwagner an die Militärregierung in Salzburg, Zell am See, 30.11.1945, Privatnachlass Hans Hartwagner, Kopie im Besitz des Verfassers.
187 Vgl. SLA, NS-SOKO A 59.040. Aus den Akten des Volksgerichtsverfahrens geht hervor, dass sich Fritz Melnitzky 1938 um eine SS-Mitgliedschaft bewarb. Auf dem NS-Registrierungsblatt gibt er 1946 an, gemeinsam mit sieben leitenden Ärzten im August 1938 ohne Ansuchen und Vereidigung zum SS-Unterscharführer des Stabes der SS-Sanitätsstaffel des St. Johann-Spitales ernannt worden zu sein. Vgl. Meldeblatt zur Registrierung der Nationalsozialsiten, Salzburg, 20.5.1946, OÖLA, LG Linz, Sondergerichte, Sch. 442, VgVr 1548/48.
188 SLA, NS-SOKO, Karton 22 M-R.
189 Vgl. Kurzbericht zur Vorbesprechung der Kriegsmeisterschaften in Zell am See 1940, Zell am See 7.2.1940, Vereinsarchiv Skiklub Zell am See.
190 Vgl. Bludenzer Anzeiger, 12.3.1938, S. 5.

dem nationalsozialistischen Deutschland. Mit dem erhobenen rechten Arm marschierten die Skiriegen der TurnerInnen, Männer wie Frauen, durch Dornbirn und machten keinen Hehl aus ihrer Gesinnung. Das *Vorarlberger Tagblatt* sprach von „hunderten, gleichgesinnten Volksgenossen", die sich den aktiven Teilnehmern anschlossen und auf den Marktplatz in Dornbirn zogen.[191] In einem Bericht an die NSDAP-Gauleitung für Tirol und Vorarlberg fasste der Kreispropagandaleiter des Kreises Dornbirns im Juli 1939 die Ereignisse auf dem Bödele folgendermaßen zusammen:

> 6. März 1938: Gauskiwettlauf am Bödele Dornbirn. Massendemonstration in Dornbirn; alles grüsst mit Heil Hitler und singt Lieder der Nation. Die schwarze Macht in Dornbirn wurde an diesem Tage gebrochen. Die Stadt gehörte wieder uns![192]

Diese Zeilen an die Gauleitung in Innsbruck verdeutlichen die machtpolitische Inanspruchnahme des Bödele und der Stadt Dornbirn für das NS-Regime. Gleichzeitig verweist die Kreispropagandaleitung darauf, dass sie keine politischen Gegner duldet, insbesondere von Seiten der Christlich-Sozialen und des austrofaschistischen Ständestaates. Die NS-Kundgebung der Skiriege der deutschennationalen TurnerInnen, die ein sichtbares Zeichen der ideologischen Verbundenheit mit dem Deutschen Reich darstellte und als symbolischer Akt der Besetzung des politischen Raumes gedeutet werden kann, wurde im Nachhinein von der nationalsozialistischen Führung als ebensolche Machtdemonstration legitimiert.

4.2.9.2 Das Netzwerk des Theodor Rhomberg

In Vorarlberg gestaltete der zum NS-Landessportführer ernannte Theodor Rhomberg den Sportbetrieb nach nationalsozialistischen Maßgaben um. Anlässlich einer Besprechung Mitte Juli 1938 hielt dieser fest, dass von den noch bestehenden Turn- und Sportvereinen in Vorarlberg „eine Menge überflüssig und ein Teil auch politisch nicht zuverlässig"[193] seien. „Er habe vor, die Turn- und Sportvereine in Vorarlberg einheitlich zu organisieren und die überflüssigen und unzuverlässigen Vereine aufzulösen."[194] Für diese Maßnahmen bat Rhomberg um die Unterstützung der Gestapo. Konkret auf Dornbirn bezogen, bedeutete das in der Praxis die Liquidierung der Jugendorganisation des katholischen

---

191 Vorarlberger Tagblatt, 7.3.1938, S. 5.
192 Kreispropagandaleiter an die Gauleitung Tirol-Vorarlberg der NSDAP. Der Gaupresseamtsleiter, Innsbruck, 21. Juli 1939. StAD, Verwaltungsarchiv, Akz.-Nr. 125/2000, Ordner 1938–1945 NSDAP Akten, Nr. V.
193 Geheime Staatspolizei, Bregenz, 15. Juli 1938, VLA, Sicherheitsdirektion, Sch. 14/46.
194 Geheime Staatspolizei, Bregenz, 15. Juli 1938, VLA, Sicherheitsdirektion, Sch. 14/46.

Reichsbundes, die seit den 1920er-Jahren auf dem Bödele Skirennen organisiert hatte. Der Verein wurde nach den Bestimmungen des NS-Stillhaltekommissars aufgelöst, sein Vermögen eingezogen und die Infrastruktur enteignet. Die Reichsbund-Skihütte ging an die Hitlerjugend und wurde von dieser weiterbetrieben.[195]

Der Deutsche Turnerbund Dornbirn und seine Skiriege waren von der Auflösung im Zuge der NS-Gleichschaltungspolitik der Vereine nicht betroffen. Die Mitglieder durften ihre turnerischen und sportlichen Aktivitäten unter der Aufsicht des NS Reichsbundes für Leibesübungen (NSRL) weiterführen. Ende Oktober 1938 trafen sich die „Skikameraden" des Vereins zu einer ersten Zusammenkunft. Der Dornbirner Skiverein befand sich nunmehr als Skiabteilung beim Deutschen Turn- und Sportverein Dornbirn 1862, der die NS-Einheitssatzungen übernommen hatte. Die Einführung der neuen Satzungen und damit die Übernahme des Vereines in den Reichsbund für Leibesübungen wurde Ende Oktober 1938 bestätigt.[196] Die einberufene Hauptversammlung des Deutschen Turn- und Sportvereins Dornbirn 1862 wurde zu einer politischen Machtdemonstration. Angefangen vom NS-Gauinspektor und Kreisleiter Anton Plankensteiner, der zugleich Kreisbeauftragter des Stillhaltekommissars in Dornbirn war und damit für die Auflösung und Eingliederung der Vereine mitverantwortlich,[197] tauchten noch andere einflussreiche Dornbirner Parteigenossen bei der Versammlung auf. Der vom NSRL eingesetzte Vereinsführer Vitus Zehrer eröffnete die Versammlung. Laut Bericht im *Vorarlberger Tagblatt* waren 400 Mitglieder in den Mohrensaal gekommen, um „die Befreiung und die Heimkehr in das große deutsche Vaterland" zu begehen.[198] Der nunmehrige Vereinsführer sollte die Eingliederung des Dornbirner Skivereines in den Deutschen Turn- und Sportverein Dornbirn 1862 und die neuen Aufgaben erörtern. Bruno Fußenegger, der zur Gründungsgarde der Dornbirner NSDAP-Ortsgruppe zählte,[199] wurde bei der Jahresversammlung zum Abteilungsleiter für den Skilauf innerhalb des Vereines gewählt. Bei der Versammlung wurden gleichzeitig die Termine für die Skisportveranstaltungen festgelegt. Der Vereinsabfahrtslauf im Februar sollte tra-

---

195 VLA, BH Feldkirch, Vereine, Sch. 5, Fasz. Polizeiverwaltung 1938–45 Vereinsauflösungen Allgemeines; Böhler, Dornbirn, S. 165.
196 Geheime Staatspolizei, Bregenz, 15. Juli 1938, VLA, Sicherheitsdirektion, Sch. 14/46.
197 Verena Pawlowsky/Edith Leisch-Prost/Christian Klösch, Vereine im Nationalsozialismus. Vermögensentzug durch den Stillhaltekommissar für Vereine, Organisationen und Verbände und Aspekte der Restitution in Österreich nach 1945, Veröffentlichungen der Österreichischen Historikerkommission. Vermögensentzug während der NS-Zeit sowie Rückstellungen und Entschädigungen seit 1945 in Österreich (Bd. 21/1), Wien/München 2004, S. 559.
198 Vorarlberger Tagblatt, 3.11.1938, S. 6.
199 Vgl. Weber, Von Jahn, S. 142.

ditionellerweise auf dem Bödele stattfinden.[200] Der Deutsche Turnerbund Dornbirn betrieb ab der Wintersaison 1928/29 eine Skihütte auf dem Bödele, die Adolf-Hemrich-Hütte.[201] Die Einweihung fand am 23. November 1930 statt. Das Ski-Heim diente ab 1938 dem Deutschen Turn- und Sportverein Dornbirn 1862, der als Nachfolgeverein des Turnerbundes Dornbirn im DRL bzw. NSRL weiterexistierte.[202]

1938 wurde Rhomberg von den Nationalsozialisten als Vereinsführer des lokalen Skiklubs in Dornbirn wiedereingesetzt sowie zum Kreisorganisationsleiter und NS-Landessportführer ernannt.[203] Im Sommer 1938 sollte Rhomberg in seiner neuen Funktion als Kreisorganisationsleiter bei der Ortsgruppentagung in Dornbirn in Erscheinung treten. An seiner Seite eröffnete Kreisleiter Anton Plankensteiner.[204] Rhomberg selbst sprach über die Bedeutung des Parteitages in Nürnberg. Ein Referat widmete sich auch „rassischen Fragen". Kurz vor Mittag war in der Markthalle Dornbirn eine Ausbildungseinheit für die politischen Leiter angesetzt, die der damalige SA-Sturmbannführer Eugen Kölbl durchführte.[205] Kölbl trat im November 1930 der NSDAP-Ortsgruppe Dornbirn sowie der SA bei und war seit September 1933 hauptamtlicher SA-Führer. Der gebürtige Vorarlberger aus Hard (Bezirk Bregenz) war ebenso wie Rhomberg im Deutschen Turnerbund in Dornbirn organisiert und im dortigen Wehrverband als Kompanieführer aktiv. Kölbl flüchtete ins Deutsche Reich und befand sich ab September 1933 zunächst als Grenzjäger und später als Führer eines Sturmes bei der „Österreichischen Legion". Nach seiner Rückkehr aus dem „Altreich" im Sommer 1938 übernahm Kölbl die Führung der SA-Gebirgsjägerstandarte 3 in Dornbirn der SA-Gebirgsjägerbrigade 99.[206] Als Führer dieser SA-Gebirgsjägerstandarte nahm Kölbl neben Kreisleiter Anton Plankensteiner Ende Oktober 1938 an der 76. Hauptversammlung des Deutschen Turn- und Sportvereins

---

200 Vgl. Vorarlberger Tagblatt, 19.11.1938, S. 13.
201 Vgl. Feierabend, Folge 37, S. 586; Weber, Von Jahn, S. 135.
202 Vgl. dazu die Fotosammlung des Dornbirner Stadtarchivs, welche die Geschichte des Ski-Heimes auf dem Bödele dokumentiert. StAD, Fotosammlung, Nr. 29503 und Nr. 29509.
203 Stadtarchiv Dornbirn (StAD), Nr. 570, Dornbirns Kampf um die Befreiung 1933–1938; StAD, Verwaltungsarchiv, Akz.-Nr. 125/2000, Ordner 1938–1945 NSDAP Akten, Nr. V; Ingrid Böhler, Dornbirn in Kriegen und Krisen 1914–1945. Innsbruck 2005; Praher, Zwischen Anpassung, Vereinnahmung und Mittäterschaft, S. 238.
204 Anton Plankensteiner trat am 6. November 1930 der NSDAP bei und war ab Juli 1934 illegaler Gauleiter von Vorarlberg.
205 Vgl. StAD, NSDAP Kreis Dornbirn, Kreisorganisationsleiter, Rundschreiben Nr. 3/38 v. 15.8.1938.
206 Vgl. BArch (ehem. BDC), PK, Kölbl, Eugen, 27.06.1898; BArch (ehem. BDC), SA, Kölbl, Eugen, 27.6.1898. Die SA-Gebirgsjägerstandarte 3 (GJ 3) in Dornbirn war eine der vier Standarten der SA-Gebirgsjägerbrigade 99 im Gau Tirol-Vorarlberg.

Dornbirn 1862 teil.[207] Im November 1938 stieg er vom Sturmbannführer zum Obersturmbannführer auf und Ende Jänner 1941 zum SA-Standartenführer, als solcher leitete Kölbl bis Anfang 1943 die SA-Standarte ehe er mit 1. Februar 1943 zum stellvertretenden Führer der SA-Gebirgsjägerbrigade 99 im Rang eines Standartenführers ernannt wurde.[208]

4.2.10 Die Übernahme von Skivereinen in den DRL (NSRL)

Sämtliche Turn- und Sportvereine mussten, sofern sie nicht aufgelöst wurden, ab März 1938 die vom Stillhaltekommissar verordneten Einheitssatzungen des DRL übernehmen und wurden in diesen eingegliedert. Anhand von ausgewählten Beispielen soll hier der Übernahmeprozess und die gängige Praxis der Gleichschaltungspolitik dargestellt werden. Anfang 1939 erfolgte etwa der Antrag auf Auflösung des Wintersportvereins Bad Gastein, des Skiklubs Bad Gastein und der deutschvölkischen Turngemeinde „Jahn" in Bad Gastein. Die drei Vereine wurden daraufhin zu einem Verein, dem Deutschen Turnerbund in Bad Gastein, zusammengeschlossen.[209] Ähnlich verlief die Gleichschaltung bzw. Eingliederung des Wintersportvereins Hofgastein und des Deutschen Turnvereins Hofgastein. Sie wurden im Oktober 1939, nachdem sie zunächst ihre Selbstständigkeit unter Aufsicht des NSRL beibehalten durften,[210] zur NS-Deutschen Turn- und Sportgemeinde in Hofgastein zusammengefasst.[211] Ebenso gingen der Skiklub Zell am See und der Deutsche Turnverein Zell am See in der NS Deutschen Turn- und Sportgemeinde auf. Der Skiklub hatte zunächst am 8. August 1938 die Einheitssatzungen des Reichsbundes für Leibesübungen beschlossen und wurde schließlich am 26. Juni 1940 aufgelöst.[212] Diese zwangsweisen Zusammenlegungen von Ski- und Turnvereinen waren im Sinne der NS-Ideologie durchaus logisch, da es vielfach personelle Überschneidungen gab und die vom DRL bzw. NSRL bestimmten Vereinsführer vor 1938 sowohl im Deutschen Turnverein wie auch in einem deutschnationalen Skiverein aktiv waren. Anders gesagt, standen sich deutschvölkische TurnerInnen und SkiläuferInnen durchaus nahe. Das wusste auch die neue NS-Sportführung bei der Neuordnung des Vereinssports in der „Ostmark" pragmatisch zu nutzen. Auf diese Weise wurden

---

207 Vgl. Vorarlberger Tagblatt, 3.11.1938, S. 6.
208 Vgl. BArch (ehem. BDC), SA, Kölbl, Eugen, 27.6.1898.
209 Vgl. Stillhaltekommissar für Vereine, Organisationen und Verbände, 1. Juni 1939, SLA, PRÄ 1939/2496 i-12.
210 Vgl. Sportvereine lt. Liste, Bestandsbewilligung, SLA PRÄ 1939/2496 i-133.
211 Vgl. PRÄ 1939/2496 i-171.
212 SLA, RSTH I/3V 268/1940.

mehrere Vereine eines Ortes oder einer Stadt zu einer Deutschen Turn- und Sportgemeinschaft zusammengelegt. In den Gebirgsregionen waren das, wie die Beispiele zeigen, zumeist Ski- und Turnvereine. So ging etwa der Skiverein Silvretta im Dezember 1938 in der Deutschen Turn- und Sportgemeinde Partenen auf.[213] Die vom DRL veranlassten Zusammenlegungen wurden wie im Fall von Tirol vom zuständigen Sportkreisführer des DRL und späteren Sportgauführer des NSRL Hermann Margreiter öffentlich bekanntgegeben. In einem Aufruf verlautbarte dieser im Juli 1938:

> An alle Leibesübungen treibenden Vereine Tirols: Wie ich schon bei mehreren Gelegenheiten angedeutet habe, ist unbedingt anzustreben, daß aus ideellen Gründen und solchen wirtschaftlicher Ersparnis in kleineren und mittleren Orten sich die bisher bestehenden Vereine der verschiedenen Fachgebiete zu einem einzigen Reichsbundverein des betreffenden Ortes zusammenschließen.[214]

Um möglichem Unmut oder gar Widerstand vorzugreifen, war in dem Aufruf noch zu lesen: „Das Ausmaß dieser Zusammenlegung von Vereinen soll Rücksicht auf die jeweiligen Verhältnisse und Bedürfnisse des betreffenden Ortes nehmen."[215] Falls darüber hinaus Zweifel bestünden, sollten sich Vereinspersonen direkt an die zuständigen Unterkreisführer des DRL wenden. Diese setzten sich, zumindest in den Tiroler Gemeinden, ausschließlich aus lokalen Sportfunktionären wie loyalen Parteigängern zusammen. Das war eine gängige Praxis, um sich das Wohlwollen von einflussreichen Skisport-Offiziellen in der Region zu sichern. Für Innsbruck war der DRL-Unterkreisführer Anton Tschon bestimmt worden. Der Mitbegründer des Skiklubs Innsbruck und führende Funktionär des Tiroler Skiverbandes suchte 1938 um eine Mitgliedschaft bei der NSDAP an und erwarb diese nach der Partei-Anwärterschaft im Jahr 1939.[216]

Schon am 21. Mai 1938 erging ein Rundschreiben des Tiroler Skiverbandes an alle seine Mitgliederverbände, dass sich alle zur außerordentlichen Vertreterversammlung am 7. Juni 1938 in Mallnitz im Hotel Drei Gämsen einzufinden haben. Auf der Tagesordnung stand unter Punkt eins die Auflösung des Landesverbandes und unter Punkt zwei die Verfügung über das Vereinsvermögen. Bar-

---

213 Vgl. Weber, Von Jahn, S. 187–188.
214 Innsbrucker Nachrichten, 16.7.1938, S. 19.
215 Innsbrucker Nachrichten, 16.7.1938, S. 19.
216 Dr. Anton Tschon, geboren am 23.11.1878 in Innsbruck, war Jurist und Regierungsrat in der Tiroler Landesregierung. Er war sowohl Mitglied im Alpenverein als auch im ÖSV und ausgebildeter Bergführer. Tschon begründete den Skiklub Innsbruck und war 1927/28 Vorsitzender des Tiroler Landesskiverbandes. Ab 1938 bekleidete er das Amt eines DRL-Unterkreisführers. Von 1938 bis 1939 wurde er bei der NSDAP als Parteianwärter geführt und ab 1939 bis 1945 als NSDAP-Mitglied. Vgl. StAI, NS-Registrierungsakt Anton Tschon.

geld, Sportmaterial und Drucksorten waren demnach dem zuständigen Tiroler Kreisfachamtsleiter im Skilauf auszuhändigen.[217] Grundsätzlich war für die Auflösung und Eingliederung der Vereine der Stillhaltekommissar für Vereine, Organisationen und Verbände zuständig. Die tatsächliche Praxis bei einer Vereinsauflösung bzw. „Liquidation" wurde unterschiedlich gehandhabt. Der Bescheid konnte von der zuständigen übergeordneten Behörde im Gau oder von der Gestapo erteilt werden. Wohin die Vermögenswerte flossen, wurde je nachdem beschlossen. So kam das Vermögen des Skiklubs Beschling im Vorarlberger Nenzing der Aufbaufonds-Vermögensverwaltungs-Gesellschaft m. b. H. in Wien zugute, während das Vermögen des Wintersportvereins Brandenberg zu je 50 Prozent an den Stillhaltekommissar für Vereine, Organisationen und Verbände und an die NSDAP im Gau Tirol-Vorarlberg ging.[218]

Auch wenn die parteitreuen und loyalen Sportfunktionäre, die nun als Vereinsführer für das NS-Regime weiterwirkten, mit der verordneten Zusammenlegung der Vereine ihre Selbstständigkeit verloren, so wusste Hans von Tschammer und Osten durchaus deren Leistungen zu würdigen. In seiner Rede zur Überführung des Deutschen Turnerbundes (DTB) in den DRL bemühte sich der Reichssportführer daher, die Auflösung „nicht als Degradierung erscheinen zu lassen",[219] schreibt Marschik. Ebenso zollte der Reichssportführer von Tschammer und Osten dem am 7. Juni 1938 aufgelösten ÖSV beim IV. Glocknerabfahrtslauf seinen Respekt.[220]

Die sportpolitische NS-Führung wusste ihrerseits genau, welche Vorleistungen sie den völkischen TurnerInnen und SkiläuferInnen zu verdanken hatte, und wurde nicht müde, dies immer wieder zu betonen. Diese Politik des Umgarnens äußerte sich auch auf der Gauebene. So berichtete der Tiroler Sportgauführer Hermann Margreiter exakt ein Jahr nach dem „Anschluss" ausführlich über die vermeintlichen Vorzüge des implementierten NS-Sportsystems auf Vereinsebene. Ebenso wie von Tschammer und Osten ein Jahr zuvor, stellte Margreiter fest, dass die seit jeher auf völkischen Grundlagen stehenden Turnvereine und Sportorganisationen keine Nachteile hätten und gerade die Innsbrucker Skisportvereine durch die Fusion zum Skiklub Innsbruck an Bedeutung gewinnen würden. Laut dem Bericht seien bis zum Frühjahr 1939 in Tirol 25 Turn- und Sportgemeinden aus den Zusammenschlüssen von 70 Vereinen hervorgegangen. Soweit die nüchternen Zahlen der Gleichschaltungspolitik. Margreiter

---

217 Vgl. Rundschreiben des Tiroler Skiverbands an alle Verbandsvereine, 21.5.1938, Kopie im Besitz des Verfassers.
218 Vgl. TLA, Nachrichtenblatt, Nr. 39, 9.6.1939, S. 1246 und Nachrichtenblatt, Nr. 42e, 24.8.1939, S. 36.
219 Marschik, Sportdiktaturen, S. 147.
220 Vgl. Marschik, Sportdiktaturen, S. 147.

brüstete sich in dem Artikel in den *Innsbrucker Nachrichten* aber ebenso, dass „die Säuberung des österreichischen Sports von allen Juden" und „die Liquidation der konfessionell festgelegten Vereine" durchgesetzt werden konnten.[221] Was mit den Menschen in diesen Vereinen passierte, verschleierte die Berichterstattung.

4.2.11 Die Vereinsarbeit als Stütze des NSRL

Auffällig ist, dass die NS-Sportführung die Selbstständigkeit international berühmter und bekannter Skivereine namensrechtlich nicht antastete. So bestanden der SC Arlberg oder der SK Kitzbühel weiter,[222] wenn auch unter anderen Vorzeichen. Sie hatten die Einheitssatzungen des NSRL zu übernehmen und wurden nach dem Führerprinzip in diesen eingegliedert. Dem SC Arlberg stand ab dem Winter 1938/39 der SS-Obersturmführer Hubert Salcher als Vereinsführer vor. Dieser scharrte zuverlässige Nationalsozialisten um sich, wie den nationalsozialistischen Bürgermeister von St. Anton am Arlberg Karl Moser.[223] Salcher leitete die Agenden bis zu seiner Einberufung zur Waffen-SS. Dazu aber in einem späteren Kapitel mehr.

4.2.11.1 Der Skiklub Innsbruck als „NS-Paradeverein"

Die Bedeutung des Skiklubs Innsbruck für den NS-Skisport ist unter anderem der regionalen Berichterstattung zu entnehmen.[224] Nach dem Verbot des Skiklubs Innsbruck im Jahr 1934 durch die austrofaschistischen Behörden wurde dieser von der nationalsozialistischen Sportführung reaktiviert und die „Alten Kämpfer" für ihre Vorleistungen gewürdigt. Prominente Nationalsozialisten der ersten Stunde kehrten aus ihrem Exil im „Altreich" zurück und besetzten sportpolitische Ämter im NSRL.[225] Dr. Fritz Lantschner, der Vater der skifahrenden Söhne Otto, Gerhard, Gustav und Fritz Lantschner und der erfolgreichen Skiläuferinnen Hadwig und Ingeborg Lantschner, übernahm als Vereinsführer die Agenden des SK Innsbruck.[226] Der promovierte Mediziner und praktizierende

---

221 Innsbrucker Nachrichten, 11.3.1939, S. 12.
222 Innsbrucker Nachrichten, 11.3.1939, S. 12.
223 Vgl. Vollversammlung SCA, 15.4.1939, Protokollbuch SCA 1933–1955, Sammlung Lechmuseum.
224 Vgl. Innsbrucker Nachrichten, 6.11.1939, S. 7.
225 Hier wird bewusst nur die männliche Form benutzt, weil es sich um auschließlich männliche Sportler und Sportfunktionäre handelte.
226 Vgl. Innsbrucker Nachrichten, 6.12.1938, S. 5; Lantschner, Die Spur, S. 152.

Arzt hatte sich unmittelbar nach dem nationalsozialistischen Putschversuch im Juli 1934 über Liechtenstein und die Schweiz ins Deutsche Reich abgesetzt und lebte dort bis zum „Anschluss" in München. Lantschner hatte sich ab Juni 1933 führend in der illegalen NSDAP eingesetzt,[227] ebenso wie der nunmehrige Gauleiter von Tirol und Vorarlberg Franz Hofer, der den Parteigenossen Lantschner 1938 zum Vereinsführer des SK Innsbruck ernannte. Beide hatten bis 1938 in München ausgeharrt und waren nach dem „Anschluss" zurückgekehrt. Dem vom DRL neugegründeten und fusionierten Skiklub Innsbruck waren nun auch die Skiläufervereinigung Innsbruck und der Skiklub Tirol angeschlossen, „um eine große Gemeinschaft der Innsbrucker Skiläufer zu bilden, die, im nationalsozialistischen Sinne ausgerichtet, auch sportlich jene Bedeutung und Schlagkraft gewinnen soll."[228] Gauleiter Hofer sprach der neuen Vereinsführung, in der neben Lantschner mit dem ehemaligen ÖSV-Vorstandsmitglied Dr. Alexander Rödling ein weiterer „Alter Kämpfer" saß, sein „vollstes und uneingeschränktes Vertrauen" aus.[229] Unmittelbar nach seiner Ansprache als neuer Vereinsführer, in der Dr. Fritz Lantschner die „arische" Grundhaltung des Vereins in seiner Vergangenheit betonte, legte der Skiklub sein sportliches Programm fest. Dieses sollte am 6. Jänner 1939 mit einem Springen auf der Berg-Isel-Schanze eröffnet werden. Der Sprungwettbewerb wurde symbolisch zum Friedrich-Wurnig-Gedächtnisspringen getauft und sollte an den SS-Mann Wurnig erinnern, der am 25. Juli 1934 den Kommandanten der städtischen Sicherheitswache Innsbruck, Major Franz Hickl erschossen hat. Wurnig wurde später zum Tode verurteilt und hingerichtet. Seinem Komplizen, dem Ingenieur Fritz Lantschner und gleichnamigen Sohn von Dr. Fritz Lantschner gelang die Flucht ins Deutsche Reich.[230] Er kehrte 1938 ebenfalls zurück und wurde 1941 Aufsichtsrat in der von Gauleiter Hofer im Frühjahr 1941 gegründeten Skilift AG für den Gau Tirol und Vorarlberg.[231] Diese sollte als Mehrheitsgesellschafterin beim Bau von Skiliften im Interesse des Gaues Tirol und Vorarlberg auftreten.[232] Das Friedrich-

---

227 Vgl. TLA, LG Innsbruck, RK 55/47.
228 Innsbrucker Nachrichten, 6.12.1938, S. 5.
229 Vgl. Innsbrucker Nachrichten, 6.12.1938, S. 5; zu Alexander Rödling vgl. das Kapitel „Der Weg des österreichischen Skisports in den Nationalsozialismus" in dieser Arbeit.
230 Vgl. Dokumentationsarchiv des Österreichischen Widerstandes (DÖW), Opfer des Terrors der NS-Bewegung in Österreich 1933–1938, Franz Hickl, http://www.doew.at/erinnern/fotos-und-dokumente/1934-1938/krachendes-oesterreich/opfer-des-terrors-der-ns-bewegung-in-oesterreich-1933-1938/franz-hickl (6.10.2019).
231 Vgl. Der Winter, 34 (1941) 15, S. 248.
232 Die Gründungsversammlung der Skilift AG fand am 25. April 1941 statt. Diese sollte die Interessen des Gaues Tirol und Vorarlberg beim Bau von Liftanlagen vertreten und erst in zweiter Linie die örtlichen und privaten. Vorsitzender des Aufsichtsrates war Gauleiter und Reichsstatthalter Franz Hofer. Im Vorstand bzw. Aufsichtsrat saßen bekannte Tiroler Skisportfunktio-

4.2 Vereinnahmung – der österreichische Skisport kommt „Heim ins Reich"

Wurnig-Gedächtnisspringen wurde in weiterer Folge ein jährlicher Fixpunkt im Veranstaltungskalender des SK Innsbruck.

Laut einem Bericht über den Skiklub Innsbruck in der Zeitschrift *Der Winter* im August 1941 verfügte der Skiverein über 50 WettläuferInnen. Diese hatten in der vorangegangenen Wintersaison ein Dutzend Mannschaftspreise auf den vorderen Rängen gewinnen können. An der Spitze bei den Frauen stand laut dem Bericht die Innsbrucker Skirennläuferin Rosemarie Proxauf mit insgesamt 16 Top-Drei-Platzierungen. Klubmeister im Abfahrts- und Sprunglauf wurde Gerhard Lantschner, der 1936 ins Deutsche Reich geflüchtet war und ab 1937 nicht nur für die deutsche Nationalmannschaft fuhr, sondern auch für die SA an den Start ging.[233] Der für den Skiklub Innsbruck startende Südtiroler Optant Vinzenz Demetz wurde Klubmeister im Langlauf und der Kombination.[234] Der Bericht verdeutlicht den Stellenwert des Skiklubs Innsbruck für das nationalsozialistische Sportsystem bis weit in die Zeit des Zweiten Weltkriegs hinein.

Welch bürokratischer Aufwand betrieben wurde, um nicht nur unerwünschte Sportvereine zu liquidieren, sondern im Umkehrschluss „altgediente" Skivereine zu reaktivieren, zeigt das Beispiel des Skiklubs Hall. So hob der Reichsstatthalter für Tirol und Vorarlberg am 9. September 1940 mit Bescheid der Gestapo, Staatspolizeistelle Innsbruck, vom 23. Juni 1938 die im Austrofaschismus 1934 von der Sicherheitsdirektion verordnete Auflösung auf. Der Vereinsführer hatte die Satzungen des NSRL in dreifacher Ausfertigung vorzulegen und die Mitgliedschaft des Vereins zum NSRL nachzuweisen sowie die Namen der Vereinsführer und Beiräte bekannt zu geben. Außerdem war die Zustimmung eines NSDAP-Hoheitsträgers anzufügen. Der NSRL-Sportgauführer für Tirol und Vorarlberg, Hermann Margreiter, bestätigte am 24. September 1940 die Wiedergründung des Skiklubs Hall. Dieser wurde in weiterer Folge im Oktober

---

näre wie Toni Ducia oder eben auch der gebürtige Innsbrucker Ingenieur Fritz Lantschner. Durch Enteignungen sollten lokale Liftbetreiber wie jene in Lech und Zürs unter die Kontrolle und Aufsicht der Lift AG gestellt werden. Vgl. Anna Maria Eggler, Der Rechtsstreit rund um die NS-Enteignung der Skilfte Zürs und Lech, in: Birgit Heinrich (Hg.), Der Rechtsstreit rund um die NS-Enteignung der Skilifte Zürs und Lech, Lechschriften 01 – Eine Reihe des Lechmuseums und Gemeindearchivs Lech, Lech 2018, S. 14–49.
233 Vgl. TLA, Bundespolizeidirektion Innsbruck, NS-Dokumentationsmaterial, 3/5 Ausbürgerungsverzeichnis, Gerhard Lantschner; BArch NS 22/915.
234 Vgl. Der Skiklub Innsbruck berichtet, in: Der Winter, 34 (1941) 15, S. 248. Vinzenz Demetz wurde am 10. Oktober 1911 in St. Christina im Grödner Tal geboren. Er startete ab den 1940er-Jahren für den SK Innsbruck und wurde 1941 Deutscher Meister im Staffellauf in Spindelmühle und Deutscher Meister 1944 im Langlauf in Altenberg. Vgl. u. a. Kleine Volkszeitung, 27.1.1941, S. 4; 50 Jahre Deutscher Skiverband 1905–1955, München 1955, S. 65; NS-Sport 6 (1944) 5, S. 1.

1940 durch Selbstauflösung, vermutlich aufgrund von Personalmangel, in die NS-Turn- und Sportgemeinde überführt.[235]

4.2.11.2 Die sportliche Bedeutung der Vereine

Das nationalsozialistische Sportsystem brauchte die Vereine und vor allem loyale Vereinsführer, die ab Mai 1939 durch den NSRL-Kreisführer und im Einvernehmen mit dem zuständigen NSDAP-Kreisleiter bestimmt wurden.[236] Sie waren das Rückgrat für die sportliche und ideologische Basisarbeit. Die NSRL-Sportvereine und Sportgemeinschaften waren nicht nur zur „Pflege der Leibesübungen" beauftragt, sondern hatten auch die lokalen Wettbewerbe durchzuführen.[237] Reichssportführer von Tschammer und Osten behielt sich allerdings das Recht vor, neu gebildete Sportgemeinschaften anzuerkennen bzw. im Zweifelsfall zu entscheiden, ob diese tatsächlich als „deutsche Gemeinschaften" anzusehen sind.[238] Ein Blick in den Veranstaltungskalender der Skisaison 1939/40 für den Gau Tirol-Vorarlberg zeigt das Ausmaß der wettbewerbsbezogenen Vereinsarbeit im Dienste des NSRL. Die 36 vom NSRL genehmigten Skivereine und Turn- und Sportgemeinschaften im Gau Tirol-Vorarlberg hatten für die Wintersaison 1939/40 insgesamt 85 Wettbewerbe gemeldet.[239] Allein dieser Umstand widerspricht dem oft gängigen Nachkriegsmythos, es hätte im Nationalsozialismus bzw. spätestens mit Kriegsbeginn keine Vereinsarbeit mehr gegeben.[240]

Der vom NSRL festgesetzte Auftakt der Rennsaison war der 17. Dezember 1939. Das Saisonende war für den 12. Mai 1940 anvisiert. Der wettbewerbsstärkste Monat war der Jänner 1940 mit 25 Skisportveranstaltungen unterschiedlichen Ranges auf Gau-, Bereichs- und Reichsebene, wobei mit der Goldenen Gams von Kitzbühel und der Silberkugel von Seefeld zwei international ausgeschriebene Skirennen darunter waren. Der Februar 1940 wies mit 22 Skiwettkämpfen die zweithöchste Zahl in der Monatswertung auf. Ab März bis in den Mai hinein

---

235 Vgl. TLA, BH Innsbruck, Abt. II, 52–2833 ex 1940, aufgelöste Vereine.
236 Vgl. Zusammenarbeit des NS-Reichsbundes für Leibesübungen mit den Dienststellen, Punkt C Personalangelegenheiten, in: NS-Sport 1 (1939) 1, S. 2.
237 Vgl. Zusammenarbeit des NS-Reichsbundes für Leibesübungen mit den Dienststellen, Punkt B Einheitliche Gliederung des NSRL, in: NS-Sport 1 (1939) 1, S. 2.
238 Vgl. Anordnung über den Nationalsozialistischen Reichsbund für Leibesübungen vom 15. Mai 1939, § 3, erschienen im Reichsgesetzblatt Nr. 98 vom 26. Mai 1939, in: NS-Sport 1 (1939) 1, S. 2.
239 Vgl. Innsbrucker Nachrichten, 2.12.1939, S. 7.
240 In vielen Vereinschroniken von Sportvereinen wird bis heute der Mythos fortgeschrieben, dass die Vereinsarbeit im Nationalsozialismus zum Erliegen gekommen sei oder der Verein von 1938 bis 1945 gar nicht mehr existiert hätte. Vgl. dazu etwa 100 Jahre Skiclub Salzburg 1910–2010, S. 25.

4.2 Vereinnahmung – der österreichische Skisport kommt „Heim ins Reich"

zum traditionellen Mairennen von Seefeld dünnte das Programm aus. Der Skiklub Innsbruck wurde in der Berichterstattung einmal mehr hervorgehoben, weil dieser gleich sieben Sportveranstaltungen durchzuführen hatte und damit gleich auf lag mit dem Skiklub Seefeld und der Turn- und Sportgemeinschaft Schwaz, gefolgt vom SC Arlberg mit sechs und der Turn- und Sportgemeinschaft Fulpmes mit fünf.

Tab. 5: Gemeldete Skisportveranstaltungen (Gesamt) nach Monaten im Gau Tirol-Vorarlberg 1939/40.

Monat	Anzahl der Wettbewerbe
Dezember	13
Jänner	25
Februar	22
März	18
April	5
Mai	2

Quelle: Innsbrucker Nachrichten, 2.12.1939, S. 7.

Tab. 6: Gemeldete Skisportveranstaltungen (Auswahl) nach Vereinen im Gau Tirol-Vorarlberg 1939/40.

Skiverein	Anzahl der Wettbewerbe
Skiklub Seefeld	7
Skiklub Innsbruck	7
DTSG* Schwaz	7
SC Arlberg	6
DTSG Fulpmes	5

* DTSG steht für Deutsche Turn- und Sportgemeinschaft bzw. Deutsche Turn- und Sportgemeinde.

Quelle: Innsbrucker Nachrichten, 2.12.1939, S. 7.

Das Potenzial an zusätzlichen männlichen Spitzenläufern für den NSRL erschließt sich aus einer Meldeliste des Reichsfachamtes für Skilauf, die im Mai 1940 in der amtlichen Zeitschrift *Ski-Sport* veröffentlicht wurde. Aus dieser geht hervor, dass aus dem Sportbereich 17 „Ostmark" insgesamt 72 Skiläufer und Skispringer sowie Kombinierer für die erste Leistungsklasse gemeldet waren, während der Sportbereich 16 Bayern exakt 60 Skisportler genannt hatte. Den

Großteil der Athleten für den Sportbereich „Ostmark" stellte der Skiklub Innsbruck mit 13 gefolgt vom Skiverein Salzburg mit sechs und vom Skiklub Kitzbühel mit vier.[241] Es ist davon auszugehen, dass der quantitative Anteil „ostmärkischer" SpitzenläuferInnen zum damaligen Zeitpunkt höher war, da einerseits Frauen in der Meldeliste nicht berücksichtigt wurden, andererseits die aus Österreich stammenden SkisportlerInnen, die in anderen Sportbereichen des Deutschen Reiches starteten, zu den jeweiligen Vereinen bzw. Organisationen gezählt wurden. So wurde der aus St. Anton am Arlberg stammende Josef Jennewein dem Sportbereich Bayern zugeordnet, weil er im Mai 1940 an der Ordensburg Sonthofen seinen Dienst versah.[242] Gleichzeitig sind die Angaben kritisch zu prüfen, denn in der veröffentlichten Meldeliste tauchen unter anderem Skisportler auf, die sich zu diesem Zeitpunkt nicht mehr auf Reichsgebiet aufhielten, aber vom Reichsfachamt für Skilauf noch zur NSRL-Spitzenklasse gezählt wurden. Das betrifft zum Beispiel die beiden in die USA ausgewanderten Skiathleten Hans Hauser und Hermann Gadner sowie den in Argentinien tätigen Hans Nöbl. Sie finden sich in der Meldeliste unter der Nennung des jeweiligen lokalen vom NSRL genehmigten Skivereins in Salzburg, Gurgl und Innsbruck.[243] Trotz dieser Unschärfen vermittelt die Meldeliste einen Eindruck von der Größenordnung jener männlichen Spitzenskisportler aus der „Ostmark", die im Frühjahr 1940 für den NSRL in der ersten Leistungsklasse aktiv waren, und unterstützt die These, dass ausgewählte Vereine mit aussichtsreichen KandidatInnen (Athletinnen wie Athleten) von der nationalsozialistischen Sportführung durchaus gesondert behandelt wurden bzw. die nationalsozialistische Sportführung die Vereinsarbeit dort aufrechterhielt, wo sie von Nutzen für das Regime war. Diese Vereine konzentrierten sich im skisportlichen Bereich vorwiegend auf die Gaue Tirol und Vorarlberg sowie Salzburg. Sie waren meist nicht von einer Auflösung betroffen, durften in manchen Fällen sogar ihren Vereinsnamen behalten und trugen einen wesentlichen Anteil dazu bei, den Wettbewerbssport des NSRL in Kriegszeiten am Leben zu erhalten.

---

241 Vgl. Die Läufer und Springer erster Klasse, in: Ski-Sport, 5 (1940) 11, S. 173–174.
242 Vgl. Die Läufer und Springer erster Klasse, in: Ski-Sport, 5 (1940) 11, S. 166. Josef (Pepi) Jennewein gewann 1939 im polnischen Zakopane den Weltmeistertitel in der alpinen Kombination und war als Ausbildner an der Ordensburg Sonthofen eingesetzt. Auf seine Biografie wird in einem späteren Kapitel näher eingegangen.
243 Vgl. Die Läufer und Springer erster Klasse, in: Ski-Sport, 5 (1940) 11, S. 173–174.

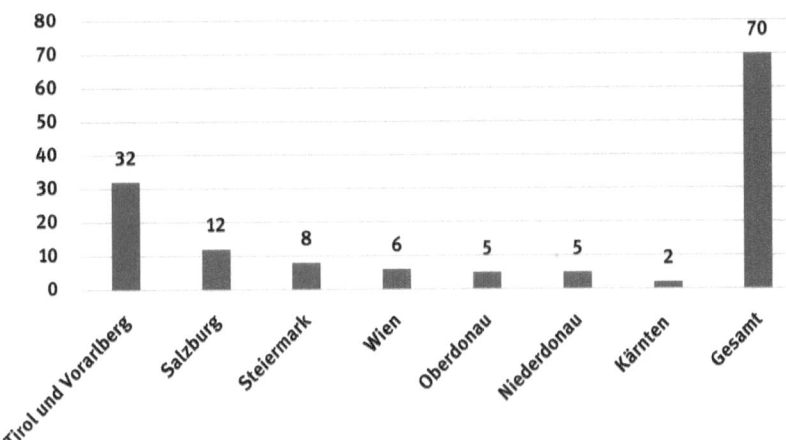

Grafik 4: Wettläufer des NSRL aus dem Bereich 17 „Ostmark" nach Gauen, Stand Mai 1940. Quelle: Ski-Sport, 5 (1940) 11, S. 173–174, eigene Zusammenstellung.

4.2.11.3 Sonderbehandlung für den Skiclub Salzburg und die Wiener Skizunft

Eine Sonderrolle innerhalb der nationalsozialistischen Vereinslandschaft spielte auch der Skiclub Salzburg. Das hatte einerseits mit seiner langjährigen Erfolgsgeschichte zu tun, andererseits mit der politischen Ausrichtung seiner führenden Mitglieder. Der langjährige Vorsitzende und Antisemit Fritz Rigele, der bis zu seinem Tod 1937 mit Hermann Göring befreundet und mit dessen Schwester verheiratet war, wurde bereits erwähnt.[244] Darüber hinaus galten auch andere führende Vereinsfunktionäre als loyale Parteigenossen und wurden vom NS-Regime als zuverlässig eingestuft. Für diese Sportfunktionäre eröffnete die nationalsozialistische Gleichschaltung neue Betätigungsfelder und bedeutete nicht selten einen Karriereschub. So wurde der 1893 in Salzburg geborene Kaufmann und Skiläufer Wilhelm (Willy) Schweitzer in der von Kreissportführer Albert Reitter angeordneten Fusionierung zum Wettlaufwart des Vereines bestimmt.[245] Schweitzer war am 1. Mai 1938 der NSDAP beigetreten und zum NSRL-Kreisfachwart für Skilauf bestimmt worden.[246] Im Mitarbeiterstab des in Skiverein Salzburg umbenannten Skiclubs Salzburg fand sich auch der bisherige Leiter der Skisektion des SAK 1914 Paul Frick wieder.[247] Der gelernte Bankbeamte aus Hörbranz bei Bregenz war als Lohnbuchhalter bei der Stiegl Brauerei

---

244 Vgl. „Frühe Netzwerke und Seilschaften" in Kapitel 3 der Publikation.
245 Vgl. Salzburger Volksblatt, 18.1.1939, S. 8.
246 Vgl. Stadtarchiv Salzburg, NS-Registrierungsakt Wilhelm Schweitzer.
247 Vgl. Salzburger Volksblatt, 20.1.1939, S. 9.

tätig und ebenso wie Schweitzer am 1. Mai 1938 der NSDAP beigetreten. Frick war gleichzeitig ab 1938 als NSDAP-Blockleiter tätig.[248] Als Vereinsführer des Skivereins Salzburg wurde der überzeugte Nationalsozialist und staatlich geprüfte Skilehrer Hermann Amanshauser eingesetzt. Der 1893 in Salzburg geborene Kaufmann war vor 1938 führend im Skiclub Salzburg tätig und bereits im Mai 1933 der NSDAP beigetreten. Im März 1934 trat er der SS bei und war zum Zeitpunkt seiner Ernennung zum Vereinsführer im Skiverein Salzburg im Jänner 1939 SS-Hauptscharführer der SS-Standarte 76. In dieser war Amanshauser vor 1938 verantwortlich für die Geldverwaltung und war aufgrund seiner SS-Zugehörigkeit in Wöllersdorf interniert. Nachdem er im Frühjahr 1938 einen Skilehrgang in Schielleiten absolviert habe, sei die SS an ihn herangetreten, er solle die Skiausbildung der SS übernehmen. Daraus sei aber nichts geworden, weil er als Reserveoffizier zu Übungen einberufen wurde.[249] Laut SS-Stammkarten-Abschrift diente Amanshauser von August 1939 bis August 1940 in der Waffen-SS und war ab Dezember 1942 zur Wehrmacht einberufen worden.[250] Seine Stammkompanie war die 4. Kompanie des Gebirgsjäger-Ersatz-Regiments 137.[251] Amanshauser war Träger des Eisernen Kreuzes zweiter Klasse und war zuletzt zum Hauptmann befördert worden.[252] Der NSRL setzte aber nicht nur loyale Parteigänger als Vereinsführer ein. Der Reichsbund für Leibesübungen förderte auch ausgewählte SpitzensportlerInnen in seinen bevorzugten Vereinen. Zu diesen zählte der für den Skiverein Salzburg startende SA-Sportler Markus Maier, der 1933 der NSDAP beigetreten war. Maier wurde 1940 zum SA-Sturmführer befördert.[253]

Der Fall des Skiclubs Salzburg verdeutlicht neben der Bevorzugung ehemals illegaler Parteigenossen aus dem Skilager und der Einzelförderung von Skitalenten noch etwas anderes: das Bemühen der NS-Sportführung, die skisportlichen Kräfte in der Gauhauptstadt Salzburg einerseits zu bündeln und an-

---

248 Vgl. Stadtarchiv Salzburg, NS-Registrierungsakt Paul Frick.
249 Vgl. Niederschrift der Vernehmung von Hermann Amanshauser, Bundespolizeidirektion Salzburg, Salzburg 17.11.1947, OÖLA, LG Linz, Sondergerichte, Sch. 422, VgVr 453/48. Das Schloss Schielleiten in der Oststeiermark diente dem DRL ab Juli 1938 als Gauschule für Leibesübungen bzw. Sportschule für den Sportbereich „Ostmark". Die ersten nationalsozialistischen Skilehrgänge fanden im Herbst 1938 dort statt, zuvor nutzte die austrofaschistische Sportführung das Schloss für Lehrgänge. Amanshauser muss also schon vor dem „Anschluss" bzw. unmittelbar danach von der SS angefragt worden sein.
250 Vgl. SS-Stammkartenabschrift Hermann Amanshauser, Stadtarchiv Salzburg, NS-Registrierungsakt Hermann Amanshauser.
251 Vgl. letzte Meldung vom 18.11.1939, WASt, Amanshauser, Hermann, 11.6.1893.
252 SS-Stammkartenabschrift Hermann Amanshauser, Stadtarchiv Salzburg, NS-Registrierungsakt Hermann Amanshauser.
253 Vgl. Stadtarchiv Salzburg, NS-Registrierungsakt Markus Maier.

dererseits die Auflösung so lange wie möglich aufzuschieben. So wurde der seit 1910 bestehende Verein zunächst 1938 als Skiverein Salzburg, gemeinsam mit der Skisektion des SAK 1914 in den DRL überführt und danach als solcher am 17. März 1939 im NSRL genehmigt. Damit blieb der Verein nach dem Führerprinzip und unter Einhaltung der NSRL-Einheitsstatuten zunächst bestehen. Erst als Ende November 1940 der Betrieb nicht mehr aufrechtzuerhalten war, erfolgte die Eingliederung des Skivereins Salzburg als Abteilung in die Turn- und Sportgemeinde Salzburg.[254]

Weiter östlich in Wien entstand mit der sportpolitisch verordneten Gründung der Wiener Skizunft im November 1938 ebenso ein Fusionsverein. In diesem wurden die drei großen Wiener Skivereine Österreichischer Wintersportklub, Wiener Skiklub und Österreichischer Skiverein zusammengeschlossen. In dem nunmehrigen Großklub waren laut einem Zeitungsbericht 700 Mitglieder aktiv. Als Vereinsführer wurde der frühere ÖSV-Präsident Karl Merz eingesetzt.[255] Merz galt unter der nationalsozialistischen Sportführung durch seine langjährige Funktionärstätigkeit im Skiverband nicht nur als Experte, sondern auch als loyaler Erfüllungsgehilfe. Er war vor 1938 von der austrofaschistischen Sportführung verdächtigt worden, sich illegal für die nationalsozialistische Bewegung zu engagieren, und war aufgrund seiner mangelnden vaterländischen Einstellung ebenso wie der restliche ÖSV-Vorstand noch im Februar 1938 abgesetzt worden.[256]

4.2.12 Resümee

Zusammenfassend lässt sich feststellen, dass sich das im ÖSV vorherrschende deutschnationale Klima und völkische Gedankengut mit der NS-Ideologie gut vereinbaren ließ. Auch auf praktischer Ebene gab es kaum Widersprüche und ebenso wenig Widerstände. Zahlreiche AthletInnen und die vorwiegend männlichen Skisportfunktionäre stellten sich bereitwillig in den Dienst des NS-Herrschaftssystems. Von der Ersten Republik und dem austrofaschistischen Regime vormals als ÖsterreicherInnen gefeierte „SportheldInnen" übernahmen begierig neue sportpolitische Funktionen und sportliche Aufgaben im NS-Machtapparat, während unerwünschte Personengruppen und zu GegnerInnen deklarierte SportlerInnen verfolgt und vertrieben wurden.

---

254 Vgl. SLA, RSTH I/3V 266/1940; Salzburger Landeszeitung, 10.1.1939, S. 11.
255 Vgl. Das kleine Volksblatt, 10.11.1938, S. 10.
256 Vgl. OeStA, AdR BKA 15/4 331.062/1936.

4.3 Exodus österreichischer SkilehrerInnen und die Flucht in den Westen

4.3.1 Die Verfolgung von Hannes Schneider und der Mord an Rudolf Gomperz

Dass einflussreiche Vereinsmitglieder, die sich entweder nicht in den Dienst des Nationalsozialismus stellen wollten oder aus politischen wie rassistischen Gründen nicht in ein „deutsch-völkisches" Konzept passten, schon früh auf dem Radar von NS-Sympathisanten und NSDAP-Parteigenossen standen und von diesen vor 1938 öffentlich angegriffen wurden, belegen die Beispiele Hannes Schneider und Rudolf Gomperz. Schneider und Gomperz sind aber keine Einzelfälle in der österreichischen Sportgeschichte.[257]

Hanno Loewy ist in seinem im Jahr 2008 erschienen Beitrag *Wunder des Schneeschuhs?* bereits ausführlich darauf eingegangen, wie Hannes Schneider dem aufkeimenden Nationalsozialismus in St. Anton am Arlberg zum Opfer fiel.[258] Und auch der amerikanische Historiker John B. Allen hat dies in seinem 1999 veröffentlichten Artikel unter dem Titel „Skiing and Politics: The Case of Hannes Schneider" nachgezeichnet.[259] An dieser Stelle soll näher auf die Biografie von Hannes Schneider im Kontext der Verbreitung und Professionalisierung des Skisports und dessen Polarisierung in ein gemäßigtes und ein radikales politisches Lager eingegangen werden. Schließlich war Schneiders nationale und internationale Bedeutung als Skiexperte eine der Triebfedern für die spätere nationalsozialistische Verfolgung. Unter seinen Zeitgenossen, die ebenfalls die Leidenschaft des Skilaufens teilten, befanden sich nicht nur Bewunde-

---

[257] Auch für Salzburg kann ein ähnlich gelagerter Fall am Beispiel des Fußballmäzens und SAK-Präsidenten Ferdinand Morawetz nachgezeichnet werden. Morawetz wurde 1921 aus seinem eigenen Verein, dem SAK 1914, ausgeschlossen, nachdem dieser den „Arierparagraphen" eingeführt hatte. Morawetz war jüdischer Herkunft, er selbst war katholisch getauft. Deutschnationale Kräfte besiegelten sein weiteres Schicksal. Zur Persona non grata abgestempelt nahm ihn das antisemitische Wochenblatt *Der Eiserne Besen* ins Visier. Im Dezember 1938 starb der frühe Förderer des Salzburger Fußballsports Morawetz 58-jährig laut ärztlichem Gutachten der Landes- Heil- und Pflegeanstalt Niedernhart bei Linz an einem Schlaganfall, nachdem er zuvor in der Nacht der Novemberpogrome 1938 eingeliefert worden war. Zur Biografie von Ferdinand Morawetz, der bereits 1922 aus dem Salzburger Fußballverein SAK 1914 ausgeschlossen wurde, vgl. u. a. Andreas Praher, Jüdischer Sport zwischen den Kriegen. Eine Spurensuche, in: Salzburgs Sport in der NS-Zeit. Zwischen Staat und Diktatur, Salzburg 2018, S. 31–40, hier S. 32–35.
[258] Vgl. Loewy, Wunder des Schneeschuhs, S. 318–343.
[259] Vgl. John B. Allen, Skiing and Politics: the Case of Hannes Schneider, in: 6th Congress of the International Society for the History of Physical Education and Sport. July 14–19, Budapest 1999 S. 328–334.

4.3 Exodus österreichischer SkilehrerInnen und die Flucht in den Westen — 227

rer und Förderer, sondern auch Neider. Letztere sahen spätestens im März 1938 ihre Chance gekommen, um Schneider aus dem Weg zu räumen.

Schneider war bereits 1907 als Skilehrer im Hotel Post in St. Anton am Arlberg angestellt. Damit setzte am Arlberg der Skitourismus ein.[260] Nach dem Ersten Weltkrieg kehrte er an den Arlberg zurück, um seine Skilehrer-Tätigkeit fortzusetzen. Was folgte, war ein steiler Aufstieg, der eng in Verbindung steht mit den ersten abendfüllenden Skifilmen von Arnold Fanck. Fanck hatte 1920 die „Berg- und Sportfilm GmbH" gegründet und war auf der Suche nach einem geeigneten Experten für seine Filmproduktion „Das Wunder des Schneeschuhs".[261] Diesen fand er in Hannes Schneider. Im Winter 1930/31 drehte Fanck abermals am Arlberg. Wieder wirkte Schneider in der Hauptrolle, dieses Mal gemeinsam mit einer skilaufenden Leni Riefenstahl. *Der Weiße Rausch* machte Schneider und seine Skischule schließlich weltberühmt. Der heitere Skifilm, in Österreich unter dem Titel *Sonne über dem Arlberg* uraufgeführt, lief im deutschsprachigen Raum vor einem Millionenpublikum.[262] Ab den frühen 1930er-Jahren wurden das Wirken Schneiders und die Verbreitung seiner Skifahrtechnik auch auf dem amerikanischen Kontinent aufmerksam verfolgt. Die US-amerikanische Wintersportzeitschrift *Appalachia* veröffentlichte in ihrer Ausgabe im Juni 1934 einen mehrseitigen Bericht über europäische Skischulen in Österreich und der Schweiz, über die Hannes-Schneider-Skischule hieß es darin:

> First and most important of ski schools is the Hannes Schneider School at St. Anton am Arlberg. [...] The Schneider Ski School is propably the largest in the world and has several hundred pupils daily in mid season. Nearly everyone who goes to St. Anton joins the school and attend regularly.[263]

Im Dezember 1936 feierte der Skifilm *Der Weiße Rausch* in Boston seine Amerika-Premiere. Für das amerikanische Publikum wurde der Titel des Films in *Ski Chase* übersetzt. Die Programmankündigung sprach vom „The Greatest Ski Film Ever Made!".[264] Während der Filmemacher Arnold Fanck nicht einmal erwähnt wurde, bezeichnete der Programmflyer Hannes Schneider als „The World's Foremost Ski Expert".[265] Im Vorfeld der US-Premiere im Fine Arts Theatre in Boston gastierte Schneider mit einer Ski-Show gemeinsam mit anderen österreichischen

---

[260] Vgl. Loewy, Wunder des Schneeschuhs, S. 320.
[261] Vgl. Loewy, Wunder des Schneeschuhs, S. 322.
[262] Vgl. Dettling/Schoder/Tschofen, Spuren, S. 163.
[263] Thomas D. Cabot, Ski Schools, reprinted from Appalachia, 10 (1934) 4, S. 47 und 48.
[264] Vgl. Cal Conniff/John B. Allen, Skiing in Massachusetts. Charleston/Chicago/Portsmouth/San Francisco 2006, S. 104.
[265] Vgl. Conniff/Allen, Skiing in Massachusetts, S. 104.

Abb. 21: Werbeprospekt zur ersten US-amerikanischen Hannes Schneider Skischule am Mount Rainier, die ab 1937 von Otto Lang geführt wurde, Skihistorisches Archiv des ÖSV.

Skilehrern, unter ihnen Benno Rybitzka, in Boston und New York.[266] Neben den skisportlichen Vorführungen hielt Schneider unter anderem bei der US-amerikanischen Wintersportausstellung in Boston einen Vortrag und zeigte dort den Film der österreichischen Verkehrswerbung *Winter in Österreich*.[267] Der *Boston*

---

266 Vgl. Allen, The Culture and Sport of Skiing, S. 268–269.
267 Vgl. Neueste Zeitung, 20.10.1936, S. 3.

Clobe kündigte Schneiders ersten Amerika-Besuch im November 1936 mit folgenden Worten an: „This visit ist probably the most prominent event in the history of American skiing".[268] Im selben Jahr bot die Hamburg-Amerika-Linie der Nord Deutschen Lloyd eigens Skireisen nach Europa an.[269] Ein Jahr zuvor, im Dezember 1935, berichtete die *Middlesboro Daily News* von der geplanten Eröffnung der Skischule in New Hampshire in Verbindung mit dem österreichischen Skilehrer Hannes Schneider. Weil Schneider selbst zu beschäftigt wäre, würde an seiner Stelle der österreichische Skilehrer Otto Lang die Skischule leiten.[270] Tatsächlich reiste Lang im Winter 1935/36 im Auftrag von Hannes Schneider nach Sugar Hill in die White Mountains und lehrte dort die Arlbergtechnik.[271] Die erste offizielle Hannes Schneider Skischule in den USA eröffnete Lang 1937 am Mount Rainier in den Cascade Mountains im US-Bundesstaat Washington.[272]

Damit hatte Schneiders Lehrmethode ihren Weg in den amerikanischen Skisport gefunden. Nach der Rückkehr von seiner Amerika-Tournee im Dezember 1936 bekam Schneider auf Vorschlag von Bundeskanzler Kurt Schuschnigg das Offizierskreuz des österreichischen Verdienstordens verliehen. In einem Brief an Schuschnigg bedankte sich Schneider für die Auszeichnung und bekräftigte, „dem Skisport zu dienen und somit auch meinem lieben Vaterland".[273] Ein halbes Jahr zuvor ließ der austrofaschistische Sportführer Ernst Rüdiger Starhemberg Schneider einen persönlichen Brief zukommen, in dem er sich mit „Lieber Meister Hannes!" bei Schneider für den Aufbau „des österreichischen Wintersports und Fremdenverkehrs" bedankte.[274]

Bereits ab 1926, noch in der Ersten Republik, arbeitete Schneider Seite an Seite mit Rudolf Gomperz, um die Verbreitung des Skilaufs voranzutreiben. Die beiden kannten sich bereits aus der Zeit vor dem Ersten Weltkrieg. Gomperz, der 1904 als Ingenieur am Bau der Bagdadbahn beteiligt war, führte ein Kuraufenthalt nach St. Anton am Arlberg. Der Unternehmer engagierte sich fortan im

---

268 The Boston Clobe, 31.10.1936, S. 8.
269 Vgl. Conniff/Allen, Skiing in Massachusetts, S. 105.
270 Vgl. Middlesboro Daily News, 19.12.1935, S. 6.
271 Vgl. Otto Lang, A Bird of Passage. The Story of my Life, Missoula 1996, S. 99–101.
272 Vgl. Lang, A Bird, S. 127–129; Werbeprospekt America's first official Hannes Schneider Skischool under Direction of Otto Lang, 1937 Rainier National Park, Skihistorisches Archiv des ÖSV, Ordner 700, Arlberg Skischule Hannes Schneider, Kopie im Besitz des Verfassers.
273 Brief von Hannes Schneider an Bundeskanzler Kurt Schuschnigg, St. Anton am Arlberg, 30.12.1936, Skihistorisches Archiv des ÖSV, Ordner 701, Korrespondenzen und Briefe Hannes Schneider, Kopie im Besitz des Verfassers.
274 Brief von Ernst Rüdiger Starhemberg an Hannes Schneider, Wien, 2.4.1936, Skihistorisches Archiv des ÖSV, Ordner 701, Korrespondenzen und Briefe Hannes Schneider, Kopie im Besitz des Verfassers.

ÖSV und übernahm 1908 den Vorsitz im Skiverband, später dann die Geschäftsführung. Schneider und Gomperz fanden in der Skischule in St. Anton zusammen. Zwischen den beiden entstand nicht nur ein enges Arbeitsverhältnis, sondern auch eine Freundschaft. Der Erste Weltkrieg unterbrach zwar für ein paar Jahre die Zusammenarbeit, doch beide kehrten in den 1920er-Jahren wieder an den Arlberg zurück. Gomperz erhielt 1926 die Bitte aus St. Anton, dabei zu helfen, den Wintersport und -tourismus wiederaufzubauen. Schneider hatte zu diesem Zeitpunkt bereits die Skischule inne und betrieb daneben ein Sportgeschäft.[275] Schnell verbreitete sich die Kunde vom Parallelschwung. Vielfach schlug Schneider Bewunderung entgegen. Als der interessierte Engländer Arnold Lunn 1927 St. Anton am Arlberg besuchte, lernten sich Schneider und der britische Skipionier, der in Mürren den Kandahar Ski Club führte, kennen. Aus der gemeinsamen Leidenschaft für den Skisport entstand die Idee für das Arlberg-Kandahar-Rennen.[276] Über den Begründer des britischen Alpine Ski Club Lunn erschloss sich eine neue Gästeschicht für den Arlberg und die von Schneider entwickelte Arlbergtechnik lockte neben WintersportlerInnen aus ganz Europa und Übersee bald Mitglieder europäischer Königshäuser nach St. Anton.[277] Schneiders Tournee nach Japan krönte neben seinen Auftritten und Engagements in den USA die skisportlichen Leistungen der Arlberg-Skischule. Die Einladung erfolgte durch die Tamagawa Universität in Tokio. Im Jänner 1930 unterrichtete Schneider der Einladung folgend für mehrere Wochen den japanischen Ski-Nachwuchs in der Arlbergtechnik.[278] Während Schneider Vorträge und Ski-

---

275 Vgl. Loewy, Wunder des Schneeschuhs, S. 321 und 327.
276 Vgl. Ian Scully, Vermächtnis: Österreichs Alpine Botschafter – Hannes Schneider und seine Schüler (1890–1940), in: Josef Riedmann/Richard Schober (Hg.), Tiroler Heimat. Jahrbuch für Geschichte und Volkskunde (Band 70), Innsbruck 2006, S. 206–217, hier S. 210; Dettling/Schoder/Tschofen, Spuren, S. 178. Arnold Lunn wurde am 18. April 1888 als Sohn eines Missionsarztes in Madras (Indien) geboren und starb am 2. Juni 1974 in London. Er studierte in Oxford und gründete 1908 den britischen Alpine Ski Club. Lunn war nicht nur Präsident des Ski Club of Great Britain, sondern von 1919 bis 1971 Herausgeber des British Ski Year Book. 1922 veranstaltete er den ersten Slalomlauf in Mürren und gründete zwei Jahre später den dortigen Kandahar Ski Club. Vgl. Historisches Lexikon der Schweiz, www.hls-dhs-dss.ch/textes/d/D16118.php (5.6.2018).
277 Zum internationalen Ruf des Arlbergs in den 1930er-Jahren vgl. u. a. Dettling/Schoder/Tschofen, Spuren, S. 220–223.
278 Vgl. u. a. Neueste Sport-Zeitung, Nr. 47, 3. Jg., 25.11.1935, S. 4, in: Innsbrucker Nachrichten, 25.11.1935. Die Einladung der Tamagawa Universität erfolgte im Auftrag des japanischen Kronprinzen Chichipu Yasuhito, der ein begeisterter Alpinist und Skiläufer war. Vgl. Thöni, Hannes Schneider, S. 67.

4.3 Exodus österreichischer SkilehrerInnen und die Flucht in den Westen — 231

kurse abhielt, schrieb Gomperz über das skisportliche Leben und die Karriere seines Wegbegleiters, wie in dem Buch *Auf Schi in Japan* ersichtlich wird.[279]

Nicht zuletzt aufgrund dieser Nähe Schneiders zur austrofaschistischen Sportführung und seiner Prominenz im In- und Ausland hatte der erfolgreiche Skipionier Hannes Schneider nicht nur Freunde, sondern auch Feinde, vor allem aus dem nationalsozialistischen Lager. Der Gründer der Arlberg-Skischule wurde in der nationalsozialistischen Zeitschrift *Der Rote Adler* wegen seiner antinationalsozialistischen Haltung und der Freundschaft zum Hotelbetreiber und Landtagsabgeordneten Walter Schuler und dessen vermeintlich jüdischer Frau als „Nazi-Fresser" bezeichnet. Er sei ein „asozialer Geschäftsmann" und hasse das „nationalsozialistische deutsche Bruderreich", hieß es im *Roten Adler*.[280] Schuler, der in St. Anton am Arlberg das Hotel und den Gasthof Post betrieb,[281] unterstützte Schneider mit seiner Arlberg-Skischule. Von 1921 bis 1929 war Schuler zudem Obmann des Skiclubs Arlberg, ehe Schneider die Nachfolge antrat.[282] Die beiden hatten Vieles an Aufbauarbeit in St. Anton und am Arlberg gemeinsam geleistet. Schulers Ehefrau war laut Traubuch der Pfarre St. Jakob am Arlberg katholischen Glaubens, wurde aber vom nationalsozialistischen Hetzblatt als „jüdische Frau Schulers" mit „galizianischen Manieren" bezeichnet.[283] Ihr wurden ebenso wie Schneider negative Attribute zugeschrieben, die von der NS-Zeitung *Der Rote Adler* als typisch jüdisch interpretiert wurden.

Schneider emigrierte zu Jahresbeginn 1939, nachdem er zunächst von den Nationalsozialisten verhaftet worden war, in die USA, wo er in North Conway (New Hampshire) ein Skizentrum aufbaute.[284] Die Verhaftung Schneiders in St. Anton am Arlberg erfolgte in der Nacht vom 11. auf den 12. März 1938. Verantwortlich für Schneiders Inhaftierung im März 1938 war eine Gruppe (illega-

---

279 Rudolf Gomperz fungierte für das Buch von Hannes Schneider, *Auf Schi in Japan* als Ghostwriter. Vgl. Schneider, Auf Schi.
280 Der Rote Adler, 3. Jg., Folge 7, 2.2.1934, S. 11.
281 Vgl. Flaig, Arlberg, S. 99.
282 Vgl. Jahresbericht des Ski-Clubs Arlberg über das Clubjahr 1928/29, St. Anton 1929, S. 7, Sammlung Lechmuseum.
283 Walter Schuler, geboren am 13. September 1891, war Sohn des Gastwirtes Carl Schuler, der Hannes Schneider schon 1907 als Skilehrer angestellt hatte. Er heiratete Henrietta Maria Hellmann am 4. Juni 1924. Sie stammte aus Wien und war laut Angaben im Traubuch der Pfarre St. Jakob am Arlberg aus dem Jahr 1924 vom Religionsbekenntnis römisch-katholisch. Die NS-Zeitung behauptete, dass sie jüdischen Glaubens gewesen wäre. Vgl. data.matricula-online.eu/de, Matriken Tirol, Pfarre St. Jakob am Arlberg, Traubuch 1865–1981 (7.3.2018); Der Rote Adler, 3. Jg., Folge 7, 2.2.1934, S. 11.
284 Vgl. Jeffrey R. Leich, 1939: A Decisive Year in the White Mountains, in: Journal of the New England Ski Museum, Nr. 111, 2019, S. 4; Elisabeth Woolsey, Off the beaten Track. Wyoming 1984, S. 55 und 104; Coleman, Ski Style, S. 52–53.

ler) Nationalsozialisten aus St. Anton am Arlberg, darunter der frühere NSDAP-Ortsgruppenleiter-Stellvertreter Ernst Glos und der spätere SS-Führer Erwin Falch.[285] Der 1910 in St. Anton am Arlberg geborene Falch war 1931 in die NSDAP und SA eingetreten und 1938 in die SS. 1939 meldete er sich zur Waffen-SS und war im Zweiten Weltkrieg Mitglied einer Einsatzgruppe der Sicherheitspolizei und des SD in der Sowjetunion. Zudem diente Falch ab Juni 1942 als Wachmann und Mitarbeiter des Lagerdienstes im Gestapo-Lager Innsbruck-Reichenau. Dort habe er sich als brutaler Sadist hervorgetan.[286] Der ehemalige KZ-Häftling, Journalist und Politiker Friedl Volgger erinnert sich in seiner Autobiografie an den damals „diensthabenden SS-Unteroffizier" Falch. Dieser habe „viel und gerne" geprügelt. Volgger beschreibt Falch als „nach außen weniger grob, dafür aber viel hintertückischer".[287] Das brutale Verhalten von Falch im Lager Reichenau geht auch aus einer Zeugenaussage im Volksgerichtsprozess gegen den 1947 angeklagten Gestapochef Werner Hilliges hervor.[288] Schneider war also nicht der Einzige, der dem Tiroler Nationalsozialisten Falch aus St. Anton am Arlberg zum Opfer fiel, jedoch kam es bei Schneiders Verhaftung im Jahr 1938 zu keiner dokumentierten Tätlichkeit.

Schneider wurde zunächst gemeinsam mit fünf anderen politischen Häftlingen im Polizeigefängnis Landeck inhaftiert, unter ihnen Hermann Schuler, einer von Scheiders Mitarbeitern in der Skischule.[289] Die Inhaftierung rief internationale Proteste hervor und führte zu Interventionen.[290] Vor allem Schneiders Weggefährte in England, Arnold Lunn, stand in einem engen Briefkontakt mit dem Arlberger Skipionier und erkundigte sich regelmäßig über die Situation. Lunn griff aber auch öffentlich die in St. Anton verantwortlichen Nationalsozialisten an.[291] In einem im British Ski Year Book zum Jahresende 1939 veröffentlichten Brief an den SS-Obersturmführer und nunmehrigen Leiter der Hannes-Schneider-Skischule Hubert Salcher kritisierte Lunn die nationalsozialistische Sportpolitik sowie die Verhaftung Hannes Schneiders. „Why then should we return to St. Anton?", fragte Lunn am Ende des Briefes und stellte gegenüber Salcher sarkastisch fest: „The German kindliness and chivalry is reasserting itself."[292] (zu Deutsch: „Die deutsche Freundlichkeit und Ritterlichkeit setzt sich wieder durch.")

---

285 Vgl. TLA, LG Innsbruck, 10 Vr 2175/46.
286 Vgl. Johannes Breit, Das Gestapo-Lager Innsbruck-Reichenau. Geschichte. Aufarbeitung. Erinnerung, Innsbruck/Wien 2017, S. 105–106.
287 Friedl Volgger, Mit Südtirol am Scheideweg. Erlebte Geschichte, Innsbruck 1984, S. 106.
288 Vgl. Zeugenvernehmung mit Jakob Pall vom 23.10.1947, TLA, LG Innsbruck, 10 Vr 1745/47.
289 Vgl. TLA, LG Innsbruck, 10 Vr 2175/46; Thöni, Hannes Schneider, S. 42.
290 Vgl. Loewy, Wunder des Schneeschuhs, S. 332.
291 Vgl. British Ski Year Book, 10 (1939) 20, S. 314.
292 Arnold Lunn an Hubert Salcher, 2. März 1939, British Ski Year Book, 10 (1939) 20, S. 318.

4.3 Exodus österreichischer SkilehrerInnen und die Flucht in den Westen — 233

Nach dreiwöchiger Haft wurde Schneider in Garmisch-Partenkirchen unter Hausarrest gestellt, der deutsche Rechtsanwalt Karl Rösen aus Garmisch-Partenkirchen war beauftragt, die Aufsicht über Hannes Schneider zu übernehmen. Schneider und Rösen kannten sich vom Skilauf und Schneider war zunächst bei ihm zwangsweise untergebracht und anschließend im Gasthof Melber.[293] Laut dem Historiker John B. Allen dürfte Rösen Schneider bei der Ausreise in die USA 1939 behilflich gewesen sein.[294] Schneider gab jedenfalls im Jahr 1947 an, dass Rösen versuchte Verbindungen herzustellen, die ihm helfen sollten.[295] Rösen soll darüber hinaus über gute Kontakte zur NSDAP verfügt haben.[296] Interessant sind in diesem Zusammenhang die Aussagen des NS-Bürgermeisters von Garmisch-Partenkirchen Jakob Scheck in einem Nachkriegsprozess zu Hannes Schneider. Scheck war ein überzeugter Nationalsozialist und trat in den frühen 1930er-Jahren der SA bei, er war ab 1933 Bürgermeister von Partenkirchen und von 1935 bis 1943 Bürgermeister von Garmisch-Partenkirchen. Er gab 1947 im Spruchkammerverfahren in München an, Schneider geholfen zu haben.[297] Scheck wurde im Nachkriegsverfahren wiederum von Rechtsanwalt Rösen vertreten.

Das *Neue Wiener Tagblatt* berichtete am 23. September 1938 über die Absetzung des Skischulleiters Hannes Schneider. Er musste „wegen seiner gegnerischen Einstellung zum Nationalsozialismus von seinem Posten abberufen werden",[298] hieß es in einer Kurznachricht. Interessant ist die Tatsache, dass ausgerechnet Karl Moser, einer der ersten Schüler und Skilehrer Schneiders, die alpine Leitung von der nationalsozialistischen Sportführung zugesprochen bekam. Seine Rückkehr nach St. Anton und auf den Arlberg wurde im *Neuen Wiener Tagblatt* als eine Vergeltungsmaßnahme beschrieben. Moser wurde 1935 aufgrund seiner illegalen Betätigung für den Nationalsozialismus die Bergführer-Konzession entzogen und dies geschah laut dem Zeitungsbericht auf Veranlassung Schneiders.[299] Dass Schneider dies veranlasst hätte, ist jedoch nicht belegt. Hans Thöni schreibt, dass Karl Moser den illegalen nationalsozialistischen Kreisen in St. Anton am Arlberg angehörte und 1934 in das Deutsche Reich flüchtete.[300] Die Verhaftung Schneiders im März 1938 erfolgte auf Anweisung

---

293 Vgl. Allen, Skiing and Politics, S. 328 und Allen, The Culture and Sport of Skiing, S. 271.
294 Vgl. Allen, Skiing and Politics.
295 Vgl. Eidesstattliche Erklärung, Hannes Schneider, St. Anton a. A. 16.8.1947, StAM, Spruchkammern, Karton 1588, Jakob Scheck, 22.12.1901.
296 Loewy, Wunder des Schneeschuhs, S. 332.
297 Vgl. StAM, Spruchkammern, Karton 1588, Jakob Scheck, 22.12.1901.
298 Neues Wiener Tagblatt, 23.9.1938, S. 12.
299 Vgl. Neues Wiener Tagblatt, 23.9.1938, S. 12.
300 Vgl. Thöni, Hannes Schneider, S. 116.

des SS-Angehörigen Erwin Falch und des Nationalsozialisten Ernst Glos aus St. Anton am Arlberg, der den NSDAP-Ortsgruppenleiter Ernst Tilzer vertrat.[301]

4.3.1.1 Im Visier der NS-Propaganda

Im Herbst 1938 nahm die SS-Wochenzeitung *Das Schwarze Korps* Hannes Schneider ins Visier der Berichterstattung. In einem Bericht zum „Fall Hannes Schneider" mit dem Untertitel „Die Herrscher von St. Anton" wünschte ihn der namentlich nicht bekannte Redakteur im deutschen Sport nicht zu sehen. Die Argumentationslinie war wie schon vier Jahre zuvor im *Roten Adler* eine ähnliche. Schneider wurde einerseits die Nähe zum christlich-sozialen Ständestaat angelastet, andererseits die Freundschaft zum, wie es hieß, „eingewanderten Ghetto-Juden" Rudolf Gomperz. Die Botschaft war klar und unmissverständlich: „Herr Hannes Schneider möge seine Schwünge ausführen, wo er will. Vielleicht auf dem Berge Sinai, der ihm ja auch am besten zu Gesicht stehen würde. Aber auf jeden Fall nicht mehr auf dem Arlberg, und am wenigsten als Leiter der Arlberg-Schule. [...] Weg mit ihm!"[302], schrieb *Das Schwarze Korps* in seiner Ausgabe am 27. Oktober 1938. Damit war sein weiteres Schicksal in dem viel gelesenen Presseorgan der SS besiegelt. Einmal mehr ging *Das Schwarze Korps* auf den Skilehrer und Bergführer Karl Moser ein, den Schneider „brotlos" gemacht hätte. Außerdem hätte Schneider den Nationalsozialisten Eduard Matt mit einem Skilehr-Verbot belegt. Beides lässt sich in den Quellen nicht belegen. Dass Schneider kein Unterstützer der nationalsozialistischen Idee war, war dagegen kein Geheimnis. In einer eidesstattlichen Erklärung, die Hannes Schneider 1947 verfasste, erinnerte er sich an den „grossen Hass, der in Tiroler-nationalsozialistischen Kreisen" gegen ihn bestand, zurück.[303] Die Reaktion auf Schneiders anti-nationalsozialistische Haltung führte soweit, dass das Kandahar-Rennen 1934 von Tiroler Skiläufern, vornehmlich aus Innsbruck, aber auch von Startern aus dem Ausland boykottiert hätte werden sollen. Begründet wurde der Boykott damit, dass das Kandahar-Rennen von der austrofaschistischen Regierung begünstigt werde und der Skiclub Arlberg, der einzige Klub wäre, der den ÖSV „in seiner bedrängten Lage und um materieller Vorteile wegen" im Stich gelassen und bzw. verraten hätte. [304] Diese Nachrichten wurden mittels Briefen von Davos aus verbreitet. Dort wohnte von Ende 1929 bis November 1936 kein anderer

---

301 Vgl. Gendarmeriepostenkommando St. Anton a. A., Bezirk Landeck, Tirol, Tilzer Ernst, Vergehen gegen das Verbotsgesetz, TLA, LG Innsbruck, Vr 2175/46.
302 Das Schwarze Korps, Folge 43, 27. Oktober 1938, S. 19.
303 Eidesstattliche Erklärung, Hannes Schneider, St. Anton a. A. 16.8.1947, StAM, Spruchkammern, Karton 1588, Jakob Scheck, 22.12.1901.
304 Schweizer Sport, 23.03.1934, Nr. 36, S. 14.

4.3 Exodus österreichischer SkilehrerInnen und die Flucht in den Westen — 235

als der nationalsozialistische Alpin-Publizist Walther Flaig. Dieser war im Juli 1933 der NSDAP beigetreten und propagierte offen seine politische Gesinnung.[305] Es ist also durchaus denkbar, dass Flaig den handschriftlichen Nachsatz der Briefe verfasste, der lautete: „Leider ist es uns nicht möglich, persönlich zu unterzeichnen, denn falls die österreichischen Behörden davon erfahren, sind wir und unsere Angehörigen Verfolgungen ausgesetzt."[306] Flaig war ein begeisterter Bergsteiger und lernte seine Frau im Montafon kennen. Sie lebten 1927 bis 1929 in Gargellen. Flaig begründete dort den Skiclub Gargellen, der ab 1929 den „Arierparagraphen" in seinen Statuten verankerte.[307]

Die unmissverständliche Botschaft der Nationalsozialisten, die im *Schwarzen Korps* zu lesen war, wurde auch in der regionalen NS-Presse verbreitet. So berichtete das *Salzburger Volksblatt* einen Tag nach Erscheinen des Artikels in der SS-Wochenschrift ebenfalls über den Fall „Hannes Schneider". Der Skipionier wurde in dem Bericht regelrecht an den Pranger gestellt und als „gefährlicher Denunziant" sowie als „sportliches Paradepferd des Dollfuß-Schuschnigg-Regimes" bezeichnet.[308] Anlass für die Hetze bot die Auszeichnung, die Schneider im Dezember 1936 erhielt. Aufgrund seiner Verdienste um den österreichischen Sport im Ausland, speziell in Japan und den USA, erhielt er, wie schon erwähnt, das Offizierskreuz des österreichischen Verdienstordens.[309] Er „habe gegen das Deutschtum gehetzt" und „soll jüdischer Abstammung" sein, hieß es im *Salzburger Volksblatt*[310], was nicht stimmte, aber den Hass auf Schneider in nationalsozialistischen und antisemitischen Kreisen verstärken sollte. Wenige Tage später kulminierte dieser Hass gegen alles Jüdische in den Novemberpogromen 1938. Schneider befand sich zu dieser Zeit in Hausarrest in Garmisch-Partenkirchen. Sein Freund Gomperz war zu diesem Zeitpunkt ebenfalls dem Terrorapparat des NS-Regimes ausgeliefert. Gomperz wurde unmittelbar nach dem „Anschluss" von seinem Posten als Leiter des Verkehrsbüros enthoben und es wurde über ihn ein Arbeitsverbot verhängt.[311] In den Versammlungsprotokollen des Skiclub Arlberg taucht der Name Rudolf Gomperz zuletzt am 14. März 1938 auf, in einer Mitschrift zur Vereinssitzung im Gasthof Alpenrose in St.

---

305 Zur Biografie von Walther Flaig siehe unter anderem Wolfgang Proske, Täter, Helfer, Trittbrettfahrer. NS-Belastete aus dem Bodenseeraum, Gerstetten 2016, S. 105–106.
306 Zit. nach Schweizer Sport, 23.03.1934, Nr. 36, S. 14.
307 Vgl. Kasper, „Kreuzzug auf dem Piz Buin", S. 307–307.
308 Salzburger Volksblatt, 28.10.1938, S. 10.
309 Vgl. Innsbrucker Nachrichten, 28.12.1936, S. 15.
310 Salzburger Volksblatt, 28.10.1938, S. 10.
311 Vgl. Loewy, Wunder des Schneeschuhs, S. 336.

Anton am Arlberg.[312] Was folgte, war Teil der systematischen NS-Vernichtungsmaschinerie. Gomperz wurde zunächst in das Sammellager „Sperlschule" nach Wien und am 20. Mai 1942 von dort mit einem „Judentransport" in das Vernichtungslager Maly Trostinec bei Minsk deportiert.[313]

Wenige Stunden vor seiner Deportation schrieb Gomperz am 20. Mai 1942 aus dem Sammellager einen Brief an seine Ehefrau Marianne. In diesem ging Gomperz davon aus, nach Polen deportiert zu werden, und hoffte, seine Frau sowie seine beiden Söhne wiederzusehen:

> 20.V Mitternacht 0.05 Uhr neue Kommission, wobei ich <u>wortlos</u> den Stempel ‚evakuiert' bekomme! Also auf nach Polen! Bin guten Mutes & halte in sicherem Vertrauen auf Gott aus! [...] Ich lasse mich <u>niemals</u> unterkriegen & hoffe auf ein frohes, dann dauerndes Wiedersehen daheim. Grüße die Buben! Sie sollen niemals vergessen, wie der Dank des Vaterlandes, der Schutz der Partei etc. aussieht! Hoffe auf Gott & sei sicher, daß er uns zu einer frohen Vereinigung helfen wird! Ich glaube kaum, daß jemand dieses VI „Sammellager" genannte Lokal so guten Mutes & ungebrochen verlassen wird, wie ich. <u>Erhalte Dich mir!</u> Das ist meine <u>einzige</u> Bitte.[314]

Der Deportationszug, in dem sich Gomperz befand, war einer der ersten, die nach der Wiederaufnahme der Transporte im Frühjahr 1942 nach Maly Trostinec fuhren. Die Waggons aus Wien rollten mit rund 1 000 Jüdinnen und Juden zunächst nach Minsk. Vom dortigen Bahnhof wurden die noch Überlebenden in das Vernichtungslager an der Peripherie gebracht. Die Arbeitsfähigen wurden von der SS ausgesondert, die anderen unmittelbar nach der Ankunft im nahegelegenen Walde erschossen und in Gruben verscharrt.[315] Gomperz dürfte auf die-

---

312 Vgl. Mitschrift der Sitzung des SCA in der Alpenrose, Montag, 14.3.1938, 17 Uhr, Protokollbuch SCA 1933–1955, Sammlung Lechmuseum.
313 Vgl. Thomas Albrich, Die „Endlösung der Judenfrage" im Gau Tirol-Vorarlberg: Verfolgung und Vernichtung 1941 bis 1945, in: Rolf Steininger/Sabine Pitscheider (Hg.), Tirol und Vorarlberg in der NS-Zeit, Innsbruck 2002, S. 341–360, hier S. 345; Yad Vashem, Central Database of Shoah Victim's Names, Rudolf Gomperz, http://yvng.yadvashem.org/nameDetails.html?language=en&itemId=4916976&ind=1 (20.8.2018).
314 Jüdisches Museum Hohenems, Dokument 2.10., Brief von Rudolf Gomperz an seine „arische" Frau Marianne Gomperz in St. Anton am Arlberg aus dem Sammellager vor seiner Deportation, Mai 1942, gesandt von Julius Hirsch (1874–1942 Theresienstadt), Juni 1942.
315 Vgl. Sybille Steinbacher, Deportiert von Wien nach Minsk, in: Waltraud Barton (Hg.), Ermordet in Maly Trostinec. Die österreichischen Opfer der Shoah in Weißrussland, Wien 2012, S. 19–38, hier S. 35. Maly Trostinec steht ebenso wie Auschwitz als Synonym für den Massenmord an der jüdischen Bevölkerung und den Holocaust. An keinem anderen Ort wurden so viele ÖsterreicherInnen als Shoa-Opfer von den Nationalsozialisten ermordet.

se Weise in Maly Trostinec ermordet worden sein. Das Dokumentationsarchiv des österreichischen Widerstandes gibt sein Sterbedatum mit 26. Mai 1942 an.[316]

4.3.1.2 Die nationalsozialistische Übernahme der Skischule

Unmittelbar nach der Inhaftierung Schneiders bekamen ab März 1938 die beiden bekannten Nationalsozialisten Hans Aichinger und Hubert Salcher (beide SS) die Leitung der Skischule in St. Anton und St. Christoph zugesprochen.[317] Aichinger, der 1932 der NSDAP beigetreten war und sich im November 1938 maßgeblich am Judenpogrom in Innsbruck beteiligte, war zu diesem Zeitpunkt bereits SS-Hauptsturmführer.[318] Im Volksgerichtsverfahren gab Aichinger später an, er hätte bereits in der Zwischenkriegszeit eine Skischule in Zürs betrieben. Dass er mit dem „Anschluss" als Leiter der Arlberg-Skischule eingesetzt wurde, erwähnte Aichinger bei der Einvernahme im Nachkriegsprozess zunächst nicht.[319] Salcher war im März 1938 zum SS-Obersturmführer befördert und im April desselben Jahres zum Führer im Stab des SS-Abschnittes XXXVI (Innsbruck) ernannt worden. Zusätzlich war er nebenamtlich als Sportreferent für die SS in Innsbruck tätig.[320] Ein halbes Jahr nach Hannes Schneiders Inhaftierung berichtete *Das kleine Volksblatt* im September 1938 über seine „Abberufung" und die Übernahme der Arlbergskischule durch die Nationalsozialisten. An seiner Stelle wurden Hans Aichinger als organisatorischer und kaufmännischer Leiter eingesetzt, Hubert Salcher als sportlicher Leiter und Karl Moser als alpiner Leiter.[321] Die *Innsbrucker Nachrichten* machten im Sportteil mit dem Titel „Skischule Arlberg unter neuer Leitung" auf.[322] Die Leitung des Skiclubs Arlberg für den Winter 1938/39 wurde ebenso an Hubert Salcher übertragen, der bei der Vollversammlung im April 1939 erneut als Vorsitzender bestätigt wurde und Karl Moser zu seinem Stellvertreter ernannte.[323] Damit waren die Skischule und der Skiclub Arlberg fest in der Hand altverdienter Nationalsozialisten.

---

316 Vgl. Dokumentationsarchiv des österreichischen Widerstandes (DÖW), Opfersuche, Rudolf Gomperz, www.doew.at (5.6.2018). Während Gomperz ermordet wurde gelang es seiner Frau Marianne, die beiden Söhne als „Arier" anerkennen zu lassen. Beide Söhne meldeten sich im Zweiten Weltkrieg zur Waffen-SS, einer starb 1944.
317 Vgl. BArch (ehem. BDC), RS, Aichinger, Hans, 27.12.1913.
318 Vgl. TLA, LG Innsbruck, 10 Vr 104/46 und BArch (ehem. BDC), RS, Aichinger, Hans, 27.12.1913.
319 Vgl. TLA, LG Innsbruck, 10 Vr 104/46.
320 Vgl. BArch (ehem. BDC), SSO, Salcher, Hubert, 1.1.1905.
321 Vgl. Das kleine Volksblatt, 22.9.1938, S. 12.
322 Innsbrucker Nachrichten, 31.9.1938, S. 9.
323 Vgl. Vollversammlung SCA, 15.4.1939, Protokollbuch SCA 1933–1955, Sammlung Lechmuseum.

4.3.1.3 Ausreise nach New York und Ankunft in North Conway

Dass Schneider gemeinsam mit seiner Familie am 12. Februar 1939 in North Conway ankam, verdankte er dem Präsidenten der Manufacturers Trust Company in New York, Harvey Dow Gibson. Der Bankier und Geschäftsmann verhandelte unter anderem die US-Kredite für Deutschland und 1938 erfolgreich die Freilassung von Hannes Schneider.[324] Nachdem Schneider aus der Haft entlassen wurde, lief er am 9. Februar 1939 mit dem Ozeandampfer Queen Mary im Hafen von New York ein. Das Schiff hatte Cherbourg am 4. Februar 1939 verlassen. In den Passagierlisten wird Schneider als Kaufmann und „ski artist" angegeben. Als letzter Aufenthaltsort wird in den Listen Garmisch-Partenkirchen genannt. In der bayerischen Doppelgemeinde stand Schneider wie schon erwähnt ab 1938 unter Hausarrest. Gibson wird als Freund angeführt. Das belegt, dass Schneider mit Hilfe des US-Bankiers auswandern konnte. An Bord der Queen Mary befanden sich auch seine Ehefrau Ludwina und seine beiden Kinder Herta und Herbert. Sie dürften Schneider nach seiner Haftentlassung in München wiedergetroffen haben, denn dort wurden auch ihre Reisedokumente ausgestellt.[325] Unmittelbar nach seiner Überfahrt nach New York berichtete die *Associated Press* von Schneiders Ankunft in den USA. Der Umstand, dass der international bekannte Skiexperte von den Nationalsozialisten inhaftiert wurde, löste schon zuvor mediales Aufsehen aus. Dass er nun entlassen wurde und in den Staaten seine Karriere fortsetzen wolle, wurde wohlwollend begrüßt: „Released from Nazi custody after almost a yr [year], Schneider internationally known Austrian sky [sic] expert, arrives with his wife and two children to begin his career anew."[326] Die Nachricht über Schneiders Ankunft in den Vereinigten Staaten verbreitete sich wie ein Lauffeuer quer über den amerikanischen Kontinent. Gleich mehrere größere US-Tageszeitungen, darunter der *Boston Globe*, die *New York Daily News* und der *San Francisco Examiner*, berichteten von der Freilassung Schneiders und seinem künftigen Engagement als Leiter der Skischule im Eastern Slope Inn in North Conway, New Hampshire.[327] Die Skischule in North Conway war eine der Zweigstellen der US-amerikanischen Hannes-Schneider-

---

324 Vgl. Briefe von Hannes Schneider an Herta Richter, Schneider Archive, New England Ski Museum; Leich, 1939: A Decisive, S. 4 und 27.
325 New York, Passenger Lists, 1820–1957, Hannes Schneider; National Archives Washington D. C., 1939, New York; Microfilm Serial: T715, 1897–1957; Microfilm Roll: Roll 6282; Line: 4; Page Number: 40. www.ancestry.com (19.4.2018).
326 Associated Press, Name Card Index to AP Stories, 1905–1990, Hannes Schneider, 9.2.1939. www.ancestry.com (19.4.2018).
327 Vgl. dazu The Boston Globe, 7.2.1939, S. 12; Daily News, 9.2.1939, S. 46; The San Francisco Examiner, 21.2.1939, S. 21.

Skischulen und wurde von Schneiders Schüler und langjährigem Begleiter Benno Rybitzka seit 1936 geleitet.[328]

Die Flucht Schneiders erwies sich für seine Karriere als Glücksfall. Schneider baute im Auftrag von Gibson das Skizentrum am Mount Cranmore in North Conway aus und war Vorstandsmitglied des Eastern Ski Club.[329] Er genoss als Skiexperte nationale Aufmerksamkeit. Ski-Filme mit ihm als Darsteller wurden in den Kinos von New York gespielt und erreichten somit ein Massenpublikum.[330] Der Skihersteller Northland aus St. Paul im Bundesstaat Minnesota, für den Schneider als Vertreter arbeitete, brachte in den 1940er-Jahren sogar ein Hannes-Schneider-Skimodell heraus.[331] Schneiders Reputation ging so weit, dass selbst die US-Armee auf das Know-how des Österreichers zurückgriff. So erhielten amerikanische GIs in der Skischule von Hannes Schneider am Mount Cranmore Skiunterricht.[332] Schneider starb 64-jährig am 26. April 1955 in North Conway. Das Familiengrab befindet sich auf dem katholischen Friedhof der Gemeinde. Zu seinen Ehren wird noch heute das jährliche Hannes-Schneider-Gedenkrennen abgehalten.[333] Sowohl die Verfolgung von Hannes Schneider als auch der Mord an Rudolf Gomperz zeigen, wie lokale Nationalsozialisten im Skisport ihre Macht ausbauen und sichern konnten.

4.3.2 Flucht in die USA

Hannes Schneider folgten noch weitere Skilehrer in die USA, die zuvor in seiner Arlberg-Skischule unterrichtet hatten. Inwieweit diese ebenfalls Denunzierungen ausgesetzt waren und inwieweit ihre Entscheidung nach Amerika auszuwandern freiwillig oder unfreiwillig war, lässt sich heute nur mehr schwer feststellen. Nachweisbar ist, dass Anton (Toni) Matt, Sohn eines Eisenbahners aus St. Anton am Arlberg, auf Vorschlag von Hannes Schneider im Dezember 1938 über den Atlantik setzte und auf ausdrücklichen Wunsch von Harvey Dow Gib-

---

328 Vgl. Loewy, Wunder des Schneeschuhs, S. 333.
329 Vgl. Skiing Heritage, 5 (1993) 1, Mai 1993, S. 11; Tom Eastman, Hannes Schneider: Sein Einfluss in North Conway ist heute noch spürbar, in: Josef Riedmann/Richard Schober (Hg.), Tiroler Heimat. Jahrbuch für Geschichte und Volkskunde (Band 70), Innsbruck 2006, S. 201–205, hier S. 204.
330 Vgl. Syracuse Herald-Journal, 10.1.1940, S. 20.
331 Vgl. Werbeanzeige der R. D. McDonough Co., „Everything for the Ski Fan!", in: The Portsmouth Herald, 18.12.1941, S. 12.
332 Vgl. The Lowell Sun, 1.3.1945, S. 10.
333 Find A Grave, database and images, memorial page for Hannes Schneider (24 Jun 1890–26 Apr 1955), Find A Grave Memorial no. 16856575, www.findagrave.com (19.4.2018).

son in North Conway (New Hampshire) eine Stelle als Skilehrer annahm. Matt wurde am 21. November 1919 in St. Anton als Sohn von Heinrich Matt und seiner Ehefrau Filomena geboren. Hannes Schneider entdeckte ihn im Alter von 14 Jahren und berief Matt in seine Arlberg-Skischule. Im Dezember 1938 wanderte Matt in die USA aus. Der New Yorker Unternehmer Harvey Dow Gibson und Eigentümer von Mount Cranmore stellte Matt schließlich als Skilehrer in der amerikanischen Filiale der Hannes Schneider Skischule in North Conway an.[334] Gibson setzte sich persönlich dafür ein, dass Matt in den Vereinigten Staaten bleiben durfte.[335] Matt startete noch Ende März 1938 für den SC Arlberg bei den internationalen Skiwettkämpfen in Feldberg. Die Teilnahme des Arlberger Skiläufers Matt und seiner Kollegen Willi Walch, Friedl und Albert Pfeiffer wurde im *Völkischen Beobachter* als Bereicherung angesehen.[336] Matt belegte hinter dem Reichsdeutschen Roman Wörndle und vor seinem Klubkollegen Walch den zweiten Platz in der ersten Klasse.[337] Ein dreiviertel Jahr später wanderte Matt in die USA aus. Seine Motive blieben im Unklaren. Das Versprechen Schneiders sowie das Angebot des US-amerikanischen Unternehmers Gibson verbunden mit der beruflichen Perspektive vor dem Hintergrund der nationalsozialistischen Machtübernahme in Österreich dürften für den Skisportler eine gewichtige Rolle gespielt haben. Matt fand jedenfalls unmittelbar nach seiner Ankunft in den USA Anschluss im amerikanischen Skirennsport. Überlieferten Berichten zufolge verblüffte der gebürtige Tiroler die Zuschauer beim American Inferno Race 1939 am Mount Washington im Bundesstaat New Hampshire, weil er einen 60 Grad steilen Hang in einer Schussfahrt bewältigte.[338] Im März 1941 gewann der Tiroler den US-Abfahrtstitel in Aspen (Colorado): „[...] he won a major race against a major field with no semblance of major training"[339], schrieb ein Berichterstatter in den USA über den skiläuferischen Erfolg von Matt. Die allgemeine Beliebtheit Matts zeigt sich in Glückwunschtelegrammen, die ihm noch kurz vor seinem Abfahrtssieg in Aspen zugestellt wurden. In diesen stand unter

---

334 Vgl. Jeffrey R. Leich, Highlights of New England Skiing. Part Two, in: Journal of the New England Ski Museum, Nr. 59, 2003, S. 24; Transcript from the Birth and Baptismal Record of the Bureau of Vital Statistics, ausgestellt am 14.9.1931; Heimat-Schein Anton Matt, ausgestellt am 14. Jänner 1938 und Fingerprint Card Toni Matt, ausgestellt am 31.3.1941.
335 Vgl. Notarielle Beglaubigung, unterzeichnet von Harvey Dow Gibson, ausgestellt am 16.4.1941.
336 Vgl. Völkischer Beobachter, 26.3.1938, S. 22.
337 Vgl. Das kleine Volksblatt, 27.3.1938, S. 24.
338 Scully, Vermächtnis: Österreichs Alpine Botschafter, S. 216.
339 Zit. nach Leich, Highlights of New England Skiing, S. 24.

4.3 Exodus österreichischer SkilehrerInnen und die Flucht in den Westen — 241

anderem zu lesen: „Thinking of you Violets blooming here" oder „Hals und bein brocke".[340]

Ein paar Tage nach seinem Abfahrtssieg startete Matt in der nationalen Meisterschaft und beim Harriman Cup in Sun Valley, Idaho. Der 1935 in die USA ausgewanderte Otto Lang lud Matt im Februar 1941 in einem Brief im Namen des Sun Valley Ski Clubs persönlich zu dem Meisterschaftsrennen mit folgenden Worten ein: „It would be a great pleasure and a privilege to have you as our guest for the National Four Way Championship in connection with the Annual Races for the Harriman Cup at Sun Valley."[341] Lang war zu dieser Zeit Schriftführer im Sun Valley Ski Club.[342] Die dortige Skischule leitete der ebenfalls aus Österreich stammende Friedl Pfeifer mit dem Matt noch im März 1938 bei den vorhin erwähnten Skiwettkämpfen in Feldberg an den Start gegangen war.[343] Interessant ist, dass der Brief des mit Matt befreundeten Lang auf Englisch geschrieben ist, wahrscheinlich weil es eine offizielle Einladung ist, die neben der Zugfahrt auch die Übernachtung beinhaltete. Lang ließ es sich allerdings nicht nehmen noch auf Deutsch hinzuzufügen: „Also pack' dein Rucksackerl und komm! Grüsse an alle Dein Otto".[344] Die Freundschaft der beiden führte dazu, dass Matt und Lang nach dem Zweiten Weltkrieg die Skischule in Sun Valley gemeinsam leiteten.[345] Der Eintritt der USA in den Zweiten Weltkrieg unterbrach die Skirennläufer-Karriere von Matt. Wie andere ausgewanderte bzw. geflohene österreichische Skisportler meldete er sich zur US-Armee. Matt diente in der Mountain Training Group der 10th Mountain Division.[346]

Laut Ian Scully arbeitete in der Skischule in North Conway, die Matt ab Winter 1938/39 leitete, eine österreichische Skilehrerin namens Paula Kann.[347] Die Jüdin war mit ihrem Vater, einem Rechtsanwalt, 1940 von England aus in die USA emigriert. Das Skifahren erlernte die 1922 in Wien geborene Kann in Gloggnitz. Sie startete bereits in ihrer Kindheit und Jugend für die Hakoah und gewann 1934 im Alter von zwölf Jahren das Rennen um die „Goldene Alpenrose" in Innsbruck. In ihrer Gymnasialzeit in Wien war Kann Mitglied im Eislauf-,

---

340 Glückwunschtelegramme an Anton Matt, Privatnachlass Anton Matt, New England Ski Museum, Kopie im Besitz des Verfassers.
341 Brief von Otto Lang an Toni Matt, 28. Februar 1941, Privatnachlass Anton Matt, New England Ski Museum, Kopie im Besitz des Verfassers.
342 Vgl. Brief von Otto Lang an Toni Matt.
343 Vgl. Bischof, American Bucks, S. 148; Völkischer Beobachter, 26.3.1938, S. 22.
344 Brief von Otto Lang an Toni Matt.
345 Vgl. Bischof, American Bucks, S. 153.
346 Vgl. Jeffrey R. Leich, Highlights of New England Skiing, S. 24; 10th Mountain Division Name Index, Denver Public Library, https://history.denverlibrary.org/sites/history/files/10th_mountain_index_0.pdf (1.5.2018), Kopie im Besitz des Verfasser.
347 Vgl. Scully, Vermächtnis: Österreichs Alpine Botschafter, S. 216.

Schwimm- und Skiteam. Mit Unterstützung ihrer Eltern entschied sie sich mit 16 Jahren nach England zu gehen, um dort ihr Englisch zu perfektionieren. Der „Anschluss" veränderte ihr Leben schlagartig. Ihr Vater meinte, sie solle unter keinen Umständen zurückkehren. Die finanzielle Unterstützung blieb aus, sie flog aus der Schule und galt plötzlich als „enemy alien".[348] Über Geschäftsfreunde des Vaters bekam sie eine Stelle in einem Kindergarten. „I didn't think of skiing or anything else for the next four years. From 16 until 20 my life was war, it was a matter of survival",[349] erinnert sich Paula Kann Valar später in einem Interview. Nach ihrer Flucht in die USA arbeitete sie zunächst als Sekretärin bei Kleinerts Rubber & Co. in New York. Von dort zog sie, nachdem sie von der Ankunft von Hannes Schneider erfahren hatte, nach North Conway, wo ihr Vater ein Fotostudio betrieb. Kann arbeitete fortan bei Schneider als Skilehrerin und fuhr ab 1942 für das US-Skinationalteam Rennen. Die Abfahrtsläuferin nahm 1948 an den Olympischen Spielen teil und leitete ab 1949 gemeinsam mit ihrem Ehemann, dem Schweizer Paul Valar, die Skischule in Franconia.[350]

Ein anderer Tiroler Skilehrer und Schüler von Hannes Schneider namens Ludwig (Luggi) Föger flüchtete 1938 über die Schweiz in die Vereinigten Staaten. Die österreichisch-schweizerische Grenze in Vorarlberg war für viele verfolgte Juden nach dem „Anschluss" der einzige direkte Weg in die Freiheit.[351] Deshalb dürfte auch Föger diese Fluchtroute genutzt haben. Während er dem

---

348 Vgl. Interview mit Paula Kann Valar, geführt von Edie Swift, o. J., New England Ski Museum. Mit dem Ausbruch des Zweiten Weltkriegs im September 1939 galten Staatsbürger aus dem Deutschen Reich (Deutsche wie ÖsterreicherInnen) in Großbritannien als „enemy alien" (feindliche Ausländer) und waren Restriktionen unterworfen. Sie mussten sich einem Tribunal stellen, das den „Grad der Loyalität" feststellte und zu einer Internierung führen konnte.
349 Interview mit Paula Kann Valar.
350 Paula Kann Valar wurde am 1. Februar 1922 in Wien als Tochter von Leo und Stefanie Kann (geb. Tschauner) geboren. Sie galt als eine der erfolgreichsten Skirennläuferinnen der USA in den 1940er-Jahren und verstarb am 2. November 2001 in New Hampshire. Vgl. Interview mit Paula Kann Valar; CV of Paula Kann Valar, 17.11.2001, New England Ski Museum, Kopie im Besitz des Verfassers.
351 Nachdem die Grenzübergänge in Tirol und Vorarlberg von SA-Truppen und Zollwachebeamten gesperrt wurden, setzte unmittelbar nach dem „Anschluss" eine erste Fluchtwelle vom Gau Tirol-Vorarlberg über die Alpen in Richtung Schweiz ein. Am 28. März verhängte die Schweiz eine Visumpflicht und sperrte Mitte August die Grenzen für politisch und rassisch Verfolgte. Wie vielen die Flucht gelang bzw. für wie viele diese scheiterte, ist nicht bekannt. Eine gängige Fluchtroute führte von Gargellen aus über das Schlappiner und St. Antönier Joch in den Kanton Graubünden. Selbst diese hochalpinen Übergänge waren von deutschen Grenzposten streng bewacht. Vgl. Thomas Albrich, Die Jahre der Verfolgung und Vernichtung unter der Herrschaft von Nationalsozialismus und Faschismus, in: Thomas Albrich (Hg.), Jüdisches Leben im historischen Tirol. Von der Teilung Tirols 1918 bis in die Gegenwart (Bd. 3), Innsbruck/Wien 2013, S. 187–356, hier S. 197–202.

NS-Terror über die Alpen entkommen konnte, wurde der hochalpine Grenzübertritt auf Skiern für andere, wie den jüdischen Schriftsteller Jura Soyfer, zur tödlichen Falle.³⁵²

Abb. 22: Die aus Wien stammende jüdische Skiläuferin Paula Kann Valar gemeinsam mit Hannes Schneider in North Conway kurz vor ihrer Olympia-Teilnahme 1948, New England Ski Museum.

---

352 Gemeinsam mit seinem Freund Hugo Ebner versuchte der jüdische Schriftsteller Jura Soyfer im März 1938 mit Skiern über das Schlappiner Joch bei Gargellen in die Schweiz zu entkommen. Von einer Grenzkontrolle gestoppt, wurde er sofort ins KZ Dachau deportiert. Soyfer starb im Februar 1939 im KZ Buchenwald. Vgl. Von Gargellen nach Dachau. Jura Soyfers missglückte Flucht auf Skiern, in: Hanno Loewy/Gerhard Milchram (Hg.), Hast du meine Alpen gesehen? Eine jüdische Beziehungsgeschichte, Hohenems 2009, S. 365–357, hier S. 357; Claudia Hoerschelmann, Exilland Schweiz: Lebensbedingungen und Schicksale österreichischer Flüchtlinge 1938–1945. Veröffentlichungen des Ludwig-Boltzmann-Institutes für Geschichte und Gesellschaft (Band 27), Innsbruck/Wien 1997, S. 83 und 110.

Föger, geboren am 21. April 1907 in Innsbruck, begann seine Karriere als Skilehrer 1919 mit Friedrich (Friedl) Schneider, dem Bruder von Hannes Schneider. 1928 wechselte er in die Hannes-Schneider-Skischule nach St. Anton am Arlberg. Gemeinsam mit Hannes Schneider und Regisseur Arnold Fanck produzierte Föger vor 1938 mehrere Skifilme. Föger war staatlich geprüfter Skilehrer und Bergführer. Auf Einladung der Yosemite Park & Curry Company (YP&CC) gelangte Föger Ende Oktober 1933 zum ersten Mal in die USA.[353] Die YP&CC verfügte im Nationalparkgebiet über mehrere Hotelkonzessionen und baute in den 1930er-Jahren die dortige Ski-Infrastruktur auf, unter anderem das Skizentrum am Badger Pass.[354] Als Skilehrer sollte Föger im Winter 1933/34 die Skischule am Badger Pass betreuen. Nach der Saison kehrte er wieder nach St. Anton am Arlberg zurück und arbeitete bis März 1938 in der Skischule von Hannes Schneider. Als lokale Nationalsozialisten Hannes Schneider im März 1938 verhafteten, wurde es auch für Ludwig Föger gefährlich. Er galt als Befürworter der austrofaschistischen Regierung, zumindest laut tradierten Erzählungen in den USA. In seinem amerikanischen Exil schrieb er über die damalige Situation und seine Flucht:

> I was given twenty-four hours to leave the country by the Nazis and I had no other choice but to leave and I was given good help by some of the guests we had at that time in the mountains.[355]

Nach einer Zwischenstation in der Schweiz landete der gebürtige Innsbrucker Skirennläufer zunächst in St. Jovite (Québec), reiste von dort weiter in die kanadischen Rockies und arbeitete schließlich in Yosemite (Kalifornien). Aus den US-Passagierlisten und Einreisepapieren geht hervor, dass der Skilehrer und Bergführer Föger am 6. August 1938 in Cherbourg den Passagierdampfer Europa bestieg mit dem er fünf Tage später New York erreichte. Von Montreal aus ging es per Eisenbahn über den Landweg nach Vancouver und von dort mit der S. S. Princess Marguerite weiter an die amerikanische Westküste, wo Föger am 15. November 1938 in Seattle (Washington) an Land ging. Föger befand sich bei seiner Ankunft in Begleitung seines Freundes und Skilehrerkollegen Georg Eisenschimmel.[356] Der aus Wien stammende jüdische Industrielle nannte sich nach

---

353 U.S. Subject Index to Correspondence and Case Files of the Immigration and Naturalization Service, 1903–1959, Skiing Instructors, 10-24-33W, www.ancestry.com (20.9.2018).
354 Vgl. Online Archive of California (OAC), Yosemite Park and Curry Company Collection, http://www.oac.cdlib.org/findaid/ark:/13030/c8n302f3/ (20.9.2018).
355 U.S. Ski and Snowboard Hall of Fame, Aufzeichnungen von Ludwig (Luggi) Föger, unveröffentlichte Handschrift, Kopie im Besitz des Verfassers.
356 Vgl. New York, Passagierlisten, 1820–1957, Ludwig Foeger; Manifests of Alien Arrivals in the Seattle, Washington District, Ludwig Foeger, www.ancestry.com (20.9.2018).

seiner Flucht George Encil und wurde zu einem bedeutenden Förderer des kanadischen Skisports.[357]

In seinen späteren Aufzeichnungen begründete Föger seine Auswanderung damit, dass die Aufregung unter den Mitgliedern der Arlberg-Skischule im März 1938 groß gewesen sei und sie gewusst hätten, dass der „Anschluss" das vorübergehende Ende der internationalen Freundschaften und Kontakte bedeuten würde. Aus diesen Gründen fühlten sie sich gezwungen, das Land zu verlassen. „[...] and we felt that we should possibly go to see what else we could do to keep on doing this."[358] Laut eigenen Angaben wurde Föger kurz nach dem „Anschluss" im März 1938 von Parteimitgliedern verhaftet und für 24 Stunden festgehalten. Damalige Gäste der Arlberg-Skischule hätten ihm schließlich zur Flucht über die Schweiz nach Kanada und in die USA verholfen. In einem Dokument erwähnt Föger später die französische Schauspielerin Claudette Colbert, ihren Ehemann, die Bergsteigerin Alice Damrosch sowie den kanadisch-britischen Verleger und Politiker Max Aitken. Sie hätten ihm damals seine Flucht in die Schweiz ermöglicht.[359] Sowohl Colbert als auch Damrosch hielten sich vor der NS-Machtübernahme immer wieder als Gäste der Skischule von Hannes Schneider in St. Anton am Arlberg auf.[360] Es ist demnach gut möglich, dass sich die beiden Frauen auch für Föger einsetzten. Belegt ist jedenfalls, dass sich Föger vor seiner Ausreise in die USA in Baden in der Schweiz aufgehalten hatte.[361] Föger ließ sich im kalifornischen Mariposa nieder und arbeitete offiziell als Sportlehrer. Als er im November 1938 die amerikanische Westküste erreichte, eilte Föger schon sein Ruf voraus. Unmittelbar nach seiner Ankunft übernahm er als Direktor die Leitung der Yosemite Ski School am Badger Pass. Der *Oakland Tribune* berichtete im Jänner 1939 von dem Ski-Stylisten und Vertreter des Arlberg-Systems.[362] Föger schloss sich während des Krieges ebenso wie andere österreichische Skilehrer im US-Exil der 10th Mountain Division an. Ab dem

---

357 Vgl. Christof Thöny, Vom Arlberg nach Kanada – Georg Eisenschimmel & die Pfarrkirche Stuben. Edition Skispuren (Band 1), Bludenz 2017, S. 8–9.
358 U.S. Ski and Snowboard Hall of Fame, Aufzeichnungen von Ludwig (Luggi) Föger, unveröffentlichte Handschrift.
359 Vgl. U.S. Ski and Snowboard Hall of Fame, Aufzeichnungen von Ludwig (Luggi) Föger, unveröffentlichte Handschrift.
360 Vgl. Skiing Heritage, 16 (2004) 3, S. 20.
361 Fögers Aufenthalt in der Schweiz geht aus den Grenzpapieren hervor, die bei seiner Einreise von Kanada in die USA am 15. November 1938 ausgestellt wurden. www.ancestry.com (20.9.2018).
362 Vgl. Oakland Tribune, 18.1.1939, S. 16.

Frühjahr 1943 war er neben dem ausgewanderten Ernst Engel einer der Ausbildner der US-amerikanischen Gebirgstruppe, die in Italien zum Einsatz kam.[363]

4.3.3 Auswanderung nach Kanada

Kaum bekannt und in Österreich völlig undokumentiert geblieben sind bisher die Auswanderungen der beiden Tiroler Skilehrer Hermann Gadner und Hans Falkner nach Kanada. Beide Migrationsgeschichten stehen in einem engen Zusammenhang mit der NS-Machtübernahme. Darauf deuten der Zeitpunkt der Überfahrt der beiden Skilehrer sowie die Übernahme der Skischule in Obergurgl durch den bekannten Nationalsozialisten Ludwig Lantschner hin.

Hans Falkner war von 1927 bis 1938 durchgehend Obmann des Skiclubs Gurgl. Sein um vier Jahre jüngerer Cousin Hermann Gadner war ebenfalls Skilehrer in Obergurgl und Mitglied des dort ansässigen Skiklubs. Gadner nahm an drei Weltmeisterschaften als Langläufer teil, gewann 1934 die Schweizer Meisterschaften und wurde 1936 Österreichischer Meister im Langlauf.[364] Am 25. November 1938 gingen die beiden gemeinsam in Liverpool an Bord der Duchess of York. Der Zielhafen war Halifax, von wo aus sie weiter nach St. Jovite reisten,[365] um dort ihr Engagement an der Snow Eagle Ski School in Gray Rocks anzunehmen. Die Snow Eagle Ski School war nach dem Vorbild der Skischule in Obergurgl aufgebaut, Falkner hatte zuvor schon die Verlegung seiner Skischule nach Kanada geplant und vorbereitet.[366] Unmittelbar nach dem „Anschluss" 1938 war der SA-Obertruppführer und NSRL-Sportfunktionär Ludwig Lantschner als Leiter der Skischule in Obergurgl eingesetzt und Falkner abgesetzt worden.[367] Während Falkner ab Winter 1939 die Skischule am Mount Treblant leitete, übernahm Gadner die Snow Eagle Ski School und war von 1940 bis 1944 Hauptprüfer der kanadischen Skilehrer Vereinigung.[368] Gadner kam bei einem

---

363 Ludwig Föger wurde am 14. April 1943 als österreichischer Staatsbürger in die US-Armee einberufen. Vgl. NARA, Archival Databases, WWII Army Enlistment Records 1938–1946, Ludwig Foeger, https://aad.archives.gov/aad/index.jsp (6.10.2019); McKay Jenkins, The Last Ridge. The Epic Story of the U. S. Army's 10th Mountain Division and the Assault on Hitler's Europe, New York/Toronto 2003, S. 12 und Traussnig, Militärischer Widerstand, S. 170.
364 Vgl. 100 Jahre Skiclub Gurgl 1911 – Eine Zeitreise der besonderen Art, Regie: Christoph Sitar/Andreas Hörl, 2011.
365 Vgl. UK, Outward Passenger Lists, 1890–1960, Hermann Gadner, www.ancestry.com (20.9.2018).
366 Vgl. Vgl. Skiing Heritage, 11 (1999) 2, S. 6.
367 Vgl. TLA, Sicherheitsdirektion, Staatspolizeiliche Akten Parteipolitische Erhebung 1939.
368 Vgl. Vgl. Skiing Heritage, 11 (1999) 2, S. 6; Biografie Hermann Gadner, Canadian Ski Museum, http://skimuseum.ca/bios/Gadner_Hermann.pdf (20.9.2018).

Lawinenunglück 1947 in Banff ums Leben, Falkner kehrte nach dem Zweiten Weltkrieg nach Obergurgl zurück und leitete als Obmann von 1961 bis 1964 erneut die Geschicke des Skiclubs Gurgl.[369]

4.3.4 Jüdischer Exodus im österreichischen Skilauf – jüdische SkiläuferInnen im Exil

Die jüdischen Sportvereine waren neben den katholischen sowie den Heimwehrvereinen die ersten in Österreich, die durch die Nationalsozialisten nach dem „Anschluss" aufgelöst wurden. Die Vermögenswerte wurden eingezogen und die jüdischen SportlerInnen aus dem Sportbetrieb ausgeschlossen.[370] Das Sport- und Fußballstadion der Wiener Hakoah in der Krieau wurde noch im Jahr 1938 von der Gemeinde Wien der SA-Standarte 90 in Pacht gegeben, nachdem der Sportplatz im Frühjahr 1938 polizeilich beschlagnahmt und von der Gestapo eingezogen worden war. Die Auflösung der Hakoah erfolgte im November 1938.[371] Die antisemitische Sportpolitik traf rasch auch die Skihütte des Touristik- und Skiklubs Hakoah auf dem Semmering. Die Hütte wurde zunächst von der Gestapo Mürzzuschlag beschlagnahmt und dann im Juni 1938 für das Deutsche Reich eingezogen sowie fortan von der Polizeisportvereinigung Wien genutzt.[372]

Die Verfügung über die Vermögenswerte war unterschiedlich geregelt. Für die Hakoah Innsbruck meldete der NS-Stillhaltekommissar am 18. Oktober 1938 das Vereinsvermögen als eingezogen und den Verein für aufgelöst.[373] Jedoch befand sich das bereits am 24. März 1938 beschlagnahmte Vermögen des Sport-

---

369 Vgl. Biografie Hermann Gadner; 100 Jahre Skiclub Gurgl 1911.
370 Vgl. dazu Susanne Helene Betz, Von der Platzeröffnung bis zum Platzverlust. Die Geschichte der Hakoah Wien und ihrer Sportanlage in der Krieau 1919–1945, in: Susanne Helene Betz/Monika Löscher/Pia Schölnberger (Hg.), „…mehr als ein Sportverein". 100 Jahre Hakoah Wien 1909–2009, Innsbruck/Wien/Bozen 2009, S. 150–184, hier S. 150; Praher, Spielball des Nationalsozialismus, S. 134.
371 Vgl. Angelika Shoshana Duizend-Jensen, Jüdische Gemeinden, Vereine, Stiftungen und Fonds. „Arisierung" und Restitution. Veröffentlichungen der Österreichischen Historikerkommission, Wien/München 2004, S. 59; Betz, Von der Platzeröffnung, S. 151 und 168.
372 Vgl. Duizend-Jensen, Jüdische Gemeinden, S. 59; Betz, Von der Platzeröffnung, S. 165.
373 Vgl. Stillhaltekommissar für Vereine, Organisationen und Verbände, Mitteilung an die Buchhaltung über bevorstehende Geldeingänge, Wien, 18.10.1938, OeStA, AdR, ZNsZ Stiko Wien, Kt. 568 sowie Gretl Köfler, Auflösung und Restitution von Vereinen, Organisationen und Verbänden in Tirol, Veröffentlichungen der Österreichischen Historikerkommission. Vermögensentzug während der NS-Zeit sowie Rückstellungen und Entschädigungen seit 1945 in Österreich (Band 21/3), Wien/München 2004, S. 46.

klub Hakoah Innsbruck im Wert von 44,86 Reichsmark zunächst bei der Gestapo Innsbruck und wurde erst mit 1. August 1938 an den Gaubeauftragten des Stillhaltekommissars in Innsbruck weitergeleitet.[374] Während der letzte Präsident der Hakoah Innsbruck Josef Hochstim laut Mitteilung vom 11. Oktober 1938 der Israelitischen Kultusgemeinde Innsbruck bereits geflüchtet war,[375] dürften sich auch andere Vereinsmitglieder durch Flucht von den Nationalsozialsozialisten abgesetzt haben. „Sämtliche Ausschussmitglieder sind bereits ausgewandert", hieß es dazu in dem vom Stillhaltekommissar für Organisationen und Verbände ausgegebenen und von der Israelitischen Kultusgemeinde Innsbruck am 11. Oktober 1938 unterzeichneten Fragebogen.[376] Tatsächlich befanden sich im Herbst 1938 schon mehrere Vereinsmitglieder der aufgelösten Hakoah Innsbruck auf der Flucht. Die letzte Anschrift des Sportklubs Hakoah Innsbruck war das 1938 „arisierte" Innsbrucker Warenhaus Bauer & Schwarz, in dem noch bis kurz nach dem „Anschluss" unter anderem jüdische Skisportler der Hakoah beschäftigt waren.

Einer jener jüdischen Skisportler war Hugo Silberstein. Silberstein wurde am 13. Oktober 1912 geboren und nannte sich nach seiner Flucht Gad Hugo Sella. Er flüchtete Ende März/Anfang April 1938 über Italien und Griechenland nach Palästina.[377] Silberstein war von seiner Jugend an ein begeisterter Skiläufer und Bergsteiger. Er schloss sich in den 1920er-Jahren der zionistischen Jugendbewegung Blau-Weiß an und war in der Hakoah Innsbruck aktiv. Die Mutter stammte aus Mähren, der Vater aus Oberschlesien. Hugo Silberstein war das zweitjüngste Kind von insgesamt vier Geschwistern. Er absolvierte in Innsbruck die Handelsakademie und arbeitete danach für das vorhin erwähnte Innsbrucker Geschäftshaus Bauer & Schwarz, das bis zur NS-Machtübernahme jüdische Besitzer hatte und danach „arisiert" wurde.[378] 1935 und 1936 holte Silberstein bei Abfahrtsläufen den Goldenen Ski und 1937 belegte er beim Abfahrtslauf der

---

374 Vgl. Fragenbogen und Erklärung an den Bevollmächtigten für das Finanzwesen der Organisationen und Verbände beim Stillhaltekommissar, 11.10.1938 und Geheime Staatspolizei, Staatspolizeistelle Innsbruck an den Stillhaltekommissar für Vereine, Organisationen und Verbände, 3.2.1939, OeStA, AdR, ZNsZ Stiko Wien, Kt. 568.
375 Vgl. Gau-Schlußbericht des Gaubeauftragten des Stillhaltekommissars für Vereine, Organisationen und Verbände, OeStA, AdR, ZNsZ Stiko Wien, Kt. 568.
376 Fragebogen und Erklärung an den Bevollmächtigten für das Finanzwesen der Organisationen und Verbände beim Stillhaltekommissar, 11.10.1938, OeStA, AdR, ZNsZ Stiko Wien, Kt. 568.
377 Vgl. TLA, Meldekartei Hugo Silberstein.
378 Vgl. Sabine Albrich-Falch, Jüdisches Leben in Nord- und Südtirol von Herbst 1918 bis Frühjahr 1938, in: Thomas Albrich (Hg.), Jüdisches Leben im historischen Tirol. Von der Teilung Tirols 1918 bis in die Gegenwart (Bd. 3), Innsbruck/Wien 2013, S. 11–186, hier S. 107–110.

4.3 Exodus österreichischer SkilehrerInnen und die Flucht in den Westen — 249

Hakoah in Tirol den zweiten Platz.[379] Silberstein erinnerte sich später an die sportlichen Aktivitäten in seiner Innsbrucker Zeit:

> Der Skisport und das Bergsteigen hatten mich gefangen. Ich brach mir im Lauf der Jahre den linken Ellenbogen, beide Beine, den kleinen Finger der linken und den Daumen der rechten Hand, liess [sic] mich aber nicht einschüchtern und blieb ein Berg- und Skifox [gemeint: -fex] bis zum Ende im Jahre 1938.[380]

Angeblich hätten ihn Freunde, darunter zwei SS-Männer, vor einer Verhaftung durch die Nationalsozialisten gewarnt. Daraufhin „stieg er mit seiner Schi-Ausrüstung in den Zug Richtung Brenner", schreibt Sabine Albrich-Falch.[381] Silberstein überlebte den Holocaust. 1979 schrieb er seine Erinnerungen unter seinem neu gewählten Namen Gad Hugo Sella in *Die Juden Tirols. Ihr Leben und Schicksal* nieder. Darin beschreibt Silberstein die antisemitische Stimmung in Tirol und nennt diese als Auswanderungs- bzw. Fluchtmotiv.[382] Während Hugo Silberstein und seine Mutter Jeanette (Jenny) nach Palästina flüchten konnten, wurde Vater Siegfried verhaftet und 1940 im Konzentrationslager Buchenwald ermordet. Die Ironie an der tragischen Geschichte: Siegfried Silberstein führte gemeinsam mit dem späteren Gauleiter von Tirol und Vorarlberg Franz Hofer ein Geschäft in der Innsbrucker Innenstadt.

Ein weiterer bekannter Hakoah-Skiläufer der 1930er-Jahre war Paul Siegert. Er wurde am 2. April 1911 in Innsbruck geboren und absolvierte nach seiner Schulzeit eine Ausbildung zum Textiltechniker. Überlieferungen zu Folge hielt er sich im März 1938 in London auf. Laut Meldekartei war er aber bis 11. November 1938 in der Anichstraße in Innsbruck wohnhaft. Die Abmeldung erfolgt erst am 2. Juni 1939.[383] Seine Flucht nach England ist nicht dokumentiert. Der Abfahrtsläufer und Gewinner des Goldenen Ski der Hakoah von 1937 war ab 1942 als Ski-Ausbildner in der britischen Armee tätig.[384]

Sein Vereinskollege, der 1910 in Innsbruck geborene Abfahrtsläufer Fritz Gellert, konnte über Palästina nach New York emigrieren. Gellert befand sich bereits im Juni 1936 in Palästina und wanderte gemeinsam mit seiner Schwester Trude Gellert im Juli 1938 in die USA aus. Er wohnte später in Bridgeport, Connecticut. Gellert erreichte am 17. Juli 1938 von Haifa kommend mit dem Dampfschiff S. S. Georgic der White Star Line New York. Er meldete sich Anfang Juni

---

379 Vgl. Gad Hugo Sella, Hakoah-Innsbruck, in: John Bunzl (Hg.), Hoppauf Hakoah. Jüdischer Sport in Österreich. Von den Anfängen bis in die Gegenwart, Wien 1987, S. 111.
380 Gad Hugo Sella zit. nach Albrich-Falch, Jüdisches Leben, S. 108.
381 Albrich-Falch, Jüdisches Leben, S. 110.
382 Vgl. Gad Hugo Sella, Die Juden Tirols. Ihr Leben und Schicksal, Tel Aviv 1979, S. 37.
383 Vgl. TLA, Meldekartei Paul Siegert.
384 Vgl. Mayer, Orte der Begegnung, S. 59 und Sella, Hakoah-Innsbruck, S. 111.

1943 zur US-Armee, wurde aber fünf Monate danach aus dieser ehrenhaft entlassen. Im Februar 1944 suchte Fritz Gellert unter dem Namen Frederick Gellert um die amerikanische Staatsbürgerschaft an.[385]

Nach England flüchtete im März 1939 der erste Vereinsgründer und der Initiator des organisierten jüdischen Sports in Innsbruck Ernst Schwarz.[386] Der 1894 in Innsbruck geborene Mitgesellschafter des Warenhauses Bauer & Schwarz[387] suchte im September 1920 bei der Landesregierung Tirol um Bewilligung des Jüdischen Sportklubs Innsbruck an. Die Genehmigung erfolgte im Oktober 1920. Keine zwei Jahre später wurde der Verein im April 1922 nach Beschluss der Generalversammlung in Jüdischer Sportklub Hakoah umbenannt und firmierte bis zur Auflösung nach der NS-Machtübernahme als Sportklub Hakoah Innsbruck.[388] Laut Hugo Silberstein war Schwarz ein „passionierter Bergsteiger", dem die Innsbrucker Hakoah „ihre Blütejahre zu verdanken" gehabt habe.[389] Schwarz war sportlicher Ausbildner der jüdischen männlichen Jugend. In seinen Memoiren schreibt er über die „mit aller Härte" geführten Turnstunden und Skitouren im Winter. Gleichzeitig erwähnt er die vormilitärische Schulung in Form von Schießübungen. „Die Hakoah' deren Führer ich war, war eine unpolitische, doch hochsportliche und teils. Militär. Organisation in einem kleinen Stil, angepaßt einer kleinen jüdischen Gemeinde", erinnerte sich Schwarz später.[390] Nach seinem Aufenthalt in England kehrte Schwarz nach Ende des Zweiten Weltkriegs nach Innsbruck zurück.

Nicht mehr nach Österreich zurückgekehrt ist das Ehepaar Richard und Gertrude Raubitschek. Für die beiden Hakoah-SkirennläuferInnen bedeutete der „Anschluss" ein jähes Karriere-Ende, zumindest im mitteleuropäischen Skisport. Nachdem sie im Juli 1938 aus dem Deutschen Reich geflohen waren,[391] bestieg das Ehepaar zum Jahreswechsel 1938 gemeinsam mit Tochter Lotte die Duchess of Atholl der Canadian Pacific Steamship Company nach Halifax.[392] Ihr endgültiges Fluchtziel war Australien. Am 10. Februar 1939 erreichten sie mit dem Passagier und Frachtschiff S. S. Aorangi der New Zealand Shipping Compa-

---

385 Vgl. TLA, Meldekartei Fritz Gellert und U.S. Petition for Naturalization, Frederick Gellert, 25.2.1944, www.ancestry.com (11.6.2018).
386 Vgl. TLA, Meldekartei Ernst Schwarz.
387 Vgl. TLA, RK 80/54.
388 Vgl. TLA, Abt. I, XIX 162a5, ex 1922, Zl. 723; OeStA, AdR, ZNsZ Stiko Wien, Kt. 568.
389 Vgl. Gad Hugo Sella, Hakoah-Innsbruck, S. 111.
390 Memoiren Ernst Schwarz zit. nach Albrich, Jüdisches Leben, S. 129.
391 Vgl. OeStA, AdR, E-uReang AHF R Raubitschek Richard 25.10.1900.
392 Vgl. UK, Outward Passenger Lists, 1890–1960, Richard Raubitschek, www.ancestry.com (15.2.2019).

ny Sydney.³⁹³ Richard und Gertrude Raubitschek ließen sich schließlich in Willoughby, einem Vorort von Sydney nieder.³⁹⁴ Als Mitglieder des Australian Alpine Club unternahmen sie in den 1940er-Jahren Skitouren in die Snowy Mountains.³⁹⁵ Richard Raubitschek erhielt im August 1944 die australische Staatsbürgerschaft und wandte sich im April 1957 an den Hilfsfonds für politisch Verfolgte in Wien. Er stellte einen Antrag auf Entschädigung, der ihm 1960 gewährt wurde.³⁹⁶ Richard Raubitschek verstarb am 27. Juli 1981 in Australien und hinterließ seine Ehefrau Gertrude, die gemeinsame Tochter Lotte sowie eine Enkelin.³⁹⁷ Gertrude Raubitschek starb sechs Jahre nach ihrem Ehemann am 18. August 1987.³⁹⁸

Ernst Raubitschek folgte im Mai 1939 seinem Bruder Richard nach Australien. Er kam dort mit seiner Ehefrau Friedericke Therese, kurz Fritzi, im August 1939 an, nachdem er im April 1939 aus dem KZ Buchenwald entlassen worden war. Das Ehepaar zog ebenfalls nach Sydney, wo Ernst Raubitschek eine Zahnarztpraxis aufmachte.³⁹⁹

4.3.4.1 Vom College-Trainer zum Ski-Designer

Ernst Engel, geboren am 4. Juni 1910 in Wien, war ein Allroundsportler und in der Zwischenkriegszeit Leichtathlet, Schwimmer, Tennis- und Hockeyspieler sowie Skiläufer bei der Hakoah. Er zeichnete sich besonders im Skisport aus.⁴⁰⁰ Bei der Maccabiade im April 1935 in Tel Aviv konnte Engel mit dem österreichischen Hockeyteam der Hakoah das Hockeyturnier gewinnen und unter anderem Deutschland besiegen.⁴⁰¹ 1937 gewann er die Meisterschaft in der Abfahrt auf der Rax und im Slalom auf dem Schneeberg. Engel flüchtete im September 1938 über Frankreich vor den Nationalsozialisten nach New York.⁴⁰² Im Dezember 1938 bekam er eine Anstellung als Skitrainer an der Cornell University. Aufgrund des Schneemangels in der Stadt Ithaca und Umgebung installierte er ab

---
393 Vgl. OeStA, AdR, E-uReang AHF R Raubitschek Richard 25.10.1900.
394 Vgl. Australia, Electoral Rolls, 1903–1980, Richard Raubitschek, www.ancestry.com (15.2.2019).
395 Vgl. http://www.australianalpineclub.com/heritage/76-part-5-2-skiing-and-ski-touring-in-the-snowy-mountains-part-6-growth-of-skiing-in-the-snowy-mountains-the-40-s.html?showall=1&limitstart (15.2.2019).
396 Vgl. OeStA, AdR, E-uReang AHF R Raubitschek Richard 25.10.1900.
397 Death Notice NSW, Australia, 1981, Richard Raubitschek, www.ancestry.com (15.2.2019).
398 Death Notice NSW, Australia, 1987, Gertrude Raubitschek, www.ancestry.com (15.2.2019).
399 Vgl. OeStA/AdR, E-uReang AHF R Raubitschek Ernst 18.07.1896.
400 Vgl. 50 Jahre Hakoah, S. 175; Körner, Lexikon, S. 37.
401 Vgl. Sport-Tagblatt, 11.5.1935, S. 8; 16.4.1935, S. 5 und 18.4.1935, S. 5.
402 Vgl. New York, Passenger Lists, 1820–1957, Ernst Engel, www.ancestry.com (11.6.2018).

Winter 1938 ein spezielles Trainingsprogramm bestehend aus Langlauf und Gymnastik und trainierte das Skiteam der Universität für die jährlichen College-Wettbewerbe in Lake Placid.[403] Engel zeigte sich überrascht über das skiläuferische Niveau der College-Studenten und meinte im Februar 1939 in einer Ausgabe der *Cornell Alumni News*, dass sich der amerikanische Skisport vor dem europäischen nicht verstecken müsse:

> "[...] much surprised at the high average skill of the college boys. [...] They have ambition to do what it seems they cannot. As for college skiing, European skiing must be better because they have been in competition so much longer. But American skiing is not far behind and will soon be at least as good."[404]

Schon bald verbesserten sich auch die Trainingsbedingungen und Engel konnte mit seinem Skiteam das neugeschaffene Ski Center am „Tar Young Hill" in der nahgelegenen Stadt Caroline nutzen.[405] Der gebürtige Wiener hegte neben dem Skisport eine zweite Leidenschaft, das Fliegen. Nach seiner Einbürgerung im Jahr 1939 absolvierte Engel die Flugausbildung und erhielt im Jänner 1940 die Pilotenlizenz. Im Dezember 1941 beendete er seine Trainer-Tätigkeit an der Cornell University und meldete sich freiwillig für den Militärdienst in der US-Armee.[406] Der *Salt Lake Telegram* berichtete jedenfalls im Dezember 1942, dass Engel schon zuvor von der kanadischen als auch der US-Armee zurückgewiesen worden war, ehe er in New York für die US-Ski-Truppen zugelassen wurde, die in Camp Hale in Denver stationiert waren.[407] Engel machte den Zweiten Weltkrieg mit der 87th Infanterie-Division der 10th Mountain Division mit und begründete nach Kriegsende eine Skimodenfirma. Seine innovativen Designs in der Skimode wie die Stretch Pants sorgten in 1960er-Jahren für Aufsehen. Zu seinen KundInnen zählte unter anderem die First Lady Jackie Kennedy.[408]

4.3.5 Resümee

Die soeben dargestellten Lebensläufe und Biografien geflüchteter und ausgewanderter österreichischer SkilehrerInnen und SkisportlerInnen verdeutlichen, wie diese den Skisport in Übersee nachhaltig prägten. Der in die USA ausge-

---

403 Vgl. Jenkins, The Last Ridge, S. 12 und Cornell Alumni News, Vol. 41, Nr. 13, 22.12.1938, S. 163.
404 Zit. nach Cornell Alumni News, Vol. 42., Nr. 17, 2.2.1939, S. 215.
405 Vgl. Cornell Alumni News, Vol. 44, Nr. 4, 16.10.1941, S. 48–49.
406 Vgl. Cornell Alumni News, Vol. 44, Nr. 12, 11.12.1941, S. 154.
407 Vgl. Salt Lake Telegram, 11.12.1942, S. 23.
408 Vgl. Ski, Vol. 39, Nr. 4, Dezember 1974, S. 30.

wanderte Hannes Schneider baute mit Hilfe seiner SkilehrerkollegInnen das Skizentrum in North Conway auf und förderte den amerikanischen Breiten- und Spitzensport im alpinen Skilauf. Dass gerade jüdische SkiläuferInnen einen nachhaltigen Einfluss auf den US-Skirennsport hatten, lässt sich nicht nur an der Biografie von Paula Kann Valar festmachen. Sie lieferte für die Etablierung und Professionalisierung des Frauen-Skirennsports maßgebliche Inputs. Auch in anderen Regionen der Welt trugen jüdische SkisportlerInnen dazu bei, den von Nationalsozialisten immer wieder als „deutschen Sport" propagierten Skilauf zu verbreiten. Diese Form der Überlebensgeschichten kann durchaus als Ironie des Schicksals bezeichnet werden.

4.4 Der nationalsozialistische Skibetrieb

Der erste Skiwinter unter der NS-Herrschaft offenbarte die ersten Veränderungen im Wettbewerbskalender. Die Gaue der „Ostmark" rückten nun als Austragungsorte ins Zentrum des reichsweiten Skisports. In Kitzbühel wurden die Deutschen Alpinen- und Heeresmeisterschaften durchgeführt.[409] Anfang November 1938 vermeldete das Fachamt Skilauf, dass die Vorbereitungen für die Deutschen Abfahrtsmeisterschaften in Kitzbühel begonnen und die Fachamtsverständigten mit 30. Oktober alle erforderlichen Maßnahmen für die Bewerbe am 25. und 26. Februar 1939 vereinbart haben. Unter anderem wurden im Vorfeld der Meisterschaften die Burgstallschanze und das Schanzengelände generalüberholt.[410] Die „Ostmark-Meisterschaften" und akademischen Meisterschaften wurden nach Hofgastein vergeben.[411] Insgesamt wies der Skiwettlaufkalender für die „Ostmark" für die Saison 1938/39 an die 300 Sportveranstaltungen auf, wobei der Gau Tirol mit 96 programmierten Veranstaltungen klar an der Spitze lag.[412]

Nachdem der organisierte Sport mit der Umwandlung des DRL in den NSRL an die Partei gekoppelt worden war, proklamierte der Reichssportführer Hans von Tschammer und Osten zu Jahresbeginn 1939 die Ziele der nationalsozialistischen Sportpolitik mit folgenden Worten: „Es [Das Deutsche Reich] muß den ersten Platz im Weltklassement der Länder verteidigen! Es muß schon im Februar, also wenig über einem Jahr, in St. Moritz beweisen, daß es nach der Heimkehr

---

409 50 Jahre Kitzbüheler Skiclub. Arbeit und Erfolg Wintersportverein Kitzbühel 1905–1955, S. 12.
410 Vgl. Ski-Sport, 4 (1938) 2, S. 33.
411 Vgl. Ski-Sport, 4 (1938) 2, S. 39.
412 Vgl. Ski-Sport, 4 (1938) 2, S. 58.

der Ostmark und des Sudetenlandes das erste Wintersportland der Welt ist [...]".[413] Zu dem Zeitpunkt ging die NS-Sportführung noch vom Zustandekommen der für 1940 geplanten Olympischen Spiele in St. Moritz aus. Diese wurden aus Kriegsgründen abgesagt. Um die Vorrangstellung des Deutschen Reichs im Sport, insbesondere im Skisport zu erreichen, müssten die „Männer und Frauen, die solches zuwege bringen sollen, überaus sorgfältig ausgewählt und ebenso vorbereitet werden".[414] Dafür sollte laut von Tschammer und Osten der NSRL mit seinem Meisterschaftsbetrieb Sorge tragen. Dieser habe den Leistungswettkampf zu garantieren, von den Vereinen angefangen bis zur Austragung offizieller Deutscher Meisterschaften, die zur internationalen Spitzenklasse führen sollen. Damit umriss von Tschammer und Osten in Grundsätzen den nationalsozialistischen Sportbetrieb, der ab dem Winter 1938/39 im Skisport seine Entsprechung fand.

Die Eingliederung des wettbewerbsorientierten Skilaufs in den DRL bzw. NSRL brachte Neuerungen im skisportlichen Veranstaltungskalender mit sich. Bereits ab 1937 veranstaltete der DRL die Internationale Wintersportwoche in Garmisch-Partenkirchen,[415] die jährlich durchgeführt wurde und an der ab 1939 vermehrt österreichische SkiläuferInnen teilnahmen, die nun im Dienste des NSRL standen. Wie bereits erwähnt, wurde 1938 das Arlberg-Kandahar-Rennen in Arlberg-Rennen umbenannt. Das traditionsreiche Skirennen, das zuvor abwechselnd in Mürren und St. Anton stattgefunden hatte, kam jetzt nur mehr in St. Anton zur Austragung und büßte an Internationalität ein, sollte aber durch den Tschammer-Pokal aufgewertet werden.[416] Zwar war das Skirennen international ausgeschrieben, doch blieben beispielsweise die sonst am Arlberg gern gesehenen englischen SkisportlerInnen 1938 fern. Das Arlberg-Rennen um den Tschammer-Pokal fand 1938 und 1939 statt.[417] Die nationalen Skimeisterschaften wurden auf Reichs-, Gau- und Kreisebene durchgeführt. Die Reichsmeisterschaften wurden ab 1938 mit jenen der Wehrmacht gekoppelt, um eine Doppelbeanspruchung zu vermeiden. Gewann ein Wehrmachtssoldat den Reichsmeistertitel, so wurde er automatisch zum Wehrmachtsmeister gekürt.[418]

---

413 Der Reichssportführer zum neuen Jahr, in: Innsbrucker Nachrichten, 2.1.1939, S. 9.
414 Der Reichssportführer zum neuen Jahr, in: Innsbrucker Nachrichten, 2.1.1939, S. 9.
415 Die zweite Internationale Wintersportwoche fand im Jänner 1938 statt. Vgl. Reichssportblatt, 18.1.1938, S. 66–67.
416 Der Tschammer-Pokal war ein von Reichssportführer Hans von Tschammer und Osten gestifteter Pokal. Die sportlichen Bewerbe um den Pokal wurden sowohl im Fußball als auch im Skilauf ausgetragen.
417 Vgl. Sabine Dettling, Auf den Spuren eines Wunders in Weiss. Ein Projekt zur Erforschung der Geschichte von Skisport und Skitourismus am Arlberg, Bietigheim-Bissingen 2011, unveröffentlichtes Manuskript, S. 948.
418 Vgl. König/Berauer, Handbuch, S. 312.

4.4.1 Die ersten Kreis- und Gaumeisterschaften in der „Ostmark"

Mitte Jänner 1939 wurden erstmals die besten Kreismeister im Skilauf in der „Ostmark" ermittelt, die dann bei den Gaumeisterschaften in Bad Hofgastein starten sollten.[419] Dafür veranstaltete der NSRL in den Sportkreisen Skimeisterschaften, an denen jene SkiläuferInnen teilnehmen konnten, die entweder in einem NSRL-Verein gemeldet oder für einen Wehrverband bzw. eine militärische Formation startberechtigt waren. Die Kreismeisterschaften entsprachen den ehemaligen Landesmeisterschaften des ÖSV und wurden zeitgleich in Vorarlberg (Schruns-Tschagguns), Tirol (Hall), Salzburg (Zell am See), Oberdonau (Bad Aussee), Steiermark (Murau), Kärnten (Lienz) sowie Wien und Niederdonau (Semmering) durchgeführt. Die Bewerbe wurden in der Regel in der Abfahrt und im Springen sowie mancherorts in der Kombination ausgetragen. Es gab jedoch keine fixen Vorgaben, welche Disziplinen zur Austragung kommen sollten. Diese Tatsache war infrastrukturellen Gegebenheiten geschuldet. In einzelnen Sportkreisen wie etwa in Wien und Niederdonau veranstaltete der NSRL einen Torlauf für Frauen und Männer, jedoch keine Abfahrt, weil keine Strecke dafür angelegt war. Dafür gab es einen Langlauf der Männer und zudem wurde auf dem Semmering ein Staffellauf der Wehrformationen ausgetragen.[420] Die rege Beteiligung lässt sich an den Zeitungsberichten ablesen. So nahmen bei den Kreismeisterschaften im salzburgischen Zell am See kolportierte 130 SkisportlerInnen teil.[421] Mit der Durchführung waren die lokalen vom NSRL genehmigten Skivereine betraut wie die Wiener Skizunft oder der Wintersportverein Murau. Die Kreismeisterschaften standen unter dem Ehrenschutz der jeweiligen Gauleiter.[422] Neben NSDAP-Kreisleitern und NSRL-Kreissportführern fanden sich auch höherrangige SA-Führer ein.[423] Damit wurde nicht nur der parteipolitische Stellenwert der Sportveranstaltungen untermauert, sondern auch die wehrsportliche Bedeutung signalisiert. Bei den steirischen Kreismeisterschaften in Murau hatte sich der SA-Gruppenführer Walther Nibbe mit seinem Stab eingefunden. Nibbe war ab April 1938 Leiter des Amtes „Organisation und Einsatz" bei der Obersten SA-Führung in München und übernahm im Sommer 1938, damals noch als Brigadeführer, die Führung der SA-Gruppe Südmark.[424] Im Juli

---

419 Vgl. u. a. Salzburger Volksblatt, 12.1.1939, S. 9.
420 Vgl. Das kleine Volksblatt, 15.1.1939, S. 22; Der Montag, 16.1.1939, S. 10–11; Salzburger Volksblatt, 12.1.1939, S. 9.
421 Vgl. Der Montag, 16.1.1939, S. 10.
422 Vgl. Neues Wiener Tagblatt, 14.1.1939, S. 8.
423 Vgl. Völkischer Beobachter, 16.1.1939, S. 4.
424 Die SA-Gruppe Südmark war neben der SA-Gruppe Donau und Alpenland eine der drei SA-Gruppen, die nach dem „Anschluss" 1938 in der „Ostmark" gebildet wurden. Der Sitz war in

1938 richtete er seine politische Botschaft an die SA-Männer der Gaue Steiermark und Kärnten, indem er an die „Tapferkeit, Ausdauer und Opferbereitschaft" appellierte.[425] Im Jänner 1939 zeigte sich Nibbe bei den Skikreismeisterschaften in Murau neben dem SA-Obersturmbannführer und Kreissportführer der Steiermark Paul Geißler.[426] Die Feierlichkeiten auf dem ehemaligen Hauptplatz und nunmehrigen „Adolf-Hitler-Platz" von Murau sollten zu einer Parteiveranstaltung ersten Ranges mutieren.[427]

4.4.2 Die jährlichen Arbeitstagungen des Reichfachamtes Skilauf

Der offizielle Sportwinter des NSRL wurde ab November 1938 mit der Arbeitstagung des Reichsfachamtes Skilauf auf der Zugspitze eingeleitet. Regelmäßig setzte der NSRL bei den mehrtägigen Lehrgängen auf das Wissen „ostmärkischer" Skisportler. Die Arbeitstagung des Führungsstabes des reichsdeutschen Skisports fand unter dem Vorsitz des Fachamtsleiters Gustav Räther auf dem Schneefernerhaus statt.[428] Unter den Lehrkräften befanden sich im November 1940 neben dem reichsdeutschen Skirennläufer Gustl Berauer[429] der Arlberger Abfahrer Willi Walch und der Innsbrucker Anton (Toni) Ducia. Die beiden staatlich geprüften Skilehrer wurden für den Zeitraum der Tagung freigestellt. Das *Reichssportblatt* hob mit einem umfangreichen Bildbericht die Bedeutung der Arbeitstagung hervor und betonte den Gewinn, den die Tagungsteilnehmer aus Theorie und Praxis gezogen hätten. An den Arbeitstagungen waren nicht nur die Beauftragten des NSRL anwesend, sondern auch Vertreter der Wehrmacht, der Ordnungspolizei und des Reichsarbeitsdienstes. In Referaten wurde die pro-

---

Mariatrost bei Graz. Die SA-Gruppe Südmark umfasste die drei Gebirgsjägerbrigaden in Graz (95), Leoben (96) und Klagenfurt (97).
425 Vgl. Güssinger Zeitung, 17.7.1938, S. 3.
426 Der SA-Obersturmbannführer und spätere SA-Standartenführer Paul Geißler, ein gebürtiger Deutscher, der bereits 1930 der NSDAP angehörte und Professor für Leibesübungen am Grazer Oeversee-Gymnasium war, wurde unmittelbar nach dem „Anschluss" 1938 zum NSRL-Kreissportführer für die Steiermark bestellt und im Oktober 1939 im Zuge der Neuordnung des „ostmärkischen" Sportbetriebs von Sportbereichsführer Friedrich Rainer zum Sportgauführer der Steiermark ernannt sowie zum Beauftragten für Leibeserziehung des Gaues Steiermark. Vgl. Iber, Erst der Verein, S. 84; Salzburger Volksblatt, 20.10.1939, S. 6.
427 Vgl. Völkischer Beobachter, 16.1.1939, S. 4.
428 Vgl. Der Winter, 34 (1940) 2, S. 134.
429 Gustl Berauer, geboren am 5.11.1912 in Petzer am Riesengebirge, lief ursprünglich für die Langlaufstaffel der Tschechoslowakei. Mit der Besetzung der Sudetengebiete gelangte Berauer in den Kader der reichsdeutschen Nationalmannschaft und holte 1939 in Zakopane den Weltmeistertitel in der nordischen Kombination.

grammatische Ausrichtung des reichsdeutschen Skisports diskutiert.[430] Während der Reichsfachamtsleiter Räther die Linie vorgab, die von den SkiläuferInnen innerhalb des NSRL einzuhalten war, hielt sein Stellvertreter Alfred Schatz ein Referat über die Skiausbildung der Gebirgstruppen.[431] In praktischen Lehrgängen im Hochgelände wurde darüber hinaus die Skitechnik unterrichtet. Dafür wurden aktive SkiläuferInnen aus dem NSRL-Spitzenkader auf die Zugspitze berufen. Darunter Willi Walch, seines Zeichens Deutscher Meister, sowie die Weltmeisterin Christl Cranz. Der aus Bayern stammende Ritterkreuzträger Oberleutnant Michael Pössinger leitete das Training eines Gebirgsjägerregiments.[432]

4.4.3 Erste internationale Erfolge

Am Ende der Wintersaison 1938/39 sah der Reichsfachamtsleiter Gustav Räther den Kurs der nationalsozialistischen Sportführung im Skilauf durch die „einzigartigen Erfolge des Winters 1938/39" bestätigt und betonte im internationalen Kontext vor allem die Weltmeisterschaften in Zakopane und auf nationaler Ebene die Reichsmeisterschaften in Kitzbühel. In diesem Zusammenhang schrieb Räther in seinem Rückblick und Ausblick vom Wert, den die AthletInnen für die „deutsche Sportpropaganda" besitzen würden.[433] Eine Änderung im Reglement half der reichsdeutschen Sportführung, dass Einzelleistungen von Ski-AthletInnen im Sinne der Propaganda und Vorbildwirkung für die „Volksgemeinschaft" noch stärker in den Vordergrund gerückt werden konnten. Ab der Wintersaison 1938/39 wurden bei alpinen Ski-Weltmeisterschaften in den Einzeldisziplinen Titel vergeben.[434] Auf diese Weise wurden Abfahrt, Torlauf und alpine Kombination gesondert gewertet. Bei den Weltmeisterschaften 1939 im polnischen Zakopane hatte dies den Effekt, dass das Deutsche Reich mit dem um die österreichischen SpitzensportlerInnen erweiterten großdeutschen Nationalkader mehrere Einzeltitel gewinnen konnte und die Medaillenränge dominierte. Außer der Dreifachsiegerin Christl Cranz und der Zweit- und Drittplatzierten Lisa Resch stammten die übrigen MedaillengewinnerInnen für das Deutsche Reich, namentlich Hellmut Lantschner, Josef Jennewein, Willi Walch und Helga Gödl, aus Österreich.

---

430 Vgl. Reichssportblatt, 24.12.1940, o. S.
431 Vgl. NS-Sport 2 (1940) 48, S. 2.
432 Vgl. Reichssportblatt, 24.12.1940, o. S.
433 Vgl. Räther, Ein Rückblick, S. 12.
434 Vgl. Falkner, Deutscher Skilauf, S. 28.

Tab. 7: Spitzenplatzierungen bei der WM in Zakopane 1939 nach Einzeldisziplinen und Nationen (Herren).

	Abfahrt	Torlauf	Alpine Kombination
1	Hellmut Lantschner DR	Rudolf Rominger CH	Josef Jennewein DR
2	Josef Jennewein DR	Josef Jennewein DR	Willi Walch DR
3	Karl Molitor CH	Willi Walch DR	Rudolf Romminger CH

Quelle: Eigene Zusammenstellung aus Ergebnistabellen. Vgl. Durch Pulver und Firn, Jahrbuch 1939/40 des Nationalsozialistischen Reichsbundes für Leibesübungen/Fachamt Skilauf, Innsbruck 1939, S. 140–146. DR = Deutsches Reich; CH = Schweiz; SWE = Schweden.

Tab. 8: Spitzenplatzierungen bei der WM in Zakopane 1939 nach Einzeldisziplinen und Nationen (Frauen).

	Abfahrt	Torlauf	Alpine Kombination
1	Christl Cranz DR	Christl Cranz DR	Christl Cranz DR
2	Lisa Resch DR	Grittli Schaad CH	Grittli Schaad CH
3	Helga Gödl DR	May Nilsson SWE	Lisa Resch DR

Quelle: Eigene Zusammenstellung aus Ergebnistabellen. Vgl. Durch Pulver und Firn, Jahrbuch 1939/40 des Nationalsozialistischen Reichsbundes für Leibesübungen/Fachamt Skilauf, Innsbruck 1939, S. 140–146. DR = Deutsches Reich; CH = Schweiz; SWE = Schweden.

4.4.4 Multitalente in Firn und Film

Der zuvor erwähnte NSRL-Sportlehrer Toni Ducia, geboren am 9. November 1905 in Lienz, war staatlich geprüfter Skilehrer und laut eigenen Angaben von 1926 bis 1932 Mitglied der Sozialdemokratischen Partei Österreichs. Der Sachbearbeiter für Skilauf im Organisationskomitee der Olympischen Winterspiele von 1936 suchte Anfang November 1939 bei der Reichsschriftumskammer in Berlin um die Aufnahme an und übermittelte dazu einen „Ariernachweis". Dieser wurde ebenso wie sein mitgeschickter Lebenslauf von der Partei geprüft. Diese äußerte keine Bedenken bezüglich einer Anmeldung Ducias als Mitglied der Reichsschriftumskammer. Ducia wurde in der Folge als Mitglied in der Gruppe Schriftsteller mit der Nummer 26 012 geführt.[435] Der Grund, warum Ducia bei der Reichsschriftumskammer um eine Aufnahme ansuchte, war ein geplantes Winterbilderbuch mit Begleittexten über die Entwicklung des Skisports mit dem

---

435 Vgl. BArch (ehem. BDC), RK, Ducia, Anton, 09.11.1905.

Titel *Skitage in Tirol*, welches noch im selben Jahr im Innsbrucker Alpenverlag herausgegeben wurde.[436] Der NSRL griff aber nicht nur auf das theoretische Fachwissen von Ducia zurück, sondern schätzte auch sein praktisches Knowhow. Seine sozialdemokratische Vergangenheit schien in diesem Fall keine Rolle zu spielen. So wurde Ducia im Jänner 1939 mit der Leitung der „Innsbrucker Skikurse" betraut, die vom Geschäftslokal in der Innsbrucker Maria-Theresienstraße 57 verwaltet wurden. Die „Innsbrucker Skikurse" waren dazu gedacht, das Ausbildungsangebot diverser Skischulen in der Stadt Innsbruck und Umgebung zu bündeln. Darunter fielen Amateurkurse genauso wie Steilhang- und Tourenkurse für fortgeschrittene Skiläufer. Letztere betreute Ducia selbst als Lehrer.[437] Aufgrund seiner Auslandserfahrung in Frankreich und seiner Französisch-Kenntnisse reiste Ducia im darauffolgenden März 1939 als Begleiter der reichsdeutschen Ski-Mannschaft zu den französischen Skimeisterschaften.[438] Ducia war schon im Jänner 1939 im Auftrag französischer Sportfirmen in den Vereinigten Staaten und Nordafrika unterwegs gewesen.[439] Er engagierte sich bereits vor 1938 für den französischen Skisport und reiste für diesen unter anderem in die USA.[440] Nach den französischen Skimeisterschaften wurde er in das Organisationsteam für einen Skifilm berufen, der von Gustav Lantschner in den Tiroler Alpen gedreht wurde. Als DarstellerInnen wirkten der akademische Skimeister von 1937, Eiger Nordwand-Bezwinger und spätere NS-Tibetforscher Heinrich Harrer sowie die Innsbrucker Skirennläuferin Gertrude (Trude) Lechle mit.[441] An diesem Beispiel zeigt sich einmal mehr die Verquickung des Skirennsports mit der nationalsozialistischen Ski-Filmindustrie. Lechle, die 1919 in Innsbruck geboren wurde, feierte in ihrer Jugend österreichweite Erfolge als Schwimmerin des Innsbrucker Schwimmklubs,[442] zum Film stieß sie aufgrund ihrer skiläuferischen Fähigkeiten. Das Engagement in dem Film *Osterskitour in Tirol* war ihre erste Rolle als Schauspielerin. Produziert wurde der Film von der Olympia-Film GmbH Berlin von Leni Riefenstahl, Regie führten Gustav Lantschner und Harald Reinl.[443] Danach folgten weitere Rollen wie in *Jugend und Sonne*

---

436 Vgl. Toni Ducia, Skitage in Tirol, Innsbruck 1939.
437 Vgl. Vom Durchgangsort zum Treffpunkt der Skiläufer. Skistadt Innsbruck: Das Ziel der Innsbrucker Skikurse, in: Innsbrucker Nachrichten, 4.1.1939, S. 8.
438 Vgl. Innsbrucker Nachrichten, 3.3.1939, S. 16.
439 Vgl. Lebenslauf Anton Ducia, BArch (ehem. BDC) RK, Ducia, Anton, 09.11.1905.
440 Im Juni 1937 reiste der damals in Paris wohnhafte Toni Ducia, der Englisch und Französisch sprach, von Le Havre aus in die Vereinigten Staaten. Vgl. Passenger List, Tony Ducia, www.ancestry.com (9.9.2019).
441 Vgl. Innsbrucker Nachrichten, 1.4.1939, S. 9.
442 Vgl. u. a. Tiroler Anzeiger, 6.8.1934, S. 7; Neueste Sport-Zeitung, 17.9.1934, S. 1–2.
443 Vgl. Filmographie von Leni Riefenstahl, in: Jürgen Trimborn, Riefenstahl: eine deutsche Karriere, Berlin 2002, S. 573.

im Schnee (1940). Lechle wirkte während der NS-Zeit als Mitglied der Reichskulturkammer, aber nicht nur als Schauspielerin. 1941 bekam sie eine Stelle als Produktionsassistentin im *Wehrmachtsfilm* von Josef (Sepp) Allgeier. Der Film wurde nie fertiggestellt. Nach ihrer Hochzeit mit Hans Dreihann-Holenia arbeitete sie 1943 an dem Riefenstahl-Film *Tiefland* als Kamera-Assistentin mit und traf dort erneut auf Gustav Lantschner sowie auf Harald Reinl.[444]

4.4.4.1 Harald Reinl – akademischer Skimeister und fragwürdiger Scout von Tiefland

Der 1908 in Bad Ischl geborene Harald Reinl kam durch seinen Vater Hans, einen Bergbaubeamten, in jungen Jahren zum Skilauf. Die Familie wohnte zunächst im Innsbrucker Stadtteil Rum und ab 1922 in Hall in Triol. Reinl studierte an der Universität Innsbruck und promovierte in Rechtswissenschaften. 1930 trat er der NSDAP bei. Reinl sprach Englisch, Französisch und Italienisch und war ein passionierter Radfahrer und Skiläufer. Als Mitglied der „Roten Teufel" gewann er 1929 und 1933 die Akademischen Meisterschaften von Österreich, 1933 in Kitzbühel im Slalom vor seinem Wiener Konkurrenten Gottfried Wolfgang.[445] Ebenfalls 1933 siegte Reinl bei den Akademischen Weltwinterspielen in der Vierer-Kombination. Ab dem Winter 1934 war er als Skilehrer im französischen Megève angestellt und trainierte drei Saisonen lang die französische Nationalmannschaft für den Abfahrtslauf.[446] Nach dem „Anschluss" 1938 setzte er seine Skikarriere fort. Bei den Tiroler Kriegsskimeisterschaften im Jänner 1940 landete er für den Skiklub Innsbruck startend beim Springen auf dem dritten Platz.[447] Im Mai 1941 erhielt Reinl den ersten Einberufungsbefehl, er hätte sich bei der Luftwaffe in Innsbruck zu melden. Im Jänner 1942 folgte der zweite Einberufungsbefehl. Nach diesem hätte sich Reinl bei der Marine melden sollen. Reinl arbeitete zu diesem Zeitpunkt schon für die Riefenstahl-Film GmbH und wohnte in der Pension Excelsior am Kurfürstendamm in Berlin. Seine Einberufung wurde per fernmündlichen Befehl vom Oberkommando der Wehrmacht (OKW) an das Wehrmeldeamt Innsbruck zurückgewiesen. Reinl war auf direkten Führer-Befehl „uk" (unabkömmlich) gestellt worden. Ab Februar 1942 wohnte er in Berlin-Charlottenburg und ab Juni 1942 bis Mitte November 1943 in Berlin-Wilmersdorf. Reinl arbeitete als Regie-Assistent für die Riefenstahl-Film GmbH. Als solcher machte er sich im nationalsozialistischen Filmgeschäft einen

---

[444] Vgl. Robert von Dassanowsky, Austrian Cinema: A History, Jefferson/London 2008, S. 109–110.
[445] Vgl. Sport-Tagblatt, 27.2.1933, S. 5–6.
[446] Vgl. TLA, Wehrstammbuch Harald Reinl; Skileben, 1937, S. 94.
[447] Vgl. Innsbrucker Nachrichten, 15.1.1940, S. 4.

guten Namen. Im Frühjahr 1940 arbeitete Reinl als Regie-Assistent für die Olympia-Film GmbH von Riefenstahl an der Seite von Gustav Lantschner, der Regie führte, für den „volksbildenden" jugendfreien Lehrfilm *Bergbauern*.[448] In dem mit dem Prädikat „künstlerisch wertvoll" ausgezeichneten NS-Propagandastreifen sollte das Bauerntum im Sinne von Reichsminister Richard Walther Darré als „Lebensquelle des Volkes" dargestellt werden. Die vor der Tiroler Bergkulisse bei der Heumahd gefilmten Protagonisten sollten dem vom Nationalsozialismus propagierten nordischen Körperideal entsprechen.[449] Nach dem Ausflug ins Bergbauern-Genre kehrte Reinl mit dem dokumentarischen Spielfilm *Wildwasser* (1942), bei dem ebenfalls Gustav Lantschner Regie führte, zum Sportfilm zurück. Für diesen machte er die Regie-Assistenz und den Schnitt.[450] Dazwischen hatte ihn Riefenstahl noch für *Tiefland* engagiert. Das Drehbuch für das von 1934 wiederaufgegriffene Filmprojekt schrieb Riefenstahl diesmal gemeinsam mit Reinl.[451] Die beiden kannten sich seit 1931 von den Aufnahmen zu *Der weiße Rausch*. Die Dreharbeiten zu *Tiefland* begannen ab Sommer 1940. Laut Riefenstahls nachträglicher Schilderung waren Harald Reinl und ihr Aufnahmeleiter Hugo Lehner schon im August 1940 nach Salzburg gefahren, um dort die Darsteller aus dem so genannten „Zigeunerlager" Maxglan auszuwählen.[452] Das Zwangslager war aber erst im September 1940 aufgestellt worden und die Vermittlung der ersten 19 „Zigeuner und Zigeunerkinder" an die Leni-Riefenstahl GmbH erfolgte laut Akten im Salzburger Landesarchiv am 23. September 1940.[453] Reinl bekam also unmittelbar mit, unter welchen menschenunwürdigen Bedingungen die vom NS-Regime verfolgten rund 200 Sinti und Roma in dem Zwangslager in Salzburg, das eigentlich im Stadtteil Leopoldskron-Moos lag, interniert waren.[454]. Die Dreharbeiten an *Tiefland* dauerten bis 1944. Die in

---

448 Vgl. Trimborn, Riefenstahl, S. 574; Innsbrucker Nachrichten, 23.9.1940, S. 5.
449 Zum Körperideal in der nationalsozialtsichen Rassenideologie eines Richard Walther Darrés vgl. Magdalena Vukovic (Hg.), „Im Dienst der Rassenfrage". Anna Koppitz' Fotografien für Reichsminister R. Walther Darré, Beiträge zur Geschichte der Fotografie in Österreich (Band 12), Salzburg/Wien 2016, hier vor allem den Beitrag von Gesine Gerhard, Gesund, bäuerlich und deutsch: Das Körperideal in der nationalsozialistischen Rassenideologie Riuchard Walther Darrés, S. 13–30.
450 Vgl. Trimborn, Riefenstahl, S. 574.
451 Vgl. Trimborn, Riefenstahl, S. 329.
452 Vgl. Leni Riefenstahl, Memoiren, München/Hamburg, 1987, S. 469 und 475.
453 Vgl. SLA, RSTH I/3 046.
454 Vgl. Gert Kerschbaumer, Respekt vor allen Opfern des nationalsozialistischen Terrors, in: Thomas Weidenholzer/Albert Lichtblau (Hg.), Leben im Terror. Verfolgung und Widerstand, Die Stadt Salzburg im Nationalsozialismus (Band 3), Salzburg 2012, S. 16–63, hier S. 40–50. Der Historiker Kerschbaumer hat für das Stolpersteine-Projekt in Salzburg die Opfer-Biografien aufgearbeitet und dokumentiert. Sie geben einen Einblick in der systematische Verefolgung

den Jahren 1940 und 1941 aus Salzburg für den Film zwangsweise „gecasteten" 51 internierten Roma und Sinti sollten die spanische Bevölkerung repräsentieren.[455] Nach den Aufnahmen im bayerischen Mittenwald im spanischen Filmdorf „Roccabruna", wohin die Komparsen unter Bewachung gebracht wurden, drehte die Filmcrew von Riefenstahl im Sommer 1943 in Spanien.[456] Auch für diese Aufnahmen wurde Reinl erneut engagiert. Im Mai 1943 beantragte er beim Wehrmeldeamt Berlin-Wilmersdorf einen Reisepass sowie einen Passier-, Durchlass- und Grenzübertrittschein für das Ausland bzw. die vom Deutschen Reich besetzten Gebiete. Der Zweck der Reise waren Filmaufnahmen in der spanischen Hauptstadt Madrid für *Tiefland*. Laut Geltungsdatum der ausgestellten Ausreisepapiere war Reinls Aufenthalt in Spanien bis Ende August 1943 geplant. Zu erreichen war er zu dieser Zeit über die Riefenstahl-Film GmbH.[457] 1944 fanden die letzten Dreharbeiten zu *Tiefland* in den Prager Barrandov-Studios statt. Zehn Jahre später, im Februar 1954, kam der Film in Stuttgart zur Uraufführung. Die Dreharbeiten zu *Tiefland*, insbesondere der zwangsweise Einsatz von internierten Sinti und Roma als Komparsen hatten im November 1949 zu einem gerichtlichen Nachspiel am Amtsgericht München geführt. Bei der elfstündigen Hauptverhandlung im Rahmen des Entnazifizierungs-Prozesses, den Riefenstahl gewann, sagte auch Harald Reinl aus.[458] In der eidesstaatlichen Erklärung verleugnet der studierte Jurist Reinl den Genozid an Roma und Sinti und verschleiert mit einer geschickten Taktik sein Mitwissen und seine eigene Mittäterschaft: „Die Behauptung, die Zigeuner seien aus KZs geholt worden, ist eine bewußte Lüge, da jedes Kind in Salzburg weiß, daß in Maxglan niemals ein KZ bestanden hat, sondern lediglich ein Auffanglager für umherziehende Zigeuner. Dies erkläre ich an Eidesstaat."[459] Reinl hatte mit dieser Argumentationslinie der verdrehten Tatsachen Erfolg und blieb sich seiner Auffassung bis weit in die Nachkriegszeit treu. Das beweist unter anderem sein 1958 produzierter Kriegsfilm *Die grünen Teufel von Montecassino*. In diesem erzählt Reinl, in Reminiszenz an seine Skiläuferzeit in Innsbruck bei den „Roten Teufeln", die

---

und Vernichtung der Roma und Sinti währen der Zeit des Nationalsozialismus, http://www.stolpersteine-salzburg.at/de/orte_und_biographien (2.10.2019). Die Lagerbedingungen hat Erika Thurner bereits 1991 dokumentiert. Vgl. Erika Thurner, Die Verfolgung der Zigeuner, in: Dokumentationsarchiv des Österreichischen Widerstandes (Hg.), Widerstand und Verfolgung in Salzburg 1934–1945. Eine Dokumentation (Band 2), Wien/Salzburg 1991, S. 474–521.
455 Kerschbaumer, Respekt, S. 44; Riefenstahl, Memoiren, S. 468.
456 Vgl. Trimborn, Riefenstahl, S. 564.
457 Vgl. TLA, Wehrstammbuch Harald Reinl.
458 Vgl. Trimborn, Riefenstahl, S. 335–336 und 565.
459 Eidesstattliche Aussage von Harald Reinl vom 23. November 1949, zit. nach Riefenstahl, Memoiren, S. 470.

Geschichte von heldenhaften Wehrmachtsangehörigen, die die Kunstschätze im italienischen Kloster vor der US Air Force in Sicherheit bringen.[460]

4.4.5 Der Hochkönig als Trainingsgelände der deutschen Nationalmannschaft

Während der Arlberg zu einem der Zentren des alpinen Skilaufs im Deutschen Reich ausgebaut wurde und dort neben reichsweiten Skirennen die Ausbildungslehrgänge für Skilehrwarte stattfanden, erfuhr die kleine Gemeinde Mühlbach am Hochkönig eine Aufwertung durch die Trainingskurse der reichsdeutschen Nationalmannschaft, insbesondere der nordischen Kombinierer. Aufgrund seiner Fachkenntnisse trat der Skischulgründer und -betreiber Peter Radacher sen. bereits vor seiner offiziellen Ernennung in den DRL in organisatorischer Hinsicht in Erscheinung. Anfang Mai 1938 übernahm er die sportliche Leitung des Riesentorlaufes des Skiklubs Tamsweg am Preber im Lungau und wickelte damit eines der ersten Skirennen unter nationalsozialistischer Herrschaft in Salzburg ab.[461] Ein paar Tage später hatte er die sportliche Leitung des Abfahrtslaufes am Sonnblick über.[462] Seine Errungenschaften im kombinierten Skilauf wurden von der nationalsozialistischen Sportführung dermaßen geschätzt, dass selbst das von Radacher sen. initiierte traditionelle Mai-Skirennen auf dem Mitterberg beibehalten und im NSRL-Skisportkalender aufgenommen wurde. Anlässlich der 14. Auflage im Mai 1939 kam der „Ostmark"-Sportführer Friedrich Rainer persönlich auf den Mitterberg und hielt eine kurze Ansprache.[463] Rainer veranlasste zudem, dass das Trainingszentrum am Arthurhaus von der deutschen Nationalmannschaft genutzt werden sollte. Im Dezember 1939 fanden sich unter der Leitung des Weltmeisters Gustl Berauer die deutschen Langläufer dort ein. Ein paar Tage darauf leitete Peter Radacher sen. den Übungslehrgang der ostmärkischen Leistungsklasse, sprich der besten Skiläufer der „Ostmark". Das Skisprung-Training übernahm Eduard Galeitner, das Abfahrtslauf-Training der Salzburger Skiläufer Fritz Scherz und den Langlauf lehrte der SA-Sturmführer Alfred Rössner.[464] Dadurch gewann die Skischule von Peter Radacher sen. reichsweite Bedeutung. Darüber hinaus fanden ab dem Winter 1938/39 Skiwart-Lehrgänge der HJ am Hochkönig statt. Bei den ersten Gau-Kriegsmeisterschaften im alpinen Skilauf in Zell am See im Februar 1940

---
460 Vgl. Drehli Robnik, Verschiebungen an der Ostfront. Zu Bildern des Vernichtungskrieges der Wehrmacht in bundesdeutschen Spielfilmen, in: Zeitgeschichte 31 (2004) 3, S. 192.
461 Vgl. Salzburger Volksblatt, 3.5.1938, S. 9.
462 Vgl. Salzburger Volksblatt, 18.5.1938, S. 9.
463 Vgl. Salzburger Volksblatt, 3.5.1939, S. 9.
464 Vgl. Salzburger Volksblatt, 4.12.1939, S. 7.

wurde dem Gauobmann für Wettkampfwesen erneut die sportliche Leitung anvertraut.[465] Im Dezember desselben Jahres hatte Radacher sen. nochmals die Leitung des Übungslagers der „ostmärkischen" Skiläufer am Arthurhaus über. Das Skisprung-Training leitete dieses Mal Josef Bradl.[466] Als Gaufachwart für Skilauf war Radacher sen. in den Kriegsjahren für die organisatorische Planung und Ausrichtung der Skirennen zuständig. Für das Jahr 1944 habe er „ein besonders umfangreiches Programm für die Förderung des Skilaufs aufgestellt",[467] hieß es in der *Salzburger Zeitung* im Jänner 1944. In Schwarzach waren für 1944 die nordischen Meisterschaften anberaumt und für die Gauhauptstadt das Skispringen. Noch im Februar 1945 brachte Radacher sen. die 6. Kriegs-Gaumeisterschaften in der alpinen Kombination zur Austragung. Die Abfahrtsstrecke über 1100 Höhenmeter und sieben Kilometer für Männer sowie fünf Kilometer für Frauen sowie den Torlauf mit über 400 Höhenmetern absolvierten laut Medienberichten 40 Läuferinnen und Läufer.[468]

4.5 Starkult um die „Ostmärker"

Aus Österreich stammende SkiportlerInnen wie Anneliese Proxauf oder Josef „Pepi" Jennewein wurden ab 1938 wichtige Werbeträger für das NS-Regime, um die ein regelrechter Starkult entbrannte.[469] Sie verkörperten die nationalsozialistischen Erziehungsideale gleichermaßen wie den Kult um einen sportlich trainierten und leistungsstarken, wehrfähigen Körper.[470] Letzterer wurde zumindest den männlichen Spitzenathleten attestiert und zugeschrieben. Aber auch der sportliche Frauenkörper wurde im nationalsozialistischen Sportsystem medial inszeniert, um die Leistungsfähigkeit des NS-Regimes durch den Sport zu

---

465 Vgl. Salzburger Volksblatt, 19.2.1940, S. 5.
466 Vgl. Salzburger Volksblatt, 16.12.1940, S. 7.
467 Salzburger Zeitung, 8.1.1944, S. 5.
468 Vgl. Salzburger Zeitung, 19.2.1945, S. 2.
469 Österreich wurde mit dem „Anschluss" rechtlich zunächst als Land dem Deutschen Reich eingegliedert und 1939 durch das „Ostmarkgesetz" aufgelöst. Der Name wurde durch „Ostmark" ersetzt und 1942 durch den Sammelbegriff „Alpen- und Donaureichsgaue". Vgl. Wolfgang Benz/Hermann Graml/Hermann Weiß (Hg.), Enzyklopädie des Nationalsozialismus, München 2007, S. 689. In Analogie an die NS-Terminologie verwende ich hier den Begriff „Ostmärker" bzw. „Ostmärkische Skisportler" für österreichische SkisportlerInnen innerhalb des reichsdeutschen Verbandes, um zu zeigen, dass diesen seitens der NS-Sportführung und NS-Sportpropaganda durchwegs eine besondere Aufmerksamkeit zu Teil wurde.
470 Vgl. hier Alkemeyer, Körperlichkeit und Politik, S. 55; Dettling, Die historische Entwicklung, S. 61.

demonstrieren. Dementsprechend fand der Frauenskisport auf Spitzenniveau ebenso seinen Niederschlag in der NS-Presse. Hier waren die politischen Ziele höher angesiedelt als das propagierte Frauenbild des Nationalsozialismus.[471] Johanna Dorer und Matthias Marschik schreiben in diesem Zusammenhang von einer „ambivalenten Sportpraxis". Sportausübende Frauen sollten wettbewerbsmäßig gute Leistungen erbringen und gleichzeitig den mütterlichen Ansprüchen im Sinne der „Volksgesundheit" genügen. Die transportierten Bilder über Männer und Frauen im nationalsozialistischen Sportgeschehen waren nach dieser Logik andere. Aus Spitzenathleten wurden kriegerische „Helden", aus Spitzenathletinnen anmutige „Sportgirls".[472] In diesen unterschiedlichen Spielarten versuchte das NS-Regime, Angebote an die Bevölkerung zu machen, und erzeugte über die mediale Inszenierung von SpitzensportlerInnen bestimmte Rollenbilder. Der Skisport eignete sich in diesem Zusammenhang besonders, da in diesem die Geschlechterrollen schon Mitte der 1920er-Jahre aufgebrochen bzw. aufgeweicht wurden. Als ein Beispiel kann hier die Innsbrucker Skirennläuferin Hadwig Lantschner gelten. Sie startete beim ersten Arlberg-Kandahar-Rennen 1928 und feierte 1931 nach ihrer Ausbildung zur Krankenschwester in der Abfahrt und Kombination von St. Anton ihre ersten Siege. Bei den Weltmeisterschaften in Cortina 1932 gewann sie zwei Bronzemedaillen in Abfahrt und Kombination und stand 1936 bei den Olympischen Spielen bereits im Aufgebot des reichsdeutschen Skiteams, nachdem sie gemeinsam mit ihrem Mann, dem Sportlehrer Gottfried Pfeifer, ins Deutsche Reich geflüchtet war. Ihre regelmäßigen Erfolge machten sie zu einem der frühen Stars des NS-Skibetriebs. Nachdem sie 1937 und 1939 jeweils Mutter eines Sohnes wurde, beendete sie offiziell ihre Karriere,[473] kehrte aber zu Jahresbeginn 1940 wieder zurück und nahm im März desselben Jahres für den SK Innsbruck an den Kriegsmeisterschaften in St. Anton am Arlberg teil, fuhr aber nur den ersten Durchgang und zog für den zweiten Lauf ihre Nennung zurück.[474]

---

471 Vgl. hier Annette R. Hofmann, Christl Cranz, Germany's Ski Icon of the 1930s: The Nazis' Image of the Ideal German Woman?, in: Sport in Society, 20 (2017) 8, S. 1013–1029, hier S. 1019.
472 Vgl. Marschik/Dorer, Sportlerinnen, S. 243–245.
473 Vgl. Gidl/Graf, Skisport, S. 62.
474 Vgl. Der Montag, 11.3.1940, S. 5.

Abb. 23: Reichssportführer Hans von Tschammer und Osten mit den beiden Skistars vom Arlberg Josef „Pepi" Jennewein und Albert Pfeiffer bei der WM in Cortina, Reichssportblatt, 11.2.1941, Bayerische Staatsbibliothek (BSB).

„Ostmärkische Skisportler" waren regelmäßig auf den Titelseiten einschlägiger NSRL-Wintersportzeitschriften zu sehen, in den großformatigen Reportagen des *Reichssportblattes* abgelichtet und standen im Fokus der *Wochenschau*-Berichterstattung. Aber auch in regionalen Zeitungen zierten sie mit ihren Siegen für den reichsdeutschen Sport Titelseiten und Fotoreportagen. Die gebürtige Innsbruckerin Anneliese Proxauf wurde 1940 Großdeutsche Juniorenmeisterin und schaffte wie ihre Schwester Rosemarie den Sprung in die Großdeutsche Nationalmannschaft. Josef Jennewein krönte sich 1939 ebenso wie Hellmut Lantschner und Josef Bradl zum Weltmeister. In der NS-Presse wurde Jennewein aber nicht nur wegen seiner sportlichen Erfolge gefeiert, sondern auch wegen seines

Talentes als Jagdflieger.⁴⁷⁵ Aufgrund seiner vielseitigen Kenntnisse schulte der Tiroler als sportlicher Ausbildner den soldatischen Nachwuchs an der Adolf-Hitler-Schule in Sonthofen im Allgäu, die unter anderem Egon Schöpf als heranwachsender Gebirgsjäger absolvierte.⁴⁷⁶

Tatsächlich zeigt ein Blick auf die Lebensläufe von SkisportlerInnen oftmals einen steilen Karriereweg im NS-System. So schaffte es der einfache Kaufmann und spätere Kriminalassistent Franz Pesentheiner aus dem Salzburger Dienten zum SS-Oberscharführer. Diesen Karrieresprung verdankte er nicht zuletzt seinen sportlichen Leistungen. Der Sicherheitsdienstbeamte der Stapo München erhielt bereits in seiner Zeit als Hitlerjunge goldene, silberne und bronzerne Ehrenzeichen, später wurde daraus das Reichssportabzeichen. Dieses bekam Pesentheiner aufgrund seiner skifahrerischen Erfolge verliehen.⁴⁷⁷ Auf die Biografie des SS-Skiläufers Pesentheiner soll später noch näher eingegangen werden, andere Sportlerbiografien von „ostmärkischen" Spitzenathleten verliefen in vergleichsweise ähnlichen Bahnen. Sie wurden, sofern sie den Kriegsdienst überlebten, zu Profiteuren des Systems.

> Ähnlich wie Filmschauspieler wurden nun die Top-Stars des Sports weiterhin begünstigt, um der eigenen Bevölkerung, aber auch dem Ausland, die deutsche Vitalität, die Normalität des täglichen Lebens, die gute Versorgungslage und Kraft vorzuspielen,

schreibt Arnd Krüger.⁴⁷⁸ Im Zuge groß inszenierter Medienberichterstattung erlangten SkisportlerInnen aus der Provinz reichsweite Bekanntheit. Im *Reichssportblatt* erschienen Fotostrecken und Bildberichte und in den einschlägigen Wintersportzeitschriften wurden „Homestories" der NS-Skistars abgedruckt, die neben der privaten Seite bei männlichen Skisportlern vor allem auch die heldenhafte, kriegerische betonten. Eingebettet waren die porträthaften Erzählungen aus der Ich-Perspektive oftmals in idyllische Schilderungen der alpinen Herkunftsorte der AthletInnen.⁴⁷⁹ Auf diese Weise schaffte es auch der Sohn ei-

---

475 Vgl. Innsbrucker Nachrichten, 17.2.1942, S. 3.
476 Vgl. Interview mit Egon Schöpf.
477 Vgl. BArch (ehem. BDC), RS, Pesentheiner, Franz, 26.8.1912.
478 Arnd Krüger, Die Rolle des Sports bei den Kriegsvorbereitungen des nationalsozialistischen Deutschlands, in: Sven Güldenpfennig/Horst Meyer (Hg.), Sportler für den Frieden. Argumente und Dokumente für eine sportpolitische Bewußtseinsbildung, Köln 1983, S. 137–152, hier S. 141.
479 Vgl. dazu die Berichterstattung im offiziellen Jahrbuch der Fachamtes Skilauf des NSRL Pulver und Firn. Hier besonders die Beiträge von Gustl Berauer, Wir waren überglücklich; Christl Cranz, Wir brauchen Nachwuchs!; Peppi Jennewein, Statt Fahren Fliegen; Willy Walch, Wovon man lernen kann; Wir fuhren nach Amerika; Josef Bradl, Auch Springer müssen kämpfen, in: Pulver und Firn, Jahrbuch 1939/40, Innsbruck 1939.

nes Wirtshausbesitzers, Willi Walch, auf die Titelseiten der NS-Sportpresse. Walch, der 1912 in Stuben am Arlberg als Jüngster von drei Söhnen einer Gastwirtfamilie geboren wurde,[480] gewann 1939 die Deutsche Meisterschaft in der Kombination und im Abfahrtslauf in Kitzbühel sowie die Abfahrt bei der Wintersportwoche von Garmisch und die Kombination beim FIS-Rennen in Wengen in der Schweiz. Bei der Weltmeisterschaft im polnischen Zakopane wurde er Zweiter in der Alpinen Kombination und Dritter im Slalom.[481]

4.5.1 Das Belohnungssystem funktioniert

Im Vergleich zur durchschnittlichen Bevölkerung lebten jene Sportfunktionäre, die nicht an die Front abkommandiert worden waren, und jene Spitzenathleten, die keinen Kriegsdienst zu leisten hatten bzw. von diesem entbunden waren, relativ gut. Doch schon vor Kriegsbeginn im September 1939 genossen Frauen wie Männer im NS-Sportsystem, von jung bis alt, unterschiedliche Privilegien. Das fing in der Schule bei der Benotung an und setzte sich über HJ und BDM bis in die Wehrverbände von SA und SS fort, wobei das NS-Belohnungssystem über den Sport durchaus subtil agierte. Anneliese Schuh-Proxauf erinnert sich in diesem Zusammenhang an ein Paar Ski, dass sie von der NS-Sportführung für einen Sieg bekommen hatte.[482] Ein anderes Mal wäre sie für die gewonnene deutsche Jugendmeisterschaft zur verfrühten Führerscheinprüfung mit 16 Jahren zugelassen worden. Der Reichssportführer Hans von Tschammer und Osten hätte ihr die Prüfung ermöglicht.[483]

Zu einem großen Privileg zählte sicherlich das Reisen über Gau- und Reichsgrenzen hinweg, wobei die Fahrtkosten übernommen wurden. Wer konnte schon im Februar 1939 zu den nordischen Skiweltmeisterschaften ins polnische Zakopane oder mitten im Zweiten Weltkrieg im Februar 1941 zu den alpi-

---

480 Willi Walch wurde als Jüngster von drei Söhnen einer Gastwirtfamilie am 4. Jänner 1912 auf einem Bauernhof in Stuben am Arlberg geboren und startete seit seiner Jugend für den Skiclub Arlberg (SCA) mit Sitz in St. Anton. Die Familie Walch betrieb in Stuben das Gasthaus Mondschein. Vgl. Dettling, Auf den Spuren, S. 270; Peter, Turnen fürs Vaterland, S. 222; Christian Rhomberg/Otto Schwald, Die Besten im Westen. Vorarlbergs Jahr-100-Sportler im Portrait, Bludenz 2000, S. 198–199.
481 Vgl. Fritz Manfred Geppert, Spuren zum Erfolg. 90 Jahre Alpiner Skisport in Deutschland. Von Cranz bis Neureuther, Norderstedt 2017, S. 133–134; Durch Pulver und Firn, Jahrbuch 1939/40, S. 140–146.
482 Vgl. Interview mit Anneliese Schuh-Proxauf, geführt am 30.3.2004 von Peter Budil, in: Matthias Marschik, Frei Spielen, Sporterzählungen über Nationalsozialismus und „Besatzungszeit", Wien/Berlin 2014, S. 289.
483 Vgl. Interview mit Anneliese Schuh-Proxauf, S. 290.

nen Skiweltmeisterschaften ins italienische Cortina d'Ampezzo reisen und sich dort mehrere Tage aufhalten? Das war nur wenigen vorbehalten, abgesehen von Preisgeldern oder Sachpreisen. Allein diese Beispiele zeigen, wie sehr das NS-Regime bei jungen Menschen über den Sport eine Begeisterung entfachen konnte, die über den Sport hinausging.

Vor allem männliche Skisportler kamen bereits in den 1930er-Jahren mit NS-Organisationen und damit mit der NS-Ideologie in Berührung. „In den ab Juni 1933 in Österreich illegalen Wehrverbänden der SA oder SS lernten sie den rassenideologischen Wertekanon des NS-Systems kennen."[484] Darüber hinaus lernten jene SportlerInnen, die vor 1938 in das Deutsche Reich geflüchtet waren, das nationalsozialistische Herrschafts- und Sportsystem kennen. Sie wussten, wie dieses funktionierte, und wie sie davon profitieren bzw. wie sie in diesem aufsteigen konnten. Diese Erfahrungen erleichterten vielen AthletInnen einen mühelosen Umstieg in die Diktion der NS-Volksgemeinschaft. Der hohe Identifikationsgrad mit dem Nationalsozialismus war, in diesem Zusammenhang betrachtet, ein nicht zu unterschätzender Faktor, der besonders im Sport zum Ausdruck kam.[485] Das nationalsozialistische Sportsystem wusste andererseits die Loyalitäten zu bedienen und für sich zu nutzen.

4.6 Ski-HeldInnen im Dienst der NS-Propaganda – Soldaten für das System

4.6.1 NS-Superstar Josef Bradl

Der Salzburger Skispringer Josef (Sepp) Bradl avancierte ab 1938 zu einem „NS-Superstar". Der sportlich aufstrebende junge Sportler aus der Provinz passte mit seiner tragischen Familiengeschichte perfekt ins Bild der nationalsozialistischen Propaganda. Aufgewachsen in einfachen Verhältnissen kam sein Vater bei einem Bergunglück ums Leben, als Bradl zwölf Jahre alt war. Bradls Vater arbeitete bis zu seinem Tod als Bergmann im Kupferbergwerk Mitterberghütten und war ein begeisterter Alpinist. „[...] vom Bergwerk wollte ich nichts wissen. Ich sah schon als Kind, wie hart, wie schwer dieses Leben, wie knapp das Geld bei uns zu Hause war",[486] beschreibt Bradl die wirtschaftliche Situation seiner

---

[484] Praher, SportlerInnen für den Krieg, S. 255.
[485] Vgl. u. a. Hubert Dwertmann, Legendenbildung und Perspektivenwechsel. Die Thematik Nationalsozialismus im Blickwinkel von historischer Forschung und Sportgeschichtsschreibung, in: SportZeiten, 2 (2002) 3, S. 43–64, hier S. 45.
[486] Sepp Bradl, Mein Weg zum Weltmeister, Innsbruck 1952, S. 19.

Familie. Er entschied sich für eine Skisportkarriere. Ermöglicht hatte ihm diese zunächst sein Vater mit den ersten Paar Skiern und gemeinsamen Berg- und Skitouren. Seine Mutter war eher dagegen, wenn er mal wieder stundenlang auf seinen Skiern unterwegs war, bis es dunkel wurde.[487] Als der Vater tödlich verunglückte, wurde Bradls Mutter zur Alleinerzieherin.

> Erst jetzt fühlte ich, was mir der heutige Tag genommen hatte. Den Vater, meinen besten Kameraden, den Ernährer unserer Familie. Ich weinte bitterlich. [...] nun mußte auch meine Mutter zur Arbeit gehen, um für mich das Notwendigste zuverdienen,[488]

fasst Bradl den Verlust zusammen. Der Skischulbesitzer und Pächter vom Arthurhaus am Hochkönig Peter Radacher sen. sorgte sich fortan um die sportliche Zukunft des jungen Bradl. Er förderte nicht nur Bradls Talent, sondern kümmerte sich auch um die materiellen Bedürfnisse. Bradl beschrieb ihn später als „Skivater".[489] Das Trainingsgelände mit der Sprungschanze am Hochkönig wurde zu Bradls sportlicher „Heimat". Im Winter 1932/33 sprang Bradl noch für den Skiclub Mühlbach startend erstmals über 50 Meter und wurde daraufhin zu internationalen Konkurrenzen in die Schweiz entsandt. 1936 sprang er im jugoslawischen Planica als erster über 100 Meter. Der sportliche Erfolg hatte berufliche Perspektiven zur Folge. Das Sporthaus Lanz in der Salzburger Innenstadt stellte Bradl eine Lehrstelle auf drei Jahre in Aussicht.[490] Der Wechsel zum Skiclub Salzburg bot zudem ein professionelles Umfeld. Kurze Zeit darauf hatte der 18-jährige Bradl über Sportfreundschaften seine ersten Kontakte zur SA, trat dieser bei und landete im Sommer 1937 wegen illegaler Betätigung in Untersuchungshaft. Das Verfahren wurde eingestellt und Bradl nach einem Monat im Gefangenenhaus im August 1937 wieder entlassen. In einem Brief an den Salzburger Landeshauptmann Franz Rehrl beteuert Bradl, er habe sich „nie als Nationalsozialist betätigt oder als solcher hervor getan und ist nur durch einige Sportkameraden in diesen Kreis geraten".[491] Ein Blick auf die führenden Mitglieder des Skiclubs Salzburg verdeutlicht, dass sich Bradl spätestens ab 1936 durchaus in einem nationalsozialistisch geprägten Umfeld bewegte.[492] Im Winter 1937/38, noch unter dem austrofaschistischen System, durfte er wieder starten. Die öster-

---

[487] Vgl.Bradl, Mein Weg, 1952, S. 19–24.
[488] Bradl, Mein Weg, 1952, S. 31–32.
[489] Vgl. Bradl, Mein Weg, 1952, S. 32.
[490] Vgl. Lehrvertrag zwischen Sporthaus Lanz und Josef Bradl vom 1. April 1936, Privatnachlass Josef Bradl, Kopie im Besitz des Verfassers.
[491] Vgl. SLA, Rehrl-Brief 1938/0610.
[492] Vgl. u. a. die nationalsozialistischen Biografien von Siegfried und Hermann Amanshauser, BArch (ehem. BDC), SSO, Amanshauser, Siegfried, 15.5.1895; OÖLA, LG Linz, Sondergerichte, Sch. 422, VgVr 453/48.

reichische Sportpresse überschlug sich und schrieb vom „allseits beliebten Bradl".[493] Dem Deutschen Reich waren die Skisprungerfolge Bradls nicht entgangen. Ab März 1938 zeigte Bradls Karriere steil nach oben. Er zählte zum Kreis jener Salzburger Athleten, die in den Kader der reichsdeutschen Ski-Nationalmannschaft aufgenommen wurden. Die deutsche Sportführung begrüßte den „Ostmärker" als „zweitbesten Springer der Welt" in der nunmehrigen Ski-Mannschaft für Großdeutschland.[494] Adolf Hitler ließ dem Skispringer für den 107-Meter-Sprung in Planica noch in den März-Tagen 1938 ein Glückwunschtelegramm zukommen. Der Salzburger Journalist Karl Iser schrieb im *Kleinen Volksblatt*: „Josef Bradl will auch Großdeutschlands bester Skispringer werden".[495] „Naturbursch", „Wunderknabe", „großer Könner des großdeutschen Skisports", das waren die Attribute, die Bradl von der gleichgeschalteten Presse zugeschrieben wurden. Als er sich beim ersten Skispringen nach dem „Anschluss" in Zell am See auf der Großschanze das Bein brach, stattete ihm der Reichssportführer Hans von Tschammer und Osten persönlich einen Krankenbesuch ab.[496] Bei den ersten Salzburger Kreismeisterschaften im Skilauf in Zell am See im Jänner 1939 konnte der genesene Bradl wieder antreten. Der mittlerweile zum SA-Truppführer aufgestiegene Mühlbacher siegte in der Hauptklasse und gewann vor Roman Schnabl und Gregor Höll den Kreismeistertitel.[497] Keinen Monat später gelang Bradl sein erstes sportliches Bravourstück im Trikot der deutschen Nationalmannschaft. In Oberhof kürte sich der Mühlbacher zum deutschen Meister im Spezialsprunglauf. Salzburgs Gauleiter und Ostmark-Sportführer Friedrich Rainer gratulierte daraufhin per Glückwunschtelegramm und Bradls Sprung flimmerte in der *Wochenschau* über die Kino-Leinwände.[498] Für seinen Weltmeistertitel im polnischen Zakopane im Februar 1939 erhielt Bradl ebenfalls von Rainer einen Scheck über 500 Reichsmark.[499] Unmittelbar darauf wurde er zum SA-Sturmführer befördert.[500] Bradls Reisepass gibt Auskunft über seinen sportlichen Alltag als NSRL-Spitzensportler und über seine Skireisen im Auftrag des Reichssportamtes während der Zeit des Nationalsozialismus und im Zweiten Weltkrieg. So reiste Bradl im Jänner 1941 finanziert vom Reichssportamt mit 400 Reichsmark nach Italien.[501]

---

493 Ski-Sport, 3 (1937) 5, S. 2.
494 Ski-Sport, 3 (1938) 21, S. 5.
495 Das kleine Volksblatt, 19.11.1938, S. 11.
496 Vgl. Reichssportblatt, 5.4.1938, o. S.; Ski-Sport, 3 (1938) 20, S. 10.
497 Vgl. Salzburger Volksblatt, 16.1.1939, S. 9.
498 Vgl. u. a. Salzburger Volksblatt, 7.2.1939, S. 3.
499 Vgl. SLA, PRÄ 1939/56-1-13.
500 Vgl. SLA, NS-SOKO A02.04 Bo-Br
501 Vgl. Reisepass Josef Bradl, ausgestellt am 18.2.1940, Privatnachlass Josef Bradl.

Abb. 24: Der aus Mühlbach am Hochkönig stammende Skisprungweltmeister von 1939 Josef Bradl im Trikot der reichsdeutschen Skinationalmannschaft, Stadtarchiv Salzburg/Fotosammlung Krieger.

„Bradl war ein leuchtendes Vorbild für die Skirekruten der Wehrmacht"[502], schreibt der deutsche Skihistoriker Gerd Falkner. Doch der Mühlbacher war mehr als das. Er wurde zu einem Botschafter des NS-Sportsystems und zu einem nationalsozialistischen Sportidol für den Skinachwuchs. Ein Bild, aufgenommen in Mühlbach am Hochkönig, zeigt ihn am Rande eines Trainingslehrgangs umringt von skifahrenden Hitlerjungen. Obwohl den Nationalsozialisten, abgesehen vom Führerkult, ursprünglich der Starkult verhasst war, griffen sie im Spitzensport regelmäßig auf Vorbilder aus dem „einfachen Volk" zurück und stilisierten diese zu „Helden".

4.6.1.1 Bradl als Ausbildner der HJ

Bradl holte 1939 im polnischen Zakopane für das Deutsche Reich den Weltmeistertitel im Skisprung. Er sollte diesen Erfolg später selbst als „Sieg für Österreich" bezeichnen und damit seine Beteiligung am verbrecherischen NS-Regime

---

[502] Gerd Falkner, Skipersönlichkeiten im Dritten Reich. Reflexionen über Instrumentalisierung und Funktionalisierung, in: Markwart Herzog (Hg.), Skilauf – Volkssport – Medienzirkus. Skisport als Kulturphänomen, Stuttgart 2005, S. 95–110, hier S. 103.

4.6 Ski-HeldInnen im Dienst der NS-Propaganda – Soldaten für das System

verschleiern.[503] Immerhin trainierte Bradl ab 1939 die Hitlerjugend, bereitete diese in Wehrertüchtigungs-Kursen und Skilagern im Gau Tirol und Vorarlberg für den Kampf vor und verteilte als Werbeträger Startnummern bei SS-Läufen in Salzburg. Darüber hinaus war Bradl als Ausbildner für die vormilitärische Winterausbildung der HJ eingesetzt.[504] Im Einvernehmen mit dem Oberkommando des Heeres (OKH) führte die Reichsjugendführung ab November 1942 eine verstärkte Ski-Ausbildung der Hitlerjugend durch. Hintergrund waren die Entwicklungen an der Ostfront. Dazu organisierte das Amt für Leibesübungen der HJ-Führung einen Einweisungs-Lehrgang für die vormilitärische Winterausbildung der HJ auf der Braunschweiger Hütte in Tirol. Dort wurde ein neues Ausbildungsprogramm auf Basis der Skierfahrungen an der Ostfront entworfen. Als Lehrgangsteilnehmer waren nicht nur Vertreter des OKH und der Heeres-Hochgebirgsschule Fulpmes anwesend, sondern auch der Skispringer Bradl.[505] Die Lehrgänge, an denen Bradl und andere Skisportler wie Markus Maier als Ausbildner mitwirkten, waren als Reichslehrgänge konzipiert und dienten der vormilitärischen Skiausbildung.[506] Zu den teilnehmenden HJ-Skisportlern zählte unter anderem der gebürtige Innsbrucker Egon Schöpf, der später als Gebirgsjäger in der Partisanenbekämpfung eingesetzt war.[507]

Von Dezember 1943 auf Jänner 1944 führte Bradl einen Nachwuchslehrgang für Springer in Salzburg durch. Der Sprunglehrgang fand über Weihnachten auf dem Mitterberg in Mühlbach am Hochkönig statt. Organisiert wurde dieser vom Wehrmachtsausbildungsstab der HJ Salzburg. Im Rahmen dessen sollte er zum Abschluss das Jugendspringen auf dem Salzburger Mönchsberg eröffnen. Dieses sollte die „Früchte des Sprunglehrganges" zeigen.[508] Hintergrund war die vormilitärische Ausbildung des Skinachwuchses am Hochkönig, zumal die HJ-Teilnehmer kurz vor der Einberufung zur Wehrmacht standen. Der *Völkische Beobachter* berichtete unter dem Titel „Die Hitlerjugend in guten Händen. Bradl schult den Schinachwuchs" über die von Bradl geleiteten und von seinem Skisprung-Kameraden Gregor Höll unterstützten Lehrgänge.[509]

---

503 Vgl. Bradl, Mein Weg, 1952, S. 19.
504 Vgl. Praher, SportlerInnen für den Krieg, S. 271.
505 BArch, NS 5 VI/398; Falkner, Skier für die Front, S. 170–171.
506 Völkischer Beobachter, 24.2.1944, S. 7.
507 Vgl. Interview mit Egon Schöpf.
508 Vgl. Salzburger Zeitung, 27.12.1943, S. 4; Salzburger Zeitung, 10.1.1944, S. 4.
509 Vgl. Völkischer Beobachter, 29.12.1943, S. 5.

Abb. 25: Josef Bradl gemeinsam mit Alfred Rössner als Leiter eines HJ-Trainingslehrgangs in Mühlbach am Hochkönig, Privatbesitz.

4.6.1.2 Bradl als Gebirgsjäger

Seine Kampferfahrungen sammelte Bradl bei der Eroberung der Mittelmeerinsel Kreta im Rahmen der so genannten Operation „Merkur" in einem Gebirgsjägerverband der 5. Gebirgs-Division ab 21. Mai 1941. Ende November 1941 kehrte Bradl mit der Division nach Salzburg zurück. Ein erhalten gebliebenes Foto zeigt einen müde wirkenden Bradl, die Waffe geschultert, in Wehrmachtsuniform vor einem weiß gekalkten Haus neben einem Kaktus. Auf der Rückseite des Bildes steht zu lesen: „Kampf um ‚Kreta'. Nach einem vierzig Kilometer Marsch bei 56° Hitze. Mai 1941."[510]

---

[510] Foto Josef Bradl „Kampf um Kreta", Privatnachlass Josef Bradl, Kopie im Besitz des Verfassers.

4.6 Ski-HeldInnen im Dienst der NS-Propaganda – Soldaten für das System — 275

Abb. 26: Josef Bradl als Gebirgsjäger bei der Eroberung von Kreta im Mai 1941, Privatbesitz.

Kaum vom Kriegsschauplatz in Südosteuropa zurückgekehrt, ging Bradl Ende Dezember 1941, dieses Mal als Angehöriger der Wehrmacht, erneut für die reichsdeutsche Nationalmannschaft an den Start. Mit Sprüngen über 65 und 68 Meter ließ er auf der Hindenburg-Schanze in Oberhof seine Konkurrenten Heinrich Palme und Paul Krauß hinter sich. Gemeinsam mit Josef Haslinger und Franz Mair siegte Bradl in der Mannschaftswertung für die „Ostmark".[511] Ein paar Tage zuvor nahm der Obergefreite Bradl beim Saisonauftakt der reichsdeutschen Springer auf der Rudolfschanze am Hochkönig teil und holte dort ebenso den Gesamtsieg vor Gregor Höll und Andreas Krallinger, die zu diesem Zeitpunkt für die SS-SG Salzburg an den Start gingen. In der zweiten Leistungsklasse starteten Fritz Scherz von der Turn- und Sportgemeinde Salzburg und Walter Reinhardt von der Reichsbahnsportgemeinschaft Bischofshofen.[512] Dies zeigt, dass einige der besten Springer der „Ostmark" für die Wettkampfsaison freigestellt worden waren. Ein Foto zum Jahreswechsel 1941/42 zeigt Bradl inmitten seiner Springerkollegen der reichsdeutschen Nationalmannschaft. Links neben Bradl der Deutsche Hans Marr und zwei Personen weiter rechts der Skisprung-Weltrekordhalter von 1941 Rudi Gehring. Beide dienten ebenfalls in einem Gebirgsjägerregiment.[513] Marr überlebte seinen Kriegseinsatz in der Sowjet-

---

511 Vgl. Kleine Volks-Zeitung, 29.12.1941, S. 5; Das kleine Volksblatt, 29.12.1941, S. 5; Neues Wiener Tagblatt, 29.12.1941, S. 4.
512 Vgl. Kleine Volks-Zeitung, 22.12.1941, S. 5.
513 Der in Thüringen geborene Rudi Gehring, auch Gering geschrieben, stellte im März 1941 auf der Sprungschanze in Planica mit 118 Metern einen neuen Skisprungrekord auf und über-

union nicht und fiel im März 1942, drei Monate nach der Teilnahme beim Springen in Oberhof. Bereits im Dezember 1940 trainierte Bradl mit der reichsdeutschen Skisprungmannschaft am Arthurhaus in Mühlbach am Hochkönig und ein Jahr zuvor befand sich Bradl mit der reichsdeutschen nordischen Nationalmannschaft am Hochkönig auf Trainingskurs.[514] Bradl nahm bis kurz vor Kriegsende an Meisterschaften teil. Bei der Salzburger Gaumeisterschaft in der nordischen Kombination im Jänner 1945 holte er als Wehrmachtsspringer für den SC Mühlbach den ersten Platz.[515] Laut letzter Meldung war er als Unteroffizier der Stammkompanie I des Gebirgsjäger-Ersatz-Regiments 136 zugeteilt.[516] Nach Ende des Krieges wurde Bradl im US-amerikanischen Internierungslager Glasenbach (Camp Marcus W. Orr) interniert. Nach seiner Freilassung durfte er 1948 trotz aller Interventionen bei den Olympischen Spielen in St. Moritz nicht starten, weil ihn die Schweizer nach einem Boykott der Norweger nicht einreisen ließen.[517] Seine aktive Karriere als Trainer der österreichischen Nationalmannschaft beendete er 1956.

4.6.2 Abfahrtsweltmeister und „SA-Skiheld" Hellmut Lantschner

Eine ähnlich steile Karriere wie Josef Bradl, nur in einer anderen Disziplin, legte der bereits im Frühjahr 1937 zum SA-Sturmführer aufgestiegene Hellmut Lantschner hin. Er holte bei der Skiweltmeisterschaft in Zakopane 1939 den Abfahrtstitel für das Deutsche Reich. Seine sportliche Laufbahn für NS-Deutschland begann aber schon fünf Jahre zuvor, 1934 in Berchtesgaden. Nachdem er im Jänner desselben Jahres bei den Tiroler Landesskimeisterschaften in Hall die Abfahrt gewonnen hatte,[518] setzte sich Lantschner über Salzburg nach Bayern ab und gewann in Berchtesgaden die Deutschen Skimeisterschaften in der Abfahrt. Der Abfahrer, der 1932 der SA beigetreten war,[519] startete in weiterer Folge für die SA und entwickelte sich zu einem Spitzenläufer im reichsweiten Skikader.

---

bot jenen von Bradl um elf Meter. Vgl. Neues Wiener Tagblatt, 5.3.1941, S. 12; Ein Jahrhundert Thüringer Skispuren. Festschrift des Thüringer Skiverbandes zum Jubiläum. 100 Jahre Thüringer Wintersportverband 1905–2005, Oberhof 2005, S. 15–16.
514 Vgl. Fotos vom Trainingskurs der reichsdeutschen nordischen Nationalmannschaft 1939 und Fotos vom Trainingslehrgang der reichsdeutshen Sprungmannschaft 1940, Privatnachlass Peter Radacher sen., Kopien im Besitz des Verfassers.
515 Vgl. Salzburger Zeitung, 16.1.1945, S. 4.
516 WASt, Bradl, Josef, 8.1.1918.
517 Vgl. u. a. SLA PRÄ 1947/09.
518 Vgl. Tiroler Anzeiger, 15. Jänner 1934, S. 5.
519 Vgl. BArch (ehem. BDC), PK, Lantschner, Hellmut, 11.11.1909.

4.6 Ski-HeldInnen im Dienst der NS-Propaganda – Soldaten für das System —— 277

Abb. 27: Der aus Innsbruck stammende Abfahrtsweltmeister von 1939 Hellmut Lantschner beim Abfahrtslauf, Tiroler Skiverband/Rübelt.

Geboren am 11. November 1909 und aufgewachsen als Sohn eines Mediziners in Innsbruck-Igls besuchte Lantschner zunächst das Gymnasium in Innsbruck und absolvierte dann nach mehreren Schulwechseln seine Matura im steirischen Aflenz, wo er an der steirischen Jugendmeisterschaft im Skilauf teilnahm. Seine Wechsel erklärte Lantschner in seinem 1935 erschienenen, frühen autobiografischen Werk *Die Spur von meinem Ski* mit der „sportfeindlichen" Einstellung an dem Innsbrucker Institut.[520] Nach der Gymnasialzeit inskribierte er zunächst Medizin an der Universität Innsbruck, brach das Studium aber im Sommer 1933 ab und betätigte sich als Sport- und Skilehrer, unter anderem im italienischen San Martino di Castrozza. Bei den Akademischen Weltmeisterschaften 1930 landete er zweimal auf dem undankbaren vierten Platz.[521] 1934 wurde er in Mallnitz österreichischer Skimeister. Für den Skiklub Innsbruck startete er zuletzt vor dem „Anschluss" Anfang Februar 1934 bei den Tiroler Meisterschaften in Hall, bevor er seine Flucht ins Deutsche Reich antrat. Ende Februar 1934 startete Lantschner bei den Holmenkollen-Rennen der FIS in Oslo außer Konkurrenz und nicht mehr für den ÖSV.[522] Die Innsbrucker Zeitung berichtete am 23. Februar vom Haftbefehl, der gegen den ihn erlassen wurde. Das Bundesministerium für Unterricht verständigte den ÖSV, dass alle Nennungen Lantschners zu

---
520 Vgl. Lantschner, Die Spur, S. 13.
521 Vgl. TLA, LG Innsbruck, 10 Vr 2863/47; Gidl/Graf, Skisport, S. 57.
522 Vgl. TLA, LG Innsbruck, 10 Vr 2863/47.

unterlassen seien.⁵²³ 1935 tingelte er als Staatenloser zwischen Italien, der Schweiz und dem Deutschen Reich umher und betätigte sich unter anderem als Sportlehrer in St. Moritz und Davos. Im Frühjahr 1936 reiste Lantschner für die filmischen Vorbereitungen des Olympia-Films nach Berlin, für den er von Leni Riefenstahl engagiert war.⁵²⁴ Lantschner wurde schließlich von der „Österreichischen Legion" im Lager Bad Godesberg aufgenommen.⁵²⁵ Mit der deutschen Staatsbürgerschaft erwarb Lantschner umgehend die deutsche Startberechtigung. Jedoch durfte er aufgrund seiner Skilehrertätigkeit im Gegensatz zu seinem Cousin Gustav Lantschner bei den Olympischen Spielen 1936 nicht teilnehmen.⁵²⁶

4.6.2.1 Der „Skiheld" Lantschner als Projektionsfläche

Die deutsche Sportführung umwarb den erfolgreichen Skisportler, denn Lantschner passte nicht nur aufgrund seiner Fluchtgeschichte und seines sportlichen Auftretens ins Bild. Er vertrat schon früh einen Körperkult, der in seiner Selbstdarstellung zum Ausdruck kam und in der NS-Ideologie seine Entsprechung fand.⁵²⁷ Die damals noch sehr junge Dagmar Rom kannte Lantschner von den Skirennen als Zuschauerin und erinnerte sich später in einem Interview: „Der Lantschner hatte die Körperkultur hochgeschrieben."⁵²⁸ Lantschner entsprach darüber hinaus dem archaischen Typus des Skiläufers und Bergsteigers, der in den Ski- und Bergfilmen der 1930er-Jahre entworfen wurde und in denen er zum Teil selbst mitspielte.⁵²⁹ Das Draufgänger-Image passte zum SA-Geist der Einsatzbereitschaft und des Heldenmuts, wenn es darum ging, in der Wehrmacht ein neues Soldatenbild zu entwerfen, das nicht selten von österreichischen Skisportlern bedient wurde.⁵³⁰ Das blieb nicht ohne Folgen. Als der

---

523 Vgl. Innsbrucker Zeitung, 23. Februar 1934, S. 5
524 Vgl. TLA, LG Innsbruck, 10 Vr 2863/47.
525 Vgl. Schreiben der SA des NSDAP Hilfswerk Nordwest an das NSDAP-Flüchtlingshilfswerk Mitgliedschaftsamt Berlin, Bad Godesberg, 10.6.1937, BArch (ehem. BDC), PK, Lantschner, Hellmut, 11.11.1909.
526 Vgl. Gidl/Graf, Skisport, S. 57.
527 Vgl. u. a. die Aufnahmen in: Lantschner, Die Spur, o. S.
528 Interview mit Dagmar Rom.
529 Vgl. Ernst Hanisch, Männlichkeiten. Eine andere Geschichte des 20. Jahrhunderts, Wien/Köln/Weimar 2005, S. 62–63. Hellmut Lantschner spielte unter anderem in „Osterskitour in Tirol" (1939), produziert von der Olympia-Film GmbH sprich von Leni Riefenstahl. Trimborn, Riefenstahl, S. 573.
530 Vgl. hier vor allem die Ausführungen von Thomas R. Grischany über das „Image" der Österreicher, in: Der Ostmark treue Alpensöhne. Die Integration der Österreicher in die großdeutsche Wehrmacht, 1938–45, Göttingen 2015, S. 178–180. Zum SA-Geist vgl. Peter Longerich, Geschichte der SA, München 2003, S. 136–137.

"Sportheld" Lantschner 1937 die SA-Meisterschaften gewann, wurde er prompt vom Stabschef der SA Viktor Lutze persönlich zum SA-Sturmführer befördert und erhielt ein Preisgeld von 100 Reichsmark.[531]

4.6.2.2 Der Weltmeister als Skijäger und Ausbildner der Gebirgstruppe und HJ

Bei den Deutschen Skimeisterschaften im Februar 1938, die unmittelbar vor dem "Anschluss" gemeinsam mit den Wehrmachtsmeisterschaften in Feldberg ausgetragen wurden, holte Lantschner vor 10 000 ZuschauerInnen den Dreifachsieg im Torlauf, in der Abfahrt und der Kombination. Er startete damals für das SA-Hilfswerk Nordwest, also für die Österreichische Legion. Das amtliche Organ des Fachamtes Skilauf *Ski-Sport* brachte über ihn und die reichsdeutsche Dreifachsiegerin Christl Cranz eine mehrseitige Titelstory.[532] Der Abfahrts-Weltmeister-Titel 1939 in Zakopane bedeutete den sportlichen Triumph für Lantschner. Vom polnischen Zakopane reiste er zu den französischen Skimeisterschaften in die Pyrenäen, wo er vierfacher französischer Skimeister wurde.[533] Im Mai 1940 zählte er zu den 72 Spitzenläufern des NSRL-Wettkampfkaders.[534] Im September des Jahres 1940 erfolgte seine Einberufung in die Wehrmacht. Laut eigenen Angaben im Volksgerichtsverfahren machte Lantschner den Feldzug in Jugoslawien mit und kam anschließend zum Jagdkommando 11 nach Hannover. Das Jagdkommando 11 wurde im Jänner 1942 in Magdeburg aufgestellt und diente als Heerestruppe der Partisanenbekämpfung in Mittelrussland. Im Sommer 1942 erfolgte die Auflösung des Jagdkommandos und das Personal bildete die 1. Skijäger-Brigade.[535] Als Angehöriger dieser Skijäger-Brigade wurde Lantschner 1943 bei Gefechten in Russland verwundet. Dem Skisportler gelang es in der Folge von der Front abgezogen zu werden. Auf sein Ansuchen hin wurde Lantschner zum Gebirgsjäger-Regiment 136 versetzt, in diesem bot er seine Dienste als Ausbildner auf der Adolf-Pichler-Hütte in den Stubaitaler Alpen an. Als er im Dezember 1944 für einen Offizierslehrgang in Mittenwald abberufen hätte werden sollen, besorgte sich Lantschner ein ärztliches Attest und wurde daraufhin für die Hochgebirgsausbildung der HJ freigestellt. Französische Besatzungssoldaten nahmen Lantschner im August 1945 in Haft, in der er bis 1. April 1946 verblieb.[536]

---

531 Vgl. TLA, LG Innsbruck, 10 Vr 2863/47.
532 Vgl. Ski-Sport, 3 (1938) 12, Titelseite und S. 2, 19–20.
533 Vgl. TLA, LG Innsbruck, 10 Vr 2863/47.
534 Vgl. Ski-Sport, 5 (1940) 11, S. 173–174.
535 Vgl. Lexikon der Wehrmacht, http://www.lexikon-der-wehrmacht.de/Gliederungen/JagerBtl/GliederungJagdKommando.htm (6.10.2019).
536 Vgl. TLA, LG Innsbruck, 10 Vr 2863/47.

4.6.3 Gustav Lantschner – Skiweltmeister, Olympiagewinner und SS-Kameramann

Hellmut Lantschner war nicht der einzige seiner Familie, der bereits vor 1938 für NS-Deutschland an den Start ging. Sein Cousin Gustav (Guzzi) Lantschner streifte sich ebenfalls schon mehrere Jahre vor dem „Anschluss" das Hakenkreuz-Trikot über. Österreichs erster Skiweltmeister von 1932 holte bei den Olympischen Spielen in Garmisch-Partenkirchen 1936 Silber für das Deutsche Reich und machte ab 1934/35 Karriere als Kameramann von Leni Riefenstahl. Das Skifahren erlernte der am 12. August 1910 geborene Lantschner im Skiklub Innsbruck. Dort war auch sein älterer Cousin Hellmut Lantschner Mitglied. In der Volksschule hatte sich Gustav Lantschner zunächst dem Turnen verschrieben, in der Gymnasialzeit favorisierte er das Bergsteigen. Zum Skirennsport kam er über seinen Vater Fritz. Dieser nahm ihn auch auf seine ersten Skitouren mit. Mit 19 Jahren holte er den akademischen Weltmeistertitel im Abfahrtslauf bei den zweiten Akademischen Weltwinterspielen in Davos im Jänner 1930, nachdem er zuvor auf der Universität Innsbruck inskribiert hatte.[537] Im selben Jahr stellte Lantschner in St. Moritz einen Geschwindigkeitsrekord mit über 105 Stundenkilometern auf.[538] Lantschner, dessen Vater Fritz Mediziner war, studierte Geologie und Sport, brach aber nach fünf Semestern ab. Er absolvierte die staatliche Skilehrerprüfung und arbeitete als Sport- und Skilehrer. Bei den Akademischen Weltwinterspielen 1931 gewann er drei Silbermedaillen, eine davon im Sprunglauf. Im selben Jahr trat er der NSDAP bei.[539] Bei den zweiten Alpinen Skiweltmeisterschaften in Cortina d'Ampezzo 1932 gewann er den ersten WM-Abfahrtstitel für Österreich und wurde hinter dem Schweizer Otto Furrer und dem Salzburger Hans Hauser Dritter in der Kombination. Diese Erfolge in verschiedenen Disziplinen verdeutlichen seine skisportlichen Fähigkeiten als Allrounder. Die nationalsozialistische Sportführung erkannte das sportliche Potenzial des Skirennläufers Lantschner und nutzte dieses spätestens ab 1936 für ihre Zwecke. Das NS-Regime wusste um dessen Gesinnung Bescheid und schätzte die Loyalität des Sportlers. Gustav Lantschner flüchtete ebenso wie sein Cousin Hellmut in das Deutsche Reich und machte Karriere – zunächst im Sport, dann als Kameramann und nicht zuletzt in der SS. Christoph W. Bauer

---

537 Vgl. Gidl/Graf, Skisport, S. 61.
538 Gustav Lantschner und sein Bruder Otto stellten beim Iancé in St. Moritz im Jänner 1930 die Geschwindigkeitsrekorde auf. Beide fuhren über 105 Stundenkilometer. Vgl. Sport-Tagblatt, 17.1.1930, S. 5.
539 Vgl. BArch (ehem. BDC), PK, Gustav, Lantschner, 12.8.1910.

schreibt über die beiden Cousins Gustav und Hellmut Lantschner in seinem historischen Roman *Graubart Boulevard* folgendes:

> „Gustav und Hellmut galten als begnadete Schirennläufer, waren Stars ihrer Zeit. Ihre Namen standen nicht nur für den Aufschwung Tirols als Wintersportregion, sondern auch für die in der Bevölkerung vorherrschende Geisteshaltung, inklusive des Österreichischen Schiverbands ÖSV."[540]

4.6.3.1 Lantschner, Riefenstahl und der Film – eine lebenslange Beziehungsgeschichte

Neben seiner skiläuferischen Karriere wirkte Gustav Lantschner als Darsteller in Berg- und Skifilmen, unter anderem für den Ski-Streifen *Auf fliegenden Hölzern*, der ab Jänner 1942 von der Lex-Film in Berlin umgesetzt wurde. Für sein Engagement beim Film kassierte er Gagen von bis zu 2000 Reichsmark pro Monat und war persönlicher Gast von Adolf Hitler.[541] Der Innsbrucker spielte aber bereits zuvor im deutsch-österreichischen Ski- und Bergfilm mit. Sein erstes Engagement hatte er im Film von Arnold Fanck *Stürme über dem Montblanc* (1930).[542] Gemeinsam mit dem Innsbrucker Walter Riml wirkte er 1934 als Schauspieler in der Wintersportkomödie *Hoppla, wir beide! (Nordpol Ahoi!)* mit.[543] Die Komödie entstand parallel zu *SOS Eisberg* von Fanck in Grönland. Die beiden traten mehrmals gemeinsam als komische Skiakrobaten auf, unter anderem in *Abenteuer in Engadin* (1932). Aus einem 1932 kolportierten gemeinsamen Vertrag von Riml und Lantschner in Amerika wurde jedoch nichts.[544] Beide sollten später als Kameramänner für Leni Riefenstahl arbeiten. Zuvor engagierte sie Fanck aber noch für die Rollen der Hamburger Zimmermannsleute Tetje und Fietje in dem Skifilm *Der weiße Rausch* (1931). In diesem hatte auch Leni Riefenstahl ihren ersten großen Auftritt als skifahrende Filmdarstellerin.

4.6.3.2 Erstes Kennenlernen

Das neue Genre Bergfilm brachte Lantschner mit der sportlichen Schauspielerin Riefenstahl zusammen.[545] Es entstand eine enge Beziehung, die zu einer lebens-

---

540 Bauer, Graubart Boulevard, S. 61.
541 Vgl. u. a. BArch (ehem. BDC), RK, Lantschner, Guzzi.
542 Vgl. Gidl/Graf, Skisport, S. 61.
543 Vgl. Das interessante Blatt, 11.1.1934, S. 17.
544 Vgl. Tiroler Anzeiger, 19.11.1932, S. 5.
545 Vgl. Bernett, Untersuchungen, S. 118. Leni Riefenstahl übernahm bereits ab Mitte der 1920er-Jahre als junge Schauspielerin Filmrollen in deutschen Bergfilmen von Arnold Fanck wie *Der heilige Berg* (1926) oder *Die weiße Hölle des Piz Palü* (1929). Vgl. Denning, Going Downhill, S. 31.

langen Freundschaft wurde. Riefenstahl und Lantschner kannten sich bereits aus ihrer gemeinsamen Zeit beim Skiklub Innsbruck und Lantschner wohnte nach seiner Einbürgerung im Jänner 1936 in Berlin, unter anderem in Untermiete bei der Star-Regisseurin.[546] Die Annäherung zwischen der Filmemacherin und dem Skirennläufer fand aber bereits Jahre vor den Dreharbeiten zu den Olympiafilmen statt.

Im Jänner 1931 reiste Riefenstahl für die Aufnahmen zum Skifilm *Der weiße Rausch* (*Neue Wunder des Schneeschuhs*), in dem auch Gustav Lantschner mitspielte, nach St. Anton am Arlberg und Zürs am Arlberg. Regisseur Arnold Fanck hatte der skibegeisterten Regisseurin die weibliche Hauptrolle neben Hannes Schneider angeboten. Riefenstahl war zu diesem Zeitpunkt gedanklich schon bei ihrem eigenen Filmprojekt *Blaues Licht*. Dennoch zog sie das Projekt durch. Nicht nur weil sie die Gage benötigte, um *Blaues Licht* zu finanzieren, sondern weil sie die Gesellschaft der Skiläufer und das Skilaufen genoss.

> So schön es auch war, mit Hannes Schneider, Rudi Matt, den Brüdern Lantschner und anderen Rennläufern Ski zu laufen, ich konnte mich diesem herrlichen Vergnügen nicht so recht hingeben, da alle meine Gedanken nur um mein ‚Blaues Licht' kreisten. Hinzu kam, daß ich die Rolle, die ich im ‚Weißen Rausch' zu spielen hatte, reichlich blöd fand,[547]

schrieb Riefenstahl später in ihren Memoiren. Abgesehen von der Filmrolle im *Weißen Rausch*, mit der sie nicht glücklich war, war Riefenstahls Begeisterung für den Skilaufzirkus ungebrochen. Das lässt sich auch an ihrem Besuch der Skimeisterschaften von Tirol und Vorarlberg am Rande der Dreharbeiten zu ihrem ersten Film, *Blaues Licht*, in Dornbirn auf dem Bödele ablesen, wo in den Wirtsstuben „Kampfgericht, Renner und Publikum ein lebendiges Treiben und durstiges Leben zeigten".[548] Neben Hannes Schneider, der den Geländelauf beaufsichtigte, waren unter anderem die Spitzenläufer und beiden Landesmeister in den jeweiligen Klassen Rudi Matt und Otto Lantschner anwesend, die ebenso wie Gustav Lantschner im *Weißen Rausch* eine Filmrolle hatten und von denen Riefenstahl laut ihren späteren Schilderungen sichtlich beeindruckt war. Die Vorliebe Riefenstahls für Sportler war der Öffentlichkeit schon damals bekannt. Die jüdische Journalistin Bella Fromm, die 1938 in die USA flüchtete, schrieb in ihren 1993 veröffentlichten Tagebuchaufzeichnungen folgendes: „Ski-Champions waren augenscheinlich ihr Schwarm, denn sehr bald tauschte sie Schneider

---

546 Vgl. Ski-Historisches Archiv des ÖSV, Ordner I, Archiv 700, Startliste zum Slalom des Skiklub Arlberg am 22. März 1931, Kopie im Besitz des Verfassers und BArch (ehem. BDC), PK, Lantschner, Gustav, 12.08.1910.
547 Riefenstahl, Memoiren, S. 140.
548 Vorarlberger Volksblatt, 5.1.1931, S. 5.

für Gustav Lantschner ein".[549] Umgekehrt traf die selbstbewusst auftretende Riefenstahl in der skifahrenden Männerwelt durchaus auf Gegenliebe. Gustav Lantschner schildert die Faszination, die von der späteren NS-Star-Regisseurin ausging, in einem Interview: „Sie war halt eine Frau, die sehr viel durchgesetzt hat, was sie machen wollte."[550]

Abseits vom Film teilten Lantschner und Riefenstahl auch noch die Leidenschaft für den wettkampfbetriebenen Skisport. Beide nahmen Anfang der 1930er-Jahre bei offiziellen Skirennen für den Skiklub Innsbruck teil und starteten beispielsweise Ende März 1931 bei einem vom Skiklub Arlberg veranstalteten Slalomlauf.[551] So fuhr Riefenstahl trotz ihrer Knieverletzung, die das Ende ihrer Tanzkarriere bedeutete, nach wie vor Skirennen und war nicht nur für den Film auf Skiern unterwegs. Eine Facette der Filmemacherin, die wenig bekannt ist und die nicht nur für eine filmische Annäherung zwischen Lantschner und Riefenstahl spricht. Auch Lantschner betont in einem späteren Interview, dass sie beide gemeinsam den Skisport ausübten, wann immer Zeit dazu war.

4.6.3.3 Berlin ruft

Fasziniert von Riefenstahl und dem Filmgeschäft entschied sich Lantschner Mitte der 1930er-Jahre nach Berlin zu ziehen. Wirtschaftliche und politische Motive dürften weitere Gründe gewesen sein, dass Lantschner 1935 die Flucht in das Deutsche Reich antrat. Gegen Jahresende 1935 suchte der Student Lantschner, wohnhaft in Berlin, Augsburgerstraße 52, um die deutsche Staatsbürgerschaft an, die er im Jänner 1936 genehmigt bekam. In der Kartei wurde er als NSDAP-Mitglied mit der Mitgliedsnummer 686 986 verzeichnet. Laut Mitgliedsbuch, das ihm im Mai 1933 ausgestellt wurde, war Lantschner Anfang Dezember 1931 der Partei, NSDAP-Ortsgruppe Innsbruck beigetreten.[552] Am 7. Jänner 1936, ein Monat vor Beginn der Olympischen Spiele in Garmisch-Partenkirchen, erhielt Lantschner in Berlin die Einbürgerungsurkunde ausgehändigt. Er wurde daraufhin

---

549 Bella Fromm, Als Hitler mir die Hand küßte, Berlin 1993, S. 150.
550 Interview mit Gustav Lantschner, geführt von Richard Rossmann, o. J., Kopie von Transkript im Besitz des Verfassers.
551 Vgl. Startliste zum Slalom des Skiklub Arlberg am 22. März 1931, Ski-Historisches Archiv des ÖSV, Ordner I, Archiv 700, Kopie im Besitz des Verfassers.
552 Vgl. Einbürgerung des Pg. Gustav Lantschner, BArch (ehem. BDC), PK, Lantschner, Gustav, 12.8.1910; Reichsfilmkammer Berlin, 07.10.1937, Betrifft: Herrn Gustav Lantschner, Berlin-Schöneberg, BArch (ehem. BDC), RK, Lantschner, Gustav, 12.8.1910.

von der NSDAP-Gauleitung Groß-Berlin als Parteimitglied weitergeführt.[553] Als reichsdeutscher Staatsangehöriger durfte er offiziell für die reichsdeutsche Nationalmannschaft starten. Im Interview begründet er seinen „Umzug" nach Berlin folgendermaßen: „Der Unterschied war der, dass ich selber Interesse hatte. Von den anderen hat keiner, sagen wir mal so, sich interessiert, dass er nach Berlin gegangen wäre um das zu lernen. Sondern das war ich selber, ich wollte das."[554] Riefenstahl half ihm dabei, im reichsdeutschen Filmgeschäft Fuß zu fassen. Sie hatte Lantschner engagiert und dafür gesorgt, dass er bei den Geyer-Film-Werken eine Anstellung bekam.[555]

Der Regisseurin stand auf dem Areal der Geyer-Film in Berlin-Neukölln ein eigener Zweckbau zur Verfügung, den sie 1934 für den Schnitt des Reichsparteitagfilms *Triumph des Willens* verwenden konnte. Zu ihren MitarbeiterInnen im Schnitt-Team zählten neben der Regie-Assistentin Erna Peters und dem Schweizer Abfahrtsweltmeister Walter Prager[556] die beiden Lantschner Brüder Otto und Gustav.[557] Sowohl Otto wie Gustav waren zu diesem Zeitpunkt Mitglied in der NSDAP als auch in der SS.[558] Und beide Brüder genossen das Vertrauen von Riefenstahl. Gustav kam beim Kurzfilm *Tag der Freiheit* zum Einsatz[559] und beide arbeiteten 1936 für die Olympia-Filme – Gustav als Kameramann, Otto als Schnittmeister.[560] *Tag der Freiheit* war ein Kurzfilm, den Riefenstahl in Auftrag der NS-Führung drehte. Er handelte vom Reichsparteitag 1935 in Nürnberg und setzte vornehmlich die dort gezeigten Wehrmachtsübungen in Szene.[561] Für die beiden Olympiafilme begann Riefenstahl im Herbst 1935 mit der Arbeit an dem Manuskript. Für diese zog sie sich gemeinsam mit ihrem Aufnahmestab in die

---

553 Vgl. Einbürgerung des Pg. Gustav Lantschner. BArch (ehem. BDC), PK, Lantschner, Gustav, 12.08.1910.
554 Interview mit Gustav Lantschner.
555 Vgl. Interview mit Gustav Lantschner.
556 Walter Prager, geboren am 2. April 1910 in Davos, gewann 1931 in Mürren als erster Skirennläufer in der Geschichte des Skisports die Weltmeisterschaft in der Abfahrt. Er leitete 1936 die Skischule im Schweizer Wintersportort Stoos und wanderte danach als Skilehrer in die USA aus. Bei den Olympischen Winterspielen 1948 in St. Moritz trainierte Prager die US-Skinationalmannschaft.
557 Vgl. Trimborn, Riefenstahl, S. 215.
558 Gustav Lantschner trat 1931 der NSDAP bei und wurde im August 1942 zum SS-Unterscharführer befördert. Vgl. BArch (ehem. BDC), PK, Lantschner, Gustav, 12.8.1910; BArch (ehem. BDC), RK, Lantschner, Gustav, 12.8.1910. Otto Lantschner war im Dezember 1931 der NSDAP beigetreten und im Juli 1932 der SS. Vgl. BArch (ehem. BDC), PK, Lantschner, Otto, 14.8.1908; BArch (ehem. BDC), RS, Lantschner, Otto, 14.8.1908.
559 Vgl. Trimborn, Riefenstahl, S. 234.
560 Vgl. BArch (ehem. BDC), RK, Lantschner, Otto, 14.8.1908; BArch (ehem. BDC), RK, Lantschner, Gustav, 12.8.1910.
561 Vgl. Riefenstahl, Memoiren, S. 245.

Kurstadt Bad Harzburg zurück. Zu der exklusiven Runde zählte neben Hans Ertl, Willy Zielke, Walter Hege und Walter Frentz auch Gustav Lantschner.[562]

4.6.3.4 Profite durch Film und Sport

Gustav Lantschner gelang es im selben Jahr, als die Olympiafilme entstanden, doppelt Profit zu schlagen. Er machte als Kameramann einerseits und als Skirennläufer andererseits Karriere im Deutschen Reich. Bei den Winterspielen in Garmisch-Partenkirchen gewann der Tiroler als reichsdeutscher Nationalsportler Olympia-Silber in der Kombination. Die NS-Presse überschlug sich. Die Berliner *Tagesschau* berichtete am 10. Februar 1936 vom „silbernen" Gustav und sprach vom „Sieger für die Nation", den der deutsche Film nicht wieder freigeben würde.[563] Lantschner selbst fasst die politischen Verhältnisse in NS-Deutschland und die unmittelbare Zeit nach dem „Anschluss" in einem Interview folgendermaßen zusammen:

> Es war abnormal, man hat das ja nie vorher gewusst. Die Politik war ziemlich abnormal, nicht. Die Österreicher sind dann eingenommen worden von den Deutschen und besetzt von den Deutschen und natürlich auch die Filmproduktion. Und das war in der Zeit, wo Österreich zu Deutschland dann gehört hat, nicht. Kurz vor dem Krieg.[564]

Als politisch motivierter Mensch habe sich Lantschner nie gefühlt, zumindest nicht in seiner Retrospektive: „Ich bin halt nie politisch aktiv gewesen und dadurch musste ich nie etwas sein im politischen Leben, nicht". Sein Statement in der Dokumentation *Ski Heil* aus dem Jahr 2009 spricht eine andere Sprache. In einer Interviewsequenz drückt Lantschner offen seine Bewunderung für Adolf Hitler und das NS-Regime aus:

> Seine Politik hat den Fehler gehabt, die Menschheit zu überschätzen. Die war noch nicht so weit. Es ist heute so und war immer so, dass einige da sind, die die Besten sind. Zu denen hat er mitgehört. Ob das nun positiv oder negativ war, das kann ich nicht so beurteilen.[565]

Diese Betrachtung Lantschners im Jahr 2009 verdeutlicht nicht nur seine über die Jahre unveränderte positive Haltung gegenüber dem NS-Unrechtssystem, sondern er verdrängt gleichzeitig seine aktive Rolle im NS-Regime als Spitzensportler, Kameramann und Mitglied der SS. Lantschner nimmt in dem Gespräch

---

562 Vgl. Bernett, Untersuchungen, S. 123.
563 Vgl. Tagesschau Berlin, 10.2.1936, BArch (ehem. BDC), RK, Gustav, Lantschner.
564 Vgl. Interview mit Gustav Lantschner.
565 Interview mit Gustav Lantschner, in: Ski Heil – Die zwei Bretter, die die Welt bedeuten, Regie: Richard Rossmann, 2009.

die Rolle des Beobachters ein, als hätte er nicht dazugehört. Außerdem verkennt Lantschner in seinen Erzählungen die Tatsache, dass er sehr wohl von der NS-Filmindustrie profitiert hat, indem er das NS-Filmgeschäft und damit die filmische Inszenierung der nationalsozialistischen Propaganda aktiv mitgestaltete. Lantschner, der im Februar 1936 bei den Olympischen Spielen in Garmisch-Partenkirchen im Trikot der Deutschen Reichsnationalmannschaft die Silbermedaille in Empfang nahm, stand spätestens im Oktober 1937 im Zentrum des Interesses der Reichsführung. Ebenso wie die anderen deutschen Olympiasieger war er zum 50. Geburtstag des Reichssportführers Hans von Tschammer und Osten am 25. Oktober 1937 in die Reichskanzlei nach Berlin eingeladen worden.[566]

Abb. 28: Privataufnahme von Gustav Lantschner im Rahmen der Olympischen Winterspiele in Garmisch-Partenkirchen im Februar 1936, Nachlass Guzzi Lantschner, WaRis – Tiroler Filmarchiv. Helma Türk & Dr. Christian Riml.

---

566 Vgl. Einladung des Führers und Reichskanzlers [sic] an Gustav Lantschner für den 25.10.1937 in die Reichskanzlei, Nachlass Guzzi Lantschner, WaRis – Tiroler Filmarchiv, Helma Türk & Dr. Christian Riml.

4.6 Ski-HeldInnen im Dienst der NS-Propaganda – Soldaten für das System — 287

Aus den Personalakten des Bundesarchivs in Berlin geht genau hervor, ab wann Lantschner filmisch tätig war. Seine Beitrittserklärung in der Reichskulturkammer unterschrieb Lantschner am 2. Jänner 1934. Als Beruf gab er damals Schauspieler und Mitarbeiter bei Sportfilmen an.[567] Am 17. April 1934 suchte Lantschner zusätzlich um eine Arbeitsbewilligung als Kamera-Assistent an und gab dabei an, dass seine Mitarbeit an Berg- und Sportfilmen sowie Expeditionen in Folge seiner Erfahrungen benötigt werde. Der von der Reichskulturkammer als Fachdarsteller geführte Lantschner stand in weiterer Folge für den Reichsparteitagsfilm 1935 hinter der Kamera und machte für diesen auch die Schnittarbeit.[568] 1936 folgten die Olympiafilme und im Herbst 1939 reiste Lantschner mit der Leni Riefenstahl GmbH für einen Propaganda-Streifen der Wehrmacht zu Dreharbeiten nach Polen. Jürgen Trimborn datiert die Abfahrt des Riefenstahl-Filmteams, dem die beiden Brüder Otto und Gustav Lantschner als Kameramänner angehörten, auf den 10. September 1939. Riefenstahl selbst hatte die Kriegsberichterstatter-Truppe zusammengestellt und war mit ihr gemeinsam in ihrem Privat-Pkw und einem Transporter nach Polen gereist. Ihr Zielort Konskie lag mitten im Frontgebiet. Was Lantschner und das Filmteam dort zu Gesicht bekamen, waren erste Kriegsverbrechen, begangen von Wehrmachtssoldaten an der dortigen jüdischen Bevölkerung.[569] In seinen Nachkriegserzählungen über die Front verdrängt Lantschner diese Erlebnisse. Dafür betont er die positiven Seiten des Filmeschaffens: „Es war sehr aufregend und verhältnismäßig komfortabel, denn sonst hätten wir weiter studiert und keine speziellen Aufnahmen gemacht."[570]

Ab Sommer 1940 wirkte Gustav Lantschner an der Riefenstahl-Produktion *Tiefland* mit, für den eigens Roma-Kinder aus dem so genannten „Zigeunerlager Maxglan" von Salzburg an das Set in die Filmstadt nach Mittenwald in Bayern transportiert wurden. Die NS-Regisseurin kam dafür eigens in das Internierungs- und Arbeitslager nach Salzburg, um mindestens 30 Personen für kleinere Rollen sowie als Statisten auszuwählen.[571] Lantschner war zuvor schon gemeinsam mit Walter Riml für die Vorbereitungen auf der Suche nach Motiven nach Spanien aufgebrochen. Riefenstahl traf ihre beiden Assistenten dort kurz nach deren Ankunft in Barcelona. Das Projekt wurde von der Terra-Film finanziert.[572] Der Vertrag für den Film *Tiefland* zwischen der Riefenstahl-Film GmbH in Berlin

---

567 Beitrittserklärung Gustav Lantschner, Reichskulturkammer, 2.1.1934, BArch (ehem. BDC), RK, Lantschner, Gustav, 12.8.1910.
568 BArch (ehem. BDC), RK, Lantschner, Gustav, 12.8.1910.
569 Trimborn, Riefenstahl, S. 295.
570 Vgl. Interview mit Gustav Lantschner.
571 Vgl. SLA, RSTH I/3 046; Erika Thurner, Nationalsozialismus und Zigeuner in Österreich, Wien/Salzburg 1983, S. 40.
572 Vgl. Riefenstahl, Memoiren, S. 218.

und Gustav Lantschner als Kameramann wurde am 5. Oktober 1940 geschlossen. Die Reichskulturkammer meldete keine Bedenken und genehmigte Lantschners Engagement bzw. den Vertragsbeginn vom 4. August 1940 im Nachhinein. Darin war festgehalten, dass Lantschner als „Kameramann für Spezialaufgaben" in den Dolomiten eingesetzt werden sollte. Sein monatlicher Verdienst wurde auf 2 000 Reichsmark festgelegt.[573] Im selben Jahr, am 1. Juli 1940, wurde Lantschner zum SS-Unterscharführer befördert.[574]

Schon ein Jahr vor *Tiefland* brachte Lantschner für die Bavaria Film seinen ersten eigenen Film *Wildwasser* heraus. 1940 folgte dann der schon erwähnte Sport- und Naturfilm *Osterskitour in Tirol*.[575] Dass die Filme Auftragsproduktionen des nationalsozialistischen Regimes waren, darüber machte sich Lantschner keine Gedanken. Noch Jahrzehnte später Lantschner in einem Interview behauptete er: „Das war nicht so schlimm. Wie das heute dargestellt wird [...] also die Regierung hat viele Filme gemacht und ob die jetzt Nazi waren oder nicht hat uns nicht interessiert."[576] Ebensowenig hatte sich Lantschner für das weitere Schicksal der vom „Zigeunerlager" zwangsrekrutierten Komparsen, Kinder und Erwachsene, interessiert. Ein Großteil von ihnen fand in nationalsozialistischen Konzentrations- und Vernichtungslagern den Tod.[577] Lantschner war gegen Kriegsende bemüht, sich einer bevorstehenden Inhaftierung zu entziehen und versuchte sich über Italien abzusetzen, was ihm auch gelang. Am 25. Mai 1948 stellte er in Rom einen Antrag auf ein Reisedokument des Internationalen Roten Kreuzes. Als ursprüngliche Staatsbürgerschaft gab er „Österreich-Ungarn" an, als aktuelle „staatenlos" und als Beruf Kameramann. Vor seiner Überfahrt nach Argentinien wohnte er zunächst im Hotel Figl in Bozen und dann im Hotel Universo in Rom.[578] Die vom Internationalen Komitee des Roten Kreuzes in Rom am 28. Mai 1948 genehmigten Reisepapiere bestätigten Lantschner die freie Überfahrt bis Buenos Aires.[579] In Argentinien angekommen schlug er sich bis San Carlos de Bariloche durch, wo er auf andere Gleichgesinnte traf. Darunter sein Bruder, Fritz Lantschner junior, der ebenfalls im Sommer 1948 über Ita-

---

573 Vgl. BArch (ehem. BDC), RK, Lantschner, Guzzi.
574 Vgl. BArch (ehem. BDC), SM, Lantschner, Gustav, 12.08.1910.
575 Vgl. Film-Kurier, 9.10.1940, S. 4.
576 Vgl. Interview mit Gustav Lantschner.
577 Vgl. Kerschbaumer, Respekt, S. 45.
578 Vgl. Antrag auf ein Rot-Kreuz-Reisedokument für Gustav Lantschner, Internationales Komitee des Roten Kreuzes in Rom, 25.5.1948, Archiv des Internationalen Komitees des Roten Kreuzes, ACICR, C TVCR 1994.060-009, Gerald Steinacher, Nazis auf der Flucht. Wie Kriegsverbrecher über Italien nach Übersee entkamen, Frankfurt am Main 2010, S. 267.
579 Vgl. Rot-Kreuz-Reisedokument für Gustav Lantschner, Internationales Komitee des Roten Kreuzes in Rom, 28.5.1948, ACICR, C TVCR 1994.060-009.

lien nach Argentinien geflohen war, weil die österreichische Justiz nach ihm fahndete.[580] Dazu aber in einem späteren Kapitel mehr.

4.6.4 Der Jagdflieger und Skistar Josef Jennewein

Der Stellenwert des Skisports für das Deutsche Reich lässt sich in den Narrativen der „Heldengeschichten" ablesen, die über die NS-Presse transportiert wurden. Da bildete jene des 1919 in St. Anton am Arlberg geborenen Josef Jennewein keine Ausnahme. Sie sticht aber deswegen hervor, weil Jennewein für das nationalsozialistische Regime beides verkörperte: einerseits den „Sporthelden", andererseits den „Kriegshelden". Die nationalsozialistische Sportpresse begleitete den jungen Arlberger von Beginn an, als der Skisportler als Ordensburg-Schüler noch nicht volljährig bei den Jungmannen startete und bei diesen seine ersten Skisprung-Erfolge feierte.[581] Als im Februar 1939 die Weltmeisterschaften in Zakopane anstanden, wurde der 19-jährige Jennewein neben seinem knapp acht Jahre älteren Skiklub-Kollegen vom Skiclub Arlberg Willi Walch als Titelfavorit gehandelt. Jennewein konnte das Rennen für sich entscheiden und gewann den Weltmeistertitel in der Kombination. In der nach Abschluss der Weltmeisterschaft stattfindenden Vollversammlung des Skiclubs Arlberg am 15. April 1939 im Gasthof Adler betonte der Vereinsvorsitzende Hubert Salcher die Leistungen von Jennewein und Walch und meinte, dass „kein Ski-Club der Welt jemals so schöne und viele Erfolge für sich buchen konnte, wie der Ski-Club Arlberg in diesem Winter".[582] Im darauffolgenden Winter widmete das Reichssportblatt dem Kombinationssieger der internationalen Wintersportwoche in Garmisch-Partenkirchen die Titelseite und machte Jennewein zum strahlenden „Titelhelden". Unter dem Bild auf dem Cover der NS-Sportillustrierten stand zu lesen: „Der lachende Sieger Pepi Jennewein (Ordensburg Sonthofen) mit dem Söhnchen des großen norwegischen Skispringers Randmond Sörensen, der sich als Gast an der Wintersportwoche beteiligte".[583] Jennewein sorgte bei der Sportgroßveranstaltung im Olympiastadion von Garmisch-Partenkirchen für die Überraschung. „Beherrscht fahrend stürmte der federleichte junge Arlberger herunter, riß seine Brille ab und blickt auf die Tafel",[584] überschlug sich das *Reichssportblatt* in seiner Berichterstattung.

---

580 Vgl. TLA, LG Innsbruck, 10 Vr 924/47.
581 Vgl. u. a. Der Montag, 27.12.1938, S. 8.
582 Vollversammlung SCA, 15.4.1939, Protokollbuch SCA 1933–1955, Sammlung Lechmuseum.
583 Reichssportblatt, 6.2.1940, Titelseite.
584 Internationale Wintersportwoche Garmisch-Partenkirchen, in: Reichssportblatt, 6.2.1940, o. S.

4 Österreichs Skisport in der NS-Zeit

Abb. 29: Der Kombinationssieger der Wintersportwoche in Garmisch-Partenkirchen Josef Jennewein als NS-Sportidol auf der Titelseite des *Reichssportblattes* im Februar 1940, *Reichssportblatt*, 6.2.1940, BSB.

4.6 Ski-HeldInnen im Dienst der NS-Propaganda – Soldaten für das System

Die reichsdeutsche Sportführung scheute im Februar 1940 keine Mühen, den Weltmeister Josef Jennewein für einen Torlauf, den das Fachamt für Skilauf des Gaues Wien organisierte, auf die Hohe Wand zu lotsen. Der *Völkische Beobachter* berichtete auf einer dreiviertel Seite über die Teilnahme Jenneweins und brachte ein Interview mit dem Skistar des „Dritten Reichs".[585] Jennewein hatte sich kurz davor freiwillig zur Luftwaffe gemeldet und befand sich damals im Fliegerausbildungsregiment,[586] ebenso wie sein Kamerad und langjähriger Vereins- und Skiläuferkollege des SC Arlberg Josef Gabl. Laut dem reportage-artigen Bericht im *Völkischen Beobachter* verfolgten 3 000 Zuschauer das lokale Skirennen.

> Inzwischen war der Weltmeister und auch Hilde Walter-Doleschell von den im Waggon anwesenden Skisportlern längst erkannt worden, die ersten Autogrammjäger mußten befriedigt werden und erst als ‚Betty', die riesige Dogge der Ostmarkmeisterin, die beiden viel Umworbenen durch ein keineswegs freundliches Gebell aus dem Gedränge befreite, konnten wir unsere Unterhaltung fortsetzen.[587]

Die Skisportveranstaltung in der Nähe Wiens war gezielt als Propaganda für den reichsdeutschen Skilauf angedacht und Jennewein sowie Hilde Walter-Doleschell wurden als BotschafterInnen dafür eingesetzt. Der *Völkische Beobachter* schrieb von einer „Prachtleistung des Arlbergers" und von „Schilauf in letzter Vollendung".[588] Walter-Doleschell sollte ein paar Wochen später die alpinen Skimeisterschaften der „Ostmark" gewinnen.[589] Bei den internationalen Skimeisterschaften in Garmisch-Partenkirchen im Februar 1941 landete Walter-Doleschell auf dem zweiten Platz hinter ihrer Tiroler Nationalteam-Kollegin Rosemarie Proxauf. Der Sieg der beiden Österreicherinnen über Christl Cranz für das reichsdeutsche Skiteam wurde medial sogar in den USA verfolgt.[590]

Jennewein war im ersten Kriegswinter zu einem Medienstar der NS-Propaganda avanciert. Im Jahrbuch des NSRL *Durch Pulver und Firn* berichtete Jenne-

---

585 Vgl. Völkischer Beobachter, 19.2.1940, S. 3.
586 Vgl. Florian Berger, Ritterkreuzträger aus Österreich und den k. u. k. Kronländern, Wien 2006, S. 90.
587 Völkischer Beobachter, 19.2.1940, S. 3.
588 Völkischer Beobachter, 19.2.1940, S. 3.
589 Vgl. Salzburger Volksblatt, 26.2.1940, S. 5. Hilde Walter-Doleschell, geboren am 21. Februar 1915, starb am 19. April 2013 im Alter von 98 Jahren in der westlich von Toronto gelegenen Stadt Guelph. Sie war nicht nur eine erfolgreiche Skiläuferin, sondern auch Tennisspielerin. In den 1950er-Jahren wanderte sie gemeinsam mit ihrem Ehemann Fritz Doleschell nach Kanada aus, wo sie als Allround-Sportlerin Karriere machte. Vgl. Sheboygen Press, 29. Juni 1953, S. 18 und https://obittree.com/obituary/ca/ontario/milton/mckersie−kocher-funeral-home/hilde-doleschell/1566374/ (17.1.2019).
590 Vgl. The Ogden Standard Examiner, 16.2.1941, S. 8-A.

wein unter dem Titel „Statt Fahren Fliegen" auf mehreren Seiten über seine Erfahrungen als Jagdflieger und Skisportler. Der Bericht sollte den Lesern vermitteln, was der Skilauf mit dem Fliegen zu tun habe.[591] Im Grunde zielte der Bericht darauf ab, die Rolle des Skisports für den militärischen Nutzen zu unterstreichen und junge Männer für eine soldatische und militärische Laufbahn zu begeistern. Der Ordensburg-Schüler Jennewein schildert darin den sportlichen Alltag auf der Ordensburg Sonthofen, „deren sportlicher Unterrichtsplan sich auch auf Leichtathletik, Schwimmen, Bergsteigen, Skilaufen und Reiten erstreckt".[592] Besonders aber sollte er den jungen Lesern die Motorflugausbildung schmackhaft machen und dafür seien Skiläufer, so die Quintessenz des Propaganda-Artikels, „besonders geeignet".[593] Über den militärischen Drill und die nationalsozialistische Indoktrinierung im Rahmen der Ordensburg-Ausbildung findet sich in dem Beitrag keine Zeile.[594] Jennewein ließ sich in Sonthofen zum Gemeinschaftsführer im Motorflug ausbilden und meldete sich zu Jahresbeginn 1940 zur Luftwaffe, in dieser wurde er im Herbst 1940 nach der Grundausbildung als Jagdflieger in Ausbildung genommen.[595] Als sportlicher Ausbildner schulte er zudem den soldatischen Nachwuchs im Skilauf an der Adolf-Hitler-Schule in Sonthofen, die an die Ordensburg gekoppelt war und die unter anderem der junge HJ-Skisportler Egon Schöpf absolvierte.[596] Ab Sommer 1941 flog Jennewein für das in Frankreich stationierte Jagdgeschwader 26.[597] Neben seinem Militärdienst erhielt Jennewein aber immer wieder die Starterlaubnis für Skirennen. So startete er im März 1940 gemeinsam mit Josef Gabl bei den Kriegs-Skimeisterschaften am Arlberg offiziell für die Luftwaffe und holte als ersten Preis den Tschammer-Pokal.[598]

---

591 Vgl. Peppi Jennewein, Statt Fahren Fliegen, in: Durch Pulver und Firn. Das Buch der deutschen Skiläufer. Jahrbuch des Nationalsozialistischen Reichsbundes für Leibesübungen/Fachamt Skilauf, Innsbruck 1939/40, S. 37–40.
592 Jennewein, Statt Fahren, S. 37.
593 Vgl. Jennewein, Statt Fahren, S. 37–39.
594 Die sportliche Schulung bildete neben der politisch-ideologischen ein zentrales Element im Lehrplan der Ordensburgen. Eine gute körperliche Verfassung war eine Grundvoraussetzung, um später als Bereitschafts-, Hundertschafts- oder Kameradschaftsführer ausgebildet zu werden. Zu den Grundlagen der nationalsozialistischen Ordensburgen vgl. u. a. Thomas Roth, „Erziehung zu Leistung und Gesinnung". Programm, Praxis und Propaganda der „Leibesertüchtigung" an der NS-Ordensburg Vogelsang, in: Ansgar Molzberger/Stephan Wassong/Gabi Langen (Hg.), Siegen für den Führer. Der Kölner Sport in der NS-Zeit. Schriftenreihe des NS-Dokumentationszentrums der Stadt Köln (Band 20), Köln 2015, S. 102–143, hier S. 105.
595 Vgl. Innsbrucker Nachrichten, 17.2.1942, S. 3–4
596 Vgl. Interview mit Egon Schöpf.
597 Vgl. Berger, Ritterkreuzträger, S. 90.
598 Vgl. NS-Sport 2 (1940) 11, S. 4; Innsbrucker Nachrichten, 12.3.1940, S. 4.

4.6 Ski-HeldInnen im Dienst der NS-Propaganda – Soldaten für das System 293

Die nach dem Zweiten Weltkrieg von der FIS aberkannten Ski-Weltmeisterschaften im italienischen Cortina ließen Jennewein im Februar 1941 erneut zum Star der NS-Sportpropaganda werden.[599] Dieses Mal zierte der Kombinationssieger, gemeinsam mit seinem Arlberger Ski- und Jagdfliegerkameraden Albert Pfeiffer neben dem Reichssportführer Hans von Tschammer und Osten stehend, das Titelblatt des *Reichssportblattes*.[600] Ein Jahr darauf veröffentlichten die *Innsbrucker Nachrichten* eine Art Exklusiv-Gespräch mit dem mittlerweile zum Unteroffizier aufgestiegenen Jagdflieger. Unter dem Titel „Skiweltmeister schießt Spitfires ab" wurden darin nicht nur seine skiläuferischen Erfolge und Teilnahmen bei internationalen Skikonkurrenzen aufgezählt, sondern besonders seine militärischen Leistungen hervorgehoben. Der im Februar 1942 erschienene Zeitungsbericht beleuchtete seine Einsätze als Kampfflieger in einer Jagdstaffel an der Kanalküste und ließ Jennewein bildgewaltig selbst zu Wort kommen:

> Ich war etwa in 4000 Meter Höhe, als ich die am Schluß fliegende Spitfire in erreichbare Nähe bekommen hatte. Ich schoß auf den Gegner herunter, bekam ihn im Anflug gut ins Zielgerät drückte ab – schon die erste Garbe saß, die Maschine brannte sofort und stürzte wenige Augenblicke später mit einer langen Rauchfahne ins Meer ab.[601]

Für seine Abschüsse der englischen Spitfires erhielt Jennewein im Herbst 1941 das Eiserne Kreuz zweiter und erster Klasse verliehen und wurde nach seinem Einsatz an der englischen Kanalküste im Jänner 1942 mit einer Jagdstaffel an die Ostfront versetzt.[602] Sein tödlicher Absturz als Jagdflieger im Sommer 1943 wurde von der NS-Propaganda medial als Heldentod angepriesen. Der NS-Berichterstatter und spätere Skisport-Publizist Günther Flaig schrieb folgende pathetischen Zeilen:

> In schneidigem Draufgängertum errang er bis zum Juli 1943 63 Luftsiege und trug stolz das Deutsche Kreuz in Gold. Kurz nach dem Urlaub ging es wieder an die Ostfront. Gleich in den ersten Tagen flog er wieder einen Einsatz, zusammen mit seinem St. Antoner Freund und Schikameraden [sic] Pepi Gabl. Jennewein schoß einen Russen ab, doch kurz danach setzte sein Motor aus. […] es ist unvorstellbar, daß er auf einmal nicht mehr sein sollte – dieses junge, blühende Leben, dieser prachtvolle Mensch, der Draufgänger – der

---

599 Die von der FIS 1946 nachträglich annulierten Ski-Weltmeisterschaften im italienischen Cortina fanden im Februar 1941 ohne Beteiligung von SportlerInnen aus alliierten Staaten statt. Sechs Siege gingen an SkisportlerInnen aus dem Deutschen Reich, einer von ihnen war Josef Jennewein. Vgl. Josef Rohrer, Zimmer frei. Das Buch zum Touriseum, Bozen 2003, S. 161.
600 Vgl. Reichssportblatt, 11.2.1941, Titelseite.
601 Innsbrucker Nachrichten, 17.2.1942, S. 3–4.
602 Vgl. Berger, Ritterkreuzträger, S. 90.

Kämpfer und Sieger, der Weltmeister – für die ganze schifahrende Jugend bis weit über Deutschlands Grenzen hinaus ein leuchtendes Vorbild; der Flieger und Soldat.[603]

Auf Vorschlag des Oberbefehlshabers der Luftwaffe, Reichsmarshall Hermann Göring, bekam Jennewein im Dezember 1943 posthum das Ritterkreuz verliehen, nachdem er schon zu Lebzeiten mit dem Deutschen Kreuz in Gold ausgezeichnet worden war. Der Spitzenathlet war mittlerweile zum Oberfeldwebel und Flugzeugführer eines Jagdkommandos aufgestiegen. Jenneweins Beförderung zum Leutnant erfolgte ebenso nach seinem Tod.[604] In der nationalsozialistischen Zeitung *Der Rote Adler* stand zu lesen: „Sein unbekümmertes Draufgängertum im Luftkampf ließen ihn 86 Mal als Sieger heimkehren."[605] Während Jennewein im Raum Orel (Orjel) abstürzte und seinen Tod fand, starb sein Skiklub-Kollege und Jagdflieger Albert Pfeiffer bei einem Einsatz an der Westfront.[606]

4.6.5 Anton Seelos – vom NSRL-Reichstrainer über die SA zum Reichstrainer der Ordnungspolizei

Abb. 30: Der spätere ÖSV-Trainer Anton Seelos machte Karriere im nationalsozialistischen Sportbetrieb, Skileben in Österreich 1936.

---

603 Salzburger Zeitung, 27.9.1943, S. 4.
604 Vgl. Berger, Ritterkreuzträger, S. 90.
605 Der Rote Adler, 4 (1944) 3, S. 11.
606 Vgl. Salzburger Zeitung, 11.9.1943, S. 5.

4.6 Ski-HeldInnen im Dienst der NS-Propaganda – Soldaten für das System — 295

Eine steile Karriere innerhalb des NSRL und der SA legte der Tiroler Skiläufer Anton Seelos hin. Er wurde über die NS-Zeit hinaus zu einem Vorbild für junge Skisport-Generationen. Zu verdanken hatte er diesen Status mitunter auch seiner Förderung im nationalsozialistischen Sportsystem, in dem er schon vor 1938 aktiv Fuß fassen konnte. Seelos wurde 1911 in Telfs geboren und besuchte nach der Volksschule die dreijährige Fortbildungsschule. Er absolvierte die staatliche Skilehrerprüfung und holte 1935 in Mürren den Weltmeistertitel in der alpinen Kombination. Seine ersten Rennen fuhr er für den SK Seefeld. Für die Olympischen Spiele 1936 wurde er von der reichsdeutschen Sportführung als Trainer des Frauen-Skinationalteams engagiert.[607] Er zählte zu jenen österreichischen „Lehrmeistern", auf die das Reichsfachamt Skilauf schon früh ein Auge geworfen hatte.[608] Anfang Juni 1938 trat Seelos seinen Dienst bei der SA in der SA-Gruppe Alpenland in Linz an. Seinen ersten großen Auftritt als SA-Skisportler hatte er beim Großglocknerrennen auf der Pasterze, welches als „Anschluss-Rennen" inszeniert wurde. Seelos wurde unmittelbar nach seinem Eintritt zum SA-Sportreferenten ernannt und per Personalbefehl der Gruppe mit dem Eintrittsdatum zum SA-Sturmführer befördert.[609] Als SA-Sturmführer ist er auch in den Personallisten der SA in Tirol verzeichnet.[610] Seine Beurteilung im Oktober 1938 fiel folgendermaßen aus:

> Sturmführer Seelos hat sich bisher als ruhiger und gesetzter Mitarbeiter erwiesen, dessen Auftreten im und außer Dienst bisher zu keinen Beanstandungen geführt hat. Sein Leistungsgrad kann ebenfalls infolge der Kürze der Zeit noch nicht endgültig beurteilt werden. Auf dem Gebiete des Skisportes ist er jedoch überragender Könner. Da gerade im Gebiet der Gruppe Alpenland der Skisport vorherrschend betrieben wird, ist er mit seinen Kenntnissen in dieser Richtung für die Gruppe wertvoll.[611]

Der NSDAP sei er im August 1938 zur Existenzsicherung beigetreten, der SA ohne Rücksicht auf seine eigentliche Gesinnung, um für diese starten zu können, gab Seelos später im Entnazifizierungsverfahren an.[612] Seine Beteiligung am nationalsozialistischen Unrechtssystem ging aber weit über jene eines einfachen SA-Sportlers hinaus. Seinen Kriegsdienst versah Seelos bei der Ordnungs-

---

607 Vgl. Reichssportblatt, 15.2.1938, S. 386–387.
608 Vgl. Ski-Sport, 2 (1936) 1, S. 10.
609 Vgl. BArch (ehem BDC), SA, Seelos, Anton, 4.3.1911.
610 TLA, 3/322-389 SA-Listen, Personalbefehle, Beförderungsbefehle, Namensverzeichnisse, Standeslisten, Sturmliste.
611 Beurteilung für SA-Führer, Linz a. D. 13.10.1938 Führer der Gruppe Alpenland Giesler, BArch (ehem BDC), SA, Seelos, Anton, 4.3.1911.
612 Vgl. TLA, BH Innsbruck, Entnazifizierung, Karton 724/28, Akt 2592/48.

polizei. In dieser war er unter anderem an der Polizeischule Innsbruck für die Hochgebirgs-Ausbildung zuständig.[613] Im Winter 1940/41 leitete der Reservepolizist Seelos gemeinsam mit Rudolf (Rudi) Matt aus St. Anton das Training der Reichsmannschaft der Ordnungspolizei in der Polizei-Skischule Kitzbühel. Diese war ab Jänner 1939 die zentrale Ausbildungsstätte der Polizei- und SS-Skiläufer des Reiches. Seelos unterrichtete in dem Ausbildungslehrgang die Spezialisten der Ordnungspolizei in Slalom und Abfahrt.[614] Für Seelos und ausgewählte Spitzenläufer der Ordnungspolizei ging es ein paar Wochen nach Beendigung der Lehrgänge in Kitzbühel in das besetzte Generalgouvernement zu den alpinen Skimeisterschaften nach Zakopane. Neben Seelos, der gleichzeitig als Trainer der Reichsmannschaft der Ordnungspolizei auftrat, ging noch der aus Innsbruck stammende SS-Sportler Rüdiger Seyerl an den Start. Seyerl war alpiner Skiläufer der SS-SG Innsbruck und amtierender Polizei-Skimeister. Während die polnische und jüdische Bevölkerung verfolgt und ermordet wurde, sollten sich die Abfahrtsläufer der Ordnungspolizei mit jenen des Sicherheitsdienstes messen. Die *Innsbrucker Nachrichten* sprachen von einer „ausgezeichneten Besetzung".[615] Seelos siegte beim so genannten Tatra-Pokal in der Einzelwertung in der Abfahrt und holte im Team der Reichsmannschaft den ersten Platz vor der Mannschaft der SS- und Polizeigemeinschaft. Der skisportliche Ausflug ins besetzte Polen war aber nicht der einzige sportliche Höhepunkt für den Reservepolizisten Seelos. Im März 1941 gab er zudem seine Nennung zum Tschammer-Pokal-Rennen bekannt.[616] Seelos war aufgrund seiner Verdienste ein begehrtes Gesicht der NS-Sportpropaganda. Das offizielle Organ des Reichsfachamtes *Ski-Sport* widmete dem Alt-Weltmeister im September 1941 eine Fotostrecke, in der es Seelos als Privatperson vor seinen Pokalen porträtierte.[617]

Als Oberwachtmeister der Reserve trat Seelos im März 1941 als Mannschaftsführer der Reichsmannschaft der Ordnungspolizei bei alpinen Bewerben in Seefeld Erscheinung.[618] Damit war er maßgeblich für das Training der Polizei-Skisportler zuständig. Der Sport innerhalb der Ordnungspolizei wurde folgendermaßen charakterisiert:

> Die Polizei, eine tragende Säule in unserem Staate, übt auch ihren Sport im nationalsozialistischen Geist aus, indem sie durch die Polizeisportvereine mit den sportlichen Fähigkei-

---

613 Vgl. WASt, Anton Seelos, 4.3.1911.
614 Vgl. Innsbrucker Nachrichten, 5.3.1941, S. 8.
615 Innsbrucker Nachrichten, 18.3.1941, S. 6
616 Vgl. Innsbrucker Nachrichten, 13.3.1941, S. 9.
617 Vgl. Ski-Sport, 6 (1941) 15, S. 208.
618 Vgl. Innsbrucker Nachrichten, 10.3.1941, S. 6.

ten und Fertigkeiten ihrer Mitglieder der Allgemeinheit dient und sich ihr weiht als bewußtes und freudig bejahendes Glied.[619]

Eine besondere Rolle in der Ausbildung spielte dabei die alpine Hochgebirgsschulung. Sie sollte den Angehörigen der Ordnungspolizei, speziell jenen, die in den vom Deutschen Reich besetzten Gebieten operierten, eine Spezialausbildung zukommen lassen. Als Prüfungskriterium und äußeres Kennzeichen für die Soldaten der Ordnungspolizei schuf der Chef der Ordnungspolizei, General Kurt Daluege, im Februar 1941 das Polizei-Bergführerabzeichen. Das Gasthaus Alpenrose im Zillertal wurde zum Standquartier für die Lehrgänge. Im umliegenden hochalpinen Gelände wurden die Angehörigen der Ordnungspolizei, wie der Bezirks-Oberwachtmeister der Reserve Rudi Matt, zu Bergführern ausgebildet, um auch im Gebirgskampf bestehen zu können.[620] In Seelos fand die Ordnungspolizei nicht nur einen fähigen Mannschaftsführer, sondern auch erfolgreichen Sportler, der die Ordnungspolizei im Krieg nach außen vertrat.[621]

4.7 Die junge Generation – Erzählungen über den Skisport im Nationalsozialismus und Krieg

Das folgende Kapitel geht den Lebensläufen, Erfahrungen und Erzählungen der jungen SkisportlerInnen-Generation nach, die ihre Erwachsenen-Erfolge erst nach Kriegsende in den späten 1940er- und frühen 1950er-Jahren feierte, aber als Jugendliche durch das nationalsozialistische Sportsystem geprägt worden war. Es handelt sich um die Generation, die in den Jahren von 1925 bis 1930 geboren und in den nationalsozialistischen Jugendorganisationen BDM und HJ sozialisiert und sportlich gefördert wurde. Dazu wurden exemplarisch zwei der im Rahmen des Forschungsprojektes geführten narrativen Interviews ausgewählt. Die erzählten Lebensgeschichten wurden nach den Methoden der Oral-History ausgewertet und analysiert.[622] Ziel dabei war es, die subjektiven Sichtweisen im

---

619 Sport der Deutschen Ordnungspolizei, 16 (1941) 20/21, S. 247, BArch (ehem. BDC), R 1501/5620.
620 Vgl. Sport der Deutschen Ordnungspolizei, 16 (1941) 20/21, S. 247, BArch (ehem. BDC), R 1501/5620.
621 Vgl. Innsbrucker Nachrichten, 22.2.1943, S. 4.
622 Zur Methode der Oral-History vgl. u. a. Roswitha Breckner, Von den Zeitzeugen zu den Biographen. Methoden der Erhebung und Auswertung lebensgeschichtlicher Interviews, in: Julia Obertreis (Hg.), Oral History, Stuttgart 2012, S. 113–151; Gabriele Rosenthal, Erlebte und erzählte Lebensgeschichte. Gestalt und Struktur biographischer Selbstbeschreibungen, Frankfurt am Main/New York 1995, S. 186–207 und 208–226.

Kontext der eigenen Lebensgeschichte, der Skisportgeschichte und des Nationalsozialismus herauszuarbeiten.[623] In den ausgewählten Fallbeispielen handelt es sich um eine Frau und einen Mann, die beide ihre Kindheit, das Aufwachsen und ihre Jugend im Raum Innsbruck erlebten. Dagmar Rom wurde am 16. Juni 1928 in Innsbruck geboren und Egon Schöpf am 16. Oktober 1925 in Innsbruck. Beide erlernten das Skifahren, gefördert und unterstützt durch ihre Eltern, in der Skischule von Ossi Schmidhuber.[624] Ihr frühes skiläuferisches Revier war die Innsbrucker Nordkette auf der Seegrube.

Dagmar Rom und ihr um zweieinhalb Jahre älterer Bruder wuchsen im Innsbrucker Stadtteil Saggen auf. Der Vater war Bankdirektor, die Mutter Bankangestellte. Rom erinnert sich in der Anfangserzählung des Interviews an ihre ersten Skiversuche:

> Ich sag Ihnen wie das war. Meine Mutter war eine begeisterte Skiläuferin und ist gerne in Innsbruck auf die Seegrube raufgefahren und dann aufs Kar hinauf. Und vom Kar in die Seegrube das ist ganz eine steile Abfahrt. Ich weiß nicht ob Sie die kennen? [...] Da oben war eine Skischule. Der Ossi Schmidhuber war der Skischulleiter und meine Mutter hat mich und meinen Bruder, der war um zweieinhalb Jahre älter, beim Ossi abgegeben. Und sie ist Skifahren gegangen den ganzen Tag und wir waren beim Ossi. Und der ist mit uns Schneepflug gefahren, das weiß ich noch.[625]

Auf diese Weise erlernte Rom damals im Vorschulalter Anfang der 1930er-Jahre das Skifahren. Ihr erstes Skirennen gewann sie mit fünf Jahren bei einem Vereinswettbewerb im Stubaital. Unmittelbar nach dem „Anschluss" kam sie als Zehnjährige zum Jungvolk und anschließend als Jugendliche zum BDM. In der NS-Jugendorganisation machte Rom mit Gleichaltrigen ihre ersten Skilager mit. Sie erinnert sich, dass sie sich einige Male für mehrere Tage am Arlberg aufgehalten haben, in der Nähe von St. Christoph, und sie dort an BDM-Wettrennen teilnahm. In diesen Skilagern traf Rom auf die reichsdeutsche Skirennläuferin und erste weibliche Olympia-Siegerin im Skilauf Christl Cranz. Die 1914 geborene Cranz wurde von der nationalsozialistischen Sportführung als das Sportidol vermarktet. Als BDM-Führerin leitete Cranz die skiläuferische Ausbildung der Mädchen und war für die skisportliche Schulung in den Skilagern verantwort-

---

[623] Zum biografischen Narrativinterview vgl. u. a. Ela Hornung, Die Rede des Anderen. Narrative Interviews versus psychoanalytische Interviews, in: BIOS, 23 (2010) 1, S. 127–137, hier S. 128–130.
[624] Der geprüfte Skilehrer und Bergführer Ossi Schmidhuber begründete 1928 die Innsbrucker Skischule auf der Seegrube und beförderte durch seine Lehrtätigkeit einige der besten SkiläuferInnen Tirols und Österreichs, unter anderem Dagmar Rom und Egon Schöpf.
[625] Interview mit Dagmar Rom.

lich.[626] Wie für viele andere Mädchen sei Cranz für die 14 Jahre jüngere Rom ein Vorbild gewesen: „Weil man gehört hat, was sie alles gewonnen hat und weil sie wirklich gut Skifahren hat können."[627] Die noch junge Rom hat die BDM-Führerin Cranz nicht als offizielle Ausbildnerin wahrgenommen, ebensowenig seien sie von ihr unterrichtet worden. „Die war halt einmal in einem Lager. Das war vielleicht eine Woche. Dann war sie wieder weg vom Fenster."[628] Generell seien weder die Ausbildung noch die Wettbewerbe straff organisiert gewesen. „Das war nicht so organisiert, das war ganz frei."[629] Die Rennen während des Krieges seien in ihrer Erinnerung ganz normal abgelaufen, außer dass ein paar von der Hitlerjugend da waren, weil sie Gebirgsjäger gebraucht hätten, die auch Skifahren hätten können. Das Förderungssystem des nationalsozialistischen Sportsystems beschreibt Rom folgendermaßen:

> Na ja, während des Krieges waren wir bei der Hitlerjugend. Und Da ist man natürlich gefördert worden. Ich war der Typ, den sie sehr gerne gesehen haben. Ich war blond, blauäugig, lange Zöpfe, sportlich begabt und sonst auch nicht blöd.[630]

So wie bei vielen anderen ihrer Generation hat sich das „jugendliche und zugleich sportliche Image", das der NS-Staat laut Matthias Marschik pflegte,[631] auch bei Rom positiv in das Bewusstsein eingeschrieben. Als zehnjähriges Mädchen hatte sie keine Ahnung von der Politik.

> Da bist du mitgeschwommen. Du warst nicht dagegen, weil du hast nicht dagegen sein können. [...] Natürlich hat man mitgemacht, man war da mittendrin. Gegen den Strom zu schwimmen hätte nichts gebracht.[632]

Ihr Vater sei dagegen nicht sehr begeistert gewesen, später auch deswegen nicht, weil sein Sohn aus erster Ehe aus der sowjetischen Kriegsgefangenschaft als Wrack zurückgekehrt war. Das Militärische hat Rom abgelehnt: „Die waren ja so deppert, wenn die marschiert sind. Vollkommen verblödet." Von einer Vereinnahmung im Skisport hätte sie nichts mitbekommen. „Außerdem war einem das komplett wurscht. Man ist da hingegangen, wo was los war."[633] Und was hätte sie als junge Sportlerin schon bekommen: „Einen Händedruck. Wenn es

---

626 Vgl. Hofmann, Christl Cranz, S. 1018.
627 Interview mit Dagmar Rom.
628 Interview mit Dagmar Rom.
629 Interview mit Dagmar Rom.
630 Interview mit Dagmar Rom.
631 Marschik, Sportdiktatur, S. 588.
632 Interview mit Dagmar Rom.
633 Interview mit Dagmar Rom.

hoch her gegangen ist vom Jugendführer".[634] Gegen Kriegsende, als jede Arbeitskraft benötigt wurde, kam Rom dann doch noch in Berührung mit der nationalsozialistischen Kriegs- und Vernichtungspolitik. Als 16-Jährige wurde sie zu einem Fernschreiberkurs nach Halle an der Saale einberufen und als persönliche Sekretärin des Gauleiters von Tirol und Vorarlberg Franz Hofer leitete sie bis Kriegsende Meldungen von der italienischen Front weiter. Politisch behielt sie diese Zeit trotzdem nicht in Erinnerung. „Wenn ich da dienstfrei hatte, bin ich Skifahren gegangen."[635]

Bei Egon Schöpf fing die Skisportkarriere ähnlich an. Sein Vater nahm ihn zu den ersten Skitouren mit in das Hochgebirge, damals noch im Rucksack. Im Alter von sechs Jahren bekam Schöpf seine ersten Skier und mit diesen ging es dann zur Nordkette und von dort in das Tal bergab bis nach Innsbruck. Das Skifahren brachte sich Schöpf selbst bei, ohne Trainer. Das Klettern erlernte er bei dem Bergführer und Skischulleiter Ossi Schmidhuber. Dieser sei zwar ein guter Skilehrer gewesen, aber für den Skirennsport habe es nicht gereicht. Die ersten Berührungspunkte mit dem nationalsozialistischen Regime hatte Schöpf in der Deutschen Jugend. Er erinnert sich an sein erstes Rennen, das waren deutsche Jugendmeisterschaften in Innsbruck. Im Februar 1942 folgten die deutschen Jugendmeisterschaften in Spindelmühle, die als Ski-Prüfungskämpfe der HJ druchgeführt wurden.[636] „Die einzige [Meisterschaft] im Krieg, die ich privat gefahren bin. Aber da haben sie mich freigestellt aufgrund dessen, weil ich Divisionsmeister war."[637] Anders als in seiner Erinnerung startete Schöpf als „Adolf-Hitler-Schüler" der Ordensburg Sonthofen zu diesem Zeitpunkt noch für das Gebiet Schwaben. Ein Jahr später zählte der gebürtige Innsbrucker zur Reichsleistungsgruppe Skilauf der HJ.[638]

Schöpf bewarb sich 1939 auf Anraten seines Vaters um die Aufnahme in die Adolf-Hitlerschule (AHS) an der Ordensburg Sonthofen, die vor ihm schon Josef Jennewein durchlaufen hatte und der dort unter anderem als sportlicher Ausbildner tätig war. „[...] die haben damals Leute gesucht, die sich durchsetzen"[639], und nach einem wochenlangen Ausleseverfahren „hat es geheißen, der wäre fähig".[640] Die Leibeserziehung spielte an den AHS eine zentrale Rolle. Sie war Teil der „Willensbildung und Erziehung zur Härte".[641] Neben der politisch-

---

634 Interview mit Dagmar Rom.
635 Interview mit Dagmar Rom.
636 Der Winter, 35 (1942) 11, S. 206.
637 Interview mit Egon Schöpf.
638 Der Winter, 35 (1942) 11, S. 206; Völkischer Beobachter, 20.10.1943, S. 4.
639 Interview mit Egon Schöpf.
640 Interview mit Egon Schöpf.
641 Max Klüver, Die Adolf-Hitler-Schulen. Eine Richtigstellung, Sachsenhagen 1979, S. 82.

ideologischen Schulung sollten über den Sport Disziplin, Selbstbeherrschung und „Mannestum" gefördert werden. Bei den Einzelsportarten wie beim Skilauf zählten Einsatzbereitschaft und Durchsetzungsfähigkeit zu den Erziehungszielen.[642] Schöpf erlebte das militärisch geprägte Ausbildungsprogramm als Abenteuer. „Da haben wir Kämpfe gemacht am Paddelboot, das war für uns hochinteressant."[643] Er hatte kein Problem die Mutproben an der AHS zu bestehen. Zu denen zählte unter anderem der Sprung von einem Gebäude aus mehreren Metern Höhe auf eine dicke Turnmatte. Schöpf sei solche Übungen vom Skisprung gewohnt gewesen. Nachdem Schöpf die Ausbildung in Sonthofen durchlaufen hatte, kam er über den Sommer auf die Ordensburg Krössinsee, diese wurde von April bis Juli 1939 durch die Jahrgänge 1939 der AHS-Schulen belegt,[644] zu denen auch Schöpf gehörte.[645] Danach kehrte er im Winter wieder nach Sonthofen zurück. Die Rassenideologie des Nationalsozialismus erlebte Schöpf als „selbstverständlich". In einem Satz verdichtet er, wie seine Generation indoktriniert wurde: „[...] wie soll ich sagen, es war einsehbar, es war für mich eine gesunde Unterlage. Es hat Gesetze gegeben, Naturgesetze."[646] Diese „Naturgesetze" hatte er nicht hinterfragt, ebensowenig die antisemitische Politik. Die jüdische Bevölkerung sei für sie als Ordensburg-Schüler ein Tabu gewesen über das nicht gesprochen worden wäre und hätte sie nicht einmal interessiert. Schöpf verschließt sich davor, dass sie ideologisch geschult wurden. „Auf dem Gebiet sind wir nie erzogen worden."[647] 1943 meldete sich Schöpf freiwillig zu den Gebirgsjägern und absolvierte in Salzburg die Offiziersschule. „In der Hoffnung, dass ich nur im Gebirge eingesetzt werde", und „um ja nichts zu versäumen".[648] Außerdem war es eine Ehrensache, weil sein gefallener Bruder schon bei den Gebirgsjägern diente. Schöpf kam nach seiner Einberufung in Jugoslawien und Italien im Partisanenkampf zum Einsatz. „Mehr als überleben hast du nachher nicht mehr können"[649], verdichtet er seine Kriegserfahrungen in einem Satz. Es fällt ihm sichtlich schwer, darüber zu sprechen. Doch einmal mehr hät-

---

642 Ziel der Lehrgänge an den Adolf-Hitler-Schulen der Ordensburgen, die als Internatsschulen von der Reichsorganisationsleitung und Reichsjugendführung eingerichtet wurden, war es, jenseits vom herkömmlichen Schulbetrieb eine nationalsozialistische Elite heranzubilden. Die körperliche Schulung in verschiedenen Sporarten war ein wesentlicher Eckpfeiler der Ausbildung. Vgl. Roth, „Erziehung zu Leistung und Gesinnung", S. 105–107.
643 Interview mit Egon Schöpf.
644 Vgl. Klüver, Adolf-Hitler-Schulen, S. 3.
645 Egon Schöpf zählte laut seinen Erzählungen zum Jahrgang 1939. Vgl. Interview mit Egon Schöpf.
646 Interview mit Egon Schöpf.
647 Interview mit Egon Schöpf.
648 Interview mit Egon Schöpf.
649 Interview mit Egon Schöpf.

te ihm der Skisport geholfen. Schöpf nutzte seine Stellung als erfolgreicher Skisportler, um sich freizuspielen. „Wenn du dann bei den Deutschen Wehrmachtsmeisterschaften vorne warst [...] und du hast gewonnen, dann warst du beim General schon *number one* und hast deine Wünsche äußern können."[650] Auf diese Weise hatte Schöpf des Öfteren Heimaturlaub bekommen und konnte für Wettbewerbe freigestellt werden, so wie für die Wehrmachtsmeisterschaften im italienischen Cevedale, an denen Schöpf als Gebirgsjäger teilnahm. Der Sport bot ihm damit die Möglichkeit, aus dem soldatischen Alltag auszubrechen. Auch wenn die Wettbewerbe militärischen Charakter besaßen, so war Schöpf für die Dauer der Sportveranstaltung vom Kriegsdienst befreit.

Die vormilitärische Skiausbildung absolvierte Schöpf wie andere seiner Generation bei den „Skistars" des NSRL Markus Maier oder Josef Bradl. Sie wirkten als Ausbilder bei den Reichslehrgängen der Hitlerjugend und bereiteten Schöpf auf den Krieg vor.[651] Schöpf erinnert sich an Bradl, er „hat die Vorausbildung in St. Anton geleitet".[652] Schöpf überlebte den Kampfeinsatz bei den Gebirgsjägern und wurde gegen Kriegsende nach Berlin versetzt, um die Hauptstadt des Deutschen Reiches vor der heranrückenden Roten Armee zu verteidigen. Er flüchtete über die Elbe in die amerikanische Zone und kam in amerikanische Kriegsgefangenschaft, aus der er im Dezember 1945 entlassen wurde.[653]

---

650 Interview mit Egon Schöpf.
651 Vgl. Völkischer Beobachter, 24.2.1944, S. 7.
652 Interview mit Egon Schöpf.
653 Vgl. Interview mit Egon Schöpf.

5 Skisport im Krieg

5.1 Der Skilauf im Einsatz für den nationalsozialistischen Krieg

Der Jahresbeginn 1939 war auf dem Gebiet der „Ostmark" von einer Zunahme an skisportlichen Veranstaltungen geprägt, deren militärischer Charakter nicht zu übersehen war. Von West bis Ost wurden Meisterschaften verschiedener Verbände durchgeführt. Das NSKK veranstaltete Anfang Februar in Schwaz in Tirol seine Alpenland-Meisterschaften. Das NSFK hielt wenige Tage später in Seefeld seine Reichsskiwettkämpfe ab und der RAD veranstaltete ebenfalls in Seefeld seine Reichsmeisterschaften. Zwischen den einzelnen Bewerben lagen teilweise nur ein paar Tage oder gerade mal eine Nacht. Der Patrouillenlauf, bei dem auf Ballons geschossen wurde, war zentraler Bestandteil bei den Skiwettbewerben der Wehrverbände.[1] Walter König adressierte die Botschaft an die im NSRL tätigen (männlichen) Sportfunktionäre und aktiven Sportler in unmissverständlicher Weise: „Sportgestählt werden Deutschlands Skiläufer, dem Rufe des Führers folgend, in die beste Armee der Welt eintreten und zur Lösung aller Aufgaben bereit sein."[2]

5.1.1 Kriegsvorbereitungen auf Skiern

Dementsprechend kann ab Jahresanfang 1939 eine Intensivierung der paramilitärischen Sportveranstaltungen nachgezeichnet werden. SA- und SS-Skiveranstaltungen mehrten sich, Polizei- und Militäreinheiten fanden sich bei Wettbewerben ein bzw. bildeten eigene Wertungsklassen. Hintergrund war der geplante Überfall auf Polen im September 1939. Zentral waren die Deutschen Polizei-Skimeisterschaften in Kitzbühel. Die Meisterschaften wurden Anfang März 1939 ausgetragen. SS-Sportler und Gestapo-Beamte aus dem ganzen Reich nahmen daran teil, erstmals offiziell auch SS- und Polizeiskiläufer aus der „Ostmark" und den „Sudetengauen". Insgesamt 250 gingen an den Start.[3] Die politische Bedeutung der Meisterschaften spiegelt sich in der Präsenz hochrangiger Partei- und SS-Funktionäre wider. Zu den Wettbewerben nach Kitzbühel kamen

---

1 Vgl. Gidl/Graf, Skisport, S. 80.
2 Walter König, Das „Wunder" von Zakopane, in: Durch Pulver und Firn. Das Buch der Deutschen Skiläufer. Jahrbuch des Nationalsozialistischen Reichsbundes für Leibesübungen/Fachamt Skilauf, Innsbruck 1939/40, S. 139–160, hier S. 160.
3 Vgl. Deutsche Alpenzeitung, 34 (1939), S. 68; Ski-Sport, 4 (1939) 17/18, S. 385.

der Chef der Deutschen Ordnungspolizei Kurt Daluege und der Leiter des Reichssicherheitshauptamtes SS-Gruppenführer Reinhard Heydrich. Eine Aufnahme im *Montag* zeigt Daluege und Heydrich im Zielbereich der Abfahrtsstrecke.[4] Bei den Eröffnungsfeierlichkeiten nahm neben dem Gauleiter von Tirol und Vorarlberg Franz Hofer auch der Reichsinnenminister Wilhelm Frick teil.[5] Die Polizeidienststelle Innsbruck schickte ebenso ihre besten Skiläufer ins Rennen. Diese rekrutierten sich vor allem aus der jüngeren Generation an Skisportlern. Kurz vor Ausbruch des Krieges standen sie nun in Einheiten der SS bereit, waren ideologisch geschult und befanden sich meist auf dem Höhepunkt ihrer sportlichen Karriere.

Die *Innsbrucker Nachrichten* berichteten in einem ausführlichen Bildbericht über zwei Seiten von den Polizei-Skimeisterschaften in Kitzbühel und der „deutlichen Überlegenheit der Männer aus der Ostmark".[6] Der Abfahrtssieg ging an den SS-Skiläufer Wilhelm Köstinger,[7] den Torlauf gewann sein Innsbrucker Vereinskollege in der SS-SG Herbert Heiß.[8] Beide waren zu dem Zeitpunkt Angestellte der Kriminalpolizeidienststelle Innsbruck. Gemeinsam mit anderen SS-Sportlern absolvierten Köstinger und Heiß vor den Polizei-Skimeisterschaften einen der Ausbildungslehrgänge der Polizeiskischule in Kitzbühel. Bei diesem wurden die SS-Skisportler unter anderem im Skilauf mit der Waffe geschult.[9] Mehr noch als die Einzelleistungen der SS-Athleten zählten bei den Polizei-Skimeisterschaften die Mannschaftsleistungen im Patrouillenlauf. Hier traten die einzelnen Teams bestehend aus Ordnungs- und Sicherheitspolizeieinheiten zu je zehn Mann gegeneinander an. Die 20-Kilometer-Strecke gewann die Mannschaft „Ordnungspolizei Ostmark I" der Wiener Ordnungspolizei unter der Führung des Polizei-Hauptwachtmeisters Karl Proißl.[10] Köstinger fiel dabei „als bewährter Mann des ÖSV" besonders auf.[11]

Wie wichtig die körperliche Schulung der SS-Sportler im Winter war, zeigt eine Weisung des SS-Hauptamtes in Berlin. Der Chef des SS-Hauptamtes in Berlin gab am 15. Oktober 1938 eine Sonderanweisung für Leibesübungen heraus.

---

4 Vgl. Der Montag, 6.3.1939, S. 8.
5 Vgl. Innsbrucker Nachrichten, 6.3.1939, S. 10.
6 Innsbrucker Nachrichten, 6.3.1939, S. 9.
7 Wilhelm Köstinger, geboren am 30. April 1914 in Pfaffendorf (Steiermark), war 1934 der SA beigetreten und 1938 der SS. Auf seine Biografie wird später noch näher eingegangen.
8 Zu Herbert Heiß konnten in den Archiven leider keine näheren biografischen Daten recherchiert werden.
9 Vgl. Deutsche Alpenzeitung, 34 (1939), S. 68.
10 Karl Proißl zählte zur Spitzenklasse der NSRL-Skiläufer und war Mitglied des Polizeisportvereins Wien. Vgl. Ski-Sport, 5 (1940) 11, S. 173–174.
11 Vgl. Ski-Sport, 4 (1939) 17/18, S. 386–387.

Darin waren die Richtlinien für die Dienstpläne der SS im Winter 1938/39 genau festgelegt. Die Weisung erging an die Führer sämtlicher SS-Oberabschnitte. Jene Oberabschnitte, die aufgrund der geografischen Gegebenheiten keine alpinen Sportwettkämpfe durchführen bzw. an solchen teilnehmen konnten, waren angehalten, das Konditionstraining durch Laufen, speziell durch Lang- und Geländeläufe, zu absolvieren. Die Vorbereitungen der SS-Einheiten dienten besonders den bevorstehenden NS-Winterkampfspielen in Villach im Februar 1939, bei denen jeder SS-Sportler einen 12 und 18 Kilometer-Langlauf sowie einen Sprung- und Abfahrtslauf zu absolvieren hatte.[12] Der für die SS-Sportgemeinschaft startende SS-Mann und Ordensburg-Schüler Josef Jennewein vom SC Arlberg zeichnete sich dabei besonders aus. Der Kombinationsweltmeister von Zakopane landete beim Spezialsprunglauf als bester „Ostmärker" auf dem dritten Platz.[13]

Der Ausbruch des Zweiten Weltkriegs brachte das Sportgeschehen nicht zum Erliegen. Ab der Wintersaison 1939/40, sprich nach dem Überfall auf Polen, nahmen wehrsportliche Übungen nochmals zu. Die Steigerung führte dazu, dass Kriegsmeisterschaften im Skilauf in einzelnen Gauen nach Disziplinen geteilt werden mussten.[14] Der Reichssportführer Hans von Tschammer und Osten betonte die militärische Komponente des Skilaufs, indem er diesen als „ausgezeichnete Vorbereitung" beschrieb, „wenn es gilt, schwerste kriegerische Strapazen zu ertragen".[15] In der ersten Ausgabe von *NS-Sport* nach dem Überfall auf Polen wurden zunächst die „deutschen Leibesübungen" in Polen vorgestellt. Der Bericht huldigte den turnerischen und sportlichen Errungenschaften der deutschsprachigen Bevölkerung in polnischen Gebieten und legitimierte damit auch die militärische Einverleibung Polens.[16] Die Propaganda für den Krieg drückte sich in der darauffolgenden Ausgabe von *NS-Sport* aus, die am 17. September 1939 erschien. Mit dem Titel „Der Sportbetrieb geht weiter" signalisierte die nationalsozialistische Sportführung die Bereitschaft, den Sportbetrieb trotz des Krieges aufrecht erhalten zu wollen. Der Sportplatz sollte „ein Kraftfeld sein für das Reich und mit seinem sportlichen Leben ein Beweis für die ungebrochene Lebenskraft unseres Volkes".[17] Reichssportführer von Tschammer und Osten richtete seinen Appell vor allem an die Mitglieder des NS-Reichsbundes für Leibesübungen: „Ueber allem aber zeigt durch eure ‚Haltung eines NSRL-Angehö-

---
12 Vgl. BArch NS 31/350.
13 Vgl. Neueste Zeitung, 20.2.1939, S. 6.
14 Vgl. Völkischer Beobachter, 20.12.1939, S. 7.
15 Hans von Tschammer und Osten, Der Skilauf, in: Durch Pulver und Firn. Das Buch der deutschen Skiläufer, Jahrbuch 1940/41 des Nationalsozialistischen Reichsbundes für Leibesübungen/Fachamt Skilauf, Innsbruck 1940/41, S. 5.
16 Vgl. NS-Sport 1 (1939) 14, S. 5.
17 NS-Sport 1 (1939) 15, S. 3.

rigen', daß deutsche Leibesübung Männer und Frauen schafft, die jeder Lebenslage gewachsen und in jeder Lebenslage Nationalsozialisten sind." Zwei Monate nach dem Überfall auf Polen vermeldete der NSRL, dass die wirtschaftliche Grundlage noch „durchwegs gesund" sei, und veröffentlichte zur Verdeutlichung die monatlichen Einnahmen durch die Mitgliedsbeiträge der NSRL-Vereine, den so genannten Sportgroschen.[18] Die vom NSRL geforderte Kriegsbereitschaft kam in skisportlicher Hinsicht in den Kriegsmeisterschaften zum Ausdruck, deren Durchführung auf Kreis-, Gau- und Reichsebene erstmals im Oktober 1939 bestimmt und verlautbart wurde.[19] Diese Namensänderung war ein Bekenntnis der NS-Sportführung zum nationalsozialistischen Eroberungskrieg, indem sie diesen in der Weiterführung des Wettbewerbsbetriebs nicht nur ideologisch, sondern im Sinne der Wehrhaftmachung auch materiell unterstützte.

Abb. 31: Langlaufstaffel bei den Alpenland-Skiwettkämpfen der SA in Bad Hofgastein, Stadtarchiv Salzburg/Fotosammlung Krieger.

Die ab der Wintersaison 1939/40 verstärkt stattfindenden Skibewerbe der verschiedenen Formationen auf dem Gebiet der „Ostmark" müssen ebenso in diesem Kontext gesehen werden. Die Skiwettkämpfe der SA-Gruppe Alpenland in

---

18 Vgl. NS-Sport 1 (1939) 28, S. 1.
19 Vgl. NS-Sport 1 (1939) 20, S. 1.

Bad Hofgastein 1940 wurden zu einem Wintersportgroßereignis hochstilisiert.[20] Der Salzburger Gauleiter und „Ostmark"-Sportführer Friedrich Rainer war darum bemüht, die Veranstaltung im Zeichen der Wehrhaftmachung auch für die Propaganda zu nutzen. 850 Teilnehmer waren gemeldet. Die einzelnen Wehrverbände der SA gingen in der mit Hakenkreuzfahnen ausgeflaggten Ortsmitte an den Start.[21] Schon bei der ersten SA-Skimeisterschaft im Jänner 1939 in Bad Hofgastein betonte Rainer den rassenideologischen Aspekt und sprach von der „Auslese", die der Sport schaffe: „Eine neue Generation wird heranwachsen, die den deutschen Menschen herausheben wird aus dem Einerlei und herausstellen wird auf die Berge und in die Sonne".[22] Nun führte Rainer im Februar 1940 in seiner Eröffnungsrede zu den 1. Alpenland-Skiwettkämpfen der SA im Kurhaus von Bad Hofgastein aus, dass der „sportliche Kampf im Geist der Wehrhaftmachung geführt werden müsse, damit die erworbenen Kenntnisse jederzeit im ernsten Kampf von heute eingesetzt werden können."[23]

Auch die alljährlich vom NSFK abgehaltenen Skiwettkämpfe in Zell am See inkludierten neben den „klassischen" Disziplinen wie Abfahrtslauf und Skispringen den Patrouillenlauf, der einen eindeutig wehrsportlichen Charakter besaß. Bei dem Mannschaftsbewerb über eine Strecke von zwölf Kilometern musste mit dem Kleinkalibergewehr auf einer Distanz von 50 Metern auf fünf Ballone geschossen werden. Pro Fehlschuss wurde eine Minute zur Laufzeit dazugerechnet. Der Patrouillenlauf war in zwei Wertungsklassen, A und B, für Gebirgs- und Flachlandmannschaften unterteilt. Bei den NSFK-Skiwettkämpfen in Zell am See im März 1940 waren Mannschaften von NSFK-Gruppen aus dem ganzen Deutschen Reich gemeldet, unter anderem aus Bayern, Schlesien und Westfalen. Die Bewerbe standen unter dem Befehl und der Schirmherrschaft des Korpsführers des NSFK, General Friedrich Christiansen. Die Gesamtleitung hatte der NSFK-Oberführer Arthur Ledy über.[24] Der SA-Oberführer Ledy leitete das Hauptreferat 5 des NSFK für Wehrsport, Sport und weltanschauliche Schulung.[25] Die hochrangige Leitung unterstrich zugleich die militärische Bedeutung

---

20 Vgl. Salzburger Volksblatt, 19.1.1940, S. 6; Siegfried Göllner, Sport als Wehrertüchtigung und vormilitärische Erziehung, in: Minas Dimitriou/Oskar Dohle/Walter Pfaller/Andreas Praher (Hg.), Salzburgs Sport in der NS-Zeit. Zwischen Staat und Diktatur, Salzburg 2018, S. 293–304, hier S. 297.
21 Vgl. Foto vom Massenstart der Skiwettkämpfe der SA-Gruppe Alpenland in Bad Hofgastein 1940, Stadtarchiv Salzburg, Fotoarchiv Franz Krieger.
22 Salzburger Landeszeitung, 9.1.1939, S. 10.
23 Salzburger Volksblatt, 10.2.1940, S. 6.
24 Vgl. Programmheft, Skiwettkämpfe des NS-Fliegerkorps (NSFK) in Zell am See, März 1940. Bezirksarchiv Zell am See, Sammlung Skisport in Zell am See 1938 bis 1945.
25 Vgl. Flugsport, 4 (1939) 31, S. 109.

der Skiwettkämpfe. Das verdeutlichen auch die Zeilen im Programmheft, indem als Ziel des Wehrsports, zu dem auch die Skilehrgänge und Skiwettkämpfe gezählt wurden, der „Entscheidungskampf um die Sicherung und Erhaltung des Lebens unseres großen deutschen Volkes"[26] propagiert wurde. Die NSFK-Skiwettkämpfe wurden in der Folge bis 1944 in Zell am See abgehalten. Im Juli 1940 nahm dort die „Reichssegelflugschule für hochalpinen Segelflug" ihren Betrieb auf.[27] Zur militärischen Grundausbildung des soldatischen Fliegernachwuchses zählte eben auch der Skisport.[28] Dieser wurde nun in eigenen Wettbewerben sichtbar.

Dennoch machten sich ab 1940 vereinzelt Schwierigkeiten bei der Durchführung von Bewerben bemerkbar. Aufschluss darüber gibt eine nachträgliche Beurteilung der NS Turn- und Sportgemeinde Zell am See über die abgelaufenen Gau-Kriegsskimeisterschaften. Nachdem der hiesige Skiklub aufgelöst worden war, war die NS-TSG Zell am See unter dem Vereinsführer Fritz Vogl für die Ausrichtung und Durchführung zuständig. Laut seinem Bericht war nicht nur der Nennschluss zu spät angesetzt, auch die Einladungen gingen verspätet raus. Bei der Sportveranstaltung selbst fehlte das Hissen der Flagge und die Bewerbe starteten unpünktlich. Die Zeitrechnung funktionierte aufgrund „bewährter Kräfte". Bei der Siegerehrung war eine mangelnde Disziplin festzustellen, während die SA pünktlich einmarschierte. Außerdem stellte der Bericht einen Zuschauermangel fest.[29]

Bei internationalen Sportveranstaltungen musste die nationalsozialistische Sportführung ebenso Abstriche machen. Nach der Absage der für 1940 in Garmisch-Partenkirchen geplanten Olympischen Winterspiele hatten für die stattdessen groß angekündigte 4. Internationale Wintersportwoche in Garmisch-Partenkirchen 1940 die Skilaufnationen Schweiz, Schweden, Norwegen und Finnland ihre Teilnahme abgesagt.[30] Noch im Dezember 1939 verkündete der

---

26 Programmheft, Skiwettkämpfe des NS-Fliegerkorps (NSFK) in Zell am See, März 1940. Bezirksarchiv Zell am See, Sammlung Skisport in Zell am See 1938 bis 1945.
27 Vgl. Salzburger Volksblatt, 4.9.1940, S. 3; Schwarzbauer, Die letzten Reserven – Spielgemeinschaften und Randsportarten, in: Minas Dimitriou/Oskar Dohle/Walter Pfaller/Andreas Praher (Hg.), Salzburgs Sport in der NS-Zeit. Zwischen Staat und Diktatur, Salzburg 2018, S. 315–326, hier S. 321.
28 Vgl. Flieger auf Schi. Wettkämpfe in Zell, Zeitungsartikel, undatiert, Bezirksarchiv Zell am See, Sammlung Skisport in Zell am See 1938 bis 1945; Salzburger Zeitung, 5./6.2.1944, S. 4.
29 Vgl. Beurteilungen zur Gau-Kriegsmeisterschaft Zell am See 1940, Vereinsarchiv Skiclub Zell am See.
30 Die Olympischen Winterspiele 1940 sollten ursprünglich im japanischen Sapporo stattfinden, wurden aber aufgrund des zweiten japanisch-chinesischen Krieges an das IOC zurückgegeben und an St. Moritz vergeben. Nach Streitigkeiten des schweizerischen Organisationskomitees mit dem IOC entschied sich das internationale Komitee im Juni 1939, die Winterspiele

Abb. 32: Programmheft zu den Skiwettkämpfen des NS-Fliegerkorps in Zell am See im März 1940, Bezirksarchiv Zell am See.

---

nach 1936 erneut an Garmisch-Partenkirchen zu vergeben. Die Realisierung der Spiele scheiterte schlussendlich an der Absage der neutralen Staaten. Vgl. Vorbereitungen zu den V. Olympischen Winterspielen 1940 Garmisch-Partenkirchen, Amtlicher Bericht, Hrsg. im Auftrag des Organisationskomitees für die V. Olympischen Winterspiele 1940, Garmisch-Partenkirchen e. V. von Generalsekretär Dr. Carl Diem, Marktarchiv Garmisch-Partenkirchen, https://buergerservice.gapa.de/buergerservice/geschichte/v.-olympische-winterspiele-1940.pdf (2.2.2020); Teichler, Internationale Sportpolitik, S. 274–275.

NSRL in der Weihnachtsausgabe seines offiziellen Presseorgans *NS-Sport* eine Zusage von acht bis neun Nationen.[31] Die Teilnahme beschränkte sich auf Länder Südosteuropas, allen voran Jugoslawien mit einer 18 Mann starken Skimannschaft. Neben Jugoslawien hatten Italien, Ungarn, Rumänien, Bulgarien, die Slowakei sowie das Protektorat Böhmen und Mähren AthletInnen für die unterschiedlichen Bewerbe genannt. Die Skiwettbewerbe wurden in Abfahrt, Torlauf, Skisprung und einer vier mal zehn Kilometer Länder-Staffel ausgetragen, daneben gab es noch Eiskunstlauf- und Eishockeybewerbe. Die neutralen und nichtkriegsführenden Länder aus Nord- und Westeuropa blieben fern.[32] Trotz der geringen Teilnahme von nur 182 ausländischen SportlerInnen,[33] feierte die NS-Sportpresse die 4. Internationale Wintersportwoche in Garmisch-Partenkirchen als Erfolg. Die Zeitschrift des NSRL *NS-Sport* schrieb vom „Fest der Bewährung",[34] und das *Reichssportblatt* veröffentlichte eine mehrseitige Coverstory mit dem Kombinationssieger Josef Jennewein auf der Titelseite und Bildberichten von den sportlichen sowie gesellschaftlichen Ereignissen am Rande der Wettbewerbe.[35]

Der Kriegswinter 1940/41 hatte nur geringe Auswirkungen auf die Skisportveranstaltungen. Das zeigt ein Blick auf die Zahl der Nennungen. So waren für die Ostmark-Skimeisterschaften in Innsbruck im Jänner 1941 an die 280 Sportler gemeldet, die teilweise eigens für die Bewerbe von der Front bzw. ihrem Wehrdienst bei diversen Einheiten beurlaubt wurden.[36] Auch andernorts betonte der NSRL die Wichtigkeit der Skiwettbewerbe. Im Vorfeld der 2. Kriegsskimeisterschaften der alpinen Bewerbe des Sportbereichs „Ostmark" in Zell am See schrieb der Bereichsfachwart für Skilauf Albert Bildstein an den Bürgermeister der Stadt Zell am See folgende Zeilen: „Der alpine Skilauf der Ostmark nimmt im Rahmen des Deutschen Skisportes eine ganz besondere Stellung ein, die wir auch in der Aufmachung der Veranstaltung zum Ausdruck bringen müssen."[37]

Dass die 2. Kriegsskimeisterschaften in Zell am See im Auftrag des Sportbereichsführers der „Ostmark", Gauleiter und Reichsstatthalter Friedrich Rainer, veranstaltet wurden, verlieh der Sportveranstaltung eine zusätzliche Bedeutung. Auch wenn der Ehrenpreis kriegsbedingt nur dem Meister übergeben wer-

---

31 Vgl. NS-Sport 1 (1939) 29/30, S. 2.
32 Vgl. NS-Sport 1 (1939) 29/30, S. 2; Reichssportblatt, 6.2.1940, o. S.; Teichler, Internationale Sportpolitik, S. 275.
33 Vgl. Teichler, Internationale Sportpolitik, S. 275.
34 NS-Sport, 2 (1940) 6, S. 3.
35 Vgl. Reichssportblatt, 6.2.1940, o. S.
36 Vgl. Das kleine Volksblatt, 18.1.1941, S. 10; Kleine Volks-Zeitung, 18.1.1941, S. 9.
37 NSRL Bereich 17 „Ostmark", Bereichsfachwart Albert Bildstein an den Bürgermeister der Stadt Zell am See, Wien, 21.1.1941, Vereinsarchiv Skiclub Zell am See.

den konnte und nicht mehr an Zweit- oder Drittplatzierte, waren das Sportprogramm und das daran anschließende festliche Rahmenprogramm opulent gestaltet. Neben einem Abfahrtslauf und einem Torlauf für Frauen und Männer um den Bereichsmeistertitel fanden noch ein zusammengesetzter Lauf (Kombination aus Abfahrt und Torlauf) ebenfalls für Frauen und Männer sowie ein Abfahrts-, Torlauf und zusammengesetzter Lauf für die Jugendklasse A (Mädchen und Burschen) als Rahmenbewerb statt. Nach der Siegerehrung auf dem Adolf-Hitler-Platz fand noch ein Skispringen auf der Zellerschanze statt. Die NS-Turn- und Sportgemeinde Zell am See war gemeinsam mit der Reichsbahnsportgemeinschaft Zell am See mit der Durchführung betraut worden. Die sportliche Leitung der NSRL-Veranstaltung oblag einmal mehr dem Reichstrainer Gottfried (Friedl) Pfeifer. Als Schiedsrichter fungierte der vorhin erwähnte NSRL-Bereichsfachwart für Skilauf Albert Bildstein aus Velden.[38] Der gebürtige Bregenzer Albert Bildstein und Bruder des Skiliftpioniers Josef Bildstein machte aufgrund seiner Erfahrung als Sportfunktionär und seines politischen Engagements innerhalb der NSDAP und HJ im nationalsozialistischen Sportsystem schnell Karriere. Er war neben Alfred Schatz zunächst stellvertretender Bereichsfachwart und ab Februar/März 1940 als Bereichsfachwart für die Organisation des gesamten Skilaufs innerhalb des NSRL im Sportbereich „Ostmark" zuständig.[39] In dieser Funktion organisierte er auch die 2. Kriegsskimeisterschaften der alpinen Bewerbe der „Ostmark" im Jänner 1941 in Zell am See.

Das Starterfeld in Zell am See, bestehend aus insgesamt 84 Abfahrtsläufern, von denen 63 das Ziel erreichten, war mit Karl Seer, Andreas Krallinger, Peter Radacher, Karl Koller, Walter Föger und Markus Maier prominent besetzt. Bis auf Seer und Krallinger mussten die anderen vier Spitzenläufer von der Wehr-

---

38 Vgl. NSRL Bereich 17 „Ostmark", Kriegsskimeisterschaften 1941 (Alpine Bewerbe) Zell am See, 1.-2. März 1941, Vereinsarchiv Skiclub Zell am See.
39 Albert Bildstein wurde 1888 in Bregenz geboren und erlernte wie sein Bruder Josef Bildstein das Skifahren unter der Leitung von Viktor Sohm. Gemeinsam mit seinem Bruder gründete er den Skiclub Ippa-Hoh in Bregenz. Er diente im Ersten Weltkrieg als Ausbildner von Skisoldaten und wirkte in der Zwischenkriegszeit als Vorsitzender des Kärntner und Osttiroler Skiverbandes sowie in der Leitung des Deutschen Turnvereins. Bildstein war ab 1938 zunächst Gaufachwart für Skilauf in Kärnten, ab 1939 stellvertretender Bereichsfachwart für Skilauf und ab Februar/März 1940 Bereichsfachwart für Skilauf. Innerhalb der NSDAP fungierte er als Bezirkswahlinspekteur von Velden, zudem wirkte er in der politischen Führung der HJ, ab Februar 1940 als HJ-Stabsführer. Vgl. Brugger, Vom Pioniergeist, S. 57–58; Vorarlberger Tagblatt, 23.5.1938, S. 4–5; Kärntner Tagblatt, 25. März 1938, S. 5; Kärntner Volkszeitung, 11.11.1939, S. 5; Kärntner Volkszeitung, 7.2.1940, S. 7.

macht freigestellt werden. Bereichsmeister in der Abfahrt wurde der für den MTV München startende norwegische Skirennläufer Randmond Sörensen.[40]

Das nationalsozialistische Sportsystem förderte in den Kriegsjahren aber nicht nur die Spitzenklasse des NSRL, sondern auch den studentischen Skinachwuchs. Der Tiroler Wintersportort Kitzbühel wurde im März 1941 zum zweiten Mal seit Kriegsausbruch als Austragungsort für die Studenten-Skiwettkämpfe bestimmt. Daran nahmen Läufer aus dem Deutschen Reich sowie verbündeten, befreundeten und besetzten Staaten teil. Laut Zeitungsberichten waren mehr als 400 Läufer gemeldet. Diese kamen aus 40 Hochschulstädten aus dem Deutschen Reich sowie aus Norwegen, Finnland, Schweden, Dänemark, den besetzten Niederlanden, Italien, Spanien, Bulgarien, Rumänien, Ungarn, der Slowakei und Japan. Den zweiten Platz belegte der SA-Skiläufer Alfred Rössner für die Universität Graz.[41] Unmittelbar nach den Studenten-Skiwettkämpfen fanden ebenfalls in Kitzbühel die SS- und Polizei-Winterkampfspiele statt. Bei diesen zeigten sich hochrangige Vertreter der SS und NSDAP.

Soweit ein Überblick über reichsweite Skisportveranstaltungen, die im bereits dritten Kriegswinter mit enormem Aufwand und reger Teilnahme von Skisoldaten (Gebirgsjägern), Wehrmachtsangehörigen SA- und SS-Sportlern auf dem Gebiet der „Ostmark" durchgeführt wurden. Auch international führte der nationalsozialistische Eroberungs- und Vernichtungskrieg zu keinem kompletten Abbruch des Sportverkehrs. Im Februar 1941 kam es im italienischen Cortina d'Ampezzo zur Austragung der offiziellen Skiweltmeisterschaften, an der zwölf Nationen teilnahmen, und gleich danach ging es für viele Teilnehmer per Sonderzug ins bayerische Garmisch-Partenkirchen, wo die V. Internationale Wintersportwoche mit 13 Nationen abgehalten wurde.[42] Nach den Worten des Reichssportführers Hans von Tschammer und Osten ging es darum, „nach innen und außen den Beweis der eigenen Kraft, Zähigkeit und Leistungsfähigkeit anzutre-

---

40 Vgl. Ergebnisliste, Alpine Bereichsmeisterschaften Zell am See, 1./2. März 1941, Vereinsarchiv Skiclub Zell am See. Randmond (Randmod) Sörensen, geboren am 12.2.1910 in Dokka (Norwegen), startete vor 1938 für den Skiklub Kitzbühel und erhielt 1933 das Vereins-Ehrenzeichen in Silber. Bei den Deutschen Skimeisterschaften gewann er 1935 den Titel in der Alpinen Kombination. Sörensen war aber nicht nur Skirennläufer und Skispringer, er spielte während der NS-Zeit als Fußballer bei den Stuttgarter Kickers in der Gauliga Württemberg (1934/35) und während des Zweiten Weltkriegs in der Saison 1939/40 für den TSV 1860 München. Sörensen starb am 21.1.1985 in München. Vgl. u. a. https://skikitz.org/struktur/personen/randmond-s-rensen/; https://www.worldfootball.net/player_summary/randmond-soerensen/ (2.2.2020).
41 Vgl. Salzburger Volksblatt, 6.3.1941, S. 6; Neues Wiener Tagblatt, 6.3.1941, S. 8.
42 Vgl. Hans Joachim Teichler, Die sportlichen Rivalitäten der Achsenmächte: Cortina d'Ampezzo und Garmisch-Partenkirchen 1941, in: Claudio Ambrosi/Wolfgang Weber (Hg.), Sport und Faschismen. Geschichte und Region, Innsbruck/Wien/München/Bozen 2004, S. 95–124, hier S. 95.

ten".⁴³ Die Skiweltmeisterschaften in Cortina wurden vom *Völkischen Beobachter* als „machtvoller Beweis für die Kräfte der Achsenmächte" gedeutet.⁴⁴ Mittels einer Postkarte, die von Tschammer und Osten an den *Völkischen Beobachter* schickte, drückte er im Februar 1941 seinen besonderen Stolz über die Leistungen der „Sportkameraden" der „Ostmark" aus. Die Grußkarte, die am 12. Februar in der Redaktion des *Völkischen Beobachters* einlangte, wurde am Eröffnungstag der V. Internationalen Wintersportwoche in Garmisch-Partenkirchen abgedruckt.⁴⁵

5.1.2 Vom Wintersportverbot zur Wiederaufnahme reichsweiter Skimeisterschaften

Adolf Hitler stimmte am 15. September 1941 der Fortführung des internationalen Sportverkehrs zu und genehmigte auch die Durchführung der Ski-Weltmeisterschaften 1942 in Garmisch-Partenkirchen.⁴⁶ Als Ende Dezember 1941 die Skispringer der reichsdeutschen Nationalmannschaft zu einem Vorbereitungsspringen auf der Hindenburg-Schanze in Oberhof zusammentrafen, berichtete das *Neue Wiener Tagblatt*: „Obwohl die Springer fast sämtlich den grauen Rock tragen, warteten sie trotz nicht immer ausreichender Trainingsmöglichkeit mit hervorragenden Leistungen auf [...]".⁴⁷ Josef Bradl war damals gerade eben von einem Gebirgsjägereinsatz aus Griechenland zurückgekehrt und der amtierende Skisprung-Weltrekordhalter Rudi Gehring aus Thüringen, ebenfalls Gebirgsjäger, startete mit einer Beinverwundung. Dass die beiden besten Springer neben anderen Spitzenathleten freigestellt worden waren, unterstreicht die Bedeutung des wettkampfbetriebenen Skisports und der Ski-Weltmeisterschaften für die NS-Sportführung, vor allem im Sinne eines Weitermachens wie bisher trotz Krieg und Vernichtung. Im Jahrbuch *Durch Pulver und Firn* des Fachamtes Skilauf ging der Reichssportführer Hans von Tschammer und Osten sogar noch einen Schritt weiter und sprach von einem „allgemeinen Aufblühen der Leibesübungen" nach dem Krieg.⁴⁸ Der Leiter des Fachamtes Skilauf Gustav Räther betonte, dass „der Skilauf gerade im Kriege als Mittel, die körperliche Spann-

---

43 Zit. nach Teichler, Die sportlichen Rivalitäten, S. 116.
44 Vgl. Völkischer Beobachter, 31.1.1941, S. 6.
45 Vgl. Völkischer Beobachter, 13.2.1941, S. 8.
46 Vgl. Teichler, Internationale Sportpolitik, S. 325.
47 Vgl. Neues Wiener Tagblatt, 29.12.1941, S. 4.
48 Durch Pulver und Firn. Das Buch der deutschen Skiläufer. Jahrbuch des Nationalsozialistischen Reichsbundes für Leibesübungen/Fachamt Skilauf, Innsbruck 1941/42, S. 3.

kraft zu erhöhen und damit unsere nationale Widerstandskraft zu vergrößern, richtig erkannt wurde."[49]

Die nationalsozialistische Sportführung, insbesondere der NSRL, musste aber angesichts des politischen Drucks des Propagandaministers Joseph Goebbels und der anschließenden Verordnung Adolf Hitlers sein ambitioniertes Wintersportprogramm für das erste Winterhalbjahr 1942 aufgeben. So wurden größere Investitionen in Infrastrukturprojekte ausgesetzt[50] und am 1. Jänner 1942 kam dann schließlich das Aus für alle Wintersportveranstaltungen. Selbst die bereits in Vorbereitung befindliche Ski-WM in Garmisch-Partenkirchen wurde abgesagt.[51] Gleichzeitig hatte die reichsweit verordnete Skisammlung 1941/42 weitreichende Folgen auf den zivilen Skilauf. Gerd Falkner hat diese detailliert in seinem Buch *Skier für die Front* analysiert und beschrieben.[52] Bei der im Hinblick auf den Winterkrieg der deutschen Wehrmacht und der Rückschläge an der Ostfront gegen die Sowjetunion von der Reichsführung getroffenen Zwangsmaßnahme wurden im Gau Tirol und Vorarlberg insgesamt 18 212 Paar Ski abgegeben, die meisten davon, nämlich 8 270, stammten aus Innsbruck. Das aus nationalsozialistischer Sicht reichsweit beste Sammelergebnis konnte in Wien mit insgesamt rund 85 000 Paar Ski erzielt werden.[53]

Die Absage reichsweiter Skisportwettbewerbe im Deutschen Reich traf auch Austragungsorte auf dem Gebiet „Ostmark" und riss eine Lücke in den Wettkampfkalender. So mussten beispielsweise die für Hofgastein geplanten Reichswintersportkämpfe der Studenten und die Deutschen Meisterschaften in den alpinen Bewerben in St. Anton gestrichen werden. Ebenfalls abgesagt wurden die NSKK-Wintersportkämpfe in Innsbruck.[54] Doch auch der Nachwuchsbereich war von der Maßnahme betroffen, nachdem die Jugendmeisterschaften der HJ ebenso ausgefallen waren. Um den Ausfall der skisportlichen Betätigung zu kompensieren, verlegte der BDM im Gau Salzburg seine Aktivitäten auf den Eislaufsport.[55] Das Anfang Jänner 1942 von Hitler verfügte Wintersportverbot darf aber nicht als Totalausfall gewertet werden. Mit den gesetzten Maßnahmen kam

---

49 Gustav Räther, Richtschnur unserer Arbeit, in: Durch Pulver und Firn. Das Buch der deutschen Skiläufer. Jahrbuch des Nationalsozialistischen Reichsbundes für Leibesübungen/Fachamt Skilauf, Innsbruck 1941/42, S. 4.
50 Das Fachamt Skilauf stellte im Kriegswinter 1941/42 keine Genehmigungen mehr für Großschanzen in Aussicht. Vgl. Räther, Richtschnur, S. 8–9.
51 Vgl. Teichler, Internationale Sportpolitik, S. 334; Gerd Falkner, Die vergessenen Skimeisterschaften – Altenberg 1944, in: FdSnow 24 (Februar 2004), S. 7
52 Zur Skisammlung 1941/42 generell vgl. Falkner, Skier.
53 Vgl. Falkner, Skier, S. 112.
54 Vgl. Teichler, Internationale Sportpolitik, S. 335.
55 Vgl. Salzburger Volksblatt, 23.1.1942, S. 5.

es zwar zu starken Einschränkungen, aber zu keinem völligen Erliegen des wettbewerbsbetriebenen Skisports im Deutschen Reich.[56] Der Fokus lag dabei klar auf kriegswichtigen Wettbewerben wie jenen der HJ. So ordnete die Reichsjugendführung im Einvernehmen mit dem OKH nicht nur eine verstärkte Ski-Ausbildung der HJ im Rahmen der Wehrertüchtigung an den Wochenenden an, sondern veranstaltete eigene Ski-Prüfungskämpfe anstatt der bisherigen deutschen Jugendmeisterschaften.[57]

Abb. 33: Die Ski-Ausbildung der HJ, wie hier am Obertauern, spielte eine zentrale Rolle in der vormilitärischen Schulung des soldatischen Nachwuchses, SLA, LBS F69/7337.

Zu Beginn des Kriegswinters 1942/43 war das im Jänner 1942 ausgesprochene Wintersportverbot wieder aufgehoben worden und sowohl NSRL als auch die Parteigliederungen stimmten sich wie schon in den Jahren zuvor auf einen regen Wintersportbetrieb ein. Nach einer Weisung Hitlers vom Frühsommer 1942 sollte der Wintersportbetrieb wieder angekurbelt werden.[58] Im Dezember 1942 setzten die sächsischen Skikreiswarte in Dresden ihre Tagung unter das Motto: „Jeder künftige Soldat ein Skiläufer!".[59] Auch der Alpenverein sollte sein Ausbil-

---

56 Vgl. Falkner, Die vergessenen Skimeisterschaften, S. 7. In der populärwissenschaftlichen Literatur findet sich oft die mythenhafte Erzählung, dass es ab dem Jahreswechsel 1941/42 keine Skisportveranstaltungen mehr gegeben hätte. Diese hat auch Eingang in die Geschichtswissenschaft gefunden. Vgl. hier u. a. Krisch, Bad Gastein, S. 301.
57 Vgl. Der Winter, 35 (1942) 10, S. 198; Der Winter, 35 (1942) 11, S. 206.
58 Vgl. Teichler, Internationale Sportpolitik, S. 341.
59 Vgl. Falkner, Skier, S. 170.

dungsprogramm im Sinne der NS-Sportpolitik unvermindert fortsetzen und die skiläuferische Schulungsarbeit in den winterlichen Bergen mit verschiedenen Lehrgängen abdecken. Die Kurse richteten sich nicht an Anfänger, sondern setzten die „volle Beherrschung des alpinen Skilaufs bzw. Winterbergsteigens" voraus. Die Lehrgänge für Lehrwarte und Fahrtenleiterinnen im alpinen Skilauf fanden unter anderem im Tiroler Sellrain statt.[60]

Der Handel sowie der Transport von Skiern blieben zwar weiterhin untersagt, dafür wurde jedoch die Abgabe mittels einer Skiverleihaktion geregelt. Auf diese Weise sollten „besonders Erholungsbedürftigen zur Wiederherstellung Ihrer Gesundheit" Skier zur Verfügung gestellt werden. Die Skier sollten an Verwundete, Soldaten, Fronturlauber, ArbeiterInnen aus Rüstungsbetrieben und Angehörige der HJ verliehen werden.[61] Dabei waren Fronturlauber und Angehörige kriegswichtiger Betriebe bevorzugt. Die Skier konnten nach Vorzeigen eines Personalausweises und eines Pfandes von bis zu 50 Reichsmark für bis zu sieben Tage ausgeliehen werden.[62]

5.1.3 Lehrtätigkeit und finanzielle Ressourcen

Ein Runderlass des Reichsministers des Innern betreffend der „staatlichen Sportaufsicht und öffentlichen Sportpflege im Kriege" vom 8. April 1942 verdeutlicht, wie wichtig den nationalsozialistischen Machthabern die Aufrechterhaltung des Sportbetriebes war.

> Die staatliche Sportaufsicht und die öffentliche Sportpflege bleiben wegen der Wichtigkeit der Leibesübungen für die Ertüchtigung unseres Volkes auch während des Krieges aufrechterhalten. Sie müssen jedoch der Notwendigkeit Rechnung tragen, die behördliche Arbeit in Kriegszeit auf das äußerste einzuschränken. Andererseits müssen, soweit erforderlich, die Leibesübungen während des Krieges durch besondere Hilfsmaßnahmen vor dem Erliegen bewahrt werden.[63]

Dass die Lehrtätigkeit bzw. Ausbildungstätigkeit im organisierten Skisport nicht unterbrochen wurde, zeigt eine Bilanz des NSRL zu Jahresende 1943. Laut dieser absolvierten insgesamt 1 172 Frauen und Männer die „sportliche Führerausbildung" im Skilauf, davon 886 männliche und 286 weibliche TeilnehmerInnen.[64]

---

60 Vgl. Münchner Neueste Nachrichten, Nr. 306, 2.11.1942, BArch, NS 5/VI/19453. Die Fahrtenleiterinnen waren das weibliche Pedant zu den männichen Lehrwarten.
61 Vgl. BArch, NS 5/VI/19453, Pressekorrespondenz vom 7.1.1943.
62 Vgl. Benützung von Leih-Skiern in: Frankfurter Zeitung, 30.12.1942, BArch, NS 5/VI/19453.
63 Vgl. TLA, RSth IIIa1 O/I/2-1942 Leibeserziehung, allgemein.
64 Vgl. Falkner, Skier, S. 169; NS-Sport 5 (1943) 22, S. 3.

Das Bemühen des NSRL, die Ausbildungs- und Lehrtätigkeit im Krieg weiterzuführen, zeigt sich auch in der Gesamtabrechnung der durchgeführten Skikurse in Lech am Arlberg für den Winter 1942/43. Den Einnahmen von 15 076 Reichsmark standen Ausgaben von 14 338,43 Reichsmark gegenüber. Die Zahl der Kursteilnehmer betrug beachtliche 848 Personen. Davon waren 560 Frauen und 288 Männer. Von den 288 Männern waren wiederum zwei Drittel Wehrmachtsangehörige. Gegenüber dem Winter 1941/42, in dem 450 bis 500 Frauen und Männer teilgenommen hatten, bedeutete dies sogar eine Steigerung von an die 400 KursteilnehmerInnen.[65]

Aufgrund fehlender Quellenbestände lässt sich nur mehr sehr rudimentär feststellen, welche finanziellen Spielräume der organisierte NS-Sport in den Kriegsjahren hatte.[66] Es kann aber belegt werden, dass sich die Fördersummen für Personal und Sachaufwand im NSRL von einzelnen Ministerien mindestens im sechsstelligen Bereich bewegten.

Laut Berechnungen von Hajo Bernett stimmten das Reichsinnen- und das Reichspropagandaministerium im Jahr 1943 einem Zuschuss von 400 000 Reichsmark für die Kriegsprogramme des NSRL zu. Insgesamt beziffert Bernett die zusätzlich aufgebrachten finanziellen Mittel während des Krieges auf 1,4 Millionen Reichsmark.[67] Einem Schreiben der Reichssportverwaltung vom November 1944 ist zu entnehmen, dass dem NSRL 1,9 Millionen Reichsmark für das Haushaltsjahr 1943 zur Verfügung standen, wobei knapp 1,5 Millionen Reichsmark für Schulungen in den Reichsgauen, einschließlich der Gehälter für NSRL-FachlehrerInnen, ausgegeben wurden und rund 87 000 Reichsmark in den Spitzensport flossen, die Zuschüsse zu sportlichen Veranstaltungen beliefen sich auf rund 78 000 Reichsmark.[68] Wie viele Reichsmark für den Skisport ausgegeben wurden, ist dem überlieferten Verwendungsnachweis nicht zu entnehmen.

Für den Gau Tirol und Vorarlberg kann auf eine Budgetaufstellung für das geplante Haushaltsjahr 1942 zurückgegriffen werden. Diese sah für den gesam-

---

65 Vgl. Gesamtabrechnung Skischule Lech 1942/43, Dokumentation Skimuseum Lech am Arlberg.
66 Zur allgemein schlechten Quellenlage, was offizielle Dokumente des NSRL betrifft, kommt hinzu, dass die Büros der Hauptbuchhaltung der Reichssportverwaltung in Berlin, Charlottenburg im November 1943 nach einem Bombentreffer ausbrannten. Vgl. Reichssportverwaltung an das Reichssportamt, Berlin-Charlottenburg 9, 14.11.1944, Beihilfe zur Erfüllung der Aufgaben des NSRL auf dem Gebiete der allgemeinen Leibeserziehung und des Leistungssport, BArch R1501/148.
67 Vgl. Bernett, Der Weg des Sports, S. 50.
68 Vgl. Reichssportverwaltung an das Reichssportamt, Berlin-Charlottenburg 9, 14.11.1944, Beihilfe zur Erfüllung der Aufgaben des NSRL auf dem Gebiete der allgemeinen Leibeserziehung und des Leistungssport, BArch R1501/148.

ten Sport innerhalb des NSRL 30 000 Reichsmark vor. 6 700 Reichsmark davon waren für den Skilauf reserviert, inklusive Schulung der Sportgauführung und der MitarbeiterInnen. Damit war der Skisport der am zweithöchst dotierte Budgetposten nach den Arbeitstagungen der Sportgauführer, Kreisführer, Gau- und Kreisfachwarte sowie hauptamtlichen Lehrkräfte für die Frauenarbeit. Dieser war mit 8 900 Reichsmark dotiert. Im Vergleich zum Skisport fielen die geplanten Ausgaben für Turnen & Gymnastik mit 2 500 Reichsmark deutlich geringer aus. Der Fußball bildete mit 400 Reichsmark das Schlusslicht bei den Sportarten. Die Aufteilung der einzelnen Budgetposten für den Skilauf ergibt sich wie folgt:

Tab. 9: Mittel für den Skisport im NSRL im Gau Tirol und Vorarlberg im Haushaltsjahr 1942.

Errichtung von kleinen Sprungschanzen	2 800 RM
Kampfrichterschulung	600 RM
Wettläufertraining	2 500 RM
Veranstaltungen	800 RM
Skilauf gesamt	6 700 RM

Quelle: TLA, RSth IIIa1 O/I/2-1942 Leibeserziehung, allgemein, eigene Zusammenstellung.

5.2 Skisportler in Gebirgseinheiten der Wehrmacht und SS

Zu den Trägern des NS-Systems gehörten auch jene ehemaligen ÖSV-Funktionäre und ÖSV-Spitzenathleten, die als angesehene oder hochrangige Mitglieder der Wehrmacht oder der SS dazu beitrugen, den Krieg in den besetzten Gebieten voranzutreiben bzw. an der „Heimatfront" vorzubereiten und zu organisieren.[69] Im Folgenden wird es aber um jene gehen, die tatsächlich in Kriegsgebieten an und hinter der Front aktiv die Mordmaschinerie der nationalsozialistischen Vernichtungspolitik in Gang hielten.

Dutzende österreichische Skiathleten der Zwischenkriegszeit dienten im Zweiten Weltkrieg in Gebirgs-Divisionen der Wehrmacht oder der SS. Ihr Ein-

---

[69] Nils Havemann konstatierte dies auch in seiner Studie über den DFB und seiner Funktionäre im Nationalsozialismus. Vgl. Havemann, Fußball unterm Hakenkreuz, S. 313. Zur allgemeinen Täterforschung vgl. u. a. Martin Cüppers/Jürgen Matthäus/Andrej Angrick (Hg.), Naziverbrechen. Täter, Taten, Bewältigungsversuche, Darmstadt 2013; Browning, Ganz normale Männer.

satzgebiet erstreckte sich vom besetzten Norwegen[70] über den Polarkreis bis in die Tundra der Sowjetunion und in den Südosten Europas. Die deutsche Wehrmacht verfügte zu Beginn des Zweiten Weltkriegs über drei Gebirgs-Divisionen, die mit der Ausdehnung der Kriegsschauplätze auf unwegsames Gelände vor allem im Osten auf acht aufgestockt wurden.[71] Die I. Gebirgs-Division hatte das Edelweiß als Truppenkennzeichen. Sie marschierte im März 1938 beim „Anschluss" in Österreich ein und kämpfte im Herbst 1939 im Polenfeldzug. In Polen sowie beim Überfall auf die Sowjetunion 1941 waren Mitglieder der Gebirgsdivision an Massakern an der jüdischen Zivilbevölkerung beteiligt und später im Partisanenkampf auf dem Balkan machten sich Soldaten der I. Gebirgs-Division an Kriegsverbrechen mitschuldig.[72]

Abb. 34: Der Winterkrieg hält Einzug in die Sportberichterstattung: „Soldaten und Sportsmänner – unsere Gebirgsjäger" titelte das *Reichssportblatt* am 2. Jänner 1940, BSB.

---

70 Vgl. Richard Germann, Austrian Soldiers and Generals in World War II, in: Günter Bischof/Fritz Plasser/Barbara Stelzl-Marx (Hg.), New Perspectives on Austrians and World War II, Contemporary Austrian Studies (Band 17), New Brunswick/New Jersey 2009, S. 29–44, hier S. 32.
71 Vgl. u. a. Günter Falser, Die NS-Zeit im Stubaital, Innsbruck/Wien 1996, S. 125.
72 Hermann Frank Meyer hat die Verbrechen der I. Gebirgs-Division akribisch nachgezeichnet. Hier sollen nur zwei Kapitel zitiert werden, die zeigen, auf welch brutale Weise die Eliteeinheit im Eroberungs- und Vernichtungskrieg gegen gegnerische Soldaten aber auch die Zivilbevölkerung vorging. Vgl. Hermann Frank Meyer, Blutiges Edelweiß. Die 1. Gebirgs-Division im Zweiten Weltkrieg, Berlin 2008, S. 58–65 und S. 159–167.

Der Winterkrieg veränderte nicht nur die Ausbildung der Gebirgstruppen, sondern auch deren Kriegsführung. Die militärische Schulung auf Skiern spielte ab dem Winter 1941/42 eine zentrale Rolle in den Winterlehrgängen der Heeres-Hochgebirgsschule in Fulpmes. Diese war ab November 1939 die zentrale Ausbildungsstätte der Gebirgskämpfer der Deutschen Wehrmacht.[73] Auch österreichische Skiathleten bereiteten dort die Gebirgssoldaten auf den Hochgebirgseinsatz und den Winterkrieg vor. Dabei sollte die kriegsvorbereitende Schulung sich von jener in Friedenszeiten klar unterscheiden.

> Weder die bergsteigerische Grundausbildung noch die Heeresbergführerausbildung darf auch nur im geringsten einem der im Frieden üblichen Skikurse ähneln. Der Krieg im Hochgebirge spielt sich in den meisten Fällen auch im Winter und bei Schnee zu Fuß ab. [...] Wenn der Skilauf militärisch zum Tragen kommt, so kommt es nur darauf an, dass der Mann in einer annehmbaren Zeit sicher in der Abteilung das Ziel erreicht. Auch bei der Ausbildung darf es nur darauf ankommen, dass der Mann sicher, flüssig und Kräfte sparend laufen lernt.[74]

Im Jänner 1942 kam erstmals das neu gebildete Skijägerbataillon der Wehrmacht zum Einsatz. Diese Spezialeinheit entstand nach den Erfahrungen, die man während der sowjetischen Gegenoffensive im Dezember 1941 gemacht hatte, und war am 7. Jänner 1942 einsatzfähig. Der oberste Kommandant Hans von Schlebrügge suchte dafür eigens erfahrene Skiläufer. Diese stammten laut Gerd Falkner aus den beiden Winterkampfschulen Orel und Gshatsk.[75] Wobei unter den Skisoldaten des Skijägerbataillons Schlebrügge [sic] unter anderem auch Abgänger der Heeres-Hochgebirgsschule in Fulpmes dabei gewesen sein dürften.[76] Jedenfalls bewährte sich die Truppe im Winterkampf, sodass 1943 zwölf weitere Skijägerbataillone aufgestellt wurden.[77] Schlebrügge selbst kommandierte die Heeres-Hochgebirgsschule bis Oktober 1941, danach sollte er sich um die Organisation von Frontlehrgängen kümmern. Zu diesem Zweck wurde Schlebrügge zur Heeresgruppe Mitte nach Russland abkommandiert.[78]

Im Winter 1941/42 fanden aufgrund der Entwicklungen an der Ostfront die ersten Ausbildungslehrgänge an der Heereshochgebirgsschule in Fulpmes statt. Diese beinhalteten eigene Richtlinien für eine „verkürzte Skiausbildung", die

---

73 Vgl. Stammtafel der Heeres-Hochgebirgsschule, Militärarchiv Freiburg (MA), RH 17/298; Falser, Die NS-Zeit, S. 125.
74 Anweisung für die Ausbildung an der Hochgebirgsschule Nr. 1, 6.3.1945, MA, RH 17/566.
75 Vgl. Falkner, Skier für die Front, S. 30.
76 Vgl. Henning Stühring, Als der Osten brannte. Erlebnisse aus dem Russlandfeldzug: „Fall Barbarossa" 1941/42, Berlin 2011.
77 Vgl. Falkner, Skier für die Front, S. 30.
78 Falser, Die NS-Zeit, S. 127.

den Anforderungen der Front gerecht werden sollte. In 16 Wochen musste jeder Skisoldat mehrere Orientierungsläufe über unterschiedliche Distanzen absolvieren und wurde im Führen eines Jagdkommandos auf Ski unterrichtet.[79] Unter den deutschen Skijägern, die in Fulpmes ausgebildet wurden, befand sich der reichsdeutsche Skimeister und Heeres-Skimeister der nordischen Kombination von 1937 Günther Meergans.[80] Er wurde im Winter 1941/42 vom Oberkommando des Heeres (OKH) an die Heeres-Hochgebirgsschule nach Fulpmes versetzt. Laut seinen Erinnerungen, die Meergans 1998 in seiner Autobiografie veröffentlicht hat, war in Fulpmes die gesamte reichsdeutsche Nationalmannschaft aller Disziplinen vertreten. Offiziell habe es geheißen, das Training diene der geplanten Ski-Weltmeisterschaft 1942 in Garmisch-Partenkirchen.[81] Doch die Austragung der Ski-WM wurde von Propagandaminister Joseph Goebbels in Frage gestellt, er wollte sowohl die WM sowie sämtliche Wintersportveranstaltungen verbieten lassen. Hitler sagte schließlich die Weltmeisterschaft per Befehl am 1. Jänner 1942 ab, während der Reichssportführer von Tschammer und Osten noch bis Jahresende 1941 an eine Durchführung der Ski-WM glaubte und sich die Sportler seit Dezember im Trainingslager befanden. Hintergrund für die Absage war der Angriff auf Moskau.[82] Nachdem die Spitzen-Skiläufer des Deutschen Reiches nun schon ein Trainingslager in Lech am Arlberg absolviert hatten, wurden sie Anfang Jänner 1942 nach Fulpmes beordert. Dort lernten sie nach den Schilderungen von Meergans den „Angriff auf Skiern, Bauen von Iglus, Schutz gegen große Kälte, Eingraben in Schneeverwehungen, Orientierung nach Kompaß und Karte".[83] Danach wurden die ausgebildeten Skijäger als Lehrpersonal auf die neu aufgestellten Skijagdkommandos im russischen Smolensk aufgeteilt. In diesen sollten sich auch österreichische Spitzenathleten wie Josef Bradl befunden haben.[84] Inwieweit österreichische Skisoldaten bzw. Ge-

---

79 Vgl. Richtlinien für die verkürzte Skiausbildung, MA, RH 17/567.
80 Günther Meergans, wurde in Jelenia Góra (deutsch: Hirschberg) im Riesengebirge geboren und lernte dort das Skilaufen und Skispringen. Vgl. dazu Günther Meergans, Viermal Deutscher Skimeister. Vom Schreiberhau nach Reit im Winkl, München 1950.
81 Vgl. Günther Meergans, Ein Leben voller Einsatz, Dülmen 1998, S. 101.
82 Goebbels sah die Absage als flankierende Propaganda-Maßnahme der Ski-Sammelaktion. Mit der Absage der Ski-Weltmeisterschaft 1942 wurden gleichzeitig alle Wintersportveranstaltungen und die von Hans von Tschammer und Osten geplante Europäische Sportkonferenz abgesagt. Vgl. Falkner, Skier für die Front, S. 51–52; Teichler, Internationale Sportpolitik, S. 330–331.
83 Meergans, Ein Leben, S. 101.
84 Vgl. Georg Gunter, Die deutschen Skijäger. Von den Anfängen bis 1945, Eggolsheim 2006, S. 30. Gunter nennt neben Josef Bradl die Gebrüder Lantschner, die laut Aufzeichnungen des Obergefreiten Gustav Hodermann dem Jagdkommando angehörten. Dies konnte bis dato nicht mit Quellen belegt werden.

birgsjäger in diesen Skijagdkommandos tatsächlich vertreten waren, lässt sich quellenmäßig nur in wenigen Einzelfällen belegen, sofern Aufzeichnungen über militärische Dienstorte- und -zeiten vorhanden sind. Bei Bradl gibt es bislang keinen quellengestützten Hinweis auf eine Kriegsteilnahme am Winterkrieg ab Jänner 1942, ausgeschlossen kann es deshalb aber ebenso wenig werden. Wahrscheinlicher ist, dass Bradl für die skitechnische Schulung und vormilitärische Ausbildung an der „Heimatfront" herangezogen wurde. Gesichert ist, dass Bradl im Kriegswinter 1942/43 an der programmatischen Ausrichtung der vormilitärischen Ausbildung der Hitlerjugend für den Winterkampf mitwirkte.[85] Das würde zwar einen Einsatz Bradls im Jagdkommando, von dem Georg Gunter schreibt,[86] nicht ausschließen, dieser erscheint aber nach jetzigem Wissensstand eher unwahrscheinlich.

Hinreichend belegt ist, dass im Winter 1941/42 im Stubaital die ersten 14-Tage-Lehrgänge stattfanden, zu denen ein Großteil der deutschen Ski-Nationalmannschaft herangezogen wurde, die zu diesem Zeitpunkt in Vorbereitung auf die Ski-WM 1942 in Garmisch-Partenkirchen zum Training aus ihren Einheiten herausgelöst worden war.[87] Darunter sollen sich neben Meergans auch Bradl und die Gebrüder Lantschner befunden haben, was möglich ist, aber ebensowenig belegt werden konnte.

Meergans, der ab November 1943 als Kommandeur des I. Skijägerbataillons nördlich von Minsk eingesetzt war, um dort die Partisanenbekämpfung aufzunehmen, berichtet jedenfalls in seiner Autobiografie, dass die Zugführer und Kompaniechefs Skierfahrung hatten und „fast alle von der Gebirgstruppe, der Heereshochgebirgsschule oder aus Teilen der Skinationalmannschaft" kamen.[88] In Meergans Schilderungen schwingt das heroisierende Pathos mit, welches die Spezialeinheit auf Skiern erfüllte.

> Meine Erfahrungen aus dem Winterkrieg 1941/42, meine Kommandeurausbildung und die wahnsinnig harte Ausbildung im Hundert-Tausend-Mann-Heer hatten aus mir einen unerbittlich strengen Vorgesetzten gemacht. Mein Grundgesetz war: Hart, aber gerecht zu jedem Soldaten, Unterführer und Offizier. Die Soldaten verstanden mich, und bald hatten sie volles Vertrauen zu mir. Da wir uns im Partisanengebiet befanden, wurden bei Nacht und eisiger Kälte Spähtruppunternehmen in Gruppenstärke, Zugstärke und in geschlossener Kompaniestärke durchgeführt. Als Marschgeschwindigkeit auf Skiern mit Ausrüstung mußten sechs Kilometer in der Stunde erreicht werden.[89]

---

85 Vgl. BArch, NS 5 VI/398; Praher, SportlerInnen für den Krieg, S. 271.
86 Vgl. Gunter, Die deutschen Skijäger, S. 30.
87 Falkner, Skier für die Front, S. 28; Teichler, Internationale Sportpolitik, S. 325–330.
88 Vgl. Meergans, Ein Leben, S. 125.
89 Meergans, Ein Leben, S. 127.

Detailreich schildert Meergans den Ausrüstungsstand seines Skibataillons, das er befehligte, wie viel Schuss das Magazin hatte und dass „der Russe", nachdem sie in wenigen Stunden eine Ortschaft freigekämpft hätten, in voller Flucht eine beträchtliche Zahl an Toten und Gefangenen hinterlassen habe.[90] Von Übergriffen auf die lokale Bevölkerung in den eroberten Ortschaften oder Exekutionen taucht in der von Meergans Ende der 1990er-Jahre veröffentlichten Autobiografie nichts auf.

Das theoretische und praktische Rüstzeug für den Winterkrieg an der Ostfront hatten die Skisoldaten zuvor auf der Heereshochgebirgsschule in Fulpmes von Ausbildnern gelernt. Unter den Heeresbergführern befanden sich auch einige national und international erfolgreiche aus Österreich stammende Spitzenläufer des NSRL. Die meisten von ihnen gehörten der SA an. Die folgende Tabelle zeigt die Dienstgrade, Geburtsjahrgänge und sofern bekannt die SA-Zugehörigkeit dieser Läufer.

Tab. 10: Liste österreichischer NSRL-Skiathleten, die Bergführer an der Heeres-Hochgebirgsschule waren.

Name	Dienstgrad bei der Gebirgstruppe	Geburtsjahrgang	Wehrverband
Ludwig Dellekarth[1]	Oberst	1905	k. A.
Georg Fuchslechner	Oberjäger	1906	SA
Josl Gstrein	Oberjäger	1917	k. A.
Alois Gugganig	Oberjäger[2]	1906	SA
Peter Radacher	Feldwebel	1910	SA
Alfred Rössner	Oberjäger	1911	SA
Heinrich Sterzinger	Feldwebel	1918	k. A.

1 Ludwig Dellekarth war nicht nur Bergführer, sondern auch Kommandeur der HHS von September 1942–43.
2 Der Oberjäger Alois Gugganig wurde im Jänner 1944 posthum zum Feldwebel befördert.

Quelle: Broschüre der Heeresbergführer der Deutschen Wehrmacht basierend auf der Bergführerkartei der Heereshochgebirgsschule in Fulpmes, Privatnachlass Alfred Rössner, Sammlung Privatnachlässe, Skimuseum Werfenweng und Datenbank Praher, eigene Zusammenstellung.

---

90 Vgl. Meergans, Ein Leben, S. 132–133.

Die HHS entwickelte sich in den Jahren ihres Bestehens ständig weiter. Im September 1941 sollte der Dienstbetrieb aufgestockt werden, sodass 500 Offiziere untergebracht werden konnten. Das Oberkommando des Heeres (OKH) wies der HHS zuvor einen erweiterten Aufgabenkreis zu. Für die Offiziere sollte Platz in den umliegenden Pensionen Alpenheim und Edelweiß geschaffen werden. Zusätzlich sollten Fremdenzimmer in der Pension Hubertus angemietet werden. Ende Juni 1942 wurde eine Waffenmeisterei mit angeschlossener Kraftfahrzeugwerkstatt errichtet. Die HHS in Fulpmes erfuhr im Sommer 1943 eine Erweiterung in militärischer Hinsicht. Im Juli war eine neue Schießstandanlage östlich des Ortsgebietes errichtet worden, auf der auch mit Maschinengewehren scharf geschossen werden konnte. Im Interesse der Kriegsausbildung der Truppe wurde dem Betrieb der Anlage für die Kriegsdauer zugestimmt.[91] Die Investition in militärische Anlagen verdeutlicht die Verlagerung auf die Kampfausbildung. Für die Ausbildung gefragt waren gut geschulte und erfahrene Ski- und Bergführer.

Die Heereshochgebirgsschule leitete ab September 1942 der gebürtige Niederösterreicher Ludwig Dellekarth.[92] Ebenso wie seine beiden Brüder Ferdinand und Walter war der Gastwirt, geboren 26. Juli 1905 in Gaming, seit seiner Jugendzeit ein begeisterter Alpinist und Skifahrer. Nach Ablegung der Reifeprüfung an der Bundeserziehungsanstalt in Wien im Juli 1922 trat er am 15. Jänner 1923 in das österreichische Bundesheer ein und erwarb 1928 das Bergführer-Abzeichen. Vier Jahre später wurde er zum Oberleutnant befördert und 1937 zum Hauptmann. In seiner Zeit beim österreichischen Bundesheer leitete Dellekarth zahlreiche Heeres-Bergführerkurse in den Stubaier-, Ötztaler- und Zillertaler Alpen sowie im Glockner- und Venedigergebiet. Seine Stammkompanie war die 5. Kompanie des Alpenjäger-Regiments Tirol Nr. 12 in Innsbruck. Im März 1938 wurde Dellekarth von der Deutschen Wehrmacht als Berufsoffizier übernommen.[93] Die nationalsozialistische Presse schrieb 1942, dass Dellekarth aufgrund seiner politischen Gesinnung zwischenzeitlich in Wöllersdorf inhaftiert war,[94] was aber nicht belegt werden konnte. Laut Personalstandblatt war er weder illegales NSDAP-Mitglied noch NSDAP-Anwärter. In seiner eidesstattlichen Erklärung gab er an, keinem der Wehrverbände angehört zu haben.[95] Auch im Bundesarchiv ist kein Ludwig Dellekarth bei den Personalakten der SA oder SS

---

91 TLA, RStH, Raumordnung, HHS Fulpmes.
92 Die Schreibweise des Nachnamens Dellekarth variiert in unterschiedlichen Quellen. In der vorliegenden Forschungsarbeit wird die Schreibweise Dellekarth verwendet, außer es handelt sich um archivalische Bestandsbezeichnungen.
93 Vgl. Personalakt Ludwig Delle-Kart, OeStA, AdR, BMf Soziale Verwaltung Präs PA.
94 Vgl. Innsbrucker Nachrichten, 4.2.1943, S. 2.
95 Vgl. Personalakt Ludwig Delle-Kart, OeStA, AdR, BMf Soziale Verwaltung Präs PA.

verzeichnet. Laut dem Zeitungsbericht diente er ab 1938 bei den Gebirgsjägern in Innsbruck und wurde als Kompanieführer bei der Besetzung des „Sudetenlandes" eingesetzt. Als Berufsoffizier der Gebirgstruppe befand er sich nachweislich ab 1940 im Fronteinsatz. Im Oktober 1940 erfolgte seine Beförderung zum Major.[96] Im Februar 1942 berichteten die *Innsbrucker Nachrichten* von seiner heldenhaften Führung eines Radfahrbataillons an der Ostfront. Für sein „hervorragend tapferes Verhalten vor dem Feinde im Osten" wurde Dellekarth mit dem Deutschen Kreuz in Gold ausgezeichnet.[97] In weiterer Folge gelangte Dellekarth als Kommandeur an die HHS und verblieb dort bis 1943. Mit 1. August 1944 wurde er zum Oberst befördert und kam am 8. Mai 1945 in französische Kriegsgefangenschaft.[98]

Von den oben angeführten hochausgebildeten Skisoldaten, die als Bergführer an der HHS als Ausbildner tätig waren, brachten es noch andere zu militärischen Ehren in der Gebirgstruppe. Sie kämpften als Gebirgsjäger an der Ostfront im Winterkrieg und standen teils bis zu ihrem „Heldentod" unter Beobachtung der NS-Kriegspropaganda. Der aus Fulpmes stammende Heinrich Sterzinger diente im Skibataillon Schlebrügge [sic] an der Ostfront, welches der Heeres-Hochgebirgsschul-Abgänger Günther Meergans ab November 1943 kommandierte.

Alfred Rössner, der 1931 der SA beitrat und bereits vor 1938 illegal einen SA-Sturm führte, betätigte sich ab Mitte der 1930er-Jahre für die SA-Brigade 5 in Graz als Referent für Skilauf und Geländekunde. Ab 1937 arbeitete der Spitzenlangläufer und Olympia-Teilnehmer von 1936 als Trainer für die österreichische Sport- und Turnfront, unter anderem für die staatliche Skirennläuferschule in Zell am See. Mit dem „Anschluss" wurde er als Trainer vom nationalsozialistischen Reichsbund für Leibesübungen übernommen. Ab Herbst 1938 leitete er zudem als Mannschaftsführer das Langlauftraining der SA-Gruppe Südmark. Rössner wurde im April 1940 zur Wehrmacht nach Mittenwald eingezogen und war zunächst im Gebirgsjäger-Regiment 98 in Frankreich, beim Balkan- und im Russlandfeldzug eingesetzt.[99] Während seiner Dienstzeit nahm Rössner im März 1941 an den Studenten-Skiwettkämpfen in Kitzbühel teil und belegte dort für die Universität Graz den zweiten Platz.[100] Nachdem er am 28. Juni 1941 eine schwere Verwundung erlitt, wurde er nach einem siebenmonatigen Lazarett-Aufenthalt in Breslau am Jahresanfang 1942 nach Fulpmes abkommandiert.

---

96 Vgl. Innsbrucker Nachrichten, 4.2.1942, S. 3; Personalakt Ludwig Delle-Kart, OeStA, AdR, BMf Soziale Verwaltung Präs PA.
97 Vgl. Innsbrucker Nachrichten, 4.2.1942, S. 3.
98 Vgl. Personalakt Ludwig Delle-Kart, OeStA, AdR, BMf Soziale Verwaltung Präs PA.
99 Vgl. OÖLA, LG Linz, Sondergerichte, Sch. VgVr 1049/49 (516).
100 Vgl. Neues Wiener Tagblatt, 6.3.1941, S. 8.

Rössner war dort in der Folge als Heeresbergführer an der HHS angestellt und absolvierte währenddessen sein Studium an der Universität Graz. Mit Ende Jänner 1942 wurde er zum SA-Obersturmführer der SA-Gruppe Südmark befördert.[101]

Der 1906 in Bad Gastein geborene Alois Gugganig diente nach seiner Einberufung zur Wehrmacht 1940 zunächst im 1. Gebirgsjäger-Ersatz-Regiment 136 ehe er als Ausbildner auf die HHS ins Stubaital abkommandiert wurde.[102] Die genaue Zeitspanne seiner Dienstzeit an der HHS lässt sich nach derzeitiger Quellenlage nicht rekonstruieren. Gugganig war staatlich geprüfter Bergführer und Skilehrer und startete bereits vor 1938 erfolgreich bei Skirennen. Noch im Jänner 1939 nahm der SA-Läufer für den Deutschen Turnerbund Bad Gastein im Abfahrtslauf in der Altersklasse I an den Kreismeisterschaften in Zell am See teil und erreichte den siebten Platz.[103] Gugganig war 1932 in Bad Gastein der SA beigetreten und diente im SA-Sturm 4/GJ 41 als Sturmführer.[104] Seine ersten Kampfeinsätze absolvierte er 1941 am Balkan und anschließend im Russlandfeldzug als Gefreiter. Im November 1941 wurde er zum Unteroffizier befördert und fand aufgrund seiner Ausbildung Verwendung als Ski-Gruppenführer. In weiterer Folge wurde er zu Spezialeinsätzen mit der 1. Gebirgsjägerdivision im Hochkaukasus abkommandiert.[105] Ab 1943 war er als Zugführer eines bayerisch-schwäbischen Gebirgsjägerregiments im Russlandfeldzug eingesetzt. Laut letzter Meldung vom 6. Jänner 1944, einen Tag vor seinem Tod, war er im 12. Gebirgsjäger-Regiment 91 eingesetzt. Gugganig verstarb im Feldlazarett in Winnyzja (heute Ukraine) am 7. Jänner 1944 in Folge einer Bauchverletzung durch ein Artilleriegeschoß. Er wurde posthum zum Feldwebel ernannt.[106]

Noch 2007 schrieb Laurenz Krisch im Kontext der gefallenen Kriegsteilnehmer von „Soldaten als Opfer des Zweiten Weltkrieges"[107] und sprach damit die am nationalsozialistischen Eroberungs- und Vernichtungskrieg beteiligten Wehrmachtssoldaten und Waffen-SS-Angehörigen von ihrer Verantwortung frei. Die aktive Rolle von „Bad Gasteins erstem Ritterkreuzträger" Alois Gugganig als Führer eines SA-Sturms und später als Zugführer eines Gebirgsjägerregi-

---

101 Vgl. OÖLA, LG Linz, Sondergerichte, Sch. 516, VgVr 1049/49.
102 Vgl. BArch (ehem. BDC), B 563 / ZK – G – 1712 / 380.
103 Vgl. Nennung Deutscher Turnerbund Kreismeisterschaften Zell am See 1939, Bad Gastein 8.1.1939; Ergebnisliste Kreismeisterschaften Zell am See 1939, Vereinsarchiv Skiklub Zell am See, Kopie im Besitz des Verfassers.
104 Vgl. Salzburger Zeitung, 15.04.1943, S. 1; Salzburger Volksblatt 29.1.1940, S. 6.
105 Vgl. Berger, Ritterkreuzträger, S. 63.
106 Vgl. BArch (ehem. BDC), B 563 / ZK – G – 1712 / 380.
107 Laurenz Krisch, Bad Gastein während der NS-Herrschaft, Sonderdruck aus: Mitteilungen der Gesellschaft der Salzburger Landeskunde, Salzburg 2007, S. 255–322, hier S. 284.

ments an der Ostfront wird in der historischen Broschüre nicht erwähnt. Auch die darin abgebildete und sichtlich aufwendig inszenierte „Heldengedenkfeier" zu Gugganigs Tod wird weder kontextualisiert noch kritisch hinterfragt. Außerdem gibt Krisch das Datum der NS-Feierlichkeiten in Bad Gastein mit der falschen Jahreszahl an.[108] Nachdem Gugganigs Leiche schon am Kriegsschauplatz beigesetzt wurde, fand in Bad Gastein eine groß inszenierte Trauerfeier statt, die dem „Kriegshelden" Gugganig gewidmet war.[109]

Analog zur Wehrmacht hatte auch die Waffen-SS den jüngeren Alpin- und Skinachwuchs im Visier. Im Sommer 1942 gab das Wehrkreiskommando XVIII bekannt, dass junge Bergsteiger und Skiläufer als Freiwillige bevorzugt in die Gebirgseinheiten der Waffen-SS aufgenommen werden. Die Kandidaten für die Gaue Salzburg, Steiermark, Kärnten, Tirol und Vorarlberg sollten sich bei der Ergänzungsstelle Alpenland der Waffen-SS in Salzburg-Aigen melden.[110]

Für die Hochgebirgsausbildung der SS-Gebirgsjäger wurde im Herbst 1942 die SS-Hochgebirgsschule (SS-HGS) in Neustift im Stubaital eingerichtet. Der im Sommer 1942 erfolgte Aufruf an Skiläufer und Bergsteiger muss also auch im Kontext der Errichtung der SS-Hochgebirgsschule gesehen werden, in der sportlich ausgebildete Männer für den Kampf in den SS-Gebirgstruppen vorbereitet werden sollten. Die Errichtung erfolgte mit Wirkung des Führungshauptamtes vom 15. September 1942 und unter dem Kommando des SS-Obersturmbannführers Eberhard von Quirsfeld.[111] Auf seine Biografie wird im folgenden Kapitel noch näher eingegangen. Die offizielle Bezeichnung der ab April 1944 in „Gebirgsjägerschule der Waffen-SS" umbenannten SS-HGS war „Hochgebirgsschule der Waffen-SS". Der Lehrbetrieb wurde Anfang 1943 aufgenommen, die ersten SS-Bergführer absolvierten im Frühjahr desselben Jahres ihre Prüfungen. Die Kurse fanden im Winter auf der Zugspitze statt und im Sommer in den Zillertaler Alpen und Silvretta. Wer SS-Bergführer war, hatte gleichzeitig die Befähigung an der SS-HGS zu unterrichten. Günter Falser hat die Organisationsgeschichte der SS-HGS erstmals dokumentiert und auf ihre Bedeutung im Verlauf des Zweiten Weltkriegs hingewiesen. Letztlich wurde diese im Frühjahr vergrößert und um Lehrgruppen erweitert. Die Soldaten wurden dafür nicht nur zu SS-Bergführern ausgebildet, vielmehr ging es mit der Aufstellung neuer Waffen-SS-Divisionen um eine spezielle Kampfausbildung der SS-Gebirgsjäger.[112] Skisportler dienten aber nicht nur als SS-Gebirgsjäger an der Front, sie übernahmen ebenso für

---

108 Die Gedenkfeier in Bad Gastein datiert Krisch mit März 1943. Alois Gugganig starb aber erst im Jänner 1944. Vgl. Krisch, Bad Gastein, S. 285.
109 BArch (ehem. BDC), B 563 / ZK – G – 1712 / 380.
110 Vgl. Ski-Sport, 5 (1942) 12, S. 164.
111 Vgl. Falser, Die NS-Zeit, S. 110.
112 Vgl. Falser, Die NS-Zeit, S. 112–115.

den Sicherheitsdienst der SS spezielle Aufgaben im rückwertigen Kriegsgebiet bzw. besetzten Gebieten und wirkten in SS-Totenkopfverbänden oder SS-Panzerdivisionen an Kriegsverbrechen mit.

5.3 „Ostmärkische Skiläufer" im Dienste der SS

Nach dem Wunsch Heinrich Himmlers wurde ab 1935 begonnen, im gesamten Deutschen Reich SS-Sportgemeinschaften (SS-SG) aufzubauen. Sie sollten den SS-Mann abseits des SS-Dienstsportes fordern und zusätzlich körperlich bilden. Bis 1939 waren in 37 Städten derartige Wettkampfkader in unterschiedlichen Sportarten gebildet worden.[113] Gegen Mitte der 1930er-Jahre waren etliche bekannte Skisportler in SS-Sportgemeinschaften organisiert. Ein prominentes Beispiel war der reichsdeutsche Langlauf-Meister Willy Bogner, der ab Mitte der 1930er-Jahre für die SS-SG München an den Start ging und die Vierermannschaft des SS-Oberabschnitts Süd anführte.[114] Der Olympionike Bogner schwor unter anderem den Olympia-Eid bei der Eröffnungsfeier in Garmisch-Partenkirchen 1936 und zählte zu jenen NS-Sportstars, die bei der SS einen Sonderstatus genossen und dementsprechend gefördert wurden.[115] Wie Gerd Falkner feststellt, fanden viele Skisportler bei den SS-Sportgemeinschaften beste bzw. ausgezeichnete Trainingsbedingungen vor.[116] Grund dafür war die verstärkte Intensivierung des Skisports innerhalb der SS ab Mitte der 1930er-Jahre. So trat die SS bei Wettbewerben, vor allem rund um die Wintersportkämpfe in Rottach-Egern 1937, verstärkt in Konkurrenz mit der SA.[117] Dass bei den Wettkämpfen nur die Elite an den Start gehen sollte, dafür sorgte Himmler persönlich, der die Auswahl der Teilnehmer vornahm und diese dafür eigens auf der Wettkampfstrecke in Garmisch-Partenkirchen trainieren ließ.[118] Wie Berno Bahro in seiner

---

113 Vgl. Berno Bahro, Der SS-Sport. Organisation – Funktion – Bedeutung, Paderborn/München/Wien/Zürich 2013, S. 136; Bastian Hein, Die SS. Geschichte und Verbrechen, München 2015, S. 43.
114 Willy Bogner, geboren am 7.2.1909, trat im April 1933 der SS bei und ging unter anderem in der Langlaufstaffel für die SS-SG München an den Start. Der Langläufer und nordische Kombinierer wurde im Jänner 1936 zum ersten Mal Deutscher Meister in der nordischen Kombination, 1937 im Langlauf und siegte 1939 neuerlich bei der Deutschen Meisterschaft für die SS im Rang eines SS-Untersturmführers. Zudem betrieb Bogner ein Sportartikelgeschäft in der Münchner Innenstadt. Vgl. u. a. Bahro, Der SS-Sport, S. 174; Hein, Elite, S. 105–106; Sport-Tagblatt, 13.2.1937, S. 5.
115 Vgl. Hein, Elite, S. 105; Sport-Tagblatt, 7.2.1936, S. 2.
116 Falkner, Skier für die Front, S. 28; Falkner, Deutscher Skilauf, S. 26.
117 Vgl. Bahro, Der SS-Sport, S. 173.
118 Vgl. Hein, Elite, S. 221.

Analyse zum SS-Sport verdeutlicht, war das SS-Sportjahr in einen Winter- und Sommerausbildungsabschnitt eingeteilt, wobei zu Jahresbeginn verschiedene Skiwettkämpfe, unter anderem die Wintersportwettkämpfe der Gliederungen der NSDAP, auf dem Programm standen.[119] Ebenso wie die Frühjahrswettkämpfe in anderen Sportarten besaßen die SS-Skiwettbewerbe einen stark paramilitärischen Charakter.[120] Das äußerte sich besonders im Patrouillenlauf, der in Mannschaftswertungen durchgeführt wurde.

Schon vor dem „Anschluss" Österreichs hatten auch österreichische Skisportler den Weg in den reichsdeutschen SS-Sport gefunden. So nahmen ins Deutsche Reich geflüchtete Athleten nicht nur an den bereits erwähnten Wintersportkämpfen für die SS teil, sondern sogar sehr erfolgreich an den Olympischen Spielen 1936 in Garmisch-Partenkirchen. Während der gebürtige Steirer Walter Pesentheiner gemeinsam mit Bogner und dem SS-Oberabschnitt Süd bei den Wintersportkämpfen 1937 in Rottach-Egern im Mannschafts-Patrouillenlauf über 18 Kilometer den „Wanderpreis des Führers" gewinnen konnte,[121] holte der Innsbrucker SS-Skiläufer Gustav Lantschner für die reichsdeutsche Nationalmannschaft 1936 Olympia-Silber in der Kombination.[122]

Nach dem „Anschluss" sollte die Zahl der SS-Skisportler aufgrund neu beigetretener Österreicher aber auch wegen SS-Sportlern aus dem „Sudetenland" nochmals in die Höhe schnellen.[123] Das zeigte die rege Beteiligung an den Wintersportkämpfen 1939 in Villach. Von den insgesamt 223 gemeldeten Mannschaften stellte die SS 62. Im Spezialsprunglauf konnte sie mit 35 Springern nach der SA (65) und der HJ (40) die drittmeisten Teilnehmer vorweisen. Beim Mannschaftsabfahrtslauf, der in Villach zum ersten Mal ausgetragen wurde, startete die SS mit den meisten Mannschaften, nämlich mit 20.[124] Damit hatte die SS zur gestiegenen Teilnehmerzahl für die NS-Winterkampfspiele 1939 in Villach erheblich beigetragen. Diese verdoppelte sich auf 1 400 Starter im Vergleich zum Vorjahr.[125] In der NS-Presse wurde dieser Umstand folgendermaßen transportiert:

---

119 Vgl. Berno Bahro, Der Sport und seine Rolle in der nationalsozialistischen Elitetruppe SS, in: Historical Social Research / Historische Sozialforschung, 32 (2007) 1, S. 78–91, S. 85.
120 Vgl. Bahro, Der Sport, S. 86.
121 Das Schwarze Korps, 16.2.1939, S. 4 und Die Oberste SA-Führung, München, 26.2.1937. Betr.: Wintersportkämpfe der Gliederungen der NSDAP, Vgl. BArch, NS 22/915.
122 Vgl. u. a. Neueste Sport-Zeitung, 10.2.1936, S. 1; Sport-Tagblatt, 10.2.1936, S. 1–2.
123 Vgl. Bahro, Der SS-Sport, S. 174.
124 Beim Mannschaftsabfahrtslauf starteten vier Sportler im Dienstanzug (je ein Führer und drei Mann) im Zeitabstand von drei Minuten. Die rund zwölf Kilometer lange Strecke wies einen Höhenunterschied von 1000 Metern auf. Vgl. Das Schwarze Korps, 16.2.1939, S. 4.
125 Vgl. Das Schwarze Korps, 16.2.1939, S. 4.

> Die NS-Winterkampfspiele 1939 werden den vorangegangenen sowohl in Leistung als auch in Höhe der Teilnehmerzahl in keiner Weise nachstehen. Sie werden durch die erstmalige Teilnahme der Kämpfer aus der Ostmark und dem Sudetenland zahlenmäßig noch stärker besetzt sein, leistungsmäßig höher stehen und noch weit erbitterte Kämpfe bringen, als es schon bisher der Fall gewesen ist.[126]

Tatsächlich konnte die SS in Villach im Spezialspringen mit dem Sieg des reichsdeutschen SS-Mannes Rudolf Köhler einen Schanzenrekord verbuchen. In den Mannschaftsbewerben mussten sich die Sportler der Schutzstaffel allerdings der SA-Gruppe Hochland geschlagen geben. Mannschaftsführer Willy Bogner und der „Ostmärker" Walter Pesentheiner hatten mit ihren Kameraden vom SS-Oberabschnitt Süd dieses Mal das Nachsehen.[127] Die Platzierungen der beiden anderen SS-Oberabschnitte Donau und Südost ließen aber keinen Zweifel daran, dass der Zulauf österreichischer Skisportler den SS-Sport ab März 1938 quantitativ und qualitativ veränderte und die SS mit der SA im Skilauf in Konkurrenz trat. Berno Bahro erwähnt zwar in seiner umfassenden Studie über den SS-Sport, dass die „Bedeutung, welche die SS den Wintersportkämpfen in diesem Zusammenhang zumaß", 1938 und 1939 abgenommen hätte, stützt dies aber lediglich auf Berichte in der SS-Zeitschrift *Das Schwarze Korps*.[128] Doch weder das Interesse der SS an den Wintersportkämpfen nahm ab noch jenes generell für den Skilauf. Denn auf diesen hatte die SS ab 1938 ein besonderes Augenmerk gelegt. Das lässt sich nicht nur an der Berichterstattung in *Das Schwarze Korps* über die Wintersportkämpfe in Villach 1939 ablesen, sondern zeigt sich an gesteigerten skisportlichen Aktivitäten der SS in der „Ostmark" ab der Wintersaison 1938/39.[129]

5.3.1 Die SS-Sportgemeinschaft Innsbruck

Zu einer der erfolgreichsten SS-Sportgemeinschaften im Skilauf vor Kriegsbeginn zählte jene aus Innsbruck. Das hatte einerseits mit den Trainingsbedingungen rund um Innsbruck zu tun, andererseits mit den Personalbesetzungen. Durch immer neue leistungsfähige SS-Skisportler, die großteils aus Westösterreich stammend über die Stapostelle Innsbruck zur SS-SG gelangten, verstärkte sich die Mannschaft bis zum Überfall auf Polen im September 1939 zusehends. Der Erfolg schlug sich bei den Polizei-Skimeisterschaften im März 1939 in Kitz-

---
126 Salzburger Volksblatt, 14.12.1938, S. 9.
127 Das Schwarze Korps, 23.2.1939, S. 4.
128 Vgl. Bahro, Der SS-Sport, S. 175.
129 Vgl. Das Schwarze Korps, 23.2.1939, S. 4

bühel nieder. Neben den SS-eigenen Sportveranstaltungen nahmen ausgewählte Mitglieder der SS-SG Innsbruck ab dem Winter 1938/39 regelmäßig an allgemeinen Skimeisterschaften des NSRL teil und traten dort verstärkt in Erscheinung. So gewann der SS-Spitzenlangläufer Rudolf Wöss im Jänner 1939 den 16-Kilometer-Langlauf bei den Tiroler Meisterschaften in Hall in 55 Minuten und 18 Sekunden bei einem Starterfeld von 90 Läufern vor dem Innsbrucker SA-Läufer Hellmut Lantschner und siegte im Dezember 1939 bei einem reichsoffenen Wettbewerb in Seefeld erneut für die SS-SG.[130] Der 1914 in Scharnitz gebürtige Wöss war, wie es sich für einen SS-Mann gebührte, Inhaber des SA-Sportabzeichens und Reichssportabzeichens.[131] Innerhalb der SS-SG zählte er zu den Leistungsträgern im Skisport.

Anfang Jänner 1939 meldete die SS-SG Innsbruck für die Kreismeisterschaften in Zell am See 23 SS-Sportler für den Langlaufbewerb und drei für den Abfahrtslauf. Unter den gemeldeten Läufern waren zwei SS-Jungmänner mit den Geburtsjahrgängen 1919. Die restlichen SS-Sportler waren zwischen 1906 und 1916 geboren. Bis auf zwei Ausnahmen starteten die Lang- und Abfahrtsläufer der SS-SG Innsbruck in der dritten Klasse und somit in der untersten Leistungsstufe außer Konkurrenz der NSRL-Spitzenklasse. Die SS-SG Innsbruck verstärkte sich zusätzlich mit zwei Läufern des Polizeisportvereins Braunschweig.[132] Konkurrenz aus dem SS-Lager bekamen die Athleten aus Innsbruck von der SS-SG Dachau, die zwölf Langläufer und neun Abfahrtsläufer gemeldet hatte.[133] Die Nennung der SS-SG Innsbruck erfolgte über den Wintersportreferenten der Sicherheitspolizei und des Sicherheitsdienstes des Reichsführers SS Kurt Christmann von Kitzbühel aus. Der in München 1907 geborene Christmann war seit seiner Jugend ein leidenschaftlicher Skiläufer. Christmann promovierte 1931 zum Doktor der Rechtswissenschaften und legte im April 1934 die große juristische Staatsprüfung ab. Zu diesem Zeitpunkt diente er schon ein knappes Jahr in der SS. Es folgte ein steiler Aufstieg vom juristischen Hilfsarbeiter bei der Bayerischen Politischen Polizei zum Gestapochef von Salzburg.[134] Bei den Polizei-

---

130 Vgl. Das Schwarze Korps, 26.1.1939, S. 4; Völkischer Beobachter, 18.12.1939, S. 4.
131 Vgl. TLA, Wehrstammbuch Rudolf Wöss. Laut Vorgaben der SS-Führung sollten SS-Männer und SS-Führer über das SA-Sportabzeichen und das Reichssportabzeichen verfügen. Das geplante SS-Leistungsabzeichen bzw. SS-Sportabzeichen wurde nie eingeführt. Vgl. Bahro, Der SS-Sport, S. 95–100.
132 Vgl. Nennliste der SS-Sportgemeinschaft Innsbruck für die Kreismeisterschaften in Zell am See 1939, Kitzbühel, 8.1.1939, Vereinsarchiv Skiklub Zell am See, Kopie im Besitz des Verfassers.
133 Vgl. Nennliste der SS-Sportgemeinschaft Dachau für die Kreismeisterschaft in Zell am See 1939, Dachau, 9.1.1939, Vereinsarchiv Skiklub Zell am See, Kopie im Besitz des Verfassers.
134 Vgl. BArch (ehem. BDC), PK, Christmann, Kurt Dr., 1.6.1907; BArch (ehem. BDC), SSO, Christmann, Kurt Dr., 1.6.1907; BayHStA, RSTH 1939.

Skimeisterschaften in Kitzbühel im März 1939 startete der mittlerweile zum SS-Obersturmführer beförderte und amtierende Polizei-Skimeister Christmann für die SS-SG Innsbruck, er arbeitete zu dieser Zeit in der Gestapoleitstelle Innsbruck. Ab Oktober 1939 übernahm er die Leitung der Gestapo in Salzburg.[135]

Der Kern der Innsbrucker SS-Mannschaft bestand aus den vier SS-Skisportlern SS-Oberscharführer Wilhelm Köstinger, SS-Mann Karl Gumpold, SS-Scharführer Herbert Heiß und dem bereits erwähnten SS-Oberscharführer Walter Pesentheiner. Sie standen ab dem Winter 1938/39 nicht nur im Fokus der NS-Sportpresse, sondern waren gleichzeitig Aushängeschilder des SS-Sports. Bei den Tauplitz-Skiwettkämpfen in der Steiermark gewannen die Athleten der SS-SG Innsbruck im Riesentorlauf und Torlauf (Slalom) sowie in der alpinen Kombination und im Mannschaftslauf, wobei Heiss als dreifacher Sieger hervorging. Im Staffellauf sorgten Köstinger, Gumpold, Heiß und Pesentheiner mit einem dritten Platz unter 13 Mannschaften aus der „Ostmark" für Aufsehen.[136]

5.3.2 Die Täter auf Skiern aus soziodemografischer Perspektive

Vergleicht man die Lebensdaten bzw. Geburtsdaten aktiver SS-Skisportler zum Zeitpunkt des Ausbruchs des Zweiten Weltkriegs miteinander, so können diese der „Anschluss-Generation" zugerechnet werden. Das ist jene Generation, die unmittelbar vor, während und kurz nach dem Ersten Weltkrieg geboren wurde. Das berechnete Durchschnittsalter von den hier 24 rekonstruierten Fallbeispielen betrug im September 1939 zum Zeitpunkt des Überfalls auf Polen 26,3 Jahre. Die größte Altersgruppe bildeten die 26- bis 30-Jährigen.

---

135 Kurt Christmann, geboren am 1. Juni 1907 in München, trat 1920 der SA bei und 1933 in die NSDAP und SS ein. Neben seinem Studium war er Skilehrer in Italien und der Schweiz. Bis Jänner 1936 leitete er als ehrenamtlicher Sportreferent der SS den Abschnitt I München und wurde in der Folge zum SD überstellt, bei dem er als SS-Führer im SD-Hauptamt eingesetzt war, danach arbeitete er für die Gestapoleistellen in Innsbruck und Wien, ehe Christmann im Oktober 1939 zum Gestapo-Chef von Salzburg beordert wurde. Ab August 1942 führte er das Sonderkommando 10a der Einsatzgruppe D, welches in Simferopol an der Krim stationiert war und sich dort an Kriegsverbrechen und der Ermordung von Juden und Jüdinnen mitschuldig machte. Christmann wurde 1980 in München wegen Hinrichtung von Partisanen und deren Familien zu zehn Jahren Haft verurteilt. Zur Biografie von Kurt Christmann vgl. u. a. Praher, SportlerInnen für den Krieg, S. 273–274; Joachim Schröder, Die Münchner Polizei und der Nationalsozialismus, Essen 2013, S. 151 und 156.
136 Vgl. Innsbrucker Nachrichten, 26.4.1939, S. 10

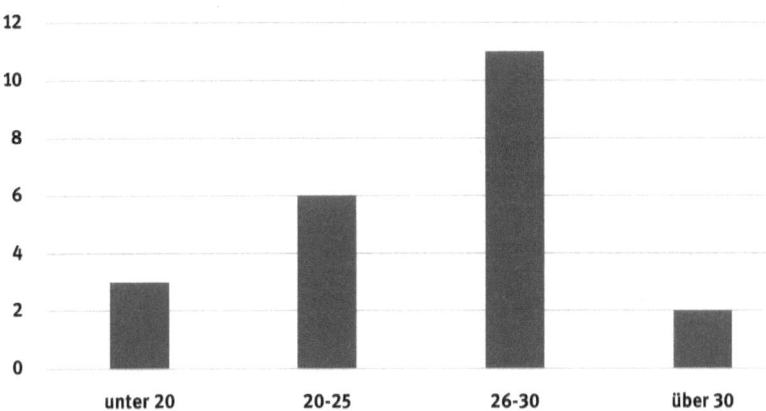

Grafik 5: Altersstruktur aktiver aus Österreich stammender SS-Skisportler zu Kriegsbeginn im September 1939.
Quelle: Personalakten Bundesarchiv Berlin, eigene Zusammenstellung. Datenbank Praher, n=24.

Für diese Generation gehörte die materielle Krise der 1930er-Jahre verbunden mit einer „sozialen Kränkung" zu einer prägenden Erfahrung. Ihre Lebensläufe waren gekennzeichnet von privaten Verlusten und familiären Krisen, wirtschaftlichen und gesellschaftlichen Erschütterungen.[137] In dieser Hinsicht unterscheiden sich die Lebensläufe dieser Skiläufer, die früh zu NS-Anhängern wurden, keineswegs von vielen Nicht-Skiläufern. Zum Kristallisationspunkt der Sozialisation wurde aber der Skiverein, der in den 1930er-Jahren eine politisch aufgeheizte Kampfzone war, gleichzeitig Orientierung bot und Halt gab. Der Wunsch nach sozialer Geltung konnte hier, gepaart mit männlicher Härte, ausgelebt werden. In den Skivereinen wurde die individuelle Selbstbestimmung zu einem kollektiv deutschnationalen und später in den SS-Sportgemeinschaften zu einem elitären nationalsozialistischen Selbstverständnis. Der Nationalsozialismus wurde bei dieser jungen männlichen Sportlergeneration, ähnlich der These von Meinrad Ziegler und Waltraud Kanonier-Finster, weniger als „Eingriff einer fremden Macht, sondern mehr als System erlebt, mit dem sich verschiedenste neue Möglichkeiten zu öffnen" schienen.[138] Sie kamen meist in jungen Jahren schon vor 1938 über den Sport in Berührung mit der Rassenideologie des Nationalsozialismus und waren anfällig für die Versprechungen des NS-Regimes. Wirft man einen Blick auf die berufliche Herkunft, so lässt sich feststel-

---

[137] Vgl. Kurt Bauer, Elementar-Ereignis. Die österreichischen Nationalsozialisten und der Juliputsch 1934, Wien 2003, S. 184.
[138] Ziegler/Kannonier-Finster, Österreichisches Gedächtnis, S. 90.

len, dass von den 24 aus Österreich stammenden aktiven SS-Skisportlern die Mehrheit der Arbeiterschaft und den Selbstständigen zugerechnet werden konnte. Wobei sich unter den hier abgebildeten Selbstständigen drei Land- bzw. Gastwirte, zwei Geschäftsinhaber mit gewerblicher Fachausbildung, ein gelernter Orgelbauer und ein promovierter Mediziner befanden. Unter den Beamten fanden sich zwei akademisch ausgebildete Fachlehrer und ein promovierter Jurist. Von den hier dargestellten 24 SS-Skisportlern verfügten vier über eine akademische Ausbildung. Ein Beamter konnte nicht zugeordnet werden und über einen weiteren SS-Skisportler fanden sich in den Akten keine Angaben zum erlernten oder ausgeübten Beruf.

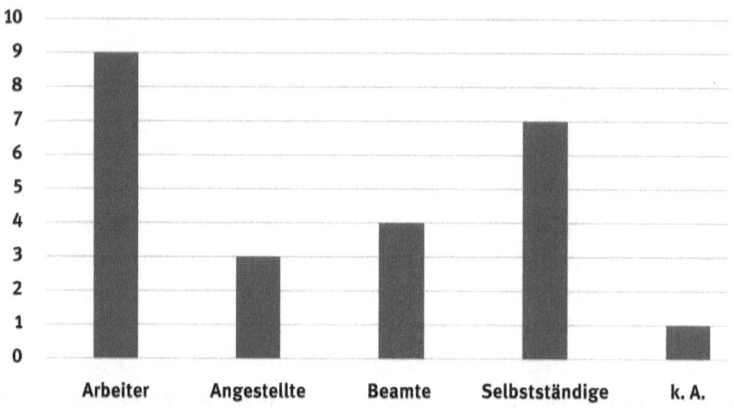

Grafik 6: Berufsstruktur aktiver aus Österreich stammender SS-Skisportler.
Quelle: Personalakten Bundesarchiv Berlin, eigene Zusammenstellung. Datenbank Praher, n=24.

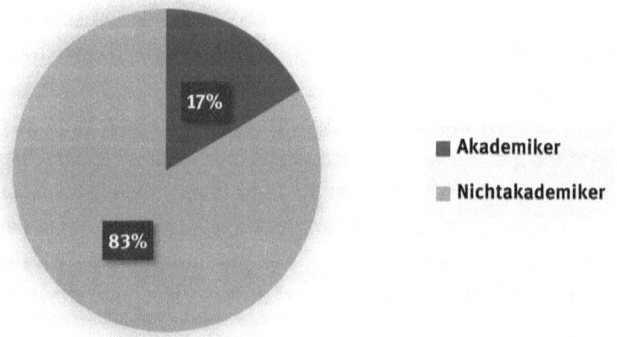

Grafik 7: Bildungsstand aktiver aus Österreich stammender SS-Skisportler.
Quelle: Personalakten Bundesarchiv Berlin, eigene Zusammenstellung. Datenbank Praher, n=24.

Die SS-Zugehörigkeit bedeutete für die aus der Arbeiterschaft und einem einfachen Angestelltenverhältnis kommenden Skisportler einen Karrieresprung in doppelter Hinsicht. Über den SS- und Polizeidienst stiegen einige von ihnen in den Beamtenstatus auf und gelangten zu zusätzlichen Ausbildungen und Qualifikationen. Darüber hinaus konnten sie aufgrund sportlicher Erfolge ihre Stellung innerhalb der SS ausbauen und weiter festigen, indem sie nicht nur bestimmte Ämter und Funktionen übernahmen, sondern eine Bestätigung und Würdigung erfuhren. Anhand von Ämtern wie jenen eines Sportwartes oder Sportreferenten durften sie an der Macht partizipieren. In SS-Sportgemeinschaften konnte eine Auswahl von ihnen unter weitgehender Freistellung vom SS-Dienst trainieren und an Wettbewerben teilnehmen.[139] Das waren zentrale Motive, warum sich junge österreichische Skisportler, vor allem der Jahrgänge 1911 bis 1920, der SS zuwandten. Nicht nur weil sie in dieser eine berufliche Perspektive und soziale Absicherung sahen, sondern weil diese umgekehrt auch den Leistungssport förderte und damit dem individuellen Streben nach sportlichem Erfolg und gesellschaftlicher Anerkennung im Sinne einer Elitenbildung entgegenkam.

Die folgenden Biografien sollen Aufschluss geben über Einsatz- und Aufgabengebiete österreichischer Skiläufer während der Kriegszeit. Sie sollen weniger als rein soldatische Lebensläufe gelesen werden, sondern mehr die individuellen Bezüge, Handlungs- und Deutungsmuster zum NS-System reflektieren und verständlich machen. Gleichzeitig sollen die biografischen Skizzen die Wege verdeutlichen, die SS-Spitzensportler genommen haben, und über welche Stationen sie in die „Mordmaschinerie" fanden und sie bis zum Schluss mitbedienten.

5.3.3 Wilhelm Köstinger – Polizei-Skimeister und SS-Elitesoldat

Von jenen ÖSV-Spitzenathleten, die ab 1938 in der SS ihren Dienst versahen und sich an Kriegsverbrechen mitschuldig machten, sticht die Karriere von Wilhelm Köstinger hervor.[140] Der Olympia-Teilnehmer von 1936 war nicht nur ein erfolgreicher nordischer Kombinierer, sondern entwickelte sich ab Spätsommer 1939 zu einem kampferprobten SS-Elitesoldaten. Der am 30. April 1914 im obersteirischen Pfaffendorf, Gemeinde Kammern im Bezirk Leoben, geborene Kös-

---

139 Vgl. Hein, Die SS, S. 41–43.
140 Vgl. dazu die Kurzbiografie von Wilhelm Köstinger in: Praher, SportlerInnen für den Krieg, S. 272–273.

tinger trat 1933 der NSDAP bei[141] und wurde 1934 Mitglied der SA, ehe er mit Wirkung vom 10. November 1938 in die SS eintrat. Der Vater war Bahnbeamter, über die Mutter ist nichts bekannt. Köstinger war der ältere Sohn von insgesamt fünf Geschwistern, er besuchte nach der Volksschule die allgemeine Gewerbeschule und erlernte den Beruf des Installateurs. Schon früh entdeckte er seine Begeisterung für den Ski- und Bergsport.[142] Wann und warum die Familie nach Gastein übersiedelte, ist nicht bekannt. Jedenfalls startete Köstinger bereits im Jänner 1929 im Alter von 14 Jahren beim Salzburger Jugendskitag in Saalfelden in der ersten Klasse im Sprunglauf für Badgastein und belegte hinter dem gleichaltrigen Roman Schnabl aus Mühlbach den zweiten Platz.[143] Vier Jahre später stand er bei den Skiwettbewerben der Wiener Arbeiterturner auf dem Kobenzl als Doppelsieger auf dem Podest.[144] Im selben Jahr distanzierte er sich von der Sozialdemokratie und entschied sich für die nationalsozialistische Bewegung.

Noch im Februar 1938 nominierte ihn der ÖSV für die Weltmeisterschaft in Lahti (Finnland) für die österreichische Skimannschaft in der Kombination, nachdem er Ende Jänner 1938 die österreichische Staatsmeisterschaft im Skilauf gewinnen konnte.[145] Köstinger zählte aber bereits Mitte der 1930er-Jahre zu einem Fixstarter bei nationalen und internationalen Skisprung-Konkurrenzen. 1935 holte er den ungarischen Meistertitel in der Dreierkombination und 1936 belegte er als bester Österreicher bei den Olympischen Spielen in Garmisch-Partenkirchen den 15. Platz in der Nordischen Kombination.[146] Im Oktober 1937 meldete sich Köstinger zum Polizeidienst. Sein Stellungsgesuch erfolgte am 14. Oktober 1937 in Zell am See. Zur selben Zeit absolvierte er dort die von der Österreichischen Sport- und Turnfront eingerichtete Skiläuferrennschule. Deshalb zog der damals 23-Jährige von Dorfgastein nach Zell am See. Als gewünschte Stellung gab Köstinger im Stellungsgesuch Infanterie an. Laut der Beurteilung des Bezirksführers der Vaterländischen Front Engelbert Sampl lagen weder „moralische noch politische Bedenken vor". Köstingers Vorstrafen aufgrund von „Wachebeleidigung" und „Einmengung in die Vollziehung eines öffentli-

---

141 Vgl. BArch (ehem. BDC), RS, Köstinger, Wilhelm 30.4.1914.
142 Vgl. BArch (ehem. BDC), RS, Köstinger, Wilhelm 30.4.1914; TLA, Wehrstammbuch Wilhelm Köstinger.
143 Im Salzburger Volksblatt ist im Rahmen der Berichterstattung über den Salzburger Jugendskitag im Jänner 1929 von einem Roman Schwabl die Rede. Dabei handelt es sich um einen Tippfehler, da es beim SC Mühlbach nur einen Skispringer und Langläufer namens Roman Schnabl gab. Vgl. Salzburger Volksblatt, 17.1.1929, S. 6.
144 Vgl. 10 Groschen-Blatt am Montag, 30.1.1933, S. 16; Der Abend, 30.1.1933, S. 10.
145 Vgl. Tiroler Anzeiger, 10.2.1938, S. 8 und Salzburger Chronik, 31.1.1938, S. 8.
146 Vgl. 100 Jahre Wintersportverein Bad Hofgastein 1908–2008, Bad Hofgastein 2008, S. 51.

chen Dienstes" hatten keine negativen Auswirkungen auf den Beschluss und seine Zulassung zum Polizeidienst. Es liege nichts Nachteiliges gegen ihn vor, so das abschließende Urteil.[147] In einem Schreiben der Gestapo an den Reichsarbeitsdienst im Juli 1938 wurde Köstinger dagegen als nationalsozialistisch eingestellt und politisch verlässlich beschrieben.[148] Köstinger trat am 16. Juni 1938 beim Reichsarbeitsdienst als Truppführer ein. Der Grund dafür dürfte die finanzielle Notlage der jungen Familie gewesen sein. Seine Verlobte war zu dem Zeitpunkt hochschwanger. Da Köstinger jedoch beim Reichsarbeitsdienst verweigert wurde zu heiraten, trat er aus diesem aus und meldete sich bei der Staatspolizeistelle Innsbruck als Kriminalangestellter.[149]

Nach dem „Anschluss" wurde die reichsdeutsche Sportführung auf den gebürtigen Steirer aufmerksam. Doch auch die Gestapo bekundete Interesse an den Spitzenathleten. Sie beurteilte Köstinger in einem Schreiben als „nationalsozialistisch eingestellt und politisch verlässlich".[150] Dieses Schreiben erreichte den Reichsarbeitsdienst im Juli 1938, nachdem Köstinger diesem kurz zuvor als Truppführer beigetreten war.[151] Ein halbes Jahr später sollte der Karriereweg des 24-Jährigen SS-Sportlers nach oben zeigen.

Köstinger trat am 31. Jänner 1939 als Kriminalangestellter der Staatspolizei Innsbruck bei. Im Februar 1939 gewann er in Kitzbühel die Deutschen Polizei-Skimeisterschaften in Langlauf, Abfahrt und Kombination, nachdem er in der Wintersaison 1938/39 einen der Ausbildungslehrgänge der Polizeiskischule in Kitzbühel absolviert hatte. Bei diesem wurde er unter anderem im Skilauf mit der Waffe geschult. Die Polizei-Skimeisterschaften bildeten die sportliche Abschlussveranstaltung der Ausbildungslehrgänge an der Polizeiskischule. Bei den Leistungskämpfen der SS traten insgesamt 250 Polizeiskiläufer an.[152]

---

147 Beschluss, Bezirksführer der Vaterländischen Front Sampl an das Ergänzungskommando Salzburg, Bad Hofgastein, 29.10.1937. TLA, Wehrstammbuch Wilhelm Köstinger.
148 Schreiben der Geheimen Staatspolizei an den Reichsarbeitsdienst, Salzburg, 7.7.1938. TLA, Wehrstammbuch, Wilhelm Köstinger.
149 Gesuch des Kriminalangestellten Wilhelm Köstinger um nachträgliche Genehmigung der Heiratserlaubnis, Innsbruck, 19.4.1939. BArch (ehem. BDC), RS, Köstinger, Wilhelm 30.4.1914.
150 Schreiben der Geheimen Staatspolizei an den Reichsarbeitsdienst, Salzburg, 7.7.1938. TLA, Wehrstammbuch, Wilhelm Köstinger.
151 Vgl. BArch (ehem. BDC), RS, Köstinger, Wilhelm 30.4.1914.
152 Vgl. Praher, SportlerInnen für den Krieg, S. 272; Deutsche Alpenzeitung, 34 (1939), S. 68; Ski-Sport, 4 (1939) 17/18, S. 385 und Salzburger Volksblatt, 6.3.1939, S. 9.

Abb. 35: Der SS-Skisportler Wilhelm Köstinger kurz nach seinem Sieg bei den Deutschen Polizeiskimeisterschaften in Kitzbühel im Februar 1939, ÖNB/Rübelt.

Köstinger heiratete kurz darauf am 25. März 1939. Das gemeinsame Kind kam im Juli 1938 zur Welt. Im April 1939 suchte er um nachträgliche Genehmigung der Heiratserlaubnis beim SS-Rasse- und Siedlungshauptamt in Berlin an.[153] Interessant sind zwei der Personen, die der SS-Oberscharführer Köstinger in seinem Heiratsgesuch an das SS-Hauptamt in Berlin als Bürgen angibt. Zum einen den damaligen Skisportwart der Salzburger SA Markus Maier, zum anderen den im Salzburger NS-Kreisfachamt Skilauf tätigen Wilhelm Schweitzer. Köstinger kannte die beiden aus Skiläuferkreisen, sie waren vor 1938 Mitglied im Skiclub Salzburg. Maier trat im selben Jahr wie Köstinger der NSDAP bei, nämlich 1933,[154] und startete ebenso bei den Olympischen Winterspielen 1936. Nach dem „Anschluss" im Juni 1938 bewarb er sich um Aufnahme in die SA und galt als einer der reichsdeutschen Skihoffnungen.[155] Maiers Skiklubkollege Schweitzer trat im Mai 1938 der NSDAP bei und wurde im Dezember 1938 in den Mitarbeiterstab des Kreisfachwartes für Skilauf im Gau Salzburg berufen.[156] Köstinger konnte also neben dem ärztlichen Gutachten von SS-Obersturmführer Hans

---

153 Vgl. BArch (ehem. BDC), RS, Köstinger, Wilhelm 30.4.1914.
154 Vgl. SLA, NS-SOKO A 04.11 M.
155 Vgl. Praher, SportlerInnen für den Krieg, S. 266.
156 Vgl. Stadtarchiv Salzburg, NS-Registrierungsakt Wilhelm Schweitzer; Salzburger Volksblatt, 6.12.1938, S. 9.

Baur aus Innsbruck auf zwei dem NS-Sportsystem gegenüber loyale Parteigänger aus der Skiriege zurückgreifen.

Über Köstingers konkrete Aufgaben sowie Aktivitäten bei der Staatspolizeistelle Innsbruck der Gestapo vom Jänner 1939 bis zu seiner Abkommandierung am 21. Juli 1939 nach Wien ist nichts bekannt. Die Mitwirkung an den Deportationen jüdischer BewohnerInnen und an der Beschlagnahme jüdischen Besitzes gehörte jedenfalls zu den Kerngebieten der Stapo-Leitstellen.[157] Es ist daher davon auszugehen, dass Köstinger für seinen späteren Polen-Einsatz nicht nur das ideologische Rüstzeug mit im Gepäck hatte. Am 20. August 1939 erfolgte schließlich der Einrückbefehl zum Einsatzkommando 4 der Einsatzgruppe I des Sicherheitsdienstes nach Polen. Köstinger zählte damit zu jenen SS-Soldaten, die darauf spezialisiert waren, „Feinde" des NS-Regimes hinter der Frontlinie aufzuspüren und zu eliminieren.[158] Als ein Mittel dienten Massenerschießungen, die an nichtjüdischen PolInnen wie jüdischen PolInnen gleichermaßen verübt wurden.[159] Die Einsatzgruppen des Sicherheitsdienstes und der Ordnungspolizei hatten laut Richtlinienerlass die Order, „alle reichsfeindlichen Elemente im Feindesland rückwärts der fechtenden Truppe" zu bekämpfen.[160] Heydrich selbst meinte später, dass die Weisungen „außerordentlich radikal gewesen" seien.[161] Opfer der Massenerschießungen im Herbst 1939 war die polnische Elite und Geistlichkeit. Die von den Einsatzgruppen durchgeführten Erschießungen wurden unter dem Begriff „Intelligenzaktion" subsummiert. Schätzungen zufolge fanden rund 50 000 polnische BürgerInnen, vor allem in Westpolen, auf diese Weise den Tod. Die jüdische Opferzahl sollte bis Jahresende 1939/40 an die 7 000 Ermordete in ganz Polen erreichen.[162] Der Historiker Bogdan Musial weist in diesem Zusammenhang darauf hin, dass die jüdische Bevölkerung als ethnische Gruppe zu diesem Zeitpunkt „noch nicht das erklärte Ziel der systematischen Erschießungen" war.[163] Jochen Böhler kommt in seiner

---

157 Vgl. Wilfried Beimrohr, „Gegnerbekämpfung" – Die Staatspolizeistelle Innsbruck der Gestapo, in: Rolf Steininger/Sabine Pitscheider (Hg.), Tirol und Vorarlberg in der NS-Zeit, Innsbruck 2002, S. 131–150, hier S. 135.
158 Vgl. Praher, SportlerInnen für den Krieg, S. 273.
159 Ruth Bettina Birn weist bereits in ihrer 1986 erschienen Studie über die Höheren SS- und Polizeiführer darauf hin, dass die Einsatzgruppen bei der Besetzung Polens Massenerschießungen durchgeführt haben. Vgl. Ruth Bettina Birn, Die Höheren SS- und Polizeiführer. Himmlers Vertreter im Reich und in den besetzten Gebieten, Düsseldorf 1986, S. 168–169.
160 Bauer, Nationalsozialismus, S. 435.
161 Bauer, Nationalsozialismus, S. 435.
162 Vgl. Bogdan Musial, Das Schlachtfeld, zweier totalitärer Systeme. Polen unter deutscher und sowjetischer Herrschaft 1939–1941, in: Klaus-Michael Mallmann/Bogdan Musial (Hg.), Genesis des Genozids. Polen 1939–1941, Darmstadt 2004, S. 13–35, hier S. 15.
163 Musial, Das Schlachtfeld, S. 15.

später erschienen Studie *Auftakt zum Vernichtungskrieg* jedoch zu einem anderen Schluss. Er stellt fest, dass paramilitärische Einheiten, unter ihnen auch die Einsatzgruppen der Sicherheitspolizei, „systematisch auf höheren Befehl hin Polen und Juden ermordeten".[164] Auch Klaus Michael-Mallmann spricht von einer „neuen Dimension des Terrors", die sich beim Überfall auf Polen im September 1939 gegenüber der polnischen Bevölkerung unter den Einsatzgruppen des Sicherheitsdienstes bemerkbar machte. Mit dem Aufweichen bisher geltender Normen für die sicherheitspolizeilichen Einsatzkommandos eröffnete Heydrich den einzelnen Kommandos vor Ort Spielräume, die zu Massakern führten.[165]

Köstinger wurde per Befehl mit der Einsatzgruppe I von Wien aus in Marsch gesetzt.[166] Aufgrund seines Alters, er war damals 25 Jahre alt, gehörte Köstinger jener Generation an, die den Ersten Weltkrieg nicht aktiv miterlebt hatte, aber von der Soldaten-Generation geprägt wurde und die wirtschaftliche Depression miterlebte. In dieser Phase wandte er sich dem Nationalsozialismus zu und wurde für die Ideologie empfänglich. In der SS erkannte Köstinger wie andere seiner Generation eine Karriere-Option, Gestapo und SD waren die radikale Ausformung dessen und die Meldung zum Einsatzkommando erfolgte keineswegs unter Zwang. Das geht aus den Angaben im Wehrstammbuch hervor.[167]

Die Einsatzgruppe I, die sich in mehrere Einsatzkommandos aufteilte, wurde von Bruno Streckenbach befehligt, dem bisherigen Inspekteur der Sicherheitspolizei in Hamburg.[168] Das Einsatzkommando 4 der Einsatzgruppe I im besetzten Polen, in dem Köstinger diente, unterstand bis November 1939 dem SS-Standartenführer Karl Brunner, einem Abteilungsleiter der Münchner Gestapo.[169] Sein Einsatzgebiet erstreckte sich auf die polnischen Städte Rzeszów und Bielsko-Biała. Brunner befehligte die Ermordung polnischer Intellektueller.[170]

---

164 Jochen Böhler, Auftakt zum Vernichtungskrieg. Die Wehrmacht in Polen 1939, Frankfurt 2006, S. 20.
165 Vgl. Klaus-Michael Mallmann, Menschenjagd und Massenmord. Das neue Instrument der Einsatzgruppen und -kommandos 1938–1945, in: Gerhard Paul/Klaus-Michael Mallmann (Hg.), Die Gestapo im Zweiten Weltkrieg: „Heimatfront" und besetztes Europa, Darmstadt 2000, S. 291–316, hier S. 294–295.
166 TLA, Wehrstammbuch Wilhelm Köstinger.
167 Vgl. Wilhelm Köstinger, Grenzkommissariat Beuthen, 2.9.1939. TLA, Wehrstammbuch Wilhelm Köstinger.
168 Vgl. Mallmann, Menschenjagd, S. 295 und www.holocaustresearchproject.org/einsatz/streckenbach.html (12.1.2019). Zur NS-Biografie von Bruno Streckenbach vgl. http://media.offenes-archiv.de/Rathausausstellung_2012_Polizei_17-24.pdf (12.1.2019).
169 Vgl. Schröder, Die Münchner Polizei, S. 151.
170 Vgl. Klaus-Michael Mallmann/Jochen Böhler/Jürgen Matthäus, Einsatzgruppen in Polen: Darstellung und Dokumentation, Stuttgart 2008, S. 25.

Dass Köstinger, der unter Brunners Kommando diente, daher in Kriegsverbrechen involviert war, steht außer Frage. In welchem Ausmaß er an den Massenmorden beteiligt war, wurde von der Nachkriegsjustiz nie geklärt. Er geriet zwar gegen Kriegsende in britische Kriegsgefangenschaft, entging aber einem Nachkriegsprozess.[171] In den Findbüchern des Salzburger Landesarchivs findet sich zwar eine Eintragung in den Strafregisterlisten, die Gerichtsakten zu Wilhelm Köstinger sind aber unauffindbar.

In einem Feldpostbrief an das zuständige Wehrmeldeamt in Kufstein schreibt Köstinger am 2. September 1939:

> Ich bin seit den 21.7.1939 von der Geheimen Staatspolizei Innsbruck nach Wien abkommandiert worden, um dann zu gegebener Zeit nach Polen einzurücken. Ich befinde mich seit der Feindseligkeit in Polen. Mein jetziger Aufenthalt ist Teschen und versehe meinen Dienst hier als Kriminalangestellter.[172]

Der Brief wurde in der tschechisch-polnischen Grenzstadt Cieszyn (Teschen) aufgegeben, jener Ort in dem sich das Grenzkommissariat Beuthen befand. Beuthen (Bytom) war jene Stadt zu dem die SD-Kommandos am 24. August 1939 abkommandiert worden sind, um im Zuge des „Unternehmens Tannenberg" den Angriff auf Polen vorzubereiten.[173] Der SS-Oberscharführer war demnach beim Überfall auf Polen bereits dem Einsatzkommando 4 der Einsatzgruppe I zugeteilt. Zumindest war er seit 20. August 1939 eingerückt. Das Einsatzkommando 4 der Einsatzgruppe I bestand ebenso wie die übrigen bis 20. November 1939 und wurde danach auf verschiedene Einheiten in Westpolen aufgeteilt.[174]

Köstingers Kommandant im Polenfeldzug Karl Brunner wurde ab Februar 1940 zum Inspekteur der Sicherheitspolizei und des SD in Salzburg bestellt.[175] In der Zwischenzeit reiste Köstinger im Jänner 1940 nach Bad Hofgastein, um am Bilgeri-Gedächtnisspringen teilzunehmen. Der Gasteiner startete damals für die SS-Sportgemeinschaft Innsbruck und landete hinter dem aufstrebenden Bad Gasteiner Jungmann Viktor Eichmann auf dem zweiten Platz vor dem Bischofshofener SA-Mann Andreas Krallinger.[176] Köstinger dürfte eigens für das Skirennen freigestellt worden sein, was unter den zum Kriegsdienst eingezogenen

---

171 Vgl. WASt, Köstinger, Wilhelm, 30.4.1914.
172 TLA, Wehrstammbuch Wilhelm Köstinger.
173 Vgl. Der Spiegel, 33/1979, http://www.spiegel.de/spiegel/print/d-40348873.html (9.1.2018).
174 Mallmann, Menschenjagd, S. 298.
175 Mallmann/Böhler/Matthäus, Einsatzgruppen in Polen, S. 25.
176 Vgl. SVB, 9.1.1940, S. 6.

Spitzensportlern keine Seltenheit war.[177] Bei den großdeutschen Skimeisterschaften in Spindelmühle im Jänner 1941 trat Köstinger für den SS-Sicherheitsdienst Salzburg an.[178] Ein Monat später startete er für die SS-Salzburg gemeinsam mit dem zweifachen Olympiagewinner von 1936 und nordischen Skiathleten Gregor Hradetzky (ebenfalls SS-Salzburg) beim Avanzini-Gedenklauf in Wörgl.[179]

Köstingers weitere Spur verliert sich im Krieg. Zeitungsmeldungen und Ergebnisberichte in einschlägigen Skisportzeitschriften des NSRL geben jedoch Aufschluss über seinen weiteren Aufenthalts- bzw. Dienstort. Im Jänner 1940 nahm Köstinger bereits an den ersten Salzburger Kriegsmeisterschaften teil und landete dort hinter Gregor Höll auf Platz zwei. Als Dienstort wird im Zeitungsbericht die SS-Polizeidienststelle Innsbruck angegeben.[180] Ein Jahr später startete Köstinger im Jänner 1941 bei den Deutschen Kriegs-Skimeisterschaften 1941 in Spindelmühle und belegte dort für die SS-Salzburg im Kombinations-Sprunglauf den achten Platz.[181] Spätestens ab März 1942 war der SS-Skiläufer im besetzten Norwegen stationiert, wo er einige Wettkämpfe gewinnen konnte. Bei Skibewerben des zweiten Hird-Regiments in Lillehammer, an denen Angehörige der deutschen Ordnungs- und Sicherheitspolizei teilnahmen, erreichte Köstinger im Rang eines Wachtmeisters im Langlauf den vierten Platz und siegte im Kombinationsspringen.[182] Die amtliche Zeitschrift des Fachamtes Skilauf im NSRL *Ski-Sport* berichtete unter dem Titel „Deutsche Erfolge in Norwegen" ebenfalls von Köstingers viertem Platz im Langlauf hinter den beiden norwegischen Skiläufern Rönningen und Norstadt der Hird-Organisation und dem

---

177 Auch Egon Schöpf berichtet, eigens für die Teilnahme bei Skisportveranstaltungen während des Krieges freigestellt worden zu sein. Vgl. Interview mit Egon Schöpf, geführt von Andreas Praher am 14.9.2015 und 30.10.2015 in Kufstein.
178 Vgl. SVB, 20.1.1941, S. 7.
179 Vgl. SVB, 18.2.1941, S. 8. Gregor Hradetzky stand im österreichischen Kader für die Olympischen Winterspiele 1936 und gewann bei den Olympischen Sommerspielen in Berlin 1936 die Goldmedaille im Kajak über 1 000 und 10 000 Meter und wurde 1940 Großdeutscher Meister im Zweier-Kajak. Er trat 1934 der illegalen NSDAP und SA bei und 1938 der SS. Von 1942 bis 1943 war Hradetzky zunächst am Balkan und anschließend bei einem „Spezial-Skikommando" im Kaukasus eingesetzt. Er diente unter anderem als SS-Obersturmführer in der SS-Standarte „Kurt Eggers", der Propagandaeinheit der Waffen-SS. Vgl. BArch (ehem. BDC), RS, Hradetzky, Gregor, 31.1.1909; BArch (ehem. BDC), SSO, Hradetzky, Gregor, 31.1.1909. Vgl. Schwarzbauer, Die letzten Reserven, S. 319–320.
180 Vgl. SVB, 15.1.1940, S. 6.
181 Durch Pulver und Firn, Das Buch der deutschen Skiläufer. Jahrbuch des Nationalsozialistischen Reichsbundes für Leibesübungen/Fachamt Skilauf, Innsbruck 1941/42, S. 29.
182 Vgl. Innsbrucker Nachrichten, 23.3.1942, S. 5; Wiener Neueste Nachrichten, 23.3.1942, S. 5 und Das kleine Volksblatt, 24.3.1942, S. 10.

Wachtmeister Krischan.[183] Die Skisportveranstaltung fand von 19. bis 22. März 1942 statt. Neben den skifahrenden Polizeieinheiten war auch der norwegische Arbeitsdienst zu den Wettbewerben zugelassen.[184] Für Erstere bedeutete die Teilnahme eine Abwechslung zum verbrecherischen SS-Alltag.

Im März 1943 sprang Köstinger bei der Eröffnung des neuen Osloer Skistadions ebenso wie sein Tiroler Skisprung-Kollege Haslwanter auf einen Stockerlplatz.[185] Laut Wehrstammbuch versah Köstinger zu diesem Zeitpunkt beim SD in Oslo seinen Dienst.[186] Spätere Nachforschungen des Dokumentationszentrums des Bundes Jüdischer Verfolgter des Naziregimes über NS-Verbrechen in Norwegen ergaben, dass Köstinger im Rang eines SS-Oberscharführers beim SD in Oslo eingesetzt war. Er wurde beschuldigt, mehrere Personen in Norwegen ermordet zu haben.[187] Gemeinsam mit den SS-Männern Anton Greul und Franz Dirrank wurde Köstinger verdächtigt, an der Deportation von Jüdinnen und Juden nach Auschwitz beteiligt gewesen zu sein, konkret an der Verschiffung jüdischer Männer, Frauen und Kinder im Februar 1943 mit der S.S. Gotenland von Oslo nach Stettin.[188] Die SS deportierte insgesamt 772 Juden und Jüdinnen aus Norwegen in Konzentrations- und Vernichtungslager, nur 34 von ihnen überlebten. Im November 1942 verließen die beiden Dampfer Monte Rosa und Donau den Hafen von Oslo. Der Transport mit der Donau erfolgte am 26. November 1942. Das RSHA wurde kurzfristig informiert. Zur Sicherung des Transports war eine „entsprechend ausgerüstete Begleitmannschaft unter Führung eines SS-Führers oder Polizeioffiziers" mit an Bord. Die SS schiffte insgesamt 532 Menschen nach Stettin und deportierte diese in weiterer Folge mit einem Sonderzug nach Auschwitz, wo die meisten unmittelbar nach der Ankunft ermordet wurden.[189] Weitere 158 Juden und Jüdinnen wurden am 25. Februar 1943

---

183 Vgl. Ski-Sport, 7 (1942) 10, S. 145.
184 Vgl. Illustrierte Kronen Zeitung, 7.3.1942, S. 8; Völkischer Beobachter, 6.3.1942, S. 5 und Innsbrucker Nachrichten, 20.4.1942, S. 5.
185 Vgl. Das kleine Volksblatt, 2.3.1943, S. 7 und Neues Wiener Tagblatt, 2.3.1943, S. 3. Aufgrund des nicht angegeben Vornamens konnte nicht eruiert werden, um welchen der skifahrenden Haslwanter-Brüder es sich hier handelte.
186 Vgl. TLA, Wehrstammbuch Wilhelm Köstinger.
187 Vgl. John H. E. Fried Collection 1815–1995, Bulletin of Information No. 9, Wien, 31.1.1969, Dokumentationszentrums des Bundes Jüdischer Verfolgter des Naziregimes, S. 4, https://archive.org/details/johnhefried_01_reel14/page/n233/mode/2up/search/Köstinger (12.1.2019).
188 Vgl. John H. E. Fried Collection 1815–1995, Bulletin of Information No. 5, Wien, April 1967, Dokumentationszentrums des Bundes Jüdischer Verfolgter des Naziregimes, https://archive.org/details/johnhefried_01_reel14/page/n233/mode/2up/search/Köstinger (12.1.2019).
189 Vgl. Susanne Heim/Ulrich Herbert/Michael Hollmann/Horst Möller/Dieter Pohl/Simone Walther/Andreas Wirsching (Hg.), Die Verfolgung und Ermordung der europäischen Juden durch das nationalsozialistische Deutschland 1933–1945, Bd. 12, West- und Nordeuropa Juni

mit der MS Gotenland deportiert.[190] Diese kamen zunächst in Stettin an und wurden nach Berlin gebracht und nach einem kurzen Aufenthalt im Sammellager Levetzowstraße einem Transport nach Auschwitz angeschlossen, der das Vernichtungslager in der Nacht zum 3. März 1943 erreichte. 28 als arbeitsfähig angesehene Männer wurden in das Lager Monowitz gebracht, alle anderen sofort ermordet.[191]

Ende Februar 1944 gastierte Köstinger neben Josef Bradl, Gregor Höll und Andreas Krallinger beim Abschlussspringen der alpinen Skimeisterschaften von Salzburg in Zell am See auf der Schmittenschanze.[192] Meldungen der Deutschen Dienststelle WASt zufolge befand sich Köstinger nach eigenen Angaben zuletzt bei der Sicherheitspolizei Oslo. Er dürfte gegen Kriegsende in britische Kriegsgefangenschaft geraten sein, da er aus dieser am 8. März 1948 entlassen wurde.[193] Nach der Entlassung kehrte Köstinger zum Skisport zurück und agierte in den 1950er-Jahren als Obmann des WSV Dorfgastein.[194]

5.3.4 SS-Skisoldat Walter Pesentheiner

Sowohl Wilhelm Köstinger als auch Walter Pesentheiner waren vor Kriegsausbruch zur Gestapo nach Innsbruck versetzt worden. Beide nahmen 1939 an den deutschen Polizei-Skimeisterschaften in Kitzbühel teil. Der Unterschied war, dass sich Pesentheiner schon 1935 zur Waffen-SS gemeldet hatte und sich im Deutschen Reich für die Österreichische Legion betätigte.[195] Es gab aber eine weitere Verbindung zwischen den beiden österreichischen Skisportlern in der Person von Kurt Christmann. Der SS-Skisportler und Polizei-Skimeister Christmann, der sich in SS-Sportkreisen als Sportreferent und in der politischen Polizei sowie im SD-Hauptamt in Bayern einen Namen machte, ermöglichte Pesentheiner im Dezember 1938 den Wechsel zur Gestapostelle nach Innsbruck. Auf Betreiben des damaligen Skisportwartes der SS und Sicherheitspolizei Christ-

---

1942–1945, Berlin/Boston/München 2015, S. 195; United States Holocaust Memorial Museum, https://collections.ushmm.org/search/catalog/pa1035129 (5.3.2019).
190 Heim/Herbert/Hollmann/Möller/Pohl/Walther/Wirsching (Hg.), Die Verfolgung, S. 222.
191 Heim/Herbert/Hollmann/Möller/Pohl/Walther/Wirsching (Hg.), Die Verfolgung, S. 28.
192 Vgl. Kleine Volks-Zeitung, 22.2.1944, S. 6.
193 Vgl. Deutsche Dienststelle WASt für die Benachrichtigung der nächsten Angehörigen von Gefallenen der ehemaligen deutschen Wehrmacht, Köstinger, Wilhelm, geb. am 30.04.1914 in Pfaffendorf.
194 Vgl. u. a. Glaser, Goldschmiede, S. 157.
195 Vgl. Eidesstattliche Erklärung Walter Pesentheiner, 23.1.1937, OÖLA, LG Linz, Sondergerichte, Sch. 171, VgVr 6456/47.

mann wurde Pesentheiner aufgrund seiner „hervorragenden sportlichen Erfolge" als Zivilangestellter in der Gestapostelle Innsbruck aufgenommen und von der Sicherheitspolizei als Skitrainer und Sportwart eingesetzt.[196] Zu den ersten Aufträgen der ab März 1938 neu eingerichteten Gestapostelle Innsbruck zählte unter anderem die Ausforschung von noch im Gau Tirol und Vorarlberg wohnhaften Jüdinnen und Juden.[197] Pesentheiner lernte in Innsbruck aber nicht nur die Methoden der Gestapo bei der Verfolgung der jüdischen Bevölkerung kennen. Der nordische Spitzenathlet leistete der Sicherheitspolizei ebenso nützliche Dienste in der Ski-Ausbildung. In der Wintersaison 1938/39 wurde Pesentheiner für Skikurse der Sicherheitspolizei nach Innsbruck kommandiert, dort war er bis Kriegsbeginn als Trainer und Sportwart tätig.[198] Noch vor Kriegsbeginn nahm SS-Oberscharführer Pesentheiner gemeinsam mit seinem Mannschaftskollegen von der SS-Sportgemeinschaft Innsbruck SS-Oberscharführer Köstinger an den Tauplitz-Skiwettkämpfen in der Steiermark teil. Mit am Start waren auch der SS-Scharführer Herbert Heiß und der SS-Mann Karl Gumpold. Mannschaftsführer war SS-Scharführer Walter Sauerwein. Die Wettbewerbe wurden von Alfred Rössner veranstaltet.[199] Rössner war zum damaligen Zeitpunkt SA-Sturmmann.[200] Der SS-Skisportler Sauerwein war im November 1938 an den Überfällen und Morden an den Juden Richard Graubart und Wilhelm Bauer in Innsbruck beteiligt. Er befand sich in der Tätergruppe rund um SS-Hauptsturmführer Johann Aichinger, der ebenfalls in Skikreisen bekannt war. Aichinger kämpfte später als Gebirgssoldat im besetzten Norwegen, der Sowjetunion, in Italien, an der Eismeer-Front und in Finnland, wurde dreimal verwundet und bekam das Eiserne Kreuz zweiter Klasse verliehen.[201]

Die Karriere von Walter Pesentheiner in der SS bzw. Waffen-SS begann bereits im Jahr 1935. Nachdem sich der am 25. November 1915 in Fehring geborene Skirennläufer und Skilehrer in Folge eines illegalen Waffentransportes im April 1934 bei Hallein in das Deutsche Reich abgesetzt hatte, meldete er sich zunächst nach seinem Grenzübertritt beim SA-Hilfswerk. Pesentheiner war zu diesem Zeitpunkt schon Mitglied der NSDAP, er trat dieser im März 1932 bei und war

---

196 Eidesstattliche Erklärung, Dr. Kurt Christmann, ehemaliger Schisportwart [sic] der SS und Sicherheitspolizei, 24.10.1946, OÖLA, LG Linz, Sondergerichte, Sch. 171, VgVr 6456/47.
197 Wilfried Beimrohr, „Gegnerbekämpfung" – Die Staatspolizeistelle Innsbruck der Gestapo, in: Rolf Steininger/Sabine Pitscheider (Hg.), Tirol und Vorarlberg in der NS-Zeit, Innsbruck 2002, S. 131–150, hier S. 137–138.
198 OÖLA, LG Linz, Sondergerichte, Sch. 171, VgVr 6456/47.
199 Vgl. Innsbrucker Nachrichten, 26.4.1939, S. 10.
200 Vgl. OÖLA, LG Linz, Sondergerichte, Sch. 516, VgVr 1049/49.
201 Vgl. Volksgerichtsverfahren gegen den angeklagten Hans Aichinger, TLA, LG Innsbruck, 10 Vr 104/46.

ebenfalls seit 1932 Angehöriger der SA.[202] Nach seinem Dienst bei der Österreichischen Legion in der SA-Kaserne München trat er in weiterer Folge am 18. Dezember 1934 als Freiwilliger in die SS-Standarte „Deutschland" der SS-Verfügungstruppe im SS-Lager Dachau ein und war ab 1. Jänner 1935 im Dienstgrad eines SS-Oberjunkers Angehöriger der Waffen-SS.[203] In Dachau lernte Pesentheiner das nationalsozialistische Lager- und Terrorsystem aus erster Hand kennen. Dort leistete er bis Ende Dezember 1938 seinen Dienst,[204] ehe er zur Gestapo nach Innsbruck versetzt wurde. In Innsbruck traf er in der Gestapostelle auf seinen Sportkameraden Wilhelm Köstinger.

Pesentheiner rückte im März 1940 zum SS-Regiment „Der Führer" in Graz ein[205] und wurde im März 1942 zur Waffen-SS-Gebirgsdivision „Nord" nach Finnland einberufen.[206] Diese wurde erst zwei Monate zuvor von einer SS-Division in eine SS-Gebirgsdivision umgewandelt, die verschiedenen Einheiten wurden unter anderem im Frühjahr 1942 im heutigen Karelien gegen sowjetische „Partisanen" eingesetzt.[207] Pesentheiner verblieb aber nur ein Jahr bei der kämpfenden Truppe, ehe er am 16. März 1943 zu einem SS-Gebirgsjäger-Ausbildungsbataillon an der Hochgebirgsschule der Waffen-SS nach Neustift im Stubaital versetzt wurde und ab Dezember 1943 im Salzburger Amt der Waffen-SS seinen Militärdienst versah.[208] Pesentheiner verblieb die weiteren Kriegsmonate in Salzburg und nahm im Winter 1943/44 an verschiedenen Skisportbewerben erfolgreich teil. Im Jänner 1944 gastierte der SS-Oberscharführer bei den nordischen Oberdonau-Skimeisterschaften in Kirchschlag. Pesentheiner gewann dort die 14 Kilo-

---

202 Vgl. Eidesstattliche Erklärung Walter Pesentheiner, 23.1.1937, OÖLA, LG Linz, Sondergerichte, Sch. 171, VgVr 6456/47.
203 Vgl. Eidesstattliche Erklärung Walter Pesentheiner, 23.1.1937 und Abschrift Dienstvertrag mit SS-Mann Walter Pesentheiner, Dachau, 1.1.1935, OÖLA, LG Linz, Sondergerichte, Sch. 171, VgVr 6456/47.
204 Vgl. TLA, Wehrstammbuch, Suchkarte Walter Pesentheiner; Eidesstattliche Erklärung Walter Pesentheiner, 23.1.1937, OÖLA, LG Linz, Sondergerichte, Sch. 171, VgVr 6456/47; Zur SS-Verfügungstruppe, vgl. Historisches Lexikon Bayerns, https://www.historisches-lexikon-bayerns.de/Lexikon/Schutzstaffel_(SS),_1925-1945 (5.3.2019).
205 Das SS-Regiment „Der Führer", ab 1941 SS-Panzergrenadier Regiment „Der Führer", war ein militärischer Verband der Waffen-SS, der beim Angriff auf die Sowjetunion zum Einsatz kam.
206 Vgl. TLA, Wehrstammbuch, Suchkarte Walter Pesentheiner.
207 Vgl. Rolf Michaelis, Die Gebirgs-Divisionen der Waffen-SS, Berlin 1998, S. 34–35. Das Standquartier der Waffen-SS-Division bzw. Waffen-SS-Gebirgsdivision „Nord" war Kiestinki in Karelien. Vgl. Lars Westerlund, The Finnish SS Volunteers and Atrocities 1941–1943, Helsinki 2019, S. 66.
208 TLA, Wehrstammbuch, Suchkarte Walter Pesentheiner; Vernehmung des Beschuldigten Walter Pesentheiner, Bezirksgericht Schärding, OÖLA, LG Linz, Sondergerichte, Sch. 171, VgVr 6456/47; WASt, Pesentheiner, Walter, 25.11.1915.

meter lange Strecke im Langlauf in einer Zeit von 48:44,6 Minuten.[209] Einen Monat später ging Pesentheiner bei den Gauskimeisterschaften von Tirol und Vorarlberg für die SS-Sportgemeinschaft Salzburg an den Start. Dort traf Pesentheiner erneut auf seinen ehemaligen Innsbrucker Vereinskollegen Wilhelm Köstinger, der in der nordischen Kombination den dritten Platz belegte.[210] Köstinger startete zu dieser Zeit ebenfalls für die SS-Sportgemeinschaft Salzburg.

Pesentheiner wurde nach Kriegsende am 28. Juni 1945 von den amerikanischen Besatzungsbehörden bei Innsbruck in Haft genommen und war bis 16. Juli 1947 in mehreren alliierten Lagern interniert, zuletzt im Camp Marcus W. Orr. Nach seiner Überstellung nach Suben und anschließend ins Landesgericht Linz wurde im Oktober 1947 das Volksgerichtsverfahren aufgrund des Verbotsgesetzes und Kriegsverbrechergesetztes gegen ihn eröffnet. Die Voruntersuchung wurde mit Beschluss vom 20. März 1950 eingestellt.[211]

5.3.5 Der Gestapo-Beamte Franz Pesentheiner

Der um knapp drei Jahre ältere Bruder von Walter Pesentheiner, Franz Pesentheiner, war auch ein leidenschaftlicher Skiläufer und machte ebenso Karriere in der SS. Der am 26. August 1912 in Dienten geborene Kaufmann trat im Alter von 16 Jahren in die HJ ein und war dort bis 31. Jänner 1933 aktiv, ehe er im Februar 1933 mit der SS-Nummer 60 651 der SS beitrat. Nach Abschluss der kaufmännischen Fortbildungsschule arbeitete Pesentheiner von 1931 bis 1934 als Angestellter. Im August 1934 war Pesentheiner bereits ins Deutsche Reich geflüchtet, nachdem er sich am Juli-Putsch beteiligt hatte. In München meldete er sich wie sein jüngerer Bruder zur SS-Standarte „Deutschland" der SS-Verfügungstruppe. Er versah dort bis 20. August 1936 seinen Dienst, ehe er zum Dachauer Verband der SS-Verfügungstruppe versetzt wurde. In diesem verblieb er bis 31. Oktober 1938.[212] In diesem Zeitraum wurde Pesentheiner nicht nur militärisch in verschiedenen Waffengattungen geschult, sondern erwarb auch das Reichssportabzeichen und das SA-Sportabzeichen in Bronze. Er erhielt zudem eine Ausbildung als Rechnungsführer. Pesentheiner war dafür sechs Monate

---

209 Oberdonau-Zeitung, 24.1.1944, S. 3.
210 Innsbrucker Nachrichten, 14.2.1944, S. 3.
211 Vgl. OÖLA, LG Linz, Sondergerichte, Sch. 171, VgVr 6456/47.
212 Vgl. BArch (ehem. BDC), RS, Pesentheiner, Franz, 26.8.1912; TLA, Wehrstammbuch Franz Pesentheiner. Die SS-Standarte „Deutschland", vor allem der Dachauer Verband, bestand zu Beginn zum großen Teil aus geflüchteten österreicheichischen Nationalsozialisten, die nach dem gescheiterten Juli-Putsch geflohen waren. Vgl. Klaus-Jürgen Bremm, Die Waffen SS. Hitlers überschätzte Prätorianer, Darmstadt 2018, S. 37.

zum Bataillon-Stab der Rechnungsführeranwärter kommandiert worden. Laut der abschließenden Beurteilung waren seine Leistungen im Personaldienst und Geländekampf gut und er galt zudem als „sehr guter Sportler besonders als Skiläufer".[213] Seinen Einmarschbefehl erhielt Pesentheiner am 10. März 1938. Er gehörte damit zu jenen SS-Soldaten aus Österreich, die für den „Anschluss" mobilisiert wurden. Sein Einsatz im Rahmen der nationalsozialistischen Machtübernahme in Österreich dauerte bis 19. März 1938, anschließend wurde er zur SS-Reserve I nach Saarbrücken überführt, bevor er Ende März 1939 nach Innsbruck abkommandiert wurde und dort am 3. April seinen Dienst als Kriminalassistent antrat.[214] Danach trat Pesentheiner der Geheimen Staatspolizei bei und lernte dort die antisemitische Schulung der Gestapo kennen.[215] Kurz vor Ausbruch des Zweiten Weltkriegs wurde Pesentheiner Ende August 1939 wieder zur SS-Verfügungstruppe eingezogen und diente bis 25. August 1940 bei der 4. und 5. Kompanie des SS-Regiments „Der Führer". Mit 1. September 1940 wurde er zum SS-Oberscharführer der Reserve befördert.[216] Nach seinem Militärdienst bei der Waffen-SS gelangte Pesentheiner erneut zur Gestapo nach Innsbruck und war dort zumindest bis in das Frühjahr 1942 als Kriminalassistent beim SD der Staatspolizeistelle Innsbruck angestellt. Daneben arbeitete er ehrenamtlich für den SD des Reichsführer SS.[217] Hinsichtlich seiner sozialen Herkunft und Schulbildung war Pesentheiner der Prototyp eines Gestapo-Beamten auf unterer bis mittlerer Ebene. Er hatte eine kaufmännische Ausbildung abgeschlossen und war Angestellter. Damit passte er in das soziale Mehrheitsgefüge der Innsbrucker Stapostelle, wie es Wilfried Beimrohr beschreibt.[218] Auch seine Wechsel von der Gestapo zur SS-Verfügungstruppe und wieder zur Gestapo waren nichts Ungewöhnliches.[219] Pesentheiner dürfte im Staatsdienst abgesichert gewesen

---

213 Beurteilung der SS-Verfügungstruppe in Dachau, 31.10.1938, TLA, Wehrstammbuch Franz Pesentheiner.
214 Vgl. TLA, Wehrstammbuch Franz Pesentheiner.
215 Jürgen Matthäus weist daraufhin, dass die antisemitische Schulung in der Gestapo ab 1939 ebenso wie schon zuvor bei der Polizei ein fixer Bestandteil der Ausbildung war. Vgl. Jürgen Matthäus, „Warum wird über das Judentum geschult?" Die ideologische Vorbereitung der deutschen Polizei auf den Holocaust, in: Gerhard Paul/Klaus-Michael Mallmann (Hg.), Die Gestapo im Zweiten Weltkrieg: „Heimatfront" und besetztes Europa, Darmstadt 2000, S. 100–124, hier S. 119.
216 Vgl. BArch (ehem. BDC), RS, Pesentheiner, Franz, 26.8.1912; TLA, Wehrstammbuch Franz Pesentheiner.
217 Vgl. BArch (ehem. BDC), RS, Pesentheiner, Franz, 26.8.1912.
218 Vgl. Beimrohr, Gegnerbekämpfung, S. 141.
219 Beimrohr beschreibt die Stapostelle Innsbruck als „personelles Durchhaus", in dem aufgrund von Einberufungen ein ständiger Personalwechsel stattfand. Vgl. Beimrohr, Gegnerbekämpfung, S. 139.

sein. Im Frühjahr 1942 heiratete er die in Frankreich geborene Maria Luise Dönz, deren Familie aus Vorarlberg stammte. Dönz hielt sich nach der Grundschule in Tschagguns drei Jahre in Paris auf, um dort die französische Sprache zu lernen, kehrte 1932 nach Vorarlberg zurück und absolvierte in Dornbirn einen Haushaltskurs. Nach einem weiteren Auslandsaufenthalt in Rom von 1937 bis 1939, während dem sie als Erzieherin und Sprachlehrerin arbeitete, nahm sie 1940 eine Stelle als Sekretärin in Innsbruck an. Dort lernte sie den Gestapo-Beamten Pesentheiner kennen.[220] Pesentheiner verfügte über das Reichssportabzeichen, das goldene HJ-Ehrenzeichen in Bronze und Silber sowie über den Parteiverdienstorden. Sein letzter Dienstgrad war laut Auskunft der WASt SS-Unterscharführer. In den SS-Personalakten des Bundesarchivs Berlin ist er als SS-Oberscharführer verzeichnet.[221] Pesentheiner gelangte nach Ende des Zweiten Weltkriegs in amerikanische Kriegsgefangenschaft, die Original-Akten wurden 1957 durch die US-Behörde vernichtet.[222]

5.3.6 Engelbert Haider – vom „fliegenden Hitlerjungen" zum SS-Scharführer und Deutschen Skimeister

Ein weiterer erfolgreicher SS-Skisportler war der vorhin schon erwähnte Engelbert Haider. Er wurde am 20. April 1922 in Reith bei Seefeld als Sohn eines Maurers geboren und machte seine ersten Erfahrungen mit dem nationalsozialistischen Erziehungssystem in der HJ. Zuhause, auf dem elterlichen Bauernhof, arbeitete er als Knecht in der Landwirtschaft mit. Im Wehrstammbuch wird als erlernter Beruf Hausdiener angegeben.[223] Das lässt darauf schließen, dass Haider nach der Volks- und Hauptschule keine zusätzliche Ausbildung absolviert hatte und aus einfachen Familienverhältnissen stammte. Mit 18 Jahren wurde Haider Anfang Dezember 1940 zum Reichsarbeitsdienst eingezogen und mit 19 Jahren im Mai 1941 zur SS nach Norwegen abkommandiert, genauer gesagt zum SS-Sicherheitsdienst. Zu welchem Zeitpunkt er in die SS eintrat, geht aus den Angaben im Wehrstammbuch nicht hervor.[224] Noch im März 1941 gewann Haider den Seefelder Riesentorlauf vor Karl Seer und Rüdiger Seyerl von der Ordnungspolizei Innsbruck.[225]

---

220 Vgl. BArch (ehem. BDC), RS, Pesentheiner, Franz, 26.8.1912.
221 Vgl. WASt, Pesentheiner, Franz, 26.8.1912; BArch (ehem. BDC), RS, Pesentheiner, Franz, 26.8.1912.
222 Vgl. WASt, Pesentheiner, Franz, 26.8.1912.
223 Vgl. TLA, Wehrstammbuch Engelbert Haider.
224 Vgl. TLA, Wehrstammbuch Engelbert Haider.
225 Vgl. Illustrierte Kronenzeitung, 11.3.1941, S. 10.

Aus einem Schreiben der Geheimen Staatspolizei Innsbruck vom 3. Mai 1941 an den Reichsarbeitsdienst erklärt sich die Brisanz seines Einsatzes. Nachdem die Gestapo intervenierte, wurde Haiders Gestellungsbefehl für den Reichsarbeitsdienst für nichtig erklärt. Ebenso wurde seine Einberufung zum 3. Gebirgsjäger-Ersatzregiment 136 nach Landeck aufgehoben. Laut einer handschriftlichen Notiz der Gestapo auf der Rückseite des Schreibens war Haider für einen „besonderen Einsatz" in Norwegen vorgesehen.[226] In dem Verzeichnis über ehemalige Gestapo-Angehörige, die vom Polizeipräsidium Innsbruck 1945 angelegt wurde, findet sich Haiders Name neben jenen von Wilhelm Köstinger und Walter Pesentheiner. Allerdings wird Engelbert Haider mit einem falschen Geburtsdatum angegeben.[227] Das Schreiben der Gestapo-Stelle Innsbruck lässt den Schluss zu, dass Haider vor seinem Einsatz in Norwegen für die Gestapo tätig war.

Um welchen Einsatz es sich in Norwegen konkret handelte, erschließt sich aus den Quellen nicht. Haiders Einberufung zum SD muss aber in Zusammenhang mit der deutschen Besatzungspolitik in Norwegen gesehen werden. Die historische Zeitgeschichtsforschung hat mittlerweile belegt, dass Sicherheitspolizei und SD bei der Verfolgung von politischen Gegnern, oppositionellen Intellektuellen und der jüdischen Bevölkerung in Norwegen brutal vorgingen.[228]

Recherchen zu Haiders Lebenslauf im Kontext des Nationalsozialismus im Bundesarchiv Berlin und bei der Deutschen Dienststelle (WASt) in Berlin verliefen ins Leere. Damit verliert sich seine weitere Spur in Norwegen, was seine militärischen Einsatzorte und -bestimmungen betrifft. Der Feldpostnummer zufolge diente Haider im Infanterie-Regiment 730, das als Besatzungseinheit im Mai 1941 aufgestellt war und der 710. Infanterie-Division unterstand.

Zeitungsmeldungen und -berichte geben Aufschluss darüber, dass Haider zumindest bis zum Frühjahr 1942 für die SS in Norwegen stationiert gewesen sein muss. Die Innsbrucker Nachrichteten berichteten am 20. April 1942 von den sportlichen Erfolgen Haiders bei den deutsch-norwegischen Polizeiskiwettkämpfen im nördlich von Lillehammer gelegenen Skeikampen.[229] Die deutsch-norwegischen Skiwettkämpfe wurden von der deutschen Ordnungspolizei

---

226 Vgl. Schreiben der Geheimen Staatspolizei, Staatspolizeistelle Innsbruck an den Reichsarbeitsdienst, Meldeamt 326, Innsbruck, 3.5.1941.
227 Vgl. TLA, BPD Innsbruck, NS-Dokumentationsmaterial, 3/6 Verzeichnis der Gestapo-Angehörigen 1945.
228 Vgl. Angelika Königseder, Polizeihaftlager, in: Wolfgang Benz/Barbara Distel (Hg.), Der Ort des Terrors. Geschichte der nationalsozialistischen Konzentrationslager. Arbeitserziehungslager, Ghettos, Jugendschutzlager, Polizeihaftlager, Sonderlager, Zigeunerlager, Zwangsarbeiterlager (Band 9), München 2009, S. 19–52, hier S. 39.
229 Vgl. Innsbrucker Nachrichten, 20.4.1942, S. 5.

durchgeführt. Teilnahmeberechtigt waren Angehörige der örtlichen Dienststellen der Wehrmacht und der SS sowie der paramilitärischen Hird-Organisation.[230] Haider nahm an den Wettbewerben als SS-Scharführer im Torlauf teil und wurde vor seinem Innsbrucker Skikameraden SS-Scharführer Herbert Heiß Erster. Die Beteiligung hoher Partei- und SS-Funktionäre verdeutlicht den Stellenwert der Skibewerbe. Neben dem Reichskommissar für die vom Deutschen Reich besetzten norwegischen Gebiete Josef Terboven[231] verfolgten der SS-Obergruppenführer und General der Polizei Kurt Daluege sowie der SS-Standartenführer Herbert von Daniels als Chef des Amtes für Leibesübungen im SS-Hauptamt die Skirennen.[232] In der Kombination musste sich Haider seinem Tiroler Kollegen geschlagen geben und wurde Dritter hinter Heiß und dem Norweger Bjarne Karlsen.[233] Der norwegische Internationale Karlsen, der 1936 die österreichische Olympia-Auswahl für Garmisch-Partenkirchen trainierte und viele der österreichischen Skisportler aus dieser Zeit persönlich kannte,[234] startete für die paramilitärische Hird-Organisation. Diese wiederum unterstützte die SS sowie freiwillige norwegische Waffen-SS- und Polizeieinheiten Ende November 1942 und im Februar 1943 bei der Deportation norwegischer Juden und Jüdinnen, von denen die meisten im Vernichtungslager Auschwitz ermordet wurden.[235] Ob Haider an diesen Deportationen beteiligt war, muss offenbleiben. Fest steht nur, dass der SS-Sportler von der Gestapo-Stelle Innsbruck aus im Mai 1941 zum SS-Sicherheitsdienst nach Norwegen abkommandiert worden ist und dass der SD in Norwegen Verbrechen an der dortigen Bevölkerung verübte und somit Haider zumindest davon gewusst haben muss.

Noch zwei Jahre vor seinen sportlichen Erfolgen als SS-Skisoldat der SS-Sportgemeinschaft in Norwegen startete Haider im März 1940 bei den Tiroler Kriegsskimeisterschaften für den SK Seefeld und Herbert Heiß für den Skiklub

---

230 Vgl. Ski-Sport, 7 (1942) 10, S. 145.
231 Josef Terboven wurde nach dem Überfall auf Norwegen am 9. April 1940 und der Besetzung zum Reichskommissar für die besetzten norwegischen Gebiete ernannt. Vgl. Königseder, Polizeihaftlager, S. 39.
232 Herbert von Daniels, geboren 1895, war Sport- und SS-Funktionär und leitete die Abteilung Leibesübungen in der Amtsgruppe Personal des Reichssicherheitshauptamtes (RSHA).
233 Vgl. Innsbrucker Nachrichten, 20.4.1942, S. 5.
234 Vgl. das Kapitel „Olympia 1936: zwischen nationalen Bestrebungen und internationalen Zugeständnissen" in dieser Arbeit.
235 Laut dem Historiker Arnd Bauerkämper kämpften 5 000 bis 6 000 Norweger für das nationalsozialistische Deutschland. Vor allem im Hinblick auf den Angriff auf die Sowjetunion konnte die faschistische Nasjonal Samling unter Vidkun Quisling verstärkt Freiwillige für die Waffen-SS rekrutieren. Vgl. Arnd Bauerkämper, Das umstrittene Gedächtnis. Die Erinnerung an Nationalsozialismus, Faschismus und Krieg in Europa seit 1945, Paderborn/München/Wien/Zürich 2012, S. 77.

Innsbruck. Haider gewann damals sowohl den Torlauf um die Tiroler Skimeisterschaft als auch den Torlauf um den Karwendelpreis vor Heiß.[236] Das von der NS-Sportpresse zu dem Bericht veröffentlichte Bild des Tiroler Skimeisters vom März 1940 zeigt einen jugendlichen Engelbert Haider, der seinen Dienst beim SD noch vor sich hatte. Haider war damals knapp 18 Jahre alt. Ein gutes Jahr später fand er sich im besetzten Norwegen wieder.

Das nationalsozialistische Sportsystem und die NS-Sportpresse hatten schon früh ein Auge auf den Tiroler Skiläufer geworfen. Bei den alpinen Wettbewerben um den Goldenen Ring in Seefeld im Jänner 1939 war die „schneidige Fahrt des kleinsten Teilnehmers" aufgefallen[237] und im März 1940 wurde der Engele, wie Haider kurz genannt wurde, bereits als „der fliegende Hitlerjunge von Seefeld" und „Deutschlands bester Nachwuchsskiläufer" gefeiert.[238] Tatsächlich legte Haider in nur kurzer Zeit eine beachtliche sportliche Karriere hin. Dem deutschen Jugendmeistertitel 1940 in Garmisch-Partenkirchen folgten 1941 die Teilnahme in Cortina mit einem Torlaufsieg außer Konkurrenz und ein weiterer Sieg im internationalen Tatra-Rennen.[239] Seinen Höhepunkt im Nationalsozialismus erlebte er bei den Deutschen Kriegsskimeisterschaften in den alpinen Bewerben im März 1944 am Arlberg. Bei diesen gewann Haider sowohl den Torlauf als auch die Kombination.[240] Vom *Völkischen Beobachter* wurde der nunmehr für die Spitzenklasse des NSRL startende Haider schon vor dem Start als Favorit gehandelt: „Der unerhört schnelle und wendige Haider, ‚Engele' genannt, sollte zweifellos eine Sonderrolle spielen. Ohne etwaige Zwischenfälle müßte er in der Abfahrt mit an der Spitze liegen, den Torlauf und damit die alpine Kombination gewinnen."[241] Die Prognose sollte stimmen und der *Völkische Beobachter* recht behalten. Ein paar Tage später kürte sich Haider auf der Kandahar-Strecke zum deutschen Meister. Der Jugendmeister war nun auch sportlich erwachsen geworden. In der SS und im Sicherheitsdienst hatte er seine Kindheit schon längst verloren. Nach seinem sportlichen Triumph am Arlberg, an dem auch der Reichssportführer-Stellvertreter Arno Breitmeyer teilnahm,[242] dürfte Haider wieder abkommandiert worden sein, denn für den wenige Tage danach stattfindenden Torlauf auf dem Salzburger Gaisberg wurde der Deut-

---

236 Vgl. Neueste Zeitung, 4.3.1940, S. 4.
237 Vgl. Innsbrucker Nachrichten, 2.1.1939, S. 10.
238 Vgl. Das kleine Volksblatt, 28.3.1940, S. 9.
239 Vgl. Günther Flaig, Skikanonen 1947–48. Eine Skifibel über 50 österreichische Spitzenläufer in Wort und Bild, Innsbruck 1947, o. S.
240 Vgl. Völkischer Beobachter, 6.3.1944, S. 6.
241 Völkischer Beobachter, 1.3.1944, S. 4.
242 Vgl. Neues Wiener Tagblatt, 6.3.1944, S. 4.

sche Skimeister nicht freigestellt.²⁴³ Gegen Kriegsende fand Haider als Kraftfahrer Verwendung in der Organisation Todt. Dort war er in der Einsatzgruppe West im Bereich des Generalingenieurs beim Oberbefehlshaber West eingesetzt. Laut seinem Dienstausweis hatten sämtliche militärischen und zivilen Dienststellen die Anweisung „den Genannten in Durchführung seiner dienstlichen Aufgaben zu unterstützen".²⁴⁴ Am 1. Mai 1945 erfolgte seine Entlassung an die „Heimatfront". Haider überlebte den Zweiten Weltkrieg und fand nach kurzer Inhaftierung nahtlos Anschluss an den Spitzensport der Zweiten Republik.²⁴⁵

5.3.7 Hubert Salcher – vom Allroundsportler zum SS-Sportreferenten und Waffen-SS-Truppenarzt

Wie der Wettsportgedanke im Skisport mit dem verbrecherischen Streben der SS nach einer „arischen" Elite und einem brutal gearteten Fanatismus zusammenfallen konnte, zeigt die Karriere des bereits erwähnten Hubert Salcher. Er wurde im Jänner 1905 in Innsbruck als Sohn des Technikers Alois Salcher geboren und studierte nach Abschluss der höheren Staatslehranstalt in elf Semestern Medizin. Seine Promotion legte Salcher 1937 ab.²⁴⁶ In seiner Jugend startete er für die Skiläufervereinigung Innsbruck und nahm zunächst an Schülerrennen und dann im Alter von 18 Jahren an der Tiroler Meisterschaft teil. Auf der neu errichteten Sprungschanze in Innsbruck-Igls erzielte Salcher seine ersten Skisprungerfolge bei der Österreichischen Meisterschaft. Eine Knieverletzung im Training verhinderte die Teilnahme an den Olympischen Spielen in St. Moritz 1928.²⁴⁷ In den 1930er-Jahren startete der staatlich geprüfte Skilehrer für den Skiklub Innsbruck in der Abfahrt.²⁴⁸ Daneben wirkte er 1931 als Double für den verletzten Hannes Schneider in der Fuchsjagdszene im Skifilm *Der weiße Rausch*.²⁴⁹ Aufgrund seiner skisportlichen Leistungen wurde er in die österreichische Nationalmannschaft berufen. Salcher spielte darüber hinaus noch für die Tiroler Fußballauswahl, war Leichtathlet, Zehnkämpfer und Handballer.²⁵⁰

---

243 Vgl. Völkischer Beobachter, 15.3.1944, S. 4.
244 Organisation Todt Einsatzgruppe West, Ausweis Engelbert Haider, vom 1.April 1945, TLA, Wehrstammbuch, Engelbert Haider.
245 Vgl. TLA, Wehrstammbuch, Engelbert Haider. Auf die Nachkriegserfolge von Enegelbert Haider wird in einem späteren Kapitel noch näher eingegangen.
246 Vgl. BArch (ehem. BDC), SSO, Salcher, Hubert, 01.01.1905.
247 Vgl. Skileben, 1937, S. 94.
248 Vgl. Sport-Tagblatt, 11.1.1932, S. 6.
249 Vgl. Skileben, 1937, S. 95.
250 Vgl. BArch (ehem. BDC), SSO, Salcher, Hubert, 01.01.1905.

Im Skiverein und im Tiroler Skiverband war er zudem als Sportwart tätig. Seine sportliche Laufbahn hatte im zehnten Lebensjahr im Innsbrucker Turnverein begonnen. Zu Beginn der 1920er-Jahre spielte er mit 18 Jahren in der Tiroler Fußballmeisterschaft und in den folgenden Jahren für die Tiroler Auswahlmannschaft. In der Leichtathletik startete Salcher ebenfalls für die Tiroler Auswahlmannschaft und war für diese im Hürdenlauf, Dreisprung und Zehnkampf erfolgreich. Im Skilauf startete Salcher in sämtlichen Disziplinen und erwarb als erster Österreicher das goldene Arlberg-Kandahar-Abzeichen, nachdem er mit einem Slalomsieg 1933 beim Kandahar-Rennen in Mürren zum dritten Mal ein Kandaharrennen hatte gewinnen können. Kurz darauf, im Juli 1933, trat er der SA bei und im März 1934 der SS. Salcher machte in der Schutzstaffel schnell Karriere. Nach dem Juli-Putsch 1934 führte er zunächst eine Schar, ab 1936 einen Sturm.[251] Drei Jahre nach seinem Eintritt in die SS übernahm er im März 1937 die Leitung des SS-Hauptamtes der Gauleitung Tirol. Sechs Monate später, im September 1937, erfolgte auf dem Parteitag in Nürnberg seine Beförderung zum SS-Untersturmführer und am 22. März 1938 beförderte ihn Himmler zum SS-Obersturmführer.[252] Als Stabsführer und Adjutant der SS-Standarte 8 drangen Salcher und seine Männer während des „Anschusses" in das Tiroler Landhaus ein und besetzten die Sicherheits- und Polizeidirektion sowie das Waffenlager.[253] Ein Monat später, am 20. April 1938, wurde Salcher zum Führer im Stab des SS-Abschnittes XXXVI ernannt. Gleichzeitig übernahm er die nebenamtlichen Agenden als SS-Sportreferent des SS-Abschnittes XXXVI und die stellvertretende Führung der SS-Sportgemeinschaft in Innsbruck, die er allerdings bald darauf abgeben musste.[254] Er war seit 1. Dezember 1938 Inhaber des Reichssportabzeichens in Bronze.[255] Zu dieser Zeit griff auch der NSRL auf seine Expertise zurück und setzte Salcher beim Arlbergrennen um den Tschammerpokal im März 1939 als sportlichen Leiter der Veranstaltung ein.[256] Mit Wirkung zum 1. Mai 1939 wurde Salcher seiner Dienststellung als ehrenamtlicher Sportreferent des SS-Abschnittes XXXVI enthoben und zum SS-Führer in der Stammabteilung Donau, Bezirk 87 ernannt. Begründet wurde die Abberufung Salchers damit, dass dieser durch seinen Beruf als Ski- und Sportlehrer die meiste Zeit über nicht anwesend sei und daher nicht mehr in der Lage gewesen wäre, die Ge-

---

251 Vgl. Skileben, 1937, S. 95; Lebenslauf Hubert Salcher, BArch (ehem. BDC), SSO, Salcher, Hubert, 1.1.1905.
252 Vgl. WASt, Salcher, Hubert, 1.1.1905.
253 Vgl. Lebenslauf Hubert Salcher, BArch (ehem. BDC), SSO, Salcher, Hubert, 1.1.1905.
254 Vgl. BArch (ehem. BDC), SSO, Salcher, Hubert, 1.1.1905.
255 Vgl. WASt, Salcher, Hubert, 1.1.1905.
256 Vgl. Innsbrucker Nachrichten, 10.3.1939, S. 9.

schäfte des Sportreferenten wahrzunehmen.[257] Interessanterweise hatte Salcher noch genügend Zeit, um sich um die Vereinsangelegenheiten des SC Arlberg zu kümmern, in dem er nach der Absetzung des Vorstandes unmittelbar nach dem „Anschluss" als Vereinsführer eingesetzt wurde. In dieser Funktion war Salcher vom NSRL beauftragt worden, die Organisation der am Arlberg stattfindenden Skisportveranstaltungen zu organisieren.[258] Im August 1938 suchte Salcher beim Rasse- und Siedlungshauptamt um die Verehelichung mit Grete Nissl an.[259] Die beiden waren zu diesem Zeitpunkt schon sechs Jahre ein Paar und hatten sich im Dezember 1937 verlobt. Als Grund für die späte Verlobung gab Salcher im offiziellen Verlobungs- und Heiratsgesuch die schlechte wirtschaftliche Lage, seine ungewisse berufliche Zukunft und seine „exponierte Stellung im illegalen Kampf" an.[260] Die Genehmigung wurde am 20. September 1938 erteilt. Das Gesuch verdeutlicht das nationalsozialistische Netzwerk innerhalb der Tiroler SS, auf das Salcher zurückgreifen konnte. Als Bürgen traten neben dem SS-Hauptsturmführer Hans Aichinger der SS-Obersturmführer Anton Jennewein auf. Zudem war seine Schwester Erna mit dem SS-Untersturmführer Fritz Ficht verheiratet, einem Arzt, der dem Stab der SS-Standarte 87 zugeteilt war. Der Bruder der Braut, Robert Nissl, war zudem SS-Scharführer und Salchers eigener Bruder Artur Salcher leitete das Salzburger Gaupropaganda-Amt.[261] Rein politisch stand der Ehe demnach nichts im Wege. Auch nicht, weil Grete Nissl als loyale Parteigenossin galt. Die am 30. Oktober 1911 in Innsbruck geborene Tochter des Innsbrucker Gutsbesitzers Robert Nissl und seiner Frau Frieda arbeitete nach der Real- und Haushaltsschule im Büro ihres Vaters. Dort lernte sie 1932 Hubert Salcher kennen. Abseits des Sports und der Gefühle füreinander verband die beiden auch die Parteizugehörigkeit. Grete Nissl war 1934 der illegalen NSDAP beigetreten und unterstützte ab diesem Zeitpunkt die SS als förderndes Mitglied. Sie gewann 1936 die österreichische Ski-Meisterschaft und startete für das österreichische Olympiateam im Skilauf. Ein Jahr später gaben Nissl und

---

257 Vgl. BArch (ehem. BDC), SSO, Salcher, Hubert, 1.1.1905.
258 Vgl. Vollversammlung SCA, 15.4.1939, Protokollbuch SCA 1933–1955, Sammlung Lechmuseum.
259 Vgl. BArch (ehem. BDC), RS, Salcher, Hubert, 1.1.1905.
260 Vgl. Verlobungs- und Heiratsgesuch an das Rasse- und Siedlungshauptamt-SS, Hubert Salcher, Innsbruck, 28.8.1938, BArch (ehem. BDC), RS, Salcher, Hubert, 1.1.1905.
261 Vgl. Verlobungs- und Heiratsgesuch an das Rasse- und Siedlungshauptamt-SS, Hubert Salcher, Innsbruck, 28.8.1938, BArch (ehem. BDC), RS, Salcher, Hubert, 1.1.1905. Artur Salcher, auch Arthur Salcher geschrieben, trat 1934 der NSDAP in Innsbruck bei und war ab Ende Mai 1938 Gaupropagandaleiter von Salzburg. Vgl. Salzburger Volksblatt, 31.5.1938, S. 8.

Salcher ihre Verlobung bekannt. Im selben Jahr, 1937, übernahm Grete Nissl das Café Max in Innsbruck, das sie bis zur Heirat führte.²⁶²

Der Kriegsbeginn bedeutete für Salcher einen weiteren Karrieresprung. Am 21. November 1939 meldete sich Salcher zur Waffen-SS und diente im SS-Panzer-Grenadier-Ersatz-Bataillon „Westland" als Truppenarzt.²⁶³ Seine Kriegsverpflichtung hatte aber keine wirkliche Unterbrechung seiner sportlichen Betätigung zur Folge. Diese stand auch nicht im Widerspruch zum SS-Dienst, in dessen Rahmen der Sport eine zentrale Rolle spielte. Auf diese Weise war Salcher immer wieder für Wettbewerbe freigestellt, als Sportler und Funktionär. Neben dem SS-Dienst startete er bei den Leichtathletik-Gaumeisterschaften in Tirol-Vorarlberg im Dreisprung.²⁶⁴ Außerdem war Salcher im März 1940 für die Streckenführung der Arlberg-Abfahrt im Rahmen der Kriegsmeisterschaften verantwortlich und wurde vom NSRL für die Kurssetzung eingesetzt.²⁶⁵

Ende Jänner 1943 wurde Salcher zum SS-Hauptsturmführer befördert. Zu diesem Zeitpunkt diente er im SS-Panzer-Grenadier-Regiment 10 „Westland". Laut letzter Meldung in den Karteikarten der WASt erfolgte seine Entlassung aus der Waffen-SS am 1. Juli 1944, ein Entlassungsgrund wurde in der Kartei nicht angegeben.²⁶⁶ Tatsächlich wurde der SS-Hauptsturmführer Salcher aufgrund einer persönlichen Vereinbarung zwischen dem Reichsmarschall Göring und dem Reichsführer-SS Himmler mit Wirkung vom 1. Mai 1943 aus der Waffen-SS entlassen und zur Luftwaffe versetzt.²⁶⁷ Sein nunmehriger Dienstort war das Luftwaffen-Lazarett bzw. Heeres-Reserve-Lazarett Bad Gastein. Als Entlassungsgrund wurde die äußerst „angespannte Ärzte-Ersatzlage der Waffen-SS besonders im Hinblick auf die Neuaufstellung"²⁶⁸ angegeben. Salcher weilte zuvor schon auf Kur in Bad Gastein und hatte zu dem Gebirgsort ein Naheverhältnis. Nach 1945 war er Eigentümer des Hotels Germania in dem Salzburger Kurort.²⁶⁹ Der ehemalige SS-Hauptsturmführer Salcher zeichnete 1958 als Obmann des Skiclubs Bad Gastein und Vorsitzender des Planungskomitees für die Durchführung der Ski-Weltmeisterschaften verantwortlich.²⁷⁰

---

262 Vgl. Lebenslauf Grete Nissl, BArch (ehem. BDC), RS, Salcher, Hubert, 1.1.1905.
263 Vgl. BArch (ehem. BDC), SSO, Salcher, Hubert, 1.1.1905.
264 Vgl. Innsbrucker Nachrichten, 3.1.1942, S. 5.
265 Vgl. Der Montag, 11.3.1940, S. 5.
266 Vgl. WASt, Salcher, Hubert, 1.1.1905.
267 Vgl. Fernschreiben an Kommandeur SS-Panzer Grenadier Ersatz Bataillon „Westland", 9.4.1943, BArch (ehem. BDC), SSO, Salcher, Hubert, 1.1.1905.
268 BArch (ehem. BDC), SSO, Salcher, Hubert, 1.1.1905.
269 Vgl. Salzburger Nachrichten, 23.7.1948, S. 2.
270 Hubert Salcher war von 1954 bis 1958 Obmann des Skiklubs Bad Gastein. In seiner Funktionsperiode erhielt die Gemeinde von der FIS den Zuschlag für die Austragung der alpinen Ski-WM. Salcher war als Vorsitzender des Planungskomitees für die Durchführung verantwort-

5.3.8 Eberhard von Quirsfeld – Kommandeur der Waffen-SS-Hochgebirgstruppe

Ein anderer hochdekorierter Salzburger Skisoldat der SS, dessen Weg sich mit jenem von Wilhelm Köstinger gekreuzt haben dürfte, war Eberhard von Quirsfeld. Der Sohn eines Hauptmannes der k. u.k-Amee kam am 29. März 1899 in der Stadt Salzburg zur Welt. Seine ersten militärischen Erfahrungen sammelte er im jugendlichen Alter von 16 Jahren bei den Tiroler Standschützen, zu denen er im Mai 1915 freiwillig einrückte. 1917 wurde der Bergsteiger und Skiläufer zum Gebirgs-Artillerie-Regiment Nr. 28 in Salzburg einberufen. Er absolvierte die Offiziersschule, wurde im September an die Front abkommandiert und diente als Leutnant am Ortler und an der Piave. Nach dem Ersten Weltkrieg beendete er seine vor dem Krieg begonnene Ausbildung an der Handelsakademie und war fortan als Bankbeamter tätig. Schon früh engagierte sich Quirsfeld in der nationalsozialistischen Bewegung. 1922 trat er laut eigenen Angaben dem Bund Oberland[271] bei und beteiligte sich im November 1923 beim „Hitlerputsch" am „Marsch zur Feldherrnhalle". Bis zur Auflösung 1930 war Quirsfeld als Kompanieführer und Bataillon-Adjutant im Bund Oberland aktiv. Ende Mai 1931 trat er der NSDAP bei, fünf Monate später bewarb er sich um die Aufnahme in die SS, in die er im Februar 1932 aufgenommen wurde. Ein halbes Jahr später übernahm er die Führung des selbstständigen SS-Sturmes 2/1/37 in Innsbruck und wurde im Dezember 1932 zum SS-Sturmführer befördert.[272] Quirsfeld heiratete die um drei Jahre jüngere Gretl Graf, die ebenfalls ab Juni 1932 als Parteigenossin der Ortsgruppe Innsbruck geführt wurde. Die beiden wohnten ab 1935 in München, wo sie um die deutsche Staatsangehörigkeit ansuchten.[273] Quirsfeld war 1933 ins Deutsche Reich geflüchtet, nachdem er erneut eine Haftstrafe zu erwarten hatte, dieses Mal wegen illegaler Tätigkeit für die NSDAP. Schon zuvor saß er wegen Hochverrat und Aufwiegelei sechs Monate in Untersuchungshaft

---

lich. Vgl. 100 Jahre Ski-Club Bad Gastein, in: kultur passiert..., 78 (2012), S. 15; http://www.skiclub-badgastein.com/weltmeisterschaft1958.html (6.10.2019).
271 Der Bund Oberland war ein paramilitärischer Verband und ging im Oktober 1921 aus dem Freikorps Oberland hervor. Der völkisch ausgerichtete Bund Oberland kooperierte eng mit der NSDAP. Mitglieder waren an den Münchner Putschversuchen vom 1. Mai und 9. November 1923 beteiligt, viele von ihnen wechselten wie Eberhard von Quirsfeld später zur NSDAP, SS oder SA. Vgl. https://www.historisches-lexikon-bayerns.de/Lexikon/Bund_Oberland,_1921-1923/1925-1930 (7.9.2018).
272 Vgl. Lebenslauf Eberhard Quirsfeld, 12.2.1935. BArch (ehem. BDC), SSO, Quirsfeld von, Eberhard, 29.03.1899.
273 Vgl. Schreiben der NSDAP, Gauleitung München-Oberbayern an die NSDAP Reichsleitung Kartei-Abteilung, München Braunes Haus, 27.8.1935. Betrifft: Pg. Eberhard v. Quirsfeld. BArch (ehem. BDC), PK, Quirsfeld von, Eberhard, 29.03.1899.

im Landesgericht Innsbruck. Ab September 1933 war er mit der Führung des SS-Sturmbannes der Österreichischen Legion im Lager Lechfeld beauftragt.[274] In diesem ersten zentralen Lager der Österreichischen Legion bei Augsburg wurden neben den SA-Stürmen ab Sommer 1933 auch SS-Flüchtlinge untergebracht. Die SS-Flüchtlinge bildeten vier Stürme, die zu einem Sturmbann zusammengefasst wurden.[275] Quirsfeld führte diesen Sturmbann (später Standarte) laut seinen Angaben bis Dezember 1933 und traf dabei auf spätere Kriegsverbrecher wie Adolf Eichmann.[276]

Spätestens mit der Flucht in das Deutsche Reich zeigte die militärische Karriere von Eberhard von Quirsfeld steil nach oben. Mit 29. Mai 1934 wurde der gebürtige Salzburger zum Führer im „SS-Hilfswerk" Dachau ernannt.[277] Dieses war auf dem Areal des Konzentrationslagers Dachau untergebracht und diente der Betreuung illegaler österreichischer SS-Angehöriger, die in das Deutsche Reich geflohen waren und ab November 1933 aus dem Lager Lechfeld abgezogen wurden.[278] Während dieser Zeit absolvierte Quirsfeld einen Führerlehrgang an der Höheren Polizeischule in Potsdam-Eiche und einen Führerlehrgang in Dachau. Am 3. Juli 1934 wurde er zum Adjutanten des SS-Oberabschnitts-Donau ernannt.[279] Die Ernennung erfolgte auf Geheiß von SS-Gruppenführer Alfred Rodenbücher, der ab 1934 das Flüchtlingshilfswerk der NSDAP und die SS-Sammelstelle leitete.[280] Laut Personalbericht vom Jänner 1935 galt der Turner, Schwimmer, Bergsteiger und Skifahrer Quirsfeld als zielsicher, intelligent und sehr besonnen. Aufgrund seiner Fähigkeiten könne er zum SS-Hauptsturmführer befördert werden, war weiter im Personalbericht zu lesen.[281] Im August 1935 trat Quirsfeld als Zugführer in die SS-Verfügungstruppe ein. Der Militärhistori-

---

274 Vgl. Lebenslauf Eberhard Quirsfeld, 12.2.1935. BArch (ehem. BDC), SSO, Quirsfeld von, Eberhard, 29.03.1899.
275 Vgl. Schafranek, Söldner für den „Anschluss", S. 38.
276 Vgl. Lebenslauf Eberhard Quirsfeld, 12.2.1935. BArch (ehem. BDC), SSO, Quirsfeld von, Eberhard, 29.03.1899 und Schafranek, Söldner für den „Anschluss", S. 38.
277 Vgl. RFSS München, Stellenbesetzung SS-Sturmführer Eberhard Quirsfeld, 29.5.1934. BArch (ehem. BDC) SSO, Quirsfeld von, Eberhard, 29.03.1899.
278 Vgl. Schafrenek, Söldner für den „Anschluss", S. 39.
279 Vgl. RFSS München, Stellenbesetzung SS-Sturmführer Eberhard Quirsfeld, 3. Juli 1934. BArch (ehem. BDC), SSO, Quirsfeld von, Eberhard, 29.03.1899.
280 Alfred Rodenbücher, geboren am 29.9.1900, trat 1930 in die NSDAP ein und 1933 in die SS. 1933 war er Staatsrat von Bremen. Der SS-Gruppenführer leitete ab Sommer 1934 das Flüchtlingshilfswerk und war Führer der SS-Sammelstelle. Von Juni 1939 bis 30. April 1941 war Rodenbücher SS- und Polizeiführer im SS-Oberabschnitt Alpenland, ehe er aus seinem Amt enthoben wurde. Vgl. Klee, Personenlexikon, S. 501.
281 Vgl. Personalbericht Dachau, 26.01.1935. BArch (ehem. BDC), SSO, Quirsfeld von, Eberhard, 29.3.1899.

ker Klaus-Jürgen Bremm beschreibt die SS-Verfügungstruppe, kurz SS-VT, als „Truppe aus Schlägern und Sadisten".[282] Laut Führererlass vom 2. Februar 1935 sollte die SS-VT im Kriegsfall als Division mit eigenen Stäben und Sonderformationen unter schweren Waffen mobilisiert werden. Ab diesem Zeitpunkt bereitete sich Quirsfeld also ebenso wie die anderen SS-Männer in der Verfügungstruppe auf ihre Kriegsverwendung vor.[283] Der Personalstand der SS-VT, die auf vier Standarten aufgeteilt war, hatte sich bis Sommer 1935 mehr als verdoppelt und war auf über 8 000 Mann angewachsen.[284] Die SS-Standarte „Deutschland" mit Sitz in München unter dem Kommando von Felix Steiner war im März 1936 auf 3 500 Mann angewachsen und auf drei Standorte verteilt, einer davon befand sich in Dachau. Der Dachauer Verband bestand vorwiegend aus Österreichern, die in das Deutsche Reich geflohen waren.[285] Quirsfeld war einer von ihnen. Er zählte zu der neuen militärischen Elite, die nach den Vorstellungen des SS-Offiziers Felix Steiner einen neuen elitären Soldatentypus verkörpern sollte.[286] Diese neue militärische Elite, die auch ideologisch gefestigt war, sollte in den Kriegsjahren das Rückgrat der Waffen-SS bilden und die junge Generation innerhalb der Waffen-SS-Divisionen prägen.[287]

Quirsfeld wurde mit Wirkung vom 1. März 1937 als SS-Führer zum Stab der SS-Standarte „Germania" versetzt und führte in der Folge so genannte Hundertschaften unterschiedlicher SS-Totenkopfverbände an. Am 1. Juli 1938 kehrte Quirsfeld nach Österreich zurück und übernahm die Führung des I. Totenkopfsturmbannes der 4. SS-Totenkopf-Standarte „Ostmark". Quirsfeld „besitzt die moralische und soldatische Eignung einen SS-Totenkopfsturmbann zu führen", hieß es in der Begründung.[288] Noch vor Kriegsbeginn wurde Quirsfeld im März 1939 zum Führer des II. Sturmbannes der 3. SS-Totenkopf-Standarte „Thüringen" ernannt, die unter anderem an der Besetzung des „Sudetenlandes" beteiligt war. Im weiteren Kriegsverlauf im August 1940 wurde Quirsfeld nach Stralsund versetzt, wo er das III. Bataillon der 5. SS-Totenkopfstandarte kommandierte. Nach einer kurzen zwischenzeitlichen Versetzung zum SS-Artil-

---

282 Bremm, Die Waffen SS, S. 36.
283 Vgl. René Rohrkamp, „Weltanschaulich gefestigte Kämpfer". Die Soldaten der Waffen-SS 1933–1945. Organisation – Personal – Sozialstrukturen, Paderborn/München/Wien/Zürich 2010, S. 237–238.
284 Vgl. Rohrkamp, Die Soldaten, S. 243.
285 Vgl. Bremm, Die Waffen-SS, S. 36–37.
286 Vgl. Bremm, Die Waffen-SS, S. 37. SS-Obergruppenführer Felix Steiner war General der Waffen-SS und Kommandeur diverser Panzerkorps der Waffen-SS. Vgl. Klee, Personenlexikon, S. 601.
287 Rohrkamp, Die Soldaten, S. 263–264.
288 Vgl. BArch (ehem. BDC), SSO, Quirsfeld von, Eberhard, 29.3.1899.

lerie-Ersatz-Regiment nach Dachau wurde Quirsfeld an die Front beordert. Im März 1941 gelangte er als Artillerie-Führer zur SS-Kampfgruppe „Nord" nach Oslo. Die Kampfgruppe der SS-Division „Nord" wurde im Juni 1941 nach Norden befehligt, um dort über Finnland in die Sowjetunion vorzustoßen. Quirsfeld dürfte bei diesem Vorstoß verwundet worden sein. Jedenfalls hatte er sich im Oktober 1941 „nach Wiederherstellung seiner Gesundheit" beim Kommandeur des SS-Artillerie-Ersatz-Regiments in München zu melden.[289]

Im April 1942 hatte er den vorläufigen Höhepunkt seiner militärischen Laufbahn erreicht, als er mit der Führung eines Artillerie-Regiments der 7. SS-Freiwilligen-Gebirgsdivision „Prinz Eugen" im ehemaligen Jugoslawien beauftragt wurde. Die 7. SS-Freiwilligen-Gebirgsdivision „Prinz-Eugen" wurde ab März 1942 als Waffen-SS-Division vorrangig aus „Volksdeutschen" unter dem Kommando von SS-Obergrubenführer Artur Phleps aufgestellt. Thomas Casagrande hat die Geschichte der Division, die am Balkan brutal vorging und sich an Kriegsverbrechen in Serbien, Bosnien-Herzegowina, Montenegro und Kroatien mitschuldig machte, ausführlich aufgearbeitet.[290] Wie Casagrande in seiner Untersuchung schildert, wurde die Division von Phleps für die Bekämpfung der Partisanenverbände je nach Stärke in verschiedene Kampfgruppen aufgeteilt.[291] Quirsfeld übernahm im April 1942 in Pančevo (Pantschowa) nordöstlich von Belgrad an der Mündung des Flusses Temesch in die Donau die Führung des Artillerie-Regiments. Sein Einsatz in der 7. SS-Freiwilligen-Gebirgsdivision „Prinz Eugen" war allerdings nur von kurzer Dauer. Nach fünfeinhalb Monaten wurde Quirsfeld abberufen. Zuvor erfolgte aber noch Ende April 1942 seine Beförderung zum SS-Obersturmbannführer der Waffen-SS.[292] Am Aufbau der Division sowie an der Einweisung seines Regiments nahm Quirsfeld teil. Die Befehle an die Kompanien waren eindeutig und unmissverständlich: „Überwachen der Bevölkerung, Bekämpfen der Banden [...] Jeder irreguläre Kämpfer ist vogelfrei wenn eine Vernehmung keinen Erfolg verspricht, ist er sofort zu erschiessen [sic], andernfalls als Gefangener mitzunehmen".[293] Auch die „Taktischen Grundsätze für die Führung des Kleinkriegs", die am 27. April 1942 ausgegeben wurden, waren klar umrissen: „Die Bevölkerung muss wissen, dass sie keine Schonung findet, wenn Banden unangemeldet in ihrem Raum auftreten und es

---

289 Vgl. BArch (ehem. BDC), SSO, Quirsfeld von, Eberhard, 29.3.1899.
290 Vgl. Thomas Casagrande, Die volksdeutsche SS-Division „Prinz Eugen" – Die Banater Schwaben und die nationalsozialistischen Kriegsverbrechen, Frankfurt 2003.
291 Vgl. Casagrande, Die volksdeutsche SS-Division, S. 228.
292 Vgl. BArch (ehem. BDC), SSO, Quirsfeld von, Eberhard, 29.3.1899.
293 Befehl an die vorgeschobenen Kompanien, 1.10.1942, Prag: inr.e.1/kr.1. 7.SS-Geb.Division „Prinz Eugen" zit. nach Casagrande, Die volksdeutsche SS-Division, S. 230.

zum Kampfe kommt."²⁹⁴ Quirsfeld war demnach als Führer eines Regiments sehr wohl dafür verantwortlich, seine Soldaten auf die Ermordung der Zivilbevölkerung einzuschwören. Das tat er bis 30. Juni 1942 in der serbischen Stadt Kikinda, im nördlichen Banat, wo sein Artillerie-Regiment stationiert war. Die dort lebende deutschsprachige Bevölkerung lernte Quirsfeld als „freigiebig" kennen. Von ihnen hätten er und seine Kameraden „Lebensmittel aller Art" bekommen.²⁹⁵ Zur restlichen Bevölkerung äußerte sich Quirsfeld nicht. Die deutschen Einheiten waren wie schon im rumänischen Banat von den „volksdeutschen" Siedlern freundlich empfangen worden. Nicht nur die NSDAP hatte diese zuvor eifrig umworben, vor allem die SS bemühte sich um sie. Die Einberufung der „volksdeutschen" männlichen Bevölkerung für die Waffen-SS-Division erfolgte in einer ersten Phase auf freiwilliger Basis, das Freiwilligkeitsprinzip wurde aber nach und nach aufgeweicht und die Rekrutierung erfolgte unter Androhung von Strafen immer mehr zwangsweise. Dennoch spricht der Historiker Thomas Casagrande von einem „Schulterschluss" der überwiegenden Mehrheit der „volksdeutschen" Bevölkerung mit dem Deutschen Reich.²⁹⁶ Von daher darf der Erzählung Quirsfelds durchaus Glauben geschenkt werden. Sie verschleiert aber gleichzeitig den brutalen Umgang der Waffen-SS mit der lokalen mehrheitlich slawischen Bevölkerung. Auf diese Weise lesen sich Quirsfelds Zeilen wie ein Erlebnisbericht. Im Oktober 1942 wurde die SS-Division aus dem Banat nach Südserbien verlegt, wo die ersten Einsätze gegen Partisanengruppen geführt und Massaker an der Zivilbevölkerung verübt wurden.²⁹⁷ Zu diesem Zeitpunkt befand sich Quirsfeld schon wieder in Tirol, wo er gemeinsam mit seiner Ehefrau in Innsbruck gemeldet war.²⁹⁸

Im September 1942 gelang ihm die Versetzung in das Stubaital, wo er zum Kommandeur der Hochgebirgsschule der Waffen-SS in Neustift berufen wurde. Unmittelbar nachdem das SS-Führungshauptamt in Berlin die Errichtung der SS-Hochgebirgsschule beschlossen hatte, wurde Quirsfeld von diesem mit der

---

294 SS-Freiwilligen Division „Prinz Eugen", MA: RS 3-7/15 zit. nach Casagrande, Die volksdeutsche SS-Division, S. 224.
295 Vgl. BArch (ehem. BDC), SSO, Quirsfeld von, Eberhard, 29.3.1899.
296 Vgl. Thomas Casagrande, Die „volksdeutsche" SS-Division „Prinz Eugen" und die nationalsozialistische Aufstandsbekämpfung in Jugoslawien (1941–1944), in: Donauschwäbisches Zentralmuseum Ulm/Stiftung Flucht, Vertreibung, Versöhnung Berlin (Hg.), Vom „Verschwinden" der deutschsprachigen Minderheiten. Ein schwieriges Kapitel in der Geschichte Jugoslawiens 1941–1955, Berlin 2016, S. 58–72, hier S. 58 und 61.
297 Vgl. Thomas Casagrande, Die „volksdeutsche" SS-Division, S. 62–67; Michaelis, Die Gebirgs-Divisionen, S. 99.
298 Vgl. BArch, B563, POW-Formular, Quirsfeld, Eberhard.

Durchführung des Erweiterungsbaus in Neustift beauftragt.[299] Bei dieser dürften seine Skifahr- und Bergführer-Kenntnisse von Vorteil gewesen sein. Das geht zumindest aus einer späteren Beurteilung hervor, in der seine „bleibenden Verdienste" aufgrund seiner „umfassenden alpinen Erfahrung"[300] gewürdigt wurden. Quirsfeld leitete aber ab 15. September 1942 nicht nur die hochalpine Ausbildung der Waffen-SS, genauer gesagt der Gebirgsjägertruppen der Waffen-SS, sondern war gleichzeitig ab Oktober 1942 bis Kriegsende Kommandeur des Außenlagers des KZ-Dachau in Neustift.[301] Im Jänner 1943 trat Quirsfeld beim Begräbnis des NSDAP-Ortsgruppenleiters von Neustift öffentlich in Erscheinung.[302] Zum selben Zeitpunkt nahm die SS-Gebirgsjägerschule unter Quirsfeld den Lehrbetrieb auf. Die Führung der Hochgebirgsschule der Waffen-SS hatte Quirsfeld offiziell bis zum Eintreffen der US-Truppen am 3. Mai 1945 inne,[303] wobei sich dieses Datum nicht mit seiner Aufnahme in die amerikanische Kriegsgefangenschaft deckt, die mit 11. März 1945 datiert ist. Demnach gelangte Quirsfeld als Kriegsgefangener in das US-Internierungslager I. C. 74 in Ludwigsburg. Seine Entlassung ist mit 16. März 1946 aus dem Kriegsgefangenenlager Heilbronn vermerkt.[304]

5.4 Kriegsverbrecher auf Skiern im Feld

Die Nachweisbarkeit von Kriegsverbrechen ist über 70 Jahre nach Kriegsende schwierig, besonders wenn es zu keinem eindeutigen Urteil und im Nachkriegsverfahren zu keiner Verurteilung kam. Im Fall von Wilhelm Köstinger hat die Staatsanwaltschaft Linz 1948 Ermittlungen eingeleitet,[305] es kam aber nie zu einem Prozess. Die Akten zu dem Ermittlungsverfahren sind heute nicht mehr auffindbar. Somit kann nur darüber spekuliert werden, ob Köstinger tatsächlich an Kriegsverbrechen beteiligt war oder nicht. In wenigen anderen Fällen, wie im Fall Ferdinand Friedensbacher, liegen zumindest die Anklagepunkte vor.

---

299 Vgl. Wolfgang Benz/Barbara Distel (Hg.), Der Ort des Terrors. Geschichte der nationalsozialistischen Konzentrationslager. Frühe Lager, Dachau, Emslandlager (Band 2), München 2005, S. 452.
300 Beurteilung, Eberhard von Quirsfeld, 14.9.1943, BArch (ehem. BDC), SSO, Quirsfeld von, Eberhard, 29.3.1899.
301 Vgl. Personalverfügung vom 15.9.1942, Eberhard von Quirsfeld. BArch (ehem. BDC), SSO, Quirsfeld von, Eberhard, 29.3.1899; BArch, B563, Zentrale Personenkarte, Q 20–450, Quirsfeld, Eberhard.
302 Vgl. Innsbrucker Nachrichten, 20.1.1943, S. 3.
303 Vgl. Benz/Distel (Hg.), Der Ort des Terrors, 2005, S. 452.
304 Vgl. BArch, B563, POW-Formular, Quirsfeld, Eberhard.
305 Vgl. OÖLA, StA Linz St 2229/48.

Der ehemalige Feldgendarm musste sich am 9. Dezember 1970 vor einem Geschworenengericht in Innsbruck der Anklage des Mordes stellen. Friedensbacher hatte im Mai 1944 den Apotheker Joseph Sakkadakis auf Kreta erschossen. Sakkadakis gehörte der griechischen Widerstandsbewegung an, während Friedensbacher ab 1941 die Außenstelle der Geheimen Feldpolizei auf Kreta leitete. Die Geschworenen sprachen Friedensbacher vom Mord frei und werteten die Tat als Totschlag, die damit mittlerweile verjährt war.[306] Der Freispruch erregte damals die mediale Öffentlichkeit. „Protest gegen empörendes Urteil" titelte *Der Neue Mahnruf*.[307] Danach wurde es ruhig um den NS-Kriegsverbrecher. Erst im Jänner 2015 tauchte sein Name erneut österreichweit in den Medien auf. Dieses Mal in einem anderen Kontext. Im Zuge des 75-Jahre-Jubiläums des Hahnenkammrennens erinnerte der ORF an den ersten Abfahrtssieger von Kitzbühel im Jahr 1931 Ferdinand (Ferdl) Friedensbacher.[308] In Form des Skisportlers kehrte er zurück. Als solcher hatte auch seine Karriere in der Ersten Republik begonnen. Im NS-Sportsystem konnte er diese fortsetzen, bevor Friedensbacher als Angehöriger der Gestapo 1939 zur Geheimen Feldpolizei abkommandiert wurde.[309] Sein skiläuferisches Talent stellte er erstmals im Februar 1928 beim Tiroler Jugendskitag auf die Probe. Neben anderen Tiroler Nachwuchshoffnungen, die später noch Karriere schreiben sollten, wie Anton Seelos, Hans Haslwanter und Gustav Lantschner startete Friedensbacher für den Turnverein Kitzbühel im Staffellauf. Während sich in der Langlaufstaffel nur der siebte Platz ausging, bekam Friedensbacher für den schönsten Sprung den Ehrenpreis zuerkannt.[310] Sieben Jahre später, im Jänner 1935, sollte Friedensbacher in Kitzbühel, mittlerweile für den Heeressportverband Innsbruck startend, den Sprunglauf in der

---

[306] Vgl. TLA, LG Innsbruck, 10 Vr 415/70; Winfried R. Garscha, „Taten, die den allgemein anerkannten Grundsätzen des Völkerrechts und Kriegsrechts widersprechen". Prozesse wegen Verletzung des Kriegsvölkerrechts, in: Thomas Albrich/Winfried R. Garscha/Martin F. Polaschek (Hg.), Holocaust und Kriegsverbrechen vor Gericht. Der Fall Österreich, Innsbruck/Wien/Bozen 2006, S. 262–278, hier S. 275; Antonio J. Munoz, The German Secret Field Police in Greece, 1941–1944, Jefferson 2018, S. 83–84; Winfried R. Garscha, Ordinary Austrians: Common War Criminals during World War II, in: Günter Bischof/Fritz Plasser/Eva Maltschnig (Hg.), Austrian Lives. Contemporary Austrian Studies (Band 21), New Orleans/Innsbruck 2012, S. 304–326, hier S. 316.
[307] Der Neue Mahnruf, 1 (1971), S. 6.
[308] Vgl. Stefan Lindner, 75. Hahnenkammrennen – eine Erfolgsgeschichte, 22.1.2015, https://tirol.orf.at/news/stories/2690588/ (28.2.2019); Hans Wirtenberger, Ein Märzrennen auf dem Hahnenkamm, in: Servus, 34 (Jänner 2014) 166, S. 33; https://issuu.com/kitzanzeiger/docs/1-180_hk2014web_f4853e95c20529 (25.7.2019).
[309] Vgl. TLA, LG Innsbruck, 10 Vr 415/70.
[310] Vgl. Tiroler Anzeiger, 6.2.1928, S. 7.

Kombination auf der Burgstallschanze für sich entscheiden.[311] Ein Foto, das ebenfalls aus dieser Zeit stammt, zeigt Friedensbacher im Trikot des SK Kitzbühel gemeinsam mit Eugen Tschurtschenthaler, Sepp Klingler und Max Hauser.[312] Ende Februar 1938 kürte sich Friedensbacher bei den alpinen Skiwettbewerben der österreichischen Bundesgendarmerie in Zell am See zum Gendarmeriemeister.[313] Friedensbacher war für seinen Posten Hungersburg-Innsbruck an den Start gegangen und absolvierte die Schmittenhöhe-Abfahrt in 10,04 Minuten. Die Wochenzeitung *Das interessante Blatt* berichtete in einem kurzen Bildbericht von der Preisverleihung und dem Erfolg des Tiroler Gendarmeriebeamten.[314] Im März 1940 ging Friedensbacher bei den Tiroler Kriegs-Skimeisterschaften für die Polizei-Sportvereinigung Innsbruck an den Start.[315] Zu diesem Zeitpunkt war Friedensbacher bereits zur Geheimen Feldpolizei eingerückt.

Der gelernte Tapeziermeister wurde am 5. Dezember 1911 als außereheliches Kind in Kitzbühel geboren und wuchs in einfachen Verhältnissen auf. Seine Mutter hatte die Bewirtschaftung der so genannten Adlerhütte über. Über den Vater ist nichts bekannt. Nach der Volks- und Bürgerschule absolvierte Friedensbacher die gewerbliche Vorbildungsschule und entschied sich für eine Tapeziererlehre bei einem Tapeziermeister in Kitzbühel. Als Gehilfe arbeitete er in Kitzbühel und Bad Gastein. Im April 1931 meldete er sich zum österreichischen Bundesheer, entsprechend seiner sportlichen Fähigkeiten zu den Alpenjägern. Bis Jahresende 1935 diente er beim Alpenjägerregiment Nr. 12 in Innsbruck, zuletzt als Korporal. Friedensbacher strebte eine Stelle im Staatsdienst an. Im Jänner 1935 wurde er nach der einjährigen Ausbildung als Probegendarm dem Posten Innsbruck-Hungerburg zugeteilt und mit 1. Jänner 1937 als Gendarm definitiv gestellt. 1936 trat Friedensbacher der Vaterländischen Front bei und verblieb bei dieser bis Mitte August 1936. Mit dem „Anschluss" wurde Friedensbacher der Kriminalpolizei Innsbruck zugeteilt. Dort versah er bis zum Einrücken im November 1939 Dienst in der Fahndungsgruppe. Im Juni 1938 trat Friedensbacher zunächst als Anwärter der NSDAP bei und erhielt die Mitgliedsnummer 1 878 274. Zeitgleich trat er in die NSV ein. Als Beamter der Fahndungsgruppe der Innsbrucker Kriminalpolizei erlernte er die Methoden zum Aufspüren politischer Gegner des NS-Regimes. Friedensbacher bewährte sich. Im Jänner 1939 erfolgte seine Ernennung zum Kriminalassistenten ehe er im Au-

---

311 Vgl. Wiener Sport-Tagblatt, 7.1.1935, S. 4.
312 Vgl. Mitteilungsblatt der Stadtverwaltung Kitzbühel, 15 (2011) 2, S. 10.
313 Vgl. Kleine Volks-Zeitung, 20.2.1938, S. 18.
314 Vgl. Das interessante Blatt, 3.3.1938, S. 6.
315 Vgl. Neueste Zeitung, 4.3.1940, S. 4.

gust desselben Jahres zur Gestapo-Stelle Innsbruck versetzt wurde. Laut den Beurteilungen des zuständigen Inspekteurs der Sicherheitspolizei im März 1939 galt Friedensbacher als ausgezeichneter Sportler, besonders seine Fähigkeiten als Skirennläufer und Skispringer wurden intern geschätzt. Das war auch der Grund, warum Friedensbachers Versetzungswunsch zur Ordnungspolizei nicht entsprochen wurde. Es habe das Interesse bestanden, Friedensbacher als Sportler für die Einheit zu erhalten. Er sollte für die Kriminalpolizei Innsbruck an den Start gehen.[316] Das tat Friedensbacher im März 1940 bei den Tiroler-Kriegsskimeisterschaften, bei denen er für die Polizeisportvereinigung Innsbruck antrat und in der zweiten Wertungsklasse den zweiten Platz im Torlauf um den Karwendelpreis belegte.[317] In der Vorberichterstattung zu den Kriegsmeisterschaften wurde Friedensbacher zu den besten Abfahrtsläufern gezählt und gemeinsam mit den Weltmeistern Hellmut Lantschner und Josef (Pepi) Jennewein genannt.[318] Friedensbacher stand zu diesem Zeitpunkt schon im Dienst der Geheimen Feldpolizei, nachdem er Mitte November 1939 zur Dienststelle nach Hannover abkommandiert worden war. Ende August 1940 bekam Friedensbacher die Polizeidienstauszeichnung dritter Stufe verliehen und Ende Oktober 1940 legte er bei der Kriminalpolizeileitstelle Wien die Fachprüfung I mit Erfolg ab. Als Angehöriger der Geheimen Feldpolizei machte Friedensbacher den Westfeldzug mit und wurde in der Folge 1942 nach Kreta versetzt. Dort angekommen, mutierte der Hahnenkamm-Sieger von 1931 zum brutalen Leiter der Feldpolizei-Außenstelle in Agios Nikolaos. Laut Zeugenaussagen sollen Friedensbacher und seine Männer der GFP 611 ein Kloster geplündert und die Mönche sowie den Abt ermordet haben. Zudem sollen sie inhaftierte ZivilistInnen körperlich misshandelt und gefoltert haben. Außerdem hätte Friedensbacher weitere Exekutionen angeordnet bzw. selbst durchgeführt. Aristea Ioannidis aus Iraklion gab am 19. Mai 1945 bei ihrer Vernehmung an, dass ihr Ehemann Ioannis Ioannidis nach „einem Zusammenstoß" von einem deutschen Kommando getötet wurde. Als sie die Leiche ihres Mannes bestatten wollte, stellte sie fest, dass Wertgegenstände wie Ring und Geldbörse sowie die Schuhe fehlten. Die Habseligkeiten wurden später von einer Mitgefangenen im Büro des Leiters der GFP-Außenstelle Ferdinand Friedensbacher entdeckt. Aristea Ioannidis selbst wurde von Friedensbacher festgenommen und in Agios Nikolaos in Haft gesetzt. Im Mai 1945 gab sie zu Protokoll: „Er folterte mich in verschiedener Weise und befahl, daß man mich mehrere Tage dursten ließ."[319] Friedensbacher

---

316 Vgl. TLA, LG Innsbruck, 10 Vr 415/70.
317 Vgl. Neueste Zeitung, 4.3.1940, S. 4.
318 Vgl. Innsbrucker Nachrichten, 1.3.1940, S. 5.
319 Anschuldigungen gegen Ferdinand Friedensbacher, TLA, LG Innsbruck, 10 Vr 415/70.

und sein Komplize Alexander Machate, der als Dolmetscher ebenfalls in der GFP 611 Dienst tat, standen beim Nachkriegsprozess 1970 unter Verdacht, zwischen 1942 und 1944 mehrere Gewaltverbrechen verübt zu haben. Laut einem Bericht des bayerischen Landeskriminalamtes in München vom 9. Jänner 1970 sollen der Leiter der Feldpolizei-Außenstelle Friedensbacher und Machate „mehrere griechische Einwohner beiderlei Geschlechts auf Kreta rechtswidrig getötet haben".[320]

Wie es dazu kam, geht aus den Akten nicht hervor. Wann dieser Wandlungsprozess vom einfachen Kriminalbeamten zum willfährigen NS-Vollstrecker stattfand, bleibt vorerst im Dunkeln. Fest steht, er scheute nicht vor Mord zurück und handelte über die Dienstpflicht hinaus. Die Hinrichtung mittels zwei Genickschüssen des Apothekers Sakkadakis erfolgte nicht auf Befehl, sondern auf Friedensbachers eigenen Entschluss.[321] Anstatt Sakkadakis vor ein Feldgericht zu stellen, fuhr Friedensbacher laut eigener Aussage gemeinsam mit dem ihm unterstellten Dolmetscher Alexander Machate an die Meeresküste Kretas, exekutierte den Griechen von hinten und stieß seine Leiche ins Meer. Da Friedensbacher in Sakkadakis den Kopf der Widerstandsgruppe vermutete und weil er verhindern wollte, dass sich dieser mit seinen Mithäftlingen abspricht, hatte er den Entschluss gefasst, Sakkadakis zu „beseitigen", wie Friedensbacher im Mordprozess 25 Jahre später zugab. Friedensbacher und seine Einheit wurden im Herbst 1944 aus Kreta ausgeflogen. Der Leiter der Feldgendarmerie-Außenstelle gelangte in weiterer Folge von Athen über Jugoslawien in das besetzte Österreich und entging sowohl einer Kriegsgefangenschaft als auch einer Verhaftung durch die französische Besatzungsmacht in Tirol.[322]

---

320 Bericht Bayer. Landeskriminalamt in München, 9.1.1970, TLA, LG Innsbruck, 10 Vr 415/70.
321 Vgl. TLA, LG Innsbruck, 10 Vr 415/70.
322 Vgl. Vernehmung des Beschuldigten, Landesgericht Innsbruck, 17.3.1970, TLA, LG Innsbruck, 10 Vr 415/70.

5.5 Österreichische Skisoldaten jenseits des Atlantiks im Kampf gegen den Nationalsozialismus

Der Krieg auf Skiern wurde von Österreichern auf beiden Seiten des Atlantiks geführt. So kamen österreichische Skilehrer sowohl in der Deutschen Wehrmacht als auch in der US-Armee zum Einsatz. Florian Traussnig hat in seinen Forschungen über den „Militärischen Widerstand von aussen" die Beteiligung von ausgewanderten Österreichern in der der US-Armee und besonders in der 10th Mountain Division untersucht und dargestellt. Er ist dabei auch auf den skisportlichen Hintergrund der Exil-Österreicher eingegangen, die zur amerikanischen Gebirgstruppe einrückten.[323] Um zu verstehen, warum viele dieser Emigranten in der US-amerikanischen Gebirgsdivision gedient haben, ist es wesentlich zu erwähnen, dass sich diese schon zuvor als Alpin- und Skiexperten in Europa sowie in den USA einen Namen gemacht haben. Ein Großteil hatte, wie bereits dargestellt, in der Zwischenkriegszeit die staatliche Skilehrer-Ausbildung in Österreich absolviert. Nach ihrer Migration bzw. Flucht in die USA hatten sie eine Anstellung als Skilehrer angenommen, manche wurden sogar beauftragt, eine Skischule zu leiten. Österreichische Skiläufer leisteten mit ihrem Dienst in der US-Armee einen Beitrag zur Beendigung der nationalsozialistischen Herrschaft. Stellvertretend wird auf ein paar Fallbeispiele eingegangen, die zeigen, wie eng der zivile Skilauf mit dem militärischen verwoben war und letzterer mit Hilfe von Exil-Österreichern von der USA dazu verwendet wurde, um die Befreiung Europas von der NS-Diktatur voranzutreiben. Dabei ist es wichtig zu erwähnen, dass die amerikanische Militärführung erkannte, dass es dafür eine eigens geschulte Gebirgstruppe mit Spezialisten brauchte, über die Wehrmacht und SS bereits verfügten. Zu diesem Zweck wurde am 15. November 1941 das 1. Bataillon des 87. Gebirgs-Infanterie-Regiments im Fort Lewis im Bundesstaat Washington, außerhalb von Seattle, aufgestellt.[324] Der Initiator hinter der US-amerikanischen Gebirgstruppe war Charles Minot Dole, der Begründer der National Ski Patrol. Er bekam schließlich den Auftrag, für die US-Armee ein Programm für die Ski-Ausbildung für den Winter 1941 zusammenzustellen. Aus diesem Programm heraus entwickelte sich die 10th Mountain Division.[325] Diese aus dem 87. Regiment gebildete Spezialeinheit erreichte 1944 die volle Truppen-

---

323 Vgl. hier vor allem Traussnig, Militärischer Widerstand, S. 156–161.
324 Vgl. Jeffrey R. Leich, The Mountain Troops and Mountain Culture in Postwar America, in: Journal of the New England Ski Museum, Nr. 101, 2016, S. 1.
325 Vgl. Leich, The Mountain Troops, S. 5–6; Jack A. Benson, Skiing at Camp Hale: Mountain Troops during World War II, in: Western Historical Quarterly, 15 (1984) 2, S. 163–174, hier S. 163–164.

stärke von rund 14 000 Mann, die großteils überdurchschnittlich gebildet und sportlich geschult waren.[326]

Das Beispiel des Innsbruckers Ludwig Föger zeigt, wie fließend der Übergang vom zivilen Skilehrwesen in den militärischen Bereich sein konnte. 1933 wurde er zum ersten Mal als Skilehrer in die Vereinigten Staaten eingeladen. Ab der Wintersaison 1938 leitete Föger die Skischule am Badget Pass im Yosemite National Park. Im Sommer 1943, eineinhalb Jahre nach dem Kriegseintritt der USA, zählte Föger zu den Ausbildnern der Military Assault Climbing School in Camp Hale. Der gebürtige Tiroler war dort maßgeblich für das Ausbildungsprogramm im militärischen Skilauf verantwortlich. Föger hatte sich im Frühjahr 1943 in Fresno, Kalifornien zum Militärdienst in der US-Armee gemeldet und wurde am 13. April 1943 einberufen. Er wohnte damals in Mariposa County. Als Beruf wurde im Einberufungsregister Sportlehrer, Sportfunktionär sowie Athlet angegeben.[327] Föger leitete Kurse auf dem West Virginia Maneuver Area (WVMA). Das Trainingsgelände in den Allegheny Mountains wurde von der US-Armee genutzt, um Soldaten für Gebirgsoperationen auszubilden. Ein US-Colonel erinnerte sich später an Föger: „Luggi made many important contributions to the research and development of the original system of military skiing".[328] Föger entwickelte nicht nur neue Standards für den militärischen Skilauf in Camp Hale, er bildete außerdem die US Ski-Truppen in Colorado aus.[329]

Neben Föger meldete sich auch Anton Matt als Ausbildner zur 10th Mountain Division, genauer gesagt zur Mountain Training Group.[330] Matt absolvierte vom 15. September bis 10. Dezember 1944 die North Pacific Combat School, um als Ausbildner der Gebirgstruppe arbeiten zu können. Laut Zertifikat durfte der mittlerweile zum *staff sergeant* (Oberfeldwebel) aufgestiegene Matt kleine Einheiten in Taktik, Kommunikation, Transportwesen, Infanterie-Waffen, Biwakieren, Geländemarsch und Klimakunde auf den Aleutian Islands unterrichten.[331] Seine militärische Grundausbildung erhielt Matt ebenso wie Föger in Camp Hale, Colorado, wo er anschließend für 13 Monate unterrichtete. Danach stellte

---

326 Vgl. Traussnig, Militärischer Widerstand, S. 163.
327 Vgl. NARA, Archival Databases WWII Army Enlistment Records 1938–1946, Ludwig Foeger, https://aad.archives.gov/aad/index.jsp (6.10.2019).
328 Vgl. US-amerikanisches Einberufungsregister für den 2. Weltkrieg, Ludwig Foeger, www.ancestry.com (6.10.2019).
329 Vgl. u. a. The Gazette, 14.10.1945, S. 15; Jeffrey R. Leich, Tales of the 10th. The Mountain Troops and American Skiing, Franconia 2008, S. 50.
330 Vgl. 10th Mountain Division Name Index, Denver Public Library, https://history.denverlibrary.org/sites/history/files/10th_mountain_index_0.pdf (1.5.2018), Kopie im Besitz des Verfassers.
331 Vgl. Certificate Anton Matt, North Pacific Combat School, Privatnachlass Anton Matt, New England Ski Museum, Kopie im Besitz des Verfassers.

er seine Kenntnisse für die 10th Mountain Division auf den Aleutians zur Verfügung,[332] einer Inselkette in Alaska am Südrand des nordpazifischen Beringmeers. Matt zählte in den Jahren vor seiner militärischen Karriere zu den erfolgreichsten Skisportlern in den USA. Anfang der 1940er-Jahre gewann er nicht nur den Harriman Cup in Sun Valley, sondern auch die US-Abfahrt in Aspen. Seine Erfolge und sein Stil skizufahren beeindruckten, wie schon dargestellt, auch die Medien. „This tall blonde youth of 20, already is one of the world's top racers",[333] schrieb Harry Forbes 1941 in den *New York Daily News*. Sein skiläuferisches Können stellte Matt im Frühjahr 1944 bei einem Militärwettbewerb in der Nähe von Denver unter Beweis. Im Zuge seiner Ausbildung in Camp Hale siegte er bei einem Rennen der US-Armee im kombinierten Abfahrts- und Slalomlauf. Die *Denver Post* veröffentlichte einen ausführlichen Bildbericht über den Sieg des Corporal Matt und auch der *Daily Sentinel* berichtete von dem Erfolg des gebürtigen Vorarlbergers am Pikes Peak.[334] Nach seinem Militärdienst fand Matt mühelos in den zivilen Skilauf zurück und übernahm mit Otto Lang die Leitung der Skischule in Sun Valley (Idaho).

Abb. 36: Der aus Vorarlberg ausgewanderte Anton (Toni) Matt beim gemeinsamen Abfahrtslauf in den USA mit der aus Wien stammenden jüdischen Skiläuferin Paula Kann Valar, New England Ski Museum.

---

332 Vgl. Privatnachlass Anton Matt, New England Ski Museum.
333 New York Daily News, 11.2.1941, S. 54.
334 Privatnachlass Anton Matt, New England Ski Museum; The Daily Sentinel, 24.4.1944, S. 6.

Während Föger und Matt als Ausbildner in der 10th Mountain Division tätig waren und keinen Frontdienst leisteten, befanden sich in der US-amerikanischen Gebirgsdivision ausgewanderte Skisoldaten, die tatsächlich in Europa kämpften, unter ihnen der aus St. Anton am Arlberg stammende Friedl Pfeifer und der Sohn von Hannes Schneider, Herbert Schneider.[335] Sie kamen gemeinsam mit anderen „austrian mountaintroopers" bei der Offensive gegen deutsche Gebirgsstellungen ab Jänner 1945 in Italien zum Einsatz.[336]

---

335 Friedl Pfeifer, geboren 1911 und wohnhaft in Salt Lake, Utah, wurde im Juni 1943 zur US-Armee eingezogen und Herbert Schneider, geboren 1920 und wohnhaft in Carroll, New Hampshire, wurde im Juli 1943 einberufen. Vgl. NARA, Archival Databases, WWII Army Enlistment Records 1938–1946, Friedl Pfeifer und Herbert Schneider, https://aad.archives.gov/aad/index.jsp (2.2.2020).
336 Vgl. Traussnig, Militärischer Widerstand, S. 184–185; Leich, Tales, S. 68–72.

6 Nachwehen

6.1 Nachkriegsspuren in den Anden – Fluchtort Argentinien

Argentinien entwickelte sich nach Kriegsende 1945 erneut zu einem beliebten Auswanderungsland für deutsche und österreichische MigrantInnen. Allein 30 000 bis 40 000 Frauen und Männer deutscher Herkunft sollen in den ersten zehn Jahren nach Kriegsende nach Argentinien ausgewandert sein.[1] Das hatte nicht zuletzt mit dem wirtschaftlichen Aufschwung des südamerikanischen Staates zu tun, sondern auch damit, dass der argentinische Staatspräsident Juan Perón sich explizit um deutsche Fachkräfte aus Naturwissenschaft und Technik bemühte. Diese fanden in Argentinien meist eine gut dotierte Arbeitsstelle, die ihnen zum Teil große Freiheiten einräumte.[2] Wie viele von ihnen tatsächlich NationalsozialistInnen waren und nicht zuletzt NS-Kriegsverbrecher, darüber sind sich HistorikerInnen nicht ganz einig. Manche schätzen die Zahl auf bis zu 70 000.[3] Fakt ist, Argentinien war aus mehreren Gründen ein begehrtes Fluchtziel von ehemaligen hochrangigen NSDAP-Parteigängern sowie SA- und SS-Funktionären.[4]

Die Regierung Perón setzte für den Aufbau der argentinischen Wirtschaft bewusst auf deutsches Know-how. Laut dem argentinischen Historiker Felix Luna dürfte Perón eine gewisse Sympathie für Nazi-Deutschland empfunden haben. Er sei fasziniert gewesen von dem „Brimborium totalitärer Regime"[5], stellte Luna 1992 in einem Artikel im deutschen Nachrichten-Magazin *Der Spiegel* fest. Auch Philipp Mettauer verweist in seiner Studie zur jüdischen Flucht nach Argentinien auf Peróns Sympathien für den Nationalsozialismus und seine

---

[1] Vgl. Heinz Schneppen, Odessa und das Vierte Reich. Mythen der Zeitgeschichte, Berlin 2007, S. 114.
[2] Vgl. Holger M. Meding, Flucht vor Nürnberg, Deutsche und österreichische Einwanderung in Argentinien 1945–1955, Wien/Köln/Weimar 1992, S. 89 und 92.
[3] Vgl. Schneppen, Odessa, S, 114.
[4] Vgl. Edith Blaschitz, Austrian National Socialists in Argentina after 1945, in: Oliver Rathkolb (Hg.), Revisiting the National Socialist Legacy. Coming to Terms with Forced Labor, Expropriation, Compensation and Restitution, Innsbruck 2002, S. 226–240; Edith Blaschitz, Austrian National Socialists: The Route to Argentina, o. S., https://www.donau-uni.ac.at/dam/jcr:b3e8197f-dd87-4f3e-98be-fc06236df0fe/holocausteraassets_blaschitz.pdf (7.8.2019).
[5] Zit. nach Dunkle Seite des Mondes, Der Spiegel, Nr. 12, 16.3.1992, http://www.spiegel.de/spiegel/print/d-13682067.html (9.4.2017).

aktive Fluchthilfe für nationalsozialistische Verbrecher nach 1945.[6] Perón hatte 1939 bei seinem Aufenthalt als Militärattaché in Italien und Deutschland den Faschismus, Nationalsozialismus und Antisemitismus kennengelernt. Wie andere hochrangige Militärs in Argentinien war Perón vom Sieg der Achsenmächte überzeugt und davon, dass Argentinien die Führungsrolle in Südamerika übernehmen sollte.[7] Auch wenn es zu Beginn des Zweiten Weltkriegs kleinere militärische Zusammenstöße zwischen Argentinien und dem Deutschen Reich auf See gegeben hatte und die diplomatischen Beziehungen zu den Achsenmächten im Jänner 1944 abgebrochen worden waren, so wurden die informellen Kontakte sowie die seit den frühen 1930er-Jahren bestehenden nationalsozialistischen Netzwerke weiterhin gepflegt. Die späte Kriegserklärung Ende März 1945 auf Druck der Alliierten war ein Ablenkungsmanöver und gab der argentinischen Regierung Zeit für die Organisation der nationalsozialistischen Flucht nach Argentinien.[8] Auf diese Weise lässt sich unter anderem erklären, warum gegen Ende der 1940er-Jahre tausende Nationalsozialisten den Fluchtweg über Italien, das Mittelmeer und den Atlantik nach Buenos Aires wählten. Doch es war nicht nur Peróns Faible für das nationalsozialistische Deutschland, der zu einem Anstieg der Auswanderung aus Nachkriegsdeutschland und -österreich Richtung Argentinien führte und die Flucht für NS-Täter und Kriegsverbrecher erleichterte. Der deutsche Historiker Holger M. Meding stellt zudem fest, dass es über das Wanderungsamt des Innenministeriums in Wien relativ einfach war, Informationen über die argentinischen Interessen an Fachkräften zu erhalten, und dass sich in Genua eine argentinische Einwanderungsmission befand. Zudem unterstützte eine Argentinisch-Österreichische Gesellschaft die Einreiseformalitäten.[9]

Argentinien zählte bis in die 1930er-Jahre zu einem klassischen Einwanderungsland. Neben den mehrheitlich italienischen und spanischen Einwanderern lebten zu diesem Zeitpunkt auch 240 000 Deutsche, ÖsterreicherInnen und SchweizerInnen in dem südamerikanischen Land.[10] Die deutsche Auswanderung in Argentinien konnte nicht nur auf eine lange Tradition zurückblicken, sie stand ebenso in enger Beziehung zum nationalsozialistischen Deutschland. Bereits im Februar 1931 war in Buenos Aires die erste NSDAP-Ortsgruppe ge-

---

6 Vgl. Philipp Mettauer, Erzwungene Emigration nach Argentinien. Österreichisch-jüdische Lebensgeschichten, Studien zur Geschichte und Kultur der Iberischen und Iberoamerikanischen Länder (Band 14), Münster 2010, S. 137.
7 Vgl. Mettauer, Erzwungene Emigration, S. 138.
8 Vgl. Mettauer, Erzwungene Emigration, S. 142–145.
9 Vgl. Meding, Flucht vor Nürnberg, S. 67–68.
10 Vgl. Mettauer, Erzwungene Emigration, S. 86.

gründet worden.[11] Zu Jahresbeginn 1933 umfasste die Landesgruppe Argentinien der NSDAP 220 Mitglieder. Durch ein strenges Aufnahmeverfahren waren es zwar nie mehr als 2 000 Parteimitglieder, die nationalsozialistische Ideologie dürfte aber auf die Argentiniendeutschen ausgestrahlt haben, deren Gruppe in den 1930er-Jahren bis zu 300 000 Personen umfasste, schreibt Meding.[12] Nikolaus Barbian verweist außerdem darauf, dass die „wichtigsten deutschen Vereine" in den 1930er-Jahren unter nationalsozialistische Kontrolle gebracht werden konnten.[13] Einer dieser stark deutsch-geprägten Vereine war unter anderem der Club Andino Bariloche. Wie bereits geschildert, geht dieser noch heute existierende Alpin- und Skiclub auf den aus Bayern stammenden Auswanderer Otto Meiling zurück und wies bereits in den frühen 1930er-Jahren etliche deutsche Mitglieder auf.[14] Sehr wohl war der Club Andino Bariloche kein rein deutscher Verein, sondern von Beginn von anderen europäischen AuswandererInnen geprägt, allerdings spielten deutsche und österreichische Mitglieder neben ItalienerInnen und SchweizerInnen eine tragende Rolle.[15] Der Innsbrucker Skilehrer Hans Nöbl, der im Vereinsvorstand saß, zeichnete immerhin für die Gründung des Skigebietes in Bariloche verantwortlich.[16]

Abb. 37: Der Ski- und Wintersportort San Carlos de Bariloche mit dem See Nahuel Huapi und den Andengipfeln im Hintergrund, Kaltschmidt.

---

11 Vgl. Nikolaus Barbian, Auswärtige Kulturpolitik und „Auslandsdeutsche" in Lateinamerika 1949–1973, Wiesbaden 2014, S. 94.
12 Vgl. Meding, Flucht vor Nürnberg, S. 29–30.
13 Vgl. Barbian, Auswärtige Kulturpolitik, S. 94.
14 Vgl. Arko, Otto Meiling, S. 18–19.
15 Die Herkunft der Klubmitglieder im CAB spiegelt auch die Herkunft der Einwanderer in Bariloche wider. Vgl. Hans Schulz, Bariloche, S. 57.
16 Vgl. dazu „Hans Nöbl – ein Tiroler in den argentinischen Anden" in Kapitel 2 der Publikation.

Mit den Fachkräften ergriffen auch österreichische Skilehrer und Skiathleten, die wegen illegaler Handlungen vor 1938 und aufgrund ihrer Betätigungen für das NS-System von der Nachkriegsjustiz verfolgt wurden, die Chance, in Argentinien ein neues Leben anzufangen. Als hilfreich erwiesen sich dabei persönliche Netzwerke, die meist schon seit der Zwischenkriegszeit bestanden. Gemeinsame sportliche Interessen brachten die Skikameraden der 1930er-Jahre in Argentinien wieder zusammen. Die Berge als Sehnsuchtsort und die Aussicht auf gemeinsame Unternehmungen in einem vertrauten, aber dennoch exotischen Terrain, machten die patagonische Pampa zu einem beliebten Fluchtziel. Die Alpen wurden gegen die Anden eingetauscht, der Kriegsschauplatz und der NS-Terror gegen eine weit entfernte, vermeintlich friedliche Natur-Idylle.[17] Das belegen nicht zuletzt die Mitgliederverzeichnisse des Club Andino Bariloche der späten 1940er- und 1950er-Jahre. In diesen finden sich nicht nur die Angehörigen der belasteten Familie Lantschner, sondern auch andere ehemalige hochrangige Nationalsozialisten. Gleichzeitig wird die Verbundenheit an den bergsteigerischen Unternehmungen und bei skisportlichen Veranstaltungen sichtbar. Expeditionen zu umliegenden Andengipfeln, meist auch per Ski, standen im Club Andino Bariloche an der Tagesordnung. Die Meisterschaften im alpinen Skisport wurden auf dem nahe gelegenen Cerro Catedral ausgetragen.[18] Hier zogen Fritz und Gustav Lantschner als Federico und Gustavo Lantschner ihre Schwünge und fuhren Konkurrenzen im Slalom gegen ehemalige österreichische und deutsche Nationalsozialisten, italienische Faschisten und Kommunisten, kroatische Ustascha-Anhänger und politisch scheinbar neutrale Schweizer.

Sie trafen aber ebenso auf jüdische Einwandererfamilien aus halb Europa, die bereits vor der nationalsozialistischen Herrschaft ausgewandert und aufgrund der NS-Verfolgung geflüchtet waren.[19] Argentinien galt als eines der „europäischsten" Länder Südamerikas. Die Zahl der EinwohnerInnen stieg aufgrund der Einwanderung von 1930 bis 1949 von 12 auf 17 Millionen, im selben Zeitraum wuchs die Zahl der in Argentinien ansässigen jüdischen BewohnerInnen von 218 000 auf 378 000.[20] Laut offiziellen Angaben wanderten zwischen

---

17 Der umliegende Nationalpark in der Region von San Carlos de Bariloche an den Ufern des Sees Nahuel Huapi wurde in den 1950er-Jahren Schauplatz von geheimen Atomexperimenten, welche die argentinische Regierung in Auftrag gab.
18 Die Inbetriebnahme des ersten Skilifts auf dem Cerro Catedral erfolgte 1946. Vgl. Schulz, Bariloche, S. 63.
19 Philipp Mettauer zeichnet in seiner Oral-History-Studie das Schicksal von geflüchteten österreichischen Jüdinnen und Juden nach Argentinien nach. Er geht aber ebenso auf die jüdische Auswanderung aus Europa nach Argentinien vor der NS-Herrschaft ein. Vgl. Mettauer, Erzwungene Emigration, S. 85–86.
20 Vgl. Mettauer, Erzwungene Emigration, S. 85–86.

1933 und 1943 rund 45 000 deutschsprachige Jüdinnen und Juden aus Europa nach Argentinien aus. Sie gründeten dort ebenso eigene jüdische Sport- und Kulturvereine und integrierten sich in bereits bestehende.[21] Alfredo José Schwarcz schreibt davon, dass jüdische EmigrantInnen bis 1933 großteils in der deutschen Gemeinschaft integriert waren, sich aber mit der Hinwendung der deutschen Vereine zum Nationalsozialismus gezwungen sahen, aus diesen auszutreten.[22] Sich tatsächlich aus dem Weg zu gehen, funktionierte aber nur bedingt und in Großstädten wie Buenos Aires sicherlich besser als in Kleinstädten der argentinischen Provinz.

Abb. 38: Der Club Andino Bariloche als „Schmelztiegel" europäischer EinwandererInnen und Fluchtpunkt belasteter NS-Täter, Praher.

Nach dem Ende des Zweiten Weltkriegs konnten im fernen Argentinien die MitläuferInnen und großteils männlichen Täter des nationalsozialistischen Terror-Regimes untertauchen, ohne sich ihrer Vergangenheit stellen zu müssen. Die ab dem „Anschluss" 1938 bis 1940 geflüchteten jüdischen Opfer trafen auf ehemalige NS-Verbrecher, im Alltag, auf der Straße und im Vereinsleben. In den argentinischen Anden fuhren sie mitunter gemeinsam Ski, zumindest richteten sie gemeinsame Meisterschaften aus.[23]

---

21 Vgl. Alfredo José Schwarcz, Trotz allem...Die deutschsprachigen Juden in Argentinien, Wien/Köln/Weimar 1995, S. 60–62 und 155–156.
22 Vgl. Alfredo José Schwarcz, Die deutschsprachigen Juden in Argentinien, in: Holger M. Meding (Hg.), Nationalsozialismus und Argentinien. Beziehungen, Einflüsse und Nachwirkungen, Frankfurt am Main/Berlin/Bern/New York/Paris/Wien 1995, S. 203–226, hier S. 209–210.
23 Die jüdische Auswanderungs- und anschließende Fluchtbewegung der 1930er-Jahre lässt sich in Bariloche nicht nur anhand der Mitgliederverzeichnisse in den Jahrbüchern des Club

Als in den 1990er-Jahren der NS-Kriegsverbrecher und Massenmörder Erich Priebke im argentinischen Wintersportort Bariloche ausgeforscht und 1995 für den Prozess nach Italien überstellt wurde, führte das international zu einem medialen Echo. Er lebte in der argentinischen Kleinstadt bis zum Auslieferungsverfahren unter seinem richtigen Namen und war wie viele seiner Gesinnungsgenossen ein angesehener Bürger, dessen öffentliches Engagement geschätzt wurde. Priebke betrieb in Bariloche einen Feinkostladen und war Vorsitzender des deutsch-argentinischen Kulturvereins.[24] Doch nicht nur in diesem Verein fanden ehemalige NS-Funktionäre ein Betätigungsfeld. So existierte in Bariloche seit 1907 eine Deutsche Schule und ab 1931 ein Alpin- und Skiklub und beide Organisationen waren in den 1930er-Jahren nationalsozialistisch unterwandert.[25]

6.1.1 Die Familie Lantschner und der Club Andino Bariloche

Der zuvor bereits erwähnte Fritz Lantschner junior, Regierungsdirektor der Abteilung IV der Reichsstatthalterei Tirol-Vorarlberg sowie Vorstandsmitglied der im Krieg gegründeten Skilift AG,[26] setzte sich vermutlich 1948 ebenso wie sein Bruder Gustav Lantschner nach Argentinien ab.[27] Die beiden fanden in San Carlos de Bariloche eine Zufluchtsstätte.[28] Heinz Schneppen nennt den 14. Juli 1948 als Einreisedatum für Fritz Lantschner. Im elektronischen Archivsystem des Museo de la Inmigración in Buenos Aires ist für dieses Datum kein Fritz Lantschner registriert, zumindest taucht unter diesem Namen kein Fritz Lantschner in den Einreiselisten auf. Es besteht daher die Vermutung, dass Lantschner 1948 unter einem Decknamen eingereist sein dürfte. Die Einreise seiner Ehefrau Maria Rosa Lantschner und seiner Kinder von Genua aus in Buenos Aires ist jedenfalls mit 14. Juni 1948 verzeichnet.[29] Während Gustav Lantschner in dem Anden-Ski-

---

Andino Bariloche nachvollziehen, sondern auch anhand der von Tabare W. Parsons erstellten Enzyklopädie zur Einwanderungsgeschichte von Bariloche. Vgl. Tabare W. Parsons, Enciclopedia Historica Centenaria de Bariloche 03/05/1902 – 03/05/2002, Almanes y Austriacos Pioneros Olividados, Tomo 1, Bariloche 2002 und Nómina de Socios, in: Anuario Club Andino Bariloche, 18 (1950), San Carlos de Bariloche, 1950, S. 137–152.
24 Vgl. Dieter Wunderlich, Erich Priebke, 2009, https://www.dieterwunderlich.de/Erich_-Priebke.htm (3.7.2019); Klee, Personenlexikon, S. 472–473.
25 Zur Geschichte der Deutschen Schule in Barliloche vgl. Schulz, Bariloche, S. 177.
26 TLA, LG Innsbruck, 10 Vr 924/47.
27 Vgl. Steinacher, Nazis, S. 267
28 Vgl. Schneppen, Odessa, S. 135.
29 Vgl. Certificado De Arribo A América, Maria Rosa Lantschner und Certificado De Arribo A América, Hadwing [sic] Lantschner, Museo de la Inmigración, Centro de Estudios Migratorios

ort als Skilehrer tätig war, eine Skischule betrieb und Skifilme produzierte, gründete Fritz Lantschner ein Bauunternehmen, das er ab 1961 führte und heute noch seinen Familiennamen trägt.[30] Die Ermittlungen gegen ihn wegen Beihilfe zum Mord an Franz Hickl beim Juli-Putsch 1934 in Innsbruck gingen ins Leere. Es kam nie zum Prozess. Fritz Lantschner nahm 1957 die argentinische Staatsbürgerschaft an und wurde aufgrund dessen nicht an die österreichischen Behörden ausgeliefert, das Verfahren gegen ihn 1983 eingestellt.[31] Der Grund, warum sowohl er als auch sein Bruder den Weg nach Bariloche fanden, dürfte der dort schon als Skifunktionär tätige Hans Nöbl gewesen sein. Der in den 1930er-Jahren ausgewanderte Skisportler und Skilehrer kannte die nun nach Argentinien geflüchteten ehemaligen NS-Skisportler aus seiner aktiven Rennläuferzeit in Tirol. Umgekehrt berichtete die NS-Presse über Nöbls beruflichen Erfolg in den argentinischen Anden.[32]

Der ehemalige Gauamtsleiter Fritz Lantschner wohnte gemeinsam mit seiner Ehefrau Rosa Maria Lantschner, den Kindern und seinem Bruder Gustav unter einem Dach in der Avenida Gallardo und war noch bis in die 1950er-Jahre hinein aktives Mitglied im Club Andino Bariloche. Bei den argentinischen Skimeisterschaften Mitte August 1950 am Cerro Catedral gewann er den Riesentorlauf in der Leistungsklasse der „Veteranen". Ein Jahr darauf holte Lantschner bei den Senioren erneut den Meistertitel im Riesentorlauf. Seine Tochter Hadwig siegte 1950 bei den Juniorinnen und belegte ebenfalls für den Club Andino Bariloche startend 1951 in der Abfahrt den dritten Platz und wurde im Riesentorlauf Vierte.[33] Fritz Lantschners Sohn Birger holte 1950 zunächst noch den argentinischen Juniorenmeistertitel im Skilauf, startete aber ein Jahr darauf bereits in der allgemeinen Klasse im Spezialslalom. Dort traf er auf den flüchtigen Jagdflieger Hans-Ulrich Rudel, der ebenfalls als Mitglied im CAB geführt wurde und laut Mitgliedsliste ab 1949 in der Kleinstadt Villa Carlos Paz in der Provinz Cor-

---

Latinoamericanos (CEMLA), Kopie im Besitz des Verfassers. Der Vorname der Tochter Hadwig Lantschner wurde in den argentinischen Einreisedokumenten fälschlicherweise Hadwing geschrieben.
30 Vgl. Steinacher, Nazis, S. 267; Blaschitz, Austrian National Socialists, o. S., Fußnote 21, https://www.donau-uni.ac.at/dam/jcr:b3e8197f-dd87-4f3e-98be-fc06236df0fe/holocausteraassets_blaschitz.pdf (7.8.2019).
31 Vgl. Schneppen, Odessa, S. 135. TLA, LG Innsbruck, 10 Vr 924/47
32 Hans Nöbl startete zu Beginn der 1930er-Jahre ebenso wie Gustav Lantschner für den Skiklub Innsbruck. Seine Arbeitsmigration nach Argentinien Mitte der 1930er-Jahre war immer wieder Thema in Zeitungsberichten. Vgl. u. a. Tiroler Anzeiger, 22.2.1932, S. 10; Deutscher Telegraf, 31.3.1938, S. 6.
33 Vgl. Anuario Club Andino Bariloche, 19 (1951), San Carlos de Bariloche, 1951, S. 104; Anuario Club Andino Bariloche, 20 (1952), San Carlos de Bariloche, 1952, S. 72–73.

doba wohnhaft war.[34] Rudel schrieb zu diesem Zeitpunkt schon für die nationalsozialistisch orientierte Zeitschrift *Der Weg (El Sendero)*, die monatlich in Buenos Aires herausgegeben wurde, und setzte sich unter anderem für die Wiederbewaffnung Deutschlands ein.[35] Der von der Nachkriegsjustiz gesuchte ehemalige Kampfpilot und Oberst der deutschen Luftwaffe war im Juni 1948 per Flugzeug von Rom nach Buenos Aires geflüchtet. Rudel wurde als einer der Experten im Zuge des argentinischen Raketenentwicklungsprogramms angeworben und als Ausbilder für den militärischen Fliegernachwuchs eingesetzt.[36] Er leitete zudem das „Kameradenwerk", eine Hilfsorganisation, die bemüht war, inhaftierte ehemalige Nationalsozialisten nach Argentinien zu schleusen.[37]

6.1.2 Treffen mit alten Bekannten aus der „Kampfzeit"

Im Vereinsjahr 1949 stieß ein anderer alter Bekannter von Fritz Lantschner dazu, der „Alte Kämpfer" und hochrangige SS-Führer Franz Rubatscher. Er taucht in den Vereinslisten ebenfalls als Mitglied des CAB auf und wohnte ab Anfang der 1950er-Jahre in Bariloche.[38] Der SS-Obersturmführer Rubatscher war im April 1932 in Innsbruck der NSDAP und SS beigetreten und gehörte der Sicherheitspolizei an. 1939 wechselte er zur Schutzpolizei, wurde aber aufgrund seiner sportlichen Leistungen vom Chef der Sicherheitspolizei, SS-Obergruppenführer Heydrich, zunächst beim SD geführt. Der Bergführer und Skiläufer galt innerhalb der SS und des SD als „hervorragender Sportler".[39] Rubatscher holte 1938 den Titel des Deutschen Polizei-Skimeisters und war Inhaber des Reichssportabzeichens in Bronze. Bei der Schutzpolizei wurde Rubatscher, geboren am 19. September 1908 in Innsbruck, mit Wirkung vom 1. April 1943 zum Hauptmann befördert. Er war zu diesem Zeitpunkt in der Dienststelle des SD-Hauptamtes in München tätig.[40] Zuvor war Rubatscher im Frühjahr 1941 als Leutnant der Schutzpolizei beim Reserve-Polizei-Bataillon 74 in Krakau einge-

---

34 Vgl. Anuario Club Andino Bariloche, 20 (1952), San Carlos de Bariloche, 1952, S. 73; Anuario Club Andino Bariloche, 18 (1950), San Carlos de Bariloche, 1950, S. 148.
35 Vgl. u. a. Hans Ulrich Rudel, Wir Soldaten bauen die neue Welt, in: Der Weg (El Sendero), 6 (1950) 4, S. 516–519; Holger M. Meding, „Der Weg". Eine deutsche Emigrantenzeitschrift in Buenos Aires 1947–1957, Berlin 1997, S. 80–81.
36 Vgl. Meding, „Der Weg", S. 28.
37 Vgl. Steinacher, Nazis, S. 275.
38 Vgl. Anuario Club Andino Bariloche, 18 (1950), San Carlos de Bariloche, 1950, S. 148.
39 Vgl. Versetzungsverfügung Franz Rubatscher, Berlin 17.5.1944, BArch (ehem. BDC), SSO, Rubatscher, Franz, 19.9.1908.
40 Vgl. Chef der Ordnungspolizei, Oberkommando Polizei, Berlin April 1943, BArch (ehem. BDC), SSO, Rubatscher, Franz, 19.9.1908.

setzt und dort an der Deportation der jüdischen Bevölkerung beteiligt.[41] Das brachte ihm im November 1941 die Beförderung zum Oberleutnant ein.[42] Im Juli 1944 wurde Rubatscher, nachdem er zuletzt weder arbeitsmäßig noch sportlich für den SD tätig gewesen war, seiner Dienststellung als Führer im Reichssicherheitshauptamtes enthoben und zum Führer der Stammabteilung Alpenland in Innsbruck ernannt, die offiziell unter der Bezeichnung SS-Standarte 87 lief.[43] Rubatscher kehrte damit zu seiner ursprünglichen Wirkungsstätte zurück. Fritz Lantschner und Franz Rubatscher kannten sich seit der Anfangszeit der NSDAP in Innsbruck. Im Zuge der Rückdatierung des Aufnahmetages in die NSDAP gab Lantschner 1937 an, dass sich Rubatscher „voll und ganz für die Bewegung eingesetzt habe".[44] Rubatscher, der nach der Handelsfortbildungsschule eine kaufmännische Lehre absolvierte, war Anfang April 1932 der NSDAP beigetreten und schloss sich zeitgleich der SS-Standarte in Innsbruck an. In seiner achtmonatigen Dienstzeit beim österreichischen Bundesheer absolvierte er zuvor bis Jänner 1930 die Heeresbergführer- und Skilehrerprüfung. Nach dem gemeinsam mit Fritz Lantschner verübten NS-Putschversuch im Juli 1934 wurde er in Haft genommen. Rubatscher saß daraufhin eine mehrmonatige Kerkerstrafe ab und flüchtete ins Deutsche Reich, wo er ab Mai 1936 als Wachtmeister bei der Schutzpolizei München eingesetzt war und nach Besuch der Polizei-Hauptschule in Fürstenfeldbruck 1937 zur Kriminalpolizei Berlin und von dort im August desselben Jahres zur Gestapo München abkommandiert wurde.[45] Von da an zeigte Rubatschers Karriere steil nach oben. Aufgrund seiner alpinen und skiläuferischen Kenntnisse wurde der SS-Obersturmführer im Frühjahr 1942 als Lehrgangsleiter der Hochgebirgsschule der Ordnungspolizei Innsbruck eingesetzt[46] und bildete Polizei-Bergführer aus, unter anderem für die in besetzten Gebieten operierenden Polizei-Truppen.[47] In den Nachkriegsjahren tauchte Ru-

---

41 Vgl. Krankenblatt Franz Rubatscher, BArch (ehem. BDC), R19/288.
42 BArch (ehem. BDC), SSO, Rubatscher, Franz, 19.9.1908.
43 Vgl. Personalverfügung Franz Rubatscher, Berlin 15. Juli 1944, BArch (ehem. BDC), SSO, Rubatscher, Franz, 19.9.1908.
44 Vgl. Rückdatierung des Aufnahmetages, BArch (ehem. BDC), SSO, Rubatscher, Franz, 19.9.1908.
45 Vgl. Lebenslauf Franz Rubatscher, BArch (ehem. BDC), SSO, Rubatscher, Franz, 19.9.1908; Steinacher, Nazis, S. 274.
46 Vgl. Obersturmführer Franz Rubatscher an den Reichsführer Rasse- und Siedlungshauptamt Berlin, Innsbruck 23.4.1942, BArch (ehem. BDC), SSO, Rubatscher, Franz, 19.9.1908.
47 Zur Hochgebirgsschule der Ordnungspolizei in Innsbruck vgl. u. a. Ralph Klein, Das SS-Polizei-Gebirgsjäger-Regiment 18 und seine Bataillone, in: Carsten Gansel/Matthias Braun (Hg.), Es geht um Erwin Strittmacher oder Vom Streit um die Erinnerung, Göttingen 2012, S. 325–362, hier S. 336–337; Ralph Klein, Das SS-Polizei-Gebirgsjäger-Regiment 18, in: Wolfgang Schulte (Hg.), Die Polizei im NS-Staat. Beiträge eines internationalen Symposiums an

batscher die Alpen gegen die Anden und das argentinische sowie angrenzende chilenische Hochgebirge wurde für ihn und die geflüchteten Lantschner-Brüder Gustav und Fritz zum gemeinsamen Unternehmungsziel. Ende der 1950er-Jahre kehrte Rubatscher gemeinsam mit Gustav Lantschner nach Europa zurück.[48]

Neben Rubatscher trafen die Lantschner-Brüder auf noch einen früheren Tiroler Weggefährten aus Skikreisen, den SS-Hauptsturmführer Hans Aichinger. Die Begegnung war kein Zufall, denn die Lantschner-Brüder hatten ihrem Freund Aichinger bei der Flucht geholfen.[49] Der staatlich geprüfte Skilehrer, radikale Antisemit und Nationalsozialist Aichinger, dem gemeinsam mit Hubert Salcher im März 1938 die enteignete Skischule von Hannes Schneider zugesprochen wurde,[50] war einer der Haupttäter des Pogroms in Innsbruck im November 1938 und wurde aufgrund dessen von der österreichischen Justiz gesucht. In der Bergwelt von Bariloche fand er eine Zuflucht als Skisportler. Aichinger kehrte 1959 nach Europa zurück und stellte sich den Behörden. Von seiner mittlerweile auf zehn Jahre reduzierten Haftstrafe saß er zweieinhalb Jahre ab und lebte bis 1972 in Innsbruck.[51]

Gustav Lantschner, der ab 1948 in Bariloche ansässig war, hielt sich im Sommer 1953 vorübergehend in Jesolo auf, ehe er am 15. August desselben Jahres laut einem erhalten gebliebenen Brief in Genua das Passagierschiff Castello Verde nach Argentinien besteigen sollte.[52] Was Lantschner zu diesem Zeitpunkt in Italien machte, geht aus dem Brief nicht hervor. Der Aufenthalt in Europa zeigt aber, dass sich Lantschner in Sicherheit wiegte. Interessant ist in diesem

---

der Deutschen Hochschule der Polizei in Münster, Frankfurt am Main 2009, S. 201–218, hier S. 203–205.
48 Vgl. Steinacher, Nazis, S. 293.
49 Vgl. Nikolaus Bliem, SS-Hauptsturmführer Johann (Hans) Aichinger, in: Thomas Albrich, Die Täter des Judenporgroms 1938 in Innsbruck, Innsbruck/Wien 2016, S. 58–63, hier S. 62.
50 Vgl. „Exodus österreichischer SkilehrerInnen und die Flucht in den Westen" in Kapitel 4 der Publikation.
51 Vgl. Bliem, SS-Hauptsturmführer, S. 63.
52 Gustav Lantschner hatte von Robert Matzi aus Argentinien für ein Filmprojekt den Hinweis erhalten, sich ab dem 12.08.1953 in Genua aufzuhalten, um dort das Schiff Castello Verde nach Argentinien zu besteigen. Die anderen Schiffe, Augustus und Caesar seien belegt gewesen, daher habe er die Passage bereits für ihn gebucht. (Brief v. 23.7.53). Zwei Wochen später erhielt Lantschner an seine Adresse in der „Trattoria Roma" in Jesolo Lido (bei Venedig) einen mit 5. August 1953 datierten Express-Brief der italienischen Reederei „SITMAR", Società Italiana Trasporti Marittimi. Darin wurde er aufgefordert, sich mit seinem Identitätsausweis im argentinischen Konsulat in Genua am 13. August zwischen 9 und 12 Uhr, den einzigen Öffnungszeiten des Konsulats einzufinden, um seine Ausreisepapiere in Empfang zu nehmen. Nach der Erledigung der Formalitäten ging Lantschner an Bord der Castello Verde und trat am 15. August 1953 die Reise nach Buenos Aires an. Vgl. Nachlass Guzzi Lantschner, WaRis – Tiroler Filmarchiv, Helma Türk & Dr. Christian Riml.

Zusammenhang der Absender des Briefes, Robert Matzi. Der gebürtige Wiener war 1949 mit seiner Ehefrau und seinen beiden Kindern nach Bariloche ausgewandert,[53] ob aus politischen Gründen geflüchtet, konnte nicht geklärt werden. Jedenfalls betrieb der 1918 geborene Matzi im Casa Fitz Roy im Zentrum von Bariloche ein Handelshaus mit regionalen Waren aus heimischer Produktion.[54] Seine Tochter Catalina Matzi, die das Geschäft der Eltern übernahm, erinnert sich, dass ihr Vater gemeinsam mit Gustav Lantschner Ski- und Bergfilme drehte und sie diese in einem Art Filmstudio gleich neben dem Geschäft produzierten und präsentierten. Ihr Vater sei ebenso wie Gustav Lantschner ein begeisterter Berg- und Skisportler gewesen und hätte sich vor Ausbruch des Zweiten Weltkriegs immer wieder in den Tiroler Bergen rund um Innsbruck aufgehalten.[55] Die beiden verband demnach eine gemeinsame Leidenschaft.

Gustav Lantschner kehrte Ende der 1950er-Jahre endgültig nach Deutschland zurück und verstarb 2011 bei München. Sein Bruder Fritz blieb in Bariloche. In dem argentinischen Urlaubsort Bariloche wird die Familie Lantschner bis heute geschätzt. Die jüngere Geschichte des Ski- und Alpinklubs ist eng mit jener der ausgewanderten und geflüchteten österreichischen SkisportlerInnen verbunden. Das Bauunternehmen Lantschner ist zudem ein wichtiger Arbeitgeber in der Region. Über die NS-Vergangenheit einzelner Familienmitglieder wurde und wird aber kaum gesprochen. Es ist eine Art „offenes Geheimnis", schildert der Historiker Hans Schulz, der die Geschichte der deutschen Gemeinde in Bariloche in einem Buch aufgearbeitet hat.[56] Gemeinsam mit einem Freund und Bekannten bietet er regelmäßig Führungen zu den Wohnorten und Wirkungsstätten der geflüchteten und international gesuchten ehemaligen Nationalsozialisten und SS-Angehörigen an.

---

53 Vgl. Parsons, Enciclopedia, S. 191.
54 Vgl. Parsons, Enciclopedia, S. 191.
55 Vgl. Interview mit Catalina Matzi, geführt von Andreas Praher am 17.2.2017 in San Carlos de Bariloche. Laut einer Postkarte, die Leni Riefenstahl am 1.8.1955 aus Mallorca an Gustav Lantschner schrieb, befand sich das Estudio Fitz Roy in der Calle Mitre 58 in Bariloche. Vgl. Postkarte von Leni Riefenstahl an Guzzi Lantschner, Mallorca 1.8.1955, Nachlass Guzzi Lantschner, WaRis – Tiroler Filmarchiv, Helma Türk & Dr. Christian Riml.
56 Vgl. Gespräch mit Hans Schulz, geführt von Andreas Praher am 19.2.2017 in San Carlos de Bariloche.

6.2 Gescheiterte Entnazifizierung

„Das österreichische Nationalgefühl ging widerstandslos in ein austrofaschistisches, danach in ein nationalsozialistisches und anschließend von einem Tag auf den anderen wieder in ein österreichisches über"[57], schreiben Wolfgang Weißgram und Johann Skocek.

Der österreichische Sport spielte sich ebenso schnell und ohne großes Aufsehen von seiner NS-Vergangenheit frei. Der Skisport legte die politische und gesellschaftliche Verantwortung mit der Wehrmachts- und SS-Uniform ab und zog sich stattdessen eine weiße Weste über. „Die Identifikationsangebote sollten in der noch jungen österreichischen Republik in einem hohen Maße von einem funktionierenden rot-weiß-roten Sportbetrieb ausgehen."[58] Der österreichische Skisport eignete sich hierfür besonders. Medial gepusht und politisch unterstützt, ging der ÖSV dazu über, nationale „SportheldInnen" zu kreieren. Nicht zuletzt deswegen, weil die Zweite Republik im Zuge des Wiederaufbaus Identifikationsangebote benötigte und nach außen ein positives Image aufbauen wollte. Dem Skisport kam hierbei eine zentrale Rolle zu.[59] Gleichzeitig wussten es die offizielle österreichische Politik und die Sportpolitik zu nutzen, dass Österreich schon vor seiner Besetzung und Befreiung durch alliierte Truppen auf der Moskauer Konferenz im Oktober 1943 zum ersten „Opfer" von NS-Deutschland erklärt worden ist.[60] Der Opfermythos wurde dazu verwendet, eine mehrheitsfähige Österreich-Identität zu stiften,[61] die in den Nachkriegsjahren und -jahrzehnten vielfach vom (alpinen) Skisport genährt wurde. Bevor jedoch der Sportbetrieb der Zweiten Republik aufgebaut werden konnte, mussten die Verantwortung am nationalsozialistischen Terror-Regime von offizieller Seite ausgeschlossen und die Gerichte von der „Unschuld" der belasteten SportlerInnen überzeugt werden.

---

57 Skocek/Weisgram, Wunderteam Österreich, S. 202.
58 Praher, Vergessen und verdrängt, S. 358.
59 Der Sporthistoriker Rudolf Müllner spricht in diesem Zusammenhang von einer „Re-Austrifizierung" durch Sport. Vgl. Rudolf Müllner, Anton Sailer. Österreichs Sportler des Jahrhunderts, in: Matthias Marschik/Georg Spitaler (Hg.), Helden und Idole. Sportstars in Österreich, Innsbruck/Wien 2006, S. 242–258, hier S. 246.
60 Vgl. Robert Knight, Der Waldheim-Kontext: Österreich und der Nationalsozialismus, in: Gerhard Botz/Gerald Sprengnagel (Hg.), Kontroversen um Österreichs Zeitgeschichte, Frankfurt/New York 1994, S. 78–88, hier S. 80–81. Zur Konstruktion des Opfermythos vgl. darüber hinaus Walter Manoschek, Verschmähte Erbschaft. Österreichs Umgang mit dem Nationalsozialismus 1945 bis 1955, in: Reinhard Sieder/Heinz Steinert/Emmerich Tálos (Hg.), Österreich 1945–1995. Gesellschaft – Politik – Kultur, Wien 1995, S. 94–106, hier S. 96–98.
61 Vgl. Oliver Rathkolb, Die paradoxe Republik. Österreich 1945 bis 2005, Wien 2005, S. 47–48.

6.2.1 Vom Verbotsgesetz zur Amnestie belasteter SportlerInnen

Die gesetzliche Grundlage für die juristische Verfolgung ehemaliger Nationalsozialisten bildete das Verbotsgesetz vom 8. Mai 1945. Einen Schwerpunkt darin bildeten die Maßnahmen gegen „Illegale", also Personen, die während der Verbotszeit der NSDAP vom 1. Juli 1933 bis zum 13. März 1938 der Partei oder einem ihrer Wehrverbände angehört hatten.[62] Im Verbotsgesetz enthalten waren auch Bestimmungen gegen schwerer belastete NationalsozialistInnen und FördererInnen.[63] Das waren „politische Leiter" der NSDAP (vom Ortsgruppenleiter aufwärts) oder Führer von Wehrverbänden (SA, SS).[64] Ehemalige FunktionärInnen des NS-Reichsbundes für Leibesübungen fielen laut den allgemeinen Bestimmungen in der Verordnung der Bundesregierung vom 10. März 1947 ebenso unter das Verbotsgesetz.[65] Über die Jahre lockerten sich die Bestimmungen im Rahmen der Entnazifizierung. Im Jahr 1947 begann die Klassifizierung der Ehemaligen in „belastete" und „minderbelastete", mit dem Ergebnis, dass von den 537 000 registrierten ehemaligen Nationalsozialisten nur noch 42 000 „belastet" waren. Bereits im Juni 1948 wurden die Sühnefolgen für „Minderbelastete" aufgehoben und ab 1950 wurden auch „Belastete" weitgehend amnestiert.[66] Im Rahmen des umfassenden Belasteten-Amnestiegesetzes wurden 1952 auch zahlreiche SportlerInnen und SportfunktionärInnen rehabilitiert.[67] Der Ausschluss belasteter Funktionsträger mündete meist, sofern keine direkte Beteiligung an Kriegsverbrechen nachgewiesen werden konnte, in zeitweiligen Berufsverbo-

---

62 Beinahe 100 000 der rund 550 000 im Zuge der Entnazifizierung registrierten NSDAP-Mitglieder galten als „Illegale". Vgl. Winfried R. Garscha/Claudia Kuretsidis-Haider, Die strafrechtliche Verfolgung nationalsozialistischer Verbrechen – eine Einführung, in: Thomas Albrich/Winfried R. Garscha/Martin F. Polaschek (Hg.), Holocaust und Kriegsverbrechen vor Gericht. Der Fall Österreich, Innsbruck/Wien/Bozen 2006, S. 11–25, hier S 11.
63 Vgl. StGBl Nr. 13/1945, Verbotsgesetz, Art. III: Bestimmungen gegen „Illegale", schwerer belastete Nationalsozialisten und Förderer, § 10–16.
64 Vgl. Garscha/Kuretsidis-Haider, Die strafrechtliche Verfolgung, S. 11–12.
65 Vgl. Verordnung der Bundesregierung vom 10. März 1947 zur Durchführung des Verbotsgesetzes 1947, StGBl Nr. 64/1947 idF BGBl. Nr. 102/1947, Allgemeine Bestimmungen, § 2.
66 Vgl. Dieter Stiefel, Entnazifizierung in Österreich, Wien 1981, S. 57; Wolfgang Kos, Zur Entnazifizierung der Bürokratie, in: Sebastian Meissl/Klaus-Dieter Mulley/Oliver Rathkolb (Hg.), Verdrängte Schuld, verfehlte Sühne. Entnazifizierung in Österreich 1945–1955, Wien 1986, S. 52–72, hier S. 71.
67 Das umfassende Belasteten-Amnestiegesetz von 1952 beinhaltete auch entsprechende Dienstzeitregelungen. Damit konnten Dienstzeiten während des Nationalsozialismus nachträglich angerechnet werden und Karrieren „repariert" werden. Vgl. Kos, Zur Entnazifizierung der Bürokratie, S. 71. Die Entnazifizierung der „Belasteten" endete schließlich mit der endgültigen NS-Amnestie im März 1957, BGBl. Nr.82/1957.

ten.⁶⁸ Politische Parteien und ihre Interessensverbände hatten hier einen wesentlichen Einfluss auf die Rückkehr der „umworbenen" SportlerInnen. Das belegen Interventionsschreiben von Dachverbänden im Rahmen von Volksgerichts- und Nachkriegsprozessen. In diesen warben die jeweiligen politisch zugehörigen Verbände (ASKÖ und UNION) um neue Mitglieder. Die Argumentationslinie war dabei stets sehr ähnlich. Sie würden für den Aufbau und die Leitung des nationalen Sportbetriebs gebraucht, hieß es in den Schreiben an die Justiz. Die Beschuldigten selbst beteuerten dagegen ihren „Österreich-Patriotismus" und betonten in den Vernehmungsprotokollen gleichzeitig ihre sportlichen Leistungen, die sie für Österreich erbracht hätten. Zugleich unterstrichen sie in ihren Aussagen ihre unpolitische Haltung vor und während des Nationalsozialismus und dass ihre Dienstränge in Wehrverbänden ohne ihr Zutun aufgrund ihrer sportlichen Erfolge zustande gekommen waren.⁶⁹

6.2.2 Der wiedergegründete ÖSV

Mit der Wiedereinsetzung der Verfassung am 1. Mai 1945 in der Fassung von 1929 durch die provisorische Staatsregierung erhielt die österreichische Bevölkerung ihre Grundrechte zurück, darunter auch das Recht auf Freiheit der Vereinsbildung. Das Vereins-Reorganisationsgesetz, sprich das Verfassungsgesetz vom 31. Juli 1945, ermöglichte zunächst kommunistischen wie sozialdemokratischen Vereinen die Reaktivierung. Zeitgleich wurden aber auch die Bestimmungen des Stillhaltekommissars für Vereine, Organisationen und Verbände außer Kraft gesetzt.⁷⁰ Für die Vereinsbildung gelangte das Gesetz von 1867 zur Geltung. Die Neubildung eines Vereines musste demnach unter Vorlage der Statuten dem jeweiligen Landeshauptmann angezeigt werden. Aufgrund einer weiteren gesetzlichen Regelung waren die Sicherheitsdirektionen in den jeweiligen Bundesländern zugeschaltet. Wenn ein Verein als „staatsgefährlich" eingestuft

---

68 Die Entnazifizierung umfasste im Wesentlichen zwei Bereiche. Die Entnazifizierung nach formalen Kriterien mittels des heute noch in novellierter Form bestehenden Verbotsgesetzes, d. h. Registrierung der NSDAP-Mitglieder, Entziehung ihrer politischen Rechte, Berufsverbote, finanzielle Sühneleistungen etc., und die strafrechtliche Verfolgung von Personen, die nationalsozialistische Verbrechen begangen hatten, nach dem bis 1957 geltenden Kriegsverbrechergesetz. Das Kriegsverbrechergesetz wurde nur von Sondergerichten angewendet, den Volksgerichten. Vgl. Manoschek, Verschmähte Erbschaft, S. 98.
69 Vgl. Praher, Vergessen und verdrängt, S. 359.
70 Vgl. Ulrike Feistmantl, Entnazifizierung und Wiederaufbau des Salzburger Sportwesens, in: Minas Dimitriou/Oskar Dohle/Walter Pfaller/Andreas Praher (Hg.), Salzburgs Sport in der NS-Zeit. Zwischen Staat und Diktatur, Salzburg 2018, S. 335–356, hier S. 343–345.

wurde, konnte die Sicherheitsdirektion die Vereinsbildung untersagen. Bei einer länderübergreifenden Vereinsbildung war das Staatsamt für Inneres zuständig.[71] Hinsichtlich einzelner Vereinsmitglieder orientierte sich das Vereins-Reorganisationsgesetz am Verbotsgesetz.

In einer ersten offiziellen Stellungnahme ließ der wiedergegründete ÖSV nach der Verbandstagung in Kitzbühel im Dezember 1945 über die Medien vermelden, welche SkiläuferInnen nach dem Verbotsgesetz starten dürfen und welche nicht. In der offiziellen Erklärung machte der ÖSV klar, dass „gerade im Skisport die Regelung dieser Frage eine ungemein wichtige und nicht leicht zu lösende war".[72] Im Vernehmen mit allen Bundesländer-Vertretern legte der ÖSV unter Wahrung der gesetzlichen Bestimmungen fest, dass bei sämtlichen Skiwettbewerben nur Angehörige eines Mitgliedverbandes des ÖSV startberechtigt sind. Die Mitgliedskarte des ÖSV ist dabei vorzuweisen.[73] Damit sicherte sich der ÖSV als offizieller Skiverband das alleinige Recht, SportlerInnen zu nationalen und internationalen Rennen entsenden zu können. Bereits ein Jahr nach Kriegsende im August 1946 wurde der ÖSV auf dem XVI. Internationalen FIS-Kongress im französischen Pau von 37 versammelten Delegierten aus 18 Ländern als Mitgliedsverband des internationalen Skiverbandes anerkannt und war damit berechtigt, an internationalen FIS-Rennen teilzunehmen.[74]

In der vierten Hauptausschusssitzung des ÖSV, die am 22. und 23. September 1946 in Werfen abgehalten wurde, definierte der Skiverband unter dem Vorsitz von Leopold Spitz seine grundlegenden Ziele. Oberste Priorität hatte laut dem Protokoll der Anschluss an die Spitze im Skilauf, sprich die Förderung des Spitzensports. Um das zu erreichen, waren eigene Ausschüsse für die Schulung der LäuferInnen gebildet worden. Darüber hinaus sollte die Zusammenarbeit mit den Landesverbänden gestärkt werden. Spitz betonte weiter, dass der ÖSV im Gegensatz zu den politisch gebundenen Verbänden, die versuchen würden mit allen Mitteln die Führung an sich zu reißen, nur rein sportliche Interessen

---

71 Im Jahr 1945 übernahmen die Sicherheitsdirektionen jenen Aufgabenbereich, über den während der NS-Zeit die „Reichsstatthalter" verfügt hatten. Sie waren dem „Staatsamt für Inneres (Generaldirektion für öffentliche Sicherheit)" unterstellt und ihrerseits den Bezirksverwaltungsbehörden mit den jeweiligen Polizeibehörden (Polizeidirektionen- und Kommissariate) übergeordnet. Im Falle von länderübergreifenden Vereinsbildungen war nicht mehr die Sicherheitsdirektion, sondern das Staatsamt für Inneres zuständig. Vgl. StGBl Nr. 94/1945, Gesetz vom 20. Juli 1945 über die Überleitung der Verwaltungs- und Justizeinrichtungen des Deutschen Reiches in die Rechtsordnung der Republik Österreich (Behörden-Überleitungsgesetz).
72 Salzburger Volkszeitung, 14.12.1945, S. 3.
73 Vgl. Salzburger Volkszeitung, 14.12.1945, S. 3.
74 Vgl. Protokoll der 4. Hauptausschusssitzung des ÖSV in Werfen, 22./23.9.1946, Mappe ÖSV-Länderkonferenz 1946–1948, Archiv Tiroler Skiverband, Kopie im Besitz des Verfassers; FIS, Congress History, 1946-PAU (FRA), https://www.fis-ski.com (6.10.209).

vertrete. „Unsere Pflicht ist in erster Linie dem österreichischen Skisport zu dienen und nichts weiter zu sein, als nur Sportler!", stellte Leopold Spitz klar.[75] Aus den Zeilen des zweiten Vorsitzenden des ÖSV Gotthard Dick geht hervor, dass sich der ÖSV als Verband nicht nur klar von seiner nationalsozialistischen Vergangenheit wie von seiner ausgrenzenden, antisemitischen Politik vor 1938 zu distanzieren versuchte, sondern die politische Verantwortung bei einzelnen Mitglieder verortet sah. 1948 schreibt der ÖSV-Funktionär im offiziellen Jahrbuch Folgendes:

> Man griff den Skiverband vor dem Jahre 1938 manchmal auch in der Presse als Naziverband an. Dies mochte wohl bei flüchtiger Betrachtung der Sachlage zutreffen, entsprach aber keineswegs den Tatsachen, weil man übersah, die Sache von der Person zu trennen. Und ich muß ausdrücklich feststellen, daß der Verband damals absolut überpolitisch, die österreichischen Interessen wahrend, geführt wurde. Richtig ist, daß eine Reihe von führenden Funktionären damals dem großdeutschen Gedanken sehr nahe standen. Wie bereits früher erwähnt, hatten im Verbande alle Platz, nach der politischen Einstellung wurde nicht gefragt, man war absolut tolerant. Es herrschte eine ausgezeichnete Skikameradschaft, die nur das eine zum Ziel hatte, Österreichs Weltgeltung im Skilauf zu fördern. Wenn wir uns in die Zeit der politischen Hochspannung zurückversetzen, so werden uns auch verschiedene Handlungen begreiflicher scheinen, was jedoch nicht heißen soll, daß sie auch gebilligt wurden. Es haben einzelne Personen, ob als Wettläufer oder Funktionäre, über das Ziel hinausgeschossen. Es war dies jeweils eine Sache der persönlichen Ansicht des Einzelnen. Aber diese Übergriffe durfte und darf man wohl dem Einzelnen, nicht aber dem Verbande anlasten.[76]

Dick, der dem ÖSV als Hauptausschussmitglied schon von 1928 bis 1938 angehörte, bekräftigte weiter die „sachliche Arbeit", unterließ es aber zu erwähnen, dass die Toleranzgrenze des ÖSV bei jüdischen Mitgliedern mit der Einführung des „Arierparagraphen" bereits 1923 erreicht war. Ebenso entsprach seine Sichtweise einer für die Nachkriegszeit üblichen Täter-Opfer-Umkehr, wenn er meinte: „Durch die nationalsozialistische Gesetzgebung war nach 1945 eine Reihe von bewährten Männern zum Zusehen an der Vereinstätigkeit im ÖSV verurteilt."[77] Dass sich diese „bewährten Männer" zum Teil in Wehrverbänden der SA oder SS oder als NSRL-Funktionäre verdient gemacht hatten, blieb in der offiziellen Erzählung unerwähnt. Viel wichtiger war dem wiedergegründeten ÖSV, die Vorrangstellung im österreichischen Skisport wiederzuerlangen:

---

75 Vgl. Protokoll der 4. Hauptausschusssitzung des ÖSV in Werfen, 22./23.9.1946, Mappe ÖSV-Länderkonferenz 1946–1948, Archiv Tiroler Skiverband, Kopie im Besitz des Verfassers.
76 Gotthard Dick, Der ÖSV im Wechsel der Zeiten, in: Skilauf in Österreich. Offizielles Jahrbuch 1948 des Österreichischen Skiverbandes, Wien 1949 S. 21–25, hier S. 24.
77 Dick, Der ÖSV, S. 24–25.

> Der Skiverband soll wieder der große Verband werden, der alle Schichten der Bevölkerung, ohne Unterschied des Standes und der politischen Richtung, erfaßt. Er soll die Brücke bilden, die Trennendes und Vergangenes vergessen läßt, die uns zusammenführt zu einer freudigen Zusammenarbeit im Sport und auch im täglichen Leben.[78]

Die erste wirklich große Skiveranstaltung, die der ÖSV abzuwickeln hatte, war das Glockner-Rennen, das seit 1933 Tradition hatte. Nutzte die nationalsozialistische Sportführung unter tatkräftiger österreichischer Mithilfe im Juni 1938 das traditionelle Skirennen, um den „Anschluss" und die neue Skimacht „Großdeutschland" zu propagieren, so sollte das Glockner-Skirennen nach 1945 das neue Österreich präsentieren. Wie wichtig der Politik die Sportveranstaltung war, zeigt sich an der Finanzspritze der Kärntner Landesregierung, die das Rennen mit 3 000 Schilling subventionierte.[79]

Der Kärntner Landesverband führte den Mitgliederzuwachs auf über 700 SkiläuferInnen unter anderem auf die erfolgreiche Durchführung der Skisportveranstaltung am Großglockner zurück und hegte Pläne das Skigebiet in Mallnitz lifttechnisch zu erschließen. Mit einem 500 Meter langen Skilift in Mallnitz plante der Kärntner Verband eines der ersten Infrastrukturprojekte zu initiieren. Die Aufstiegshilfe sollte von der Skiliftgesellschaft Bad Gastein finanziert und betrieben werden und der Skilift noch im Winter 1946/47 in Betrieb gehen.[80]

6.2.3 Der Ruf nach einer Skination

Der Alpinist, Touristiker und Höhlenforscher Hans Hofmann-Montanus, der ab 1945 auch im Hauptausschuss im ÖSV saß, wollte in seiner Nachkriegs-Fibel *Berge einer Jugend*, erschienen im Jahr 1948, entsprechend dem Opfernarrativ der Zweiten Republik „alles Politische" am liebsten zum Teufel jagen. Die individuelle wie kollektive Verantwortung an Nationalsozialismus, Vernichtung und Krieg sollten ausgeblendet werden, die Zweite Republik mit ihren Naturlandschaften einem politikfreien Idyll gleichkommen:

> Schriebe der Vielgereiste über Afrika oder Borneo – immer müßt' es zwischen den Zeilen nach Österreich duften wie nach Latschenkiefern. Und – Hand auf die Brust: was wäre

---

[78] Dick, Der ÖSV, S. 25.
[79] Leopold Spitz, Protokoll der 4. Hauptausschusssitzung des ÖSV in Werfen, 22./23.9.1946, Mappe ÖSV-Länderkonferenz 1946–1948, Archiv Tiroler Skiverband, S. 2, Kopie im Besitz des Verfassers.
[80] Vgl. Protokoll der 4. Hauptausschusssitzung des ÖSV in Werfen, 22./23.9.1946, Mappe ÖSV-Länderkonferenz 1946–1948, Archiv Tiroler Skiverband, S. 2, Kopie im Besitz des Verfassers.

denn, jagt man alles Politische zum Teufel, schöner und näher zum Glück geboren als jenes alte und dieses neuere Österreich?[81]

Der Leiter des Salzburger Landesverkehrsamtes in der Ersten Republik und im Austrofaschismus war in den 1920er-Jahren unweigerlich mit der ausgrenzenden Politik des ÖSV in Berührung gekommen. Hofmann-Montanus war Mitbegründer des niederösterreichischen Landesskiverbandes und ÖSV-Funktionär nach dem Ersten Weltkrieg. 1926 wurde der Touristiker von Wien nach Salzburg berufen. Zunächst in der Ersten Republik und danach im Austrofaschismus hatte er in seinem Amt als Leiter des Salzburger Landesverkehrsamtes weitreichende politische Kompetenzen und entschied in Abstimmung mit dem Salzburger Landeshauptmann Franz Rehrl über Förderzusagen für den Ausbau der touristischen und sportlichen Infrastruktur. 1938 endete dieser Einfluss. Als austrofaschistischer Landesbeamter und Mitglied der Vaterländischen Front musste er sein Amt räumen. Die Nationalsozialisten suspendierten Hofmann-Montanus am 16. März 1938 von seinem Landesdienst und nahmen ihn drei Tage in Gewahrsam. Ende Mai 1938 wurde er erneut in Haft genommen und zuvor seine Wohnung durchsucht. Einen Monat später kam er wieder frei und wurde sogleich in den Ruhestand versetzt.[82] Im Dezember 1939 wurde er wegen Veruntreuung und Missbrauch der Amtsgewalt am Landesgericht Salzburg angeklagt und zu zwei Jahren schwerer Kerkerhaft verurteilt. Hofmann-Montanus hatte laut Urteil zwischen 1930 und 1938 an die 7 000 Schilling an Spesenpauschalen veruntreut. Die Strafe galt aber bereits im Jänner 1940 als getilgt. Nach 1945 deklarierte er sich als Opfer der NS-Herrschaft, er hätte „schwere Verfolgungen" zu erdulden gehabt. Er sei zudem für einige Wochen Zellengenosse des Salzburger Landeshauptmannes Franz Rehrl gewesen.[83] Fakt ist, Hofmann-Montanus machte nach 1945 wiederum Karriere in der Salzburger Landesregierung und unterstützte als abermaliger Leiter des Landesverkehrsamtes wie schon vor 1938 den regionalen Sportbetrieb immer im Hinblick auf den touristischen Nutzen.[84] Hofmann-Montanus wurde mit Wirkung vom 1. Mai 1945 am 20. August 1949 in den Landesdienst aufgenommen. Er durchlebte in seiner beruflichen Laufbahn, die durch den Nationalsozialismus unterbrochen wurde, mehrere Umbrüche und Systemwechsel, verhielt sich dabei stets politisch unauffällig und passte sich den jeweiligen Gegebenheiten mehr oder minder erfolgreich an.

---

81 Klappentext zu Hans Hofmann-Montanus, Berge einer Jugend, Wien 1948.
82 Vgl. SLA, Bestand Personalakten Landesregierung, Personalakt 1801/1, Hans Hofmann-Montanus; NS-SOKO A 64.031.
83 Vgl. SLA, Bestand Personalakten Landesregierung, Personalakt 1801/1 und Personalakt 1801/2, Hans Hofmann-Montanus.
84 Vgl. Zeisberger/Heinisch (Hg.), Leben über den Tod, S. 366.

Als hochdekorierter Erster Weltkriegsteilnehmer, der unter anderem am Ortler für die Skitruppen gekämpft hatte,[85] war er einer jener Vertreter, denen die „Bergheimat" bis zum Schluss ein nationales Anliegen war und für die er sich auch nach 1945 einsetzte. Die Sichtweise von Hofmann-Montanus teilten auch andere. So schrieb der Alpin- und Skipublizist Günther Flaig 1947:

> Der riesige Zuschauerstrom, der die glitzernden Kampfbahnen der großen Skirennen und Meisterschaften umflutet, beweist das außerordentliche Interesse des ganzen Volkes an diesem herrlichsten aller Sporte. Vom Ministerbüro und Großhotel bis zur kleinsten Werkstatt und letzten Bergbauernhütte – überall wird über die Läufer und Skirennen gesprochen, gestritten, gewettet. [...] Wir haben genügend Abstand von den zwei Nachkriegswintern 1945/46, 1946/47, um die Entwicklung zu beurteilen, die der österreichische Skisport in diesen entscheidenden Jahren des Wiederaufbaues durchgemacht hat. Auf alpinem Gebiet, also in Abfahrt und Torlauf, war Österreich noch niemals auf dieser hohen Stufe wie heute, wenn dies auch – wenigstens bei den Herren – noch nicht durch erste Ränge in internationalen Wettkämpfen zum Ausdruck kam. Der Gradmesser der Öffentlichkeit für den Leistungsstand der Skinationen sind die Siegerlisten der größten Rennen jedes Winters.[86]

6.2.4 Erste skisportliche Aktivitäten in Salzburg und das Buhlen um belastete Sportler

Während sich beim oberösterreichischen Landesskiverband die behördliche Genehmigung zu spießen schien, aber dann mit Herbst 1946 doch auf den Weg gebracht werden konnte,[87] hatte der Skiclub Salzburg als Mitgliedsverein des Landesskiverbandes sein Bestreben einer Neugründung bereits im März 1946 durchgesetzt. In den eingebrachten Vereinssatzungen wurden ehemalige Angehörige der SS grundlegend abgelehnt und Angehörige der SA nur als Mitglieder akzeptiert, sofern sie keinen Dienstrang bekleidet hatten.[88] Während dieser Passus bei der Fassung der Statuten 1946 unter Mitgliedschaft noch explizit erwähnt wurde, fehlte er 1952 komplett. In den nun neu formulierten Satzungen des SCS konnte plötzlich jede Person, die das 18. Lebensjahr vollendet hatte, ordentliches Mitglied werden.[89] Die Kriterien, um als Vereinsmitglied aufge-

---

85 Vgl. Lebenslauf Hans Hofmann-Montanus, SLA, Bestand Personalakten Landesregierung, Personalakt 1801/1.
86 Flaig, Skikanonen, o. S.
87 Vgl. Flaig, Skikanonen, S. 3
88 Vgl. SLA, Sicherheitsdirektion (SID), aufgelöste Vereine 1946, 657/47 Skiclub Salzburg (SCS), Vereinsbildung.
89 Vgl. SLA, Sicherheitsdirektion (SID), aufgelöste Vereine 1946, 657/47 Skiclub Salzburg (SCS), Vereinsbildung.

nommen zu werden, unterlagen nach der ersten Amnestiewelle keinen so strengen Regeln mehr. Die Öffnung des Vereins nach außen und die Initiative des Skiclubs Salzburg jetzt auch verstärkt vormals belastete SportlerInnen als Mitglieder anzuwerben, war eine logische Konsequenz und funktionierte. Manche befanden sich auch schon dort, obwohl sie eigentlich laut Statut von 1946 nicht dort sein hätten dürfen. So startete der bereits in der Zwischenkriegszeit erfolgreiche Harald Bosio ab Jänner 1946 für den Salzburger Skiclub.[90] Der staatlich geprüfte Skilehrer aus Judenburg war 1934 in die NSDAP eingetreten und ab 1936 SA-Mann und als solcher Sportreferent in der SA-Standarte 4/84.[91] Beim SCS war Bosio in der Nachkriegszeit nicht nur sportlich aktiv, sondern ab Oktober 1952 auch als Beisitzer im Arbeitsausschuss tätig.[92]

Der Skiclub Salzburg wurde mit seiner aktiven Mitgliederpolitik zu einem Sammelbecken ehemaliger SpitzensportlerInnen des Deutschen Reichs, die ihre politische Vergangenheit dort verschleiern konnten. Auf diese Weise fand auch der Sudetendeutsche Heinrich (Heinz) Palme, der im Dezember 1941 als Skispringer für die Ordnungspolizei Innsbruck startete, zum SCS.[93] Der Skispringer aus dem Riesengebirge war ebenso wie Josef Bradl Mitglied der reichsdeutschen Ski-Nationalmannschaft.[94] Palme nahm Ende Jänner 1941 neben Bradl und dem aus Thüringen stammenden SS-Skisportler Rudi Gehring an den Deutschen Skimeisterschaften in Spindelmühle teil. Er startete damals als Angehöriger der Staatspolizeistelle Innsbruck für die Skimannschaft der Polizei Innsbruck.[95] Drei Jahre später, im März 1944, trafen Bradl, Gehring und Palme bei einem Skisprungbewerb im besetzten Zakopane unweit des KZ-Außenlagers Olcza erneut aufeinander.[96] Schon kurz nach der Wiedergründung und behördlichen Zulas-

---

90 Salzburger Nachrichten, 22.1.1946, S. 4.
91 Vgl. BArch (ehem. BDC), PK, Bosio, Harald, 02.01.1906.
92 Vgl. SLA, SID, aufgelöste Vereine 1946, 657/47 Skiclub Salzburg (SCS), Vereinsbildung.
93 Der Skispringer Heinrich (Heinz) Palme, geboren am 20.5.1912 in Gablonz (Böhmen), wird in Zeitungsberichten und in der Sekundärliteratur mit abwechselnden Vornamen erwähnt. Vgl. Kleine Volks-Zeitung, 29.12.1941, S. 5; Gerd Falkner/Klaus-Dieter Blühm, Zeitreise. Auf Skiern durch Sachsen. 100 Jahre Skiverband Sachsen, Aachen 2008. Ebenso diente im Konzentrationslager Dachau ein SS-Unterscharführer mit dem Namen Heinrich Palme. Ob dieser mit dem Skispringer Heinrich Palme identisch ist, konnten erste Recherchen nicht klären. Vgl. Benz/Distel (Hg.), Der Ort des Terrors, 2005, S. 306.
94 Vgl. u. a. Innsrbucker Nachrichten, 31.1.1941, S. 12.
95 Vgl. Kleine Volks-Zeitung, 27.1.1941, S. 4.
96 Vgl. Innsbrucker Nachrichten, 6.3.1944, S. 4; Wolfgang Benz/Barbara Distel (Hg.), Der Ort des Terrors. Geschichte der nationalsozialistischen Konzentrationslager. Riga-Kaiserwald, Warschau, Vaivara, Kauen (Kaunas), Plaszów, Kulmhof (Chelmo), Belzec, Sobibór, Treblinka (Band 8), München 2008, S. 298.

sung des Skiklubs Salzburg im Dezember 1946 startete Palme für den SCS. 1952 übernahm der ehemalige erfolgreiche NS-Skispringer als erster Sportwart die sportliche Leitung im Verein.[97]

6.2.5 Die Etablierung der Vereinsarbeit

Innerhalb weniger Jahre nach den Wiederzulassungen und Neugründungen hatte sich die Vereinsarbeit des ÖSV zu Beginn der 1950er-Jahre etabliert. Sie hatte einen wesentlichen Anteil daran, dass die junge sporttreibende Generation im Skibetrieb der Zweiten Republik Fuß fassen konnte. In welchem Ausmaß das geschah, verdeutlichen die Mitgliederzahlen der Landesverbände im ÖSV für die Saison 1952/53. Insgesamt waren im ÖSV mit 30. Juni 1953 über 32 600 Mitglieder registriert, die meisten von ihnen in den Landesverbänden Salzburg, Tirol, Kärnten und Osttirol sowie Vorarlberg. Die Zahlen geben Aufschluss darüber, wie schnell sich der vereinsmäßig organisierte österreichische Skisport von den Folgen des Zweiten Weltkriegs erholen konnte, zu einem Zeitpunkt in dem die schwache Nachkriegswirtschaft und hohe Arbeitslosigkeit noch zu einer Abwanderung von Arbeitskräften führten.[98] Einer Wachstumsrate von zwölf Prozent stand in den Jahren 1946 bis 1952 eine Inflationsrate von 37 Prozent gegenüber.[99]

---

[97] Vgl. SLA, SID, aufgelöste Vereine 1946, 657/47 Skiclub Salzburg (SCS), Vereinsbildung; Salzburger Volkszeitung, 7.1.1947, S. 4.
[98] Österreich war in den Nachkriegsjahren ein Auswanderungsland. Neben Flüchtlingen und DPs, die nach dem Ende des Zweiten Weltkriegs in Österreich strandeten und meist weiter auswanderten, suchten tausende junge österreichische Frauen und Männer in den 1950er- und 1960er-Jahren aufgrund des langsamen Wirtschaftswachstums und der hohen Arbeitslosigkeit eine neue Perspektive in der Arbeitsmigration. Vgl. u. a. Hahn, Historische Migrationsforschung, S. 179–180 und 188.
[99] Vgl. Ernst Hanisch, Der lange Schatten des Staates. Österreichische Gesellschaftsgeschichte im 20. Jahrhundert, Wien 1994, S. 438.

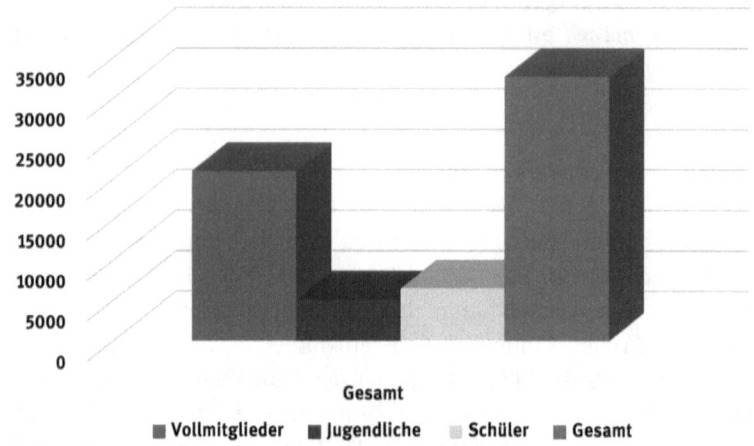

Grafik 8: Mitgliederstand im ÖSV gesamt, Stand Juni 1953.
Quelle: Ski Sport 2 (1953/54) 1, S. 6, eigene Zusammenstellung.

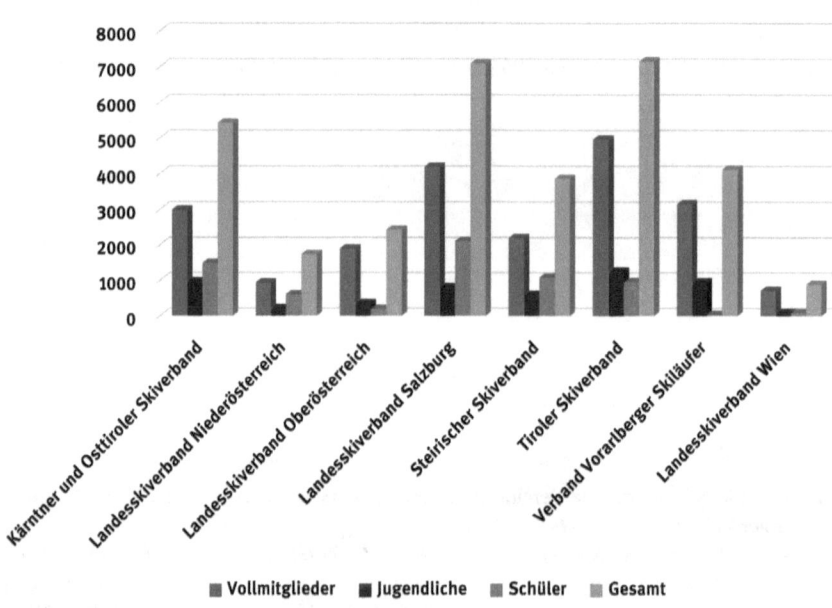

Grafik 9: Mitgliederstand im ÖSV nach Landesverbänden, Stand Juni 1953.
Quelle: Ski Sport 2 (1953/54) 1, S. 6, eigene Zusammenstellung.

6.3 Erste internationale Starts und der starke weibliche Skinachwuchs

Die ersten Erfolge im österreichischen Nachkriegsskisport schrieben aber mehr die Frauen als die Männer. Diese galten in der Regel eher als unbelastet als die in Lagern internierten bzw. in Nachkriegsprozessen angeklagten ehemaligen SA- und SS-Sportler. In der Wintersaison 1946/47 waren österreichische SkisportlerInnen erstmals nach dem Zweiten Weltkrieg wieder für internationale Rennen im Ausland zugelassen. Zu den ersten großen Skiveranstaltungen mit österreichischer Beteiligung zählten das Weiße Band in St. Moritz und das Kandahar-Rennen in Mürren.[100] Beide Wettbewerbe fanden auf neutralem Boden in der Schweiz statt. Für die Sensation bei den Frauen sorgte die 22-jährige Bankangestellte aus dem Kleinwalsertal Resi Hammerer. Die gebürtige Vorarlbergerin, Jahrgang 1925, siegte in St. Moritz in der Abfahrt und Kombination. Im selben Jahr holte sie im Kombinations- und Spezialtorlauf den österreichischen Meistertitel und wurde in der Folge für den Olympiakader nominiert.[101] In ihrer Jugend startete Hammerer für das Deutsche Reich und konnte bei den Deutschen Skimeisterschaften in den alpinen Bewerben am Arlberg im März 1944 in der allgemeinen Spitzenklasse sowohl im Torlauf als auch in der Kombination den dritten Platz belegen. Im Torlauf wurde Hammerer allerdings ein paar Tage später zugunsten ihrer Alterskonkurrentin Annelore Zückert strafverifiziert und auf den vierten Rang zurückgereiht.[102] Dennoch zählte sie gegen Ende des Zweiten Weltkriegs zum jungen Favoritinnen-Kreis im reichsdeutschen Skilauf. Ihre Skikarriere wurde, wie die anderer ihrer Generation, maßgeblich von Christl Cranz beeinflusst, die als Spitzensportlerin, NS-Ski-Idol und BDM-Führerin prägend war.[103] Ebenso wie andere ihres Jahrgangs durchlief Hammerer die ideologische und sportliche Kaderschule des BDM. Nun stand die junge ÖSV-Sportlerin mit der Aussicht auf die Olympia-Teilnahme kurz vor dem Höhepunkt ihrer sportlichen Karriere. Bei den Olympischen Winterspielen 1948 in St. Moritz holte sie schließlich Bronze für Österreich.[104]

Eine andere Nachwuchshoffnung des österreichischen Skisports der unmittelbaren Nachkriegszeit war Annelore Zückert. Die aus Grödig stammende Skirennläuferin wurde im selben Jahr wie Hammerer geboren, sie kam am 5. Febru-

---

100 Flaig, Skikanonen, o. S.
101 Vgl. Flaig, Skikanon, o. S.; Ilse Korotin (Hg.), biografiA. Lexikon österreichischer Frauen, Band 1, A-H, Wien/Köln/Weimar 2016, S. 1172.
102 Vgl. Neues Wiener Tagblatt, 6.3.1944, S. 4; Innsbrucker Nachrichten, 14.3.1944, S. 4.
103 Vgl. Hofmann, Christl Cranz, S. 1013–1029.
104 Vgl. Korotin, biografiA, S. 1172.

ar 1925 zur Welt. Zückert duellierte sich seit ihrer Jugend mit Resi Hammerer und arbeitete sich von der BDM-Skiläuferin zur Gaumeisterin von Salzburg hoch.[105] Der nachträglich an Zückert vergebene dritte Platz bei den Deutschen Skimeisterschaften bedeutete den größten Erfolg für die vom BDM aufgerückte NSRL-Skisportlerin. Im Februar 1946 entschied sie in Abfahrt, Slalom und Kombination die erste Salzburger Landesmeisterschaft für sich, damals für den Skiclub Salzburg,[106] und wurde 1947 österreichische Meisterin vor Dagmar Rom und Resi Hammerer. Aufgrund ihrer Erfolge, Hahnenkammsiegerin in Kitzbühel und Goldener Ring von Seefeld, wurde Zückert 1947 ebenso wie Hammerer in den Olympiakader berufen. Sie erreichte bei den Olympischen Winterspielen 1948 in St. Moritz nur den 16. Platz. Dafür gewann sie im selben Jahr den Riesentorlauf in Grindelwald. Nach ihrer aktiven Rennkariere arbeitete die ausgebildete Heilgymnastin als Trainerin des Skiclubs Salzburg und Amateurtrainerin der jugoslawischen Damen-Nationalmannschaft.[107]

Zum Star des österreichischen Nachkriegsskisports entwickelte sich die bereits erwähnte Dagmar Rom. Nachdem sie vom Unterrichtsministerium zum Studium zugelassen wurde, inskribierte sie zunächst 1946 an der Universität Innsbruck Sport und Geografie und feierte im Jänner 1947 bei den Akademischen Weltmeisterschaften im Schweizer Davos mit drei Goldmedaillen ihren ersten großen internationalen Erfolg. Das war gleichzeitig ihr Ticket für die österreichische Nationalmannschaft und bedeutete die Qualifikation für die Olympischen Spiele in St. Moritz. Dort erlitt Rom im Training eine Knieverletzung und konnte nicht starten. Dafür krönte sie sich eine Wintersaison später in Aspen/Colorado in Slalom und Riesentorlauf zur Doppelweltmeisterin.[108] Gleichzeitig fand Rom zum Skifilm und wurde durch diesen bekannt. Sie bekam das Angebot, in *Nacht am Mont Blanc* (1951) die Hauptrolle zu spielen. Das Drehbuch schrieb der langjährige Riefenstahl-Wegbegleiter Harald Reinl, der auch Regie führte. Rom erinnert sich: „Damals gab's nur das, nur dieses Skifahren. Da war noch kein Tennis, noch keine Leichtathletik. Da haben sie sich um mich gerissen überall. [...] Wir haben zehn Filme anfangen wollen, nur Weiße Hölle am Mont Blanc ist fertig geworden."[109] Rom zierte daraufhin die Titelblätter von in- und ausländischen Magazinen. Ende 1950 wurde sie in Österreich zur

---

105 Vgl. Völkischer Beobachter, 15.3.1944, S. 4.
106 Vgl. Salzburger Volkszeitung, 4.2.1946, S. 3.
107 Vgl. Praher, Politisch belastet, S. 370; Flaig, Skikanonen, o. S.; 100 Jahre Skiclub Salzburg, S. 54; Hubert Becker, Ski-Club Grödig. Rückblick, Einblick, Ausblick, Salzburg 1987, S. 43; Marktgemeinde Grödig (Hg.), Festschrift zur Markterhebung von Grödig, Salzburg 1968, S. 85.
108 Vgl. Interview mit Dagmar Rom; Gidl/Graf, Skisport, S. 109.
109 Interview mit Dagmar Rom.

„Sportlerin des Jahres" gewählt. Sie war der erste von den Medien gefeierte weibliche Sportstar der Zweiten Republik. Sie wurde als Ehrengast zur Eröffnung des ersten Radrennens auf der Krieau eingeladen und zu einem Vortrag vor 900 ZuhörerInnen an die Universität Wien.[110] Der Gegensatz zum ersten Auslandstart in Davos im Jänner 1947 hätte nicht krasser sein können: „Wir haben kaum was zu essen gehabt. Unser Proviant waren gekochte Kartoffel und ein Teesackerl. Das haben wir mitgehabt und auf der Hütte Wasser bestellt."[111]

Trotz dieser Erfolge schrieb Günther Flaig von einer „Ernüchterung", da die Männer in der Wintersaison 1946/47 im Unterschied zu den Frauen in den Siegerlisten weniger häufig vertreten waren.[112] Gegen Anfang der 1950er-Jahre sollte sich dieses Bild zugunsten der aus Internierungslagern freigelassenen und in Entnazifizierungsprozessen freigesprochenen männlichen Spitzensportler ändern. Sie kehrten wieder auf die Bühne des Sportgeschehens zurück und eroberten diese für sich.

6.4 Die Olympischen Winterspiele in St. Moritz

Die Olympischen Winterspiele in St. Moritz 1948 wurden zur ersten Bewährungsprobe des österreichischen Skisports nach dem Zweiten Weltkrieg auf internationaler Bühne.

> Zum 1. Male nach dem unglückseligen Krieg nahm Österreich wieder als gleichberechtigter Partner an einer Weltkonkurrenz teil. Unter den 31 Völkern, die in St. Moritz versammelt waren, gab Österreich sein Bestes, im Interesse des Sportes und zur Wahrung des Ansehens Österreichs. Österreich hat es bald nach der Befreiung verstanden, den Anschluß an die Welt wieder zu gewinnen. Es ist heute auf dem Gebiet des Sportes Mitglied aller internationalen Sportorganisationen und damit berechtigt, auch an der größten Sportdemonstration der Neuzeit, der Olympiade teilzunehmen[113]

schrieb Josef Gerö, der Präsident des Österreichischen Olympischen Comités (ÖOC) in einem Vorwort zu der Olympia-Sonderausgabe der *Wiener Illustrierten* 1948.

---

110 Vgl. Gidl/Graf, Skisport, S. 109.
111 Interview mit Dagmar Rom.
112 Flaig, Skikanonen, o. S.
113 Dr. Gerö, Präsident des Olympischen Komitees, in: Wiener Illustrierte, Sonderaugabe zur Winter-Olympiade St. Moritz 1948. Josef Gerö war Jurist jüdischer Herkunft und bis 1938 Präsident des Wiener Fußballverbandes. Während der Zeit des Nationalsozialismus befand er sich in KZ- und Gestapo-Haft. Nach 1945 war er Präsident des ÖFB und Justizminister bis 1949 bzw. von 1952–1954. Vgl. u. a. John, Donaufußball, S. 208.

Die österreichische Olympia-Delegation musste zwar auf ihren Skisprungstar Josef Bradl verzichten, konnte aber dafür auf andere männliche Spitzensportler zurückgreifen, die im nationalsozialistischen Sportsystem aufgestiegen waren und während der nationalsozialistischen Herrschaft nicht nur sportlich aufgefallen waren. Der 1915 geborene nordische Kombinierer Paul Haslwanter war einer von ihnen.

Den Erhebungen im Rahmen des Entnazifizierungsprozesses zufolge war der in Seefeld gebürtige Landwirt und staatlich geprüfte Skilehrer Paul Haslwanter seit 1933 Mitglied der NSDAP und seit 1. März 1935 Angehöriger der SS. Genau gesagt, gehörte er dem SS-Sturm in Seefeld an und war ab 1938 SS-Rottenführer im Sturm 3/87.[114] Aufgrund dessen wurde er 1946 gemäß dem Verbotsgesetz für die Dauer von sechs Monaten zu Wiederaufbauarbeiten herangezogen[115] und war zum Zeitpunkt der Vorbereitungen auf die Olympischen Spiele in St. Moritz 1948 in der Gemeinde Seefeld sowie in der Landwirtschaft seines Vaters tätig. Schon 1946 startete Haslwanter bei seinen ersten Rennen und war durchaus erfolgreich. So holte er bei der ersten Tiroler Meisterschaft nach dem Zweiten Weltkrieg in seiner Heimatgemeinde Seefeld im Jänner 1946 den Kombinationssieg und machte auf sich aufmerksam. „Tirol hat als erstes Bundesland im befreiten Österreich seine Skimeister im Langlauf und Springen in Seefeld ermittelt",[116] schrieb das *Salzburger Tagblatt*. Haslwanter konnte sich in Folge mit einem zweiten Platz in der Kombination und einem dritten Platz im Langlauf bei den österreichischen Meisterschaften empfehlen.[117] Damit schaffte er den Sprung in den Olympia-Kader. Im Jänner 1947 befand sich Haslwanter mit anderen Rennläufern auf dem Olympialager in Kitzbühel. Während der Vorbereitungen mussten die ausgewählten Olympiastarter den Reisepassantrag für die Einreise in die Schweiz ausfüllen. Da mit seinen wahrheitsgetreuen Angaben eine Einreise unmöglich schien, hatte ihm der Leiter des Olympialagers Sepp Kerscher geraten, er solle seine Zugehörigkeit zur NSDAP nicht erwähnen.[118] Haslwanter befolgte den Rat und konnte trotz seiner SS-Vergangenheit in St. Moritz starten. „Die Olympiamannschaft Österreichs marschiert ein! Stolz trägt Haslwanter das Schild ‚Autriche'", schrieb die *Wiener Illustrierte* in ihrer

---

114 Vgl. TLA, LG Innsbruck, Vr 1720/46; BH Innsbruck, Entnazifizierung, Karton 724/28, Akt 2554/48; Sonderbehörden nach 1868 – Sicherheitsdirektion für Tirol (ATLR Abteilung VII) 1946 – Pos. 5119.
115 Vgl. BH Innsbruck, 15.5.1946 an Paul Haslwanter, TLA, BH Innsbruck, Entnazifizierung, Karton 724/28, Akt 2554/48.
116 Salzburger Tagblatt, 31.1.1946, S. 7.
117 Vgl. Flaig, Skikanonen, o. S.
118 Vgl. Niederschrift, Gend. Postenkommando Seefeld, 8.11.1948, aufgenommen mit Paul Haslwanter, BH Innsbruck, Entnazifizierung, Karton 724/28, Akt 2554/48.

Sonderausgabe unter das Bild vom Einzug der österreichischen Olympia-Delegation.[119]

Für einen Stockerlplatz reichte es nicht, dafür holte Trude Beiser Gold in der alpinen Kombination und damit Österreichs einzige Medaille. Für Haslwanter waren die Spiele in der Schweiz dennoch ein persönlicher Erfolg, er galt mit seiner Teilnahme als rehabilitiert. Der Gendarmerieposten Seefeld stellte ihm nach einer nochmaligen staatsrechtlichen Überprüfung einen guten Leumund aus und schrieb im November 1948 an die Staatsanwaltschaft, Haslwanter habe „einen guten Ruf, ist allseits beliebt und als begeisterter Sportler Schifahrer [sic] bekannt".[120]

6.5 Das Opfernarrativ und der Beitrag der Familie Flaig für den österreichischen Nachkriegsskisport

Dass sich der österreichische Skisport als Opfer stilisierte, belegt die Darstellung von Günther Flaig in seiner Skifibel. Darin schreibt der Alpin- und Skikolumnist: „Während des Krieges hatten die Schweiz, Frankreich und Italien gegenüber Österreich entscheidende Vorteile, konnten doch deren Mannschaften zum Großteil im Training bleiben und hatten fast keine Ausfälle."[121]

Mit Hilfe dieser These begründet Flaig das schlechte Abschneiden der österreichischen SkisportlerInnen bei den Skirennen in der Saison 1946/47. Er verkennt damit die Tatsache, dass viele, vor allem männliche Spitzenläufer, in SS- oder Polizeieinheiten sehr wohl im Training standen und auch Sportlerinnen, die über den BDM eine sportliche Schulung genossen, zur Ausübung des Skilaufs gelangten ebenso wie ihre jungen männlichen Kollegen bei der HJ. Außerdem lässt er außer Acht, dass Frankreich von deutschen Truppen besetzt war und sich italienische Skisportler ebenso wie österreichische oder reichsdeutsche im Kriegseinsatz befanden. Von einem Wettbewerbsvorteil aufgrund eines Trainingsvorsprungs konnte also keine Rede sein. Diese historische Missinterpretation muss wohl auch im Kontext seiner Biografie und seines familiären Hintergrundes gesehen werden. Günther Flaig war der Sohn des bereits erwähnten Nationalsozialisten Walther Flaig, der bereits vor 1938 öffentlich für die nationalsozialistische Bewegung auftrat und seinen Sohn bei Bergtouren regelmä-

---

119 Wiener Illustrierte, Sonderausgabe zur Winter-Olympiade St. Moritz 1948, S. 4.
120 Gend. Posten Seefeld an die Staatsanwaltschaft, 8.11.1948, TLA, BH Innsbruck, Entnazifizierung, Karton 724/28, Akt 2554/48.
121 Flaig, Skikanonen, o. S.

ßig (über-)forderte.¹²² Der Alpinpublizist und Alpenvereinsführer Walther Flaig habe laut Angaben seines Sohnes Günther als ehemaliger Soldat des Ersten Weltkriegs „im Nationalsozialismus eine Hoffnung gesehen".¹²³ Diese Hoffnung kam wiederum in seiner NS-verherrlichenden Bergsteigerlyrik zum Ausdruck. Damit war zumindest eine familiäre Vorprägung gegeben. Immerhin wandte sich Günther Flaig ebenso wie sein Vater der publizistischen Tätigkeit zu und veröffentlichte Ski- und Bergbücher, deren Botschaft nach 1945 noch unverkennbar war. Im Zweiten Weltkrieg verfasste Günther Flaig pathetische Nachrufe wie jenen vom abgestürzten NS-Skistar und Jagflieger Josef Jennewein,¹²⁴ während sein Vater Walther Flaig zunächst noch die „Kampfgemeinschaft" der aus Österreich stammenden Gebirgsjäger unter dem Kommando von General Eduard Dietl lobte, ehe er von der *Österreichischen Alpenzeitung* im Juni 1941 neben anderen prominenten Klubkollegen als Leutnant für den Russlandfeldzug gefeiert wurde.¹²⁵ Nach Kriegsende fanden Vater und Sohn wieder zusammen. Die beiden traten nach 1945 sogar einmal gemeinsam im Radio auf. Im Februar 1947 berichteten Günther und Walther Flaig unter dem Titel „Wer wird siegen?" vorab über die österreichischen Skimeisterschaften in Schruns-Tschagguns.¹²⁶

---

122 Vgl. Edith Hessenberger, (Keine) Frauen in der Silvretta. Die Ausnahmebergsteigerin Hermine Flaig, in: Michael Kasper/Martin Korenjak/Robert Rollinger/Andreas Rudigier (Hg.), Alltag-Albtraum-Abenteuer. Gebirgsüberschreitung und Gipfelsturm in der Geschichte, Wien/Köln/Weimar 2015, S. 273–283, hier S. 278–280.
123 Interview mit Günther Flaig, geführt am 2.1.2009. Zit. nach Michael Kasper, Edelweiß und Hakenkreuz? Alpinismus und Nationalsozialismus im ländlichen Raum, in: Edith Hessenberger/Andreas Rudigier/Peter Strasser/Bruno Winkler (Hg.), Mensch & Berg im Montafon. Eine faszinierende Welt zwischen Lust und Last, Schruns 2009, S. 117–146, hier S. 128.
124 Vgl. Salzburger Zeitung, 27.9.1943, S. 4.
125 Vgl. Amstädter, Der Alpinismus, S. 486 und 496. Eduard Dietl, geboren am 21.7.1890 in Bad Aibling, war Generaloberst der Gebirgstruppen und kommandierte 1940 Teile der 3. Gebirgsdivision bei ihrer Besetzung von Narvik, an der eine Reihe österreichischer Gebirgsjäger beteiligt waren. Dietl bekam von Hitler den Beinamen „Held von Narvik" verliehen und wurde als erster Offizier mit dem Eichenlaub zum Ritterkreuz des Eisernen Kreuzes ausgezeichnet. Der DAV verlieh Dietl die Ehrenmitgliedschaft und rief einen „Narvik-Wanderpreis" für Skiwettkämpfe der Gebirgsjäger der Narvik-Division ins Leben. 1941 kommandierte Dietl den Vorstoß von Finnland Richtung Murmansk und ab 1942 war er Oberbefehlshaber der 20. Gebirgsarmee in Norwegen. Er galt als einer der rücksichtslosesten Offiziere des Zweiten Weltkriegs. Dietl starb im Juni 1944 bei einem Flugzeugabsturz. Vgl. Amstädter, Der Alpinismus, S. 485–486; Klee, Personenlexikon, S. 109–110.
126 Vgl. Vorarlberger Volksblatt, 12.2.1947, S. 4.

6.5.1 Der Archivar Walther Flaig und das verschwundene Gedächtnis

Im selben Jahr, als Günther Flaig seine Skifibel über den österreichischen Skisport herausbrachte, war auch sein Vater, scheinbar rehabilitiert von seiner nationalsozialistischen Vergangenheit, vom ÖSV beauftragt worden, das skihistorische Archiv für den Skiverband aufzubauen und zu leiten.[127] Den Antrag auf der sechsten ÖSV-Länderkonferenz am 6. und 7. Juni 1947 in Heiligenblut stellte Walther Flaig selbst. Laut Protokoll beschloss der ÖSV daraufhin, ein skihistorisches Archiv zu begründen und den Schriftsteller Flaig mit dessen Betreuung zu beauftragen. Beide Beschlüsse erfolgten einstimmig. Das Archiv sollte mit einem jährlichen Etat über 600 Schilling ausgestattet sein. Das Bundesministerium für Unterricht unterstützte das Vorhaben und sagte seine finanzielle Hilfe in Form von Subventionen zu, sollten größere Beträge notwendig sein.[128] Mitte Juni 1947 begann Flaig mit dem Aufbau des Archivs und stellte seine eigene Sammlung als Leihgabe zur Verfügung. In einem ersten Schritt legte der Leiter des Skihistorischen Archivs (SHA) ein Karteikartensystem an, in dem die Sammlungen verschlagwortet und nach Sachgebieten geordnet waren. Über eine Leihgabe gelangten die beiden Ordner mit Dokumenten zu Hannes Schneider in das Archiv,[129] die heute noch Teil der Sammlung sind. Der ehemalige Nationalsozialist Flaig prägte fortan das skihistorische Gedächtnis des ÖSV. In einem seiner ersten Schritte verlautbarte er, dass das Skihistorische Archiv des ÖSV alle Druckschriften sammelt, während das Museum in Mürzzuschlag alle anderen Dinge zu sammeln habe.[130] Dieser Vorschlag dürfte nur zum Teil beherzigt worden sein, da in der Bibliothek von Mürzzuschlag ebenso Druckschriften zu finden sind. Es lässt sich jedoch feststellen, dass es in den nachfolgenden Jahrzehnten zu einem massiven Verlust von Schriftgut im ÖSV-Archiv gekommen ist, der sich aus den Signaturen ablesen und rekonstruieren lässt. So weisen die Bestände des ehemaligen Skihistorischen Archivs des ÖSV in den Jahren zwischen 1938 und 1945 eine durchgehende Lücke auf. Nicht zu finden sind beispielsweise Akten, Protokolle oder Schriftgut des Reichsfachamtes für Skilauf. Ebenso fehlen bis auf wenige Ausnahmen Original-Aufzeichnungen oder Korrespondenzen des ÖSV aus den 1930er-Jahren und für die unmittelbare Nachkriegszeit. Bis heute gibt es keine offizielle Erklärung dafür, wie und wann die

---

127 Vgl. Skilauf in Österreich. Offizielles Jahrbuch 1948 des Österreichischen Skiverbandes, Wien 1949, S. 40.
128 Vgl. Protokoll, 6. ÖSV-Länderkonferenz in Heiligenblut am 6./7.6.1947, Mappe ÖSV-Länderkonferenz 1946–1948, Archiv Tiroler Skiverband, Kopie im Besitz des Verfassers.
129 Vgl. Skilauf in Österreich. Offizielles Jahrbuch 1948, S. 40.
130 Protokoll, 7. Länderkonferenz in Bad Aussee, 21.9.1947, Archiv Tiroler Skiverband, Kopie im Besitz des Verfassers.

Bestände verschwunden sind. Die Besetzung von Walther Flaig im Jahr 1947 als Verantwortlichen für das Skihistorische Archiv des ÖSV in diesem Kontext wirft die Frage auf, ob er bewusst belastendes Material skartieren ließ.

Flaig war aber nicht nur der Zuständige in Archivfragen, der in Bludenz wohnhafte Publizist war ebenso für die Pressearbeit des Skiverbandes verantwortlich. Im Juni 1947 beauftragte er die Landespressereferenten der jeweiligen Landesskiverbände mit den Redaktionen zu Beginn der Wintersaison persönlich in Kontakt zu treten. Im Protokoll ist der auf der Länderkonferenz 1947 von Walther Flaig eingebrachte Antrag zur „Fühlungnahme des ÖSV mit dem Syndikat der Sportjournalisten" vermerkt.[131] Dieser genehmigte Antrag verdeutlicht, dass der ÖSV in seiner Pressearbeit nichts dem Zufall überließ und hier frühzeitig versuchte, ein auf individuellen Kontakten basierendes Netzwerk zu JournalistInnen aufzubauen. Mit Walther Flaig konnte der Skiverband auf einen erfahrenen Experten in der Presse- und Medienarbeit zurückgreifen. Ab Februar 1947 lancierte der ÖSV-eigene Informationsdienst eine Sendereihe im Radiosender *Rot-Weiß-Rot*, in der neben dem erfahrenen Sportredakteur Othmar Hassenberger auch der ÖSV-Schriftleiter Walther Flaig zu Wort kam.[132] Die Sendung trug den klingenden Namen: „Das Skiparadies Österreich".[133]

Sein Sohn Günther Flaig sprach in weiterer Folge aufgrund der Misserfolge der österreichischen SkisportlerInnen in St. Moritz und Mürren von einer „bitteren Lehre".[134] Gleichzeitig glaubte er die „alpine Elite" skitechnisch an einer Wende, die vor allem durch die junge Generation getragen werden sollte. Zu dieser zählte Flaig den ehemaligen SS-Skiläufer Engelbert Haider.[135] Laut einer medial veröffentlichten Rangliste der österreichischen Spitzenläufer zu Saisonende 1947 stand Haider in der alpinen Disziplin nach Edi Mall, Hans Nogler, Eberhard Kneissl mit 85 Punkten an vierter Stelle. Die Rangliste des ÖSV-Sportschriftleiters Carl Krois war auf Basis der Rennergebnisse 1946/47 errechnet

---

131 Vgl. Protokoll, 7. Länderkonferenz in Bad Aussee, 21.9.1947, Archiv Tiroler Skiverband, Kopie im Besitz des Verfassers.
132 Othmar Hassenberger fungierte für das Österreichische Sport-Jahrbuch der austrofaschistischen Sport- und Turnfront als Schriftleiter und publizierte während des Nationalsozialismus weiterhin Sportperiodika, so gab er 1940 unter Mitwirkung der Sportbereichsführung der „Ostmark" des NSRL das „Sport-Taschenbuch der Ostmark" heraus. Vgl. u. a. Österreichisches Sport-Jahrbuch. Handbuch für Sport und Turnen. Amtliches Jahrbuch der Österreichischen Sport- und Turnfront, Wien 1937; Othmar Hassenberger (Hg.), Sport-Taschenbuch der Ostmark, Wien 1940.
133 Vgl. Neue Zeit, 6.2.1947, S. 4.
134 Flaig, Skikanonen, o. S.
135 Vgl. Flaig, Skikanonen, o. S.

worden.[136] Die Darstellung entsprach sicher nicht der tatsächlichen individuellen sportlichen Leistungsstärke der einzelnen Athleten, wurde aber durchaus als Gradmesser herangezogen.

6.6 Reintegration im Sportbetrieb

Der FIS-Kongress in Venedig 1951 bedeutete für den österreichischen Skisport einen weiteren internationalen Durchbruch. Mit Gottfried „Friedl" Wolfgang (Abfahrt und Slalom), Alfred Rössner (Sprunglauf) und Erika Mahringer (Damen) hatte der ÖSV erstmals in jedem technischen Komitee jemanden positioniert. Außerdem wurde auf der Jahresversammlung der kommende FIS-Kongress für das Jahr 1953 nach Innsbruck-Igls vergeben.[137] Damit kamen die führenden VertreterInnen des internationalen Skiverbandes erstmals nach 1945 in Österreich zusammen, um dort die künftigen Bestimmungen im Reglement zu besprechen und zu beschließen. Nach Frankreich (1946), Oslo (1949) und Venedig (1951) hatte Österreich in einer knappen Mehrheitsentscheidung den Zuschlag bekommen. 60 Delegierte aus 19 Mitgliedsländern der FIS kamen beim Kongress in Innsbruck zusammen und beschlossen richtungsweisende Änderungen im Skirennsport, unter anderem die Wiederaufnahme der alpinen Kombination im Wettbewerbsprogramm.[138]

Das gesteigerte Interesse am Skisport und das Engagement des ÖSV auf internationaler Ebene benötigte ExpertInnen und verdeutlicht, warum frühere Spitzenathleten und Skisportfunktionäre, die aufgrund ihrer nationalsozialistischen Vergangenheit zuvor als „belastet" eingestuft wurden, nun in verschiedenen Bereichen des Sportbetriebes oder in sportnahen Betätigungsfeldern Fuß fassen konnten.

---

136 Vgl. Rangliste der österreichischen Spitzenläufer, Saisonende 1947, in: Flaig, Skikanonen, o. S. Der Redakteur Carl Krois war nach 1945 Sportschriftleiter des ÖSV und gab unter anderem die Jahrbücher des ÖSV *Skilauf in Österreich* heraus. Er publizierte Beiträge und sprach im Radio über den österreichischen Skirennsport. Vgl. u. a. Skilauf in Österreich. Offizielles Jahrbuch 1948; Kitzbüheler Anzeiger, 5.2.1977, S. 5; Neue Zeit, 6.2.1947, S. 4.
137 Vgl. Ski Sport, 1 (1952/53) 5/6, S. 4.
138 Vgl. 19th International Ski Congress: 27th to 30th May 1953 – Igls (AUT), https://fisc-web-prod.corebine.com/en/inside-fis/about-fis/meetings/fis-congress-history/1953-igls-aut (23.9.2019).

6.6.1 Die internationale Nachkriegskarriere von Alfred Rössner

Einen Einblick, wie vielfältig die Tätigkeitsbereiche für belastete NS-Topathleten nach einer geglückten Rückkehr in den österreichischen und internationalen Skibetrieb sein konnten, gibt der Lebenslauf von Alfred Rössner. Der Spitzenlangläufer Rössner war laut Wehrstammblatt nicht nur ab 1931 Mitglied der SA, sondern trat 1938 auch der NSDAP bei. 1939 wurde er zum SA-Sturmführer befördert und drei Jahre später zum SA-Obersturmführer.[139] Rössner trainierte 1939 ebenso wie Bradl die HJ. Während des Zweiten Weltkriegs leitete er unter anderem Reichsauswahlkurse auf dem Arthurhaus am Hochkönig und schulte als Heeresbergführer die Soldaten an der Heereshochgebirgsschule in Fulpmes für den Hochgebirgskampf. Bis Ende Mai 1947 hielt sich Rössner in Bad Gastein, danach in Innsbruck und Salzburg auf, wo er offiziell gemeldet war. Der ÖSV bestellte Rössner für die Olympischen Spiele in St. Moritz 1948 zum Trainer der österreichischen Olympiamannschaft, nachdem er 1947 aus dem Lager Glasenbach entlassen worden war. Der Mittelschulprofessor und geprüfte Sportlehrer fuhr danach bis zu seiner Untersuchungshaft im Rahmen des Volksgerichtsverfahrens zwischen den einzelnen Trainingslagern hin und her und konnte vorerst von den Behörden nicht ausfindig gemacht werden. Nach seiner Entlassung aus dem Gefangenenhaus des Landesgerichts Graz zog er 1948 in die Nonntaler Hauptstraße 49 in Salzburg und war bei der Firma Klinserer beschäftigt. Laut amtlicher Häuserkartei war Rössner am 4. August 1948 von Innsbruck zugezogen.[140] In den Ergebnislisten wurde er aber schon zuvor als Salzburger geführt. Bei den Akademischen Skimeisterschaften Ende Februar 1948 in Schladming wurde Rössner bei den Altakademikern als Salzburger gewertet und konnte nicht einmal ein Jahr nach seiner Entlassung aus dem US-Internierungslager Glasenbach über die 16-Kilometer-Strecke den Sieg bei den Senioren holen.[141] Bei den österreichischen Skimeisterschaften in Gastein landete Rössner ein paar Tage zuvor auf dem achten Platz.[142] Das Teilnehmerfeld bei den Senioren war durchaus prominent besetzt und bestand aus ehemaligen SS-Spitzensportlern. Neben Rössner fanden sich noch Paul Haslwanter und Walter Pesentheiner in den Ergebnislisten auf den vorderen Rängen wieder. Pesentheiner war ab März 1938 Gestapo-Beamter und schaffte es innerhalb der SS bis zum Oberscharführer. Er meldete sich im weiteren Kriegsverlauf zur Waffen-SS. Paul Haslwanter diente ab 1938 als SS-Rottenführer im SS-Sturm 3/87 in Inns-

---

139 OÖLA, LG Linz, Sondergerichte, Sch. 516, VgVr 1049/49.
140 Vgl. Stadtarchiv Salzburg, Häuserkartei, Alfred Rössner.
141 Vgl. Salzburger Volkszeitung, 1.3.1948, S. 4.
142 Vgl. Salzburger Volkszeitung, 19.2.1948, S. 3.

bruck.[143] Beide Skiläufer hatten sich nach 1945 einem Entnazifizierungsverfahren zu stellen,[144] fanden aber, wie Teilnahme- und Ergebnislisten belegen, schnell und ohne größere Hindernisse in den nationalen und internationalen Spitzensport zurück. Ähnlich erging es Rössner, der seine sportliche Heimat mit dem Umzug nach Salzburg 1948 im Skiclub Salzburg fand. Dort engagierte sich Rössner für den Aufbau des Vereins und leistete einen wesentlichen Beitrag in der Jugendarbeit, die von der amerikanischen Besatzungsmacht unterstützt wurde.[145] Im Salzburger Landesskiverband übernahm Rössner im Herbst 1948 die Agenden des Sportwartes. Als solcher machte er auf den Nachholbedarf des Salzburger Spitzenskisports aufmerksam.[146] Ab der Wintersaison 1952/53 war Rössner stellvertretender Vorsitzender des Salzburger Landesskiverbandes. Als Sportwart für die nordischen Bewerbe, Rössners Spezialgebiet, wurde ein anderer ehemaliger NS-Sportfunktionär eingesetzt, den Rössner von früher kannte, der in Bischofshofen lebende Anton Höttl.[147]

Rössner bekräftigte in seinem Gnadengesuch an den Bundespräsidenten im Dezember 1950 seine Bemühungen um den österreichischen Skisport. In dem Schreiben führte er nicht nur seine guten Kontakte zum internationalen Skiverband (FIS) ins Feld, sondern auch seine sportlichen Erfolge bei den nachträglich annullierten Kriegs-Ski-Weltmeisterschaften in Cortina D'Ampezzo 1942. Als Trainer stehe ihm außerdem ein „großer Teil der Erfolge" im österreichischen Nachkriegsskisport zu, diese seien durchschlagend gewesen, „insbesondere auch für die Werbung und Förderung des österr. Fremdenverkehrs".[148] Er sei zudem der einzige, „der praktisch und theoretisch den gesamten sportlichen Skilauf in Österreich leiten kann".[149] Die Beförderung zum SA-Obersturmführer gehe auf seine sportlichen Leistungen zurück. Wie andere sei er als Aushängeschild der SA-Formation benützt worden. 1951 wurde das Volksgerichtsverfahren wegen § 11-Verbotsgesetz gegen Rössner eingestellt.

---

143 Vgl. dazu TLA, BH-Akten und BPD Innsbruck NS-Dokumentationsmaterial 3/237, Erfassung der SS-Angehörigen.
144 Paul Haslwanter und Walter Pesentheiner mussten sich einem Volksgerichtsverfahren unterziehen. Vgl. TLA, BH Innsbruck, Entnazifizierung, Karton 724/28, Akt 2554/48.
145 Vgl. u. a. Ski-Klub Salzburg, 100 Jahre, S. 27.
146 Vgl. Salzburger Nachrichten, 29.11.1948, S. 3.
147 Vgl. Ski Sport 1 (1952) 1, S. 10.
148 Abolitionsgesuch Alfred Rössner, Salzburg, 13.12.1950, OÖLA, LG Linz, Sondergerichte, Sch. 516, VgVr 1049/49.
149 Abolitionsgesuch Alfred Rössner, Salzburg, 13.12.1950, OÖLA, LG Linz, Sondergerichte, Sch. 516, VgVr 1049/49.

6.6.1.1 Rössners Bestellung zum ÖSV-Cheftrainer und ÖSV-Sportwart

Dass Rössner vollständig rehabilitiert wurde, zeigt seine Anstellung als ÖSV-Cheftrainer für das Olympiajahr 1952. Neben der Langlauf-Staffel übernahm Rössner das Training der alpinen Herren-Nationalmannschaft. Als solcher trainierte er unter anderem den späteren Olympia-Sieger Toni Sailer im so genannten „weißen Wunderteam". Zunächst war Rössner aber bei den Olympischen Spielen 1952 in Oslo erfolgreich, als die österreichischen Skisportler fünf von neun möglichen Olympia-Medaillen gewinnen konnten. Rössner hatte sich im Laufe seiner Karriere ein umfassendes Wissen in der Trainingslehre angeeignet und war nun als erster Sportwart des ÖSV offiziell beauftragt, dieses im Rennsport umzusetzen. In der ab Mitte November 1952 erscheinenden ÖSV-Zeitschrift *Ski Sport* veröffentlichte Rössner sporttheoretische Beiträge zur Aufbauarbeit im alpinen und nordischen Skisport.[150] Als Vorbilder dienten die beiden ehemaligen NSRL- und nunmehrigen ÖSV-Spitzenathleten Josef Bradl und Hellmut Lantschner.

Nach den Erfolgen bei den Olympischen Winterspielen 1956 – drei Goldmedaillen für Toni Sailer – kam es zu Meinungsverschiedenheiten mit ÖSV-Athleten aus dem Arlberger Ski-Umfeld.[151] Diese kritisierten Rössners Vorgehen. Rössner kümmerte sich aber nicht weiter darum, er verfolgte bereits andere Pläne. Der darauffolgende Vorsitz im Salzburger Landesskiverband von 1956 bis 1958[152] war nur eine Zwischenstation.

6.6.1.2 Rössners Rückkehr auf das internationale Sportparkett

Zwei Jahre nachdem das Volksgerichtsverfahren gegen Rössner eingestellt worden war, nahm er Ende Mai 1953 am internationalen FIS-Kongress in Innsbruck teil. Ein Foto zeigt ihn gemeinsam mit dem ÖSV-Funktionär Hans Hartwagner, dem 1936 in die USA ausgewanderten Skisportler Sepp Ruschp,[153] und der Inns-

---

150 Vgl. Ski Sport 1 (1952) 1, S. 5–7; Ski Sport 1 (1952) 2, S. 6–7.
151 Vgl. Alfred Rössner 94-jährig gestorben, https://www.derstandard.at/story/2288175/alfred-roessner-94-jaehrig-gestorben (30.8.2019).
152 Vgl. Landessportorganisation Salzburg (Hg.), 25 Jahre Landessportorganisation. Ein Vierteljahrhundert in Bewegung, Salzburg 1972, S. 58.
153 Sepp Ruschp migrierte auf Einladung des Mount Mansfield Ski Club in Stowe im Dezember 1936 nach Vermont. Der gebürtige Linzer arbeitete als Skilehrer und unterrichtete an der University of Vermont und Norwich. Ruschp wurde 1978 in die United States Ski Hall of Fame aufgenommen. Er starb 1990 im Alter von 81 Jahren. https://skihall.com/hall-of-famers/sepp-ruschp/ (30.8.2019).

brucker Skirennläuferin Erika Mahringer.[154] Für den FIS-Kongress in Innsbruck-Igls war auch der 1939 vom NS-Terror geflüchtete Hannes Schneider nach Europa gereist. Ein Foto zeigt Schneider bei dem FIS-Kongress neben Ruschp sitzend.[155]

Rössner war für sein Wissen rund um die Trainingslehre sowohl national als auch international gefragt und anerkannt. In Sportkreisen galt er als „Universal-Genie" und „Alleskönner".[156] In Zeiten des Kalten Krieges schaffte er es sowohl im Westen als auch im Osten seine Kontakte und ein gut funktionierendes Netzwerk aufzubauen. Nicht einmal ein Jahr nachdem der österreichische Staatsvertrag im Mai 1955 unterzeichnet worden war, fragte die Österreichisch-Sowjetische Gesellschaft am 21. März 1956 im Namen des sowjetischen Kulturattachés bei Rössner an, ob eine Möglichkeit der sportlichen Zusammenarbeit bestehe. Konkret sollte Rössner den sowjetischen Skisportlern das österreichische System näherbringen. Angedacht waren gemeinsame Trainingseinheiten in Theorie und Praxis bis hin zum Austausch von Trainern.[157] Rössner antwortete prompt und schrieb drei Tage später zurück, dass er schon lange der Überzeugung sei, dass die Zusammenarbeit auf dem Gebiet des alpinen Skisportes intensiviert werden müsste. Leider stehe er mit dieser Ansicht im Verband ziemlich allein da. Rössner schrieb weiter:

> So wie ich aber bisher viele andere Nationalmannschaften beraten habe – die Skandinavier, Amerikaner, Polen, Jugoslaven, einzelne schweizerische Läufer usw. würde ich selbstverständlich auch die russischen alpinen Läufer bzw. ihre Trainer beraten.[158]

Einem gemeinsamen Training erteilte Rössner im Vorhinein die Absage, da dieses weder organisatorisch noch technisch umsetzbar sei. Er erklärte sich aber für ein Gespräch bereit, dieses sollte jedoch vor einem rein fachlichen Hintergrund stattfinden und keinen politischen Hintergrund haben. Rössner hatte

---

154 Vgl. Privatnachlass Hans Hartwagner, Foto FIS-Kongress Innsbruck 1953 mit Hans Hartwagner, Ahrer, Sepp Ruschp, Erika Mahringer, Alfred Rössner und Steiner, Kopie im Besitz des Verfassers.
155 Schneider war 1953 nach Europa gereist und hielt sich nach dem FIS-Kongress noch in St. Anton auf. Vgl. Privatnachlass Hans Hartwagner, Foto FIS-Kongress Innsbruck 1953 mit Hannes Schneider und Sepp Ruschp; Thöni, Hannes Schneider, S. 139.
156 Vgl. Alfred Rössner 94-jährig gestorben, https://www.derstandard.at/story/2288175/alfred-roessner-94-jaehrig–gestorben (30.8.2019).
157 Vgl. Privatnachlass Alfred Rössner, Brief von M. Grünberg, Sekretär der Österreichisch-Sowjetischen Gesellschaft in Wien an Fred Rössner, Wien, 21.3.1956, Sammlung Privatnachlässe, Landesskimuseum Werfenweng.
158 Privatnachlass Alfred Rössner, Brief von Fred Rössner an die Österreichisch-Sowjetische Gesellschaft, Salzburg, 24.3.1956, Sammlung Privatnachlässe, Landesskimuseum Werfenweng.

demnach keine ideologischen Bedenken, so lange die Zusammenarbeit auf einer sportlichen Ebene blieb.

Als FIS-Delegierter nahm Rössner in weiterer Folge an den internationalen FIS-Kongressen teil. So auch 1977 beim Internationalen FIS-Kongress in San Carlos de Bariloche in Argentinien, dort traf er auf altbekannte Gesichter aus seiner aktiven Zeit als Sportler.

Im September 1985 wurde Rössner vom österreichischen Hochschulausschuss aufgrund seiner Leistungen für den Studentensport zum Ehrenmitglied des internationalen Hochschulsportverbandes (FISU) ernannt. In einem Schreiben im Zuge der nordischen Skiweltmeisterschaften in der Ramsau bedankte sich ÖSV-Präsident Peter Schröcksnadel im Mai 1999 bei Rössner für seine Verdienste für den österreichischen Langlaufsport und bezeichnete ihn als „Vater des Langlauf-Sports in Österreich".[159] Rössner starb am 25. Dezember 2005 in Salzburg.[160]

6.6.2 Die Rückkehr der SS-Sportler Gregor Höll und Engelbert Haider in den Trainings- und Sportbetrieb

Gemeinsam mit Rössner kehrten auch andere ehemalige NS-Spitzenathleten, die ab 1938 und teilweise schon zuvor in der SA oder SS Karriere gemacht hatten, auf die sportliche Bühne zurück. Ihre skisportlichen Kenntnisse wurden mitunter für die Ausbildung des Skinachwuchses herangezogen und geschätzt. So trafen Fred Rössner, Engelbert Haider und Gregor Höll im Dezember 1948 am Hochkönig zusammen, um dort gemeinsam mit der Salzburger Nachwuchshoffnung Annelore Zückert die Trainingskurse für Wettläufer zu leiten.[161] Gregor Höll, der während des Zweiten Weltkriegs für die SS-Sportgemeinschaft an den Start ging und im Wehrmachtsausbildungsstab der HJ stand, war zumindest bis Ende Juli 1947 im Camp Markus W. Orr interniert. Das geht aus einer Teilnehmerliste eines Massagekurses hervor, an dem Höll neben anderen inhaftierten Skiathleten im Sommer 1947 teilnahm. Der Massagekurs fand im Rahmen der von der amerikanischen Militärregierung genehmigten und vom „Educational Service" angebotenen Umschulungskurse im Internierungslager statt. Geplant war eine viermonatige Ausbildung, die aus zwei Monaten Theorie und zwei Monaten Praxis bestand. Den berufsbildenden Umschulungskurs zum Heilmasseur

---

159 Vgl. Privatnachlass Alfred Rössner, Brief von ÖSV-Präsident Peter Schröcksnadel an Fred Rössner, Innsbruck 11.5.1999, Sammlung Privatnachlässe, Landesskimuseum Werfenweng.
160 Vgl. u. a. Ski-Klub Salzburg, 100 Jahre, S. 60.
161 Vgl. Oberösterreichische Nachrichten, 25.11.1948, S. 3.

leitete der Lagerarzt Dr. Erwin Risak.[162] Der bekannte Wiener Internist war aufgrund seiner SS-Zugehörigkeit, Risak war mit Stand 1942 SS-Obersturmführer, selbst interniert.[163] Risak war aber kein gewöhnlicher Häftling, er leitete als anerkannte Koryphäe das Lagerspital.[164] Höll bekam also die Gelegenheit, sich von dem belasteten Herzspezialisten Risak zum Heilmasseur ausbilden zu lassen. Im Lager Glasenbach traf Höll auf seinen Skisprungkollegen Josef Bradl und andere ehemalige SA- und SS-Skisportler.[165] So befand sich unter den angemeldeten Teilnehmern für den Massagekurs der in Salzburg geborene ehemalige SS-Offizier und NSRL-Kreisbeauftragte für den Pongau Siegfried Amanshauser.[166] Ab September 1946 fanden im US-amerikanischen Internierungslager wöchentlich Sportveranstaltungen in verschiedenen Sportarten statt, deren Zahl in die Hunderte ging.[167] Für Höll und seine Sportkameraden bestand also durchaus die Möglichkeit, sich fit zu halten und sich auf die Zeit nach der Inhaftierung sportlich wie beruflich vorzubereiten. Im Winter 1947/48 kehrte Höll nach seiner Internierung erfolgreich in den Spitzensport zurück, ohne dass sich der SS-Oberscharführer einem Entnazifizierungsprozess stellen musste.[168] Im Gegensatz zu Bradl wurde Höll zu den Olympischen Spielen in St. Moritz 1948 zugelassen und wurde beim Mannschaftsempfang am 16. Jänner 1948 von Bundespräsident Karl Renner im Wiener Rathaus angelobt.[169] Höll landete beim Skispringen als zweitbester Österreicher hinter Hubert Hammerschmidt auf Platz 24. Nach den Olympischen Spielen duellierte sich Höll bei den Österreichischen Meisterschaften in Bad Hofgastein im März 1948 mit Josef Bradl im Springen

---

162 Vgl. SLA, Camp Marcus W. Orr 1946/47, diverse Unterlagen.
163 Vgl. Klee, Personenlexikon, S. 499; Margit Reiter, Die Ehemaligen. Der Nationalsozialismus und die Anfänge der FPÖ, Göttingen 2019, S. 43.
164 Vgl. Oskar Dohle, Sport im „Lager Glasenbach", in: Minas Dimitriou/Oskar Dohle/Walter Pfaller/Andreas Praher (Hg.), Salzburgs Sport in der NS-Zeit. Zwischen Staat und Diktatur, Salzburg 2018, S. 329–334, hier S. 330.
165 Josef Bradl war ebenfalls bis 1947 im Lager Glasenbach inhaftiert. Vgl. SLA, NS-SOKO A02.04 Bo-Br.
166 Vgl. BArch (ehem. BDC), SSO, Amanshauser, Siegfried, 15.5.1895; SLA, Camp Marcus W. Orr 1946/47, diverse Unterlagen.
167 Der Historiker Oskar Dohle hat für das Forschungs- und Dokumentationsprojekt Salzburgs Sport in der NS-Zeit die zahlreichen Sportveranstaltungen und Trainingsmöglichkeiten im Camp Markus W. Orr für die Jahre 1946 bis 1947 statistisch erfasst. Vgl. Dohle, Sport im Lager, S. 332–333.
168 Ein Gregor Höll, geboren am 16.6.1911 in Lungötz, taucht weder in den Akten der NS-Sonderkommission des SLA noch in den Volksgerichtsakten des OÖLA auf. Auch in der zentralen Meldekartei der WASt in Berlin findet sich kein Eintrag zu einem Gregor Höll.
169 Vgl. Privatnachlass Gregor Höll, Programm für den Empfang der Österreichischen Olympia- Wintersportmannschaft, Sammlung Privatnachlässe, Landesskimuseum Werfenweng.

und wurde Vizemeister.[170] Beide starteten damals für den ASKÖ Bischofshofen. Bei internationalen Konkurrenzen in Ponte di Legno und Arosa belegte der mittlerweile knapp 37-jährige Höll je einen dritten Platz. 1950 startete er nochmals erfolgreich bei den ÖSV-Meisterschaften und wurde beim Bergisel-Springen in Innsbruck Dritter. Nach seiner aktiven Karriere, die er 1951 beendete, führte er ein Sportartikelgeschäft.[171]

Sein um elf Jahre jüngerer Teamkollege Engelbert Haider konnte wie Höll auf eine nahezu ununterbrochene und lückenlose skisportliche Karriere im Zweiten Weltkrieg zurückblicken und befand sich 1948 auf dem Höhepunkt seiner sportlichen Karriere. Haider wurde immer wieder für wichtige Skisportveranstaltungen freigestellt. Noch im März 1944 nahm er an den reichsdeutschen Skimeisterschaften in den alpinen Bewerben am Arlberg teil und gewann dort den Slalom und die Kombination.[172] Die französischen Besatzungsbehörden vernahmen Haider 1948 wegen seiner SS-Vergangenheit und seines Einsatzes für den SD in Norwegen. Sie verdächtigten den SS-Sportler, ein Mitglied der Waffen-SS gewesen zu sein.[173] Das Bundesministerium für Unterricht in Wien gab bereits am 18. November 1946 Entwarnung. In einem Schreiben an den ÖSV und den Tiroler Skiverband in Innsbruck hieß es, dass „weder in politischer noch moralischer Hinsicht etwas Nachteiliges vorliegt. Es besteht daher seitens des Bundesministeriums für Unterricht kein Bedenken gegen den Start Haiders bei Schi-Wettkämpfen".[174] Haider war zu diesem Zeitpunkt in Salzburg gemeldet. Im Februar 1951 wurde Haider in den *Salzburger Nachrichten* als „Abfahrtskönig" gefeiert. „Aus dem Torlauftalent ist Österreichs bester Abfahrer geworden",[175] hieß es in dem Bericht anlässlich der österreichischen Skimeisterschaften im oberösterreichischen Windischgarsten.

6.6.3 Die Berufung von Anton Seelos zum Nationalteamtrainer

Die Wiedereinsetzung des „belasteten" Anton Seelos als Nationaltrainer spielte sich auf ministerieller Ebene ab. Nachdem dieser zuletzt bei einer Hochgebirgskompanie der Ordnungspolizei am Achensee stationiert und von dieser geflüch-

---

170 Vgl. Salzburger Volkszeitung, 8.3.1948, S. 4.
171 Vgl. Glaser, Goldschmiede, S. 150.
172 Vgl. Völkischer Beobachter, 6.3.1944. S. 6.
173 Vgl. TLA, Wehrstammbuch, Engelbert Haider.
174 Bundesministerium für Unterricht, Wien am 18. November 1946 an den Österreichischen Skiverband und den Tiroler Skiverband in Innsbruck, TLA, Wehrstammbuch, Engelbert Haider.
175 Engele Haider – Abfahrtskönig in: Salzburger Nachrichten, 5.2.1951, Sportbeilage am Montag, o. S.

tet war, weil er aufgrund seiner angeblichen Widerstandstätigkeit einer Verhaftung entgehen wollte, wurde er zunächst in Haft genommen. Doch schon bald setzte sich das Bundesministerium für Unterricht aus nationalem Interesse für den SA-Sportler und ehemaligen Trainer der Ordnungspolizei-Reichsmannschaft ein. Das zuständige Ministerium unter Unterrichtsminister Felix Hurdes (ÖVP) schrieb am 20. September 1947 an die Tiroler Landesregierung folgende Zeilen:

> Toni Seelos ist als Skiläufer von Weltklasse, als Schilehrer und Trainer der Olympiamannschaft für den Österreichischen Skilauf und Fremdenverkehr von größter Bedeutung. Seine österreichische Gesinnung darf als außer Zweifel stehend bezeichnet werden.[176]

Aufgrund dessen sei seine Begnadigung im Sinne des öffentlichen Interesses. Die zuständige Behörde solle daher Nachsicht gewähren, ansonsten könne Seelos die österreichische Olympiamannschaft nicht trainieren, hieß es im November 1947, ein paar Monate vor Beginn der Spiele in St. Moritz.[177] Seelos selbst wollte mit einem Gnadengesuch dem Anliegen des Bundesministeriums noch Nachdruck verleihen und schrieb von sich in dritter Person:

> Er war seit jeher begeisterter Skisportler und hatte für Politik nie etwas übrig. Er war vor und nach dem Jahre 1938 nur Skisportfachmann und hat sich um die politischen Ereignisse überhaupt nicht gekümmert. Nach dem Umbruche 1945 stellte er sich sogleich der Gemeinde Seefeld für den Wiederaufbau des Fremdenverkehrs- und Skisportwesens, sowohl geistig als auch manuell voll und ganz zur Verfügung. Durch diese Tat bewies er, dass er sich für ein unabhängiges Österreich einsetzt und bereits durch seinen freiwilligen Einsatz für den Wiederaufbau im Fremdenverkehrs- und Skisportwesen nicht nur für die Gemeinde Seefeld, sondern auch für ganz Tirol, einen Teil geleistet hat. Sein seinerzeitiger Beitritt zur NSDAP und SA dürfte nur aus Existenzgründen (Skilehrerkonzession) auf Druck der Partei und SA erfolgt sein, da diese ein grosses Aushängeschild benötigten.[178]

Die Intervention des Unterrichtsministerium hatte zur Folge, dass Seelos im Winter 1947/48 als Cheftrainer die Vorbereitung der alpinen Olympiamannschaft des ÖSV für St. Moritz übernehmen konnte. Am 2. August 1948 wurde sein Ansuchen um Begnadigung aufgrund der Minderbelastetenamnestie gegenstandslos und Seelos war offiziell dazu berechtigt, das Traineramt des öster-

---

[176] Bundesministerium für Unterricht an Amt der Tiroler Landesregierung, 20.9.1947, TLA, BH Innsbruck, Entnazifizierung, 2592/48.
[177] Bundesministerium für Unterricht an Amt der Tiroler Landesregierung, 18.11.47, TLA, BH Innsbruck, Entnazifizierung, 2592/48.
[178] Gnadengesuch Anton Seelos, Landesgendarmeriekommando für Tirol an die Sicherheitsdirektion für Tirol, 26.02.1948, TLA Sonderbehörden nach 1868 – Sicherheitsdirektion für Tirol (ATLR Abteilung VII) – Staatspolizeiliche Akten 1945 – Pos. 2479.

reichischen Skinationalteams zu übernehmen.[179] Bei der Hauptversammlung des ÖSV im September 1948 in Radstadt wurde Seelos zum ersten Sportwart gewählt.[180] Er stand dem ÖSV bis 1956 als Trainer zur Verfügung. Ab dem Winter 1948 machte sich Seelos nicht nur als ÖSV-Nationaltrainer einen Namen, sondern auch als Skiwachs-Hersteller.[181]

6.6.4 Josef Bradl und der vermeintliche „Sieg für Österreich"

Der Salzburger Skisprung-Weltmeister Josef Bradl war nach Kriegsende aufgrund seiner (illegalen) SA-Mitgliedschaft bis 17. Jänner 1947 im US-amerikanischen Internierungslager Glasenbach in Salzburg (Camp Marcus W. Orr) inhaftiert und durfte 1948 trotz aller Interventionen bei den Olympischen Winterspielen in St. Moritz nicht starten, weil ihn die Schweizer Behörden nach vorangegangen Protesten Norwegens und Hollands nicht einreisen ließen. Schon 1947 beschäftigte die Olympia-Teilnahme Bradls die österreichischen Behörden. Der Salzburger Landeshauptmann Albert Hochleitner setzte sich bei Innenminister Oskar Helmer dafür ein, dass Bradl trotz seines Dienstranges eines SA-Sturmmanns für seine Reise nach St. Moritz gültige Papiere ausgestellt bekommt. Helmer verwies darauf, dass ein positives Ansuchen des Olympischen Komitees helfen könnte.[182] Daraufhin versuchte Edgar Fried, Leiter des österreichischen Olympischen Komitees, eine Befürwortung der Teilnahme Bradls beim Olympischen Komitee in St. Moritz zu erwirken. Dieser Versuch blieb erfolglos. Bradl wurde die Einreise in die Schweiz per Telegramm verweigert und der Weltmeister von 1939 war in St. Moritz der große Abwesende während sein Langzeit-Kontrahent und Freund aus Norwegen Birger Ruud als Sieger gefeiert wurde.[183] Die *Salzburger Nachrichten* wünschten sich Bradl nach den mäßigen Leistungen der anderen österreichischen Springer und dem norwegischen Dreifachsieg nach St. Moritz und titelten „Bradl hätte Fünfter werden können".[184] Stattdessen sprang der Salzburger bei den ASKÖ-Bundesmeisterschaften in Bad Aussee um den Verbandstitel.

Bradl nutzte die verordnete Zwangspause und konzentrierte sich in dieser Zeit aufs Schreiben. Er verfasste seine Autobiografie *Mein Weg zum Weltmeister*,

---

179 TLA, BH Innsbruck, Entnazifizierung, 2592/48.
180 Vgl. Skilauf in Österreich. Offizielles Jahrbuch 1948, S. 194.
181 Vgl. u. a. Salzburger Volkszeitung, 3.12.1948, S. 3.
182 Vgl. SLA, PRÄ 1947/09.
183 Vgl. SLA, PRÄ 1947/09; Salzburger Nachrichten, 29.1.1948, S. 2.
184 Salzburger Nachrichten, 9.2.1948, S. 3.

die in einer ersten Ausgabe 1948 erschien und 1952 neu aufgelegt wurde.[185] Die zweite Auflage erschien mit einem Vorwort des wiedereingesetzten Salzburger Landesverkehrsamtsdirektors Hans Hofmann-Montanus exakt in jenem Jahr, in dem Bradl bei den Olympischen Spielen 1952 in Oslo wieder an den Start ging.[186] Bradls schriftstellerischer Beitrag reihte sich in eine Reihe von SportlerInnenbiografien ein, die ab den 1950er-Jahren eine Renaissance erlebten und erstmals zur Vermarktung der AthletInnen eingesetzt wurden.[187] Interessanterweise trug Toni Sailers Autobiografie *Mein Weg zum dreifachen Olympiasieg*, geschrieben von Karl Springenschmid 1956 einen zum Verwechseln ähnlichen Titel.[188] Doch zurück zu Bradl und seiner Autobiografie. In seiner Selbstdarstellung blendet Bradl seine Beteiligung als SA-Sportler am NS-Regime aus. Generell vermeidet er darin, die nationalsozialistische Herrschaft zu benennen, als hätte es diese von 1938 bis 1945 in Österreich nicht gegeben.[189] Den Weltmeistertitel 1939 für das Deutsche Reich titulierte Bradl in seiner Autobiografie mit „Sieg für Österreich".[190]

Zu Beginn der 1950er-Jahre sollte der Mühlbacher, der mittlerweile für den ASKÖ Bischofshofen an den Start ging, zu einer neuen sportlichen Hochform auflaufen. Das Wettkampfjahr 1951 entwickelte sich zu einem der erfolgreichsten in seiner sportlichen Laufbahn. Bei der Skiflugwoche in Oberstdorf im März 1951 stand Bradl mit 124 Metern den weitesten Flug und wurde vor 6 000 Zuschauern Tagesbester. Der Empfang, der ihm anschließend vom ASKÖ-Landesverband auf dem Salzburger Hauptbahnhof bereitet wurde, stand jenem zur Zeit des Nationalsozialismus von 1939 um nichts nach. Bradl sei „mit einem Schlage wieder Österreichs populärster und größter Skisportler", hieß es in den *Salzburger Nachrichten*.[191] Einen Tag nach seiner Ankunft überreichte ihm der Salzburger Landeshauptmann Josef Klaus das goldene Sport-Ehrenzeichen des Landes.[192]

---

185 Vgl. Sepp Bradl, Mein Weg zum Weltmeister, Innsbruck 1948; Sepp Bradl, Mein Weg, 1952.
186 Vgl. hier Geleitwort von Hans Hofmann-Montanus, in: Sepp Bradl, Mein Weg zum Weltmeister, Innsbruck 1952, S. 9–11.
187 Vgl. Volker Kluge, Lebensläufe von Sportlern und Sportfunktionären zwischen Sport, Politik, Kultur, Medien und Gesellschaft, in: BIOS 18 (2005) 2, S. 206–214, hier S. 209.
188 Vgl. Toni Sailer, Mein Weg zum dreifachen Olympiasieg, Salzburg/Stuttgart 1956. Karl Springenschmid, seit 1932 NSDAP-Mitglied, war Leiter des NS-Lehrerbundes im Gau Salzburg und Initiator der nationalsozialistischen Bücherverbrennung 1938 in der Stadt Salzburg. Nach 1945 entzog er sich seiner Verhaftung durch Flucht und wirkte nach Einstellungen der gerichtlichen Ermittlungen 1951 erneut als Schriftsteller. Vgl. u. a. Hofinger, Nationalsozialismus, S. 147 und 161.
189 Vgl. Bradl, Mein Weg, 1948 und 1952.
190 Vgl. Bradl, Mein Weg, 1952, S. 152.
191 Vgl. Salzburger Nachrichten, 1.3.1951, S. 4.
192 Vgl. Salzburger Nachrichten, 7.3.1951, S. 4.

Abb. 39: Der Salzburger Landeshauptmann Josef Klaus übergibt Josef Bradl das Goldene Sport-Ehrenzeichen des Landes Salzburg, 6. März 1951, SLA, LBS F35/0330.

Die Olympia-Teilnahme 1952 in Oslo beendete Bradl mit einem Sturz, dieser begrub seine Hoffnungen auf eine Olympia-Medaille.[193] Bei der Vier-Schanzen-Tournee, die im Jänner 1953 in Garmisch-Partenkirchen, Oberstdorf, Innsbruck und Bischofshofen ausgetragen wurde, landete Bradl mit einer Gesamtnote von 878,6 Punkten vor seinen norwegischen Kontrahenten Halvor Næs und Asgeir Doelpads auf dem ersten Platz.[194] Bei der kommenden Tournee musste er sich angesichts des jungen Skisprungnachwuchses aus Norwegen und Finnland mit einem dritten Platz zufrieden geben.[195] Bei den darauffolgenden österreichischen Meisterschaften konnte Bradl noch einmal im Spezialsprunglauf aufzeigen und holte dort erneut den Staatsmeistertitel.[196] Seine aktive Karriere als Skispringer beendete er 1956 nach dem zwölften Platz bei den Olympischen Spielen in Cortina d'Ampezzo. Danach war Bradl noch als Trainer der nordischen Skinationalmannschaft erfolgreich und trainierte die junge österreichische Skisprung-Generation bis in die späten 1960er-Jahre hinein. Der Skisprungstar diente wie schon zur Zeit des Nationalsozialismus als Vorbild für die Sportjugend, dieses Mal für jene der Zweiten Republik. Bradl starb am 3. März

---

193 Vgl. Glaser, Goldschmiede, S. 55.
194 Vgl. Ski Sport, 1 (1952/53) 3, S. 6.
195 Vgl. Ski Sport, 2 (1953/54) 3, S. 4–5.
196 Vgl. Ski Sport, 2 (1953/54) 4/5, S. 7.

1982 mit 64 Jahren. 1991 wurde das Skisprungstadion in Bischofshofen nach ihm benannt, das erstaunlicherweise heute noch seinen Namen trägt.[197]

Abb. 40: Wiedersehen nach dem Krieg: Der frühere SA-Sturmführer Josef Bradl (li.) und der rehabilitierte SS-Sportsoldat Wilhelm Köstinger bei einem Treffen in Gastein, Privatbesitz.

Ebenso wie Bradl hatte sich sein langjähriger Weggefährte Markus Maier nach 1945 vor der NS-Sonderkommission zu verantworten. Die Argumente waren ähnliche, wie sie auch andere belastete und minderbelastete Skisportler im Entnazifizierungsverfahren vorbrachten:

> Lediglich aus dem Grunde der sportlichen Repräsentation wurde ich als bekannter Skirennfahrer- und Springer im Feber 1940, anläßlich der SA-Gruppenskiwettkämpfe in Gastein zum SA-Sturmführer gemacht, weil nach den bestehenden Vorschriften nur ein Offiziersdienstgrad der SA als Skimannschaftsführer verwendet werden durfte.[198]

Mit Hilfe dieser Argumentation konnte Maier seine SA-Mitgliedschaft und damit seine Beteiligung am NS-System entkräften. Bei Julius Funcke, der bereits vor 1938 maßgeblich am Aufbau der illegalen SA im Salzburger Lungau beteiligt war, verhielt es sich ähnlich. Der Skilehrer Funcke gab zwar im Volksgerichts-

---

197 Vgl. Glaser, Goldschmiede, S. 55; Praher, Vergessen und verdrängt, S. 369–370; Egon Theiner, Sepp Bradl. Der Adler vom Hochkönig, in: Matthias Marschik/Georg Spitaler (Hg.), Helden und Idole. Sportstars in Österreich, Innsbruck/Wien/Bozen 2006, hier S. 205–206.
198 Vgl. SLA, NS-SOKO A.04.11 B, Markus Maier.

verfahren zu, 1932 der SA beigetreten und als illegaler Nationalsozialist tätig gewesen zu sein, betonte aber gleichzeitig: „Es ist entschieden zu viel gesagt dass ich Fanatiker gewesen wäre, ich war wohl damals jung, war für allen Unfug zu haben, habe aber politisch mich wenig interessiert."[199] Offiziell als „minderbelastet" eingestuft, konnte der ehemalige SA-Truppführer seine Bergleidenschaft nach dem Zweiten Weltkrieg bei der Alpinen Bergrettungsstelle am Prebersee ausleben,[200] dort, wo seine Karriere in den 1930er-Jahren als Skilehrer begann und seine Annäherung an den Nationalsozialismus seinen Ausgang nahm.

Auf Funktionärsebene gelangte der im November 1944 verstorbene NS-Landessportführer für Vorarlberg, NSDAP-Kreisorganisationsleiter und NS-Gesinnungsgenosse Theodor Rhomberg posthum zu Ehren. Er erhielt in der Nachkriegszeit das „Goldene Ehrenzeichen" des ÖSV verliehen. In der Festschrift zum 60-jährigen Jubiläum des VVS wird der langjährige Verbandspräsident neben anderen früheren Gesinnungskollegen wie Ignaz Karl Gsur als Ehrenmitglied des Verbandes geführt.[201] Gsur war wie Rhomberg einer der Verfechter des „Arierparagraphen" im ÖSV.[202]

---

[199] Vgl. Vernehmung des Beschuldigten Julius Funcke, Bezirksgericht Tamsweg, 21.11.1947, OÖLA, LG Linz Sondergerichte, Sch. 370, VgVr 6478/47.
[200] Vgl. Melde- und Registrierungsblatt, OÖLA, LG Linz, Sondergerichte, Sch. 370, VgVr 6478/47; Salzburger Volkszeitung, 29.11.1946, S. 6.
[201] Vgl. 60 Jahre Verband Vorarlberger Skiläufer. Von der Pionierzeit zur Weltmeisterschaft (Festschrift). Bregenz 1965, S. 12.
[202] Vgl. Praher, Skifahren, S. 202–205. Andreas Praher, „Die Stadt gehörte wieder uns!" Skilauf auf dem Bödele in nationalsozialistischen Zusammenhängen, in: Nikola Langreiter/Petra Zudrell (Hg.), Wem gehört das Bödele? Eine Kulturlandschaft verstehen, Salzburg/Wien 2020, S. 254-267, hier S. 265.

7 Schlussbetrachtung

Der Skisport erlebte in den 1930er-Jahren eine immense Bedeutungssteigerung, die dazu führte, dass tausende Menschen in Mitteleuropa die Alpen eroberten und von dort ausgehend Menschen in anderen Gebirgsregionen auf der Welt von der Faszination des alpinen Skilaufs angesteckt wurden. Der Skisport entwickelte sich bis zum Beginn des Zweiten Weltkriegs sowohl in der Breite als auch in der Spitze. Verschiedenste Mechanismen der privaten und staatlichen Förderung hatten nach Ende des Ersten Weltkriegs zur Folge, dass ein gewisser Grad der Professionalisierung, Technisierung und Kommerzialisierung eintrat, der bis dato in einer Sportart noch nicht da gewesen war. Zwar konnte auch der Fußball die Massen bewegen, doch er hatte dem Tourismus wenige Angebote zu machen. Auch in militärischer Hinsicht war er dem Skisport „unterlegen". Schon im Ersten Weltkrieg hatte die militärische Führung den Nutzen von Skitruppen erkannt und dementsprechend eingesetzt. Doch erst die faschistischen Regime Europas in der ersten Hälfte des 20. Jahrhunderts erkannten im Sport jene fatale Wirkungsmacht, die nicht nur im Propagandakrieg, sondern auch auf dem Schlachtfeld in hochspezialisierten Gebirgseinheiten zum Ausdruck kam. Gleichzeitig war die Zeit zwischen dem Ersten und dem Zweiten Weltkrieg von wirtschaftlichen und politischen Krisen bestimmt, die ihren Ausdruck in und durch die Sport- und Skisportvereine fanden. Handelnde AkteurInnen waren davon beseelt, das politische Klima mitzubestimmen, und erklärten den Sport zur politischen „Kampfzone". In den deutschnationalen Mitgliedsvereinen des ÖSV äußerte sich dies in den 1920er-Jahren in so genannten „Arierparagraphen", die zunächst das Deutschtum bevorzugen sollten, mit der aufkommenden nationalsozialistischen Ideologie aber immer antisemitischer wurden. Die Ausgrenzungspolitik des ÖSV führte ab 1933 zu fatalen Verstrickungen mit dem nationalsozialistischen Deutschland, sowohl auf personeller als auch auf organisatorischer Ebene. Das System und die Ideologie des Nationalsozialismus setzten sich in den deutschnationalen Skivereinen fest, noch bevor am 13. März 1938 deutsche Truppen mit österreichischen Skisoldaten in ihren Reihen den „Anschluss" vollzogen. Im weiteren Verlauf waren es neben einer vorhandenen Gesinnung individuelle Machtbestrebungen und materielle Überlegungen sportlicher Natur, weshalb sich meist männliche Sportfunktionäre, TrainerInnen und Aktive im Skisportbetrieb der NS-Ideologie anschlossen und das NS-Herrschaftssystem mitgestalteten.

Der ÖSV war seit seiner Gründung bestrebt, die eigene Organisation gegenüber Konkurrenzverbänden zu stärken. Um die Voraussetzungen für eine kontinuierliche Expansion zu schaffen, die bis heute anhält, benötigte der ÖSV zunächst die materiellen und finanziellen Ressourcen. Diese stellte er seit dem Ende des Ersten Weltkriegs über ein dicht verwobenes personelles Netz her. Die Kontakte reichten bis hinein in die verantwortlichen politischen Ämter und Stellen, wenn es darum ging, Infrastrukturprojekte auf den Weg zu bringen oder Subventionen für Sportveranstaltungen zu lukrieren. Mit der reglementierten Skilehrerausbildung, die zunächst auf Landesebene Fuß fasste und dann verstaatlicht wurde, schuf der ÖSV ein erstes professionelles Setting für die Entwicklung von Breiten- und Spitzensport. Die Erste Republik förderte zunächst die Etablierung des Skilaufs als Breitensport, das austrofaschistische Regime widmete sich erstmals dem Leistungssportbereich. Der Nationalsozialismus bedeutete in dieser Hinsicht eine Steigerung. Das nationalsozialistische Regime erkannte die Wirkungsmacht des Skisports auf sportpolitischer und propagandistischer Ebene. Über die nationalsozialistische Sportpresse und das Massenmedium Film konnte das NS-Herrschaftssystem Identifikationsmöglichkeiten anbieten und damit das auf Ausschluss von anderen abzielende „Wir-Gefühl" durch sportliche Siege implementieren. Hinzu kam der kontinuierliche Ausbau des Skisportbetriebes im Sinne der Wehrertüchtigung und Kriegsvorbereitung.

Den großteils männlichen Funktionären und SportlerInnen wurden Möglichkeiten in Aussicht gestellt, die auf sportlicher Ebene einen Quantensprung bedeuteten. Dass damit Verbrechen gegen die Menschlichkeit verbunden waren und Millionen Jüdinnen und Juden ihren Tod im Holocaust fanden, das wurde bis weit in die Nachkriegszeit hinein ausgeblendet, verdrängt und weggeschoben. Der Skisport wie die Berge sollten frei sein von dem Ballast des Nationalsozialismus. Die Mehrheit der Bevölkerung und der SkisportlerInnen kümmerte sich nicht darum, was mit den verfolgten, nicht zur „Volksgemeinschaft" zählenden Menschen passierte. Manche, und das wurde ausgiebig dargestellt, hatten an Ausgrenzung, Verfolgung, Vernichtungskrieg und Mord sogar selbst mitgewirkt und verschleierten ihre Mitverantwortung nach 1945 gekonnt. SpitzensportlerInnen fanden, unterstützt von politischen Parteien und Interessensverbänden, zurück in einen beruflichen Nachkriegsalltag, der geprägt war vom großen Schweigen. Das österreichische Sportsystem der Zweiten Republik wollte anfangs keine HJ- oder BDM-FührerInnen in der Jugendausbildung oder gar Kriegsverbrecher oder Massenmörder als Trainer einstellen. Demgegenüber standen jedoch hunderte belastete SportlerInnen, die im Rahmen eines Entnazifizierungsverfahrens entweder auf der Anklagebank saßen oder in Internierungslagern auf ihre Freilassung durch die alliierten Behörden warteten. Die Strategie der Verteidigung war ebenso banal wie erfolgreich. Anstatt die NS-Vergangenheit zu thematisieren, wurde ein „Österreich-Patriotismus" kreiert. Der „unpolitische" Sport erfand sich neu – solidarisch, paritätisch und in seinen Idealen nur dem Sport verpflichtet. Garantieren sollten dies die drei nach

1945 ins Leben gerufenen Dachverbände ASKÖ, ASVÖ und UNION.[1] Während der konsensuale Überbau des österreichischen Sports Harmonie suggerierte, wurde die nationalsozialistische Vergangenheit vieler rehabilitierter AkteurInnen ignoriert. Dieses Schweigen manifestierte sich auch in der Erinnerungskultur, die bis heute einem „Heldengedenken" gleicht und einer Täter-Opfer-Umkehr gleichkommt. Dies bezeugen Sätze wie jene des Sportjournalisten Joachim Glaser im Jahr 2011, der im Kontext der Folgen der nationalsozialistischen Herrschaft und des Zweiten Weltkriegs für den Skisport zu dem Schluss kommt: „Athleten litten noch nach 1945 unter dem Unheil der NS-Zeit."[2] In diesem Zusammenhang verwundert es wenig, auch wenn es befremdlich wirkt, dass das Skisprungstadion in Bischofshofen seit 1991 nach dem nationalsozialistischen Skisprungweltmeister von 1939, dem ehemaligen SA-Sturmführer und HJ-Ausbildner Josef Bradl benannt ist und eine im dortigen Besucherzentrum vom Museumsverein Bischofshofen kuratierte Sonderausstellung 2018 Bradl als skispringenden Naturburschen und Skisprunglegende inszenierte.[3] An diesem Beispiel zeigt sich der unreflektierte, erkenntnisresistente, verharmlosende Umgang mit der NS-Vergangenheit im Sport bis in die Gegenwart.

Die dargestellten Lebensläufe verdeutlichen die Facetten der Mittäterschaft und der Mitverantwortung an Ausgrenzung, Krieg, Verfolgung und Vernichtung. Sie zeigen ebenso den vorauseilenden Gehorsam der AkteurInnen, den Opportunismus und das durchaus menschliche Bedürfnis, in einem unmenschlichen System voranzukommen, etwas erreichen und sich profilieren zu wollen. Zivilisatorisch und moralisch gibt es klare Grenzen, ab denen ein friedliches, auf gegenseitigen Respekt abzielendes Zusammenleben nicht mehr funktioniert. Diese Grenzen hatten AkteurInnen im Skisport in vielen Bereichen eindeutig überschritten. Sie wurden damit nicht nur zu MitwisserInnen, sondern zu MittäterInnen des nationalsozialistischen Regimes. Sie unterstützten und vollzogen eine antisemitische und rassistische Politik, schulten den soldatischen Nachwuchs im Sinne der NS-Ideologie. Ihre skisportlichen Dienste als LehrgangsleiterInnen und AusbildnerInnen sowie ihr soldatisches Handeln als

---

[1] Nach den Erfahrungen der Ersten Republik und des Austrofaschismus wurden in der Zweiten Republik die drei gleichberechtigten Dachverbände ASKÖ, ASVÖ und die Turn- und Sportunion gegründet. Die ÖVP-nahe UNION sowie der SPÖ nahestehende ASKÖ und der offiziell politisch unabhängige ASVÖ sollten in der Bundessportorganisation konsensual zusammenarbeiten. Zur Entstehungsgeschichte der Sportdachverbände in Österreich nach 1945 vgl. Norden, Sport in Österreich, S. 34–35; Müllner, Perspektiven, S. 69–70.
[2] Glaser, Goldschmiede, S. 24.
[3] Besuch der Sonderausstellung „100 Jahre Sepp ‚Buwi' Bradl. ‚Mein Weg zum Weltmeister!'" im Besucherzentrum des Schanzengeländes in Bischofshofen im Rahmen der Recherchen im Oktober 2018.

Gebirgsjäger, Jagdflieger oder SS-Elitekämpfer machte aus SportlerInnen KollaborateurInnen und im Extremfall zu KriegsverbrecherInnen.

Die historische Sportforschung im Kontext des Nationalsozialismus und anderer faschistischer Diktaturen, und das ist ein zentrales Ergebnis dieser Forschungsarbeit, muss sich von einer Instrumentalisierungsthese lösen und die aktive Beteiligung der SportlerInnen in den Blick rücken.[4] Es geht weniger darum, welche Angebote einzelnen AthletInnen gemacht wurden, sondern wie diese ein totalitäres Regime für sich nutzen konnten und davon profitierten. Durch ihre soziale Funktion als Vorbilder hatten SpitzenathletInnen im nationalsozialistischen Herrschaftssystem einen Sonderstatus. Diesen konnten sie im Bedarfsfall „gewinnbringend" einsetzen. Darüber hinaus lässt sich feststellen, dass aus frühen NSDAP-Mitgliedschaften sowie SA- oder SS-Zugehörigkeiten berufliche und sportliche Karrieren erwuchsen.[5] Das heißt, es gibt einen klaren Zusammenhang zwischen einem kollaborativen Verhalten gegenüber dem NS-System und dem Karriereweg von SportlerInnen.

Sicherlich existieren zwischen Opfer- und Täterbiografien mitunter Graubereiche und aufgrund des totalitären Regimes des Nationalsozialismus waren Handlungsspielräume auch eingeschränkt, andererseits eröffneten sich ebenso Freiräume, die für den eigenen Vorteil und auf Kosten anderer genutzt werden konnten. Es bleibt daher die anfangs formulierte Frage, wie es im österreichischen Skisport der 1920er- und 1930er-Jahre so weit kommen konnte, dass der Nationalsozialismus im März 1938 in vielen Kreisen nicht als Bruch, sondern als logische Fortsetzung empfunden wurde? Ich denke, auf diese Frage gibt es keine allgemein gültige Antwort, sondern eine Anzahl unterschiedlicher Erklärungen, die auf individueller und alltags- und kulturhistorischer Ebene erarbeitet und überprüft werden müssen.

Die Geschichte der vorliegenden Forschungsarbeit ist nicht zuletzt die eines Machtvakuums, welches die Geschichte des österreichischen Skisports geprägt hat und bis heute prägt. Exklusion funktionierte nicht nur anhand des Geschlechts, sondern, wie auf den vorangegangenen Seiten breit dargestellt, anhand einer Zugehörigkeit zu einer bestimmten Bevölkerungsgruppe. Die Ausübung des Skisports in den 1920er- und 1930er-Jahren bedeutete unter Umständen Diskriminierung. Vereinsstatuten hatten zur Folge, dass die als „nichtarisch" definierten Frauen und Männer, Kinder und Jugendlichen am or-

---

4 Vgl. hier Dwertmann, Legendenbildung, S. 45–46.
5 Hubert Dwertmann verweist bei seiner Analyse der Beteiligung von Sportfunktionären im NS-Regime ebenfalls darauf, dass Führungspositionen im Sport im Zusammenhang stehen zu einer NSDAP-, SA- oder SS-Zugehörigkeit. Vgl. Hubert Dwertmann, Die Beteiligung von Sportfunktionären im NS-Regime und ihr Einfluss auf die Sportgeschichtsschreibung nach 1945, in: Zeitschrift für Geschichtswissenschaft, 59 (2011) 3, S. 230–241, hier S. 236.

ganisierten Skisport des ÖSV nicht partizipieren konnten. Sie wurden aufgrund ihrer Herkunft vom Sportbetrieb ausgeschlossen, durften nicht an Kursen, Rennen oder Meisterschaften des ÖSV teilnehmen und wurden damit auch nicht Teil der erinnerten Erfolgsgeschichte. Ihre Geschichten wurden nicht Teil des kollektiven österreichischen Sportgedächtnisses. Ihre Spuren verliefen sich, sofern sie den Holocaust und die nationalsozialistische Verfolgung überlebten, in verschiedenen Teilen der Welt – in Nord- und Südamerika, Australien oder Palästina. Das Erschreckende dabei ist, wie sehr sich das Verschweigen der Ausgrenzung und Verfolgung ins Master-Narrativ der populärwissenschaftlichen Geschichtsschreibung bis ins 21. Jahrhundert einschreiben konnte. Über jene, die erfolgreich waren, weiß die interessierte Öffentlichkeit heute Bescheid. Die Geschichte von Hannes Schneider ist dies- und jenseits des Atlantiks bekannt. Aber von vielen anderen vertriebenen und geflüchteten SkisportlerInnen ist nur eine Randnotiz in den Geschichtsbüchern geblieben. Warum sie flüchten mussten, um zu überleben, diese Frage ist selten bis nie gestellt worden. Sie bewegten sich, wie so viele ArbeitersportlerInnen, die bereits ab 1934 in die Illegalität gedrängt worden waren, unterhalb der Wahrnehmungsgrenze. Ihre Geschichten lösten bisher wenig Interesse aus und wurden selten nachgefragt. Im Gegensatz dazu mutierten die Geschichten der „ÖSV-HeldInnen" im Kontext des Nationalsozialismus zu einer mythenhaften Meistererzählung. Sich mit den Geschichten der Verfolgten und Vertriebenen zu beschäftigen, hätte unweigerlich dazu geführt, die eigene Geschichte zu hinterfragen. Doch diese reflexive Sichtweise hatte bisher keinen Platz in der Festschriftkultur von Skiverbänden. Daran änderten auch einzelne lokalhistorische Initiativen wenig. Die Verdrängungsstrategie „made in Austria" führte zu einer doppelten Exklusion, indem jüdische Mitglieder im ÖSV ab 1923 nicht nur ausgeschlossen wurden, sondern deren Schicksale darüber hinaus in Vergessenheit gerieten.

Die Geschichte der Exklusion ist eine der Lehren, die nicht nur für die Wissenschaft, sondern viel mehr noch für das gegenwärtige und zukünftige (sportliche) Alltagsleben aus dieser Arbeit mitgenommen werden sollte. Wie geht eine scheinbar sportlich aufgeschlossene Mehrheitsgesellschaft mit wie auch immer definierten Minderheiten um? Wie sieht es mit Alltagsrassismus oder aber auch mit Homophobie in Sportverbänden aus? Welche Strategien können entwickelt werden, um Diskriminierung zu vermeiden? Diese aktuellen Fragen können aus der Geschichte abgeleitet und sollten permanent diskutiert werden, um zu verhindern, dass Menschen im gesellschaftlichen Feld des Sportes eingeschüchtert, gedemütigt, ausgegrenzt oder gar verletzt werden. Die Verantwortlichkeiten liegen hier sowohl bei den Sportorganisationen selbst als auch bei den einzelnen FunktionärInnen und SportlerInnen. Die vorliegende Forschungsarbeit reiht sich damit auch in den aktuell geführten Diskurs rund um Exklusion und Inklusion im Sport ein.[6]

Gleichzeitig zeigt die Forschungsarbeit Möglichkeiten neuer Perspektiven und Zugänge in der sporthistorischen Forschung auf. So ist das Thema Sport und Migration in seiner Bedeutung bisher noch zu wenig untersucht worden. Zwar wurde vereinzelt auf Biografien von so genannten „Pionieren" hingewiesen, die für eine weltweite Verbreitung des Skisports sorgten, diese wurden aber weder in der allgemeinen Migrationsgeschichte verortet noch im Kontext dieser analysiert. Was bedeutete es, wenn sich Mitte der 1930er-Jahre dutzende SkilehrerInnen auf den Weg machten, um ihren Lebensunterhalt in Nord- oder Südamerika zu bestreiten? Welche Auswirkungen hatte das auf die Entwicklung der Sportart? Welche Beziehungen erwuchsen daraus? Welche Gruppen konnten an dieser speziellen Form der Arbeitsmigration teilnehmen? Welche Chancen, Möglichkeiten hatten die Einzelnen und mit welchen Herausforderungen waren sie konfrontiert? Was bedeutet es, wenn sich ehemals Verfolgte und ehemals aktive Parteimitglieder an diesen Orten begegneten? Worin lagen die Unterschiede für Frauen und Männer? Letztere Frage führt unweigerlich zu einem nächsten Themenkomplex, der in der männlich dominierten sporthistorischen Forschung bisher unterrepräsentiert ist, jener der Geschichte von Frauen im Sport. Gerade eine Genderperspektive auf die Sportgeschichte wird neue, wertvolle Erkenntnisse liefern und eine kritisch, reflexive Sportgeschichtsschreibung fördern, indem sie den Blick verändert, weg von den männlichen Eliten. Das Thema Geschlechtergeschichte im Kontext des Skisports bietet hier ein lohnenswertes und bisher wenig beachtetes Forschungsfeld.

Ebenso marginalisiert wurde bisher die Geschichte der Arbeitersportbewegung im Skilauf bis 1934 sowie der katholisch-konservativen Skivereine bis 1938. Die Skiriegen der deutschnationalen Turnvereine müssten ebenso genauer unter die Lupe genommen werden, um hier Gemeinsamkeiten und Unterschiede sowie Beziehungen zu benachbarten Vereinen im ÖSV detaillierter darstellen zu können. Das erfordert jedoch eine umfassende Quellenstudie in diversen öffentlichen wie nichtöffentlichen Archiven und kann nur in einem langfristig ange-

---

6 Vgl. hier allgemein Göllner/Praher/Schwarzbauer/Dimitriou (Hg.), Zwischenräume und insbesondere Philipp Mittnik, Zum Umgang mit rechtsextremen Tendenzen in der österreichischen Fußball-Fankultur. Eine Perspektive der Politischen Bildung, in: Siegfried Göllner/Andreas Praher/Robert Schwarzbauer/Minas Dimitriou (Hg.), Zwischenräume. Macht, Ausgrenzung und Inklusion im Fußball. Beiträge zur 2. Salzburger Fußballtagung, Göttingen 2019, S. 180–187; Nikola Staritz/Almut Sülzle, Schwule? Bei uns? Kein Thema! Sportartkultur und Homophobie im österreichischen Vereinssport, in: Siegfried Göllner/Andreas Praher/Robert Schwarzbauer/Minas Dimitriou (Hg.), Zwischenräume. Macht, Ausgrenzung und Inklusion im Fußball. Beiträge zur 2. Salzburger Fußballtagung, Göttingen 2019, S. 188–202.

legten Forschungsprojekt erfolgen. Die für diese Forschungsarbeit getätigten Recherchen haben verdeutlicht, wie zeit- und kostenintensiv eine breit angelegte Grundlagenforschung sein kann. Gleichzeitig war das Eintauchen in die Lebenswelten der interviewten SportlerInnen sowie der Besuch der ehemaligen Wirkungsstätten, ob im argentinischen San Carlos de Bariloche oder in den amerikanischen White Mountains, eine mehr als lohnenswerte Entschädigung. Die diesseits und jenseits des Atlantiks geführten Gespräche mit ExpertInnen, HistorikerInnen und MuseumsmacherInnen sowie Familienangehörigen ehemaliger SkisportlerInnen waren immer wieder aufs Neue bereichernd und gewinnbringend. Die zunächst sachlich gehaltenen Dialoge endeten nicht selten bei sehr persönlichen Gesprächen über Familie, Freunde sowie politische Einstellungen und Sichtweisen. Auf diesem Weg möchte ich all jenen danken, die dieses Forschungsprojekt mit ihren eigenen Geschichten und Hinweisen auf andere Geschichten als auch den Einblick in Privatarchive und -sammlungen möglich gemacht haben. Sie haben dafür gesorgt, dass die Arbeit an einem mehrjährigen wissenschaftlichen Projekt nie langweilig wurde und dieses mit Leben gefüllt werden konnte.

Am Ende meiner Ausführungen möchte ich nochmals zum Beginn meiner Forderungen zurückkommen und das Plädoyer für die Sportgeschichte wiederholen. Nicht nur die Wissenschaft, auch der Sport (Vereine, Verbände und Verantwortliche) sollte die sporthistorische Forschung ernst nehmen und endlich erkennen, welch wichtige Antworten eine fundiert betriebene, institutionalisierte Geschichtsforschung über den sportlichen Alltag und die Sportkulturen für eine Gesellschaft liefern kann: Antworten, die weit über sportliche Erfolge hinausgehen und vor allem tiefer greifen, als Medaillenränge es jemals tun werden. Sportgeschichte sollte in diesem und im besten Sinne als Gesellschaftsgeschichte zu einem Paradigma werden, dem sich auch endlich die Geschichtswissenschaft in Österreich verschreibt. Dazu müssen aber erst universitäre Voraussetzungen erfüllt werden, die eine ernsthafte, langfristige und nachhaltige Beschäftigung mit der Sportgeschichte ermöglichen. Denn ohne eine gewisse Institutionalisierung wird die bereits sehr selbstbewusst und engagiert auftretende österreichische Sportgeschichtsforschung der internationalen stets hinterherhinken. Um im Wettbewerb der Sportgeschichtsforschung international mithalten zu können, braucht es nicht nur projektbezogene Förderzusagen, die meist nur den Kostenaufwand decken, sondern ausfinanzierte Planstellen, die sowohl die Forschungsarbeiten als auch die Einkommen der Forschenden absichern.

Österreich präsentiert sich der Weltöffentlichkeit als Sportnation und leistet sich im internationalen Vergleich eines der teuersten Sportfördersysteme.[7] Der Breitensport gewinnt an gesellschaftlicher und damit an politischer Bedeutung. Das zeigen unter anderem die österreichweiten Mitgliedszahlen in den übergeordneten Dachverbänden ASKÖ, ASVÖ und Sportunion, die sich an der Millionengrenze bewegen bzw. diese bereits überschritten haben.[8] Nachhaltige, über Parteigrenzen hinweg funktionierende Sportkonzepte fehlen aber laut Kritikern ebenso wie nachhaltige Strukturen in der sporthistorischen Forschungslandschaft. Das benötigt ein Umdenken dahingehend, dass Sport mehr ist als reines körperliches Training und Wettbewerbsgeschehen und die Sportgeschichte mehr als nur dekoratives Beiwerk der allgemeinen Geschichtsschreibung.

---

7 Vgl. Wilhelm Lilge/Gerd Millmann, Sportland Österreich? Athelten – Abzocker – Allianzen, Wien 2013.
8 Vgl. Mitgliederstatistik der Bundessportorganisation (BSO) für die drei Dachverbände im österreichischen Sport ASKÖ, ASVÖ und Sportunion (Stand, 31.12.2018), https://www.bso.or.at/fileadmin/Inhalte/Dokumente/Mitgliedsstatistik/BSO_Mitglieder_Stat_2019.pdf (25.11.2019).

8 Quellen- und Literaturverzeichnis

1 Archivalien

Öffentliche Archive (Deutschland und Schweiz)

Archiv des Internationalen Komitees des Roten Kreuzes Genf (ACICR)

Bayerisches Hauptstaatsarchiv München (BayHStA)
Ministerium für Unterricht und Kultus (MK)
Reichsstatthalterakten (RSTH)

Deutsches Bundesarchiv Berlin (BArch)
Personalakten
Sachakten

Deutsche Dienststelle (WASt)
Zentralkartei und Personalunterlagen

Militärarchiv Freiburg (MA)
Schulen des Heeres (RH 17)

Staatsarchiv München (StAM)
Landratsamt-Akten (LRA)
Spruchkammerakten

Öffentliche Archive (Österreich)

Österreichisches Staatsarchiv (OeStA)
Archiv der Republik (AdR), Bundeskanzleramt (BKA)
Archiv der Republik (AdR), Bundesministerium für Handel und Verkehr (BMfHuV)
Archiv der Republik (AdR), Bundesministerium für Soziale Verwaltung
Archiv der Republik (AdR), Entschädigungs- und Restitutionsangelegenheiten (E-uReang)
Archiv der Republik (AdR), Präsidentschaftskanzlei (PK)
Archiv der Republik (AdR), Reichskommissar (RK)
Archiv der Republik (AdR), Stillhaltekommissar (Stiko)

Oberösterreichisches Landesarchiv (OÖLA)
Volksgerichtsakten (VgVr)
Bezirksgericht Gmunden (BG Gmunden)

Salzburger Landesarchiv (SLA)
Archivalienbestand Camp Marcus W. Orr
Handbibliothek (HB)
Landesgerichtsakten (LGS)
Landesregierungsakten (LRA)
NS-Sonderkommission (NS-SOKO)
Personalakten
Präsidialakten (PRÄ)

Rehrl-Briefe
Rehrl-Spenden (Rehrl-Sp)
Reichsstatthalter (RSTH)
Sicherheitsdirektion (SID)

Tiroler Landesarchiv (TLA)
Akten der Rückstellungskommission (RK)
Bezirkshauptmannschaft (BH)
Meldekartei
Nachrichtenblätter
NS-Dokumentationsmaterial
Reichsstatthalter (RSTH)
SA-Listen
Vereinsakten
Volksgerichtsakten (Vr)
Wehrstammbücher

Vorarlberger Landesarchiv (VLA)
BH-Akten
Sicherheitsdirektion

Wiener Stadt- und Landesarchiv (WStLA)
Vereinsakten

Stadtarchiv Dornbirn (StAD)
Verwaltungsarchiv, NSDAP-Akten
Fotosammlung

Stadtarchiv Graz
Meldekartei

Stadtarchiv Innsbruck (StAI)
NS-Registrierungsakten

Stadtarchiv Salzburg
NS-Registrierungsakten
Häuserkartei
Meldekartei
Fotoarchiv Krieger

Bezirksarchiv Zell am See
Sammlung Skisport

Dokumentationsarchiv des österreichischen Widerstandes (DÖW)
Opferdatenbank

Vereins- und Verbandsarchive, Museale Sammlungen
Archiv Club Andino Bariloche, Bariloche (Argentinien)
Archiv des österreichischen Alpenvereins (OeAV), Innsbruck
Archiv Tiroler Skiverband, Innsbruck

Archiv Wintersportmuseum Mürzzuschlag
Jüdisches Museum, Hohenems
New England Ski Museum, Franconia (New Hampshire, USA)
Museo de la Inmigración, Centro de Estudios Migratorios Latinoamericanos (CEMLA), Buenos Aires
Salzburger Landesskimuseum, Werfenweng
Sammlung Lechmuseum, Huber-Hus, Lech am Arlberg
Ski-Historisches Archiv (SHA) des ÖSV, Innsbruck
U. S. Ski and Snowboard Hall of Fame, Ishpeming (Michigan, USA)
Vereinsarchiv Skiklub Zell am See
WaRis – Tiroler Filmarchiv, Helma Türk & Dr. Christian Riml, Innsbruck/Bad Reichenhall

2 Tageszeitungen und Periodika

Arbeiter-Zeitung
Badener Zeitung
Bludenzer Anzeiger
Das interessante Blatt
Das kleine Volksblatt
Das Schwarze Korps
Der Abend
Der Montag
Der Neue Mahnruf
Der Rote Adler
Der Spiegel
Der Standard
Der Völkische Beobachter
Des Moines Register
Deutscher Telegraf
Deutsches Volksblatt
Edwardsville Intelligencer
Feldkircher Anzeiger
Freie Stimmen
Grazer Tagblatt
Innsbrucker Nachrichten
Kärntner Tagblatt
Kärntner Volkszeitung
Kitzbüheler Anzeiger
Kleine Volkszeitung
Lancaster Eagle-Gazette
Middlesboro Daily News
Mount Carmel Item
Neues Wiener Tagblatt
Neueste Sport-Zeitung (Sportbeilage, erschienen in den Innsbrucker Nachrichten)
Neueste Zeitung

Neue Zeit
New York Daily News
Oakland Tribune
Oberösterreichische Nachrichten
Republican and Herald
Rochester Democrat and Chronicle
Rutland Daily Herald
Salt Lake Telegram
Salzburger Chronik
Salzburger Landeszeitung
Salzburger Nachrichten
Salzburger Tagblatt
Salzburger Volksblatt
Salzburger Volkszeitung
Salzburger Zeitung
Sportblatt am Mittag
Sport-Tagblatt
Syracuse Herald-Journal
Tagblatt
The Boston Globe
The Brooklyn Daily Eagle
The Daily Sentinel
The Green Bay Press-Gazette
The Lowell Sun
The News Chronicle
The Portsmouth Herald
The Post-Register
Tiroler Anzeiger
Vorarlberger Tagblatt
Vorarlberger Volksblatt
Wiener Illustrierte
Wiener Montagsblatt
Wiener Salonblatt
Wiener Sport-Tagblatt

Alpin-, Ski-, Sport- und Wintersportzeitschriften
Alpenland
Anuario Club Andino Bariloche, Jahresschriften des Club Andino Bariloche
Annuario Club Argentino de Ski, Jahresschriften des Argentinischen Skiverbandes
Appalachia. Journal des Appalachian Mountain Club
Der Ski. Amtliche Zeitschrift des Österreichischen Skiverbandes
Der Skilauf in Österreich. Jahrbuch des Österreichischen Skiverbandes
Der Skiläufer. Amtliche Zeitschrift des Österreichischen Ski-Verbandes
Der Turner. Wochenblatt des Deutschen Turnerbundes
Der Winter. Die Zeitschrift für Skilauf und Winterturistik
Die Olympischen Spiele 1936 in Berlin und Garmisch-Partenkirchen, Band 1, Hamburg 1936

Durch Pulver und Firn. Jahrbuch des Nationalsozialistischen Reichsbundes für Leibesübungen/ Fachamt Skilauf
Mitteilungen des Deutschen und Österreichischen Alpenvereins
Nachrichten der Skilauf- und Bergsportsektion des Österreichischen Touring-Clubs
NS-Sport. Offizielles Organ des NS-Reichsbundes für Leibesübungen
Österreichisches Sport-Jahrbuch. Handbuch für Sport und Turnen. Amtliches Jahrbuch der Österreichischen Sport- und Turnfront
Reichssportblatt
Skiing Heritage. Journal of the International Skiing History Association
Skilauf in Österreich. Offizielles Jahrbuch des Österreichischen Skiverbandes
Skileben in Österreich. Jahrbuch des Österreichischen Skiverbandes
Ski Sport. ÖSV-Zeitschrift
Ski-Sport. Offizielles Organ des Reichsfachamtes für Skilauf im (DRL) NSRL
Sport in Österreich. Zeitschrift für Sport und Turnen
Touristik- und Wintersport im Sportklub Hakoah

Vereins- und Festschriften
25 Aniversario Club Andino Bariloche. 1931–1956.
45 Jahre Ski-Club Arlberg. 1901–1946, St. Anton Winter 1945/46.
50 Jahre Deutscher Skiverband 1905–1955, München 1955.
50 Jahre Kitzbüheler Skiclub. Arbeit und Erfolg Wintersportverein Kitzbühel 1905–1955.
60 Jahre Verband Vorarlberger Skiläufer. Von der Pionierzeit zur Weltmeisterschaft (Festschrift), Bregenz 1965.
75 Jahre Skiclub Salzburg 1910–1985, Salzburg 1985.
100 Jahre Schiklub Saalfelden, Saalfelden 2012.
100 Jahre Skiclub Salzburg 1910–2010, Salzburg 2010.
100 Jahre Tiroler Skiverband 1913–2013, Hall in Tirol 2013.
100 Jahre Wintersportverein Bad Hofgastein 1908–2008, Bad Hofgastein 2008.
100 Jahre Wintersportverein St. Johann im Pongau 1906–2006, St. Johann 2006.
Ein Jahrhundert Thüringer Skispuren. Festschrift des Thüringer Skiverbandes zum Jubiläum. 100 Jahre
Thüringer Wintersportverband 1905–2005, Oberhof 2005.
Festschrift 100 Jahre Katholischer Gesellenverein Salzburg 1852–1952, Salzburg 1952.
Ski-Klub Zell am See. Festschrift zum 75-Jahr-Jubiläum, Zell am See 1981.

3 Dokumentarfilme

100 Jahre Skiclub Gurgl 1911 – Eine Zeitreise der besonderen Art, Regie: Christoph Sitar/Andreas Hörl, 2011.
Ski Heil – Die zwei Bretter, die die Welt bedeuten, Regie: Richard Rossmann, 2009.

4 Onlinearchive und Internetquellen

Ancestry, www.ancestry.com
Australian Alpine Club, www.australianalpineclub.com
Bürgerservice Garmisch-Partenkirchen, https://buergerservice.gapa.de
Bundesarchiv Berlin (BArch), www.bundesarchiv.de
Bundessportorganisation (BSO), www.bso.or.at
Canadian Ski Hall of Fame, http://skimuseum.ca
Datenbank der deutschen Parlamentsabgeordneten, www.reichstag-abgeordnetendatenbank.de
Denver Public Library, https://history.denverlibrary.org/
Docupedia Zeitgeschichte, https://docupedia.de
Dokumentationsarchiv des österreichischen Widerstandes (DÖW), www.doew.at
Dornbirner Familienbuch, https://lexikon.dornbirn.at/startseite/geschichte/dornbirner-familienbuch
Findbuch für Opfer des Nationalsozialismus, www.findbuch.at
Hahnenkamm-Rennen, www.hahnenkamm.com
Historisches Lexikon Bayerns, www.historisches-lexikon-bayerns.de
Historisches Lexikon der Schweiz, www.hls-dhs-dss.ch
Holocaust Researchproject, www.holocaustresearchproject.org
International Olympic Committee (IOC), www.olympic.org
Internationaler Skiverband (FIS), www.fis-ski.com
John H. E. Fried Collection 1815–1995, https://archive.org/details/johnhefried
Kitzbüheler Skiclub (KSC), https://skikitz.org
Lexikon der Wehrmacht, www.lexikon-der-wehrmacht.de
Matricula Online, data.matricula-online.eu/de
National Obituary Registry, https://obittree.com
Online Archive of California (OAC), www.oac.cdlib.org
Skiakademie Austria, http://skiakademie.at
Ski Arlberg, www.skiarlberg.at
Skiklub Badgastein, www.skiclub-badgastein.com
Stadt Innsbruck, www.innsbruck.gv.at
Stadt Salzburg, www.stadt-salzburg.at
Stolpersteine Salzburg, www.stolpersteine-salzburg.at
Worldfootball, www.worldfootball.net
United States Holocaust Memorial Museum, https://collections.ushmm.org
United States National Archives and Records Administration (NARA), www.archives.gov
United States Ski and Snowboard Hall of Fame, https://skihall.com
Yad Vashem, Central Database of Shoah Victim's Names, Jerusalem, www.yadvashem.org

5 Interviews

Interview mit Gustav Lantschner, geführt von Richard Rossmann, o. J., Kopie von Transkript im Besitz des Verfassers.

Interview mit Paula Kann Valar, geführt von Edie Swift, o. J., New England Ski Museum, Kopie von Transkript im Besitz des Verfassers.
Interview mit Peter Radacher jun., geführt von Andreas Praher am 6.11.2014 in Mühlbach am Hochkönig.
Interview mit Gertraud Hartwagner, geführt von Andreas Praher am 15.3.2015 in Zell am See.
Interview mit Dagmar Rom, geführt von Andreas Praher am 21.7.2015 in Innsbruck.
Interview mit Egon Schöpf, geführt von Andreas Praher am 14.9.2015 und 30.10.2015 in Kufstein.
Interview mit Catalina Matzi, geführt von Andreas Praher am 17.2.2017 in San Carlos de Bariloche.

6 Gedruckte Quellen und Literatur (inklusive unveröffentlichter Hausarbeiten, Diplomarbeiten und Dissertationen)

Martin Achrainer (Hg.), Berg Heil! Alpenverein und Bergsteigen 1918–1945, Köln/Weimar/Wien, 2011.
Martin Achrainer/Nicholas Mailänder, Der Verein, in: Martin Achrainer (Hg.), Berg Heil! Alpenverein und Bergsteigen 1918–1945, Köln/Weimar/Wien, 2011, S. 193–318.
Sabine Albrich-Falch, Jüdisches Leben in Nord- und Südtirol von Herbst 1918 bis Frühjahr 1938, in: Thomas Albrich (Hg.), Jüdisches Leben im historischen Tirol. Von der Teilung Tirols 1918 bis in die Gegenwart (Band 3), Innsbruck/Wien 2013, S. 11–186.
Thomas Albrich, Die „Endlösung der Judenfrage" im Gau Tirol-Vorarlberg: Verfolgung und Vernichtung 1941 bis 1945, in: Rolf Steininger/Sabine Pitscheider (Hg.), Tirol und Vorarlberg in der NS-Zeit, Innsbruck 2002, S. 341–360.
Thomas Albrich, Die Jahre der Verfolgung und Vernichtung unter der Herrschaft von Nationalsozialismus und Faschismus, in: Thomas Albrich (Hg.), Jüdisches Leben im historischen Tirol. Von der Teilung Tirols 1918 bis in die Gegenwart (Band 3), Innsbruck/Wien 2013, S. 187–356.
Thomas Albrich, Die Täter des Judenpogroms in Innsbruck 1938, Innsbruck/Wien 2016.
Thomas Albrich, Einleitung, in: Thomas Albrich (Hg.), „Wir lebten wie sie...". Jüdische Lebensgeschichten aus Tirol und Vorarlberg, Innsbruck 1999, S. 7–12.
Thomas Albrich (Hg.), Jüdisches Leben im historischen Tirol. Von der Teilung Tirols 1918 bis in die Gegenwart (Band 3), Innsbruck/Wien 2013.
Thomas Albrich (Hg.), „Wir lebten wie sie...". Jüdische Lebensgeschichten aus Tirol und Vorarlberg, Innsbruck 1999.
Thomas Albrich/Winfried R. Garscha/Martin F. Polaschek (Hg.), Holocaust und Kriegsverbrechen vor Gericht. Der Fall Österreich, Innsbruck/Wien/Bozen 2006.
Thomas Alkemeyer, Körperlichkeit und Politik. Aufrecht und biegsam. Eine politische Geschichte des Körperkults, in: Matthias Marschik/Rudolf Müllner/Otto Penz/Georg Spitaler (Hg.), Sport Studies, Wien 2009, S. 47–59.
John B. Allen, 1924 – Die Geburt des modernen Skisports, in: SportZeiten, Sport in Geschichte, Kultur und Gesellschaft, 2 (2002) 1, S. 7–16.
John B. Allen, From Skisport to Skiing. One Hundred Years of an American Sport, 1840–1940, Amherst 1993.
John B. Allen, Images of Sports. New Hampshire on Skis, Portsmouth 2002.

John B. Allen, Politik, Geld und Sport: Der Fall Hannes Schneider, in: Josef Riedmann/Richard Schober (Hg.), Tiroler Heimat. Jahrbuch für Geschichte und Volkskunde (Band 70), Innsbruck 2006, S. 195–200.

John B. Allen, Skiing and Politics: the Case of Hannes Schneider, in: 6th Congress of the International Society for the History of Physical Education and Sport. July 14–19, Budapest 1999, S. 328–334.

John B. Allen, The Culture and Sport of Skiing. From Antiquity to World War II, Amherst 2007.

John B. Allen, The Military Foundations of Civilian Skiing in Europe, in: Wintersportmuseum Mürzzuschlag (Hg.), 3rd FIS Ski History Conference, Mürzzuschlag/Graz 2004, S. 113–129.

Claudio Ambrosi/Wolfgang Weber (Hg.), Sport und Faschismen. Geschichte und Region, Innsbruck/Wien/München/Bozen 2004.

Claudio Ambrosi/Wolfgang Weber, Editorial, in: Claudio Ambrosi/Wolfgang Weber (Hg.), Sport und Faschismen. Geschichte und Region, Innsbruck/Wien/München/Bozen 2004, S. 5–19.

Rainer Amstädter, Der Alpinismus. Kultur – Organisation – Politik, Wien 1996.

Vojko Arko, Otto Meiling. Un pionero de Bariloche, Bariloche 2006.

Arthur Baar, 50 Jahre Hakoah. 1909–1959, Tel Aviv 1959.

Berno Bahro, Der Sport und seine Rolle in der nationalsozialistischen Elitetruppe SS, in: Historical Social Research/Historische Sozialforschung, 32 (2007) 1, S. 78–91.

Berno Bahro, Der SS-Sport. Organisation – Funktion – Bedeutung, Paderborn/München/Zürich/Wien 2013.

Berno Bahro/Hans Joachim Teichler (Hg.), Sport und Schulsport in der NS-Diktatur, Paderborn 2017.

Jens Banach, Heydrichs Vertreter im Feld. Die Inspekteure, Kommandeure und Befehlshaber der Sicherheitspolizei und des SD, in: Gerhard Paul/Klaus-Michael Mallmann (Hg.), Die Gestapo im Zweiten Weltkrieg. „Heimatfront" und besetztes Europa, Darmstadt 2000, S. 82–99.

Nikolaus Barbian, Auswärtige Kulturpolitik und „Auslandsdeutsche" in Lateinamerika 1949–1973, Wiesbaden 2014.

Waltraud Barton (Hg.), Ermordet in Maly Trostinec. Die österreichischen Opfer der Shoah in Weißrussland, Wien 2012.

Christoph W. Bauer, Graubart Boulevard, Innsbruck/Wien 2008.

Ingrid Bauer, Eine Frauen- und Geschlechtergeschichtliche Perspektivierung des Nationalsozialismus, in: Emmerich Tálos/Ernst Hanisch/Wolfgang Neugebauer/Reinhard Sieder (Hg.), NS-Herrschaft in Österreich. Ein Handbuch, Wien 2002, S. 409–443.

Kurt Bauer, Elementar-Ereignis. Die österreichischen Nationalsozialisten und der Juliputsch 1934, Wien 2003.

Kurt Bauer, Nationalsozialismus. Ursprünge, Anfänge, Aufstieg und Fall, Wien/Köln/Weimar 2008.

Hanno Bayr, Berlin trifft Mauterndorf. Eine Reise mit Epenstein und Göring, Mariapfarr 2017.

Erich Bazalka, Skigeschichte Niederösterreichs, Waidhofen a. d. Ybbs 1977.

Frank Becker/Ralf Schäfer, Einleitung, in: Frank Becker/Ralf Schäfer (Hg.), Sport und Nationalsozialismus. Beiträge zur Geschichte des Nationalsozialismus (Band 32), Göttingen 2016, S. 9–23.

Frank Becker/Ralf Schäfer (Hg.), Sport und Nationalsozialismus. Beiträge zur Geschichte des Nationalsozialismus (Band 32), Göttingen 2016.

Hubert Becker, Ski-Club Grödig. Rückblick, Einblick, Ausblick, Salzburg 1987.

Wilfried Beimrohr, „Gegnerbekämpfung" – Die Staatspolizeistelle Innsbruck der Gestapo, in: Rolf Steininger/Sabine Pitscheider (Hg.), Tirol und Vorarlberg in der NS-Zeit, Innsbruck 2002, S. 131–150.
Jack A. Benson, Skiing at Camp Hale: Mountain Troops during World War II, in: Western Historical Quarterly, 15 (1984) 2, S. 163–174.
Wolfgang Benz/Barbara Distel (Hg.), Der Ort des Terrors. Geschichte der nationalsozialistischen Konzentrationslager. Frühe Lager, Dachau, Emslandlager (Band 2), München 2005.
Wolfgang Benz/Barbara Distel (Hg.), Der Ort des Terrors. Geschichte der nationalsozialistischen Konzentrationslager. Riga-Kaiserwald, Warschau, Vaivara, Kauen (Kaunas), Plaszów, Kulmhof (Chelmo), Belzec, Sobibór, Treblinka (Band 8), München 2008.
Wolfgang Benz/Barbara Distel (Hg.), Der Ort des Terrors. Geschichte der nationalsozialistischen Konzentrationslager. Arbeitserziehungslager, Ghettos, Jugendschutzlager, Polizeihaftlager, Sonderlager, Zigeunerlager, Zwangsarbeiterlager (Band 9), München 2009.
Wolfgang Benz/Hermann Graml/Hermann Weiß (Hg.), Enzyklopädie des Nationalsozialismus, München 2007.
Florian Berger, Ritterkreuzträger aus Österreich und den k. u. k. Kronländern, Wien 2006.
Berliner Geschichtswerkstatt (Hg.), Alltagskultur, Subjektivität und Geschichte. Zur Theorie und Praxis von Alltagsgeschichte, Münster 1994.
Hajo Bernett, Der Weg des Sports in die nationalsozialistische Diktatur. Die Entstehung des Deutschen (Nationalsozialistischen) Reichsbundes für Leibesübungen, Schorndorf 1983.
Hajo Bernett, Die Reichswettkämpfe der SA und ihre sportpolitische Bedeutung, in: Sozial- und Zeitgeschichte des Sports, 8 (1994) 3, S. 7–33.
Hajo Bernett, Sport und Schulsport in der NS-Diktatur, hrsg. von Berno Bahro und Hans Joachim Teichler, Paderborn 2017.
Hajo Bernett, Untersuchungen zur Zeitgeschichte des Sports, Schorndorf 1973.
Susanne Helene Betz, 1909–2019: 110 Jahre Hakoah Wien. Zur Frage des Zionismus, in: Siegfried Göllner/Andreas Praher/Robert Schwarzbauer/Minas Dimitriou (Hg.), Zwischenräume. Macht, Ausgrenzung und Inklusion im Fußball. Beiträge zur 2. Salzburger Fußballtagung, Göttingen 2019, S. 25–39.
Susanne Helene Betz, Von der Platzeröffnung bis zum Platzverlust. Die Geschichte der Hakoah Wien und ihrer Sportanlage in der Krieau 1919–1945, in: Susanne Helene Betz/Monika Löscher/Pia Schölnberger (Hg.), „...mehr als ein Sportverein". 100 Jahre Hakoah Wien 1909–2009, Innsbruck/Wien/Bozen 2009, S. 150–184.
Susanne Helene Betz/Monika Löscher/Pia Schölnberger (Hg.), „...mehr als ein Sportverein". 100 Jahre Hakoah Wien 1909–2009, Innsbruck/Wien/Bozen 2009.
Ruth Bettina Birn, Die Höheren SS- und Polizeiführer. Himmlers Vertreter im Reich und in den besetzten Gebieten, Düsseldorf 1986.
Günter Bischof, American Bucks and Austrian Buccaneers. Sun Valley – The Making of America's First Winter Resort, in: Philipp Strobl/Aneta Podkalicka, (Hg.), Leisure Cultures and the Making of Modern Ski Resorts, Cham 2019, S. 143–160.
Günter Bischof/Fritz Plasser/Eva Maltschnig (Hg.), Austrian Lives. Contemporary Austrian Studies (Band 21), New Orleans/Innsbruck 2012.
Günter Bischof/Fritz Plasser/Barbara Stelzl-Marx (Hg.), New Perspectives on Austrians and World War II. Contemporary Austrian Studies (Band 17), New Brunswick/New Jersey 2009.
Ingrid Böhler, Dornbirn in Kriegen und Krisen 1914–1945. Innsbruck 2005.
Jochen Böhler, Auftakt zum Vernichtungskrieg. Die Wehrmacht in Polen 1939, Frankfurt 2006.
Mike Bongiorno, Sempre Più in Alto. La Montagna secondo, Turin 2012.

Gerhard Botz, Krisen der österreichischen Zeitgeschichte, in: Gerhard Botz/Gerald Sprengnagel (Hg.), Kontroversen um Österreichs Zeitgeschichte. Verdrängte Vergangenheit, Österreich-Identität, Waldheim und die Historiker, Frankfurt/New York 1994, S. 16–76.

Gerhard Botz, Methoden- und Theorieprobleme der historischen Widerstandsforschung, in: Helmut Konrad/Herbert Steiner (Hg.), Arbeiterbewegung, Faschismus, Nationalbewusstsein. Festschrift zum 20jährigen Bestand des Dokumentationsarchivs des österreichischen Widerstandes und zum 60. Geburtstag von Herbert Steiner, Wien 1983, S. 137–151.

Gerhard Botz, Nationalsozialismus in Wien. Machtübernahme, Herrschaftssicherung, Radikalisierung, Kriegsvorbereitung 1938/39, Wien 2018.

Gerhard Botz, Verdrängung, Pflichterfüllung, Geschichtsklitterung: Probleme des „typischen Österreichers" mit der NS-Vergangenheit, in: Gerhard Botz/Gerald Sprengnagel (Hg.), Kontroversen um Österreichs Zeitgeschichte, Frankfurt/New York 1994, S. 89–104.

Gerhard Botz/Gerald Sprengnagel (Hg.), Kontroversen um Österreichs Zeitgeschichte. Verdrängte Vergangenheit, Österreich-Identität, Waldheim und die Historiker, Frankfurt/New York 1994.

William D. Bowman, Hakoah Vienna and the International Nature of Interwar Austrian Sports, in: Central European History 44 (2011), S. 642–668.

Roswitha Breckner, Von den Zeitzeugen zu den Biographen. Methoden der Erhebung und Auswertung lebensgeschichtlicher Interviews, in: Julia Obertreis (Hg.), Oral History, Stuttgart 2012, S. 113–151.

Claus Bredenbrock, Die Todeself. Kiew 1942: Fußball in einer besetzten Stadt, in: Lorenz Peiffer/Dietrich Schulze-Marmeling (Hg.), Hakenkreuz und rundes Leder. Fußball im Nationalsozialismus, Göttingen 2008, S. 504–515.

Johannes Breit, Das Gestapo-Lager Innsbruck-Reichenau. Geschichte. Aufarbeitung. Erinnerung, Innsbruck/Wien 2017.

Klaus-Jürgen Bremm, Die Waffen SS. Hitlers überschätzte Prätorianer, Darmstadt 2018.

Michael Brenner/Gideon Reuveni (Hg.), Emanzipation durch Muskelkraft. Juden und Sport in Europa, Göttingen 2006.

Christoph Breuer/Remco Hoekman/Siegfried Nagel/Harold van der Werff (Hg.), Sport Clubs in Europe. A Cross-National Comparative Perspective, 2015.

Christopher R. Browning, Ganz normale Männer. Das Reserve-Polizei-Bataillon 101 und die „Endlösung" in Polen, Hamburg 1993.

Andreas Brugger, The Influence of Politics on the Development of Turnen, Mountaineering and Skiing in Western Austria, in: The International Journal of the History of Sport, 30 (2013) 6, S. 674–691.

Andreas Brugger, Vom Pioniergeist zum Massensport: 100 Jahre Skisport im Montafon, Schruns 2006.

Eveline Brugger/Martha Keil/Albert Lichtblau/Christoph Lind/Barbara Staudinger (Hg.), Geschichte der Juden in Österreich, Wien 2006.

Ernst Bruckmüller/Hannes Strohmeyer (Hg.), Turnen und Sport in der Geschichte Österreichs, Wien 1998.

John Bunzl, Hakoah Wien: Gedanken über eine Legende, in: Michael Brenner/Gideon Reuveni (Hg.), Emanzipation durch Muskelkraft. Juden und Sport in Europa, Göttingen 2006, S. 111–120.

John Bunzl (Hg.), Hoppauf Hakoah. Jüdischer Sport in Österreich. Von den Anfängen bis in die Gegenwart, Wien 1987.

Thomas Casagrande, Die „volksdeutsche" SS-Division „Prinz Eugen" und die nationalsozialistische Aufstandsbekämpfung in Jugoslawien (1941–1944), in: Donauschwäbisches Zentralmuseum Ulm/Stiftung Flucht, Vertreibung, Versöhnung Berlin (Hg.), Vom „Verschwinden" der deutschsprachigen Minderheiten. Ein schwieriges Kapitel in der Geschichte Jugoslawiens 1941–1955, Berlin 2016, S. 58–72.
Thomas Casagrande, Die volksdeutsche SS-Division „Prinz Eugen" – Die Banater Schwaben und die nationalsozialistischen Kriegsverbrechen, Frankfurt 2003.
Annie Gilbert Coleman, Ski Style. Sport and Culture in the Rockies, Lawrence 2004.
Cal Conniff/John B. Allen, Skiing in Massachusetts, Charleston/Chicago/Portsmouth/San Francisco 2006.
Martin Cüppers/Jürgen Matthäus/Andrej Angrick (Hg.), Naziverbrechen. Täter, Taten, Bewältigungsversuche, Darmstadt 2013.
Robert von Dassanowsky, Austrian Cinema: A History, Jefferson/London 2008.
Georg J. Daxer, Sehnsucht nach Aussicht. Die Geschichte der Schmittenhöhebahn in Zell am See, Goldegg 2018.
Andrew Denning, Alpine Modern: Central European Skiing and the Vernacularization of Cultural Modernism 1900–1939, in: Central European History, 46 (2013) 4, S. 850–890.
Andrew Denning, Going Downhill? The Industrialisation of Skiing from the 1930s to the 1970s, in: Philipp Strobl/Aneta Podkalicka (Hg.), Leisure Cultures and the Making of Modern Ski Resorts, Cham 2019, S. 25–42.
Sabine Dettling, Auf den Spuren eines Wunders in Weiss. Ein Projekt zur Erforschung der Geschichte von Skisport und Skitourismus am Arlberg, Bietigheim-Bissingen 2011, unveröffentlichtes Manuskript.
Sabine Dettling, Die historische Entwicklung von Skisport und Skitourismus von 1860 bis heute. Schwerpunkt Arlberg-West, in: Tobias G. Natter (Hg.), Schnee. Rohstoff der Kunst, Bregenz 2009, S. 54–65.
Sabine Dettling/Gustav Schoder/Bernhard Tschofen (Hg.), Spuren: Skikultur am Arlberg, Bregenz 2014.
Heike Diekwisch (Hg.), Alltagskultur, Subjektivität und Geschichte. Zur Theorie und Praxis von Alltagsgeschichte, Münster 1994.
Minas Dimitriou, Historische Entwicklungstendenzen des Mediensports, in: Matthias Marschik/Rudolf Müllner (Hg.), „Sind's froh, dass Sie zu Hause geblieben sind." Mediatisierung des Sports in Österreich, Göttingen 2010, S. 25–37.
Minas Dimitriou/Oskar Dohle/Walter Pfaller/Andreas Praher (Hg.), Salzburgs Sport in der NS-Zeit. Zwischen Staat und Diktatur, Salzburg 2018.
Oskar Dohle, Sport im „Lager Glasenbach", in: Minas Dimitriou/Oskar Dohle/Walter Pfaller/Andreas Praher (Hg.), Salzburgs Sport in der NS-Zeit. Zwischen Staat und Diktatur, Salzburg 2018, S. 329–334.
Dokumentationsarchiv des österreichischen Widerstandes (Hg.), Österreicher und der Zweite Weltkrieg, Wien 1989.
Dokumentationsarchiv des österreichischen Widerstandes (Hg.), Widerstand und Verfolgung in Salzburg 1934–1945. Eine Dokumentation (Band 2), Wien/Salzburg 1991.
Donauschwäbisches Zentralmuseum Ulm/Stiftung Flucht, Vertreibung, Versöhnung Berlin (Hg.), Vom „Verschwinden" der deutschsprachigen Minderheiten. Ein schwieriges Kapitel in der Geschichte Jugoslawiens 1941–1955, Berlin 2016.
Johanna Dorer/Matthias Marschik, Sportlerinnen in Österreichs Medien 1900–1950. Das „Sportgirl" als Symbol für die moderne Frau, in: Matthias Marschik/Rudolf Müllner (Hg.),

„Sind's froh, dass Sie zu Hause geblieben sind." Mediatisierung des Sports in Österreich, Göttingen 2010, S. 238–247.

Johanna Dorer/Matthias Marschik, Sportliche Avancen – Frauensport in Wien 1934–1938, in: ÖZG, 27 (2016) 3, S. 94–116.

Wolfgang Duchkowitsch, Medien: Aufklärung – Orientierung – Missbrauch. Vom 17. Jahrhundert bis zu Fernsehen und Video, Wien/Berlin 2014.

Angelika Shoshana Duizend-Jensen, Jüdische Gemeinden, Vereine, Stiftungen und Fonds. „Arisierung" und Restitution, in: Clemens Jabloner/Brigitte Bailer-Galanda/Eva Blimlinger/ Georg Graf/Robert Knight/ Lorenz Mikoletzky/Bertrand Perz/Roman Sandgruber/Karl Stuhlpfarrer/Alice Teichova (Hg.), Veröffentlichungen der Österreichischen Historikerkommission, Vermögensentzug während der NS-Zeit sowie Rückstellungen und Entschädigungen seit 1945 in Österreich (Band 21/2), Wien/München 2004.

Hubert Dwertmann, Die Beteiligung von Sportfunktionären im NS-Regime und ihr Einfluss auf die Sportgeschichtsschreibung nach 1945, in: Zeitschrift für Geschichtswissenschaft, 59 (2011) 3, S. 230–241.

Hubert Dwertmann, Legendenbildung und Perspektivenwechsel. Die Thematik Nationalsozialismus im Blickwinkel von historischer Forschung und Sportgeschichtsschreibung, in: SportZeiten, 2 (2002) 3, S. 43–64.

Hubert Dwertmann, Sportgeschichtliche Biografieforschung im Trend – Moden und Methoden in der Rekonstruktion von Lebensgeschichten, in: Hans Joachim Teichler (Hg.), Moden und Trends im Sport und in der Sportgeschichtsschreibung, Hamburg 2003, S. 45–58.

Tom Eastman, Hannes Schneider: Sein Einfluss in North Conway ist heute noch spürbar, in: Josef Riedmann/Richard Schober (Hg.), Tiroler Heimat. Jahrbuch für Geschichte und Volkskunde (Band 70), Innsbruck 2006, S. 201–205.

Thomas Ebster, Arlberg, Graz 2013.

Anna Maria Eggler, Der Rechtsstreit rund um die NS-Enteignung der Skilfte Zürs und Lech, in: Birgit Heinrich (Hg.), Der Rechtsstreit rund um die NS-Enteignung der Skilifte Zürs und Lech, Lechschriften 01 – Eine Reihe des Lechmuseums und Gemeindearchivs Lech, Lech 2018, S. 14–49.

Christiane Eisenberg, Die Entdeckung des Sports durch die moderne Geschichtswissenschaft, in: Historische Sozialforschung, 27 (2002) 2, S. 4–21.

Christiane Eisenberg, „English Sports" und Deutsche Bürger. Eine Gesellschaftsgeschichte 1800–1939, Paderborn/München/Wien/Zürich 1999.

Helga Embacher, Juden in Salzburg, Salzburg 2002.

Maria Emberger, Ski- und Fotopionier Stefan Kruckenhauser, Salzburg 2004.

Gerd Falkner, 100 Jahre Deutscher Skiverband. Chronik des deutschen Skilaufs von den Anfängen bis zur Gegenwart (Band 1), Chronik des deutschen Skilaufs von den Anfängen bis zum Ende des 2. Weltkriegs 1945, Planegg 2005.

Gerd Falkner, Der Arierparagraph in Satzungen mitteleuropäischer Skiverbände Anfang des 20. Jahrhunderts im verbandspolitischen Spannungsfeld zwischen nationalen Interessen und internationalem Anspruch, in: FdSnow, 30 (2012) 40, S. 4–24.

Gerd Falkner, Deutscher Skilauf unterm Hakenkreuz, in: DSV aktiv. Ski & Sportmagazin, Nr. 5, 2005, S. 23–29.

Gerd Falkner, Kraft durch Freude – Massenskisport, Skischulen und Skireisen in der nationalsozialistischen Diktatur in Deutschland (1933–1945), in FdSnow, 32 (2014) 44, S. 10–27.

Gerd Falkner, Skier für die Front, Planegg 2004.

Gerd Falkner, Skipersönlichkeiten im Dritten Reich. Reflexionen über Instrumentalisierung und Funktionalisierung, in: Markwart Herzog (Hg.), Skilauf – Volkssport – Medienzirkus. Skisport als Kulturphänomen, Stuttgart 2005, S. 95–110.

Gerd Falkner/Klaus-Dieter Blühm, Zeitreise. Auf Skiern durch Sachsen. 100 Jahre Skiverband Sachsen, Aachen 2008.

Günter Falser, Die NS-Zeit im Stubaital, Innsbruck/Wien 1996.

Ulrike Feistmantl, Entnazifizierung und Wiederaufbau des Salzburger Sportwesens, in: Minas Dimitriou/Oskar Dohle/Walter Pfaller/Andreas Praher (Hg.), Salzburgs Sport in der NS-Zeit. Zwischen Staat und Diktatur, Salzburg 2018, S. 335–356.

Günther Flaig, Skikanonen 1947–48. Eine Skifibel über 50 österreichische Spitzenläufer in Wort und Bild, Innsbruck 1947.

Walther Flaig, Arlberg. Ski und Schnee, München 1933.

David Forster, „Deutsche Sportpresse an die Front!" Sportjournalismus in der „Ostmark", in: Matthias Marschik/Rudolf Müllner (Hg.), „Sind's froh, dass Sie zu Hause geblieben sind." Mediatisierung des Sports in Österreich, Göttingen 2010, S. 218–227.

David Forster/Georg Spitaler, Wiener Fußballer und die Deutsche Wehrmacht: Zwischen „Pflichterfüllung" und Entziehung, in: Markwart Herzog/Fabian Brändle (Hg.), Europäischer Fußball im Zweiten Weltkrieg, Stuttgart 2015, S. 65–86.

David Forster/Jakob Rosenberg/Georg Spitaler (Hg.), Fußball unterm Hakenkreuz in der „Ostmark", Göttingen 2014.

Heinrich Frank, Die Entwicklung von Alpinistik und Wintersport in Österreich, in: Ernst Bruckmüller/Hannes Strohmeyer (Hg.), Turnen und Sport in der Geschichte Österreichs, Wien 1998, S. 105–132.

Wolfgang Fritz, Fortschritt und Barbarei. Österreichs Finanzverwaltung im Dritten Reich, Wien/Berlin 2011.

Bella Fromm, Als Hitler mir die Hand küßte, Berlin 1993.

Helena Gand, Ideologie und Inszenierung zwischen Kontinuität und Kooperation. Das 15. Deutsche Turnfest 1933 als erstes Massensportereignis im Nationalsozialismus, in: Frank Becker/Ralf Schäfer (Hg.), Sport und Nationalsozialismus. Beiträge zur Geschichte des Nationalsozialismus (Band 32), Göttingen 2016, S. 107–124.

Carsten Gansel/Matthias Braun (Hg.), Es geht um Erwin Strittmacher oder Vom Streit um die Erinnerung, Göttingen 2012.

Winfried R. Garscha, Ordinary Austrians: Common War Criminals during World War II, in: Günter Bischof/Fritz Plasser/Eva Maltschnig (Hg.), Austrian Lives. Contemporary Austrian Studies (Band 21), New Orleans/Innsbruck 2012, S. 304–326.

Winfried R. Garscha, „Taten, die den allgemein anerkannten Grundsätzen des Völkerrechts und Kriegsrechts widersprechen". Prozesse wegen Verletzung des Kriegsvölkerrechts, in: Thomas Albrich/Winfried R. Garscha/Martin F. Polaschek (Hg.), Holocaust und Kriegsverbrechen vor Gericht. Der Fall Österreich, Innsbruck/Wien/Bozen 2006, S. 262–278.

Winfried R. Garscha/Claudia Kuretsidis-Haider, Die strafrechtliche Verfolgung nationalsozialistischer Verbrechen – eine Einführung, in: Thomas Albrich/Winfried R. Garscha/Martin F. Polaschek (Hg.), Holocaust und Kriegsverbrechen vor Gericht. Der Fall Österreich, Innsbruck/Wien/Bozen 2006, S. 11–25.

Gesine Gerhard, Gesund, bäuerlich und deutsch: Das Körperideal in der nationalsozialistischen Rassenideologie Richard Walther Darrés, in: Magdalena Vukovic (Hg.), „Im Dienst der Rassenfrage". Anna Koppitz' Fotografien für Reichsminister R. Walther Darré, Beiträge zur Geschichte der Fotografie in Österreich (Band 12), Salzburg/Wien 2016, S. 13–30.

Richard Germann, Austrian Soldiers and Generals in World War II, in: Günter Bischof/Fritz Plasser/Barbara Stelzl-Marx (Hg.), New Perspectives on Austrians and World War II, Contemporary Austrian Studies (Band 17), New Brunswick/New Jersey 2009, S. 29–44.

Karin Gföllner/Oskar Dohle/Franz Wieser (Hg.), Salzburg – Wien: Eine späte Liebe. 200 Jahre Salzburg bei Österreich, Salzburg 2016.

Anneliese Gidl, Im Sog Hannes Schneiders – Zur Entwicklung des Skilaufs am Arlberg, in: Josef Riedmann/Richard Schober (Hg.), Tiroler Heimat. Jahrbuch für Geschichte und Volkskunde (Band 70), Innsbruck 2006, S. 173–181.

Anneliese Gidl, Von elitären Versuchen zum Massensport, in: Wintersportmuseum Mürzzuschlag (Hg.), 3rd FIS Ski History Conference, Mürzzuschlag/Graz 2004, S. 121–129.

Anneliese Gidl/Karl Graf, Skisport in Innsbruck. Von den Anfängen bis ins 21. Jahrhundert, hrsg. vom Verein Tiroler Skigeschichte, Innsbruck 2010.

Hermann Giesecke, Hitlers Pädagogen, Theorie und Praxis nationalsozialistischer Erziehung, Weinheim/München 1999.

Johannes Gießauf/Walter M. Iber/Harald Knoll (Hg.), Fußball, Macht und Diktatur. Streiflichter auf den Stand der historischen Forschung, Innsbruck 2014.

Joachim Glaser, Goldschmiede im Schnee, 100 Jahre Salzburger Landes-Skiverband 1911–2011, Wien/Köln/Weimar 2011.

Joachim Glaser, Schatztruhe: 200 Geschichten aus der Salzburger Sporthistorie, Salzburg 2016.

Siegfried Göllner, „Illegal" – Sportliche Überläufer und Grenzgänger, in: Minas Dimitriou/Oskar Dohle/Walter Pfaller/Andreas Praher (Hg.), Salzburgs Sport in der NS-Zeit. Zwischen Staat und Diktatur, Salzburg 2018, S. 73–86.

Siegfried Göllner/Albert Lichtblau/Christian Muckenhumer/Andreas Praher/Robert Schwarzbauer (Hg.), Zwischen Provinz und Metropole. Fußball in Österreich. Beiträge zur 1. Salzburger Fußballtagung, Göttingen 2016.

Siegfried Göllner/Andreas Praher/Robert Schwarzbauer/Minas Dimitriou (Hg.), Zwischenräume. Macht, Ausgrenzung und Inklusion im Fußball. Beiträge zur 2. Salzburger Fußballtagung, Göttingen 2019.

Karl Graf, Tiroler Sportgeschichte. Turnen und Sport in Tirol bis 1955. Entwicklungen – Vereine – Meister, Innsbruck 1996.

Thomas R. Grischany, Der Ostmark treue Alpensöhne. Die Integration der Österreicher in die großdeutsche Wehrmacht, 1938–45, Göttingen 2015.

Robert Groß, Die Beschleunigung der Berge. Eine Umweltgeschichte des Wintertourismus in Vorarlberg/Österreich (1920–2010), Wien/Köln/Weimar 2019.

Hermann Gruber/Josef Metzger, Es begann in Wien. Eine Spurensuche im Schnee. 100 Jahre Wiener Skiverband, Wien 2013.

Ommo Grupe (Hg.), Olympischer Sport. Rückblick und Perspektiven, Schorndorf 1997.

Sven Güldenpfennig, Plädoyer für eine Politikwissenschaft des Sports: Überlegungen zum Verhältnis von Sport, Politik und Ökonomie. in: Peter Lösche/Ruge Undine/Klaus Stolz (Hg.), Fußballwelten: Zum Verhältnis von Sport, Politik, Ökonomie und Gesellschaft, Wiesbaden 2002, S. 65–86.

Sven Güldenpfennig, Sport: Kritik und Eigensinn. Der Sport der Gesellschaft, Sankt Augustin 2000.

Sven Güldenpfennig/Horst Meyer (Hg.), Sportler für den Frieden. Argumente und Dokumente für eine sportpolitische Bewußtseinsbildung, Köln 1983.

Martina Gugglberger, „Versuche, anständig zu bleiben" – Widerstand und Verfolgung von Frauen im Reichsgau Oberdonau, in: Gabriella Hauch (Hg.), Frauen im Reichsgau Oberdonau. Geschlechtsspezifische Bruchlinien im Nationalsozialismus. Oberösterreich in der Zeit des Nationalsozialismus (Band 5), Linz 2006, S. 281–343.

Georg Gunter, Die deutschen Skijäger. Von den Anfängen bis 1945, Eggolsheim 2006.

Gunther Haarstark, Hannes Schneider in den Filmen von Arnold Fanck, in: Josef Riedmann/Richard Schober (Hg.), Tiroler Heimat. Jahrbuch für Geschichte und Volkskunde (Band 70), Innsbruck 2006, S. 182–189.

Bernhard Hachleitner, Arierparagrafen und andere Ausschlussmechanismen, in: Bernhard Hachleitner/Matthias Marschik/Georg Spitaler (Hg.), Sportfunktionäre und jüdische Differenz. Zwischen Anerkennung und Antisemitismus. Wien 1918 bis 1938, Berlin/Boston 2019, S. 23–46.

Bernhard Hachleitner/Matthias Marschik/Rudolf Müllner/Johann Skocek (Hg.), Ein Fußballverein aus Wien. Der FK Austria im Nationalsozialismus 1938–1945, Wien/Köln/Weimar 2019.

Bernhard Hachleitner/Matthias Marschik/Georg Spitaler (Hg.), Sportfunktionäre und jüdische Differenz. Zwischen Anerkennung und Antisemitismus. Wien 1918 bis 1938, Berlin/Boston 2019.

Christoph Eric Hack, Alpiner Skisport und die Erfindung der österreichischen Nation 1945 – 1964, unveröffentlichte Dissertation, Graz 2013.

Sylvia Hahn, Historische Migrationsforschung, Frankfurt am Main 2012.

Ernst Hanisch, Der lange Schatten des Staates. Österreichische Gesellschaftsgeschichte im 20. Jahrhundert, Wien 1994.

Ernst Hanisch, Ein Versuch den Nationalsozialismus zu „verstehen", in: Anton Pelinka/Erika Weinzierl (Hg.), Das große Tabu. Österreichs Umgang mit seiner Vergangenheit, Wien 1987, S. 154–162.

Ernst Hanisch, Männlichkeiten. Eine andere Geschichte des 20. Jahrhunderts, Wien/Köln/Weimar 2005.

Ernst Hanisch, Politik und Sport in der Ersten Republik, in: Minas Dimitriou/Oskar Dohle/Walter Pfaller/Andreas Praher (Hg.), Salzburgs Sport in der NS-Zeit. Zwischen Staat und Diktatur, Salzburg 2018, S. 15–30.

Ernst Hanisch, Warum die Geschichte des Nationalsozialismus nicht vergeht. Reflexionen eines alten Historikers, in: Peter F. Kramml/Ernst Hanisch (Hg.), Hoffnungen und Verzweiflung in der Stadt Salzburg 1938/39. Vorgeschichte – Fakten – Folgen. Die Stadt Salzburg im Nationalsozialismus (Band 1), Salzburg 2010, S. 10–31.

Hermann Harster/Peter Le Fort (Hg.), Kampf und Sieg in Schnee und Eis. Winterolympia 1936, München 1936.

Günter Hartung, Völkische Ideologie, in: Uwe Puschner/Walter Schmitz/Justus H. Ulbricht (Hg.), Handbuch zur „Völkischen Bewegung" 1871–1918, München/New Providence/London/Paris 1996, S. 22–41.

Gabriella Hauch (Hg.), Frauen im Reichsgau Oberdonau. Geschlechtsspezifische Bruchlinien im Nationalsozialismus. Oberösterreich in der Zeit des Nationalsozialismus (Band 5), Linz 2006.

Nadine Hauer, NS-Trauma und kein Ende, in: Anton Pelinka/Erika Weinzierl (Hg.), Das große Tabu. Österreichs Umgang mit seiner Vergangenheit, Wien 1987, S. 28–41.

Nils Havemann, Die „zweite Gleichschaltung" des Fußballs im Nationalsozialismus. Der deutsche Fußball und der DFB nach 1933, in: Markwart Herzog (Hg.), Die „Gleichschaltung" des Fußballsports im nationalsozialistischen Deutschland, Stuttgart 2016, S. 27–34.

Nils Havemann, Fußball unterm Hakenkreuz. Der DFB zwischen Sport, Politik und Kommerz. Frankfurt am Main 2005.

Hannes Heer, Vom Verschwinden der Täter. Der Vernichtungskrieg fand statt, aber keiner war dabei, Berlin 2004.

Susanne Heim/Ulrich Herbert/Michael Hollmann/Horst Möller/Dieter Pohl/Simone Walther/Andreas Wirsching (Hg.), Die Verfolgung und Ermordung der europäischen Juden durch das nationalsozialistische Deutschland 1933–1945 (Band 12), West- und Nordeuropa Juni 1942–1945, Berlin/Boston/München 2015.

Bastian Hein, Die SS. Geschichte und Verbrechen, München 2015.

Bastian Hein, Elite für Volk und Führer? Die Allgemeine SS und ihre Mitglieder 1925–1945, München 2011.

Birgit Heinrich (Hg.), Der Rechtsstreit rund um die NS-Enteignung der Skilifte Zürs und Lech, Lechschriften 01 – Eine Reihe des Lechmuseums und Gemeindearchivs Lech, Lech 2018.

Christina Herkommer, Frauen im Nationalsozialismus – Opfer oder Täterinnen? Eine Kontroverse der Frauenforschung im Spiegel feministischer Theoriebildung und der allgemeinen historischen Aufarbeitung der NS-Vergangenheit, München 2005.

Markwart Herzog, Die drei „Arierparagrafen" des FC Bayern München. Opportunismus und Antisemitismus in den Satzungen des bayerischen Traditionsvereins, in: Markwart Herzog (Hg.), Die „Gleichschaltung" des Fußballsports im nationalsozialistischen Deutschland, Stuttgart 2016, S. 75–113.

Markwart Herzog (Hg.), Die „Gleichschaltung" des Fußballsports im nationalsozialistischen Deutschland, Stuttgart 2016.

Markwart Herzog (Hg.), Fußball zur Zeit des Nationalsozialismus. Alltag – Medien- Künste – Stars, Stuttgart 2008.

Markwart Herzog, Fußballsport in der Zeit des Nationalsozialismus: Quellen – Methoden – Erkenntnisinteressen, in: Andrea Bruns/Wolfgang Buss (Hg.), Sportgeschichte erforschen und vermitteln, Hamburg 2009, S. 51–64.

Markwart Herzog (Hg.), Skilauf – Volkssport – Medienzirkus. Skisport als Kulturphänomen, Stuttgart 2005.

Markwart Herzog/Fabian Brändle (Hg.), Europäischer Fußball im Zweiten Weltkrieg, Stuttgart 2015.

Edith Hessenberger, (Keine) Frauen in der Silvretta. Die Ausnahmebergsteigerin Hermine Flaig, in: Michael Kasper/Martin Korenjak/Robert Rollinger/Andreas Rudigier (Hg.), Alltag-Albtraum-Abenteuer. Gebirgsüberschreitung und Gipfelsturm in der Geschichte, Wien/Köln/Weimar 2015, S. 273–283.

Edith Hessenberger/Andreas Rudigier/Peter Strasser/Bruno Winkler (Hg.), Mensch & Berg im Montafon. Eine faszinierende Welt zwischen Lust und Last, Schruns 2009.

Ewald Hiebl, Im Dienst der großen Sache. Salzburgs Sportvereine in der NS-Zeit, in: Minas Dimitriou/Oskar Dohle/Walter Pfaller/Andreas Praher (Hg.), Salzburgs Sport in der NS-Zeit. Zwischen Staat und Diktatur, Salzburg 2018, S. 129–152.

Adolf Hitler, Mein Kampf, 763.-767. Auflage, München 1942.

Alfred Höck, In der Sportwelt radikal Ordnung schaffen. Sport im „Ständestaat", in: Minas Dimitriou/Oskar Dohle/Walter Pfaller/Andreas Praher (Hg.), Salzburgs Sport in der NS-Zeit. Zwischen Staat und Diktatur, Salzburg 2018, S. 41–64.

Claudia Hoerschelmann, Exilland Schweiz: Lebensbedingungen und Schicksale österreichischer Flüchtlinge 1938–1945. Veröffentlichungen des Ludwig-Boltzmann-Institutes für Geschichte und Gesellschaft (Band 27), Innsbruck/Wien 1997.

Johannes Hofinger, Nationalsozialismus in Salzburg. Opfer – Täter – Gegner, Innsbruck/Wien/Bozen 2016.

Annette R. Hofmann, Christl Cranz, Germany's Ski Icon of the 1930s: The Nazis' Image of the Ideal German Woman?, in: Sport in Society, 20 (2017) 8, S. 1013–1029.

Hans Hofmann-Montanus, Berge einer Jugend, Wien 1948.

Gregor Holzinger (Hg.), Die zweite Reihe. Täterbiografien aus dem Konzentrationslager Mauthausen, Mauthausen-Studien. Schriftenreihe der KZ-Gedenkstätte Mauthausen (Band 10), Wien 2016.

Fritz Hörmann, Mühlbach am Hochkönig. Geschichte & Gegenwart, Mühlbach am Hochkönig 2012.

Roman Horak/Georg Spitaler, Sport, Space and National Identity. Soccer and Skiing as Formative Forces: On the Austrian Example, in: American Behavioral Scientist, 46 (2003) 11, S. 1506–1518.

Ela Hornung, Die Rede des Anderen. Narrative Interviews versus psychoanalytische Interviews, in: BIOS, 23 (2010) 1, S. 127–137.

Barbara Huber, Die weibliche Seite des NS-Sports – Anspruch und Wirklichkeit, in: Minas Dimitriou/Oskar Dohle/Walter Pfaller/Andreas Praher (Hg.), Salzburgs Sport in der NS-Zeit. Zwischen Staat und Diktatur, Salzburg 2018, S. 243–254.

Theodor Hüttenegger/Max Pfliger, Steirische Skigeschichte, Graz 1968.

John Hughes, Austria and the Alps: Introduction, in: Austrian Studies, 18 (2010), S. 1–13.

Walter M. Iber, Erst der Verein, dann die Partei. Der steirische Fußball und seine Traditionsklubs im Nationalsozialismus, Graz 2016.

Karl Ilg, Das Deutschtum in Chile und Argentinien, Wien 1982.

Marco Impiglia, Fußball in Italien in der Zwischenkriegszeit, in: Christian Koller/Fabian Brändle (Hg.), Fussball zwischen den Kriegen. Europa 1918–1939, Wien/Berlin 2010, S. 145–182.

Konrad Jekl, Auf den Spuren der Republik Österreich. Aufsätze zur österreichischen Zeitgeschichte, Frankfurt 1995.

McKay Jenkins, The Last Ridge. The Epic Story of the U. S. Army's 10th Mountain Division and the Assault on Hitler's Europe, New York/Toronto 2003.

Winfried Joch, Politische Leibeserziehung und ihre Theorie im Nationalsozialistischen Deutschland. Voraussetzungen – Begründungszusammenhänge – Dokumentation, Frankfurt 1976.

Michael John, Donaufußball & Ostmarkpolitik: Fußballstile und nationale Identitäten, in: Lorenz Peiffer/Dietrich Schulze-Marmeling (Hg.), Hakenkreuz und rundes Leder. Fußball im Nationalsozialismus, Göttingen 2008, S. 206–222.

Michael John, Ein kultureller Code? Antisemitismus im österreichischen Sport der Ersten Republik, in: Michael Brenner/Gideon Reuveni (Hg.), Emanzipation durch Muskelkraft. Juden und Sport in Europa, Göttingen 2006, S. 121–142.

Michael Kasper, Edelweiß und Hakenkreuz? Alpinismus und Nationalsozialismus im ländlichen Raum, in: Edith Hessenberger/Andreas Rudigier/Peter Strasser/Bruno Winkler (Hg.), Mensch & Berg im Montafon. Eine faszinierende Welt zwischen Lust und Last, Schruns 2009, S. 117–146.

Michael Kasper, „Kreuzzug auf dem Piz Buin". Die Gipfelkreuzerrichtung als politische Machtdemonstration, in: Michael Kasper/Martin Korenjak/Robert Rollinger/Andreas Rudigier (Hg.), Alltag – Albtraum – Abenteuer. Gebirgsüberschreitung und Gipfelsturm in der Geschichte, Wien/Köln/Weimar 2015, S. 297–316.

Michael Kasper/Martin Korenjak/Robert Rollinger/Andreas Rudigier (Hg.), Alltag – Albtraum – Abenteuer. Gebirgsüberschreitung und Gipfelsturm in der Geschichte, Wien/Köln/Weimar 2015.

Hugo Kassel, Skiklub Bischofshofen 1904–2004. Zur Geschichte des Skiklubs Bischofshofen, Bischofshofen 2004.

Gert Kerschbaumer, Respekt vor allen Opfern des nationalsozialistischen Terrors, in: Thomas Weidenholzer/Albert Lichtblau (Hg.), Leben im Terror. Verfolgung und Widerstand, Die Stadt Salzburg im Nationalsozialismus (Band 3), Salzburg 2012, S. 16–63.

Ian Kershaw, „Widerstand ohne Volk?" Dissens und Widerstand im Dritten Reich, in: Jürgen Schmädeke/Peter Steinbach (Hg.), Der Widerstand gegen den Nationalsozialismus, München 1994, S. 785–786.

Barbara Keys, The Body as a Politcal Space: Comparing Physical Education under Nazism and Stalinism, in: German History 27 (2009) 3, S. 395–413.

Gudrun Kirnbauer/Friedrich Fetz, Skipionier Georg Bilgeri, Graz/Feldkirch, 2001.

Ernst Klee, Das Personenlexikon zum Dritten Reich. Wer war was vor und nach 1945, Frankfurt am Main 2005.

Gabriele Klein, Körper, Bewegung und Subjekt. Zur Historischen Genese des Sports in der europäischen Moderne, in: Bettina Kratzmüller/Matthias Marschik/Rudolf Müllner, Hubert D. Szemethy/Elisabeth Trinkl (Hg.), Sport and the Construction of Identities. Proceedings of the XIth International CESH-Congress Vienna, September 17th-20th 2006, Wien 2007, S. 94–103.

Ralph Klein, Das SS-Polizei-Gebirgsjäger-Regiment 18 und seine Bataillone, in: Carsten Gansel/Matthias Braun (Hg.), Es geht um Erwin Strittmacher oder Vom Streit um die Erinnerung, Göttingen 2012, S. 325–362.

Ralph Klein, Das SS-Polizei-Gebirgsjäger-Regiment 18, in: Wolfgang Schulte (Hg.), Die Polizei im NS-Staat. Beiträge eines internationalen Symposiums an der Deutschen Hochschule der Polizei in Münster, Frankfurt am Main 2009, S. 201–218.

Volker Kluge, Lebensläufe von Sportlern und Sportfunktionären zwischen Sport, Politik, Kultur, Medien und Gesellschaft, in: BIOS 18 (2005) 2, S. 206–214.

Max Klüver, Die Adolf-Hitler-Schulen. Eine Richtigstellung, Sachsenhagen 1979.

Willi Knecht, 100 Jahre Olympische Spiele der Neuzeit 1896–1996. München 1990.

Lothar Köhler, Gustav Räther – „NSRL-Reichsfachamtsleiter Skisport" im Dritten Reich. Biografische Skizze eines Funktionsträgers des Thüringer Wintersportverbandes und des DSV, in: Fdsnow: Fachzeitschrift für den Skisport, 32 (2014) 44, S. 50–59.

Angelika Königseder, Polizeihaftlager, in: Wolfgang Benz/Barbara Distel (Hg.), Der Ort des Terrors. Geschichte der nationalsozialistischen Konzentrationslager. Arbeitserziehungslager, Ghettos, Jugendschutzlager, Polizeihaftlager, Sonderlager, Zigeunerlager, Zwangsarbeiterlager (Band 9), München 2009, S. 19–52.

Ignaz Hermann Körner, Lexikon jüdischer Sportler in Wien 1900–1938, hrsg. und editiert von Marcus G. Patka im Auftrag des Jüdischen Museums der Stadt Wien, Wien 2008.

Christian Koller/Fabian Brändle (Hg.), Fussball zwischen den Kriegen. Europa 1918–1939, Wien/Berlin 2010.

Helmut Konrad/Herbert Steiner (Hg.), Arbeiterbewegung, Faschismus, Nationalbewusstsein. Festschrift zum 20jährigen Bestand des Dokumentationsarchivs des österreichischen Widerstandes und zum 60. Geburtstag von Herbert Steiner, Wien 1983.
Ilse Korotin (Hg.), biografiA. Lexikon österreichischer Frauen, Band 1, A-H, Wien/Köln/Weimar 2016.
Wolfgang Kos, Zur Entnazifizierung der Bürokratie, in: Sebastian Meissl/Klaus-Dieter Mully/Oliver Rathkolb (Hg.), Verdrängte Schuld, verfehlte Sühne. Entnazifizierung in Österreich 1945–1955, Wien 1986, S. 52–72.
Helgard Kramer (Hg.), NS-Täter aus interdisziplinärer Perspektive, München 2006.
Helgard Kramer, Tätertypologien, in: Helgard Kramer (Hg.), NS-Täter aus interdisziplinärer Perspektive, München 2006, S. 253–309.
Reinhard Krammer, Arbeitersport in Österreich. Ein Beitrag zur Geschichte der Arbeiterkultur in Österreich bis 1938, Wien 1981.
Peter F. Kramml/Christoph Kühberger (Hg.), Inszenierung der Macht. Alltag, Kultur und Propaganda. Die Stadt Salzburg im Nationalsozialismus (Band 2), Salzburg 2011.
Peter F. Kramml/Ernst Hanisch (Hg.), Hoffnungen und Verzweiflung in der Stadt Salzburg 1938/39. Vorgeschichte – Fakten – Folgen. Die Stadt Salzburg im Nationalsozialismus (Band 1), Salzburg 2010.
Bettina Kratzmüller/Matthias Marschik/Rudolf Müllner/Hubert D. Szemethy/Elisabeth Trinkl (Hg.), Sport and the Construction of Identities. Proceedings of the XIth International CESH-Congress Vienna, September 17th-20th 2006, Wien 2007.
Martina Krauss (Hg.), Sie waren dabei. Mitläuferinnen, Nutznießerinnen, Täterinnen im Nationalsozialismus, Göttingen 2009.
Laurenz Krisch, Bad Gastein während der NS-Herrschaft, Sonderdruck aus: Mitteilungen der Gesellschaft der Salzburger Landeskunde, Salzburg 2007, S. 255–322.
Laurenz Krisch, Die Wahlerfolge der Nationalsozialisten in der Spätphase der Ersten Republik im Pongau und Pinzgau. Eine empirische Analyse zur Struktur der NSDAP-Wählerschaft, Sonderdruck aus: Mitteilungen der Gesellschaft für Salzburger Landeskunde, Salzburg 2000, S. 215–267.
Laurenz Krisch, Ernst Dosenberger. Akad. Maler und Skipionier in Gastein, Bad Gastein 2013.
Arnd Krüger, Die Rolle des Sports bei den Kriegsvorbereitungen des nationalsozialistischen Deutschlands, in: Sven Güldenpfennig/Horst Meyer (Hg.), Sportler für den Frieden. Argumente und Dokumente für eine sportpolitische Bewußtseinsbildung, Köln 1983, S. 137–152.
Arnd Krüger, Strength Through Joy: The Culture of Consent under Fascism, Nazism and Francoism, in: James Riordan/Arnd Krüger (Hg.), The International Politics of Sport in the Twentieth Century, London/New York 1999, S. 67–89.
Arnd Krüger/Bernd Wedemeyer, Aus Biographien Sportgeschichte lernen, in: Arnd Krüger/Bernd Wedemeyer (Hg.), Aus Biographien Sportgeschichte lernen. Festschrift zum 90. Geburtstag von Prof. Dr. Wilhelm Henze, Göttingen 2000, S. 7–17.
Arnd Krüger/Bernd Wedemeyer (Hg.), Aus Biographien Sportgeschichte lernen. Festschrift zum 90. Geburtstag von Prof. Dr. Wilhelm Henze, Göttingen 2000.
Michael Krüger (Hg.), Menschenbilder im Sport, Schorndorf 2003.
Michael Krüger, Olympische Spiele in Deutschland. Ausgefallen, mißbraucht, überschattet, gescheitert, in: Ommo Grupe (Hg.), Olympischer Sport. Rückblick und Perspektiven, Schorndorf 1997, S. 71–84.
Michael Krüger/Hans Langenfeld (Hg.), Handbuch Sportgeschichte, Schorndorf 2010.

Christian Kuller, Bürokratie und Verbrechen. Antisemitische Finanzpolitik und Verwaltungspraxis im nationalsozialistischen Deutschland, München 2013.
Adolf Lässer, 100 Jahre Fremdenverkehr in Tirol. Die Geschichte einer Organisation, Innsbruck 1989.
Landessportorganisation Salzburg (Hg.), 25 Jahre Landessportorganisation. Ein Vierteljahrhundert in Bewegung, Salzburg 1972.
Otto Lang, A Bird of Passage. The Story of my Life, Missoula 1996.
Hans Langenfeld, Regional-, Orts- und Vereinsgeschichte, in: Michael Krüger/Hans Langenfeld (Hg.), Handbuch Sportgeschichte, Schorndorf 2010, S. 253–262.
Nikola Langreiter/Petra Zudrell (Hg.), Wem gehört das Bödele? Eine Kulturlandschaft verstehen, Salzburg/Wien 2020.
Hellmut Lantschner, Die Spur von meinem Ski, Berlin 1935.
Erwin Lauterwasser/Rainer Mülbert/Fritz Wagnerberger (Hg.), Faszination Skilauf. Vor hundert Jahren fing es an, Heidelberg 1995.
Jeffrey R. Leich, 1939: A Decisive Year in the White Mountains, in: Journal of the New England Ski Museum, Nr. 111, 2019.
Jeffrey R. Leich, Highlights of New England Skiing Part Two, in: Journal of the New England Ski Museum, Nr. 59, 2003.
Jeffrey R. Leich, Tales of the 10th. The Mountain Troops and American Skiing, Franconia 2008.
Jeffrey R. Leich, The Mountain Troops and Mountain Culture in Postwar America, in: Journal of the New England Ski Museum, Nr. 101, 2016.
Edith Leisch-Prost, Die Abwicklung der Vereine, in: Verena Pawlowsky/Edith Leisch-Prost/Christian Klösch (Hg.), Vereine im Nationalsozialismus. Vermögensentzug durch den Stillhaltekommissar für Vereine, Organisationen und Verbände und Aspekte der Restitution in Österreich nach 1945. Veröffentlichungen der Österreichischen Historikerkommission. Vermögensentzug während der NS-Zeit sowie Rückstellungen und Entschädigungen seit 1945 in Österreich (Band 21/1), Wien/München 2004, S. 138–173.
Rudolf Leo, Der Pinzgau unterm Hakenkreuz. Diktatur in der Provinz, Salzburg 2013.
Albert Lichtblau, Antisemitismus – Rahmenbedingungen und Wirkungen auf das Zusammenleben von Juden und Nichtjuden, in: Emmerich Tálos/Herbert Dachs/Ernst Hanisch/Anton Staudinger (Hg.), Handbuch des politischen Systems Österreichs. Erste Republik 1918–1933, Wien 1995, S. 454–471.
Albert Lichtblau, „Arisierungen in Salzburg", in: Helga Embacher, Juden in Salzburg, Salzburg 2002, S. 67–83.
Albert Lichtblau, Integration und Desintegration am Beispiel der jüdischen Bevölkerung Österreichs. Innen- und Außenperspektiven, in: Manfred Oberlechner (Hg.), Die missglückte Integration? Wege und Irrwege in Europa, Wien 2006, S. 81–100.
Albert Lichtblau, Integration, Vernichtungsversuch und Neubeginn. Österreichisch-jüdische Geschichte 1848 bis zur Gegenwart, in: Eveline Brugger/Martha Keil/Albert Lichtblau/Christoph Lind/Barbara Staudinger (Hg.), Geschichte der Juden in Österreich, Wien 2006, S. 447–565.
Albert Lichtblau, Vorwort, in: Siegfried Göllner/Albert Lichtblau/Christian Muckenhumer/Andreas Praher/Robert Schwarzbauer (Hg.), Zwischen Provinz und Metropole. Fußball in Österreich. Beiträge zur 1. Salzburger Fußballtagung, Göttingen 2016, S. 7–9.
Wilhelm Lilge/Gerd Millmann, Sportland Österreich? Athleten – Abzocker – Allianzen, Wien 2013.

Hanno Loewy/Gerhard Milchram (Hg.), Hast du meine Alpen gesehen? Eine jüdische Beziehungsgeschichte, Hohenems 2009.

Hanno Loewy, Wunder des Schneeschuhs? Hannes Schneider, Rudolf Gomperz und die Geburt des modernen Skisports am Arlberg, in: Hanno Loewy/Gerhard Milchram (Hg.), Hast du meine Alpen gesehen? Eine jüdische Beziehungsgeschichte, Hohenems 2009, S. 318–343.

Peter Lösche/Ruge Undine/Klaus Stolz (Hg.), Fußballwelten: Zum Verhältnis von Sport, Politik, Ökonomie und Gesellschaft, Wiesbaden 2002.

Richard Löwenthal, Widerstand im totalen Staat. in: Richard Löwenthal/Patrik zur Mühlen (Hg.), Widerstand und Verweigerung in Deutschland 1933 bis 1945. Bonn 1984, S. 11–24.

Richard Löwenthal/Patrik zur Mühlen (Hg.), Widerstand und Verweigerung in Deutschland 1933 bis 1945. Bonn 1984.

Peter Longerich, Geschichte der SA, München 2003.

Alf Lüdtke, Alltagsgeschichte – ein Bericht von unterwegs, in: Historische Anthropologie: Kultur, Gesellschaft, Alltag 11 (2003) 2, S. 278–295.

Alf Lüdtke, Zur Rekonstruktion historischer Erfahrungen und Lebensweisen, Frankfurt 1989.

Wilhelm Lütge/Werner Hoffmann/Karl Wilhelm Körner/Karl Klingenfuss (Hg.), Deutsche in Argentinien 1520–1980, Buenos Aires 1980.

Wilhelm Lütge/Werner Hofmann/Karl Wilhelm Körner, Geschichte des Deutschtums in Argentinien, Buenos Aires 1955.

Andreas Luh, On the Way to a National Socialist Sports System: From liberal Sports in Clubs and Associations to directed Sports in National Socialist Organizations, in: European Journal of Sport Science, 3 (2003) 3, S. 1–10.

Andreas Luh/Edgar Beckers (Hg.), Umbruch und Kontinuität im Sport – Reflexionen im Umfeld der Sportgeschichte. Festschrift für Horst Ueberhorst, Bochum 1991.

Klaus-Michael Mallmann, Menschenjagd und Massenmord. Das neue Instrument der Einsatzgruppen und -kommandos 1938–1945, in: Gerhard Paul/Klaus-Michael Mallmann (Hg.), Die Gestapo im Zweiten Weltkrieg, „Heimatfront" und besetztes Europa, Darmstadt 2000, S. 291–316.

Klaus-Michael Mallmann/Jochen Böhler/Jürgen Matthäus, Einsatzgruppen in Polen: Darstellung und Dokumentation, Stuttgart 2008.

Klaus-Michael Mallmann/Bogdan Musial (Hg.), Genesis des Genozids. Polen 1939–1941, Darmstadt 2004.

Klaus-Michael Mallmann/Gerhard Paul (Hg.), Karrieren der Gewalt. Nationalsozialistische Täterbiographien, Darmstadt 2004.

Walter Manoschek, Verschmähte Erbschaft. Österreichs Umgang mit dem Nationalsozialismus 1945 bis 1955, in: Reinhard Sieder/HeinzSteinert/Emmerich Tálos (Hg.), Österreich 1945–1995. Gesellschaft – Politik – Kultur, Wien 1995, S. 94–106.

Marktgemeinde Grödig (Hg.), Festschrift zur Markterhebung von Grödig, Salzburg 1968.

Matthias Marschik, Austrian Sport and the Challenges of Its Recent Historiography, in: Journal of Sport History, 38 (2011) 2, S. 189–198.

Matthias Marschik, Cultural Studies und Nationalsozialismus. Aspekte eines Geschichtsbildes, Wien/Berlin 2011.

Matthias Marschik, Frauenfußball und Maskulinität. Geschichte – Gegenwart – Perspektiven, Wien 2003.

Matthias Marschik, Frei spielen. Sporterzählungen über Nationalsozialismus und „Besatzungszeit", Wien/Berlin 2014.

Matthias Marschik, Friedrich Rainer – Sportführer der „Ostmark". Vorläufige Anmerkungen zur Biografie eines politischen Sportlers, in: SportZeiten 6 (2006) 3, S. 7–27.

Matthias Marschik, Leerstellen. Die ungeschriebene Geschichte des Frauenfußballs in Österreich, in: Siegfried Göllner/Andreas Praher/Robert Schwarzbauer/Minas Dimitriou (Hg.), Zwischenräume. Macht, Ausgrenzung und Inklusion im Fußball. Beiträge zur 2. Salzburger Fußballtagung, Göttingen 2019, S. 66–79.

Matthias Marschik, Metropolen statt Provinzen. Mitropa-Idee vs. Verösterreicherung des Fußballs in der Zwischenkriegszeit, in: Siegfried Göllner/Albert Lichtblau/Christian Muckenhumer/Andreas Praher/Robert Schwarzbauer (Hg.), Zwischen Provinz und Metropole. Fußball in Österreich. Beiträge zur 1. Salzburger Fußballtagung, Göttingen 2016, S. 88–96.

Matthias Marschik, Sport und Sportgeschichte, Identitäten und populäre/populare Kulturen, in: Bettina Kratzmüller/Matthias Marschik/Rudolf Müllner, Hubert D. Szemethy/Elisabeth Trinkl (Hg.), Sport and the Construction of Identities. Proceedings of the XIth International CESH-Congress Vienna, September 17th-20th 2006, Wien 2007, S. 104–116.

Matthias Marschik, Sportdiktatur. Bewegungskulturen im nationalsozialistischen Österreich, Wien 2008.

Matthias Marschik, Sternstunden der österreichischen Nationalmannschaft: Erzählungen zur nationalen Fußballkultur, Wien 2008.

Matthias Marschik, Transformationen der Bewegungskultur, in: Matthias Marschik/Rudolf Müllner/Otto Penz/Georg Spitaler (Hg.), Sport Studies, Wien 2009, S. 23–34.

Matthias Marschik, Turnen und Sport im Austrofaschismus (1934–1938), in: Emmerich Tálos/Wolfgang Neugebauer (Hg.), Austrofaschismus. Politik – Ökonomie – Kultur. 1933 – 1938, Wien/Berlin 2014, S. 372–389.

Matthias Marschik, Wiener Melange: Fußball in Österreich 1918–1939, in: Christian Koller/Fabian Brändle (Hg.), Fussball zwischen den Kriegen. Europa 1918–1939, Wien/Berlin 2010, S. 256–257.

Matthias Marschik, „Wir spielen nicht zum Vergnügen". Arbeiterfußball in der Ersten Republik, Wien 1994.

Matthias Marschik/Agnes Meisinger/Rudolf Müllner/Georg Spitaler/Johann Skocek (Hg.): Images des Sports in Österreich. Innensichten und Außenwahrnehmungen. Göttingen 2018.

Matthias Marschik/Georg Spitaler (Hg.), Helden und Idole. Sportstars in Österreich, Innsbruck/Wien 2006.

Matthias Marschik/Rudolf Müllner, Kulturen des Mediensports in Österreich. Zur Einführung, in: Matthias Marschik/Rudolf Müllner (Hg.), „Sind's froh, dass Sie zu Hause geblieben sind." Mediatisierung des Sports in Österreich, S. 9–22.

Matthias Marschik/Rudolf Müllner, Probleme und Perspektiven der Geschichte des Sports in Österreich, in: Sozial- und Zeitgeschichte des Sports, 12 (1998) 2, S. 7–36.

Matthias Marschik/Rudolf Müllner, Sportgeschichte – Geschichte des Sports: in: Matthias Marschik/Rudolf Müllner/Otto Penz/Georg Spitaler (Hg.), Sport Studies, Wien 2009, S. 255–258.

Matthias Marschik/Rudolf Müllner/Otto Penz/Georg Spitaler (Hg.), Sport Studies, Wien 2009.

Jürgen Matthäus, „Warum wird über das Judentum geschult?" Die ideologische Vorbereitung der deutschen Polizei auf den Holocaust, in: Gerhard Paul/Klaus-Michael Mallmann (Hg.), Die Gestapo im Zweiten Weltkrieg. „Heimatfront" und besetztes Europa, Darmstadt 2000, S. 100–124.

Thomas Mayer, Orte der Begegnung und des Kampfes. Hakoah in den Bundesländern, in: Susanne Helene Betz/Monika Löscher/Pia Schölnberger (Hg.), „...mehr als ein Sportverein". 100 Jahre Hakoah Wien 1909–2009, Innsbruck/Wien/Bozen 2009, S. 48–64.

Holger M. Meding, „Der Weg". Eine deutsche Emigrantenzeitschrift in Buenos Aires 1947–1957, Berlin 1997.

Holger M. Meding, Flucht vor Nürnberg, Deutsche und österreichische Einwanderung in Argentinien 1945–1955, Wien/Köln/Weimar 1992.

Holger M. Meding (Hg.), Nationalsozialismus und Argentinien. Beziehungen, Einflüsse und Nachwirkungen, Frankfurt am Main/Berlin/Bern/New York/Paris/Wien 1995.

Günther Meergans, Ein Leben voller Einsatz, Dülmen 1998.

Günther Meergans, Viermal Deutscher Skimeister. Vom Schreiberhau nach Reit im Winkl, München 1950.

Sebastian Meissl/Klaus-Dieter Mully/Oliver Rathkolb (Hg.), Verdrängte Schuld, verfehlte Sühne. Entnazifizierung in Österreich 1945–1955, Wien 1986.

Renate Meissner (Hg.), Erinnerungen: Lebensgeschichten von Opfern des Nationalsozialismus (Band 5), Exil in Australien, Wien 2018.

Erwin Mehl, Grundriss des deutschen Turnens, Wien 1929.

Gunnar Mertz, Fritz Kasparek und die Erstbesteigung der Eiger-Nordwand in den österreichischen Erinnerungskulturen, in: Matthias Marschik/Agnes Meisinger/Rudolf Müllner/Johann Skocek/Georg Spitaler (Hg.), Images des Sports in Österreich. Innensichten und Außenwahrnehmungen, Göttingen 2018, S. 247–262.

Philipp Mettauer, Erzwungene Emigration nach Argentinien. Österreichisch-jüdische Lebensgeschichten, Studien zur Geschichte und Kultur der Iberischen und Iberoamerikanischen Länder (Band 14), Münster 2010.

Hermann Frank Meyer, Blutiges Edelweiß. Die 1. Gebirgs-Division im Zweiten Weltkrieg, Berlin 2008.

Rolf Michaelis, Die Gebirgs-Divisionen der Waffen-SS, Berlin 1998.

Philipp Mittnik, Zum Umgang mit rechtsextremen Tendenzen in der österreichischen Fußball-Fankultur. Eine Perspektive der Politischen Bildung, in: Siegfried Göllner/Andreas Praher/Robert Schwarzbauer/Minas Dimitriou (Hg.), Zwischenräume. Macht, Ausgrenzung und Inklusion im Fußball. Beiträge zur 2. Salzburger Fußballtagung, Göttingen 2019, S. 180–187.

Ansgar Molzberger/Stephan Wassong/Gabi Langen (Hg.), Siegen für den Führer. Der Kölner Sport in der NS-Zeit. Schriftenreihe des NS-Dokumentationszentrums der Stadt Köln (Band 20), Köln 2015.

Hans Müller, Die Lettner-Kante, in: Wintersportmuseum Mürzzuschlag (Hg.), 3rd FIS Ski History Conference, Mürzzuschlag/Graz 2004, S. 171–176.

Karl Müller, Die Vernichtung des „undeutschen" Geistes. Theater und Literatur im Dienste des Nationalsozialismus, in: Sabine Veits-Falk/Ernst Hanisch (Hg.), Herrschaft und Kultur. Instrumentalisierung, Anpassung, Resistenz. Die Stadt Salzburg im Nationalsozialismus (Band 4), Salzburg 2013, S. 400–459.

Rudolf Müllner, Der Zdarsky-Biograph Prof. Dr. Erwin Mehl (1890–1984), in: Otmar Schöner (Hg.), Matthias Zdarsky und die Bahnbrecher im alpinen Schnee, Reichenau an der Rax 2015, S. 164–171.

Rudolf Müllner, Die Mobilisierung der Körper. Der Schul- und Hochschulsport im nationalsozialistischen Österreich, Wien 1993.

Rudolf Müllner, Perspektiven der historischen Sport- und Bewegungskulturforschung, Wien 2011.
Rudolf Müllner, The Importance of Skiing in Austria, in: The International Journal of the History of Sport, 30 (2013) 6, S. 659–673.
Rudolf Müllner/Christof Thöny (Hg.), Skispuren. Internationale Konferenz zur Geschichte des Wintersports, Bludenz 2019.
Antonio J. Munoz, The German Secret Field Police in Greece, 1941–1944, Jefferson 2018.
Bogdan Musial, Das Schlachtfeld, zweier totalitärer Systeme. Polen unter deutscher und sowjetischer Herrschaft 1939–1941, in: Klaus-Michael Mallmann/Bogdan Musial (Hg.), Genesis des Genozids. Polen 1939–1941, Darmstadt 2004, S. 13–35.
Frank Norbert Nagel (Hg.), Kanada. Von Akadien zum Yukon, Norderstedt 2013.
Siegfried Nagel/Torsten Schlesinger/Pamela Wicker/Jo Lucassen/Remco Hoekman/Harold van der Werff/Christoph Breuer, Theoretical Framework, in: Christoph Breuer/Remco Hoekman/Siegfried Nagel/Harold van der Werff (Hg.), Sport Clubs in Europe. A Cross-National Comparative Perspective, Cham 2015, S. 7–28.
Tobias G. Natter (Hg.), Schnee. Rohstoff der Kunst, Bregenz 2009.
Donata V. Nerée, Warum die allgemeine Geschichte die Sportgeschichte nicht zur Kenntnis nimmt, in: Arnd Krüger/Joachim K. Rühl (Hg.), Aus lokaler Sportgeschichte lernen: Jahrestagung der DVS-Sektion Sportgeschichte vom 12. – 14. Mai 1999 in Hoya, Hamburg 2001, S. 19–26.
Wolfgang Neugebauer (Hg.), Austrofaschismus. Politik – Ökonomie – Kultur. 1933 – 1938, Wien 2008.
Wolfgang Neugebauer, Der österreichische Widerstand 1938–1945, Wien 2008.
Wolfgang Neugebauer, Widerstand und Opposition, in: Dokumentationsarchiv des österreichischen Widerstandes (Hg.), Österreicher und der Zweite Weltkrieg, Wien 1989, S. 81–91.
Wolfgang Neugebauer, Widerstandsforschung in Österreich, in: Anton Pelinka/Erika Weinzierl (Hg.), Das große Tabu. Österreichs Umgang mit seiner Vergangenheit, Wien 1987, S. 163–173.
David Niven, The Moon's a Balloon, London 1971.
N. N. 100 Jahre Ski-Club Bad Gastein, in: kultur passiert..., 78 (2012), S. 15.
Gilbert Norden, Breitensport und Spitzensport vom 19. Jahrhundert bis zur Gegenwart, in: Ernst Bruckmüller/Hannes Strohmeyer (Hg.), Turnen und Sport in der Geschichte Österreichs, Wien 1998, S. 56–85.
Gilbert Norden, Sport in Österreich. Vom 19. Jahrhundert bis zur Gegenwart, in: Matthias Marschik/Georg Spitaler (Hg.), Helden und Idole. Sportstars in Österreich, Innsbruck/Wien/Bozen 2006, S. 25–39.
Hermann Nußbaumer, Sieg auf weißen Pisten. Bilanz des alpinen Skisports, Linz 1974.
Manfred Oberlechner (Hg.), Die missglückte Integration? Wege und Irrwege in Europa, Wien 2006.
Julia Obertreis (Hg.), Oral History, Stuttgart 2012.
Österreichischer Skiverband, Satzungen des Ö. S. V., beschlossen in der Vertreter-Versammlung in Salzburg am 8. Oktober 1922, Wien 1923.
Tabare W. Parsons, Enciclopedia Historica Centenaria de Bariloche 03/05/1902 – 03/05/2002, Almanes y Austriacos Pioneros Olividados, Tomo 1, Bariloche 2002.
Gerhard Paul (Hg.), Die Täter der Shoah: fanatische Nationalsozialisten oder ganz normale Deutsche?, Göttingen 2002.

Gerhard Paul, Von Psychopathen, Technokraten des Terrors und „ganz gewöhnlichen" Deutschen. Die Täter der Shoah im Spiegel der Forschung, in: Gerhard Paul (Hg.), Die Täter der Shoah: fanatische Nationalsozialisten oder ganz normale Deutsche?, Göttingen 2002, S. 13–92.
Gerhard Paul/ Klaus-Michael Mallmann, Sozialisation, Milieu und Gewalt. Fortschritte und Probleme der neueren Täterforschung, in: Klaus-Michael Mallmann/Gerhard Paul (Hg.), Karrieren der Gewalt. Nationalsozialistische Täterbiographien, Darmstadt 2004, S. 1–32.
Gerhard Paul/Klaus-Michael Mallmann (Hg.), Die Gestapo im Zweiten Weltkrieg: „Heimatfront" und besetztes Europa, Darmstadt 2000.
Verena Pawlowsky/Edith Leisch-Prost/Christian Klösch (Hg.), Vereine im Nationalsozialismus. Vermögensentzug durch den Stillhaltekommissar für Vereine, Organisationen und Verbände und Aspekte der Restitution in Österreich nach 1945. Veröffentlichungen der Österreichischen Historikerkommission. Vermögensentzug während der NS-Zeit sowie Rückstellungen und Entschädigungen seit 1945 in Österreich (Band 21/1), Wien/München 2004.
Lorenz Peiffer, Vom Soldatensport zum Volkssport. Das Militär als Katalysator der Popularisierung des Skilaufs, in: Markwart Herzog (Hg.), Skilauf – Volkssport – Medienzirkus. Skisport als Kulturphänomen, Stuttgart 2005, S. 69–94.
Lorenz Peiffer/Dietrich Schulze-Marmeling (Hg.), Hakenkreuz und rundes Leder. Fußball im Nationalsozialismus, Göttingen 2008.
Anton Pelinka/Erika Weinzierl (Hg.), Das große Tabu. Österreichs Umgang mit seiner Vergangenheit, Wien 1987.
Laurin Peter, Turnen fürs Vaterland, Sport zum Vergnügen. Vorarlberger Sportgeschichte bis 1945, Bregenz 2001.
E. A. Pfeifer, Kitzbühel. Sonne und Pulverschnee, Kitzbühel 1992.
Gertrud Pfister, Die Balance der Differenz – Inszenierungen von Körper und Geschlecht im Sport (1900 bis 2000), in: Michael Krüger (Hg.), Menschenbilder im Sport, Schorndorf 2003, S. 197–234.
Gertrud Pfister, Sportfexen, Heldenmythen und Opfertod: Alpinismus und Nationalsozialismus, in: Claudio Ambrosi/Wolfgang Weber (Hg.), Sport und Faschismen. Geschichte und Region, Innsbruck/Wien/München/Bozen 2004, S. 21–59.
Gertrud Pfister, Weiblichkeitsideologie, Frauenrolle und Frauensport im Dritten Reich, in: Beiträge zur Historischen Sozialkunde, 13 (1983) 1, S. 19–28.
Franz Pichlsberger, Die Unentwegten. Aus Tirols Befreiungskampf von 1933–1938, Innsbruck 1939.
Alexander Pinwinkler, Elite des Sports, Sport für Eliten: die Wehrsporteinheiten von SA und SS, in: Minas Dimitriou/Oskar Dohle/Walter Pfaller/Andreas Praher (Hg.), Salzburgs Sport in der NS-Zeit. Zwischen Staat und Diktatur, Salzburg 2018, S. 231–242.
Alexander Pinwinkler/Thomas Weidenholzer (Hg.), Schweigen und erinnern. Das Problem Nationalsozialismus nach 1945. Die Stadt Salzburg im Nationalsozialismus (Band 7), Salzburg 2016.
Heinz Polednik, Das Glück im Schnee. 100 Jahre Skilauf in Österreich, Wien/München 1991.
Heinz Polednik, Weltwunder Skisport, Wels 1969.
Andreas Praher, Destination Amerika. Arbeitsmigration und Flucht im österreichischen Skilauf der 1930er Jahre und der Einfluss des österreichischen Skisports auf den transatlantischen Wissenstransfer, in: Wintersport Museumsbote, 27 (2019) 101, S. 6–7.

Andreas Praher, „Die Stadt gehörte wieder uns!" Skilauf auf dem Bödele in nationalsozialistischen Zusammenhängen, in: Nikola Langreiter/Petra Zudrell (Hg.), Wem gehört das Bödele? Eine Kulturlandschaft verstehen, Salzburg/Wien 2020, S. 254–267.

Andreas Praher, Jüdischer Sport zwischen den Kriegen. Eine Spurensuche, in: Minas Dimitriou/Oskar Dohle/Walter Pfaller/Andreas Praher (Hg.), Salzburgs Sport in der NS-Zeit. Zwischen Staat und Diktatur, Salzburg 2018, S. 31–40.

Andreas Praher, Politisch belastet, sportlich frei – Salzburgs Sport nach 1945, in: Alexander Pinwinkler/Thomas Weidenholzer (Hg.), Schweigen und erinnern. Das Problem Nationalsozialismus nach 1945. Die Stadt Salzburg im Nationalsozialismus (Band 7), Salzburg 2016, S. 350–387.

Andreas Praher, Politische Radikalisierung im Salzburger Fußballsport in der Zwischenkriegszeit, in: Siegfried Göllner/Albert Lichtblau/Christian Muckenhumer/Andreas Praher/Robert Schwarzbauer (Hg.), Zwischen Provinz und Metropole. Fußball in Österreich. Beiträge zur 1. Salzburger Fußballtagung, Göttingen 2016, S. 105–124.

Andreas Praher, Salzburg und Olympia 1936 – Sichtweisen und Reflexionen, in: Minas Dimitriou/Oskar Dohle/Walter Pfaller/Andreas Praher (Hg.), Salzburgs Sport in der NS-Zeit. Zwischen Staat und Diktatur, Salzburg 2018, S. 87–107.

Andreas Praher, „Skifahren ist für uns Deutsche in den Alpenländern mehr als nur ein Sport." Der österreichische Skisport als politische Kampfzone der 1930er-Jahre, in: Matthias Marschik/Agnes Meisinger/Rudolf Müllner/Johann Skocek/Georg Spitaler (Hg.), Images des Sports in Österreich. Innensichten und Außenwahrnehmungen, Göttingen 2018, S. 201–218.

Andreas Praher, Spielball des Nationalsozialismus oder loyaler Erfüllungsgehilfe? Der Salzburger Fußballsport 1938–1945, in: Siegfried Göllner/Albert Lichtblau/Christian Muckenhumer/Andreas Praher/Robert Schwarzbauer (Hg.), Zwischen Provinz und Metropole. Fußball in Österreich. Beiträge zur 1. Salzburger Fußballtagung, Göttingen 2016, S. 133–144.

Andreas Praher, Sport und Körperkultur. „Ohne Widerstand bis zum Endsieg", in: Sabine Veits-Falk/Ernst Hanisch (Hg.), Herrschaft und Kultur. Instrumentalisierung, Anpassung, Resistenz. Die Stadt Salzburg im Nationalsozialismus (Band 4), Salzburg 2013, S. 268–317.

Andreas Praher, Sportführer Friedrich Rainer und seine sportpolitischen Ambitionen, in: Minas Dimitriou/Oskar Dohle/Walter Pfaller/Andreas Praher (Hg.), Salzburgs Sport in der NS-Zeit. Zwischen Staat und Diktatur, Salzburg 2018, S. 153–170.

Andreas Praher, SportlerInnen für den Krieg – KriegerInnen für den Sport, in: Minas Dimitriou/Oskar Dohle/Walter Pfaller/Andreas Praher (Hg.), Salzburgs Sport in der NS-Zeit. Zwischen Staat und Diktatur, Salzburg 2018, S. 255–290.

Andreas Praher, Vergessen und verdrängt, Salzburgs Sport im Nachkriegsösterreich, in: Minas Dimitriou/Oskar Dohle/Walter Pfaller/Andreas Praher (Hg.), Salzburgs Sport in der NS-Zeit. Zwischen Staat und Diktatur, Salzburg 2018, S. 357–382.

Andreas Praher, Vom Talboden an die Spitze des Reiches. Der Gau Salzburg in der NS-Zeit. In Karin Gföllner/Oskar Dohle/Franz Wieser (Hg.), Salzburg – Wien: Eine späte Liebe. 200 Jahre Salzburg bei Österreich, Salzburg 2016, S. 117–132.

Andreas Praher, Zwischen Anpassung, Vereinnahmung und Mittäterschaft – Zur Rolle des österreichischen Skisports zwischen den Kriegen und in der NS-Diktatur. in: Rudolf Müllner/Christof Thöny (Hg.), Skispuren. Internationale Konferenz zur Geschichte des Wintersports, Bludenz 2019, S. 235–247.

Andreas Praher/Robert Schwarzbauer, Der jüdische Sport im Salzburg der Zwischenkriegszeit, in: Aschkenas. Zeitschrift für Geschichte und Kultur der Juden, 27 (2017), S. 57–70.
Wolfgang Proske, Täter, Helfer, Trittbrettfahrer. NS-Belastete aus dem Bodenseeraum, Gerstetten 2016.
Uwe Puschner/Walter Schmitz/Justus H. Ulbricht (Hg.), Handbuch zur „Völkischen Bewegung" 1871–1918, München/New Providence/London/Paris 1996.
Peter Radacher, 5000 Jahre Mitterberg. 130 Jahre Arthurhaus. 100 Jahre Radacher, Mühlbach 1998.
Christian Rapp, „Der weiße Rausch". Der Skisport im deutschen Bergfilm um 1930, in: Markwart Herzog (Hg.), Skilauf – Volkssport – Medienzirkus. Skisport als Kulturphänomen, Stuttgart 2005, S. 111–122.
Christian Rapp, Sonne über dem Arlberg. Wie das Kino die Skier zum Laufen brachte, in: Tobias G. Natter (Hg.), Schnee. Rohstoff der Kunst, Bregenz 2009, S. 78–89.
Oliver Rathkolb, Die paradoxe Republik. Österreich 1945 bis 2005, Wien 2005.
Friederike Raubitschek, My husband was a Jew, in: Renate Meissner (Hg.), Erinnerungen: Lebensgeschichten von Opfern des Nationalsozialismus (Band 5), Exil in Australien, Wien 2018, S. 210–223.
Dieter Reicher, Nationensport und Mediennation. Zur Transformation von Nation und Nationalismus im Zeitalter elektronischer Massenmedien, Göttingen 2013.
Kai Reinhart/Michael Krüger, Funktionen des Sports im modernen Staat und in der modernen Diktatur, in: Historische Sozialforschung, Sport und Diktatur: Zur politischen und sozialen Rolle des Sports in den deutschen Diktaturen des 20. Jahrhunderts, 32 (2007) 1, S. 43–77.
Margit Reiter, Die Ehemaligen. Der Nationalsozialismus und die Anfänge der FPÖ, Göttingen 2019.
Christian Rhomberg/Otto Schwald, Die Besten im Westen. Vorarlbergs Jahr-100-Sportler im Portrait, Bludenz 2000.
Josef Riedmann/Richard Schober (Hg.), Tiroler Heimat. Jahrbuch für Geschichte und Volkskunde (Band 70), Innsbruck 2006.
Fritz Rigele, 50 Jahre Bergsteiger, Erlebnisse und Gedanken, Berlin 1935.
James Riordan/Arnd Krüger (Hg.), The International Politics of Sport in the Twentieth Century, London/New York 1999.
Helen Roche, Sport, Leibeserziehung und vormilitärische Ausbildung in den Nationalpolitischen Erziehungsanstalten. Eine „radikale" Revolution der körperlichen Bildung im Rahmen der NS-Gesamterziehung, in: Frank Becker/Ralf Schäfer (Hg.), Sport und Nationalsozialismus. Beiträge zur Geschichte des Nationalsozialismus (Band 32), Göttingen 2016, S. 173–196.
Josef Rohrer, Zimmer frei. Das Buch zum Tourismus, Bozen 2003
René Rohrkamp, „Weltanschaulich gefestigte Kämpfer". Die Soldaten der Waffen-SS 1933–1945. Organisation – Personal – Sozialstrukturen, Paderborn/München/Wien/Zürich 2010.
Gabriele Rosenthal, Erlebte und erzählte Lebensgeschichte. Gestalt und Struktur biographischer Selbstbeschreibungen, Frankfurt am Main/New York 1995.
Thomas Roth, „Erziehung zu Leistung und Gesinnung". Programm, Praxis und Propaganda der „Leibesertüchtigung" an der NS-Ordensburg Vogelsang, in: Ansgar Molzberger/Stephan Wassong/Gabi Langen (Hg.), Siegen für den Führer. Der Kölner Sport in der NS-Zeit.

Schriftenreihe des NS-Dokumentationszentrums der Stadt Köln (Band 20), Köln 2015, S. 102–143.
Toni Sailer, Mein Weg zum dreifachen Olympiasieg, Salzburg 1956.
Hans Schafranek, Söldner für den „Anschluss". Die Österreichische Legion 1933–1938, Wien 2011.
Hannes Schneider, Auf Schi in Japan, Innsbruck/Wien/München 1935.
Heinz Schneppen, Odessa und das Vierte Reich. Mythen der Zeitgeschichte, Berlin 2007.
Jürgen Schmädeke/Peter Steinbach (Hg.), Der Widerstand gegen den Nationalsozialismus, München 1994.
Josef Schmid (Hg.), Österreichischer Skiverband 100 Jahre: Emotion made in Austria, Innsbruck 2005.
Otmar Schöner (Hg.), Matthias Zdarsky und die Bahnbrecher im Alpinen Schnee, Reichenau an der Rax 2015.
Joachim Schröder, Die Münchner Polizei und der Nationalsozialismus, Essen 2013.
Gerhart Schultes, Der Reichsbund der katholischen deutschen Jugend Österreichs. Entstehung und Geschichte, Wien 1967.
Hans Schulz, Bariloche: Breve Historia de la Comunidad Alemana y su Escuela 1907–2004, San Carlos de Bariloche 2004.
Dietrich Schulze-Marmeling (Hg.), Davidstern und Lederball. Die Geschichte der Juden im deutschen und internationalen Fußball, Göttingen 2003.
Dietrich Schulze-Marmeling, Einführung, in: Dietrich Schulze-Marmeling (Hg.), Davidstern und Lederball. Die Geschichte der Juden im deutschen und internationalen Fußball, Göttingen 2003, S. 11–24.
Alfredo José Schwarcz, Die deutschsprachigen Juden in Argentinien, in: Holger M. Meding (Hg.), Nationalsozialismus und Argentinien. Beziehungen, Einflüsse und Nachwirkungen, Frankfurt am Main/Berlin/Bern/New York/Paris/Wien 1995, S. 203–226.
Alfredo José Schwarcz, Trotz allem…Die deutschsprachigen Juden in Argentinien, Wien/Köln/Weimar 1995.
Robert Schwarzbauer, Die letzten Reserven – Spielgemeinschaften und Randsportarten, in: Minas Dimitriou/Oskar Dohle/Walter Pfaller/Andreas Praher (Hg.), Salzburgs Sport in der NS-Zeit. Zwischen Staat und Diktatur, Salzburg 2018, S. 315–326.
Ian Scully, Austria's Influence on American Skiing, in: Wintersportmuseum Mürzzuschlag (Hg.), 3rd FIS Ski History Conference, Mürzzuschlag/Graz 2004, S. 179–184.
Ian Scully, Vermächtnis: Österreichs Alpine Botschafter – Hannes Schneider und seine Schüler (1890–1940), in: Josef Riedmann/Richard Schober (Hg.), Tiroler Heimat. Jahrbuch für Geschichte und Volkskunde (Band 70), Innsbruck 2006, S. 206–217.
Dieter Seefranz, Der Weiße Rausch. Vom Skisport in Österreich, Wien 1976.
Gad Hugo Sella, Die Juden Tirols. Ihr Leben und Schicksal, Tel Aviv 1979.
Gad Hugo Sella, Hakoah-Innsbruck, in: John Bunzl (Hg.), Hoppauf Hakoah. Jüdischer Sport in Österreich. Von den Anfängen bis in die Gegenwart, Wien 1987, S. 111.
Reinhard Sieder/Heinz Steinert/Emmerich Tálos (Hg.), Österreich 1945–1995. Gesellschaft – Politik – Kultur, Wien 1995.
Johann Skocek/Wolfgang Weisgram, Wunderteam Österreich. Scheiberln, wedeln, glücklich sein. Wien 1996.
Werner Skrentny, Julius Hirsch: Der Nationalspieler, den die Nazis ermordeten, in: Lorenz Peiffer/Dietrich Schulze-Marmeling (Hg.), Hakenkreuz und rundes Leder. Fußball im Nationalsozialismus, Göttingen 2008, S. 489–497.

Ursula Solf, Wenn das Recht im Auge des Betrachters liegt: NS-Täter aus juristischer Perspektive, in: Helgard Kramer (Hg.), NS-Täter aus interdisziplinärer Perspektive, München 2006, S. 79–94.
Georg Spitaler, Ein Spuk-Bild des linken Sports: „Nie schiesst der Faschismus im roten Wien ein Goal!", in: Matthias Marschik/Agnes Meisinger/Rudolf Müllner/Johann Skocek/Georg Spitaler (Hg.), Images des Sports in Österreich. Innensichten und Außenwahrnehmungen, Göttingen 2018, S. 189–200.
Giselher Spitzer, Aktuelle Konzepte zur Zeitgeschichte des Sports, in: Sozial- und Zeitgeschichte des Sports 8 (1994) 3, S. 56–75.
Karl Springenschmid, Österreichische Geschichten aus der ersten Zeit des „illegalen" Kampfes, München 1935.
Veronika Springmann, Fußball im Konzentrationslager, in: Lorenz Peiffer/Dietrich Schulze-Marmeling (Hg.), Hakenkreuz und rundes Leder. Fußball im Nationalsozialismus, Göttingen 2008, S. 498–503.
Herta Stadler, Die Skikante, unveröff. Hausarbeit, Innsbruck 1936.
Ernst Rüdiger Starhemberg, Memoiren, Wien/München 1971.
Nikola Staritz/Almut Sülzle, Schwule? Bei uns? Kein Thema! Sportartkultur und Homophobie im österreichischen Vereinssport, in: Siegfried Göllner/Andreas Praher/Robert Schwarzbauer/Minas Dimitriou (Hg.), Zwischenräume. Macht, Ausgrenzung und Inklusion im Fußball. Beiträge zur 2. Salzburger Fußballtagung, Göttingen 2019, S. 188–202.
Statistisches Handbuch für den Bundesstaat Österreich, hrsg. vom Bundesamt für Statistik, 15. Jg., Wien 1935.
Statistisches Jahrbuch für Österreich 1938, hrsg. vom Österreichischen Statistischen Landesamt, Wien 1938.
Gabriele Steinacher, Die Entwicklung des Skilaufs am Beispiel des Skiklub Zell am See, unveröffentlichte Diplomarbeit, Salzburg 1988.
Gerald Steinacher, Nazis auf der Flucht. Wie Kriegsverbrecher über Italien nach Übersee entkamen, Frankfurt am Main 2010.
Peter Steinbach/Johannes Tuchel (Hg.), Widerstand gegen den Nationalsozialismus, Bonn 1994.
Sybille Steinbacher, Deportiert von Wien nach Minsk, in: Waltraud Barton (Hg.), Ermordet in Maly Trostinec. Die österreichischen Opfer der Shoah in Weißrussland, Wien 2012, S. 19–38.
Rolf Steininger/Sabine Pitscheider (Hg.), Tirol und Vorarlberg in der NS-Zeit, Innsbruck 2002.
Dieter Stiefel, Entnazifizierung in Österreich, Wien 1981.
Philipp Strobl/Aneta Podkalicka (Hg.), Leisure Cultures and the Making of Modern Ski Resorts, Cham 2019.
Hannes Strohmeyer, Beiträge zur Geschichte des Sports in Österreich. Gesammelte Arbeiten aus vier Jahrzehnten, Wien 1999.
Henning Stühring, Als der Osten brannte. Erlebnisse aus dem Russlandfeldzug: „Fall Barbarossa" 1941/42, Berlin 2011.
Emmerich Tálos, Das austrofaschistische Herrschaftssystem. Österreich 1933–1938, Wien/Berlin 2013.
Emmerich Tálos/Wolfgang Neugebauer (Hg.), Austrofaschismus. Politik – Ökonomie – Kultur. 1933 – 1938, Wien/Berlin 2014.
Emmerich Tálos/Florian Wenninger, Das austrofaschistische Österreich, 1933–1938, Wien 2017.

Emmerich Tálos/Herbert Dachs/Ernst Hanisch/Anton Staudinger (Hg.), Handbuch des politischen Systems Österreichs. Erste Republik 1918–1933, Wien 1995.

Emmerich Tálos/Ernst Hanisch/Wolfgang Neugebauer/Reinhard Sieder (Hg.), NS-Herrschaft in Österreich. Ein Handbuch, Wien 2002.

Hans Joachim Teichler, Der Streit um die Nachfolge des Reichssportführers von Tschammer und Osten im Frühjahr 1943, in: Andreas Luh/Edgar Beckers (Hg.), Umbruch und Kontinuität im Sport – Reflexionen im Umfeld der Sportgeschichte. Festschrift für Horst Ueberhorst, Bochum 1991, S. 432–441.

Hans Joachim Teichler, Die sportlichen Rivalitäten der Achsenmächte: Cortina d'Ampezzo und Garmisch-Partenkirchen 1941, in: Claudio Ambrosi/Wolfgang Weber (Hg.), Sport und Faschismen. Geschichte und Region, Innsbruck/Wien/München/Bozen 2004, S. 95–124.

Hans Joachim Teichler, Internationale Sportpolitik im Dritten Reich, Schordnorf 1991.

Hans Joachim Teichler (Hg.), Moden und Trends im Sport und in der Sportgeschichtsschreibung, Hamburg 2003.

Hans Joachim Teichler, Rezension zu Markwart Herzog (Hg.), Die „Gleichschaltung" des Fußballsports im nationalsozialistischen Deutschland, Stuttgart 2016, in: Historische Zeitschrift, 306 (2018) 1, S. 274–276.

Hans Joachim Teichler/Berno Bahro, Vorwort. Die wichtige Rolle des Sports im Nationalsozialismus, in: Hajo Bernett, Sport und Schulsport in der NS-Diktatur, S. 7–10.

Hans Thöni, Hannes Schneider zum 100. Geburtstag des Schipioniers und Begründers der Arlbergtechnik, St. Anton/Bludenz/Ludesch, 1990.

Christof Thöny, Arlberg: The Creation of a Resort and the Transfer of Knowledge, in: Philipp Strobl/Aneta Podkalicka (Hg.), Leisure Cultures and the Making of Modern Ski Resorts, Cham 2019, S. 117–142.

Christof Thöny, Vom Arlberg nach Kanada – Georg Eisenschimmel & die Pfarrkirche Stuben. Edition Skispuren (Band 1), Bludenz 2017.

Christof Thöny, Vorarlberger Skigeschichte, Erfurt 2012.

Erika Thurner, Die Verfolgung der Zigeuner, in: Dokumentationsarchiv des österreichischen Widerstandes (Hg.), Widerstand und Verfolgung in Salzburg 1934–1945. Eine Dokumentation (Band 2), Wien/Salzburg 1991, S. 474–521.

Claus Tiedemann, „Olympismus und Friedens-Hypothese" oder: Sport und Frieden – Wunsch und Wirklichkeit, in: Andrea Bruns/Wolfgang Buss (Hg.), Sportgeschichte erforschen und vermitteln, Hamburg 2009, S. 171.

Arko Toncek, Otto Meiling. Patriarca del esqui y andinismo argentino, Bariloche 2016.

Florian Traussnig, Militärischer Widerstand von aussen. Österreicher in der US-Armee und Kriegsgeheimdienst im Zweiten Weltkrieg, Wien/Köln/Weimar 2016.

Jürgen Trimborn, Riefenstahl: eine deutsche Karriere, Berlin 2002.

Hans von Tschammer und Osten, Die Organisation der deutschen Leibesübungen, Berlin 1936.

Hans von Tschammer und Osten, Sport und Leibesübungen im nationalsozialistischen Staat, in: Grundlagen, Aufbau und Wirtschaftsordnung des nationalsozialistischen Staates. Erster Band: Die weltanschaulichen, politischen und staatsrechtlichen Grundlagen des nationalsozialistischen Staates. Gruppe 1: Die weltanschaulichen Grundlagen, Berlin 1937.

Helmut Uitz, Erziehung und Schule in der NS Zeit in Salzburg. Weichenstellung für Generationen, in: Peter F. Kramml/Christoph Kühberger (Hg.), Inszenierung der Macht. Alltag, Kultur und Propaganda. Die Stadt Salzburg im Nationalsozialismus (Band 2), Salzburg 2011, S. 186–279.

Sabine Veits-Falk/Ernst Hanisch (Hg.), Herrschaft und Kultur. Instrumentalisierung, Anpassung, Resistenz. Die Stadt Salzburg im Nationalsozialismus (Band 4), Salzburg 2013.

Theodor Venus, Sport im Rundfunk. Die Entwicklung der aktuellen Sportberichterstattung im österreichischen Hörfunk 1924–1938, in: Matthias Marschik/Rudolf Müllner (Hg.), „Sind's froh, dass Sie zu Hause geblieben sind." Mediatisierung des Sports in Österreich, S. 72.

Friedl Volgger, Mit Südtirol am Scheideweg. Erlebte Geschichte, Innsbruck 1984.

Magdalena Vukovic (Hg.), „Im Dienst der Rassenfrage". Anna Koppitz' Fotografien für Reichsminister R. Walther Darré, Beiträge zur Geschichte der Fotografie in Österreich (Band 12), Salzburg/Wien 2016.

Wolfgang Weber, Von Jahn zu Hitler. Politik- und Organisationsgeschichte des Deutschen Turnens in Vorarlberg 1847–1938, Konstanz 1995.

Thomas Weidenholzer/Albert Lichtblau (Hg.), Leben im Terror. Verfolgung und Widerstand, Die Stadt Salzburg im Nationalsozialismus (Band 3), Salzburg 2012.

Elfriede Werthan, Weiße Pisten, Gold & Geld. Die Geschichte des alpinen Skisports, Reichling 1976.

Lars Westerlund, The Finnish SS Volunteers and Atrocities 1941–1943, Heslinki 2019.

Christl Wickert, Frauenwiderstand und Dissens im Kriegsalltag, in: Peter Steinbach/Johannes Tuchel (Hg.), Widerstand gegen den Nationalsozialismus, Bonn 1994, S. 411–425.

Wintersportmuseum Mürzzuschlag (Hg.), 3rd FIS Ski History Conference, Mürzzuschlag/Graz 2004.

Ingolf Wöll, Turnen in Österreich. Von den Anfängen bis zur Mitte des 20. Jahrhunderts, St. Pölten 2017.

Elisabeth Woolsey, Off the beaten Track. Wyoming 1984.

Helmuth Zebhauser, Alpinismus im Hitlerstaat. Gedanken, Erinnerungen, Dokumente, München 1998.

Friederike Zeisberger/Reinhard R. Heinisch (Hg.), Leben über den Tod hinaus. Prominente im Salzburger Kommunalfriedhof, Mitteilungen der Gesellschaft für Salzburger Landeskunde (Band 23), Salzburg 2006.

Meinrad Ziegler/Waltraud Kannonier-Finster, Österreichisches Gedächtnis. Über Erinnern und Vergessen der NS-Vergangenheit, Wien/Köln/Weimar 1997.

7 Abkürzungsverzeichnis

ACICR	Archiv des Internationalen Komitees des Roten Kreuzes
AdR	Archiv der Republik
AHS	Adolf-Hitler-Schule
AÖSV	Allgemeiner Österreichischer Skiverband
ASKÖ	Arbeiterbund für Sport und Körperkultur in Österreich
	(seit 1971 Arbeitsgemeinschaft für Sport und Körperkultur in Österreich)
ASVÖ	Allgemeiner Sportverband Österreich
ATV	Allgemeiner Turnverein
BArch	Bundesarchiv Berlin
BayHStA	Bayerisches Hauptstaatsarchiv
BDC	Berlin Document Center

BDM	Bund Deutscher Mädchen
BG	Bezirksgericht
BH	Bezirkshauptmannschaft
BKA	Bundeskanzleramt
BMfHuV	Bundesministerium für Handel und Verkehr
BPD	Bundespolizeidirektion
BSB	Bayerische Staatsbibliothek
BSO	Bundessportorganisation
CAB	Club Andino Bariloche
CEMLA	Centro de Estudios Migratorios Latinoamericanos
DAF	Deutsche Arbeitsfront
DÖW	Dokumentationsarchiv des österreichischen Widerstandes
DRL	Deutscher Reichsbund für Leibesübungen
DSV	Deutscher Skiverband
DTSG	Deutsche Turn- und Sportgemeinschaft bzw. Deutsche Turn- und Sportgemeinde
DTB	Deutscher Turnerbund
DVSV	Deutschvölkischer Skiverband
FIS	Fédération Internationale de Ski (Int. Skiverband)
FISU	Fédération Internationale du Sport Universitaire (Int. Hochschulsportverband)
GFP	Geheime Feldpolizei
GJ	Gebirgsjägerstandarte
HHS	Heereshochgebirgsschule
HJ	Hitlerjugend
HWNW	Hilfswerk Nordwest
IOC	Internationales Olympisches Comité
KdF	Kraft durch Freude
KSC	Kitzbüheler Sportclub (Kitzbüheler Skiclub)
LBS	Landesbildstelle
LG	Landesgericht
LRA	Landratsamt-Akten im StAM
LRA	Landesregierungsakten im SLA
MA	Militärarchiv Freiburg
NARA	National Archives and Records Administration
NS	Nationalsozialismus, Nationalsozialistische(r)
NSDAP	Nationalsozialistische Deutsche Arbeiterpartei
NSFK	Nationalsozialistisches Fliegerkorps
NSKK	Nationalsozialistisches Kraftfahrkorps
NSRL	Nationalsozialistischer Reichsbund für Leibesübungen
NSV	Nationalsozialistische Volkswohlfahrt
NS-SOKO	NS-Sonderkommission
OeStA	Österreichisches Staatsarchiv
ÖFB	Österreichischer Fußballbund
ÖOC	Österreichisches Olympisches Comité
ÖNB	Österreichische Nationalbibliothek
ÖSTF	Österreichische Sport- und Turnfront
ÖSV	Österreichischer Skiverband
ÖTC	Österreichischer Touringclub

7 Abkürzungsverzeichnis — 455

ÖVP	Österreichische Volkspartei
OKH	Oberkommando des Heeres
OKW	Oberkommando der Wehrmacht
OÖLA	Oberösterreichisches Landesarchiv
Pg	Parteigenosse
PRÄ	Präsidial(akten)
PK	Parteikorrespondenz (Aktenbestand im BArch)
PK	Präsidentschaftskanzlei (Aktenbestand im OeStA)
RAVAG	Radioverkehrs AG
RAD	Reichsarbeitsdienst
RK	Rückstellungskommission (Aktenbestand im TLA)
RK	Reichskommissar (Aktenbestand im OeStA)
RK	Reichskulturkammer (Aktenbestand im BArch)
RSTH	Reichsstatthalter
RM	Reichsmark
SA	Sturmabteilung
SAK	Salzburger Athletiksportklub 1914
SC	Skiclub
SCA	Skiclub Arlberg
SCS	Skiclub Salzburg
SD	Sicherheitsdienst
SHA	Skihistorisches Archiv des ÖSV
SID	Sicherheitsdirektion
SK	Skiklub
SKI	Skiklub Innsbruck
SLA	Salzburger Landesarchiv
SPÖ	Sozialdemokratische Partei Österreichs
StAD	Stadtarchiv Dornbirn
StAM	Staatsarchiv München
Stiko	Sillhaltekommissar
SS	Schutzstaffel
SS-SG	SS-Sportgemeinschaft
SS-HGS	SS-Hochgebirgsschule
SSO	SS-Officers (SS-Führerpersonalakten im BArch)
SS-VT	SS-Verfügungstruppe
TLA	Tiroler Landesarchiv
USA	United States of America (Vereinigte Staaten von Amerika)
VLA	Vorarlberger Landesarchiv
VVS	Verband Vorarlberger Skiläufer
WAC	Wiener Amateur-Sportverein
WASt	Deutsche Dienststelle für die Benachrichtigung der nächsten Angehörigen von Gefallenen der ehemaligen deutschen Wehrmacht
WStLA	Wiener Stadt- und Landesarchiv
WSV	Wintersportverein
WVMA	West Virginia Maneuver Area

Personenregister

Aichinger, Johann (Hans) 237, 345, 355, 380
Aitken, Max 245
Albrich-Falch, Sabine 249
Allen, John B. 23, 60, 93, 226, 233
Allgeier, Josef (Sepp) 260
Amanshauser, Hermann 135, 224
Amanshauser, Siegfried 135–136, 204, 407
Amstädter, Rainer 9, 19, 112

Baar, Arthur 168
Bahro, Berno 328, 330
Bajohr, Frank 37
Barbian, Nikolaus 373
Bauer, Alfred 147
Bauer, Christoph W. 280
Bauer, Wilhelm 345
Bäumler, Alfred 177
Baur, Hans 339
Becker, Frank 20
Beimrohr, Wilfried 348
Benedikt, Peter 167
Berauer, Gustl 256
Bergson, Anton 167
Berner, Peter 70
Bernett, Hajo 20, 177, 317
Bernstorff, Bridget von 97
Bildstein, Albert 198, 310–311
Bildstein, Josef (Sepp) 58, 311
Bilgeri, Georg 52, 114, 125
Bischof, Günther 97
Bogner, Willy 328–330
Böhler, Jochen 339
Bongiorno, Michele 108
Bösch, Edmund 146
Bosio, Harald 390
Bradl, Josef 27, 57, 79, 134–135, 194, 264, 266, 269–276, 302, 313, 321–322, 344, 390, 396, 402, 404, 407, 410–413, 417
Breitmeyer, Arno 352
Bremm, Klaus-Jürgen 359
Browning, Christopher 36
Brugger, Andreas 24
Brunner, Karl 340–341
Buchmayr, Sig 103

Casagrande, Thomas 360–361
Christiansen, Friedrich 307
Christmann, Kurt 331, 344
Colbert, Claudette 245
Constam, Ernst 58
Cooper, Gary 95
Cossmann, Roland 100, 103
Cranz, Christl 81–82, 139, 154, 257, 279, 291, 298, 393

Daluege, Kurt 297, 304, 351
Damrosch, Alice 245
Daniels, Herbert von 351
Darré, Richard Walther 261
Dellekarth, Ferdinand 324
Dellekarth, Ludwig 323–325
Dellekarth, Walter 324
Demetz, Vinzenz 219
Denning, Andrew 58, 181
Deschmann, Paul 100
Dettling, Sabine 23
Dick, Gotthard 386
Dietl, Eduard 398
Dirrank, Franz 343
Doelpads, Asgeir 412
Dole, Charles Minot 367
Dollfuß, Engelbert 73, 146
Dönz, Maria Luise 349
Doppelmayr, Emil 58
Dorer, Johanna 265
Dosenberger, Ernst 202–206
Dreher, Josef 145
Dreihann-Holenia, Hans 260
Ducia, Anton 256, 258–259
Durrance, Richard 94
Dwertmann, Hubert 40

Eichmann, Adolf 358
Eichmann, Viktor 341
Eisenberg, Christiane 6–7, 30–31
Eisenschimmel, Georg 244
Emmerich, Tálos 76
Engel, Ernst 246, 251–252
Ertl, Hans 285

Falch, Erwin 232, 234
Falkner, Gerd 10, 23, 182, 272, 314, 320, 328
Falkner, Hans 246
Falser, Günter 327
Fanck, Arnold 67, 92, 227, 244, 281–282
Ficht, Erna (geb. Salcher) 355
Ficht, Fritz 355
Flaig, Günther 293, 389, 395, 397–400
Flaig, Walther 68, 235, 397–400
Föger, Ludwig 242, 244–245, 368, 370
Föger, Walter 311
Frentz, Walter 285
Frey, Emilio 105
Frick, Paul 223
Frick, Wilhelm 80, 304
Fried, Edgar 410
Friedensbacher, Ferdinand 362–366
Fröhlich, Joseph 99
Fromm, Bella 282
Fuchslechner, Georg 149–151, 323
Funcke, Julius 140–141, 413
Furrer, Otto 280
Fußenegger, Bruno 212

Gabl, Josef 291–292
Gadner, Hermann 222, 246
Galeitner, Eduard 263
Gänsler, Richard 171
Gasperl, Leo 91, 104, 108
Gaulhofer, Karl 54
Gehring, Rudi 275, 390
Geißler, Paul 256
Gellert, Fritz 249
Gellert, Trude 249
Gerö, Josef 395
Gibson, Harvey Dow 238–240
Gidl, Anneliese 24
Glaser, Joachim 417
Glatzl, Alois 143
Glos, Ernst 232, 234
Gödl, Helga 257
Goebbels, Joseph 314, 321
Gomperz, Rudolf 40, 163, 190, 226, 229, 234–236, 239
Göring Olga (verh. Rigele) 126

Göring, Hermann 126–127, 152, 223, 294, 356
Graf, Gretl 357
Graf, Karl 24
Grasegger, Käthe 82
Graubart, Richard 345
Greul, Anton 343
Gstrein, Josl 323
Gsur, Ignaz Karl 117–120, 130, 167, 414
Gugganig, Alois 323, 326
Gugglberger, Martina 41–42
Güldenpfennig, Sven 31
Gumpold, Josef 153–154
Gumpold, Karl 332, 345
Gunter, Georg 322

Haider, Engelbert 349–352, 400, 406, 408
Hammerer, Resi 393
Hämmerle, Alfred 146
Hämmerle, Karl 146
Hammerschmidt, Hubert 407
Hanausek, Ernst 57
Hanisch, Ernst 14, 115
Harrer, Heinrich 71, 83–84, 139, 259
Harriman, William Averell 94–95, 98
Hartwagner, Hans 207–209, 404
Hartwich, Alexander 65, 166–167
Haslinger, Josef 275
Haslwanter, Hans 154, 363
Haslwanter, Paul 396–397
Hassenberger, Othmar 400
Hasterlik, Trude 167
Hauser, Hans 63, 95, 97–99, 102, 222, 280
Hauser, Maria 99
Hauser, Max 95, 97, 99–100, 102, 364
Havemann, Nils 8, 12
Heckmair, Andreas 71, 84
Hege, Walter 285
Heiß, Anna 138
Heiß, Herbert 304, 332, 345, 351
Heiß, Josef 138
Heiß, Stefan 138
Hennig, Andreas 100
Herold, Josef 71
Heydrich, Reinhard 304, 340, 378
Hickl, Franz 218, 377

Hill, Virginia 99
Hilliges, Werner 232
Himmler, Heinrich 196, 328, 354, 356
Hitler, Adolf 14, 80, 95, 176–177, 180, 184, 271, 281, 285, 313–315, 321
Hochstim, Josef 248
Hofer, Franz 153, 155, 218, 249, 300, 304
Hofmann-Montanus, Hans 59, 112, 387–388, 411
Höll, Gregor 27, 79, 194, 271, 273, 275, 342, 344, 406–407
Holtei, Karl 124
Holtei, Max 124
Hörmann, Fritz 25
Höttl, Anton 151–152, 403
Hradetzky, Gregor 342
Huber, Fritz 168
Hurdes, Felix 409
Hüttenegger, Theodor 161

Iber, Walter M. 21
Ilg, Karl 105
Ioannidis, Aristea 365
Ioannidis, Ioannis 365
Iser, Karl 271

Janner, Ernst 67–68
Jekl, Konrad 114
Jennewein, Anton 355
Jennewein, Josef 67, 222, 257, 264, 266, 289, 289–294, 305, 310, 365, 398
John, Michael 115

Kann Valar, Paula 86, 241–243, 253, 369
Kannonier-Finster, Waltraud 34, 333
Karlsen, Bjarne 79, 351
Kasparek, Fritz 71, 84
Kasper, Gian Franco 49
Kennedy, Jackie 252
Kerscher, Sepp 396
Kershaw, Ian 42
Klaus, Josef 411–412
Klein-Doppler, Gustav 166
Klingler, Sepp 364
Klöble, Hans 205
Knapp, Reinaldo 105

Kneißl, Eberhard 191
Kneissl, Eberhard 400
Köhler, Rudolf 330
Kohn, Hugo J. 171
Kölbl, Eugen 145, 213–214
Koller, Karl 311
König, Walter 303
Köstinger, Wilhelm 79, 84, 158, 304, 332, 335–341, 343–345, 347, 350, 362, 413
Krallinger, Andreas 134–135, 158, 275, 311, 341, 344
Krauß, Paul 275
Krisch, Laurenz 204, 326
Krois, Carl 400
Kruckenhauser, Stefan 68
Krüger, Arnd 267

Lackner, Hans 168
Lainer, Falko 140–141
Lainer, Gerhard 140
Lang, Otto 228–229, 241, 369
Langenfeld, Hans 29
Lantschner, Birger 377
Lantschner, Fritz 82, 140, 153–154, 217–218, 288, 374, 376–381
Lantschner, Fritz sen. 217–218, 280
Lantschner, Gerhard 139–140, 154, 219
Lantschner, Gustav 81–82, 217, 259, 261, 278, 280–285, 287–288, 329, 363, 374, 376–377, 380–381
Lantschner, Hadwig 377
Lantschner, Hadwig (verh. Pfeifer-Lantschner) 82, 265
Lantschner, Hellmut 133, 139–140, 143, 152–155, 192, 194, 257, 266, 276–281, 322, 331, 365, 404
Lantschner, Ingeborg 82, 217
Lantschner, Ludwig 91, 246
Lantschner, Maria Rosa 376, 377
Lantschner, Otto 282, 284, 287
Lechle, Gertrude (Trude) 259–260
Ledy, Arthur 307
Lenz, Hans 155
Lettner, Käthe 63, 86–88, 109–110
Lettner, Rudolf 54, 86
Lezuo, Robert 79

Lichtblau, Albert 5, 115–116
Löwenthal, Richard 42
Lüdtke, Alf 35
Luger, Josef 145
Lukesch, Hans 203
Luna, Felix 371
Lunn, Arnold 60, 230, 232
Lutze, Viktor 184, 279

Machate, Alexander 366
Mahringer, Erika 401, 405
Maier, Josef 155, 183, 188
Maier, Markus 224, 273, 302, 311, 338, 413
Mair, Franz 275
Mall, Edi 400
Mallmann, Klaus-Michael 15, 39
Margreiter, Hermann 215, 219
Marr, Hans 275
Marschik, Matthias 7, 10, 21–22, 31, 34, 62, 86, 133, 176, 216, 265, 299
Martin, Franz 122, 148, 197
Mathoi, Johann 149–150
Matt, Anton 239–241, 368–369
Matt, Eduard 234
Matt, Rudi 66, 282, 296–297
Matzi, Catalina 381
Matzi, Robert 381
Mauler, Franz 147–148, 197
Meding, Holger M. 372–373
Meergans, Günther 321–323, 325
Mehl, Erwin 20
Meiling, Otto 105–106, 373
Melnitzky, Fritz 210
Merz, Karl 147, 192, 197, 225
Mettauer, Philipp 371
Michael-Mallmann, Klaus 340
Moser, Karl 217, 233–234, 237
Müllner, Rudolf 3, 5, 19, 24, 52
Musial, Bogdan 339
Mussolini, Benito 104

Næs, Halvor 412
Neumeyer, Juan 105
Nibbe, Walther 255
Nissl, Grete 355
Nissl, Robert 355

Niven, David 95
Nöbl, Hans 103–108, 222, 373, 377
Nogler, Hans 400
Nosko, Siegfried 146

Palme, Heinrich 275, 390
Parsons, Tabare W. 108
Paul, Gerhard 15, 39
Paulcke, Wilhelm 66
Peiffer, Lorenz 51
Pembauer, Elfriede 86, 109–110
Pensl, Otto 159
Perón, Juan 371–372
Pesentheiner, Franz 267, 347–348
Pesentheiner, Walter 329–330, 332, 344–347, 350
Peter, Laurin 24
Peters, Erna 284
Pfeifer, Friedl 99, 241, 370
Pfeifer, Gottfried 82, 186, 198, 200–201, 265, 311
Pfeiffer, Albert 240, 266, 293–294
Pfister, Gertrud 85, 113
Pfliger, Max 191
Pfnür, Franz 81
Phleps, Artur 360
Pichlsberger, Franz 134
Plankensteiner, Anton 144, 212–213
Podkalicka, Aneta 23
Pössinger, Michael 257
Prager, Walter 284
Praher, Andreas 5
Priebke, Erich 376
Proißl, Karl 304
Proxauf, Anneliese 264, 266, 268
Proxauf, Rosemarie 219, 266, 291
Putz, Adolf 158

Quirsfeld, Eberhard von 327, 357–362

Radacher, Peter 100–102, 311, 323
Radacher, Peter sen. 69–70, 204, 263, 270
Raffelsberger, Leopold 203
Rainer, Friedrich 121, 189, 191–193, 194–196, 210, 263, 271, 307, 310
Rasim, Carl 131

Räther, Gustav 182, 192, 197–200, 256–257, 313
Raubitschek, Alfred 172
Raubitschek, Ernst 172, 251
Raubitschek, Friedericke Therese (Fritzi) 251
Raubitschek, Gertrude 172–173, 250
Raubitschek, Lotte 250
Raubitschek, Richard 172–173, 250–251
Rehrl, Franz 137, 270, 388
Reicher, Dieter 61
Reinhardt, Walter 275
Reinl, Harald 259–262, 394
Reitter, Albert 223
Renner, Karl 407
Resch, Lisa 257
Rhomberg, Theodor 127, 143–145, 211, 213, 414
Richter, Walter 82
Riefenstahl, Leni 82, 227, 261–262, 278, 280–283, 287, 394
Rigele, Fritz 125–127, 133, 152, 223
Riml, Walter 281, 287
Ripper, Emmy 87
Risak, Erwin 407
Roche, Helene 178
Rockefeller, Nelson 95
Rodenbücher, Alfred 358
Rödling, Alexander 117, 122–125, 131, 218
Rom, Dagmar 278, 298–299, 394
Rösen, Karl 233
Rosenberg, Alfred 177
Rössner, Alfred 84, 263, 274, 312, 323, 325, 345, 401–406
Rubatscher, Franz 378–380
Rudel, Hans-Ulrich 377
Rudolf Gomperz 163
Ruschp, Sepp 404
Ruud, Birger 410
Rybitzka, Adolf 66
Rybitzka, Benno 228, 239

Sailer, Toni 2, 122, 404, 411
Sakkadakis, Joseph 363, 366
Salcher, Artur 355
Salcher, Hubert 217, 232, 237, 353–354, 356, 380

Sampl, Engelbert 336
Sauerwein, Walter 345
Schaaffgotsche, Aglaia 96
Schäfer, Ralf 20
Schaffgotsch, Felix 93–97
Schaffgotsch, Friedrich 96
Schapira, Albert 167
Schatz, Alfred 146, 197–198, 257, 311
Scheck, Jakob 233
Scherz, Fritz 263, 275
Schlebrügge, Hans von 320
Schmidhuber, Ossi 298, 300
Schnabl, Roman 336
Schneider, Friedrich 244
Schneider, Hannes 40, 52–53, 60, 66–68, 70, 79, 93, 96, 162–163, 169, 226–227, 230–235, 237–239, 242–245, 253, 282, 353, 370, 380, 399, 405, 419
Schneider, Herbert 370
Schoder, Gustav 23
Schöpf, Egon 267, 273, 292, 298, 300–302
Schröcksnadel, Peter 406
Schuler, Carl 66
Schuler, Walter 231
Schulz, Hans 381
Schulz, Paul 205
Schwarcz, Alfredo José 375
Schwarz, Ernst 250
Schwarzbauer, Robert 5
Schweitzer, Wilhelm 223, 338
Scully, Ian 93, 241
Seelos, Anton 79, 87, 91, 94, 192, 295–297, 363, 408–409
Seer, Karl 194, 311, 349
Seyerl, Rüdiger 296, 349
Seyß-Inquart, Arthur 192
Siegert, Paul 249
Silberstein, Hugo (Gad Hugo Sella) 248–250
Silberstein, Jeanette 249
Silberstein, Siegfried 249
Skocek, Johann 382
Sörensen, Randmond 289, 312
Soyfer, Jura 243
Spitz, Leopold 385
Springenschmid, Karl 120–121, 126, 146, 196, 411

Starhemberg, Ernst Rüdiger 74, 78, 148, 229
Steiner, Felix 359
Sterzinger, Heinrich 323, 325
Streckenbach, Bruno 340
Strobl, Philipp 23
Strohmeyer, Hannes 20, 23

Teichler, Hans Joachim 21, 176
Terboven, Josef 351
Thalhammer, Kurt 102–103
Thöni, Hans 96, 233
Thöny, Christof 24
Tiedemann, Claus 30
Tilzer, Ernst 234
Traussnig, Florian 367
Trimborn, Jürgen 287
Tschammer und Osten, Hans von 80, 126, 152, 178–181, 183, 188–189, 191–193, 196, 198–199, 209, 216, 220, 253–254, 266, 268, 271, 286, 293, 305, 312–313, 321
Tschofen, Bernhard 23
Tschon, Anton 70, 131, 215

Valar, Paul 242
Vogl, Fritz 138, 209, 308
Vörg, Ludwig 71, 84

Walch, Willi 205, 240, 256–257, 268, 289
Walter-Doleschell, Hilde 291
Weber, Wolfgang 144
Wegener, Charlotte 83
Weiß, Otto 145
Weißgram, Wolfgang 382
Weishäupl, Rudolf 167
Wickert, Christl 42
Windischbauer, Elisabeth 87–88
Windischbauer, Fritz 59
Windischbauer, Hans 59, 87
Wolfgang, Gottfried 260, 401
Wörndle, Roman 240
Wöss, Rudolf 331
Wurnig, Friedrich 218

Zehrer, Zehrer 212
Ziegler, Meinrad 34, 333
Zielke, Willy 285
Zückert, Annelore 393

www.ingramcontent.com/pod-product-compliance
Lightning Source LLC
Chambersburg PA
CBHW031748220426
43662CB00007B/325